보건의료 빅데이터 연구방법론

국내 보건의료 빅데이터 활용
연구방법부터
머신러닝 분석까지

약학빅데이터연구회 지음

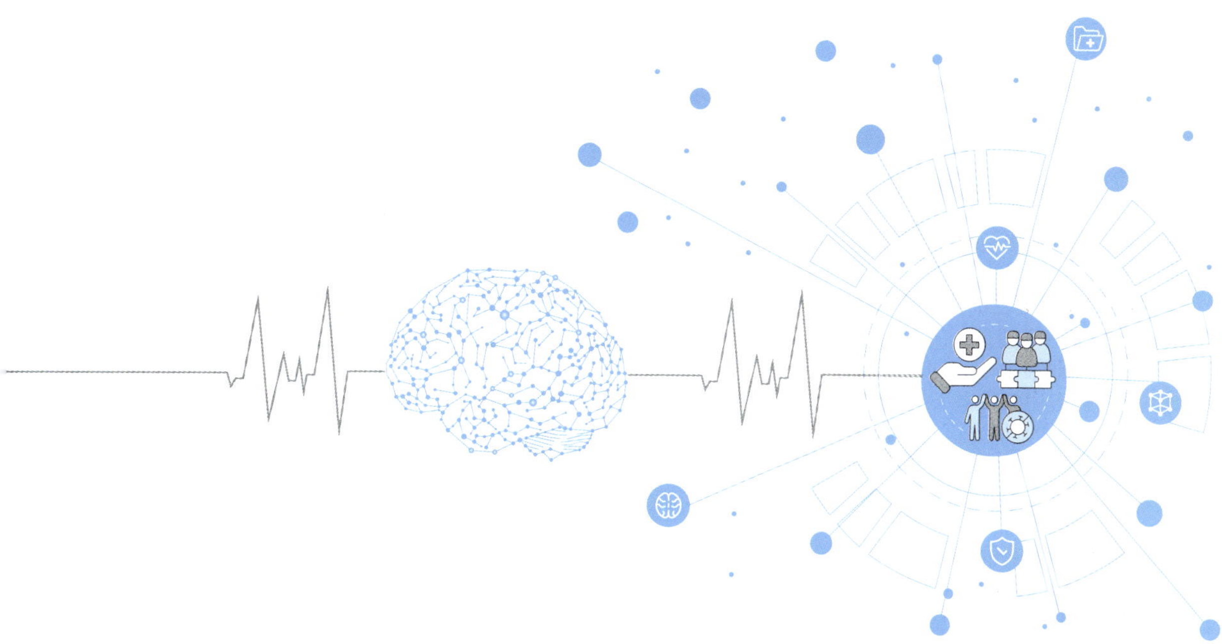

자유아카데미

집필진

0부. 빅데이터 분석을 위한 SAS 기초 정보

고려대학교 **남진현**

1부. 국민건강보험 빅데이터

가천대학교 **장선미**
가톨릭대학교 **박선경**
대구가톨릭대학교 **이승미**
아주대학교 **이한길**
연세대학교 **한은아**
전북대학교 **전하림**

2부. 자발적부작용보고자료를 활용한 빅데이터 분석

성균관대학교 **신주영**
중앙대학교 **정선영**
충남대학교 **양보람**
한국의약품안전관리원 안전정보관리팀
신선미·오수지·김다혜·유명식·정현주

3부. 패널조사자료

한국방송통신대학교 **이혜재**

4부. 공통데이터모델

경희대학교 **서혜선**
아주대학교 **박래웅**
이화여자대학교 **최남경**
충남대학교 **양보람**
한국의약품안전관리원 약물역학빅데이터팀
김봉기·손나영

5부. 인공지능과 머신러닝을 활용한 빅데이터 분석

경희대학교 **서혜선**
성균관대학교 **이혜성**
아주대학교 **이한길**
이화여자대학교 **김명규**
전북대학교 **김재현**
University of Texas at Austin **한솔아**

머리말

약사 전문성 강화와 제약산업 분야의 변화에 맞춰 창의적 약학 인재 양성이 요구됨에 따라 현재 국내 약학교육체제는 통합 6년제로 변화하는 그 시작점에 있다. 뿐만 아니라 최근 세계보건기구(WHO)와 국제약학연맹(FIP)에서 제시하는 미래 약사가 갖추어야 할 기능에 연구자(researcher)가 추가되면서 시대적으로 약사의 직능 확장이 필요한 시점이 되었다. 이러한 상황에서 맞이한 4차 산업혁명 시대에는 약학 분야에서도 빅데이터와 인공지능이라는 키워드를 간과할 수 없게 되었으며, 약학 교육에서도 빅데이터, 인공지능, 머신러닝 등에 대한 이해, 그리고 이를 활용하여 분석하는 방법과 그 결과를 해석하는 능력을 갖추는 것이 중요하게 되었다. 이에 통합 6년제 교육과정에서는 의약품 연구의 실제 사례 등을 포함한 보건의료 빅데이터 연구방법 관련 능력을 학생들이 습득할 수 있도록 해야 한다는 필요성이 제기되었고, 뜻을 함께한 열 분의 사회약학분과회 교수와 열다섯 분의 초빙 저자가 약학빅데이터연구회를 조직하여 이번 교재 집필에 참여하게 되었다.

본 저서는 빅데이터와 인공지능을 처음 접하는 학부생과 석·박사 과정생 및 현직 보건의료 계열 연구자들에게 보건의료 분야의 대표적인 빅데이터를 기본적으로 이해하는 것에서부터 분석코드 중심의 예시를 통해 자료분석에 실무적인 도움을 줄 수 있도록 집필하였다. 이에 0부는 초심자도 분석에 필요한 SAS 코딩을 쉽고 빠르게 이해할 수 있도록 SAS 프로그램에 대한 기초과정으로 구성하였다. 1~4부는 보건의료 분야에서 활용될 수 있는 국내 주요 자료원별 연구주제에 대한 설명과 상세 예시를 수록하였는데, 1부는 국민건강보험 빅데이터, 2부는 한국의약품안전관리원의 자발적부작용보고자료, 3부는 의료패널자료, 4부는 공통데이터모델에 대한 내용으로 구성하였다. 마지막 5부는 인공지능과 머신러닝을 활용한 빅데이터 분석을 다루었으며 이론과 사례 부분으로 나누어 설명하였다.

좋은 책을 위해 최선을 다했지만 미흡한 부분이 있을 수 있다. 이 점은 양해를 바라며 출간 후 나올 수 있는 수정사항과 본 저서에서 활용한 데이터파일 등은 자유아카데미 홈페이지(www.freeaca.com) 자료실에 제공할 예정이니 참고하기를 바란다.

본 저서의 시작부터 완성까지 많은 시간을 투자하여 집필해주신 모든 저자분들께 감사 인사를 드리며, 교재의 감수에 참여해주신 건강보험심사평가원의 변지혜 박사님, 국민건강보험공단의 김준호 박사님, 노연숙 박사님, 그리고 한국의약품안전관리원에도 깊은 감사의 마음을 전한다. 또한 출판하는 과정에서 실무적으로 도움을 주신 자유아카데미에도 감사의 말씀을 드리며, 끝으로 미래의 연구자들이 이 책을 통해 훌륭한 연구성과를 내는 데 보탬이 되기를 깊은 마음으로 응원한다.

2023. 3.

저자 일동

차례

2부. 자발적부작용보고자료를 활용한 빅데이터 분석

3부. 패널조사자료

5부. 인공지능과 머신러닝을 활용한 빅데이터 분석

0부

빅데이터 분석을 위한 SAS 기초 정보

1 SAS 프로그램 개요

SAS(Statistical Analysis System, Strategic Application System)는 1966 North Carolina 주립대학에서 시작되어 현재 스프레드시트, 워드, 프레젠테이션, 인트라넷, 의사결정시스템 구축 등 방대한 영역을 다루는 소프트웨어로 발전하였다. 통계분석부터 품질관리, 데이터마이닝 등의 방대한 정보 처리 기능을 제공하는 통계분석용 소프트웨어로써 금융권, 제조업 분야 등에서 널리 쓰이고 있으며, 의·약학 분야의 방대한 자료의 통계처리 프로그램으로 유용하게 사용된다.

1.1 SAS 프로그램의 구성

DATA Step ▷ PROC Step

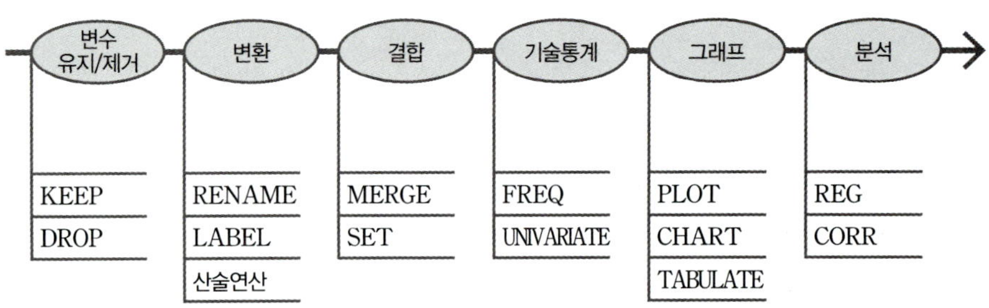

SAS 프로그램은 크게 DATA를 다루는 DATA step과 DATA를 분석하는 PROC step으로 구분된다. DATA step은 DATA의 입력 및 DATA의 오류 판단, 수정 및 변형 등을 담당하며 DATA의 추출 및 여러 데이터의 병합 등에 관여한다. PROC step은 DATA step으로부터 생성된 데이터셋(DATA SET)의 출력, 정렬, 요약 등 간단한 PROCEDURE부터 기술통계, 그래프, 통계분석 등을 담당한다.

1.2 SAS 구성요소

1.2.1. SAS 화면구성

SAS 프로그램은 로그창, 확장편집기, 출력창, 결과, 탐색기 다섯 개의 창으로 구성되어 있으며 각 창의 역할은 다음과 같다.

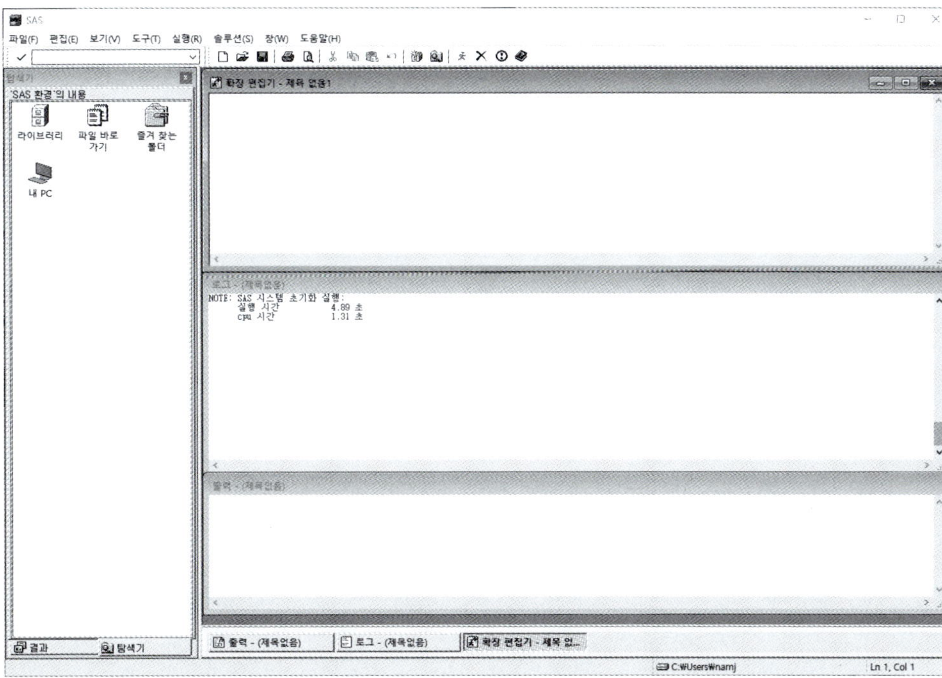

- 확장편집기(program window, pgm): 프로그램 명령어 입력창
- 출력창(output window): 프로그램 실행 결과를 출력
- 로그창(log window): 프로그램 실행과정의 여러 가지 정보 제공
- 결과창: 프로그램 실행 결과물의 목차 제공
- 탐색기: 파일 탐색 기능 제공

1.2.2. 메뉴

SAS 메뉴는 파일, 편집, 보기, 도구, 실행, 솔루션, 창, 도움말로 구성되어 있으며 그 역할은 다음과 같다.

- 파일 : 새로운 데이터 파일을 작성하거나 기존의 파일을 불러오고 저장

- 편집 : 데이터 파일을 복사 편집하는 등의 작업
- 보기 : 화면상의 윈도를 표시하는 기능
- 도구 : 테이블 및 리포트 등의 편집기 기능
- 실행 : SAS 프로그램을 실행
- 솔루션 : 통계분석 및 리포트 작성 기능
- 창 : 윈도 창 간의 전환
- 도움말 : SAS의 도움말 정보

1.2.3. 도구모음

SAS 프로그램은 분석의 편의를 위해 다음과 같은 도구 모음을 제공한다.

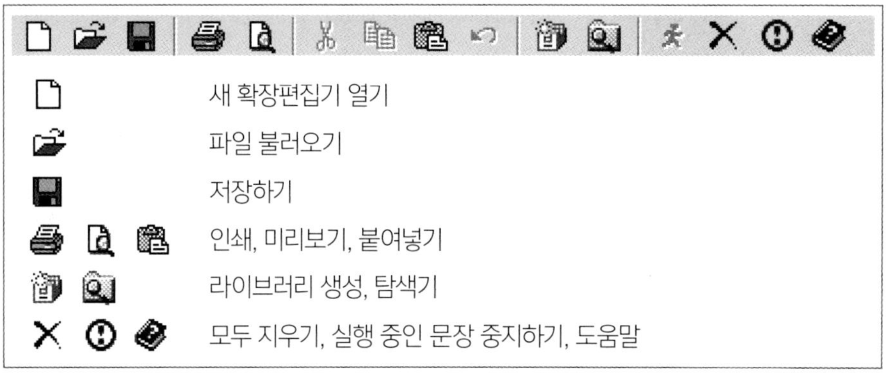

1.2.4. SAS 기본 형식

```
data grade;
input name $ gender $ K E M So Sc;
language=K+E;
cards;
Daniel f 84 75 91 84 94
Zequn m 64 45 55 70 60
Aastha f 69 57 61 67 76
Thuy m 84 57 70 55 70
Carter m 76 37 65 70 55
Andrew f 92 67 80 85 80
Zhenning f 94 85 75 86 85
Efraim m 62 52 58 80 60
;
run;
```

SAS에서 DATA step을 실행할 시 시작은 항상 [DATA 데이터셋명;]이고 끝은 [RUN;]이다. [DATA 데이터셋명;]에서 새로 생성될 데이터셋이 지정되고, 이후부터 [RUN;] 이전까지 지정된 명령어를 수행한다. SAS에서 이름을 부여할 수 있는 것은 DATA 다음에 쓰이는 데이터셋명과 INPUT 다음에 지정하는 변수 이름, PROC step에서 지정하는 OUTPUT 데이터셋명 등이 있다. 이름 부여는 영문자와 숫자를 이용하여 지정 가능하며 숫자가 이름의 처음에 나올 수는 없다.

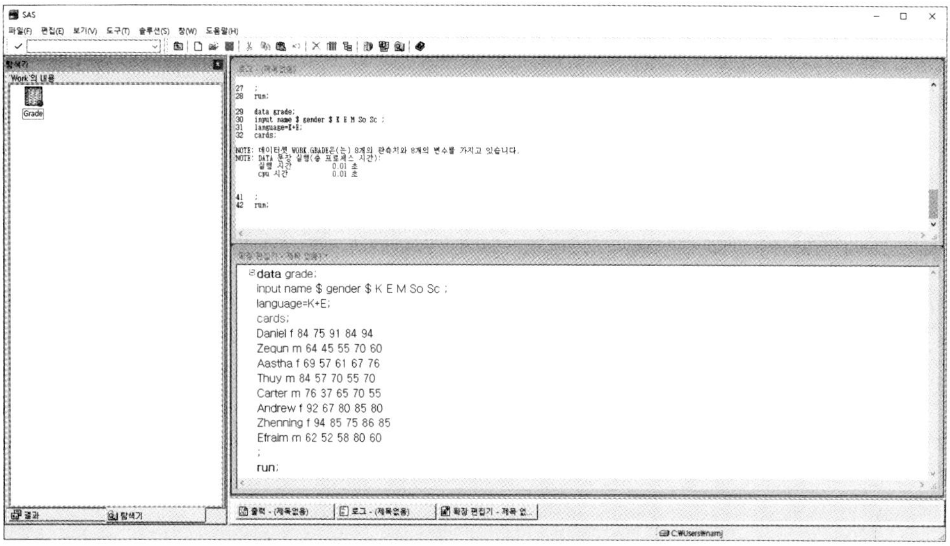

SAS는 대소문자를 가리지 않으며, 명령문의 끝은 반드시 ' ; '을 붙여야 한다. 설명을 달기 위한 주석처리는 '/* 주석 */'으로 하거나 간단한 한 줄 처리로 '* 주석 ;' 방식을 이용한다. 변수는 문자 변수와 숫자 변수로 구분되며, 문자 변수는 관찰값이 문자로 인식되는 경우 사용하며 변수명 뒤에 '$'를 붙여 숫자 변수와 구분한다. 만약 원자료가 수치형 자료인 경우에도 변수명 뒤에 '$'를 표시하면 숫자로 인식하지 않고 문자로 인식을 하게 된다. [INPUT 변수1...변수p;] 명령어는 변수의 속성을 지정하는 명령어로서 주로 변수 이름, 변수 유형, 각 변수가 갖게 되는 값의 위치를 설정하는 데 이용된다. [CARDS;] 명령어는 각각의 변수가 가지게 되는 원자료의 값을 지정하는 데 사용된다.

위의 예제에서 데이터셋명은 GRADE이고, 변수는 NAME, GENDER, K, E, M, SO, SC이다. 여기서 NAME과 GENDER 뒤에는 '$'이 붙였기 때문에 문자 변수로 인식을 하고 나머지 K, E, M, SO, SC 변수는 숫자 변수로 인식된다. 각 변수가 가지는 값의 위치가 고정된 경우에는 칼럼 위치를 조정하여 값을 읽어 들일 수도 있으며, 칼럼 위치를 지정하지 않은 변수들은 관찰값이 시작하는 지점부터 공백이 나오는 지점까지 하나의 값으로 인식하여 불러들이게 된다. 불러들이는 변수를 이용해 새로운 변수를 만들 시에는 [CARDS;]문 앞에 지정하면 된다. 위 예제에서 LANGUAGE라는 변수는 K와 E 변수의 합의 값으로 만들어진다. 명령문의 실행은 단축키 [F8] 키를 누르거나 도구모음의 🏃 을 누르면 된다.

SAS DATA step으로 생성된 데이터셋은 항상 라이브러리(library)에 저장된다. 기본적으로 지정된 라이브러리는 'WORK'이며 임시저장소의 역할을 한다. 따라서 SAS 프로그램을 종료하면 생성된 데이터셋은 모두 사라지게 된다. 만약 생성된 데이터셋을 영구적으로 보관하려면 사용자정의 라이브러리를 생성시켜 사용하면 된다. 위의 예제에서 생성된 데이터셋 GRADE는 따로 사용자정의 라이브러리를 지정하지 않았기 때문에 'WORK' 라이브러리에 저장된다. 왼쪽 '탐색기' 창에서 '라이브러리'를 들어가면 'WORK'라는 폴더 안에 생성된 GRADE 데이터셋을 확인할 수 있다. 데이터셋 GRADE를 클릭하면 다음과 같은 결과창을 볼 수 있다. 기본적으로 문자는 왼쪽 정렬, 숫자는 오른쪽 정렬로 되어 있어 변수의 특성을 간단하게 확인할 수 있다.

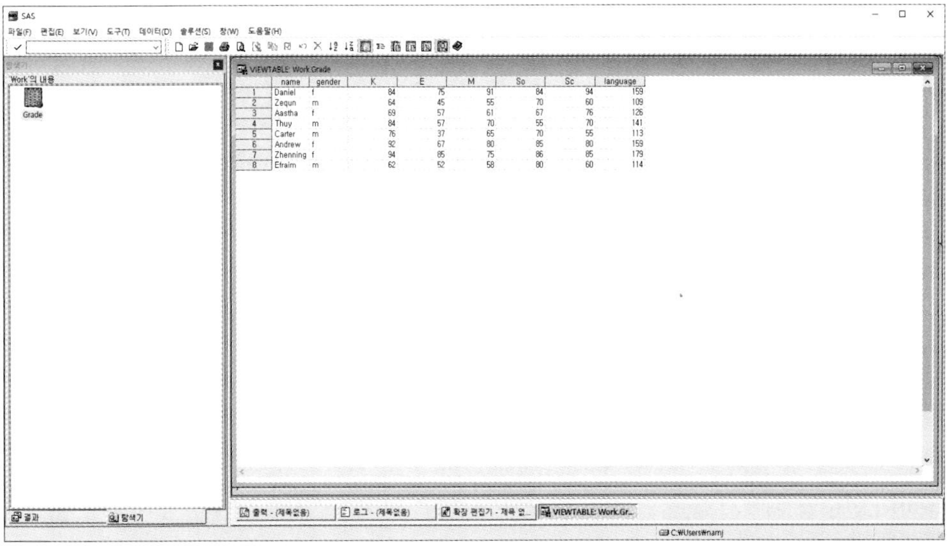

	name	gender	K	E	M	So	Sc	language
1	Daniel	f	84	75	91	84	94	159
2	Zequn	m	64	45	55	70	60	109
3	Aastha	f	69	57	61	67	76	126
4	Thuy	m	84	57	70	55	70	141
5	Carter	m	76	37	65	70	55	113
6	Andrew	f	92	67	80	85	80	159
7	Zhenning	f	94	85	75	86	85	179
8	Efraim	m	62	52	58	80	60	114

SAS 라이브러리는 SAS에서 작업한 데이터셋의 저장소를 의미한다. 라이브러리는 크게 시스템 라이브러리와 사용자 라이브러리로 구분되며, 사용자가 라이브러리를 지정하지 않으면 시스템 라이브러리 'WORK'에 데이터셋이 저장된다. 시스템 라이브러리에는 SASHELP, SASUSER, MAPS, WORK 등이 있으며 사용자 라이브러리는 사용자가 할당하는 만큼 생성된다. 사용자 라이브러리를 할당하는 방법은 메뉴를 이용하는 방법과 직접 명령어를 이용하는 방법이 있다.

먼저, 메뉴를 이용하는 방법은 도구모음에서 🗄 아이콘을 클릭하면 다음과 같은 창이 나타난다.

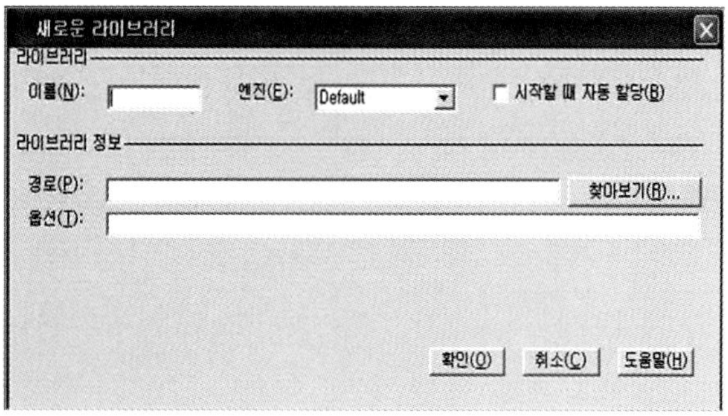

여기서 이름 칸에는 생성할 라이브러리 이름을 지정하고 경로는 생성되는 데이터셋이 저장될 폴더 경로를 지정한다. '시작할 때 자동 할당'을 체크하면 SAS를 실행할 때마다 지정한 라이브러리가 자동으로 할당된다. 예를 들어 "D:\SAS\data" 폴더에 "BB"라는 사용자 라이브러리를 할당한다면, 이름에 "BB"를 입력하고 경로에 "D:\SAS\data"를 설정하면 된다. 이때 '시작할 때 자동 할당'을 체크하면, SAS를 실행할 때마다 BB라는 사용자 라이브러리가 "D:\SAS\data" 폴더와 연동되어 자동으로 할당된다. 명령문을 이용한 사용자 라이브러리 할당은 다음과 같다.

```
LIBNAME BB "D:\SAS\data";
```

명령문으로 사용자 라이브러리를 할당하는 양식은 [LIBNAME 라이브러리명 "경로명";] 이다. 명령문에 의해 할당된 사용자 라이브러리는 SAS 프로그램이 종료되면 할당이 해제되기 때문에 SAS를 다시 시작하면 라이브러리 할당을 다시 해줘야 한다. 단, 라이브러리 내에 생성된 데이터셋은 삭제되지 않고 남아있으므로 향후 재사용할 수 있다.

다음으로 SAS DATA step에서 라이브러리를 지정하는 방법은 다음과 같다.

```
DATA 라이브러리명.데이터셋명;
```

만약 BB라는 사용자 라이브러리에 education이라는 데이터셋을 생성시키려면 다음과 같이 명령어를 지정한다.

```
DATA BB.EDUCATION;
```

이때 라이브러리를 지정하지 않으면 시스템 라이브러리인 'WORK'에 자동 저장되고, SAS를 재실행 시킬 경우 생성된 데이터는 지워진다. 시스템 라이브러리 'WORK'에 EDU-

CATION 데이터셋을 생성시키는 명령어는 다음과 같다.

```
DATA EDUCATION; 또는
DATA WORK.EDUCATION;
```

2 자료의 입출력

2.1 자료의 입력

SAS에서 데이터셋을 생성하는 방법은 크게 4가지로 나누어진다. 첫 번째는 CARDS (DATALINES) 문을 이용하여 SAS에서 직접 데이터셋을 생성하는 방법이며, 두 번째는 INFILE 문을 이용하여 외부데이터를 불러오는 방법이다. 세 번째는 위저드를 이용하여 외부데이터를 불러오며, 네 번째는 PROC IMPORT 문을 이용하여 외부데이터를 불러오는 방법이다. 여기서는 직접 생성하는 법, 위저드를 이용하는 법, PROC IMPORT를 이용하는 법을 살펴보자.

2.1.1. CARDS 문 이용

CARDS 문 또는 DATALINES 문은 SAS 내에서 데이터셋을 직접 생성할 때 사용되며 변수 특성을 지정하는 INPUT 문과 함께 사용된다. INPUT 문은 CARDS 문 이전에 사용되며 CARDS 문 다음에는 각 변수가 가질 값을 정의한다. 다음의 명령문은 GRADE라는 데이터셋을 생성시키며, 데이터셋 내에는 NAME, GENDER, K, E, M, SO, SC라는 변수가 생성된다.

```
data grade;
input name $ gender $ K E M So Sc ;
cards;
Daniel f 84 75 91 84 94
Zequn m 64 45 55 70 60
Aastha f 69 57 61 67 76
Thuy m 84 57 70 55 70
```

```
Carter m 76 37 65 70 55
Andrew f 92 67 80 85 80
Zhenning f 94 85 75 86 85
Efraim m 62 52 58 80 60
;
run;
```

SAS에서 생성된 데이터셋을 확인할 때는 PROCEDURE 명령어인 PROC PRINT를 이용하거나, 데이터셋을 직접적으로 SPREADSHEET 형태로 확인할 수 있다. SAS 내에서 직접 데이터셋을 확인하는 방법은 SAS 창에서 탐색기 -> 라이브러리 -> Work -> Grade를 클릭하면 위와 같은 결과를 확인할 수 있다. INPUT 문에서 NAME과 GENDER 뒤에 '$'가 붙었기 때문에 문자형 변수로 생성되었으며, 나머지 변수들은 숫자로 생성된다. 데이터셋에서 왼쪽 정렬은 문자형 변수를 뜻하며, 오른쪽 정렬은 숫자형 변수를 의미한다. 따라서 데이터셋에 정렬된 형태만으로 문자형 변수와 숫자형 변수의 구별이 가능하다. PROC PRINT 구문으로 생성된 데이터를 확인하는 방법은 다음과 같다.

```
PROC PRINT DATA=GRADE; RUN;
```

특정한 변수만 확인하고 싶을 때는 VAR 옵션을 통해 보고 싶은 변수를 지정한다.

```
PROC PRINT DATA=GRADE;
VAR name gender K;
RUN;
```

2.1.2. 위저드(Wizard) 이용

위저드를 이용한 방법은 메뉴 클릭만으로 외부 데이터를 불러들이는 방법이며, 뒤에 설명할 PROC IMPORT에 기반을 둔 방법이다. 위저드를 이용한 데이터 불러오기 순서는 다음과 같다.

파일 → 데이터 가져오기 → 읽어올 자료의 형식 지정 → 데이터가 있는 경로지정 →
라이브러리 및 테이블 이름 지정

우선 파일에서 데이터 가져오기를 클릭하면 다음과 같은 창이 뜬다.

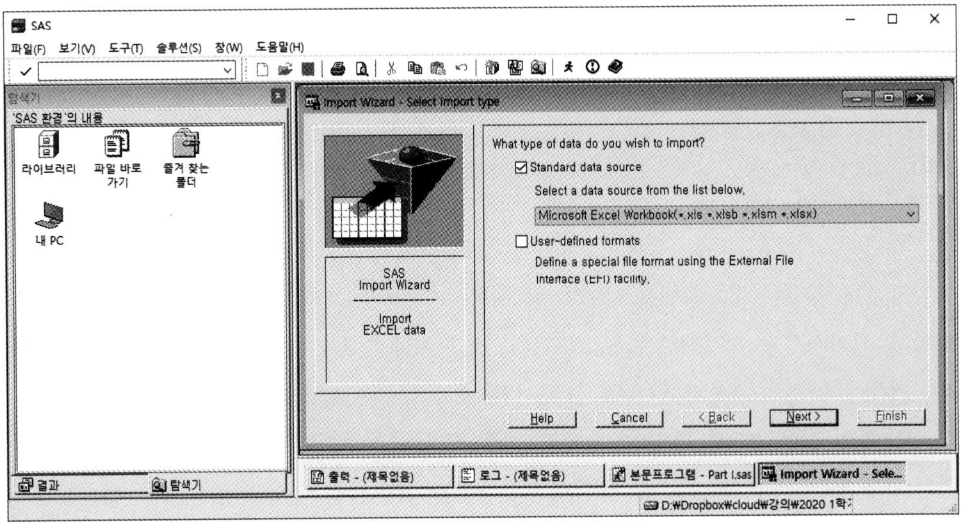

[Select a data source from the list below] 밑에 원하는 데이터 형태를 선택할 수 있다. 기본적으로 EXCEL 파일이 지정되어 있으며 리스트를 펼쳐보면 그 외에도 *.TXT나 *.CSV와 같이 다양한 형태의 파일을 불러올 수 있음을 알 수 있다. 원하는 확장자를 선택하고 'NEXT'를 누른다.

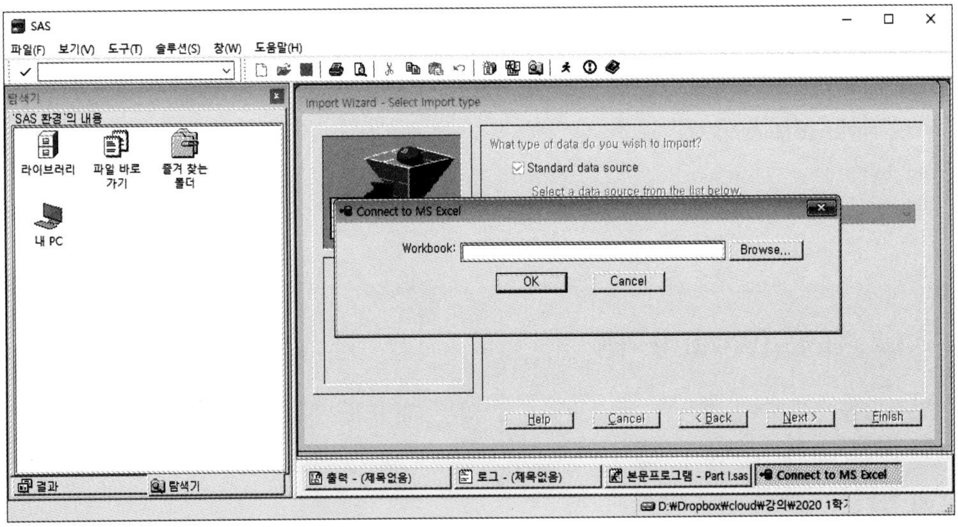

'Browse...'을 클릭하면 윈도 탐색기가 실행되며, 여기서 원하는 파일을 선택하고 OK를 누르면 다음과 같은 창이 나타난다.

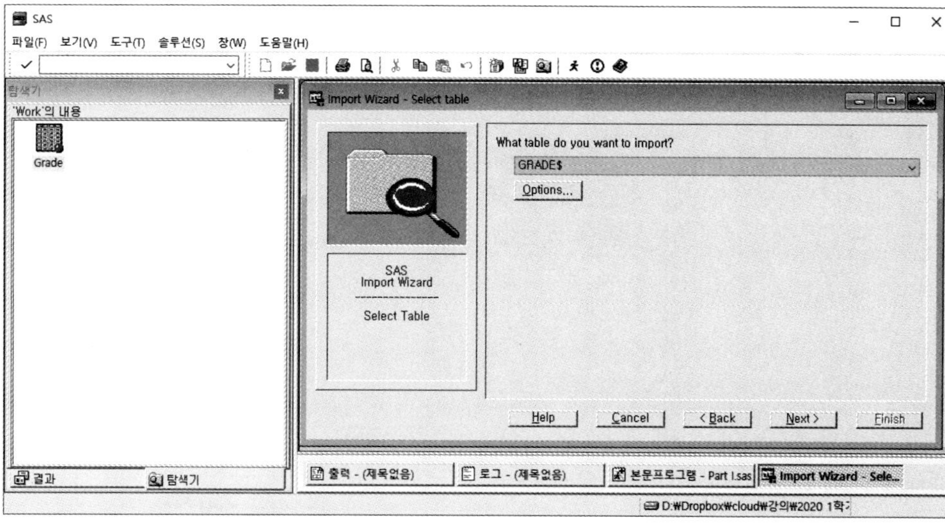

[What table do you want to import?] 이 부분은 엑셀 파일에서 불러들이고자 하는 SHEET명을 나타내며 대부분 자동으로 지정된다. 그다음 [Options...]을 클릭하여 다음을 확인한다.

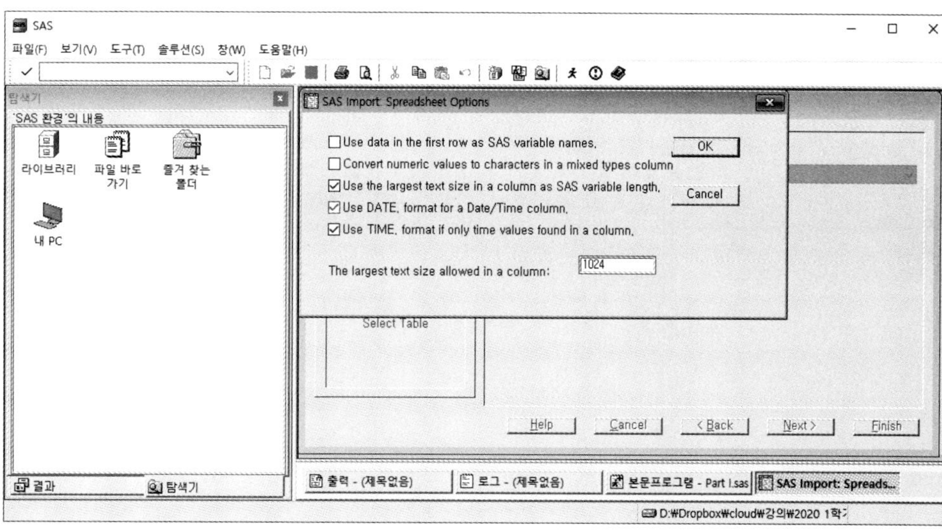

옵션 창을 보면 제일 첫 번째에 [Use data in the first row as SAS variable names.]를 선택하게 되어 있다. 만일 우리가 가진 자료의 첫 번째 줄에 변수 이름이 입력된 자료라면 체크를 하고, 첫 번째 줄에 변수 이름 없이 자료가 입력되어 있다면 체크를 해제한다. GRADE 데이터는 첫 줄에 변수 이름이 없으므로 체크를 해제하고 OK를 누르고 NEXT를 누른다.

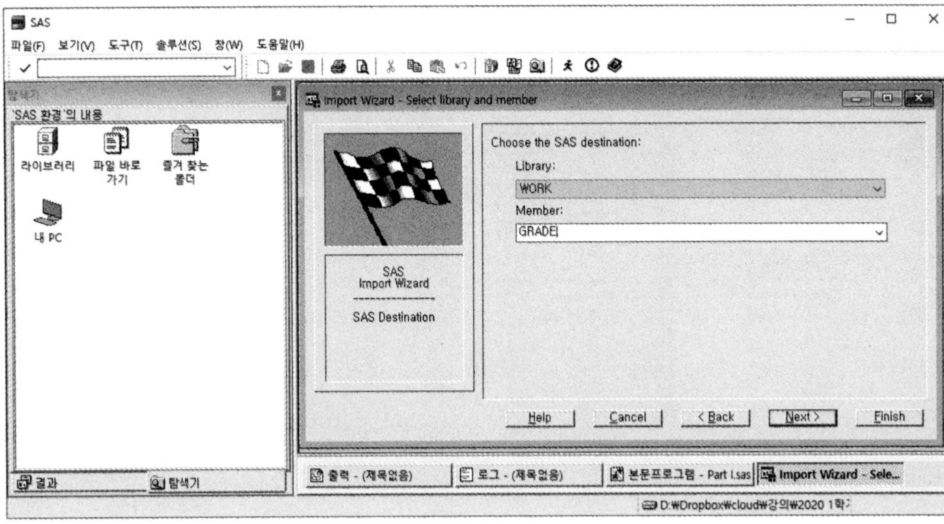

이번에는 Library와 Member를 지정한다. Library를 특별히 지정해주지 않으면 기본 라이브러리인 WORK에 저장하게 된다. Member는 데이터셋의 이름을 넣어주면 된다. 여기서는 GRADE를 넣어준다. 데이터셋의 이름은 임의적이므로 구분하기 쉬운 이름으로 지정하면 된다. NEXT를 누르고 Finish를 누르면 다음과 같이 데이터가 제대로 들어왔음을 확인할 수 있다.

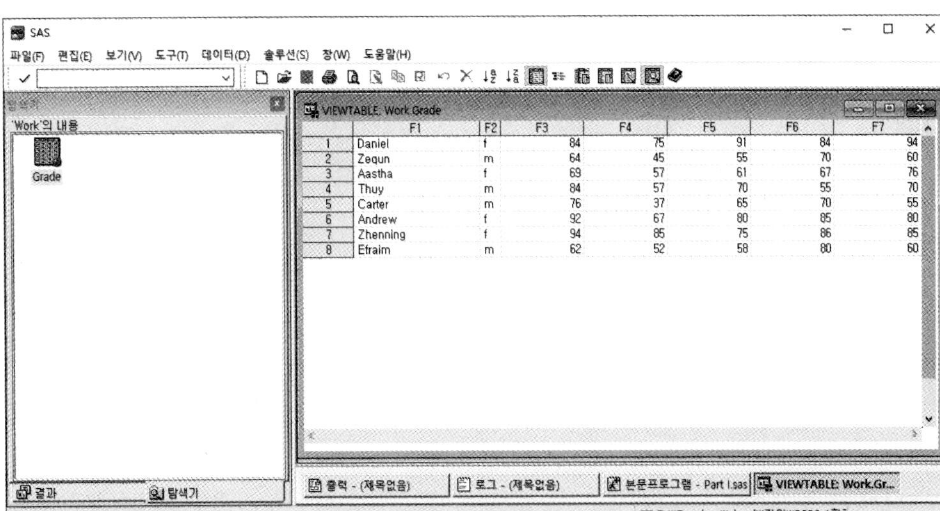

마지막으로 우리가 가진 데이터에는 변수 이름이 없었으므로 SAS에서는 자동으로 F1부터 F7까지 명명한다. 필요하다면 변수 이름을 얼마든지 바꾸어 사용할 수 있다.

EXCEL 파일이 아닌 경우에는 위와 조금 다른 형태를 살펴볼 수 있다. 하지만 걱정할 필요가 없다. 기본적인 과정은 위와 같으며 옵션 창에서 Delimiter라고 표시된 곳에 구분자의 구분만 해주고 앞에서와 마찬가지로 [Get variable names from first row.]에서 첫 줄에 변수 이름이 있으면 체크하고 변수 이름이 없으면 체크를 해제하면 된다.

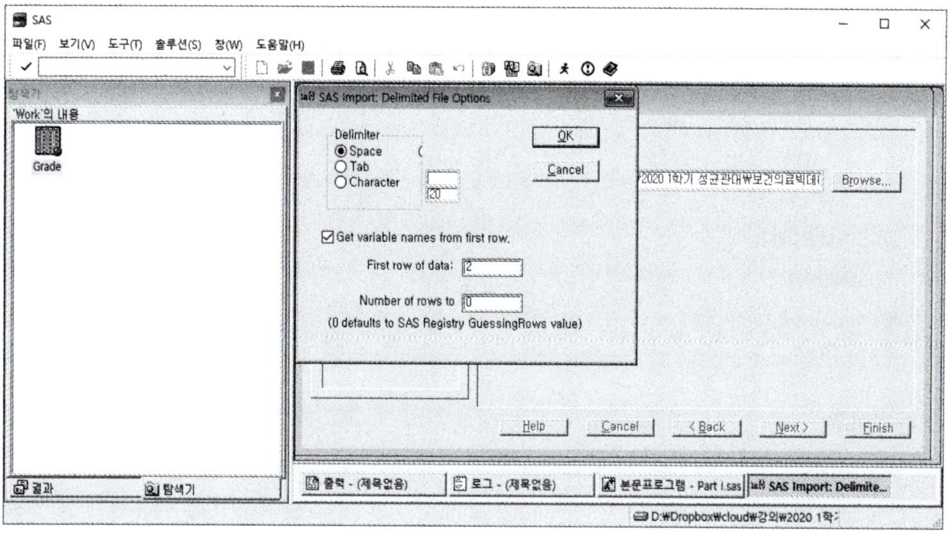

2.1.3. PROC IMPORT 이용

위저드를 이용한 방법은 기본적으로 PROC IMPORT 명령문에 기반을 두고 있다. 따라서 SAS 내에서 명령문으로 제어할 수 있다.

```
/* EXCEL FILE */
PROC IMPORT OUT= WORK.GRADE
        DATAFILE= "G:\grade.xlsx"
        DBMS=EXCEL REPLACE;
    SHEET="GRADE$" ;
    GETNAMES=NO;
    MIXED=NO;
    SCANTEXT=YES;
    USEDATE=YES;
    SCANTIME=YES;
RUN;

/* CSV FILE */
PROC IMPORT OUT= WORK.GRADE
        DATAFILE= "G:\grade.csv"
```

```
          DBMS=CSV REPLACE;
    GETNAMES=NO;
DATAROW=1 ;
RUN;

/* TEXT FILE */
PROC IMPORT OUT= WORK.GRADE
          DATAFILE= "G:\grade.txt"
          DBMS=DLM REPLACE;
    DELIMITER='20'x ;
    GETNAMES=NO;
    DATAROW=1 ;
RUN;
```

사용하려는 외부 파일의 형태에 따라 원하는 대로 사용하면 된다. PROC IMPORT 구문은 항상 정해진 양식이기 때문에 필요한 부분만 변경해서 사용하면 된다. 예를 들어 EXCEL 파일의 경우 OUT에서 새로 생성하려는 데이터셋 이름 지정하고, DATAFILE에서 경로명을, SHEET에서 EXCEL SHEET명을, GETNAMES에서 YES 또는 NO만 지정해주면 어떤 엑셀 파일이든지 SAS로 불러오는 것이 가능하다. GETNAMES 옵션은 불러들이는 파일에 변수 이름이 있는지 없는지를 나타낸다. CSV 파일 혹은 TEXT 파일 또한 마찬가지이며 이외에 여러 가지 형태의 파일 또한 쉽게 불러들일 수 있다.

PROC IMPORT 명령어는 위저드를 통해서 쉽게 생성할 수 있다. 위의 위저드를 실행하면 제일 마지막에 다음과 같은 창이 뜨게 된다.

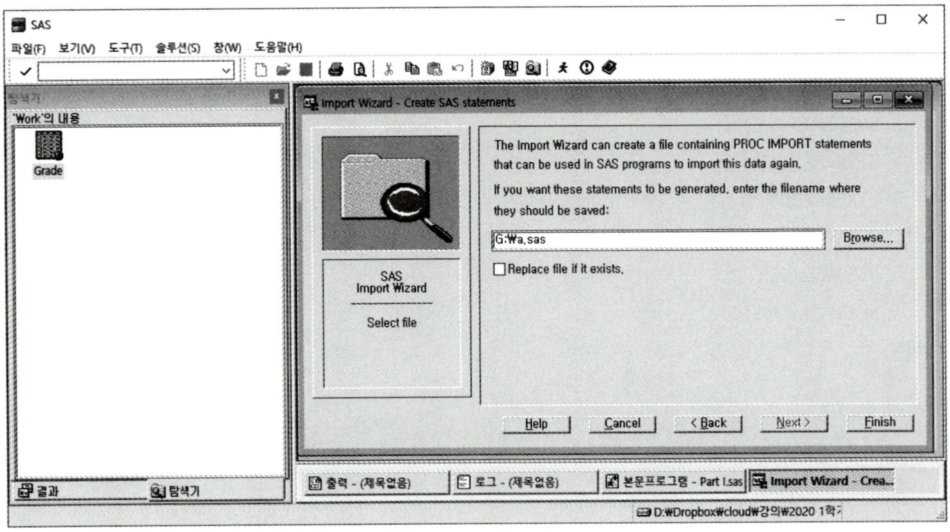

여기서 [Browse...] 옆 빈칸에 경로명과 파일이름을 직접 기입하거나 [Browse...]를 누르고 경로명과 파일이름을 지정해주면 위저드 시행 과정 동안 지정한 옵션이 적용된 PROC IMPORT 명령문이 생성된다.

2.2 자료의 출력

SAS에서 생성된 데이터셋을 외부 파일로 추출하여 저장할 수 있다. 여기서는 위저드를 이용한 데이터셋 추출과 PROC EXPORT를 이용한 데이터셋 추출법을 살펴본다.

2.2.1. 의약품 코드

위저드를 이용한 데이터셋 추출 방법은 다음과 같다.

파일 → 데이터 가져오기 → 라이브러리 및 테이블 이름 지정 → 저장할 데이터 양식 지정 → 데이터 저장경로와 파일이름 지정 → EXCEL 파일인 경우 SHEET 이름 지정

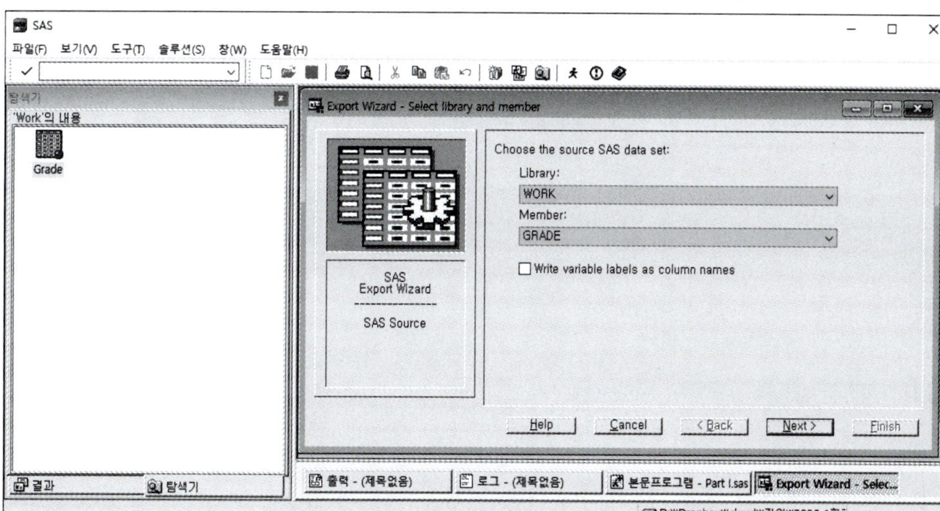

내보내고 싶은 데이터셋의 라이브러리와 데이터셋 이름을 지정한다. 여기서는 WORK 라이브러리의 GRADE 데이터셋을 지정하였다.

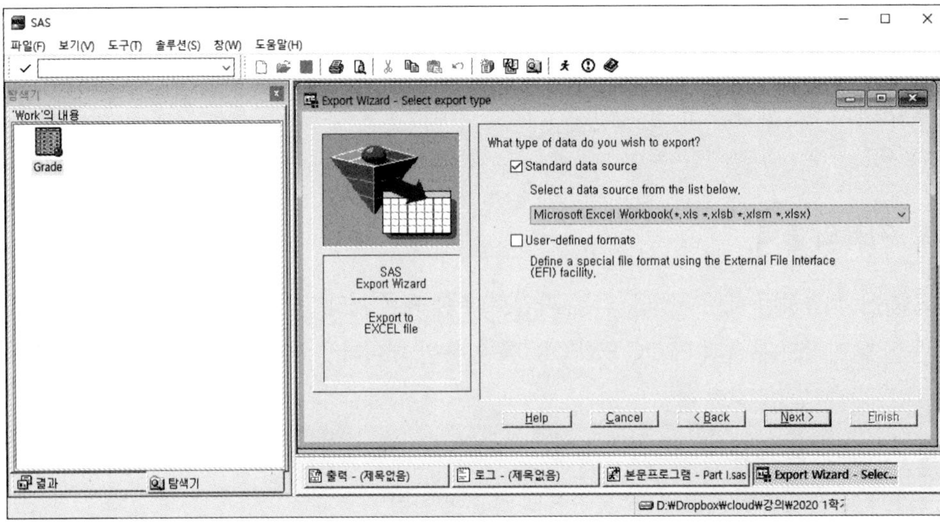

저장하고 싶은 외부 파일의 확장자명을 선택한다. 여기서는 EXCEL로 지정한다.

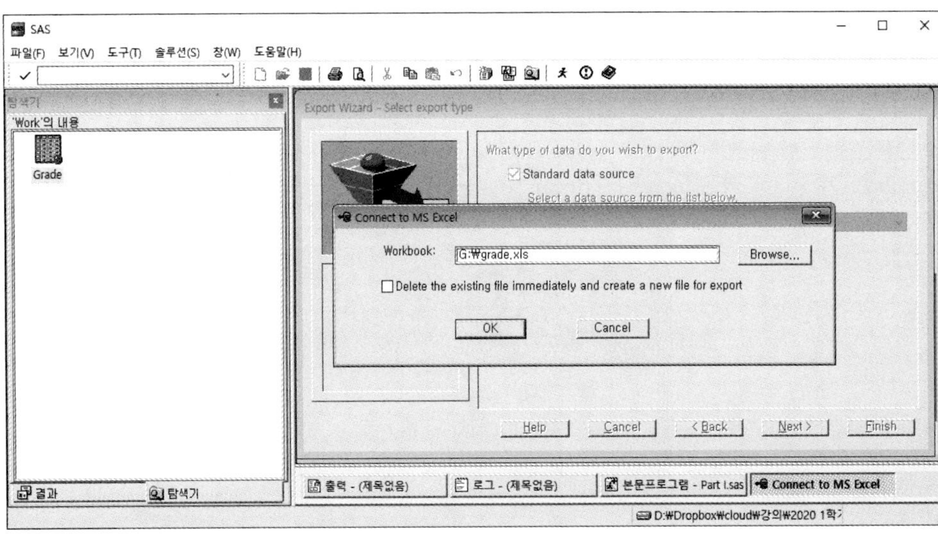

데이터셋이 저장될 경로명과 데이터 이름을 지정한다. 여기서는 G:\ 폴더에 grade.xls 파일로 저장한다.

EXCEL 파일로 지정하였기 때문에 SHEET 이름을 설정한다. 지정할 이름이 따로 없으면 비우고 그냥 넘어가도 상관없다.

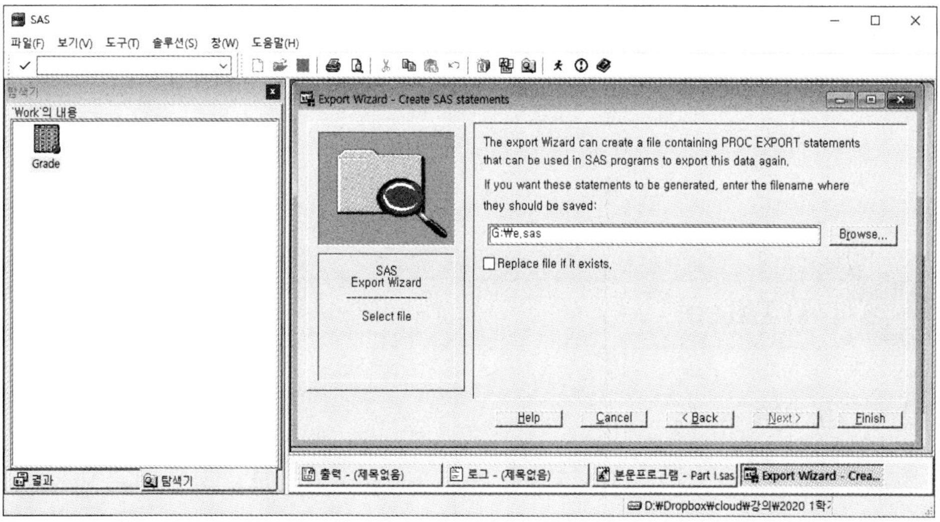

데이터 가져오기와 마찬가지로 지금까지의 실행 옵션을 SAS 파일로 저장할 수 있다. Finish를 누르면 G:\라는 폴더에 grade.xls 파일과 e.SAS 파일이 같이 생성된다. grade.xls 파일에는 내보내고자 하는 데이터셋 내용이 저장되며, e.sas 파일에는 데이터셋을 내보내는 PROC EXPORT 구문이 저장된다.

2.2.2. PROC EXPORT 이용

PROC EXPORT 구문을 이용한 데이터 내보내기 방법은 다음과 같다.

```
PROC EXPORT DATA= WORK.GRADE
          OUTFILE= "G:\grade.xls"
          DBMS=EXCEL REPLACE;
    SHEET="Sheet" ;
RUN;

PROC EXPORT DATA= WORK.GRADE
          OUTFILE= "G:\grade.csv"
          DBMS=CSV REPLACE;
RUN;
```

데이터 입출력은 여러 가지 방법이 가능하지만, 그중에서 어떠한 방법을 사용하는가는 사용자의 선택에 달려 있다. 즉, 사용자가 쓰기 편한 방법을 사용하는 것이 가장 좋다. 일반적으로 데이터 용량이 아주 크지 않다면 EXCEL을 이용하는 것이 편하며, 데이터 용량이 큰 경우에는 구분자가 '.'인 TXT 파일이나 CSV 파일을 이용하는 것이 편하다.

3 DATA step

3.1 SET문 활용

SET 문은 기존에 만들어진 데이터셋을 참조 혹은 복사의 용도로 사용된다. 예를 들어 다음과 같은 명령문을 생각해보자.

```
DATA TEMP; SET BB.DATA; RUN;
```

이 명령문은 TEMP라는 데이터셋을 WORK 라이브러리에 생성시키게 된다. 이때 BB라는 라이브러리에 있는 DATA 데이터셋을 참조해서 그대로 복사하여 TEMP 데이터셋을 생성시킨다.

3.2 변수 남기기

SET 문을 이용하여 이미 생성된 데이터셋을 토대로 새로운 데이터셋을 생성할 때 특정 변수만 취하여 새로운 데이터셋을 만들고 싶을 때 KEEP 문을 이용한다. KEEP 문을 사용하는 방법은 다음과 같다.

```
DATA 라이브러리.데이터셋명;
SET 라이브러리.기존데이터셋명 (KEEP = 변수명1 변수명2 ...);
RUN;
```

KEEP 문을 SET 문에 붙여서 사용하는 방법 외에 두 구문을 따로 지정하는 방법도 가능하다.

```
DATA 라이브러리.데이터셋명;
SET 라이브러리.기존데이터셋명;
KEEP 변수명1 변수명2 ...;
RUN;
```

3.3 변수 지우기

KEEP 문이 원하는 변수를 취하는 명령문이라면, 반대로 원하지 않는 변수를 제거할 때 사용하는 명령문이 DROP 문이다. 따라서 KEEP 문은 남길 변수의 수가 적을 때 사용하는 것이 유용하고, DROP 문은 제거할 변수의 수가 적을 때 사용하는 것이 유용하다. DROP 문을 사용하는 방법은 다음과 같다.

```
DATA 라이브러리.데이터셋명;
SET 라이브러리.기존데이터셋명 (DROP= 변수명1 변수명2 ...);
RUN;
```

KEEP 문과 마찬가지로 DROP 문을 SET 문에 붙여서 사용하는 방법 외에 두 구문을 따로 지정하는 방법도 가능하다.

```
DATA 라이브러리.데이터셋명;
SET 라이브러리.기존데이터셋명;
DROP 변수명1 변수명2 ...;
RUN;
```

3.4 변수 이름 바꾸기

생성된 데이터셋의 변수 이름을 바꾸거나 새로운 데이터셋 생성 시 다른 이름으로 변수를 저장해야 하는 경우 사용하는 명령문이 RENAME 이다. RENAME 문을 사용하는 방법은 다음과 같다.

```
DATA 라이브러리.데이터셋명;
SET 라이브러리.기존데이터셋명 (RENAME=(기존변수명1=새로운변수명1 기존변수명2=새로운변수명2
...));
RUN;
```

KEEP, DROP 문과 마찬가지로 SET 문 다음에 RENAME 문을 사용할 수 있다.

```
DATA 라이브러리.데이터셋명;
SET 라이브러리.기존데이터셋명;
RENAME 기존변수명1=새로운변수명1 기존변수명2=새로운변수명2 ...;
RUN;
```

3.5 기존 변수의 값 바꾸기

새로운 변수 생성 시 두 가지 경우를 생각해 볼 수 있다. 첫 번째는 기존에 존재하는 변수의 값을 바꾸는 것이고 두 번째는 완전히 새로운 변수를 생성하는 경우이다. 우선 기존에 존재하는 변수의 값을 바꾸는 여러 가지 형태를 알아보자. 사용법은 다음과 같다.

```
DATA 라이브러리.데이터셋명;
SET 라이브러리.기존데이터셋명;
기존에 존재하는 변수 = 원하는 형태의 식;
RUN;
```

명령문에서 "="을 기준으로 왼쪽에는 새로운 값을 가질 변수 이름을 지정하고 오른쪽에는 새로운 값을 생성하는 명령문을 작성한다. 새로운 값을 생성하는 명령문에는 단순히 숫자나 문자 값을 지정해도 되고 기존에 존재하는 변수를 이용한 수식 형태도 가능하며, 자기 자신의 값을 이용해도 무방하다.

3.6 새로운 변수 만들기

SAS에서 새로운 변수를 생성하는 방법은 기존 변수의 값을 바꾸는 방법과 다르지 않다. 다만, "="을 기준으로 왼쪽에 새로운 값을 가질 변수명 대신 새로운 변수명을 입력하면 된다. 사용하는 방법은 다음과 같다.

```
DATA 라이브러리.데이터셋명;
SET 라이브러리.기존데이터셋명;
새로운 변수 = 원하는 형태의 식;
RUN;
```

다음은 A라는 변수와 B라는 변수를 더하여 TOTAL 변수를 만드는 예제이다.

```
DATA 라이브러리.데이터셋명;
SET 라이브러리.기존데이터셋명;
TOTAL = A + B;
RUN;
```

SAS는 사용자 편의를 위해 여러 가지 함수를 제공한다. 예를 들어 변수의 합을 구하는 함수는 "SUM"을 이용하고 평균을 구할 때는 "MEAN"을 이용한다. 이처럼 내장된 함수를 이용하여 간단하게 여러 가지 형태의 식을 구현할 수 있다. SAS에서 제공하는 내장함수 중 수학 또는 통계와 관련된 내장함수는 다음과 같다.

표 1 수학 계산 관련 함수

함수 형태	내용	예제
COS(argument)	COS값을 계산	V=cos(3.14159/3)
SIN(argument)	SIN값을 계산	V=sin(3*3.14159)
TAN(argument)	TAN값을 계산	V=tan(2)
EXP(변수명)	지수함수로 지수값을 계산	V=exp(3.2)
SQRT(변수명)	제곱근 값을 계산 제곱은 **2, 세제곱은 **3	V=sqrt(3.2) V=3**2, V=3**3
LOG(변수명)	자연로그(natural log)값을 계산	V=log(3.2)
LOGN(변수명)	로그의 밑이 n인 로그값을 계산 N=10이면 상용로그값	V=log10(3.2)
ABS(변수명)	절대값을 반환	V=abs(-3)

표 2 통계 계산 관련 함수

함수 형태	내용	예제
FACT(n)	Factorial 값을 계산 n!	V=fact(6)
COMB(n,r)	Combination 값을 계산 $nCr = \frac{n!}{r!(n-r)!}$	V=comb(5,2)
PERM(n,r)	Permutation 값을 계산 $nPr = \frac{n!}{(n-r)!}$	V=perm(5,2)
MAX(argument)	변수 관측치 최대값을 구함	V=max(x,y,z)
MIN(argument)	변수 관측치 최소값을 구함	V=min(x,y,z)
N(argument)	변수 관측치 개수(결측치 제외)을 구함	V=n(x,y,z)
SUM(argument)	변수 관측치 합을 구함	V=sum(x,y,z)
MEAN(argument)	변수 관측치 평균을 구함	V=mean(x,y,z)
RANGE(argument)	변수 관측치 범위를 구함	V=range(x,y,z)
STD(argument)	변수 관측치 표준편차를 구함	V=std(x,y,z)
STDERR(argument)	변수 관측치 표준오차를 구함	V=stderr(x,y,z)
VAR(argument)	변수 관측치 분산을 구함	V=var(x,y,z)

가장 많이 이용하는 SUM과 MEAN의 사용법은 다음과 같다.

```
새로운 변수1 = SUM(변수명1, 변수명2, ...);
새로운 변수2 = MEAN(변수명1, 변수명2, ...);
```

여기서 함수 뒤의 괄호 안에 변수들은 ","로 구분되며 변수명1, 변수명2, ... 자리에는 기존의 변수명뿐 아니라 지정된 숫자를 사용해도 무방하다.

3.7 숫자 변수를 문자 변수로, 문자 변수를 숫자 변수로

데이터를 분석하다 보면 숫자를 문자로 변환하거나, 문자 변수로 읽힌 숫자를 다시 숫자 변수로 변환해야 하는 경우가 빈번히 일어난다. 먼저, 숫자형 변수를 문자형 변수로 변환할 때 사용하는 함수는 PUT이며 사용법은 다음과 같다.

```
새로운 변수 = PUT(숫자 변수명, 자릿수.);
```

PUT 함수는 PUT(숫자 변수, 자릿수.)로 사용하며, 이때 자료의 정렬 상태는 데이터셋 상에서는 오른쪽 정렬을 그대로 유지하며 출력상태에서는 왼쪽 정렬을 유지한다. 여기서 자릿수는 자료의 최대 길이를 의미한다.

다음으로 문자형 변수를 숫자형 변수로 변경할 때 사용하는 함수는 INPUT이며 사용법은 다음과 같다.

```
새로운 변수 = INPUT(문자 변수명, 자릿수.);
새로운 변수 = 문자 변수명 * 1;
```

INPUT 함수는 PUT 함수와 마찬가지로 INPUT(문자 변수, 자릿수.)로 사용한다. 이외에도 아주 간단하게 사칙연산 중 "*"와 "/"를 통해서도 변경할 수 있다.

3.8 SUBSTR 함수를 이용한 새로운 변수 생성하기

문자 변수가 가지는 값에서 특정한 위치의 값을 추출할 때 SUBSTR 함수를 이용하며 사용법은 다음과 같다.

```
새로운 변수 = SUBSTR(문자 변수, 추출시작 자릿수, 원하는 개수);
```

SUBSTR 함수의 사용 방법은 SUBSTR(변수, 추출 시작할 위치, 뽑길 원하는 개수)이다. 예를 들어 변수 A가 'ABCD1234' 값을 가지고 있다고 할 때, 처음부터 3개의 값을 뽑으면 'ABC'가 되고 이때 함수는 [A3 = SUBSTR(A,1,3);]와 같은 형태로 작성하면 된다. 만약 4번째부터 2개의 값만 뽑고 싶으면 [A4 = SUBSTR(A,4,2);]와 같은 형태로 작성하면 되고 이때 결과는 'D1'이 될 것이다.

3.9 날짜 함수를 이용한 새로운 변수의 생성

SAS 시스템은 1960년 1월 1일을 기준(0)으로 두고 숫자의 값으로 날짜를 저장한다. 예를 들어 1960년 1월 1일은 0, 1월 2일은 1, 1월 3일은 2와 같이 숫자로 부여하여 날짜를 인식한다. 날짜 값이 문자 변수로 되어 있는 경우 INPUT 함수를 이용하여 날짜 변수로 변환할 수 있으며 사용법은 다음과 같다.

```
새로운 변수 = INPUT(문자 변수, 날짜 형식);
```

INPUT에서 날짜 형식은 날짜를 담고 있는 문자 변수의 값에 따라 결정된다. 예를 들어 날짜 값이 '20020806'이라면 날짜 형식에 yymmdd8.라는 값을 지정한다. 여기서 yy는 년(year), mm은 월(month), dd는 일(day)을 의미하며 8.은 연월일순서로 8자리로 구성된 값을 의미한다. 날짜 형식은 FORMAT 구문에서 어떻게 출력할지 지정할 수 있으며 날짜 형식에 지정된 양식은 다음과 같다.

날짜 형식	출력 양식 예
MMDDYYw. DDMMYYw. YYMMDDw.	MMDDYY6. → 102301 MMDDYY8. → 10/23/01 MMDDYY10. → 10/23/2001 YYMMDD6. → 011023 YYMMDD8. → 01-10-23 YYMMDD10. → 2001-10-23
YYMMDDnw.	YYMMDDn8. → 20011023
YYMMDDpw	YYMMDDp8. → 01.10.23 YYMMDDp10. → 2001.10.23
YYMMDDsw. YYMMDDcw. YYMMDDdw. DATE7. WORDDATE.	slash(/) colon(:) dash(-) 일월(영문 3자리) 년(05OCT88) 월(영문) 일, 년(OCTOBER 05, 88)

두 번째로 날짜 변수를 생성하는 방법은 MDY 함수나 날짜를 직접 입력하는 것이며 사용 방법은 다음과 같다.

```
새로운 변수1 = SUM(변수명1, 변수명2, ...);
새로운 변수2 = MEAN(변수명1, 변수명2, ...);
```

SAS에서 날짜 변수는 숫자 변수로 인식되기 때문에 사칙연산뿐만 아니라 연산 함수를 적용하는 것이 가능하다. 또한, 여러 내장함수를 제공하여 날짜와 관련된 연산을 쉽게 할 수 있다.

표 3 오늘 일자와 관련된 함수

함수	사용 방법	설명	예시
TODAY DATE	now = TODAY(); now = DATE();	오늘의 날짜	
MDY	mdy = MDY(month,day,year);	일자	MDY(3,1,2020)
TIME	curtime = TIME();	오늘의 시간	

표 4 월, 분기, 일자와 연도를 알기 위한 함수

함수	사용 방법	설명
DAY	day=DAY(date);	날짜(1~31)
QTR	quarter=QTR(date);	분기(1~4)
WEEKDAY	wday=WEEKDAY(date);	주(1~7), 1(일요일), 2(월요일)
MONTH	month=MONTH(date);	월(1~12)
YEAR	yr=YEAR(date);	년(4자리 숫자)

INTCK	x=INTCK('day',d1,d2);
	x=INTCK('week',d1,d2);
	x=INTCK('month',d1,d2);
	x=INTCK('qtr',d1,d2);
	x=INTCK('year',d1,d2);
		Days from D1 to D2
		Weeks from D1 to D2
		Months from D1 to D2
		Quarters from D1 to D2
		year from D1 to D2

INTNX	x=INTNX('month',d1,increment,'beginning');
	x=INTNX('month',d1,increment,'middle');
	x=INTNX('month',d1,increment,'end');
		특정 날짜로부터 증가분에 의해 계산된
		Month의 시작일자
		Month의 중간일자
		Month의 마지막일자

3.10 LAG과 DIF를 이용한 새로운 변수 생성하기

LAG 함수는 관측값을 한 시점 뒤로 밀어주는 역할을 하며 DIF는 이전 시점 관측값과의 차이를 계산한다. 사용법은 다음과 같다.

```
새로운 변수명 = LAGn(기존 변수);
새로운 변수명 = DIFn(기존 변수);
```

여기서 n은 숫자값으로 지정하며 계산 단위의 크기를 지정한다. 예를 들어 LAG1의 경우 한 시점 뒤로 밀어주며 LAG2의 경우 두 시점 뒤로 밀어준다. 마찬가지로 DIF1의 경우 한 시점 이전과의 차이값을 만들어주며, DIF2의 경우 두 시점 이전과의 차이값을 만들어준다. 이때 한 시점을 결정하는 1은 쓰지 않아도 무방하다.

3.11 조건문

3.11.1. 특정 조건을 만족하는 관찰값 선택

SAS DATA step에서 특정 조건을 만족하는 개체만 선택하거나, 특정 조건을 만족하는 경우 변수의 값을 변경하는 등의 명령을 수행하기 위해서 조건문을 담당하는 IF 문을 사용한다. IF 문은 [IF 조건;], [IF 조건 THEN 명령문;], [IF 조건 THEN 명령문; ELSE 명령문;] 등과 같이 여러 가지 형태로 사용할 수 있다. 먼저 특정 조건을 만족하는 개체를 선택해서 새로운 데이터셋을 구성하는 IF 문에 대해 알아보자. 사용 방법은 다음과 같다.

```
IF 조건문1 AND/OR 조건문2 ...;
```

하나 이상의 조건문을 나열할 수 있으며, 나열된 조건을 만족하는 개체들만으로 새로운 데이터셋을 구성한다. 이때 IF 문은 개체의 선택에만 관여한다. 조건문에서 사용되는 조건 연산자와 논리 연산자는 다음과 같다.

= (EQ) 같다	<= (LE) 작거나 같다	AND 또는 & 논리곱
^= (NE) 같지 않다	< (LT) 작다	OR 또는 | 논리합
>= (GE) 크거나 같다	> (GT) 크다	NOT 아니다

A가 B보다 크다를 표현할 때 "A > B" 또는 "A GT B"로 표현해도 동일하다.

3.11.2. 특정 조건을 만족하는 관찰값 삭제

특정 조건을 만족하는 개체에 대해서 명령문을 실행하는 방법은 "IF 조건 THEN 명령문" 형태로 사용하는 것이다. 이번 장에서는 특정 조건을 만족하는 개체를 남기는 방법과 반대로 특정 조건에 해당하는 개체를 삭제하는 방법을 살펴보자. 사용 방법은 다음과 같다.

```
IF 조건문1 AND/OR 조건문2 ... THEN DELETE;
```

3.11.3. 일반 조건문

IF~THEN DELETE 명령문은 IF~THEN 실행문의 특수한 형태이다. 이번 장에서는 일반적인 형태의 IF~THEN 문을 살펴보자. 사용 방법은 다음과 같다.

```
IF 조건문1 AND/OR 조건문2 ... THEN 실행문;
```

여기서 여러 연산자가 혼합해서 사용되는 경우에 연산 순서는 괄호( ) ⇨ 산술연산자 ⇨ 비교연산자 ⇨ 논리 연산자 순으로 인식되며, 같은 연산자 내에서는 먼저 지정된 연산부터 실행한다.

3.11.4. 조건문 확장

IF~THEN 문은 조건이 참일 때 명령문을 실행하는 조건문이다. 즉, 조건이 참일 때만 시행하고 그 외의 조건에 대해서는 시행을 하지 않기 때문에 결측값으로 결과를 내어준다. 따라서 그 외에 조건에 대해서도 특정 명령문을 시행하게 하려면 새로운 IF~THEN 문을 시행해야 한다. 만약 조건이 참인 경우와 그 외의 경우로 나누어질 때 IF~THEN~; ELSE~ 구문으로 쉽게 사용 가능하며, 이러한 형태는 앞으로 이어질 여러 조건에서 사용되는 조건문의 기본 형태가 된다. IF~THEN~; ELSE~구문의 사용법의 다음과 같다.

```
IF 조건문1 AND/OR 조건문2 ... THEN 실행문1;
ELSE 실행문2;
```

여기서 ELSE 다음의 실행문2는 IF 다음의 "조건문1 AND/OR 조건문2 ..."이 거짓인 경우에 시행된다. 즉, "조건문1 AND/OR 조건문2 ..."을 만족하는 개체 이외의 나머지 모든 개체에 한해서 실행문2가 시행된다.

3.11.5. 조건문 활용

일반적으로 전체 개체가 여러 조건으로 쪼개어져서 명령문을 실행해야 하는 경우 IF 문과 ELSE 문을 중첩하여 조건과 명령문을 지정한다. 사용 방법은 다음과 같다.

```
IF 조건문1 THEN 실행문1;
ELSE IF 조건문2 THEN 실행문2;
ELSE IF 조건문3 THEN 실행문3;
...
ELSE IF 조건문p THEN 실행문p;
ELSE 실행문(p+1);
```

이와 같은 경우 조건문1이 참인 경우 실행문1을 시행하고, 조건문1이 참인 개체를 제외하고 나머지 중에서 조건문2가 참인 경우 실행문2를 시행한다. 마찬가지로 조건문1과 2가 참인 경우를 제외한 개체 중에서 조건문3이 참인 경우 실행문3을 시행하고 이와 같은 과정을 계속 반복한다. 마지막으로 앞의 모든 조건문이 참인 경우를 제외한 나머지 개체에 대해서 실행문(p+1)을 시행한다. 이와 같은 형태는 세분된 조건에 따라 새로운 변수를 생성하는 것뿐만 아니라 그룹(group) 변수를 생성할 때도 유용하게 쓰인다.

예를 들어, 나이를 기준으로 다음과 같이 그룹화하여 AGEGROUP 변수를 생성한다고 가정하자.

AGE	AGEGROUP
$AGE \leq 60$	1
$61 \leq AGE \leq 70$	2
$71 \leq AGE \leq 80$	3
$AGE \geq 81$	4

여기서 나이가 60세 이하인 사람들은 AGEGROUP 값이 1로 할당된다. 이때 AGE 값이 결측이라면(특히 수치형 변수에서 결측값은 가장 작은 값으로 판단하기 때문에), 60세 이하에는 결측값도 포함되므로 결측값 처리는 따로 해주는 것이 좋다. DATA1 데이터셋을 참조하여 DATA2 데이터셋에 AGEGROUP 변수 생성을 위한 프로그램은 다음과 같다.

```
data data2;
set data1;
if age le 60 then agegroup=1; 혹은 if age <= 60 then agegroup=1
else if age le 70 then agegroup=2; 혹은 else if age <= 70 then agegroup=2;
else if age le 80 then agegroup=3; 혹은 else if age <= 80 then agegroup=3;
else agegroup=4;
run;
```

3.12 자료의 정렬

자료의 정렬은 DATA step이 아니라 PROC step에서 이루어진다. 다만 정렬 행위 자체가 데이터의 형태를 변형시키며(내용은 그대로이나 표현순서가 달라짐), 정렬 후 결과를 바탕으로 새로운 데이터셋을 생성시킬 때 영향을 미치게 된다. 데이터를 정렬하기 위해서는 정렬을 위한 기준 변수가 있어야 하며, 정렬을 위한 PROCEDURE 이름은 SORT이며, 사용 방법은 다음과 같다.

```
PROC SORT DATA=라이브러리. 기존 데이터셋명 OUT=라이브러리. 새로운 데이터셋명;
BY (DESCENDING) 기준 변수 (DESCENDING) 기준 변수2 ...;
RUN;
```

여기서 OUT 옵션은 기존 데이터셋을 기준 변수로 정렬 후 새로운 데이터셋으로 저장하고 싶은 경우 사용하며, 기존 데이터셋 자체를 새로이 정렬하고자 하면 OUT 옵션 없이 사용하면 된다. BY 문은 기준 변수를 지정할 때 사용되는 옵션이며 SORT PROCEDURE에서는 BY 옵션에 지정된 변수를 기준으로 데이터가 정렬되며 기본은 오름차순이다. 내림차순으로 데이터를 정렬하려면 [BY DESCENDING 기준 변수;]처럼 기준 변수 앞에 DESCENDING 옵션을 주면 된다. 정렬 순서는 다음과 같다.

```
※ 숫자 변수의 정렬 순서
  결측값, 음수, 0, 양수

※ 문자 변수의 정렬 순서
  공백 ! "# $ % & ' () * + - . / 0 1 2 3 4 5 6 7 8 9 : ; < = > ? @
  A B C D E F G H I J K L M N O P Q R S T U V W X Y Z [ ] _
  a b c d e f g h I j k l m n o p q r s t u v w x y z { ¦ } ~
```

3.12.1. FIRST 변수와 LAST 변수 사용하기

데이터가 기준 변수를 기준으로 정렬되면 SAS는 자동으로 두 개의 변수, FIRST.기준변수와 LAST.기준변수를 생성한다. 만약 ID 변수를 기준으로 자료를 정렬하면 FIRST.ID와 LAST.ID 변수가 자동으로 생성된다. 이때 FIRST.ID와 LAST.ID는 1과 0의 값을 가지며 내부적으로는 1=TRUE, 0=FALSE와 같은 형태로 인식한다. 예를 들어 우리가 가지고 있는 데이터가 ID 변수 하나이며 그 값이 (1,1,1,2,2,3)과 같다고 하자. FIRST.ID는 ID 값이 나누어지는 기준마다 첫 번째 값에 1을 부여하고 나머지는 0을 부여한다. 따라서 FIRST.ID는

(1,0,0,1,0,1)과 같은 값을 가지게 된다. 또한 LAST.ID는 ID 값이 나누어지는 기준마다 마지막 값에 1을 부여하고 나머지는 0을 부여한다. 따라서 LAST.ID는 (0,0,1,0,1,1)의 값을 가지게 된다.

다음의 DATA1 데이터셋에서 ID를 기준으로 첫 번째 자료만 추출하는 예제를 살펴보자.

```
PROC SORT DATA=data1;
BY id;
RUN;
DATA data1;
set data1;
by id;
if first.id=1;
run;
```

3.12.2. 동일한 관찰값의 제거

동일한 개체가 중복되어 나타나는 경우 SORT PROCEDURE에서 NODUPLICATES (NODUP) 옵션을 이용하여 중복 개체를 제거할 수 있다. 이때 NODUPLICATES 또는 간단히 NODUP 옵션은 개체가 가지고 있는 모든 변수의 값이 동일한 경우 중복되는 개체를 제거한다. 사용 방법은 다음과 같다.

```
PROC SORT DATA=라이브러리. 데이터셋명 OUT=라이브러리. 새로운 데이터셋명
NODUPLICATES;
BY (DESCENDING) 기준 변수1 (DESCENDING) 기준 변수2 ...;
RUN;
```

만약 각 개체가 가지는 모든 변수의 값이 같은 경우가 아니라, 정렬에 사용된 기준 변수의 값이 같은 경우 중복된 개체를 제거하고 싶다면 NODUPLICATES 옵션 대신 NODUPKEY 옵션을 사용하며, 사용 방법은 다음과 같다.

```
PROC SORT DATA=라이브러리. 데이터셋명 OUT=라이브러리. 새로운 데이터셋명
NODUPKEY;
BY (DESCENDING) 기준 변수1 (DESCENDING) 기준 변수2 ...;
RUN;
```

3.13 DATASET 합치기

하나의 데이터셋을 여러 데이터셋으로 분리하는 것과는 반대로 분리된 데이터셋을 하나의 데이터셋으로 통합할 때는 SET 구문 또는 MERGE 문을 이용한다. 예를 들어, A 학교와 B 학교 학생으로부터 동일한 설문조사를 시행했다고 하면, 같은 항목으로 이루어진 두 개의 데이터셋이 생성된다. 이때 두 데이터셋을 통합할 때는 SET 문을 이용한다. 즉, SET 문은 기본적으로 동일한 변수를 가진 여러 데이터셋을 이용하여 하나의 데이터셋을 생성함으로써 개체 수가 증가되는 효과를 가지게 된다. 반면, MERGE 문의 경우에는 개체 수의 증가가 아니라 변수의 수가 증가하는 효과를 가지게 된다. 예를 들어 A 학교에서 설문조사를 수행한 후 추가적인 항목을 조사하는 경우 먼저 시행한 조사와 후에 시행된 조사로 이루어진 두 개의 데이터셋을 통합하는 경우 MERGE 문을 사용한다. 즉, MERGE 문은 기본적으로 동일한 개체로 이루어진 여러 데이터셋을 이용하여 하나의 데이너셋을 생싱함으로써 변수의 수가 증가하는 효과를 가지게 된다.

3.13.1. SET 문을 이용한 DATASET 합치기

SET 문은 여러 개의 데이터셋을 아래위로 붙여 하나의 데이터셋으로 만듦으로써 개체 수의 증가를 가져온다. 즉, 새로운 개체로 이루어진 여러 데이터셋을 통합할 때 SET 문을 사용하며, 사용 방법은 다음과 같다.

```
DATA 라이브러리.새로운데이터셋명
SET 라이브러리.데이터셋1 라이브러리.데이터셋2 ...;
실행문;
RUN;
```

이때 데이터셋은 SET 구문 다음에 나열되는 데이터셋 순서대로 위에서부터 밑으로 달라붙게 된다.

3.13.2. MERGE 문을 이용한 DATASET 합치기

SET 문은 서로 다른 개체로 이루어진 데이터셋을 통합할 때 사용하며 MERGE 문은 기본적으로 동일한 개체로 이루어지고 서로 다른 변수를 가지고 있을 때 사용한다. 따라서 SET 문은 데이터셋이 결합되는 형태가 나열되는 데이터셋의 순서에 따라 위/아래로 통합이 되며 MERGE 문은 개체를 기준으로 좌/우로 통합되어 변수가 추가되는 형태로 데이터셋이 합쳐진다. MERGE 문을 사용하는 방법은 다음과 같다.

```
DATA 라이브러리.새로운데이터셋명
MERGE 라이브러리.데이터셋1 라이브러리.데이터셋2 ...;
실행문;
RUN;
```

개체가 완전히 똑같지 않지만 중복된 개체가 존재하고, 개체 번호에 맞춰서 데이터셋을 합쳐야 하는 경우에는 MERGE 문과 BY 문을 이용하여 순서를 맞춰주면 된다. 이때 BY 문은 BY 다음에 나오는 변수에 의해 정렬이 되어 있어야 한다.

```
DATA 라이브러리.새로운데이터셋명
MERGE 라이브러리.데이터셋1 라이브러리.데이터셋2 ...;
BY 기준변수;
실행문;
RUN;
```

4 SQL과 MACRO

Structured Query Language (SQL)은 테이블에서 자료를 조회하고 자료를 입력, 수정, 삭제하며 테이블, 뷰, 인덱스를 생성, 삭제하는 데 널리 사용되는 표준화된 언어이며, 데이터베이스를 관리하는데 유용하게 사용된다. SAS에서는 SQL의 기본기능을 SQL Procedure (Proc SQL)로 제공하여 데이터셋 관리의 편리함을 더하고 있다.

4.1 PROC SQL 기본 구조

SQL Procedure를 실행하기 위한 기본 형식은 다음과 같다.

```
PROC SQL;
CREATE TABLE 라이브러리. 새로운 데이터셋명 AS
SELECT 변수1, 변수2, 변수3, ...
FROM 라이브러리.데이터셋 AS A, 라이브러리.데이터셋 AS B ...
WHERE (ON) 조건1 AND/OR 조건2 ...
```

```
GROUP BY 변수1, 변수2, ...
ORDER BY 변수1, 변수2, ...;
QUIT;
```

SAS에서 SQL Procedure는 PROC SQL;로 시작하고 QUIT;로 끝을 낸다. CREATE TABE 데이터셋명 AS에는 새로 생성하고자 하는 데이터셋 이름을 적어준다. SELECT 구문은 데이터셋에 선택하고자 하는 변수 혹은 새로 생성하려는 변수를 지정한다. 따라서 DATA Step에서 keep 구문 또는 새로운 변수 생성과 관련이 있다. FROM 구문은 새로운 데이터셋을 구성하는 데 참조하는 데이터셋명을 적어준다. 이는 DATA Step의 SET 구문과 같은 역할을 한다. WHERE (ON) 구문은 데이터셋 구성 시 필요한 조건을 지정하며 DATA Step에서 IF 문 또는 WHERE 문과 같은 역할을 한다. GROUP BY 문에는 그룹화된 데이터셋 생성 시 그룹화할 기준 변수를 지정한다. GROUP BY 문은 건강보험청구자료와 같이 한 ID에 여러 개의 행이 존재하는 경우 유니크한 ID 별로 값을 산출해주기 때문에 ID 별로 계산해야 하는 경우에 유용하게 사용된다. ORDER BY 문은 데이터셋을 정렬해서 표현하고 싶을 때 정렬 기준 변수를 지정한다. 이는 SORT Procedure와 같은 기능을 한다. 이처럼 SQL Procedure는 하나의 Procedure에 여러 가지 명령의 수행이 가능한 옵션들로 구성되어 있으며 상황에 맞게 구성하여 사용한다.

4.2 단일 데이터셋 다루기

SQL Procedure는 CREATE TABLE, SELECT, FROM, WHERE, GROUP BY, ORDER BY 옵션의 조합으로 상황에 맞게 명령어가 구성된다. 이번 장에서는 단일 데이터셋을 이용하여 데이터셋 생성, 변수 생성, 조건문 적용 등과 관련하여 살펴보자.

SQL에서 변수 생성을 위해 주로 사용하는 함수는 다음과 같다. 이 외에도 SAS에서 사용하는 대부분의 함수를 사용할 수 있다.

함수	정의
AVG, MEAN	mean or average of values
COUNT, FREQ, N	number of nonmissing values
CSS	corrected sum of squares
CV	coefficient of variantion (percent)
MAX	largest value
MIN	smallest value
NMISS	number of missing values
PRT	probability of a greater absolute value of Student's t

RANGE	range of values
STD	sandard deviation
STDERR	standard error of the mean
SUM	sum of values
SUMWGT	sum of the weight variable values
T	student's t value for testing the hypothesis that the population mean is zero
USS	uncorrected sum of squares
VAR	variance

예제 1 환자수 산출

data1 데이터셋에서 중복되지 않은 환자수를 산출하는 방법은 다음과 같다.

```
PROC SQL;
SELECT count(distinct id) as no_id
FROM data1;
QUIT;
```

CREATE TABLE 구문을 사용하지 않기 때문에 데이터셋을 따로 생성시키지 않고 결과값만 보여주게 된다. count 명령어는 자료의 개수를 산출하며, distinct는 자료가 중복되지 않게 한다. 산출값 뒤에 as는 산출된 값이 가지게 되는 변수 이름을 지정하게 하며 여기서는 no_id라는 이름으로 중복되지 않은 id의 개수를 보여준다.

예제 2 ID값 별 합계

ID별로 변수 a 값의 합계를 구해 suma라는 변수를 생성하는 방법은 다음과 같다.

```
PROC SQL;
CREATE TABLE data2 as
SELECT distinct id, sum(a) as suma
FROM data1
GROUP BY id;
QUIT;
```

CREATE TABLE 구문에서 data2 데이터셋을 생성한다. 이때 생성되는 데이터셋에는 중복되지 않은 id값을 기준으로 a 변수값을 더해 suma 변수를 생성한다. 예를 들어, id=1인 경우 a의 값이 3, 5, 7 세 개가 존재한다면, 새로 생성되는 데이터셋 data2에는 id=1인 경우 suma=15의 값을 생성한다.

예제 3 **새로운 변수 생성**

SQL 구문에서 새로운 변수를 생성하는 방법은 다음과 같다.

```
PROC SQL;
CREATE TABLE data2 as
SELECT *, sum(a, b) as total
FROM data1;
QUIT;
```

CREATE TABLE 문에서 data2 데이터셋을 생성하고 이때 FROM 뒤에 있는 data1 데이터셋을 참조하게 된다. SELECT 구문에서 '*'는 data1에 존재하는 모든 변수를 의미한다. 따라서 data1의 모든 변수와 'a', 'b' 변수를 더해서 total 변수를 생성하는 것을 의미한다. 모든 변수가 아니라 특정 변수만 남기고 싶으면 변수 이름을 적어주면 된다.

4.3 여러 데이터셋 다루기

SQL Procedure를 이용하여 여러 데이터셋을 합치거나 다른 데이터셋과 연계하여 특정한 조건의 데이터셋 만을 뽑아내는 것이 가능하다. 이러한 기능은 DATA Step에서 데이터셋을 합치는 SET 문과 MERGE를 섞어놓은 형태이며, 사실상 그보다는 더 많은 형태로 활용할 수 있다. 기능 면에서 SQL Procedure를 이용하는 방법은 다음과 같이 크게 4가지 형태로 나뉜다.

① 여러 데이터셋에서 동일한 ID만을 매칭시켜 데이터셋을 생성하는 INNER JOIN
② 기준 데이터셋을 왼쪽에 두고 다른 데이터셋에서 동일한 ID에 해당하는 개체의 변수값을 통합하는 LEFT JOIN
③ LEFT JOIN과는 반대로 동일한 ID에 해당하는 개체의 변수값을 오른쪽 기준 데이터셋으로 통합하는 RIGHT JOIN
④ 모든 데이터셋의 개체와 변수를 동일 ID를 기준으로 통합하는 OUTER JOIN

INNER JOIN은 각 데이터셋에 기준 ID를 통해 공통으로 존재하는 개체(행)만 선택하여 데이터셋을 구성하는 방법이다. 이를 개체 입장에서 표현하면 다음 그림과 같다.

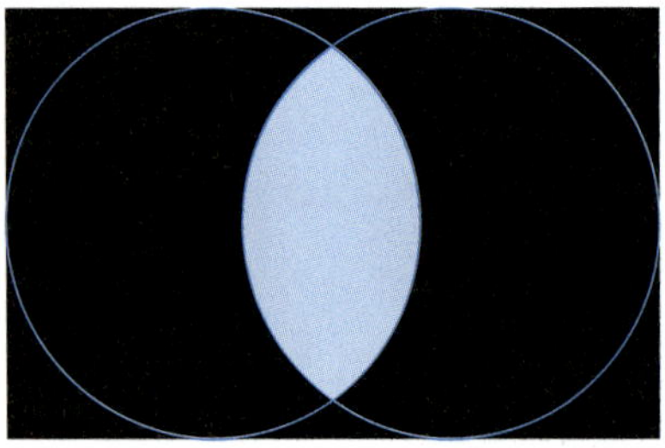

두 데이터셋 data1과 data2를 id를 기준으로 INNER JOIN해서 data3 데이터셋을 생성하는 방법은 다음과 같다.

```
PROC SQL;
CREATE TABLE data3 as
SELECT a.*, b.*
FROM data1 as a inner join data2 as b
on a.id=b.id;
QUIT;
```

두 데이터셋 data1과 data2를 합치기 위해 FROM 구문에서 data1과 data2를 설정하고 INNER JOIN으로 묶어준다. 이때 두 데이터셋을 구분하기 위해 AS 구문을 통해 각각 a와 b로 설정한다. 따라서 a.id는 a 데이터셋 즉, data1에 존재하는 id라는 변수를 지칭한다. INNER JOIN은 좀 더 간단하게 다음과 같이 사용할 수 있다.

```
PROC SQL;
CREATE TABLE data3 as
SELECT a.*, b.*
FROM data1 as a, data2 as b
where a.id=b.id;
QUIT;
```

두 명령문의 다른 점은 INNER JOIN 구문을 간단하게 "," 로 표시하고 ON 대신에 WHERE 구문을 사용하는 점이다.

LEFT JOIN은 기준이 되는 데이터셋을 베이스로 공통으로 존재하는 변수의 값이 매칭되는 행의 정보를 다른 데이터셋으로부터 끌어와 데이터셋을 구성하는 방법이다. 따라서 원본 데이터셋은 그대로 두고, 다만 다른 데이터셋의 변수를 추가하고 싶을 때 LEFT JOIN을 사용한다. 반면, RIGHT JOIN은 LEFT JOIN과 반대 방향으로 이루어진다. 이를 개체 입장에서 표현하면 다음 그림과 같다.

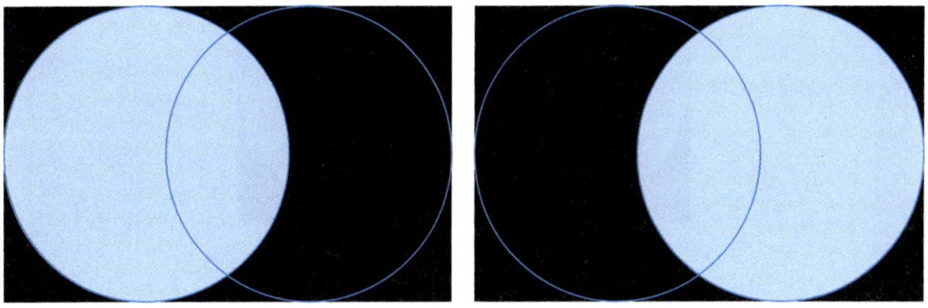

LEFT JOINT를 시행하기 위한 명령어는 다음과 같다.

```
PROC SQL;
CREATE TABLE data3 as
SELECT a.*, b.*
FROM data1 as a left join data2 as b
on a.id=b.id;
QUIT;
```

RIGHT JOINT를 시행하기 위한 명령어는 다음과 같다.

```
PROC SQL;
CREATE TABLE data3 as
SELECT a.*, b.*
FROM data1 as a right join data2 as b
on a.id=b.id;
QUIT;
```

LEFT JOIN과 RIGHT JOIN은 INNER JOIN과 명령문이 같게 적용된다. 다만 INNER 대신 LEFT나 RIGHT를 적용하고 실제 적용되는 형태는 LEFT JOIN의 경우 data1을 기준으로 data2의 정보를 추가하고, RIGHT JOIN은 data2를 기준으로 data1의 정보를 추가한다.

마지막으로 OUTER JOIN은 모든 행을 조합하는 형태로 데이터셋을 구성한다. 다른 말로 FULL JOIN이라고도 한다. 이를 개체 입장에서 표현하면 다음 그림과 같다.

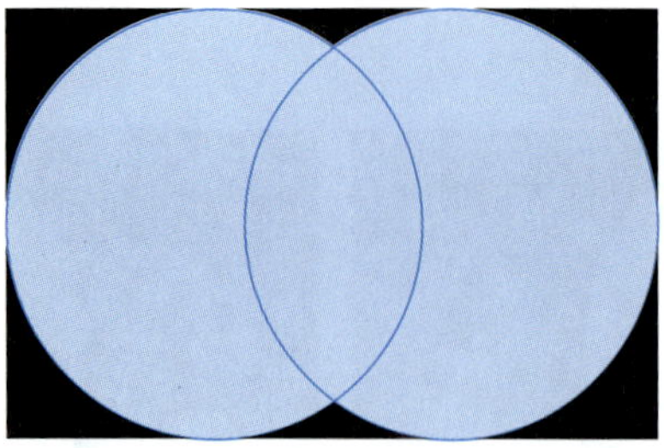

OUTER JOINT을 시행하기 위한 명령어는 다음과 같다.

```
PROC SQL;
CREATE TABLE data3 as
SELECT a.*, b.*
FROM data1 as a outer join data2 as b
on a.id=b.id;
QUIT;
```

4.4 MACRO

SAS MACRO는 동일한 작업 과정을 여러 번 반복하는 경우, 특히 동일한 작업의 코딩이 매우 길고 그 작업을 여러 조건에서 해야 할 때 사용자가 함수를 만들어서 편하게 사용할 수 있는 방법을 의미한다. MACRO를 설정 및 사용하기 위한 기본 형식은 다음과 같다.

```
%MACRO 매크로이름 (인수1, 인수2, ...);
실행문
%MEND 매크로이름;

%매크로이름(인수1, 인수2, ...);
```

MACRO는 %MACRO로 시작하고 %MEND로 끝을 낸다. 즉, %MACRO와 %MEND 사이에 나타나는 실행문이 실제 수행되는 내용이며, 매크로이름은 사용자가 임의로 설정한다. 이때 실행문이 실행될 때 바뀌는 조건을 '인수1, 인수2...'와 같이 설정하여 실행문에서 이러한 인수들을 활용할 수 있게 반영해야 한다. MACRO를 실행할 때는 [%매크로이름(인수1, 인수2,...);]와 같은 형태로 실행한다.

```
%MACRO cpoy (a);

data &a;
set data1;
run;

%MEND copy;

%copy(data2);
```

예제에서 매크로의 이름은 copy로 두고 인수는 'a'로 설정하였다. 매크로 내에서 인수는 '&'기호를 통해 조절하게 된다. 위에서는 'data &a'로 구문을 작성하였고, 이는 데이터셋을 생성하는 데 '&a'를 통해 인수 a로 들어오는 값으로 설정하게 된다. 매크로 실행은 '%copy(data2)'와 같이 시행하며, 이를 통해 시행되는 매크로는 data1 데이터셋을 복사하여 data2 데이터셋을 생성하도록 한다.

5 기술통계분석

연구자는 각종 통계분석에 앞서 측정된 변수들이 지닌 분포의 특성을 알아볼 필요가 있다. 분포의 특성이란 자료가 어느 곳에 몰려 있는 정도, 또는 흩어져 있는 정도를 말한다. 분포의 특성은 평균, 분산, 빈도 등을 통해 알 수 있다.

5.1 빈도분석(질적 자료)

빈도분석(Frequency Analysis)은 도수분포표나 막대그림을 이용하여 측정된 변수들이 지닌 분포의 특성을 알게 해준다. 각 범주에 따른 빈도, 기대빈도, 행(열) 백분율 또는 전체 백분율을 통하여 질적 자료의 특성을 살펴볼 수 있다.

```
PROC FREQ 옵션들;
 TABLES 변수명/옵션들;
  WEIGHT 변수명;
   BY 변수명;
    OUTPUT 옵션들;
RUN;
```

```
(예시문)
proc freq data=grade;
table k / out=freq_k;
run;

proc freq data=grade;
table k*e / out=freq_1;
run;
```

- PROC FREQ 문장

DATA=SAS dataset;

ORDER=FREQ : 빈도표에서 칸의 빈도가 많은 수준의 순서대로 결과를 출력한다.

- TABLES 변수명/옵션들;

변수명: 해당되는 변수에 대한 빈도표를 작성한다.

TABLES A

TABLES A B

TABLES A*B

TABLES A*(B C) : A*B A*C와 동일

- 옵션들

출력하는 데 따르는 선택사양

- NOFREQ: 칸의 빈도를 출력하지 않는다.
- NOPERCENT: 칸의 퍼센트를 출력하지 않는다.
- NOROW: 가로 행 퍼센트를 출력하지 않는다.
- NOCOL: 세로 열 퍼센트를 출력하지 않는다.
- NOCUM: 일원 빈도표에서 누적빈도와 누적 퍼센트를 출력하지 않는다.

- BY 문장

BY 변수들의 값에 의해 구분된 집단마다 원하는 통계량이 계산된다.

- OUTPUT 문장

OUT=DATASET 이름으로 결과가 저장되며, 새로운 자료에서 사용하기를 원하는 통계량에 대해 이름을 부여한다.

5.2 기술통계분석

연속형 변수의 분포 특성은 자료가 어느 곳에 몰려 있고 어느 정도 흩어져 있으며 어느 쪽으로 치우쳐져 있는지, 정규분포를 기준으로 어느 정도 뾰족한지의 정도 등으로 나타낸다. 이러한 분포의 특성은 평균, 분산, 왜도, 첨도 등과 같은 수치로 파악할 수 있다.

5.2.1. PROC UNIVARIATE

연속형 변수의 특성을 나타내는 기본 PROCEDURE는 PROC UNIVARIATE이다.

```
PROC UNIVARIATE 선택사양;
 VAR 변수명;
  WEIGHT 변수명;
   BY 변수명;
    OUTPUT 옵션들;
RUN;
```

(예시문)

```
proc univariate data=grade plot Normal;
var k;
  output out=uni_re mean=m std=S q1=q1
        median=q2 q3=q3 p1=p1 p10=p10;
run;
```

• PROC UNIVARIATE 문장

DATA=SAS dataset

PLOT: 줄기와 잎그림, 상자그림, 정규확률(p-p) 그림을 출력한다.

FREQ: 분석하고자 하는 변수에 대하여 도수분포표를 작성한다. 도수와 백분율, 누적백분율을 표시한다.

NORMAL: 자료가 정규분포를 따르는지를 검정하기 위해 검정통계량값과 대응하는 p-값을 제시한다.

• VAR 문장

VAR 문장에 열거한 변수들에 대해 모든 기술적 통계량들을 계산한다. 이 문장이 생략되면 자료에 있는 모든 변수에 대해 분석한다.

• BY 문장

BY 변수들의 값에 의해 구분된 집단마다 관찰값들이 분리되어 분석된다.

• OUTPUT 문장

OUTPUT OUT=SAS dataset(선택사양);

선택사양: 새로운 자료에서 사용하기를 원하는 통계량에 대해 이름을 부여한다.

N	총관찰수	MAX	최대값
NMISS	결측값의 수	MIN	최소값
MEAN	평균	RANGE	범위
SUM	합	Q3	3사분위수
STD	표준편차	MEDIAN	중앙값
VAR	표본분산	Q1	1사분위수
SKEWNESS	왜도	QRANGE	Q3-Q1
KURTOSIS	첨도	MODE	최빈수
		P1~P100	백분위수

5.2.2. PROC MEANS

PROC MEANS는 변수들의 중심측도와 변동측도와 같은 기술통계량 등을 간단하게 산출한다.

```
PROC MEANS 옵션들;
   VAR 변수명/옵션들;
   BY 변수명;
   CLASS 변수명;
   WEIGHT 변수명;
   OUTPUT 옵션들;
 RUN;
```

```
(예시문)
proc sort data=exam;
by gender;
run;
proc means data=exam n nmiss mean std stderr min max
cv t prt;
var x1-x4;
by gender;
output out=exam_mean n=n mean=m std=s stderr=se
min=min max=max cv=cv t=t prt=p;
run;
```

- PROC MEANS 옵션들

NOPRINT: 분석 결과를 인쇄하지 않는다.

MAXDES = n: 소수점의 최대 자릿수(0-8)를 지정한다. 기본적인 소수점 위치는 둘째 자리이다.

- **결과를 출력시킬 수 있는 통계량들의 종류**

N: 표본수

NMISS: 결측된 수

MEAN: 평균

STD: 표준편차

MIN: 최솟값

MAX: 최댓값

RANGE: 범위

SUM: 합

VAR: 표본분산

USS: 비수정된 제곱합

CSS: 수정된 제곱합

STDERR: 평균의 표준오차

T: $H_0 : \mu = 0$에서 t 검정통계량값

PRT: 검정통계량의 절댓값보다 클 확률(p-value)

SUMWGT: weight 변수들의 합

※ 어떠한 옵션도 지정하지 않은 경우 N, MEAN, STD, MIN, MAX만 출력된다.

• VAR 문장

통계량들을 VAR 문장에 기입된 각 변수에 대해 계산

• BY 문장

BY 변수들의 값에 의하여 구분된 집단마다 원하는 통계량이 계산된다.

• CLASS 문장

부속집단들을 형성하는 데 사용되는 변수를 지정한다.

• OUTPUT 문장

OUT = SAS dataset으로 결과가 저장되며, 새로운 자료에서 사용하기를 원하는 통계량에 대하여 이름을 부여한다.

5.2.3. PROC SUMMARY

PROC SUMMARY는 각 그룹별로 평균값, 합계, 자료수를 구할 때 이용된다. 특히 procedure는 통계량들을 구하기 위해 자료를 정렬할 필요가 없으므로 컴퓨터의 용량과 시간이 절약된다. PROC SUMMARY는 CLASS에서 지정한 변수들의 각 수준별 모든 조합에 대해 기술통계량을 제공하므로 큰 그룹의 통계량을 구한 후 작은 그룹의 통계량을 구하는 경우 편리하게 사용된다. PROC SUMMARY의 형식은 다음과 같다.

```
PROC SUMMARY 옵션들;
  CLASS 변수명;
  VAR 변수명/옵션들;
  BY 변수명;
  FREQ 변수명;
  WEIGHT 변수명;
  ID 변수명;
  OUTPUT 옵션들;
RUN;
```

```
(예시문)
proc summary data=exam print n nmiss mean std stderr
min max cv t prt;
var x1-x4;
class gender;
output out=exam_mean n=n mean=m std=s stderr=se
min=min max=max cv=cv t=t prt=p;
run;
```

• PROC SUMMARY 옵션들

PRINT: PROC SUMMARY의 결과인 기술통계량을 출력할 경우 사용한다.

MAXDEC = n: 통계량 값들을 출력할 때의 소수점 자릿수를 지정할 때 사용한다.

FW = n: 통계량 값들을 출력할 때 각 통계량값들의 필드의 폭을 지정한다.

MISSING: CLASS variables에서 지정한 변수가 결측인 경우를 별도의 그룹으로 만들 때 사용한다.

NWAY: 가장 높은 _TYPE_ 값을 가진 통계량만을 OUTPUT으로 한다. N, NMISS, MEAN, STD, MIN, MAX, RANGE, SUM, VAR, USS, CSS, STDERR, CV, T, PRT, SUMWGT와 같은 옵션을 사용하여 여러 가지 통계량 값들을 출력할 수 있다.

• CLASS 문장

그룹별로 기술통계량을 구하고자 할 때 그룹을 지정한다. CLASS 문은 BY 문과 그 기능이 거의 같으나 출력 양식이 약간 다르다. 또한 BY 문은 정렬이 되어 있는 dataset에서만 사용할 수 있지만 CLASS 문은 정렬되지 않은 dataset에서도 사용할 수 있다.

• VAR 문장

기술통계량을 구하고자 하는 변수를 지정한다. 생략하면 전체 관측값의 개수만을 계산한다. 또한 CLASS 문이 사용되면 그룹별로 관측값의 개수를 계산하여 출력한다.

• FREQ 문장

각 관측값이 FREQ 뒤에 지정된 변수의 크기만큼 대표하는 것으로 계산한다. FREQ 뒤의 변수의 값이 결측이거나 1보다 작으면 계산에서 제외되고 정수가 아닌 경우에는 정수부분만 참조한다.

• WEIGHT 문장

각 관측값에 가중값을 지정할 때 이용된다.

• BY 문장

특정 변수의 각 수준별로 PROC SUMMARY를 실행하고자 할 때 사용된다. 반드시 BY 문 다음의 변수에 의해서 정렬이 되어 있어야 한다.

• OUTPUT 문장

OUT=SAS dataset : 출력된 결과를 저장하는 dataset을 지정하도록 한다. 만약 OUT=가 생략되면 DATAn의 형식의 dataset에 저장된다.

• Keyword=variable name

dataset에 출력된 결과를 저장할 때, 저장하고자 하는 keyword로서 그 종류는 N, NMISS, MEAN, STD, MIN, MAX, RANGE, SUM, VAR, USS, CSS, STDERR, CV, T, PRT, SUMWGT과 같은 것들이 있다. 또한 variable name은 VAR 문에 있는 각 변수에 해당되는 통계량에 대한 이름들이다.

1부

국민건강보험 빅데이터

1장 국민건강보험 빅데이터의 구조와 특성

학습목표

1. 국민건강보험 빅데이터의 특성을 이해하고 기본 구성 및 주요 항목을 파악한다.
2. 상병코드 및 약물코드의 구조를 이해하고 성분별 약가파일 구성 및 활용 방법을 학습한다.
3. 국민건강보험 빅데이터를 활용한 기초적인 분석방법을 익힌다.

개요

본 장에서는 국민건강보험 빅데이터의 구성을 이해하여 빅데이터를 분석하기 위한 준비 학습을 한다. 구체적으로 빅데이터의 상병코드 및 약물코드의 구조를 이해하여 향후 분석 주제에 맞게 빅데이터를 구축하는 방법을 익힌다. 고혈압 환자를 선정하여 분석하는 사례를 통해 기초적인 자료 구축과 통계 프로그램 활용 방법을 학습하고, 연습문제를 풀어봄으로써 실질적인 빅데이터 분석 능력을 함양한다.

1 국민건강보험 빅데이터의 이해

1.1 국민건강보험 빅데이터의 구성

국민건강보험 빅데이터는 크게 5가지의 데이터셋으로 구성되어 있으며, 각 데이터셋은 연결 가능한 변수(key 변수)를 통해 필요한 경우 병합하여 사용하게 되어 있다.

1.1.1. 자격 및 보험료 데이터셋

자격 및 보험료 데이터셋(테이블)에는 보통 성별, 연령, 거주지역, 보험료 분위, 의료보장유형, 장애유무 등에 대한 정보가 기록되어 있다. 여기서 연령은 해마다 바뀔 수 있고, 거주지역은 개인별 거주지를 나타내는 것으로 이사할 때마다, 한 해에도 여러 번 바뀔 수 있다. 보험료 분위도 자주 변화할 수 있으며, 의료보장유형(건강보험, 의료급여)도 마찬가지이다. 이 때문에 자격 및 보험료 데이터는 보통 1년에 한 번을 정해서(연말 혹은 연초) 그 시점에서의 변수값을 생성하여 기록한다. 성, 연령, 거주지역, 장애여부, 보험료 수준[1] 등은 연구대상자의 일반적 특성을 나타내는 변수로 많이 활용된다.

1.1.2. 출생 및 사망 데이터셋

대상자의 출생년도, 기준년도, 사망년월, 사망원인 등이 포함되어 있으며, 대상자의 연령이 별도로 없는 경우에는 '기준년도 – 출생년도'로 연령을 산출하여 활용하기도 한다.

1.1.3. 진료(의료이용) 데이터셋

국민건강보험 빅데이터 중 가장 규모가 크고, 의료기관 및 약국 이용 내역이 상세하게 기록되어 있는 데이터셋이다. 국민건강보험 빅데이터라고 칭하는 경우 보통 '진료(의료이용) 데이터셋'을 의미하는 경우가 많다.

진료(의료이용) 데이터셋은 의료기관 및 약국에서 진료, 검사, 치료, 조제 등을 완료한 후 이에 소요된 비용을 청구하기 위해 작성한 청구서(claims)를 모은 것이다. 잘 알려진 바와 같이 우리나라 국민건강보험은 예상치 못한 질병 발생으로 인하여 발생할 수 있는 경제적 위험을 분산시킬 목적으로 만들어진 사회보험제도이다. 현재 건강보험 가입자나 피부양자가 의료기관 및 약국을 이용하는 경우 발생한 비용 중 상당 부분(보험자부담금)은 보험자인 국민건강보험공단에서 의료기관 및 약국에 지불한다.

예를 들어, A는 건강 문제로 2022년 6월 1일 ○○ 의원을 방문하여 진료 및 처방을 받았다. ○○ 의원의 총진료비가 4만 원이었는데, A는 본인부담금으로 12,000원을 ○○ 의원에 지불하고 집으로 돌아왔다. 또한 A씨는 ○○ 의원에서 받은 처방전으로 2022년 6월 3일 △△ 약국에 가서 조제를 받았다. 총 30일분을 조제 받았으며 총 약제비(총진료비)는 조제료 등과 약값을 합하여 100,000원이 나왔다. A씨는 여기서 30,000원을 본인부담금으로 △△ 약국에 직접 지불하고 집으로 약을 가지고 왔다. 이 경우 의료기관은 아직 받지 못한 28,000원을, 또한 약국은 70,000원을 받기 위해 정해진 양식으로 비용 항목을 작성해서 건강보험심사평가원에 서류를 제출하였다. 건강보험심사평가원은 ○○ 의원과 △△ 약국이 제출한 서류를 심사해서 문제가 없으면 최종적으로 ○○ 의원에 28,000원, △△ 약국에 70,000원을 지급할 것을 심사결정하여 국민건강보험공단에 통보하고, 공단은 의원과 약국에 비용을 지급하게 된다.

이처럼 진료(의료이용) 데이터셋은 ○○ 의원, △△ 약국 등이 심사청구한 데이터를 모은 것이다. 따라서 진료(의료이용) 데이터의 생산 주체는 전국의 의료기관 및 약국 등이다. 연구용으로 제공되는 진료(의료이용) 데이터는 심사가 종결되어 모든 과정이 마무리된 후 재정리한 것으로, 자료원의 특성으로 볼 때 '2차 자료'에 해당된다. 이처럼 진료(의료이용) 데이터는 어떤 연구 목적으로 사용자가 직접 구축한 데이터가 아니므로 사용자가 필요로 하는 항목이나 자료가 없을 수 있다. 따라서 국민건강보험데이터를 사용하려면 먼저 연구 목

1) 이 변수는 개인의 경제적 수준을 나타내는 대리변수로 활용하기도 한다.

적을 수립하고, 연구 목적에 따른 연구가설을 검증하는데 본 데이터가 적합한지, 필요한 변수는 있는지 등을 확인해야 한다.

국민건강보험법에서는 건강보험에서 보장받을 수 있는 치료, 재활, 예방 등의 서비스를 제공하는 기관을 요양기관이라고 하며 여기에는 의료기관, 약국, 보건소, 한국희귀의약품센터 등이 포함된다. 요양기관은 거의 유사한 양식으로 정해진 비용 청구서를 작성하여 제출한다. 비용청구 양식이 정해져 있다는 점을 고려할 때 진료(의료이용) 데이터는 '구조화된, 정형성을 가진' 데이터베이스로 볼 수 있다. 한편, 우리나라는 당연지정제로 거의 대부분의 의료기관 및 약국이 국민건강보험 적용 환자에게 국민 건강보험 급여 서비스('요양급여'라고 하기도 한다)를 제공하게 되어 있다. 따라서 날마다 전국의 의료기관 및 약국 등을 이용한 환자에 대한 매우 방대한 비용 심사 청구서가 건강보험심사평가원에 청구되고 있다. 이러한 국민건강보험 빅데이터를 모은 진료(의료이용) 데이터는 실제 의료현장에서 발생한 비용을 기록했다는 측면에서 'real world data'로 구분할 수 있으며, 관찰 데이터(observational data)의 한 유형으로도 볼 수 있다. 그리고 비용청구 목적으로 환자에게 발생한 비용과 서비스 내용을 특정한 양식에 맞게 기록한 것으로 의무기록(medical record)과는 차이가 있다.

국민건강보험 청구 서식은 의치과용, 보건기관용, 약국용, 요양병원형 등으로 구분되는데, 기본 서식은 유사한 유형으로 되어 있다. 이러한 서식은 보통 디스켓, Electronic data interchange(EDI), web 등의 방법으로 전산으로 청구되는데, 극소수이기는 하지만 서면으로 청구하는 예도 있다. 데이터를 사용하기에 앞서 요양기관별 전산 청구율이 어느 정도인지 파악하는 것이 매우 중요하다. 국민건강보험 청구 건의 전산 청구율은 2005년경부터 99%를 넘었으며, 2006년에는 99.7%, 2010년경에는 약 99.9%에 이른 것으로 알려져서 2006년 이후 데이터를 사용하면 전체 청구 건을 거의 다 분석에 포함할 수 있다. 한편, 주지하는 바와 같이 우리나라의 건강보장제도는 크게 국민건강보험과 의료급여로 구성되어 있는데, 인구의 약 3~4% 정도가 의료급여 대상자이다. 국민건강보험데이터에 처음으로 의료급여가 포함된 것은 2006년이므로 의료급여까지 포함하여 거의 전 국민을 분석대상에 포함하고 싶다면, 2006년 이후의 국민건강보험데이터를 사용해야 한다. 국민건강보험데이터에는 보훈대상자가 진료받은 경우나 산업재해 및 자동차보험 적용을 받는 진료서비스는 포함되어 있지 않다.

1.1.4. 건강검진 데이터셋

건강검진데이터는 흡연상태, 흡연량, 운동, 음주 등과 같은 건강행태와 관련된 정보와 체중, 식전혈당, 시력, 청력, 총콜레스테롤 등의 기본적 건강상태에 대한 정보를 제공하는 중요한 정보원이다. 하지만 일반건강보험 대상자는 전체 국민이 아니고 피부양자(지역의 경우 세대원)인 경우 만 20세 이상이며, 보통의 경우 2년에 한 번 받을 수 있다.[2] 또한 일반 건강검진의 수진율이 50~75% 정도이기 때문에 일반건강검진내역이 없는 경우도 상당히 있을 수 있다. 따라서 해당 정보를 이용하고자 할 때는 반드시 연구대상자 중 일반건강검진 내역이 있는 사람의 비중을 확인해야 한다.

1.1.5. 요양기관 데이터셋

앞서 말한 바와 같이 우리나라는 당연지정제로 거의 대부분의 요양기관은 건강보험급여 서비스를 제공하고 있다. 따라서 전국 거의 모든 요양기관에 대한 연도별 기본정보, 즉 요양기관종별, 요양기관주소(소재지), 표시과목(전문과목), 의사수, 입원병상수, 응급병상 수 등에 대한 정보가 구축되어 있다.

1.2 국민건강보험 빅데이터의 구조

국민건강보험 빅데이터 중에서 규모가 가장 크고 정보량도 가장 많은 것이 진료(의료이용) 데이터셋이다. 이에 진료(의료이용) 데이터셋을 중심으로 국민건강보험 데이터의 구조를 살펴보았다.

요양기관은 환자의 진료비용(약제비도 진료비용의 한 종류이다) 중 국민건강보험이 부담하는 부분(보험자부담금)을 일정한 서식(요양급여비용 명세서)에 맞추어 작성하여 청구한다(그림 1). 진료(의료이용) 데이터셋은 이처럼 요양기관이 비용청구를 위해 작성한 명세서를 전산형태로 모은 것이다.

건강보험 요양급여비용 명세서는 크게 명세서 일반내역(보통 '20TABLE' 혹은 'T20'이라고 부른다), 진료내역(보통 '30TABLE' 혹은 'T30'이라고 부른다), 상병내역(보통 '40TABLE' 혹은 'T40'이라고 부른다), 처방전 교부상세(보통 '60TABLE' 혹은 'T60'이라고 부른다) 등으로 구성되어 있다.

명세서 일반내역(T20)은 요양기관을 방문한 사람, 요양기관, 방문한 날짜 중심으로 한 건으로 구성된다. 예를 들어, 50세 성인 A씨 2021년 3월 5일에 B 의원과 C 의원을 방문하여 진료를 받았다면, 명세서 일반내역은 2줄(건)이 된다. 일반내역에는 수진자(요양기관을 방문한 사람)에 대한 정보(주민등록번호는 암호화되어 식별할 수 없게 되어 있다), 요양기관에 대한 정보(요양기관 기호는 암호화되어 식별할 수 없게 되어 있다), 서식(입원 또는 외래), 주진단명(주상병), 부진단명(부상병), 방문일자, 심결 본인부담금, 심결 공단부담금, 총진료비 등과 같은 해당 의료이용을 정리, 요약하는 정보가 포함되어 있다.

---

2) 짝수년에 출생한 사람은 2년에 한 번씩, 짝수년에 검진대상자가 된다.

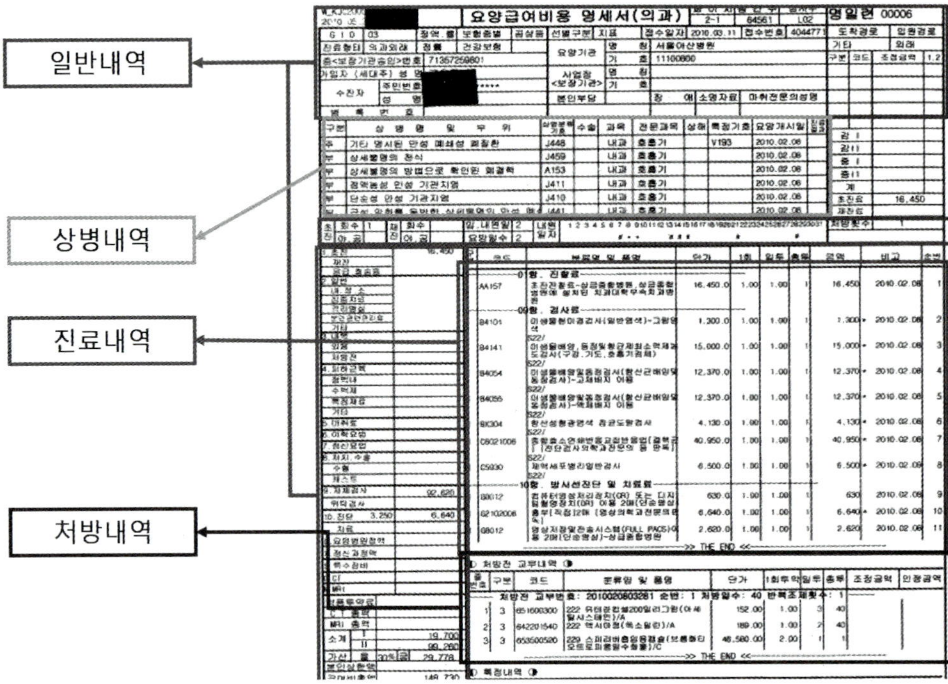

그림 1 국민건강보험 심사청구용 요양급여비용 명세서

진료내역('30TABLE' 혹은 'T30')은 건강보험 요양급여 비용이 발생한 모든 진료, 수술, 시술, 처치, 약 등이 포함된 데이터셋이다. 요양기관이 약국인 경우 약사의 조제료 등(진료비로 구분된다)과 처방조제에 포함된 약들이 모두 기재되는 공간이 바로 진료내역('T30')이다. 진료내역에 포함된 모든 비용을 합친 것이 총진료비이다. 진료내역은 '분류코드'가 다른 것이 나오면 다른 줄이 되도록 구성되어 있는데, '분류코드' 란에는 약의 경우 약품명코드가 적혀있고, 조제료인 경우 진료수가에 해당되는 코드가 적혀있다. 이처럼 진료, 수술, 시술, 처치, 약 등이 모두 '분류코드' 란에 적혀 있으므로 건강보험 데이터에는 '분류유형코드' 변수를 따로 두어 행위(진찰, 조제, 수술, 시술, 검사 등)와 의약품 등을 구분할 수 있도록 하고 있다. 만약 의약품만 따로 분석하고 싶다면 진료내역에서 '분류유형코드'가 '3(보험등재약)'인 것만 따로 뽑으면 된다. 검사 종류와 비용도 진료내역에 기록된다. 우리나라는 현재 행위별수가제가 주요한 지불보상방식이기 때문에 대부분의 검사나 시술에 대해 고유한(식별가능한) 수가코드가 존재하며, 이 코드가 '분류코드' 란에 기록되어 있다.

예를 들어, 당뇨병인지를 판단하는 데 참고하기 위해 당화혈색소 검사를 실시한 경우 당화혈색소 검사료에 해당하는 수가코드가 진료내역에 적히게 된다. 하지만 당화혈색소가 얼마인지 검사결과는 나오지 않는다. 왜냐하면 요양급여명세서는 당화혈색소 검사에 소요된 비용을 청구하는 양식이지 검사결과표가 아니기 때문이다. 이처럼 의료기관에서 행하는 많은 검사결과가 나오지 않기 때문에 건강보험자료를 이용하여 분석하는 데는 여러 가지 제한점이 있을 수 있다. 예를 들어, 당화혈색소 검사 결과를 알 수 있다면 당뇨병 환자의 중증도를 구분할 때 더 세밀한 분석을 할 수 있었을 것이다.

상병내역('40TABLE' 혹은 'T40')은 요양급여명세서에서 상병명이 적힌 부분을 별도로 분리하여 구성한 데이터셋이다. 한 건의 의료이용(명세서 한 건)에 대해 상병명은 여러 개 적을 수 있으며, 최대 20개까지 적는 예도 있다. 상병내역에는 한 줄에 한 개 상병명을 적게 되어 있다. 예를 들어, 한 건에 적힌 상병명의 수가 5개라면 해당 건의 상병내역('T40')은 5줄이 된다. 상병명중 맨 앞에 적힌 것을 의료이용의 주된 이유가 되는 상병으로 '진료기간 중 치료나 검사 등에 대한 환자의 요구가 가장 컸던 상병'[3]으로 판단하여 '주상병'으로 분류한다. 두 번째부터 나오는 상병은 모두 '부상병'으로 분류된다.

처방전 교부상세('60TABLE' 혹은 'T60')은 외래 처방전으로 발행된 의약품을 기재한 데이터셋이다. 처방내역에 포함된 의약품은 의료기관 외래진료 시에 처방전이 발행되었다는 것을 입증하는 자료이다. 처방된 의약품 중에서 일부는 조제하지 않는 것을 고려할 때[4] 처방내역은 조제내역보다 다소 많다고 할 수 있다. 또한 처방내역은 조제하기 전 단계이므로 실제 의약품 가격이 얼마인지 알 수 없다. 하지만 처방내역을 분석에 바로 사용하는 경우도 있기 때문에 샘플 데이터에는 처방전 교부상세(T60)을 활용하여 약품비를 산출할 수 있도록 하기 위해 '단가(UPRC)' 변수에 해당 의약품의 보험약가(상한가)가 기록되어 있다. 처방전에 따라 조제된 의약품은 요양기관인 '약국'의 진료내역(30Table, T30)에 포함되어 있으며 이 경우 '단가(UPRC)' 변수에는 해당 의약품의 보험약가(상한가)가 아니라 약국에서 실제 구매한 가격인 '실구입가'가 기재되어 있다. 동일인, 동일시기[5]의 의료기관 외래의 처방전 교부상세(T60)과 약국의 진료내역 중 의약품은 사실상 같은 것으로 약가(단가) 외에는 겹칠 수 있으므로 분석 시에는 연구 목적를 고려하여 처방내역과 진료내역 중 하나만 사용해야 한다. 만약 상병명을 확인하는 것이 중요한 요소라면, 약국의 명세서 일반내역(T20)에는 상병명이 적히지 않은 것이 많지만, 의료기관의 처방내역은 명세서 일반내역(T20)과 연결하여 주, 부상병을 전부 확인할 수 있으므로 처방내역을 자료원으로 하는 것이 좋다.

1.2.1. 입원과 외래 구분

환자의 의료이용 유형은 크게 입원과 외래로 구분할 수 있다. 의료기관 외래 진료와 약국

3) 국민건강보험공단 '표본코호트 레이아웃'에서 인용.

4) 처방전이 발행되었으나 조제하지 않은 것을 흔히 '소실 처방전'이라고 부른다.

5) 처방전을 받은 날 바로 조제하지 않는 경우도 있으므로 동일한 날짜가 아닐 수도 있다.

의 처방조제는 모두 외래서비스로 분류된다. 입원과 외래는 요양급여비용 명세서 청구 방법에 차이가 있다. 진료(의료이용) 데이터셋은 요양기관이 건강보험 총진료비 중 법정 본인부담금외의 보험자부담금을 청구하기 위해 작성한 청구서를 모은 것이므로 청구 방법을 파악하는 것이 본 자료를 이해하는 데 중요한 요소가 될 수 있다.

외래는 환자가 방문할 때마다 한 건으로 청구하게 되어 있다. 명세서 일반내역(T20) 변수인 '진료개시일'에 적힌 날짜가 환자가 해당 요양기관을 방문한 날이며, 방문일자(진료개시일)가 다르면 다른 건(claim)이 된다.

입원은 의료기관에 따라 다양한 방식으로 요양급여명세서를 청구한다. 입원한 환자가 퇴원할 때 입원기간 동안 비용이 발생한 모든 내역을 기재하여 한 건의 요양급여비용 명세서로 청구하기도 하고, 입원 기간에 여러 번에 걸쳐 분리 청구하기도 한다. 만약 입원 전체 비용이 많은 환자라면 보험자부담금을 빨리 받기 위해 퇴원까지 기다리지 않고 분리 청구하는 경향이 많을 것으로 짐작할 수 있다. 이러한 다양한 청구 경향을 고려하여 입원과 관련된 통계를 낼 때는 입원 에피소드 단위로 자료를 재구축하는 것이 필요하다. 입원 에피소드는 특정인이 특정한 의료기관에 입원한 날로부터 퇴원한 날까지를 한 에피소드로 묶는 방법으로[6], 입원해서 퇴원할 때까지 분리 청구된 여러 건의 명세서를 하나로 병합하는 것으로 볼 수 있다. 입원 에피소드에는 진료개시일이 다른 여러 입원 명세서 건이 포함되어 있을 수도 있고, 입원 명세서 한 건이 한 개의 입원 에피소드가 될 수도 있다.

예를 들어, 2020년 한 해 동안 벤조다이아제핀계 의약품을 복용한 사람 중 골절로 입원한 사람이 몇 명인가? 라는 물음에 대해 답하려면, 2020년 한 해 동안 벤조다이아제핀 복용 후 발생한 골절 주진단명을 가진 입원 명세서 들을 에피소드로 묶어서 산출해야 실제 입원한 사람수와 입원건수를 알 수 있다. 단순히 골절 주진단명을 가진 입원 명세서 건수를 계산하면 입원건수를 과다하게 계상하는 문제가 생길수 있다. 입원을 대상으로 연구할 때 주의해야 할 또 한 가지는 입원은 외래와 달리 입원 기간에 비용이 발생한 모든 서비스를 기재하므로, 보통 한 청구 건의 진료내역(T30)에 여러 시술이나 수술, 의약품이 적혀있는데, 해당 시술을 수행한 날짜나 의약품을 복용한 날짜에 대한 정보는 없다. 이 때문에 여러 가지 서비스들의 시간적 선후 관계를 파악할 수 없어서 이에 따른 인과관계를 설정하기가 어렵다.

6) 입원해서 퇴원할 때까지 분리 청구된 여러 건의 명세서를 하나로 묶는 것으로 볼 수 있다.

2 국민건강보험 빅데이터 분석을 위한 자료 구축

2.1 국민건강보험 빅데이터를 이용한 환자군 선정

많은 경우 국민건강보험 빅데이터 분석의 첫 단계는 분석의 대상이 되는 환자군을 선정하는 분석자료를 구축하는 것이다. 환자군 선정은 분석의 목표에 따라 다양한 방법이 사용될 수 있으나, 국민건강보험 빅데이터 분석 시, 환자군을 선정하는 대표적인 방법은 우리가 흔히 진단명이라고 하는 상병코드를 진료기록에 가지고 있는 환자를 추출하는 상병코드 기반 방법과 특정 약물을 처방받은 기록이 있는 환자를 추출하는 약물코드 기반 방법이 있다. 본 장에서는 상병코드와 약물코드의 개념을 이해하여 국민건강보험 빅데이터에서 환자군을 선정하는 과정을 통해 분석자료를 구축하고자 한다.

2.1.1. 상병코드의 이해

의료기관에서 진료를 받은 경험을 생각해 보자. 환자는 의사에게 증상을 설명할 것이고, 의사는 이를 토대로 차트에 진단명을 기록한 후, 적절한 의료 처치 및 약물 처방을 내릴 것이다. 이때 의사가 기록하는 진단명은 개인적으로 부여하는 것이 아니라 보건의료 체계 내에서 약속된 방법에 따라 정해진다. 예를 들어, 우리가 흔히 겪는 '감기 증상'은 차트에 '다발성 및 상세불명 부위의 급성 상기도 감염'이라는 진단으로 기록될 것이며, 더욱 간단하게 'J06'이라는 상병코드로 분류되어 입력될 것이다. 그렇다면 J06이라는 코드는 어떻게 부여된 것일까?

1) 한국표준질병·사인분류 체계 소개

국민건강보험 빅데이터에 기록되는 상병코드는 한국표준질병·사인분류(Korean Standard Classification of Diseases, KCD)에 따라 부여된다. KCD는 세계보건기구(World Health Organization, WHO)가 개발한 국제질병분류(International Statistical Classification of Diseases and Related Health Problems, ICD) 체계를 우리나라 보건의료 환경에 맞추어 수정한 것으로서 1952년 처음 제정된 이후 여러 번의 개정을 거쳐 2021년부터 8차 개정본이 사용되고 있다. 8차 개정본은 ICD의 10차 개정본과 유사한 형태이다. 보건의료 환경의 변화에 맞춰 새로운 질병이 발견되면, 코드가 새롭게 만들어지기도 하고, 더욱 세분화되기도 하며, 기존의 코드가 통합되기도 하므로 분석자료의 연도에 따라 상병코드가 기록된 KCD 개정 차수가 달라질 수 있음을 기억하여 분석 시 유의해야 한다. 다음 [표 1]에서처럼, 상병코드는 크게 해부학적 조직에 따른 분류로 구성되며, 감염성 질환이나 악성 신생물처럼 해부학적 조직으로 구분하기 어려운 특정 질환을 별도로 구분하고 있다. 상병코드의 첫 자리는 알파벳이고, 이후 자리는 숫자로 구성되며, 알파벳과 숫자 2자리까지 포함하는 3자리의 상병코드를 소분류, 숫자 3자리까지 포함하는 4자리의 상병코드를 세분류라고 일컫는다.

자료에는 설명 없이 상병코드 분류만 제시되므로 내가 찾고자 하는 질병의 상병코드가 무엇인지, 반대로 자료에 있는 상병코드가 어떤 의미를 갖는지 수시로 확인해야 한다. 상병코드 분류와 설명을 확인하는 방법은 통계청 통계분류포털에서 조회하는 것이며[7], 건강보험심사평가원[8]에서도 조회할 수 있고, 다양한 민간 주도 사이트에서도 확인할 수 있다[9].

표 1 한국표준질병사인분류 체계(제8차 개정)

분류	분류코드
I. 특정 감염성 및 기생충성 질환	A00–B99
II. 신생물	C00–D48
III. 혈액 및 조혈기관의 질환과 면역메커니즘을 침범한 특정 장애	D50–D89
IV. 내분비, 영양 및 대사 질환	E00–E90
V. 정신 및 행동 장애	F00–F99
VI. 신경계통의 질환	G00–G99
VII. 눈 및 눈 부속기의 질환	H00–H59
VIII. 귀 및 유돌의 질환	H60–H95
IX. 순환계통의 질환	I00–I99
X. 호흡계통의 질환	J00–J99
XI. 소화계통의 질환	K00–K93
XII. 피부 및 피하조직의 질환	L00–L99
XIII. 근골격계통 및 결합조직의 질환	M00–M99
XIV. 비뇨생식계통의 질환	N00–N99
XV. 임신, 출산 및 산후기	O00–O99
XVI. 출생전후기에 기원한 특정 병태	P00–P96
XVII. 선천기형, 변형 및 염색체이상	Q00–Q99
XVIII. 달리 분류되지 않은 증상, 징후와 임상 및 검사의 이상소견	R00–R99
XIX. 손상, 중독 및 외인에 의한 특정 기타 결과	S00–T98
XX. 질병이환 및 사망의 외인	V01–Y98
XXI. 건강상태 및 보건서비스 접촉에 영향을 주는 요인	Z00–Z99
XXII. 특수목적 코드	U00–U99
XXIII. 신생물형태분류	M800–M958

7) 통계청, 한국표준질병·사인분류: 통계분류포털–분류검색: https://kssc.kostat.go.kr:8443

8) 건강보험심사평가원, 질병 소분류(3단 상병)통계–질병코드 조회: https://opendata.hira.or.kr

9) 질병분류정보센터: https://koicd.kr; 질병분류기호: https://kcdcode.kr/

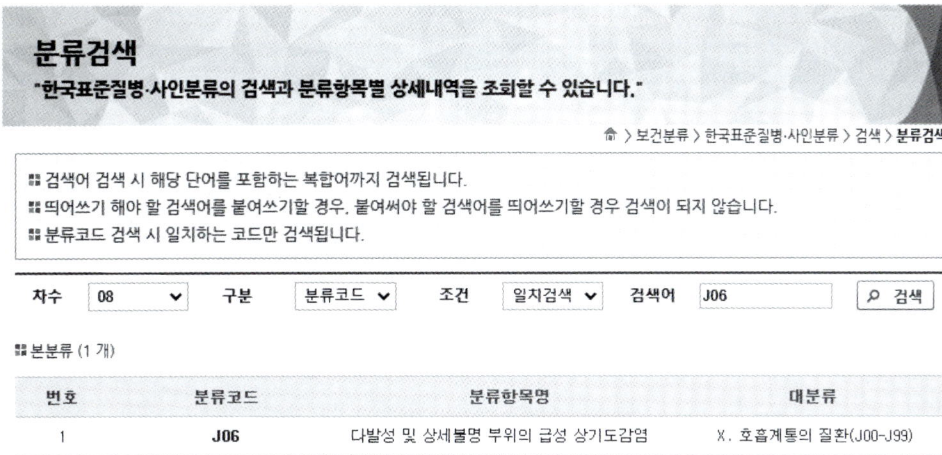

그림 2 J06 상병코드 조회 예시

출처: 통계청 통계분류포털

2) 국민건강보험 빅데이터에서 상병코드의 확인

국민건강보험 빅데이터에서 상병코드는 일반내역 테이블인 T20과 상병내역 테이블인 T40에 기록된다. T20에는 최대 2개의 상병이 기록되며, T40에는 T20에 기록된 2개의 상병을 포함한 진료 받은 모든 상병코드가 기록된다. 다음 국민건강보험 빅데이터 예시는 1004번(RN_INDI) 환자의 2번의 요양기관 진료기록(RN_KEY)을 보여준다. 1004번 환자는 50번으로 코딩된 어떤 요양기관(RN_INST)에서 2번의 진료를 받았으며, 첫 번째(RN_KEY=100)는 2021년 5월 11일에 E11.4(신경학적 합병증을 동반한 2형 당뇨병) 및 K21.0(식도염을 동반한 위-식도역류병)으로, 두 번째(RN_KEY=200)는 2021년 6월 10일에 K21.0 및 I10(본태성(원발성) 고혈압)으로 진료받은 것을 확인할 수 있다.

표 2 국민건강보험 빅데이터; T20에서 기록된 상병코드 예시

RN_KEY	RN_INDI	RN_INST	MDCARE_STRT_DT	SICK_SYM1	SICK_SYM2
100	1004	50	20210511	E114	K210
200	1004	50	20210610	K210	I10

T40에서는 더욱 자세한 상병의 정보를 확인할 수 있다. T20에서 1004번 환자의 2021년 5월 11일 진료기록에는 E11.4 및 K21.0까지의 상병코드 기록만 확인할 수 있었지만, T40에서 이 환자가 같은 날 I10 및 L20.9(상세불명의 아토피성 피부염)라는 부상병(SICK_CLSF_TYPE=2)으로도 진료를 받은 기록을 확인할 수 있다.

표 3 국민건강보험 빅데이터; T40에서 기록된 상병코드 예시

RN_KEY	RN_INDI	MDCARE_STRT_DT	MCEX_SICK_SYM	SICK_CLSF_TYPE
100	1004	20210511	K210	1
100	1004	20210511	K210	2
100	1004	20210511	I10	2
100	1004	20210511	L209	2
200	1004	20210610	K210	1
200	1004	20210610	I10	2
200	1004	20210610	L209	2

만일, 내가 연구하고자 하는 대상이 아토피성 피부염(L20.9)이고, T20에서 L20.9의 상병코드를 갖고 있는 경우를 아토피성 피부염 환자로 정의한다면, 위의 1004번 환자는 아토피성 피부염 환자군에 포함되지 못했을 것이다. 1004번 환자가 L20.9로 진료받은 기록은 T20에서는 확인할 수 없고, T40에서만 보이기 때문이다. 또 다른 예로, 만약 T20에서 주상병(SICK_SYM1)에 I10이 있는 경우를 고혈압 환자로 정의한다면, 1004번 환자는 T20에 고혈압(I10) 진료기록이 있지만, 부상병(SICK_SYM2) 항목에 코딩되어 있으므로 고혈압 환자군에 포함되지 못했을 것이다. 이렇듯 상병코드를 활용하여 환자를 정의할 때는 T20, T40 중 어느 테이블을 확인할 것인지, T20에서도 주상병만 확인할 것인지, 부상병까지 포함할 것인지, 더 나아가 적어도 연간 같은 상병코드가 n회 이상 있어야 할 것인지, 질환을 치료하기 위한 약물 처방이 있는 경우로만 한정할 것인지 등 구체적인 조작적 정의가 필요하다. 조작적 정의에 따라 환자군은 내가 연구하고자 하는 대상보다 과대추계될 수도 과소추계될 수도 있음을 기억하여, 분석 결과의 해석 시 유의해야 한다.

3) 상병코드를 사용한 환자 정의 방법의 제한점

환자를 상병코드로만 정의한다면 어떤 문제가 있을까? 환자가 상병코드를 가지고 있는 임상적 상황은 매우 다양하여 환자군 정의 시 상세한 기준을 설정해야 내가 정말 원하는 환자군을 대상(true positive 환자군)으로 연구를 수행할 수 있다. 특히, 환자가 여러 개의 증상을 동시에 호소하여 진료기록에 다양한 상병코드가 기록되는 경우에는 상대적으로 어떤 질병이 더 중요하였는지와 같은 질병이라도 상병코드에 중증도가 반영되는지 등은 상병코드 기반의 환자군 정의에서 항상 고려되어야 하는 쟁점이다. 예를 들어, 어떤 암 환자가 복통으로 병원을 방문하여 진료를 받았다면 이 환자의 진료기록에는 복통 외에도 암의 상병코드가 함께 기록되었을 가능성이 크지만, 암 환자가 아닌 고혈압이 있는 환자가 복통으로 인해 병원을 방문하였다면 이번 진료에는 고혈압이라는 상병은 기록을 남지 않고, 복통만 남았을 가능성이 있다.

진료의 횟수도 상병코드 기반 환자군 선정에 영향을 미친다. 암 환자를 정의할 때, 암이라는 상병코드가 1년 동안의 진료기록에 1번이라도 있는 경우를 암 환자로 정의하는 것과 고혈압 환자를 정의하기 위해 고혈압 상병코드가 1년 동안 1번이라도 있는 경우를 정의하는 것을 비교하여 생각해 보자. 암과 고혈압을 진단받기까지의 과정과 일반적으로 유추할 수 있는 환자의 상태를 생각해 보면, 암 환자 선정 시 1회 암 관련 진료기록이 있다면 암 환자로 정의할 수 있겠는가? 그렇다면 1년에 1번이라도 고혈압 관련 진료기록이 있는 경우를 고혈압 환자로 선정하는 것은 적절한가? 위와 같은 기준으로 고혈압 환자를 정의하는 것이 불안하여 국민건강보험 빅데이터에서 고혈압 환자 정의 기준을 바꾸고자 한다면, 무엇이 추가될 수 있겠는가? 아마도 고혈압 약제로 처방받고 있는지, 혈압 수치의 변화가 있는지 등이 추가될 수 있을 것이다.

또한, 요양급여비용 명세서 작성 시 상병코드는 필수로 작성해야 하는 항목이다. 그런데 예를 들어, 어떤 환자가 2020년 7월 1일 종합병원을 방문하여 디스크인지를 확인하기 위해 MRI 검사를 하고 총진료비 300,000원 중 법정본인부담금 90,000원을 지불한 후 검사결과가 나온 뒤 일주일 후에 다시 외래 진료를 받기로 예약했다고 하자. 이 종합병원은 2020년 7월 1일(진료개시일) 소요된 총비용 중 보험자부담금 210,000원을 청구하기 위해 작성한 요양급여비용 명세서에 어떤 상병명을 기재해야 할까? 아마도 디스크로 청구할 것이다. 하지만 이 환자가 디스크인지 아닌지는 아직 모르는 상황이다. 이러한 청구 방법에서 기인한 건강보험자료의 특성을 고려하여 어떤 환자가 특정 질환을 앓고 있는 환자인지를 확인하는 조작적 정의의 기준을 한 해 동안 해당 상병을 가지고 외래 진료를 2번 이상 받았거나 2일 이상 입원한 경우로 한정하는 경우가 많다. 즉, 검사 때문에 발생한 의료이용일 가능성(위양성)을 고려하여 환자 확인(identification)에는 보다 엄밀한 조작적 정의 기준을 적용하는 것이다.

2.1.2. 약물코드의 이해

상병코드처럼 약물코드도 정해진 규칙에 따라서 약물의 성분 중심으로 부여된다. 국제적으로는 세계보건기구(World Health Organization, WHO)에서 만든 ATC(anatomical therapeutic chemical) 분류를 사용하나, 우리나라 국민건강보험 빅데이터에는 우리나라 건강보험심사평가원의 자체 분류인 주성분코드 체계로 입력되어 있다. 이에 주성분코드의 체계를 이해하고, 이를 활용하여 환자군을 선정하는 방법을 알아보자.

1) 약물 주성분코드 소개

건강보험심사평가원에서는 홈페이지에 매월 '약제급여목록표'를 통해 현재 급여되고 있는 약물의 정보를 공개하고 있다.[10] 약제급여목록표에는 주성분코드, 제품코드, 제품명이 모두 표시되어 있으나, 국민건강보험 빅데이터에는 성분 정보만 있고, 제품 정보가 포함되어 있지 않으므로 분석을 위해 약물의 주성분코드를 확인하는 과정이 매우 중요하다. 주성분코드는 9자리로 6자리의 숫자와 3자리의 영어가 혼합되어 구성된다. 앞의 4자리는 성분명, 5-6번째는 함량 일련번호, 7번째는 투여 경로, 8-9번째는 제형을 나타내는 코드로 구성된다(표 4, 보건복지부 고시 제2010- 52호). 예를 들어, 대표적인 고혈압 치료제의 성분인 losartan 45.8mg의 주성분코드는 185701ATB, 91.6mg의 주성분코드는 185702ATB로, 앞의 4자리인 '1857'이 losartan 성분을 의미하며, 5-6번째인 01은 함량 정보, 7번째 자리의 A는 경구 투여, 8-9번째 TB는 제형(tablet)을 의미한다.

표 4 건강보험심사평가원 약제 주성분코드 부여 방법

자릿수	1	2	3	4	5	6	7	8	9
부여 방법	주성분 일련번호				함량 일련번호		투여 경로[1]	제형[2]	
예시									
losartan 45.8mg	1857				01		A	TB	
losartan 91.6mg	1857				02		A	TB	

1) 내복제(A), 주사제(B), 외용제(C), 기타(D)

2) 과립제(GN), 리모나아데제(LE), 틴크제(TT), 연고제(OM), 서방형과립제(GR), 정제(TB), 연조엑스제(XS), 에어로솔제(AE), 장용과립제(GE), 서방형정제(TR), 건조엑스제(XD), 좌제(SP), 시럽제(SY), 장용정제(TE), 유동엑스제(XL), 카타플라스마제(PO), 액제(LQ), 설하정(TL), 주사제(IJ), 크림제(CM), 점안제(OS), 경질캅셀제(CH), 관류액 등(IS), 파스타제(PA), 엘릭실제(EL), 연질캅셀제(CS), 경고제(PL), 이식제 및 체내장치(IM), 유제(EM), 서방캅셀제(CR), 로오숀제(LT), 스폰지 및 드레싱(DS), 현탁제(SS), 장용캅셀제(CE), 리니멘트제(LN), 분무제 및 흡입제(SI), 주정제(SR), 패취제(PC)

그러나 앞서 말한 대로 주성분코드는 국내 분류 체계이므로, 국제적인 분류 체계인 WHO-ATC 체계에서 관심 성분의 분류 코드를 확인하는 작업도 추가로 필요하다.[11] WHO-ATC 체계에서 성분명으로 losartan을 검색하면, losartan의 ATC code가 C09CA01로 검색된다. 국제 통용 분류 체계인 ATC 코드(Anatomical Therapeutic Chemical Classification System)는 의약품의 분류를 위해 사용되는 코드로, 세계보건기구(WHO) 산하 기관인 의약품 통계 방법을 위한 협력센터(WHO Collaborating Centre for Drug Statistics Methodology, WHOCC)가 이 코드를 관리한다. ATC 코드 시스템은 약물을 그들이 작용하는 장기나 계통, 그리고 화학적 특성에 따라서 분류한다. 각 단계의 ATC 코드는 약물의 작용 부위에 따라 하나씩만 지정하기 때문에 한 약물이 여러 개의 ATC 코드를 가질 수 있다. ATC는 5단계의 7자리 문자로 이루어져 있다. 1단계는 14개의 주요 해부학적/약리학적 그룹

10) 건강보험심사평가원 홈페이지-자료공개-약제급여목록표: https://www.hira.or.kr

11) WHO, ATC/DDD Index: https://www.whocc.no

C CARDIOVASCULAR SYSTEM
C09 AGENTS ACTING ON THE RENIN-ANGIOTENSIN SYSTEM
C09C ANGIOTENSIN II RECEPTOR BLOCKERS (ARBs), PLAIN
C09CA Angiotensin II receptor blockers (ARBs), plain

ATC code	Name	DDD	U	Adm.R	Note
C09CA01	losartan	50	mg	O	

그림 3 WHO-ATC에서 losartan 성분명 조회 예시

출처: https://www.whocc.no/atc_ddd_index/?code=C09CA01

으로 분류되고, 각 ATC 주요 그룹은 약리학 또는 치료 그룹일 수 있는 2단계 하위 그룹으로 나뉜다. 세 번째 및 네 번째 단계는 화학, 약리학 또는 치료 하위 그룹으로 분류되고 5단계는 화학적 성분에 따라 구분된다. 2, 3단계 및 4단계는 치료 또는 화학적 하위 그룹보다 더 적절하다고 간주되는 경우 약리학적 하위 그룹을 식별하는 데 종종 사용된다.

2) 국민건강보험 빅데이터에서 약물코드의 확인

국민건강보험 빅데이터에서 약물코드는 진료내역 테이블인 T30과 처방전 교부상세 테이블인 T60에 기록된다. T30에서는 원내에서 진료에 사용되는 약물의 정보를 T60에서는 원외 처방의약품 정보를 확인할 수 있다. 다음 T30에서 기록된 약물코드(MCARE_DIV_CD, 분류코드) 예시를 보면, 1004번 환자는 2021년 7월 3일 의료기관에서 242330BIJ 및 106831BIJ로 코딩된 약물 처방을 받은 것을 확인할 수 있다. '약제급여목록표'에서 242330BIJ 및 106831BIJ을 조회하여 성분명이 각각 tramadol hydrochloride와 amikacin sulfate 성분인 것을 확인한다.

표 5 국민건강보험 빅데이터: T30에서 기록된 약물코드 예시

RN_KEY	RN_INDI	MDCARE_STRT_DT	CLA_CD	ITEM_CD	CLSF_PTTN_CD	MCARE_DIV_CD	UPRC	DD1_MQTY_FREQ	TOT_MCNT
300	1004	20210703	04	01	3	242330BIJ	300	1	300
300	1004	20210703	04	01	3	106804BJI	1500	1	1500

T60에서 약물코드는 GNL_NM_CD(일반명코드)에 기록된다. 다음 예시에서 1004번 환자는 2021년 5월 11일 진료 후 받은 처방전에 165702ATB와 185702ATB 약물을 30일 치씩 처방받았다. 165702ATB는 glimepiride 2mg을 의미하며, 185702ATB는 losartan 91.6mg이다.

표 6 국민건강보험 빅데이터; T60에서 기록된 약물코드 예시

RN_KEY	RN_INDI	MDCARE_STRT_DT	MPRSC_TIME1_TUYAK_CPCT	MPRSC_DD1_TUYAK_CPCT	TOT_MCNT	UPRC	AMT	GNL_NM_CD	EFMDC_CLSF_NO
100	1004	20210511	1	2	30	250	15000	165702ATB	396
100	1004	20210703	1	1	30	500	15000	185702ATB	214

참고 자료원별 의약품 관련 자료제공 차이

건강보험공단 맞춤형 DB를 표본코호트를 비롯한 다른 빅데이터 DB와 비교하였을 때, 가장 주요한 차이점 중 하나로 의약품 관련 정보를 꼽을 수 있다. 자료원별 의약품 관련 자료의 제공과 관련한 내용은 다음과 같다.

1) 국민건강보험공단 맞춤형 DB

2022년 기준 맞춤형 DB를 신청할 때, '약제연구 활용 계획서' 제출이 요구되며 이 계획서에 기재된(약효분류, 주성분코드, 품목 수 제출 필요) 연구대상 약제에만 관련 처방 자료를 제공한다. 특히 약제 처방 자료는 주성분 일련번호 4자리만 제공되므로, 연구자가 해당 약제의 함량 및 투여 경로에 대한 직접적인 정보를 알 수 없는 제한점이 있다. 따라서 맞춤형 DB를 이용하여 약제비용을 연구하는 경우 연구대상 환자가 사용한 모든 약제에 대한 정보를 얻는 것이 사실상 불가능하므로, 포괄적 비용산출 접근법 중 환자의 연간 총 의료비를 산출하는 총 의료비 접근법에서는 정확한 결과를 산출하기가 어렵다.

2) 국민건강보험공단 코호트 DB

표본코호트 2.2 DB는 2006년 1년간 건강보험가입자 혹은 의료급여수급권자 자격을 유지한 한국 국적 보유자 48,222,537명을 대상으로 성별, 연령, 지역구분, 가입자 구분 및 보험료분위로 층화하여 표본추출한 100만 명을 기준으로 생성된 자료로 2002년부터 2019년까지 18개년 코호트자료로 구성되어 있고, 코호트에 포함된 환자의 관찰기간 내 모든 급여대상 의약품 처방내역을 포함하고 있다(2006년 기준 표본의 후향적(2002~2005) 진료내역 정보에는 의료급여수급권자의 진료내역이 누락되어 있음). 맞춤형 DB와 달리 주성분코드 9자리를 모두 제공하므로 동일한 성분 약제 내에서도 함량별, 투여경로별 분석이 가능하다. 그러나 상대적으로 오래된 자료이므로 비교적 최근 급여된 약제의 경우 관련 정보가 부족하거나 아예 처방내역이 없을 수 있다. 또한 건강보험가입자 전체가 아닌 표본 추출된 약 2%의 국민을 대상으로 하므로 희귀질환 관련 연구의 경우 연구대상 환자 수 확보가 어려울 수 있다.

3) 건강보험심사평가원

건강보험심사평가원에서 제공하는 빅데이터(전수자료)에는 연구대상 환자가 처방받은 급여약제에 모든 처방 정보를 제공하지만, 자료제공 용량 제한이 있으므로 유병률이 높은 질환이거나 여러 연도에 걸친 장기간의 처방 자료가 필요한 연구를 수행하는 데 제약이 있다.

3 분석 사례

3.1 분석자료의 이해

본 교재에서는 국민건강보험공단에서 제공하는 교육용 DB(nsc2_edu_data)와 SAS 통계 프로그램을 사용해서 상병코드를 기반으로 고혈압 환자를 선정하고, 환자군의 특성을 분석하고자 한다. 교육용 DB 중 본 분석에서 사용할 data는 자격 및 보험료 파일, 출생 및 사망 파일, 의과_보관기관 진료 파일 등 총 7개이다.

표 7 분석에서 사용하는 data

Data 이름		파일 이름	건수
자격 및 보험료		nsc2_edu_bnc	11,840
출생 및 사망		nsc2_edu_bnc	3,000
진료 의과_보건기관	일반내역(T20)	nsc2_edu_m20	137,867
	진료내역(T30)	nsc2_edu_m30	658,195
	상병내역(T40)	nsc2_edu_m40	346,225
	처방전 교부상세(T60)	nsc2_edu_m60	421,105

분석할 data를 처음 접한 후에는 data를 직접 열어 눈으로 확인하고, data의 특성을 확인하는 과정을 거친다. SAS에서 data는 '라이브러리'라는 공간에 저장되므로, 라이브러리를 설정하여 data를 불러온 후, proc print로 data 구성을 확인하고, proc contents로 변수의 특성을 확인한다.

```
/* Data가 들어 있는 공간 = 라이브러리(library) 경로 설정 */
libname a "Data가 들어 있는 공간의 경로, 예: C:\Users\Data"; * " "안에 라이브러리 경로 설정;

/* Data 확인 (m20) */
proc print data=a.nsc2_edu_m20 (obs=10);
run;

proc contents data=a.nsc2_edu_m20 varnum;
run;
```

Proc print 출력 결과로 data의 구조를 눈으로 확인하였고, proc contents의 출력 결과에서 nsc2_edu_m20 data에는 총 16개의 변수가 들어 있음을 확인하였다. 같은 방법으로 분석에 사용될 나머지 6개의 data에 대해서도 proc print와 proc contents를 수행하여 data

를 확인하는 과정을 거친다.

3.2 고혈압 환자 추출

본 사례에서는 고혈압 상병명 기반으로 환자를 선정하는 것을 연습한다. 약물 사용자를 추출하여 분석하는 방법은 다음 장에서 다루겠다. 고혈압 환자를 선정하기 위해서는 고혈압의 상병명을 확인해야 한다. 본태성(원발성) 고혈압의 상병코드는 3자리(소분류) 기준으로 "I10"이며, 4자리(세분류)까지 확인하면 더욱 상세한 코드를 확인할 수 있다. 먼저 진료(의료이용) 데이터셋에서 소분류 기준으로 주상병(SICK_SYM1) 또는 제1부상병(SICK_SYM2)에 고혈압 상병이 있는 의료 명세서를 확인한다.

```
/* libname c 로 설정 */
data c.htn;
set a.nsc2_edu_m20;
if sick_sym1="I10" or sick_sym2="I10";
run;
/* NOTE: 137,867개의 관측값을 데이터셋 A.NSC2_EDU_M20.에서 읽음
NOTE: 데이터셋 C.HTN은(는) 8,675개 관측값과 16개 변수를 가짐 */

proc sql; select count(distinct rn_indi) as no_htn_pts from c.htn; quit; /* 502 */

proc sort data=c.htn nodupkey out=c.htn_pts;
by rn_indi;
run;
/* NOTE: 중복 키값을 가지고 있는 8,173개의 관측값이 삭제됨
NOTE: 데이터셋 C.HTN_PTS은(는) 502개 관측값과 16개 변수를 가짐 */
```

고혈압으로 진료받은 의료 명세서의 개수는 8,675건이며, 환자수는 502명임을 확인하였다. 환자수를 확인하기 위해서는 proc sql을 활용하여 중복을 제거하고(distinct) 환자수를 세는 방법이 있고, proc sort 구문을 사용하여 중복을 제거(nodupkey)한 자료를 새로 저장(out)하는 방법이 있다. 이번에는 4자리(세분류) 상병코드까지 포함하여 고혈압 환자를 정의해 보자. 하위코드를 포함하기 위해서는 substr 명령문을 사용할 것이다.

```
data c.htn_sub;
set a.nsc2_edu_m20;
if substr(sick_sym1,1, 3) IN ('I10') or substr(sick_sym2, 1, 3) IN('I10');
run;
```

```
/* NOTE: 137,867개의 관측값을 데이터셋 A.NSC2_EDU_M20.에서 읽음
NOTE: 데이터셋 C.HTN_SUB은(는) 12,030개 관측값과 16개 변수를 가짐 */

proc sql; select count(distinct rn_indi) as no_htn_sub_pts from c.htn_sub; quit;
/* 564 */

proc sort data=c.htn_sub nodupkey out=c.htn_sub_pts;
by rn_indi;
run;
/* NOTE: 중복 키값을 가지고 있는 11,466개의 관측값이 삭제됨
NOTE: 데이터셋 C.HTN_SUB_PTS은(는) 564개 관측값과 16개 변수를 가짐 */
```

분석 결과, 고혈압으로 진료받은 의료 명세서의 개수는 12,030건이며, 환자수는 564명으로 3자리 상병코드까지 확인했을 때와 비교하여 다소 증가하였다. 따라서 국민건강보험 빅데이터를 분석할 때는 환자 정의에 따라 환자의 규모가 달라질 수 있으므로 분석 목적에 따라 환자의 정의를 명확하고 구체적으로 설정해야 함을 알 수 있다.

3자리 분류로 고혈압 환자를 정의한 데이터셋(c.htn)을 활용하여 **2006년 기준 의과 외래와 입원의 빈도수를 확인해 보자.** 진료년도를 알려주는 변수가 없으므로 진료명세서 번호의 앞 4자리를 연도변수로 생성한 후, 2006년의 자료에서만 진료서식코드(FORM_CD)의 빈도를 산출하자. FORM_CD에서 02는 의과 입원, 03은 의과 외래를 의미한다.

```
data c.htn;
set c.htn;
year=substr(rn_key, 1, 4);
run;
/* NOTE: 8,675개의 관측값을 데이터셋 C.HTN.에서 읽음
NOTE: 데이터셋 C.HTN은(는) 8,675개 관측값과 17개 변수를 가짐 */

proc freq data=c.htn;
table form_cd;
where year in ("2006");
run;
```

분석 결과, 총 2,422건의 명세서 중 의과 입원은 25건(1.0%), 의과 외래는 2,059건(85.0%)이었다.

계속해서 **2006년 기준 고혈압 환자의 성별을 확인해 보자.** 이 분석을 위해서는 두 가지를 기억해야 한다. 성별은 의료명세서 단위가 아니라 환자 단위의 분석이 필요하며, 성별 정

보는 의료기록 데이터셋에 없고 자격 및 보험료(bnc) 데이터셋에 있다는 것이다. 따라서 우리는 환자 단위의 고혈압 데이터셋(c.htn_pts)과 자격 및 보험료(bnc) 데이터셋을 2006년 기준으로 병합해야 한다. 병합하는 방법에는 merge 구문을 사용하는 방법과 proc sql을 사용하는 방법이 있다.

```
/* merge 구문 활용하여 데이터셋을 병합하는 방법 */
data htn_pts_2006;
set c.htn_pts;
keep rn_indi year;
year=substr(rn_key, 1, 4);
if year=2006;
run;

proc sort data=htn_pts_2006;
by rn_indi year;
run;

data bnc_2006;
set a.nsc2_edu_bnc;
if std_yyyy=2006;
run;

proc sort data=bnc_2006;
by rn_indi std_yyyy;
run;

data c.htn_pts_2006;
merge htn_pts_2006 (in=a) bnc_2006 (in=b);
by rn_indi;
if a and b;
run;
/* NOTE: C.HTN_PTS_2006은(는) 324개 관측값과 11개 변수를 가짐 */

/* proc sql 구문 활용하여 데이터셋을 병합하는 방법 */
proc sql;
create table htn_pts_sql as
select x.*, y.*
from htn_pts_2006 as x left join a.nsc2_edu_bnc as y
on x.rn_indi=y.rn_indi where y.std_yyyy in ("2006");
quit;
```

```
/* NOTE: Table WORK.HTN_PTS_SQL created, with 324 rows and 11 columns */

proc freq data=c.htn_pts_2006;
table sex;
run;
```

분석 결과, 2006년에 고혈압으로 진료받은 환자 중 남자는 125명(38.6%), 여자는 199명(61.4%)이었다. 그렇다면 **통계적으로 성별의 차이가 있다고 할 수 있는가?** 이를 위해서는 통계적 검정이 필요하다. 남자와 여자 두 군 간의 고혈압 진료건수의 통계적 차이를 검정하기 위해서는 카이제곱검정을 실시하며, SAS에서는 proc freq 구문에 간단하게 옵션문(/chisq)을 추가하여 실행할 수 있다.

```
proc freq data=c.htn_pts_2006;
table sex/chisq;
run;
```

분석 결과, 카이제곱검정값은 16.9 유의확률(p-value)은 0.01보다 작으므로 유의수준을 0.05로 설정했을 때, 유의확률이 유의수준보다 작으므로 두 군 간의 차이가 없다는 귀무가설을 기각할 수 있으므로 남자와 여자 사이에 고혈압 진료건수의 차이가 있다고 할 수 있다.

연습 문제

1 앞에서 만든 고혈압 데이터셋(c.htn)을 사용하여, 2006년 기준 환자의 연령군별 분포를 구하시오. 1940년대생은 전체 고혈압 환자의 몇 %인가?

2 [문제 1]의 환자들의 동반 상병을 조사했을 때, 1순위의 상병명은 무엇인가? (동반상병은 진료 데이터셋(T20)에서 주상병(SICK_SYM1)을 기준으로 확인한다.)

3 교육용 DB에서 성별에 따라 소득분위수(ctrb_q10)에 차이가 있는가?

4 교육용 DB에서 가장 많이 처방된 원외의약품의 성분명은 무엇인가?

5 교육용 DB에서 Amoxicillin을 처방받은 사람들이 가장 많이 진단받은 주상병명은 무엇인가?

6 교육용 DB에서 주상병명을 제2형 당뇨(E11.x)로 진료받은 건수와 환자수를 연도별로 구하시오.

2장 약물 사용 연구

학습목표

1. 국민건강보험 빅데이터에서 약물 사용 연구를 위하여 분석자료를 구축하는 방법을 이해하고, 다른 사례에 적용할 수 있다.
2. 기술통계 방법을 활용하여 약물 사용양상을 파악할 수 있다.
3. 약물 사용양상에 대한 유의미한 차이를 검정할 수 있다.

개요

본 장에서는 국민건강보험 빅데이터에서 약물 사용에 대한 분석자료를 구축하고 기술통계를 적용하는 방법을 학습한다. 건강보험 약제 관련 파일을 획득하는 방법과 관련된 코드를 익히고 SAS 프로그램을 활용하여 명세서 단위 및 환자 단위에서 약물 사용 양상을 분석한다.

1 의약품 데이터의 이해

1.1 의약품 관련 코드 소개

국민건강보험 빅데이터에서 의약품은 제품명에 대한 분류코드 혹은 성분명에 대한 일반명코드로 확인할 수 있다. 국민건강보험공단에서 제공되는 교육용 표본연구 DB의 의약품 관련 코드는 다음과 같다. 의료기관에서 청구한 자료에서 진료내역(T30) 테이블에 포함된 의약품은 의료기관 원내에서 투여된 의약품을 의미하며 처방전 교부상세(T60) 테이블에 포함된 의약품은 원외로 발급한 처방전에 기재된 의약품을 의미한다. 약국에서 청구한 자료에서 진료내역(T30) 테이블에 포함된 의약품은 약국에서 조제된 의약품을 의미한다. 약국에서 청구한 자료에는 처방전 교부상세(T60) 테이블은 포함되어 있지 않다.

'일반명코드'에 대한 상세한 설명은 1장에 제시되어 있다. '약효분류번호'는 보건복지부 분류를 의미하며, 제약업체가 식품의약품안전처에 의약품의 품목허가를 신청하거나 품목을 신고할 때 이 분류를 이용하여 신청서를 제출한다. 식품의약품안전처 예규인 「의약품 등 분류번호에 관한 규정」에서 분류번호를 규정하고, 의약품에 대해서는 7개의 대분류, 34개의 중분류, 159개의 소분류로 구성된다(2022년 현재). 의약품 검색 과정에서 참고로

표 1 국민건강보험공단 교육용 표본연구 DB의 의약품 관련 코드

변수명	변수 설명	진료내역 (T30) 포함 여부	처방전 교부상세 (T60) 포함 여부	비고
RN_INDI	개인고유번호	○	○	개인고유번호(7자리), 연계코드
RN_KEY	청구고유번호	○	○	청구고유번호(14자리), 연계코드
MCARE_STRT_DT	요양개시일자	○	○	최초내원일자, 조제투여일자
FORM_CD	서식코드	○	○	요양급여비용심사(의료보호) 청구서 및 명세서의 진료구분 명세서 서식구분
MCARE_DESC_LN_NO	줄번호	○	○	처방전발행건 세부내역 일련번호
CLSF_PTTN_CD	분류유형코드	○	○	명세서의 분류코드유형, 코드표 참고
MPRSC_TIME1_TUY-AK_CPCT	1회 투약량	×	○	1회 투약용량을 기재
MPRSC_DD1_TUY-AK_CPCT	1일 투여횟수	×	○	1일 투여횟수 기재
TOT_MCNT	총투여일수	○	○	
UPRC	단가	○	○	'약제 및 치료재료의 구입금액에 대한 산정기준'에 의한 단가
AMT	금액	○	○	단가 × (일일투여량 또는 실시횟수) × (총투여일수 또는 실시횟수)
GNL_NM_CD	일반명코드		○	약의 일반(성분)명 코드
EFMDC_CLSF_NO	약효분류번호	○	○	보건복지부 약효분류(111 전신마취제, 112 최면진정제 등). '심평원 보건의료빅데이터 개방시스템 > 의료통계정보 > 약효분류군 사용실적 > 약효분류코드 조회' 참조
MCARE_DIV_CD	분류코드	○	×	의약품의 경우 분류코드 중 의약품 제품코드를 '주성분코드'로 변환
DD1_MQTY_FREQ	1일투여량또는 실시횟수	○	×	1일 투여량을 기재, 의약품 및 처방내역 의약품의 경우 1일 투약횟수 기재
MDCN_UD	약제상한차액	○	×	약제의 상한가와 요양기관이 구입한 단가와의 차액 중 70/100에 해당하는 금액

할 수 있으나 ATC 분류와 일치하지 않는 경우도 있으므로 주의해야 한다. 순환계용약의 보건복지부 분류는 다음과 같다.

대분류: 200 개개의 기관계용 의약품
중분류: 210 순환계용약
소분류: 211 강심제

212 부정맥용제
213 이뇨제
214 혈압강하제
215 혈관보강제
216 혈관수축제
217 혈관확장제
218 동맥경화용제
219 기타의순환계용약

1.2 국민건강보험 빅데이터에서 의약품 코드의 확인

국민건강보험 빅데이터에서 의약품 제품코드나 일반명코드가 어떤 약제를 나타내는지 확인하거나, 연구의 대상이 되는 의약품의 제품코드 혹은 일반명코드를 정하려면 관련된 의약품 정보 파일을 찾아서 살펴보아야 한다. 의약품 정보 파일은 건강보험심사평가원 홈페이지에서 다음과 같은 경로로 찾을 수 있다.

건강보험심사심사평가원(www.hira.or.kr, 2022년 10월 기준)

제도·정책 > 보험인정기준 > 자료실 > 약가파일
제도·정책 > 약제기준정보 > 목록표 > 약제급여목록표
제도·정책 > 약제기준정보 > 목록표 > 주성분별가중평균

약가파일은 의약품에 대한 약가정보가 필요할 때 활용할 수 있다. 약품코드와 건강보험 상한가, 상한가의 적용시작일자, 투여경로, 품명, 분류번호, 주성분코드, 전문 및 일반의약품 구분 등에 대한 정보를 포함한다. 약가에 대한 데이터를 누적하여 보여주므로, 동일한 제품에 대하여 상한가의 변동이 있으면 다른 행에서 적용 시작 일자와 함께 변동된 상한가를 확인할 수 있다.

표 2 약가파일 형태

약품코드	적용시작일자	급여기준	상한가	투여경로	파일 이름	규격	단위	분류번호	주성분코드	전문/일반
050100010	2020-01-01	급여	878	내복	아셀렉스캡슐2밀리그램(폴마콕시브)_(2mg/1캡슐)	1	캡슐	114	636401ACH	전문의약품
050100020	2020-02-01	급여	878	내복	아셀렉스정2밀리그램(폴마콕시브)_(2mg/1정)	1	정	114	636401ATB	전문의약품
050400011	2020-01-01	급여	1,319,575	주사	옵디보주100mg(니볼루맙, 유전자재조합)_(0.1g/10mL)	10	mL/병	421	638401BIJ	전문의약품

050400011	2021-09-01	급여	1,319,575	주사	옵디보주100mg(니볼루맙, 유전자재조합)_(0.1g/10mL)	10	mL/병	421	638401BIJ	전문의약품
050400011	2022-01-01	급여	1,315,871	주사	옵디보주100mg(니볼루맙, 유전자재조합)_(0.1g/10mL)	10	mL/병	421	638401BIJ	전문의약품
050400021	2020-01-01	급여	329,963	주사	옵디보주20mg(니볼루맙, 유전자재조합)_(20mg/2mL)	2	mL/병	421	638402BIJ	전문의약품
050400021	2021-09-01	급여	329,963	주사	옵디보주20mg(니볼루맙, 유전자재조합)_(20mg/2mL)	2	mL/병	421	638402BIJ	전문의약품
050400021	2022-01-01	급여	328,904	주사	옵디보주20mg(니볼루맙, 유전자재조합)_(20mg/2mL)	2	mL/병	421	638402BIJ	전문의약품
050400031	2021-09-01	급여	2,982,240	주사	옵디보주240mg(니볼루맙, 유전자재조합)_(0.24g/24mL)	24	mL/병	421	638403BIJ	전문의약품

약제급여목록 및 급여상한금액표는 매월 보건복지부고시로 발표되며, 보험급여약제의 주성분코드, 성분명 및 함량, 제품코드, 제품명, 업체명, 상한금액 등의 정보를 포함한다. 주성분코드별로 의약품에 포함된 모든 유효성분과 함량을 상세히 확인할 수 있고, 주성분코드별 모든 제품이 한 줄씩 나열되는 구조이다.

표 3 약제급여목록 및 급여상한금액표 파일 형태

연번	투여	분류	주성분코드	제품코드	제품명	업체명	규격	단위	상한금액	전일
1	내복	112	130830ASY	chloral hydrate 9.5g(0.1g/mL)						
2	내복	112	130830ASY	645302132	포크랄시럽(포수클로랄)_(9.5g/95mL)	한림제약(주)	95(1)	mL/병	129	전문
3	내복	112	130832ASY	chloral hydrate 1g(0.1g/mL)						
4	내복	112	130832ASY	645302133	포크랄시럽(포수클로랄)_(1g/10mL)	한림제약(주)	10	mL/병	1,260	전문
5	내복	112	130833ASY	chloral hydrate 0.5g(0.1g/mL)						
6	내복	112	130833ASY	645302135	포크랄시럽(포수클로랄)_(0.5g/5mL)	한림제약(주)	5	mL/병	847	전문
7	내복	112	149203ATB	doxepin hydrochloride (as doxepin 3mg)						
8	내복	112	149203ATB	643507540	독세정3밀리그램(독세핀염산염)_(3.39mg/1정)	한미약품(주)	1	정	59	전문
9	내복	112	149203ATB	651904420	명세핀정3밀리그램(독세핀염산염)_(3.39mg/1정)	명인제약(주)	1	정	96	전문
10	내복	112	149203ATB	640006660	사일레노정3밀리그램(독세핀염산염)_(3.39mg/1정)	에이치케이이노엔(주)	1	정	97	전문
11	내복	112	149203ATB	657806680	사일원정3밀리그램(독세핀염산염)_(3.39mg/1정)	하나제약(주)	1	정	97	전문

출처: 건강보험심사평가원, 약제급여목록및급여상한금액표_(2022.7.1.) 공개용

주성분별 가중평균가격은 연도별로 상반기, 하반기, 연간 자료로 구성되며, 의약품 경제성평가 자료 작성 등에 활용된다. 주성분코드별로 가중평균가격은 'Σ(상한금액×청구량) / Σ청구량'으로 산출한다. 대상 기간에 청구실적이 없는 성분, 단일품목 혹은 2품목 등재 성분은 공개되지 않는다.

표 4 주성분별 가중평균 파일 형태

주성분코드	성분명	가중평균가격
100101AGN	phellinus linteus mycelliun ext. 1.1g	1,645원
100102ATB	phellinus linteus mycelliun ext. 0.55g	637원
100301ATB	magnesium trihydrate salt of chenodesoxycholic acid and ursodesoxycholic acid 0.25g	289원
100431BIJ	abciximab 10mg(2mg/mL)	378,102원
100601ATB	acarbose 0.1g	133원
100602ATB	acarbose 50mg	88원
100701ATB	acebrophylline 0.1g	208원
100702ATR	acebrophylline 0.2g	464원
100901ATB	aceclofenac 0.1g	186원
100903ATR	aceclofenac 0.2g	412원
101303ATB	acetaminophen 0.3g	19원
101305ATB	acetaminophen 0.5g	32원
101330ASY	acetaminophen 16g(32mg/mL)	17원
101332ASY	acetaminophen 120g(0.4g/g)	115원

출처: 건강보험심사평가원, 2021년 연간 의약품 주성분별 가중평균가격 공개용

연구 목적에 따라 WHO의 ATC 분류가 필요할 수 있다. 의약품관리종합정보센터에서는 국내 허가된 의약품에 WHO 의약품통계협력센터의 ATC 분류 가이드라인에 따라 ATC 코드를 부여하여 관리하고 있다. WHO-ATC 코드에 대한 설명은 1장에 제시되어 있다. 약제급여 의약품의 ATC 코드는 아래와 같이 건강보험심사평가원 및 의약품관리종합정보센터 홈페이지에서 확인할 수 있다.

건강보험심사심사평가원(www.hira.or.kr) > 알림 > 공지사항
의약품관리종합정보센터(https://biz.kpis.or.kr) 고객센터 > 공지사항

약제급여목록 제품코드 ATC 코드 매핑 파일에서는 특정 연월의 「약제급여목록 및 급여상한금액표」와 WHO ATC 코드 매핑 결과를 제공한다. 보험급여약제의 제품코드별로 매핑된 ATC 코드를 확인할 수 있다.

표 5 「약제급여목록 및 급여상한금액표」의 제품코드와 의약품 ATC 코드 매핑 파일 형태

식약분류	주성분코드	제품코드	제품명	ATC 코드	ATC 코드 명칭
112	130830ASY	645302132	포크랄시럽(포수클로랄)_(9.5g/95mL)	N05CC01	chloral hydrate
112	130832ASY	645302133	포크랄시럽(포수클로랄)_(1g/10mL)	N05CC01	chloral hydrate
112	130833ASY	645302135	포크랄시럽(포수클로랄)_(0.5g/5mL)	N05CC01	chloral hydrate
112	149203ATB	643507540	독세정3밀리그램(독세핀염산염)_(3.39mg/1정)	N06AA12	doxepin
112	149203ATB	651904420	명세핀정3밀리그램(독세핀염산염)_(3.39mg/1정)	N06AA12	doxepin
112	149203ATB	640006660	사일레노정3밀리그램(독세핀염산염)_(3.39mg/1정)	N06AA12	doxepin
112	149203ATB	657806680	사일원정3밀리그램(독세핀염산염)_(3.39mg/1정)	N06AA12	doxepin

2 약물사용양상 분석

2.1 대상 약물의 코드 확인

분석할 대상 약물을 성분명으로 정의한다면 약제급여목록 및 급여상한금액표를 통하여 주성분코드를 확인할 수 있다. 예를 들어, 고혈압 약제 중 amlodipine 사용에 대해 확인하고자 한다면 아래의 주성분코드를 찾을 수 있다.

주성분코드 및 성분명과 함량

1) 단일제

107601ATB	amlodipine besylate (as amlodipine 5mg)
107602ATB	amlodipine besylate (as amlodipine 10mg)
107603ATB	amlodipine besylate (as amlodipine 2.5mg)
459801ACH	amlodipine maleate (as amlodipine 5mg)
459801ATB	amlodipine maleate (as amlodipine 5mg)
459802ACH	amlodipine maleate (as amlodipine 2.5mg)
459901ATB	amlodipine camsylate (as amlodipine 5mg)
459902ATB	amlodipine camsylate (as amlodipine 2.5mg)
464601ATB	amlodipine adipate (as amlodipine 5mg)

470802ATB	amlodipine mesylate monohydrate (as amlodipine 10mg)
476201ATB	amlodipine orotate (as amlodipine 5mg)
479701ATB	amlodipine nicotinate (as amlodipine 5mg)

2) 복합제

492800ATB	amlodipine besylate (as amlodipine 5mg), valsartan 0.16g
492900ATB	amlodipine besylate (as amlodipine 5mg), valsartan 80mg
495800ATB	amlodipine besylate (as amlodipine 10mg), valsartan 0.16g
500500ATB	amlodipine besylate (as amlodipine 5mg), olmesartan medoxomil 20mg
582200ATB	amlodipine besylate (as amlodipine 5mg), olmesartan medoxomil 40mg
582400ATB	amlodipine besylate (as amlodipine 10mg), olmesartan medoxomil 40mg
502700ATB	amlodipine camsylate (as amlodipine 5mg), losartan potassium (as losartan 91.6mg)
503000ATB	amlodipine camsylate (as amlodipine 5mg), losartan potassium (as losartan 45.8mg)
513900ATB	amlodipine camsylate (as amlodipine 10mg), losartan potassium (as losartan 45.8mg)
511500ATB	amlodipine besylate (as amlodipine 5mg), telmisartan 80mg

(이하 생략)

분석대상 약물을 고혈압 약제 전반으로 설정하고 ATC 분류와 임상적 기전을 고려하여 분류한다면 WHO ATC 홈페이지에서 ATC 코드를 확인한 후 약제급여목록 제품코드 ATC 코드 매핑 파일에서 성분명코드를 찾을 수 있다. 다음은 고혈압 약제를 ATC 코드 세 번째 자리까지 이용하여 분류한 것이다.

C02 ANTIHYPERTENSIVES (기타 고혈압 약제)
C03 DIURETICS (이뇨제)
C07 BETA BLOCKING AGENTS (베타차단제)
C08 CALCIUM CHANNEL BLOCKERS (칼슘채널차단제)
C09 AGENTS ACTING ON THE RENIN-ANGIOTENSIN SYSTEM (레닌-안지오텐신 작용 약제)

엑셀 형태의 약제급여목록 제품코드 ATC 코드 매핑 파일에서 위의 ATC 코드에 해당하는 약제를 선택한 후 국민건강보험 빅데이터와 연결하기 위하여 변수명 '주성분코드'는 'GNL_NM_CD'로, 'ATC 코드'는 'ATC'로, 'ATC 코드 명칭'은 'ATC_NM'으로 변경한 후 CSV 형태로 저장한다.

표 6 고혈압 약제의 주성분코드와 ATC 코드 목록

GNL_NM_CD	ATC	ATC_NM
136505ATR	C02AC01	clonidine
149102ATB	C02CA04	doxazosin
149104ATR	C02CA04	doxazosin
170701ATB	C02DB02	hydralazine
170730BIJ	C02DB02	hydralazine
196102ATB	C02DC01	minoxidil
229330BIJ	C02DD01	nitroprusside
485201ATB	C02KX01	bosentan
485202ATB	C02KX01	bosentan
564701ATB	C02KX02	ambrisentan
564702ATB	C02KX02	ambrisentan

2.2 국민건강보험 빅데이터에서 약물 사용 데이터 구축

이번 절에서는 국민건강보험자료에서 제공하는 교육용 DB를 이용하여 40-89세 성인 대상으로 고혈압 약제의 사용양상을 파악하는 분석을 예로 들어 약물 사용 데이터를 구축하는 방법을 소개한다.

데이터베이스에서 연령은 출생 및 사망 DB(nsc2_edu_bnd)에서 출생연도(변수명: BTH_YYYY)를 통해 확인할 수 있는데, 2006년 기준으로 40-89세 성인을 선별하려면 다음과 같이 IF 문장을 사용하여 1917년도부터 1966년에 출생한 대상자를 추출한다.

```
libname NSC 'F:\edu_sample_db'; * 공단 교육용 DB 라이브러리 지정;
libname DUS 'F:\aa'; * 고혈압 약물 사용 연구용 DB 라이브러리 지정;

/* 2006년 기준 40-89세 성인 선별(1917-1966년 출생) */
data dus.bnd_key;
set NSC.nsc2_edu_bnd;
if 1917=<BTH_YYYY=<1966;
run;
```

대상자의 성별, 지역, 건강보장 유형 등 건강보험 자격 정보를 확인하려면 자격 및 보험료 DB(NSC.nsc2_edu_bnc)와 연결해야 한다. 개인고유번호(RN_INDI)를 이용하여 DB를 연결할 수 있다.

```
/* 자격 및 보험료 DB와 연결 */
proc sql;
        create table dus.bnd_key_s as
        select *
        from NSC.nsc2_edu_bnc as a, dus.bnd_key as b
        where a.RN_INDI=b.RN_INDI;
quit;
```

처방 기준으로 의약품 사용을 확인하려면 선별한 대상자를 의과 명세서 DB(Nsc2_edu_m20)와 연결해야 한다. 이 경우에도 개인고유번호(RN_INDI)를 이용하여 DB를 연결할 수 있다.

```
/* 선별한 대상자를 의과 명세서DB(Nsc2_edu_m20)와 연결 */
proc sql;
        create table dus.edu_m20_key as
        select *
        from nsc.nsc2_edu_m20 as a, dus.bnd_key_s as b
        where a.RN_INDI=b.RN_INDI;
quit;
```

의료기관에서 직접 투약한 약제에 대한 정보는 진료내역 DB(nsc2_edu_m30)에서 확인할 수 있다. 명세서 DB를 진료내역 DB와 연결할 때는 청구고유번호(RN_KEY)를 이용한다. 진찰, 검사, 처치 등 다른 진료내역은 제외하고 약제 투약 데이터만 사용할 경우에는 분류유형코드(CLSF_PTTN_CD) 값이 3(보험등재약)과 5(보험등재약의 일반명)인 데이터만 선택한다. 표본자료에서는 진료내역 DB의 분류코드(MCARE_DIV_CD)에 의약품제품코드가 아닌 주성분코드로 대체하여 제공되는데, 처방 DB와 진료내역 DB를 합쳐서 처방 DB의 주성분코드(GNL_NM_CD) 변수와 함께 사용하려면, 진료내역 DB를 이용하여 만든 DB에서 GNL_NM_CD 코드를 생성하고 분류코드(MCARE_DIV_CD) 값을 대입한다.

```
/* 명세서 DB를 진료내역 DB(nsc2_edu_m30)와 연결 */
proc sql;
        create table dus.edu_m30_key as
```

```
        select *
        from nsc.nsc2_edu_m30 as a, dus.edu_m20_key as b
        where a.RN_KEY=b.RN_KEY;
quit;

/* 약제 투약 데이터만 추출한 후 분류코드로 주성분코드 생성 */
data T30_PR_key; set dus.edu_m30_key;
IF CLSF_PTTN_CD IN ('3','5');
GNL_NM_CD=MCARE_DIV_CD;
RUN;
```

의료기관 원외로 발행한 처방전 내역을 확인하려면 처방내역 DB(nsc2_edu_m60)와 연결해야 한다. 진료내역 DB와 마찬가지로 명세서 DB와 처방내역 DB를 연결하기 위해 청구고유번호(RN_KEY)를 이용한다. 약제 투약 및 처방 전반을 확인하기 위하여 약제만 선별한 진료내역 DB와 처방내역 DB를 세로로 연결할 때는 set 문장을 이용한다.

```
/* 명세서 DB를 처방내역 DB(nsc2_edu_m60)와 연결 */
proc sql;
        create table dus.edu_m60_key as
        select *
        from nsc.nsc2_edu_m60 as a, dus.edu_m20_key as b
        where a.RN_KEY=b.RN_KEY;
quit;

/* 약제 선별 t30과 t60 합체 */
data dus.edu_m3060;
set T30_PR_key dus.edu_m60_key;
run;
```

고혈압 치료제의 사용양상을 확인하기 위해 앞에서 CSV 형태로 저장한 고혈압 치료제 약물 DB를 불러와서 SAS 데이터셋 형태로 변환해야 한다. 메뉴에서 '파일-데이터 불러오기'를 이용하여 불러올 수도 있고, 다음과 같이 PROC IMPORT를 이용하여 불러올 수도 있다. 여기서는 제품코드와 ATC 코드가 매핑된 자료를 이용하여 고혈압 치료제 약물 DB를 만들었기 때문에 주성분코드(GNL_NM_CD)가 중복되어 있으므로 표본 DB의 주성분코드와 연결하기 위하여 PROC SORT를 이용하여 중복을 삭제한다.

ATC 코드의 세 번째 자리까지 이용하여 약효군을 분류하기 위해 substr 함수를 적용하여 고혈압 치료제 분류코드 변수 aht_atc_cl를 생성한다. 명세서 단위 혹은 환자 단위로 약효군별 사용양상을 분석하기 위해 약효군별 투여 여부를 표시하는 변수(ATC_C02, ATC_C03, ATC_C07, ATC_C08, ATC_C09)를 추가하였다.

```
/* ATC 기반 약물코드와 연결 */
PROC IMPORT OUT= DUS.AHT_ATC
            DATAFILE= "F:\C\00-DCU\5-강의\5-AI\aa\AHT_ATC.csv"
            DBMS=CSV REPLACE;
     GETNAMES=YES;
     DATAROW=2;
RUN;

proc sort data=DUS.AHT_ATC; by GNL_NM_CD;run;
proc sort nodupkey data=DUS.AHT_ATC out=aht_atc_gnl; by GNL_NM_CD;run;

data dus.aht_atc_gnl; set aht_atc_gnl;
aht_atc_cl=substr(ATC, 1, 3);
drop atc_nm;
run;

proc sql;
        create table dus.edu_m3060_atc as
        select *
        from dus.edu_m3060 as a, dus.aht_atc_gnl as b
        where a.GNL_NM_CD=b.GNL_NM_CD;
quit;

/* aht_atc_cl
C02 ANTIHYPERTENSIVES
C03 DIURETICS
C07 BETA BLOCKING AGENTS
C08 CALCIUM CHANNEL BLOCKERS
C09 AGENTS ACTING ON THE RENIN-ANGIOTENSIN SYSTEM
*/

data dus.edu_m3060_atc; set dus.edu_m3060_atc;
ATC_C02=(aht_atc_cl='C02');
ATC_C03=(aht_atc_cl='C03');
ATC_C07=(aht_atc_cl='C07');
ATC_C08=(aht_atc_cl='C08');
ATC_C09=(aht_atc_cl='C09');
run;
```

2.3 국민건강보험 빅데이터에서 명세서 단위 분석

명세서 단위에서 고혈압 치료제의 약효군 투여 양상을 분석하기 위해 PROC SORT 프로시저에서 청구고유번호(RN_KEY)와 약효군(aht_atc_cl) 기준으로 데이터를 정렬하고 중복 데이터를 삭제한다. 고혈압 치료제 투여 명세서만 포함하여 약효군별 투여 여부를 확인하기 위해 약효군 각각을 투여한 명세서만 남긴 데이터들을 생성한 후(데이터셋: ATC_C02, ATC_C03, ATC_C07, ATC_C08, ATC_C09), MERGE 문장을 이용하여 청구고유번호(RN_KEY) 기준으로 약효군별 투여 여부 변수들을 옆으로 붙인다.

```
/* 명세서별 통계 */
proc sort data=dus.edu_m3060_atc out=dus.edu_m3060_atc_prc; by rn_key aht_atc_cl; run;
proc sort nodupkey data=dus.edu_m3060_atc_prc ; by rn_key aht_atc_cl; run;

/* 고혈압 약제 약효군 조합 */
data ATC_C02; set dus.edu_m3060_atc_prc;
keep RN_INDI RN_KEY MDCARE_STRT_DT FORM_CD BTH_YYYY SEX ATC_C02;
if ATC_C02=1;
run;

data ATC_C03; set dus.edu_m3060_atc_prc;
keep RN_INDI RN_KEY MDCARE_STRT_DT FORM_CD BTH_YYYY SEX ATC_C03;
if ATC_C03=1;
run;

data ATC_C07; set dus.edu_m3060_atc_prc;
keep RN_INDI RN_KEY MDCARE_STRT_DT FORM_CD BTH_YYYY SEX ATC_C07;
if ATC_C07=1;
run;

data ATC_C08; set dus.edu_m3060_atc_prc;
keep RN_INDI RN_KEY MDCARE_STRT_DT FORM_CD BTH_YYYY SEX ATC_C08;
if ATC_C08=1;
run;

data ATC_C09; set dus.edu_m3060_atc_prc;
keep RN_INDI RN_KEY MDCARE_STRT_DT FORM_CD BTH_YYYY SEX ATC_C09;
if ATC_C09=1;
run;

data dus.edu_prc_atc_cl;
```

```
merge ATC_C02 ATC_C03 ATC_C07 ATC_C08 ATC_C09;
by RN_KEY;
run;
```

각 명세서에서 고혈압 약효군이 몇 가지 투여되었는지 확인하기 위해 sum 함수로 약효군별 투여 여부 변수들의 값(투여함 1 또는 투여 안 함 0)을 합해 no_aht_cl라는 변수를 생성한다. 구체적으로 어떤 약효군 조합으로 투여되는지 확인하기 위해 각 약효군별 투여 여부 변수를 각기 다른 자릿수로 변환하여 combi_aht_cl라는 변수를 생성한다. PROC FREQ 프로시저로 no_aht_cl와 combi_aht_cl 변수의 관측값 빈도와 백분율을 파악할 수 있다.

```
data dus.edu_prc_atc_cl; set dus.edu_prc_atc_cl;
no_aht_cl=sum(ATC_C02, ATC_C03, ATC_C07, ATC_C08, ATC_C09);
combi_aht_cl=sum(ATC_C02*10000, ATC_C03*1000, ATC_C07*100, ATC_C08*10, ATC_C09);
run;

proc freq data=dus.edu_prc_atc_cl;
tables no_aht_cl combi_aht_cl;
run;
```

no_aht_cl	빈도	백분율	누적 빈도	누적 백분율
1	7865	57.40	7865	57.40
2	4674	34.11	12539	91.52
3	1034	7.55	13573	99.07
4	127	0.93	13700	99.99
5	1	0.01	13701	100.00

고혈압 약제가 몇 가지 약효군으로 투여되었는지(no_aht_cl)에 대한 도수분포표 출력 결과이다. 대상 명세서 13,701건 중에 1가지 약효군만 투여된 경우가 7,865건으로 57.40%를 차지하였고 2가지 약효군이 투여된 경우는 4,674건으로 34.11%를 차지하였다.

combi_aht_cl	빈도	백분율	누적 빈도	누적 백분율
1	3001	21.90	3001	21.90
10	2841	20.74	5842	42.64
11	1614	11.78	7456	54.42
100	1109	8.09	8565	62.51
101	447	3.26	9012	65.78
110	872	6.36	9884	72.14
111	307	2.24	10191	74.38
1000	763	5.57	10954	79.95
1001	473	3.45	11427	83.40
1010	913	6.66	12340	90.07
1011	302	2.20	12642	92.27
1100	324	2.36	12966	94.64
1101	113	0.82	13079	95.46
1110	309	2.26	13388	97.72
1111	106	0.77	13494	98.49
10000	151	1.10	13645	99.59
10001	26	0.19	13671	99.78
10010	2	0.01	13673	99.80
10100	1	0.01	13674	99.80
10110	2	0.01	13676	99.82
10111	1	0.01	13677	99.82
11000	2	0.01	13679	99.84
11011	20	0.15	13699	99.99
11100	1	0.01	13700	99.99
11111	1	0.01	13701	100.00

약효군 조합에서 각각의 자리는 다음의 약효군을 나타낸다.

10000: C02 기타 고혈압 약제
1000: C03 이뇨제
100: C07 베타차단제
10: C08 칼슘채널차단제
1: C09 레닌-안지오텐신 작용약제

명세서 단위에서 어떤 약효군 조합으로 투여되었는지(combi_aht_cl) 확인하였을 때, 가장 많은 조합은 레닌-안지오텐신 작용약제 단독투여(값:1)로 3,001건(21.90%)이었고, 그다음으로는 칼슘채널차단제 단독투여(값:10) 2,841건(20.74%), 칼슘채널차단제와 레닌-안지오텐신 작용약제의 동시투여(값:11) 1,614건(11.78%), 베타차단제 단독투여(값:100) 1,109건(8.09%) 순으로 나타났다.

IF 문장으로 약효군별 투여 여부 변수들에서 결측값을 0으로 바꾼 후, PROC FREQ 프로시저를 이용하여 성별과의 분할표를 작성하고 chisq 옵션을 적용하여 성별에 따른 약효군 투여 여부에 차이가 있는지 카이제곱검정을 수행할 수 있다.

```
data dus.edu_prc_atc_cl; set dus.edu_prc_atc_cl;
if ATC_C02=. then  ATC_C02=0;
if ATC_C03=. then  ATC_C03=0;
if ATC_C07=. then  ATC_C07=0;
if ATC_C08=. then  ATC_C08=0;
if ATC_C09=. then  ATC_C09=0;
run;

proc freq data=dus.edu_prc_atc_cl;
tables (ATC_C02 ATC_C03 ATC_C07 ATC_C08 ATC_C09)* SEX/nopercent norow chisq expected;
run;
```

위의 분석 결과 ATC_C02*SEX, ATC_C03*SEX, ATC_C07*SEX, ATC_C08*SEX, ATC_C09*SEX에 대한 분할표와 카이제곱검정 결과가 출력되는데, 성별에 따른 레닌-안지오텐신 작용약제(ATC_C09=1) 처방 여부를 확인하려면 ATC_C09*SEX의 출력 결과를 살펴보면 된다. 고혈약 약제 투여가 포함된 명세서 중 남성(SEX=1) 환자에서 레닌-안지오텐신 작용약제가 포함된 경우는 2,649건(처방률 54.08%), 여성(SEX=2) 환자에서 레닌-안지오텐신 작용약제가 포함된 경우는 3,762건(처방률 42.74%)이었다. 카이제곱검정통계량은 162.77, 카이제곱검정에 의한 유의확률 $p<0.0001$로 나타나 $p<0.05$이므로 성별에 따라 레닌-안지오텐신 작용약제 처방률이 유의하게 다름을 알 수 있다.

빈도
기대값
칼럼 백분율

테이블:ATC_C09 * SEX			
	SEX(SEX)		
ATC_C09	1	2	합계
0	2249 2606.1 45.92	5041 4683.9 57.26	7290
1	2649 2291.9 54.08	3762 4119.1 42.74	6411
합계	4898	8803	13701

ATC_C09 * SEX 테이블에 대한 통계량

통계량	자유도	값	Prob
카이제곱	1	162.7710	<.0001
우도비 카이제곱	1	162.7581	<.0001
연속성 수정 카이제곱	1	162.3155	<.0001
Mantel-Haenszel 카이제곱	1	162.7591	<.0001
파이 계수		-0.1090	
우발성 계수		0.1084	
크래머의 V		-0.1090	

Fisher의 정확 검정	
(1,1) 셀 빈도(F)	2249
하단측 p값 Pr <= F	<.0001
상단측 p값 Pr >= F	1.0000
테이블 확률 (P)	<.0001
양측 p값 Pr <= P	<.0001

표본 크기 = 13701

2.4 국민건강보험 빅데이터에서 환자 단위 분석

환자 단위에서 고혈압 치료제의 약효군 투여 양상을 분석하기 위해서는 PROC SORT 프로시저에서 개인고유번호(RN_INDI)와 약효군(aht_atc_cl) 기준으로 데이터를 정렬하고 중복 데이터를 삭제한다. 고혈압 치료제 투여 환자만 포함하여 약효군별 투여 여부를 확인하기 위해 약효군 각각을 투여한 환자만 남긴 데이터들을 생성한 후(데이터셋: ATC_C02_INDI, ATC_C03_INDI, ATC_C07_INDI, ATC_C08_INDI, ATC_C09_INDI), MERGE 문장을 이용하여 청구고유번호(RN_KEY) 기준으로 약효군별 투여 여부 변수들을 옆으로 붙인다.

```
/* 환자별 통계 */
proc sort data=dus.edu_m3060_atc out=dus.edu_m3060_atc_INDI; by RN_INDI aht_atc_cl; run;
proc sort nodupkey data=dus.edu_m3060_atc_INDI ; by RN_INDI aht_atc_cl; run;

data ATC_C02_INDI; set dus.edu_m3060_atc_INDI ;
keep RN_INDI RN_KEY MDCARE_STRT_DT FORM_CD BTH_YYYY SEX ATC_C02;
if ATC_C02=1;
run;
```

```
data ATC_C03_INDI; set dus.edu_m3060_atc_INDI;
keep RN_INDI RN_KEY MDCARE_STRT_DT FORM_CD BTH_YYYY SEX ATC_C03;
if ATC_C03=1;
run;

data ATC_C07_INDI; set dus.edu_m3060_atc_INDI;
keep RN_INDI RN_KEY MDCARE_STRT_DT FORM_CD BTH_YYYY SEX ATC_C07;
if ATC_C07=1;
run;

data ATC_C08_INDI; set dus.edu_m3060_atc_INDI;
keep RN_INDI RN_KEY MDCARE_STRT_DT FORM_CD BTH_YYYY SEX ATC_C08;
if ATC_C08=1;
run;

data ATC_C09_INDI; set dus.edu_m3060_atc_INDI;
keep RN_INDI RN_KEY MDCARE_STRT_DT FORM_CD BTH_YYYY SEX ATC_C09;
if ATC_C09=1;
run;

data dus.edu_prc_atc_cl_INDI;
merge ATC_C02_INDI ATC_C03_INDI ATC_C07_INDI ATC_C08_INDI ATC_C09_INDI;
by RN_INDI;
run;
```

환자별로 고혈압 약효군이 몇 가지 투여되었는지 확인하기 위하여 sum 함수로 약효군별 투여 여부 변수들의 값(투여함 1 또는 투여 안 함 0)을 합하여 no_aht_cl라는 변수를 생성한다. 구체적으로 어떤 약효군 조합으로 투여되는지 확인하기 위해 각 약효군별 투여 여부 변수를 각기 다른 자릿수로 변환하여 combi_aht_cl라는 변수를 생성한다. PROC FREQ 프로시저로 no_aht_cl와 combi_aht_cl 변수의 관측값 빈도와 백분율을 파악할 수 있다.

```
data dus.edu_prc_atc_cl_INDI; set dus.edu_prc_atc_cl_INDI;
no_aht_cl=sum(ATC_C02, ATC_C03, ATC_C07, ATC_C08, ATC_C09);
combi_aht_cl=sum(ATC_C02*10000, ATC_C03*1000, ATC_C07*100, ATC_C08*10, ATC_C09);
run;

proc freq data=dus.edu_prc_atc_cl_INDI;
tables no_aht_cl combi_aht_cl;
run;
```

no_aht_cl	빈도	백분율	누적 빈도	누적 백분율
1	257	38.94	257	38.94
2	179	27.12	436	66.06
3	139	21.06	575	87.12
4	76	11.52	651	98.64
5	9	1.36	660	100.00

환자 단위에서 고혈압 약제가 몇 가지 약효군으로 투여되었는지(no_aht_cl)에 대한 도수분포표 출력 결과이다. 고혈압 치료제를 사용한 660명 중 1가지 약효군만 투여된 경우가 257명으로 38.94%를 차지하였고 2가지 약효군이 투여된 경우는 179명으로 27.12%를, 3가지 약효군이 투여된 경우는 139명으로 21.06%를 차지하였다.

combi_aht_cl	빈도	백분율	누적 빈도	누적 백분율
1	83	12.58	83	12.58
10	48	7.27	131	19.85
11	74	11.21	205	31.06
100	59	8.94	264	40.00
101	19	2.88	283	42.88
110	22	3.33	305	46.21
111	54	8.18	359	54.39
1000	55	8.33	414	62.73
1001	20	3.03	434	65.76
1010	23	3.48	457	69.24
1011	47	7.12	504	76.36
1100	16	2.42	520	78.79
1101	13	1.97	533	80.76
1110	18	2.73	551	83.48
1111	72	10.91	623	94.39
10000	12	1.82	635	96.21
10001	3	0.45	638	96.67
10010	2	0.30	640	96.97
10011	3	0.45	643	97.42
10101	1	0.15	644	97.58
10110	1	0.15	645	97.73
10111	1	0.15	646	97.88
11001	1	0.15	647	98.03

11100	1	0.15	648	98.18
11101	2	0.30	650	98.48
11110	1	0.15	651	98.64
11111	9	1.36	660	100.00

약효군 조합에서 각각의 자리는 다음의 약효군을 나타낸다.

10000: C02 기타 고혈압 약제
1000: C03 이뇨제
100: C07 베타차단제
10: C08 칼슘채널차단제
1: C09 레닌-안지오텐신 작용약제

환자 단위에서 어떤 약효군 투여 경험이 있는지(combi_aht_cl) 확인하였을 때, 가장 많은 조합은 레닌-안지오텐신 작용약제 단독투여(값:1)로 83명(12.58%)이었고, 그다음으로는 칼슘채널차단제와 레닌-안지오텐신 작용약제의 투여(값: 11) 74명(11.21%), 이뇨제, 베타차단제, 칼슘채널차단제, 레닌-안지오텐신 작용약제 투여 72명(10.91%) 순이었다.

IF 문장으로 약효군별 투여 여부 변수들에서 결측값을 0으로 바꾼 후, PROC FREQ 프로시저를 이용하여 성별과의 분할표를 작성하고 chisq 옵션을 적용하여 성별에 따른 약효군 투여 여부에 차이가 있는지 카이제곱검정을 수행할 수 있다.

```
data dus.edu_prc_atc_cl_INDI; set dus.edu_prc_atc_cl_INDI;
if ATC_C02=. then  ATC_C02=0;
if ATC_C03=. then  ATC_C03=0;
if ATC_C07=. then  ATC_C07=0;
if ATC_C08=. then  ATC_C08=0;
if ATC_C09=. then  ATC_C09=0;
run;

proc freq data=dus.edu_prc_atc_cl_INDI;
tables (ATC_C02 ATC_C03 ATC_C07 ATC_C08 ATC_C09)* SEX/nopercent norow chisq expected;
run;
```

위의 분석 결과 ATC_C02*SEX, ATC_C03*SEX, ATC_C07*SEX, ATC_C08*SEX, ATC_C09*SEX에 대한 분할표와 카이제곱검정 결과가 출력되는데, 성별에 따른 레닌-안지오텐신 작용약제(ATC_C09=1) 처방 여부를 확인하려면 ATC_C09*SEX 출력 결과를 살펴보면 된다. 고혈압 약제를 투여받은 환자 중에서 남성(SEX=1)이 레닌-안지오텐신 작용약제를 투여받은 경우는 174명(처방률 67.70%), 여성(SEX=2)이 레닌-안지오텐신 작용약제를 투여받은 경우는 228명(처방률 56.58%)이었다. 카이제곱검정통계량은 8.16, 카이제곱검정에 의한 유의확률은 $p=0.0043$으로 나타나 $p<0.05$이므로 성별에 따라 레닌-안지오텐신 작용약제 처방률이 유의하게 다름을 알 수 있다.

빈도
기대값
칼럼 백분율

테이블:ATC_C09 * SEX			
	SEX(SEX)		
ATC_C09	1	2	합계
0	83 100.46 32.30	175 157.54 43.42	258
1	174 156.54 67.70	228 245.46 56.58	402
합계	257	403	660

ATC_C09 * SEX 테이블에 대한 통계량

통계량	자유도	값	Prob
카이제곱	1	8.1624	0.0043
우도비 카이제곱	1	8.2495	0.0041
연속성 수정 카이제곱	1	7.7017	0.0055
Mantel-Haenszel 카이제곱	1	8.1500	0.0043
파이 계수		-0.1112	
우발성 계수		0.1105	
크래머의 V		-0.1112	

Fisher의 정확 검정	
(1,1) 셀 빈도(F)	83
하단측 p값 Pr <= F	0.0027
상단측 p값 Pr >= F	0.9984
테이블 확률 (P)	0.0011
양측 p값 Pr <= P	0.0043

표본 크기 = 660

연습 문제

I 국민건강보험공단 교육용 자료의 자격 및 보험료, 출생 및 사망, 의과_보건기관 자료(nsc2_edu_bnc, nsc2_e여_bnd, nsc2_edu_m20~m60)를 사용하여 '칼슘채널차단제 사용과 골절위험의 연관성'을 확인하기 위해 환자대조군 연구(case-control study)를 수행하고자 한다. 아래의 문항에 답하시오. (교육용 DB는 2006, 2008, 2010, 2012년 자료만 제공하고 있지만, 분석 수행을 위해 이 4개년도를 연결된 연도라 가정한다.)

1 교육용 DB의 총 3,000명 중에서 환자군 선별을 위하여 골절(상병코드: 'S02', 'S07', 'S12', 'S22', 'S23', 'S42', 'S52', 'S62', 'S72', 'S82', 'S92')을 주상병 또는 부상병으로 진단받은 환자를 분류하고, 이 환자들의 가장 빠른 골절진단일을 index date로 입력한 전체 연구대상이 포함된 master 파일을 만드시오. 골절 진단을 받은 환자는 총 몇 명인가?

2 과거 약물처방기록 및 동반질환 유무 확인을 위하여 골절진단일 이전 자격 기간이 2년 미만인 환자는 제외하고자 한다. 즉, 골절진단일이 2006년인 환자를 제외한 골절 경험 환자는 몇 명인가?

3 현재 master 파일에 있는 환자들의 연령, 성별, 기준년도, 가입자 구분, 보험료 10분위 정보를 자격 및 보험료 DB를 이용하여 붙이고, 아래의 exact matching macro를 사용하여 연령, 성별로 1:1 매칭한 대조군을 선별하고 환자군과 대조군이 포함된 전체 연구대상 파일을 만드시오. 매칭한 환자수는 환자군과 대조군 각각 몇 명인가? (연령, 성별, 가입자구분, 보험료 10분위 정보가 결측인 환자는 제외한다.)

4 환자군과 대조군의 Index date 이전 2년 동안 칼슘채널차단제 노출된 환자수는 몇 명인가?

5 결과에 영향을 미칠 수 있다고 여겨지는 교란변수로 소득수준, 동반질환(당뇨, 골다공증)을 선정하고 오즈비 산출 시 보정하고자 한다. 소득수준은 1~5분위, 6~10분위로 두 개 그룹으로 분류하고, 동반질환을 index date 이전 2년 동안의 해당 상병코드 유무로 확인할 때 환자군과 대조군에서 소득수준 분포 및 동반질환이 있는 환자수는 몇 명인가? (당뇨 상병코드: E10-14, 골다공증 상병코드: M80-82)

6 두 군에서 동반질환 유무가 통계적으로 유의미하게 차이가 나는지 확인하시오.

7 두 군에서의 칼슘채널차단제 노출의 보정 전, 보정 후 오즈비와 95% 신뢰구간을 산출하여라. 보정변수는 소득수준, 당뇨 및 골다공증 유무이다.

Ⅱ 국민건강보험공단 교육용 자료의 자격 및 보험료, 출생 및 사망, 의과_보건기관 자료(nsc2_edu_bnc, nsc2_e여_bnd, nsc2_edu_m20~m60)를 사용하여 '고혈압 환자에서 칼슘채널차단제 사용과 골절위험의 연관성'을 확인하기 위해 코호트 연구(cohort study)를 수행하고자 한다. 아래의 문항에 답하시오. (교육용 DB는 2006, 2008, 2010, 2012년 자료만 제공하고 있지만, 분석 수행을 위해 이 4개년도를 연결된 연도라 가정한다.)

1 2008년에 고혈압 진단과 함께 칼슘채널차단제를 처음으로 처방받은 환자는 총 몇 명인가? 고혈압 환자는 [문제 I-3]과 같이 주상병 또는 부상병에 I10.x이 입력된 환자로 정의한다.

2 [문제 II-1]에서 확인된 환자 중에서 2008년 이전에 칼슘채널차단제를 처방받은 환자를 제외한 new user에 해당하는 환자는 몇 명인가?

3 칼슘채널차단제 사용 환자에 대한 비교집단으로 이뇨제 사용 환자를 활성대조군으로 선정하였다. [문제 II-1, 2] 문항과 동일한 방식으로 2008년에 고혈압 상병코드와 함께 이뇨제를 새롭게 처방받은 환자를 산출하면 몇 명인가?

4 칼슘채널차단제 사용군과 이뇨제 사용군에 중복하여 포함된 환자를 제외하면 각 군의 환자수는 몇 명인가?

5 연구대상자들의 사회인구학적 특성으로 연령, 성별, 건강보험종류(건강보험, 의료급여), 소득수준(상위 50%, 하위 50%)을 확인하고자 한다. 최종 연구대상 파일에 해당 정보를 결합시키고 위의 4가지 정보 중 하나라도 결측이 있으면 연구대상에서 제외한다고 할 때 제외되는 환자는 몇 명인가?

6 약물 사용과 골절 발생 위험 연관성에 영향을 줄 수 있는 교란요인으로 index date 이전 2년 동안의 동반질환(당뇨, 골다공증, 이전 골절 경험)을 확인하여 보정하고자 한다. 두 약물 사용군에서 동반질환을 지닌 환자수를 산출하시오

7 약물 사용과 골절 발생 위험 연관성에 영향을 줄 수 있는 교란요인으로 index date 이전 2년 동안의 복용 약물(glucocorticoid-외용제 제외, proton pump inhibitor)을 확인하여 보정하고자 한다. 두 약물 사용군에서 관심 약물 복용력이 있는 환자수를 산출하시오.

8 환자들의 중증도를 보정하기 위해 찰슨동반질환지수(Charlson's Comorbidity Index, CCI)를 산출하고자 한다. Index date 이전 2년 동안의 질병 기록을 이용하여 CCI를 산출하시오. (CCI 산출을 위한 질병코드 및 각 질병별 가중치는 Quan 등(2005)[12)]이 제시한 방식을 사용함. 김경훈(2016)[13)]을 참고)

9 환자들의 골절 발생을 확인하고자 한다. Index date 이후로 골절이 발생한 환자는 각 군에 몇 명인가?

10 본 연구에서는 Intention-to-treatment 방식을 적용하여 환자의 골절 발생일, 사망일, 연구종료일(2012년 12월 31일) 중 가장 빠른 날까지 follow-up 하고자 한다. 환자들의 follow-up years 및 follow-up 종료일까지 관심 이벤트(골절) 발생 여부를 산출하시오. (교육용 DB에는 사망년도 정보밖에 없기 때문에 해당 연도 6월 30일에 사망한 것으로 가정한다.)

11 두 약물 사용군의 기본특성을 유사하게 맞춘 연구대상자를 분석에 활용하기 위하여 성향점수 매칭을 수행하고자 한다. Parsons이 제시한 성향점수(propensity score, PS)를 이용한 1:N case-control match 매크로[14)]를 활용하여 연령, 성별, 보험종류, 소득수준, 동반질환(당뇨, 골다공증, 이전 골절 경험), 병용약물(glucocorticoid, PPI)를 매칭 변수로 한 1:1 매칭 코호트를 구축하시오. 이때 PS 모델의 c-통계량은 어떻게 되는가?

12 매칭 전과 매칭 후 두 군의 인구학적·임상적 특성에 차이가 있는지 확인하고자 한다. Yang 등이 제시한 standardized difference 산출 매크로[15)16)]를 이용하여 두 군의 변수별 유의미한 차이가 있는지 확인하시오. 매칭 후 두 군간 불균형하다고 보이는 변수는 어떤 변수인가? (SD 절댓값이 0.1보다 크면 통계적으로 유의미하게 차이가 있다고 판단한다.)

---

12) Quan H, Sundararajan V, Halfon P, Fong A, Burnand B, Luthi JC, et al. Coding algorithms for defining comorbidities in ICD-9-CM and ICD-10 administrative data. Med Care 2005;43(11):1130-1139. DOI: http://dx.doi.org/10.1097/01.mlr.0000182534.19832.83.

13) 김경훈. 건강보험청구자료에서 동반질환 보정방법. 보건행정학회지 2016:26(1):71-78.

14) Parsons LS., Performing a 1:N Case-Control Match on Propensity Score. Available from: https://support.sas.com/resources/papers/proceedings/proceedings/sugi29/165-29.pdf

15) Yang D and Kalton JE., A unified approach to measuring the effect size between two groups using SAS®. Available from: https://support.sas.com/resources/papers/proceedings12/335-2012.pdf

16) 매크로 URL: https://www.lerner.ccf.org/qhs/software/lib/stddiff.sas

13 매칭한 코호트를 이용하여 보정전(crude), 보정후(adjusted) 위험비(hazard ratio, HR) 및 95% 신뢰구간을 산출하시오. 보정변수는 앞의 12번 문항에서 두 군간 불균형하다고 보이는 변수를 활용한다.

3장 비용 연구

학습목표

1. 국민건강보험 빅데이터를 활용한 비용 추정 연구에 대한 기본 내용 및 통계를 학습한다.
2. 심화 사례 학습을 통해 구체적인 추정 방법을 이해한다.
3. 비용 추정을 위한 시점보정 방법에 대해 설명할 수 있다.

개요

본 장에서는 우리나라 국민건강보험 빅데이터를 활용하여 환자들의 의료이용 정보와 의료비용을 추정하는 방법을 학습하고자 한다.

1 국민건강보험 빅데이터를 활용한 비용분석 준비

1.1 연구 질문에 따른 분석 방법 선정

비용산출 분석은 크게 명세서 기반의 분석과 환자 기반 분석으로 구분할 수 있다. 명세서 기반 분석은 연구대상 질병(예: 고혈압)으로 인한 의료이용 현황 및 의료비용 추이, 연도별 특정 계열 약제군의 주성분별 약제비 발생 비율 비교 등에 관한 연구의 분석 방법으로 사용된다. 반면, 환자 기반 분석은 연구대상 환자 집단의 특정 질병 치료를 위해 발생하는 총비용, 또는 환자 1인당 연간 지출 약제비 등을 파악하는 연구에서 사용하는 분석 방법이다.

1.2 자료원의 비용 연구 관련 변수

국민건강보험공단에서 제공되는 자료로는 맞춤형연구 DB와 표본연구 DB가 있다. 모든 연구 DB는 국민건강보험공단의 건강정보자료를 포함한다. 이중 맞춤형연구 DB는 정책 및 학술 연구 목적으로 이용할 수 있도록 수요자 맞춤형 자료이다. 표본연구 DB는 기준에 따라 표본코호트 DB, 건강검진코호트 DB, 노인코호트 DB로 구분된다. 각각의 선정 기준 및 특징은 다음 표2와 같다. 표본연구 DB에서는 공통으로 사회·경제적 자격 변수(장애 및 사망 포함), 의료이용현황(진료 및 건강검진), 요양기관 현황의 정보를 제공한다.

표 1 국민건강보험공단의 표본연구 DB별 특징

자료원	기준	대상자	표본추출
표본코호트 DB	2006년 1년간 건강보험가입자 및 의료급여수급권자 자격을 유지한 전 국민	100만 명	전 국민 모집단의 2%, 성·연령·가입자구분·보험료 분위·지역별 층화추출
건강검진코호트 DB	2002년 자격유지자 중 2002~2003년 40~79세 일반건강검진 수검자	약 51만 명	-
노인코호트 DB	2008년 1월 기준 만 60세~80세 건강보험가입자 및 의료급여수급권자 자격 유지자 중 연내 사망하지 않은 자	약 51만 명	모집단의 8%, 성·연령·보험료 분위·지역구분 층화무작위추출

출처: https://nhiss.nhis.or.kr/bd/ab/bdaba001cv.do

모든 데이터는 비용 연구에 활용될 수 있으나, 자료별 상세 변수와 변수명에는 일부 차이가 존재하므로 분석 시 주의가 필요하다. 따라서, 활용할 자료원의 각 테이블별 구성 변수에 대해 충분히 숙지한 후 분석 계획을 세우면, 분석 단계에서 더 효율적인 연구 수행이 가능할 것이다. 본 장에서 주요하게 다룰 비용 연구 관련 주요 변수는 다음 [표 2]와 같다. 해당 변수는 앞선 1장과 2장에서 활용한 국민건강보험공단의 교육용 자료이며, 대부분의 변수는 동일 기관에서 제공하는 표본코호트 2.2 DB와 유사하다.

표 2 국민건강보험 빅데이터의 비용 연구 관련 변수(교육용 자료 기준)

테이블 구분	변수명	변수 설명
명세서 (T20)	RN_INDI	개인고유번호
	RN_KEY	청구고유번호
	RN_INST	요양기관고유번호
	MDCARE_STRT_DT	요양개시일자
	FORM_CD	서식코드
	SICK_SYM1	주상병
	SICK_SYM2	부상병
	MDCARE_DD_CNT	요양일수
	VSHSP_DD_CNT	입내원일수
	TOT_PRSC_DD_CNT	총처방일수
	ED_RC_TOT_AMT	심결요양급여비용총액
	EDC_SBA	심결본인부담금
	EDC_INSUR_BRDN_AMT	심결보험자부담금
	SPCF_SYM_TYPE	특정기호구분
진료내역 (T30)	RN_INDI	개인고유번호
	RN_KEY	청구고유번호
	MDCARE_STRT_DT	요양개시일자
	FORM_CD	서식코드
	CLA_CD	항코드
	ITEM_CD	목코드
	CLSF_PTTN_CD	분류유형코드
	MCARE_DIV_CD	분류코드

	UPRC	단가
	DD1_MQTY_FREQ	1일투여량 또는 실시횟수
	TOT_MCNT	총투여일수 또는 실시횟수
	AMT	금액
	TIME1_MDCT_CPCT	1회투여용량
	MCEXP_TYPE_CD	진료비 구분 코드
	EFMDC_CLSF_NO	약효분류번호
처방전 교부상세(T60)	RN_INDI	개인고유번호
	RN_KEY	청구고유번호
	MCARE_STRT_DT	요양개시일자
	FORM_CD	서식코드
	CLSF_PTTN_CD	분류유형코드
	MPRSC_DD1_TUYAK_CPCT	1일투약량
	MPRSC_TIME1_TUYAK_CPCT	1회투여량횟수
	TOT_MCNT	총투여일수
	UPRC	단가
	AMT	금액
	GNL_NM_CD	일반명코드
	EFMDC_CLSF_NO	약효분류번호

명세서(T20) 테이블에서는 연구대상 환자 또는 명세서를 선별하는 데 필요한 주·부상병, 표시과목, 진료과목코드가 있다. 또한 해당 테이블의 서식코드는 입원과 외래를 구분하는 데 필요하여 비용분석에 주로 사용된다. 특정기호구분의 경우 국민건강보험 빅데이터의 주요 한계점인 진단코드 등의 불확실성을 보완하기 위해 사용할 수 있다. 해당 명세서에서 발생한 비용 변수로 심결본인부담금과 심결보험자부담금, 그리고 그 둘의 합산이라 볼 수 있는 심결요양급여비용총액이 있다. 연구 목적 및 관점에 따라 심결본인부담금 또는 심결보험자부담금을 비용산출에 사용할 수 있다. 진료내역(T30)과 처방전 교부상세(T60) 테이블 변수에 대한 설명 및 비용산출 방법에 대해서는 이후 장에서 자세히 다루도록 하겠다.

2 비용분석 사례

국민건강보험 빅데이터에서 비용을 계산할 때, 주의해야 할 부분은 의약품 처방에 대한 비용을 산출하는 과정이다. 원내처방의 경우 진료내역 테이블(T30)에서 해당 비용을 산출할 수 있어 비교적 간단하지만, 원외처방은 관련 자료를 표본코호트 2.2 DB의 경우 의과·보건기관 처방전 교부상세 테이블(T60)과 약국 진료내역 테이블(T30) 두 곳에서 얻을 수 있다. 의과·보건기관 처방내역 테이블과 약국 진료내역 테이블은 기본적으로 같은 내용을 담고 있으나, 포함내용이 다음과 같이 상이할 수 있다(표 3).

표 3 의료기관 처방내역 테이블과 약국 진료내역 테이블 비교

	의과·보건기관 처방내역 테이블	약국 진료내역 테이블
의사의 처방 내역	O[1]	X
실제 조제 내역	X	O[1]
약국 조제료	X	O

1) 일반적으로는 두 내역이 동일하나, 실제 조제 내역이 다를 수도 있음

따라서 연구목적에 따라 분석 대상 테이블을 적절하게 선택하는 것이 중요하다. 최종 선택은 연구자의 판단이지만 의사 처방을 분석하여 치료패턴을 확인하는 목적일 경우는 병의과·보건기관 처방내역 테이블을 활용하는 것이 적절하며, 실제 의약품 조제행태 및 조제비용 등을 확인하는 목적으로는 약국 진료내역 테이블을 활용하는 것이 적절할 것이다. 이러한 특징을 인지하며 다음 비용산출예시를 학습하자.

2.1 고혈압 환자군의 비용산출 예시

이번 예시에서는 고혈압 환자의 2012년도 총 의료비용을 산출해보고자 한다. 해당 예시에서는 원외처방 정보를 약국 진료내역 테이블에서 추출하고자 한다. 이때 의과·보건기관 테이블과 약국 테이블의 청구고유번호가 다르기 때문에 이를 고려한 분석이 필요하다. 상세한 분석코드는 다음과 같다.

```
data i10_T20;
set o.nsc2_edu_m20 o.nsc2_edu_p20; * 의료기관 및 약국 명세서를 활용하기 위함;
/* 날짜변수 생성 및 연구대상 기간 내의 명세서 선별 */
DATE=input(MDCARE_STRT_DT, yymmdd10.);
format DATE yymmdd10.;
if '01jan2012'd=<DATE=<'31dec2012'd;
/* 입원&외래&약국 분류변수: TYPE */
length TYPE $10;
if FORM_CD in ('02', '07') then TYPE='입원'; * 병원 및 보건기관;
else if FORM_CD in ('03', '08') then TYPE='외래'; * 병원 및 보건기관;
else if FORM_CD in ('20', '21') then TYPE='원외약국';
else delete; * 연구에 따라 치과, 조산원, 정신과, 한방기관의 정보가 필요 시 정의할 수 있음;
run;

data htn_pts; set i10_t20;
if substr(SICK_SYM1,1,3)="I10" or substr(SICK_SYM2,1,3)="I10";
keep RN_INDI;
run;
proc sql;
```

```
create table a.i10_t20 as
select *

from i10_t20
where RN_INDI in (select distinct RN_INDI from htn_pts); quit;

data m30; set o.Nsc2_edu_m30; INPT=1; run; * 추후 자료원 구분을 위한 INPT 변수 생성;
data p30; set o.Nsc2_edu_p30; INPT=0; run;
data m30p30;set m30 p30;run;

proc sql;
create table a.cost as
select a.*, b.*
from a.i10_t20 as a inner join m30p30 as b on a.RN_KEY=b.RN_KEY;quit;
proc sql; select count(distinct RN_INDI) from a.cost;quit; * 2012년 고혈압 환자는 746명;
```

2.1.1. 총 의료비용산출

기본적으로 명세서 테이블의 심결요양급여비용총액(ED_RC_TOT_AMT)은 해당 명세서(RN_KEY)의 병원에서 발생한 모든 급여항목에 대한 심사결정 후 건강보험 총 요양급여비용을 나타낸다. 따라서 특정 연도, 특정 환자 번호의 명세서(T20) 테이블에 존재하는 모든 명세서를 가져온 후 심결요양급여비용총액을 합산하면, 해당 환자의 1년간 병원에서 발생한 보험급여항목 비용 총액을 계산할 수 있다. 이를 포괄적 비용산출 방법 중 총의료비 접근법이라 한다. 고혈압 환자의 총 의료비용산출을 위한 코드는 다음과 같다.

```
/*** 실습 1: 고혈압 환자의 총 의료비용 ***/
proc sort data=a.cost out=ex4_1_1 nodupkey;
by RN_INDI RN_KEY;run;
/* Version 1 */
proc sql;
create table ex4_1_2_1 as
select distinct count(distinct RN_INDI) as NUM_PT/* 환자수 count */, count(distinct RN_
KEY) as NUM_CLAIM/* 명세서 수 count */, sum(ED_RC_TOT_AMT) as TOTAL_COST/* 대상 환자군
총비용 합 */
from ex4_1_1;
quit;

data ex4_1_2_1;set ex4_1_2_1;
COST_MEAN=TOTAL_COST/NUM_PT;run; * 환자 1인당 평균 의료비용;

proc print data=ex4_1_2_1; quit;
```

OBS	NUM_PT	NUM_CLAIM	TOTAL_COST	COST_MEAN
1	746	20218	1279150890	1714679.48

분석 결과 746명의 고혈압 환자가 2012년 총 1,279,150,890원을 사용하였고, 환자 1인당 평균 1,714,679원을 사용하는 것으로 분석되었다. 해당 결과에 대해 비용의 평균뿐만 아니라 표준편차, 중앙값, 최댓값, 최솟값, 사분위수값이 필요한 경우는 다음과 같은 방법으로도 분석할 수 있다.

```
/* Version 2 */
proc sql; create table ex4_1_3_1 as
select distinct RN_INDI, sum(ED_RC_TOT_AMT) as TOTAL_COST
from ex4_1_1
group by RN_INDI; quit;

proc means data=ex4_1_3_1 mean std max p25 median p75;
var TOTAL_COST; run;
/* NOTE: 746개의 관측값을 데이터셋 WORK.EX4_1_3_1.에서 읽음 */
```

분석 변수 : TOTAL_COST					
평균	표준편차	최댓값	제25 백분위수	중위수	제75 백분위수
1714679.48	3525342.74	48631220.00	537240.00	888315.00	1655980.00

2.1.2. 고혈압 관련 총 의료비용산출

고혈압 환자의 의료비용 중 고혈압으로 인한 의료비용만 계산할 수 있으며, 이러한 접근방법을 질병-특이적 비용산출이라 한다. 연구에 따라 기준은 달라질 수 있으며, 해당 예시에서는 명세서(RN_KEY) 중 주상병 및 부상병 코드에 고혈압에 해당하는 코드가 있는 명세서의 정보만을 활용하였다. 고혈압 관련 비용을 추정하기 위해 a.cost 테이블에서 고혈압 코드가 있는 명세서만을 한정하는 첫 코드 이후의 과정은 2.1.1절의 코드와 동일하며, 상세코드는 다음과 같다.

```
/*** 실습 2: 고혈압 환자의 고혈압 관련 의료비용 ***/
data ex4_2_1;
set a.cost;
if substr(SICK_SYM1,1,3)="I10" or substr(SICK_SYM2,1,3)="I10"; run;
```

```
proc sort data=ex4_2_1 out=ex4_2_2 nodupkey;
by RN_INDI RN_KEY;run;

proc sql;
create table ex4_2_3_1 as
select distinct count(distinct RN_INDI) as NUM_PT/* 환자수 count */, count(distinct RN_
KEY) as NUM_CLAIM/* 명세서 수 count */, sum(ED_RC_TOT_AMT) as TOTAL_COST/* 대상 환자군
총비용 합 */
from ex4_2_2; quit;

data ex4_2_3_1;set ex4_2_3_1;
COST_MEAN=TOTAL_COST/NUM_PT;run;

proc print data=ex4_2_3_1; quit;
```

OBS	NUM_PT	NUM_CLAIM	TOTAL_COST	COST_MEAN
1	742	5410	385622400	519706.74

고혈압에 대한 상병코드가 포함된 명세서를 한정하여 비용을 추정한 결과 환자 1인당 평균비용은 519,707원으로 확인되었다. 총 의료비 약 170만 원과 비교하면 값이 감소한 것을 확인할 수 있다. 다만, 고혈압 환자를 선정하였음에도 2012년 1년간 해당 상병코드가 처방전에서 확인되지 않은 4명이 제외된 것을 확인할 수 있다. 이에 연구에서는 고혈압 관련 질병비용을 추정할 때, 상병기준만으로 질병-특이적 비용을 산정하는 것에 주의가 필요하다.

2.1.3. 10대 분류 항목별 비용산출

진료내역(T30) 테이블을 활용하면 포괄수가제가 적용되는 경우를 제외하고 대상 환자의 병원에서 발생한 의료비용을 10대 분류로 나누어 산출할 수 있다. 이에 대해서는 항코드(CLA_CD)와 그의 하위범주인 목코드(ITEM_CD)를 활용하면 되고, 10대 분류에 대한 정보는 다음 [표 4]와 같다. 연구대상 환자의 의료 이용 항목별 비용산출이 필요할 경우, 표의 항코드 또는 목코드별 비용들을 합산한 결과를 제시할 수 있다.

표 4 10대 분류를 위한 참고표(국민건강보험공단 교육용 DB 기준)

코드명: 정의	
CLA_CD: 항코드	ITEM_CD: 목코드
01:진찰료(약국-약가)	(01:초진, 02:재진, 03:응급 및 회송료 등)
02:입원료(약국-조제료 등)	(01:일반, 02:내과, 정신과, 만8세미만의소아, 03: 중환자실, 04:격리병실, 05: 신생아(분만관리료), 10:기본식대, 11:가산식대, 99:기타입원료)
03:투약료(약국-약재료)	(01:내복약, 02:외용약, 03:처방전)
04:주사료(한방-시술 및 처치료)	(01:주사, 02: 정맥내, 03: 수액제, 05: 특정재료, 99:기타)
05:마취료(한방-검사)	(01:마취)
06:이학요법료	(01:이학요법)
07:정신요법료	(01:정신요법)
08:처치 및 수술료	(01:처치 및 수술, 02:캐스트)
09:검사료	(01:진단, 02:치료)
10:영상진단 및 방사선치료료	
C: CT(~2007년)	
M: MRI(~2007년)	
L: 요양병원정액	(01:요양병원정액수가)
S: 특수장비	(01:CT진단, 02:MRI진단, 03:PET진단)
U: 건강보험(의료급여) 100/100 본인부담	(01:의약품, 02:치료재료, 03:진료행위)
V: 100/100본인부담(약국-100/100 본인부담 약가)	(01:의약품, 02:치료재료, 03:진료행위)
W:비급여(약국-비급여 약가)	(01:의약품, 02:치료재료, 03:진료행위)
X: 정신과 정액(의료급여)	

진료내역(T30) 테이블에는 심사 결정된 건이 모두 누적되어 있으나 지급 구분변수 상 심사결정된 후 비용이 지급된 결과가 자료로 추출되었을 가능성이 크다. 따라서 제공되는 데이터는 심사 결정된 건으로 추정된다. 그럼에도 불구하고 경우에 따라 명세서 단위 총액(20table의 심사결정금액)과 해당 명세서 내의 행위별 단가의 합(30table의 항목별 비용합)이 다를 수 있다. 그 외에 주의해야 할 점은 항코드인 CLA_CD가 상기 표에 제시된 바와 같이 동일한 값이더라도 자료원에 따라 의미하는 바가 다르다는 것이다. 예를 들어, 01의 코드가 약국 진료내역 T30에서는 약가를 의미한다. 이에 따라 해당 예에서는 10대 분류에 대한 비용을 산출할 때 의과·보건기관과 약국을 분류하였다.

```
/*** 실습 3: 고혈압 환자의 10대 분류 별 총 의료비용 ***/
/* 1) 의과 및 보건기관 */
data ex4_3_m;
set a.cost;
length CATEGORY $20; * 변수 길이 설정;
if  (type^='원외약국' AND CLA_CD='01') then CATEGORY='진찰료';
else if  (type^='원외약국' AND CLA_CD='02') then CATEGORY='입원료';
else if  (type^='원외약국' AND CLA_CD='03') then CATEGORY='투약료 및 처방전';
```

```
else if  (type^='원외약국' AND CLA_CD='04') then CATEGORY='주사료';
else if  (type^='원외약국' AND CLA_CD='05') then CATEGORY='마취료';
else if  (type^='원외약국' AND CLA_CD='06') then CATEGORY='이학요법료';
else if  (type^='원외약국' AND CLA_CD='07') then CATEGORY='정신요법료';
else if  (type^='원외약국' AND CLA_CD='08') then CATEGORY='처치 및 수술료';
else if  (type^='원외약국' AND CLA_CD='09') then CATEGORY='검사료';
else if  (type^='원외약국' AND CLA_CD='10') then CATEGORY='영상진단 등';
else if type='원외약국' then CATEGORY='약국'; else CATEGORY='기타';run;
/* Category별 의료비용 */
proc sql;
create table ex4_3_m1 as
select distinct count(distinct RN_INDI) as NUM_PT/* 환자수 count */, CATEGORY/* 10대 분류 구분 */, sum(AMT) as CATEGORY_COST/* 10대 분류별 비용 합 */
from ex4_3_m
group by CATEGORY
order by CATEGORY_COST desc;
quit;

data ex4_3_m2;set ex4_3_m1;
COST_MEAN=CATEGORY_COST/NUM_PT;run;

proc print data=ex4_3_m2; quit;

/* 2) 약국(원외처방) */
data ex4_3_p;
set a.cost;
length CATEGORY_P $20; * 변수 길이 설정;
if  (type='원외약국' AND CLA_CD='01') then CATEGORY_P='약가';
else if  (type='원외약국' AND  CLA_CD='02') then CATEGORY_P='조제료 등';
else if  (type='원외약국' AND  CLA_CD='03') then CATEGORY_P='약재료';
else if  (type='원외약국' AND CLA_CD in ('U','V')) then CATEGORY_P='100분의 100본인부담';
else if  (type='원외약국' AND CLA_CD in ('W')) then CATEGORY_P='비급여 약가';
else if type^='원외약국)' then CATEGORY_P='원내';
else CATEGORY_P='약국-기타'; run;
/* Category별 의료비용 */
proc sql;
create table ex4_3_p1 as
select distinct count(distinct rn_indi) as NUM_PT/* 환자수 count */, category_p/* 10대 분류 구분 */, sum(amt) as category_cost/* 10대 분류별 비용 합/
from ex4_3_p
group by CATEGORY_P
order by CATEGORY_COST desc;quit;
```

```
data ex4_3_p2;set ex4_3_p1;
COST_MEAN=CATEGORY_COST/NUM_PT;run;

proc print data=ex4_3_p2; quit;
```

1) 의과 및 보건기관 예시 결과

OBS	NUM_PT	CATEGORY	CATEGORY_COST	COST_MEAN
1	744	약국	613878632	825105.69
2	406	진찰료	123409910	303965.30
3	79	입원료	102840089	1301773.28
4	183	처치 및 수술료	74194813	405436.14
5	347	검사료	73561783	211993.61
6	335	주사료	70927305	211723.30
7	101	기타	70277137	695813.24
8	217	이학요법료	33485670	154311.84
9	263	영상진단 등	26325261	100096.05
10	107	마취료	18744188	175179.33
11	262	투약료 및 처방전	17697635	67548.23
12	30	정신요법료	5757110	191903.67

2) 약국(원외처방) 예시 결과

OBS	NUM_PT	CATEGORY_P	category_cost	COST_MEAN
1	408	원내	617220901	1512796.33
2	744	약가	491317318	660372.74
3	744	조제료 등	119346400	160411.83
4	105	100분의 100본인부담	3214914	30618.23

고혈압 환자에서 2012년 동안 의과 및 보건기관에서 사용한 비용 중 진찰료로 303,965원을 사용하였으며, 약국에서의 원외처방으로 인해 평균 660,373원의 약가를 사용한 것으로 확인되었다. 참고로 분석코드 중 order by 변수 desc라는 구문은 해당 변수에 대해 내림차순으로 정렬하는 구문으로 해당 예시에서는 비용이 많이 발생하는 항코드를 파악하고자 CATEGORY_COST 변수를 기입하였다. 해당 코드는 추후 연구 디자인에 따라 활용할 수 있을 것이다. 약국수가에 대한 부분도 같은 방법의 코드이므로 코드 예시의 하단을 참고하기 바란다.

2.1.4. 개별 수가 비용

미시적 비용산출에는 진료내역(T30) 테이블에서 원내 행위수가내역(처치, 수술, 사용한

재료 등) 및 원외 행위수가내역(복약지도료, 조제료 등)에 대한 정보를 제공하는 분류코드 변수를 사용하여 산출할 수 있다. 주로 연구대상 수가의 자원사용량을 확인하고, 각 단위 비용을 연계하여 총비용을 산출하는 방식으로 분석이 진행된다. 연구대상 질환에서 주로 행해지는 수가에 대한 정보가 필요할 경우 건강보험심사평가원에서 제공하는 '질병·행위 통계 산출내역 표준 안내서'를 참고할 수 있다. 다년도의 국민건강보험 빅데이터를 이용하여 의료 행위 관련 비용 연구를 진행할 때, 정책 변경으로 인한 연구대상 수가의 급여 여부 변화 또는 해당 행위의 수가코드 변경이 발생하였을 수 있다. 따라서 연구 기간 내 연구대상 의료 행위의 누락을 방지하기 위해 건강보험심사평가원에서 발표하는 여러 시점의 의·치과 수가파일을 확인해볼 필요가 있다. 관련 예시에서는 의원 및 보건의료원에서의 재진 진찰료(수가코드: AA254)와 약국에서의 복약지도료(수가코드: Z3000)를 계산하였다.

```
/*** 실습 4: 고혈압 환자에서 특정수가 비용 계산 ***/
/* 1) 의과 및 보건기관 */
proc sql;
create table ex4_4_m as
select distinct count(distinct rn_indi) as NUM_PT/* 환자수 count */, count(distinct rn_
key) as NUM_CLAIM/* 명세서 수 count */, sum(amt) as service_cost
from a.cost
where MCARE_DIV_CD='AA254'; * AA254: 의원급 재진진찰료;
quit;
proc print data=ex4_4_m; quit;

/* 2) 약국(원외처방) */
proc sql;
create table ex4_4_p as
select distinct count(distinct rn_indi) as NUM_PT/* 환자수 count */, count(distinct rn_
key) as NUM_CLAIM/* 명세서 수 count */, sum(amt) as service_cost
from a.cost
where  substr(MCARE_DIV_CD,1,5)='Z3000'; /* Z3000: 복약지도료(방문당); 하위로 세부수가 항목
들이 있어 5자리로 묶음 */
quit;
proc print data=ex4_4_p; quit;
```

OBS	NUM_PT	NUM_CLAIM	service_cost
1	357	6325	58250710

OBS	NUM_PT	NUM_CLAIM	service_cost
1	744	8533	12314100

분석 결과 357명의 환자에게서 의원, 보건의료원 내 의과에서의 재진진찰 기록이 확인되었으며, 총 58,250,710원이 사용되어 환자 1인당 평균 약 16만 원을 사용하였고 병원 방문당 평균 9,210원의 재진진찰료를 지불한 것으로 확인되었다. 또한 약국에서의 복약지도료는 총 12,314,100원이 사용되어 환자 1인당 연간 평균 16,551원의 복약지도료를 지불한 것으로 확인되었다.

2.1.5. 의약품 비용

의약품 비용을 산출하기 위해서는 현재 자료원 내에 의약품에 대한 정보가 어떻게 구성되어 있는지를 이해하는 것이 중요하다. 국민건강보험공단 맞춤형 DB를 기준으로 진료내역(T30) 테이블에서는 원내처방에 대한 정보, 처방전 교부상세(T60) 테이블에서는 원외처방에 대한 정보를 확인할 수 있다. 또한 분류 유형 코드를 통해 수가, 준용수가, 보험등재약 및 동 의약품의 일반(성분)명, 원료, 조제(제제)약, 치료재료로 구분할 수 있으며, 한방의 경우에도 유사하게 분류할 수 있다.

국민건강보험 빅데이터에서 의약품 관련 정보로는 약효분류코드(EFMDC_CLSF_NO)와 의약품의 주성분코드가 제공되고 있다. 맞춤형 DB의 경우 진료내역(T30) 테이블과 처방전 교부상세(T60) 테이블 모두 분류코드(MCARE_DIV_CD_ADJ) 변수로 주성분코드 정보를 제공한다. 표본코호트 2.2 DB는 진료내역(T30) 테이블에서는 분류코드(MCARE_DIV_CD) 변수에서 제공하는 반면, 처방전 교부상세(T60) 테이블에서는 일반명 코드(GNL_NM_CD)에서 제공하여 주성분코드 관련 변수명이 다르므로, 원내·외 의약품 처방을 모두 다루는 연구에서는 이에 유의해서 분석해야 한다. 다음의 교육용 DB를 활용한 예시에서는 약효분류코드를 기준으로 비용을 산출하는 방법과 특정 관심 약물의 의약품 비용을 산출하는 방법을 제시한다.

```
/*** 실습 5-1: 고혈압 환자에서 의약품비용-약효분류코드(복지부 분류) 기준 ***/
/* 약제 처방 관련 명세서를 추려서 merge */
data ex4_5_1;
set a.cost;
if MCEXP_TYPE_CD='3'; /* 진료비 구분 코드가 약품비인 명세서 항목만 남김 */ run;
/* 약효분류별 의료비용 */
proc sql;
create table ex4_5_2 as
select distinct count(distinct rn_indi) as NUM_PT/* 환자수 count */, count(distinct rn_
key) as NUM_CLAIM/* 명세서 수 count */, efmdc_clsf_no/* 약효분류 */, sum(amt) as drug_
category_cost/* 10대 분류별 비용 합 */
from ex4_5_1
```

```
where efmdc_clsf_no^='' /* 약효분류코드가 결측이 아닌 약제만 남김 */
group by efmdc_clsf_no
order by NUM_PT desc; * 관심 변수를 넣으면 됨, 예: 비용이 많이 부담되는 것을 보고 싶다면 drug_category_cost 기입; quit;
proc print data=ex4_5_2; quit;
```

OBS	NUM_PT	NUM_CLAIM	EFMDC_CLSF_NO	drug_category_cost
1	624	2683	214	131125855
2	273	1059	218	60054790
3	499	2120	219	39806681
4	594	2790	232	37780345
5	9	36	421	28514583
6	152	802	396	27612371
7	658	4262	114	26378200
8	182	577	399	21616104
9	103	331	119	21564965
10	494	1199	618	17445316

상기 예시에 따르면 대상 환자는 약효분류코드(EFMDC_CLSF_NO) 기준 214에 해당하는 혈압강하제에 가장 많은 비용을 사용하는 것으로 파악되었다. 두 번째 예시는 고혈압 환자에서 enalapril이라는 특정 약제를 사용한 경우의 비용을 산출하였다. 이 경우는 enalapril 약제에 대한 일반명코드 정보를 활용하는 것이 필요하며 상세 내용은 다음과 같다.

```
/*** 실습 5-2: 고혈압 환자에서 의약품비용-enalapril ***/
proc sql;
create table ex4_5_2 as
select distinct count(distinct rn_indi) as NUM_PT/* 환자수 count */, count(distinct rn_key)
as NUM_CLAIM/* 명세서 수 count */, sum(amt) as enalapril_cost
from ex4_5_1
where MCARE_DIV_CD in ('151601ATB' '151603ATB');
quit;
proc print data=ex4_5_2; quit;
```

OBS	NUM_PT	NUM_CLAIM	enalapril_cost
1	9	18	385680

2.1.6. 고혈압 환자군의 원내/외 및 입원 비용산출

원내/외 비용을 구분하여 계산하는 과정에서 주의해야 할 부분은 의약품 처방에 대한 비용을 산출하는 과정이다. 원내처방의 경우 진료내역 테이블(T30)에서 해당 비용을 산출할 수 있어 비교적 간단하지만, 표본코호트 2.2 DB의 경우 원외처방은 관련 자료를 의과·보건기관 처방전 교부상세 테이블(T60)과 약국 진료내역 테이블(T30)에서 얻을 수 있다(표 3). 의과·보건기관 처방내역 테이블과 약국 진료내역 테이블은 기본적으로 같은 내용을 담고 있으나, 포함내용이 다음과 같이 상이할 수 있다. 따라서 연구목적에 따라 분석 대상 테이블을 적절하게 선택하는 것이 중요하다. 최종 선택은 연구자의 판단이지만 의사 처방을 분석하여 치료패턴을 확인하는 목적일 경우는 병의과·보건기관 처방내역 테이블을 활용하는 것이 적절하며, 실제 의약품 처방행태 및 처방비용 등을 확인하는 목적으로는 약국 진료내역 테이블을 활용하는 것이 적절할 것이다.

입원의 경우, 병원에서 비용 청구를 위해 실제로 퇴원이 아님에도 불구하고 퇴원 처리 후 즉시 입원하는 행정절차를 수행하기도 한다. 따라서 이러한 경우가 분석과정에서 고려되지 않으면, 환자의 입원횟수는 과대추정되고 입원 당 기간은 과소추정될 수 있다. 예를 들면 다음과 같은 경우 환자 1번은 국민건강보험 빅데이터 기준 총 3회의 입원을 하였고 각각 14일, 6일, 14일의 입원을 한 것으로 확인된다. 하지만 이 중 2번째 입원은 이전 입원의 퇴원 다음 날 바로 발생하였기에 이는 앞에서 언급한 비용 청구를 위한 행정절차일 가능성이 크다(표 5). 이 부분을 화살표 아래와 같이 입원한 건으로 처리하는 절차가 필요하며 이 부분에 대한 실습 사례는 다음 표 아래의 코드와 같다. 그 외에도 한가지 고려되어야 할 것은 연구대상 질환에 따라 입원일수가 긴 질환일 경우 명세서를 분리하여 청구할 때, 동일한 상병명이 활용되지 않을 가능성이 있다는 점이다. 따라서 분석계획단계에서 특정 상병명에 대한 명세서 비용만 산출하거나, 입원 episode 정의 시 특정 상병명을 적용해야할 경우 이러한 특징이 고려될 수 있을 것이다.

표 5 입원 episode 정의 예시

환자구분	요양개시일자	요양만료일자	입원기간
1	2021-01-01	2021-01-14	14
1	2021-01-15	2021-01-20	6
1	2021-01-31	2021-02-13	14

⇩

환자구분	요양개시일자	요양만료일자	입원기간
1	2021-01-01	2021-01-20	20
1	2021-01-31	2021-02-13	14

```
/*** 실습 6: 고혈압 환자의 의료기관 외래/입원비용 ***/
/** 외래/입원 총비용 **/
/* Type별 의료비용 */
```

```
proc sql;
create table ex4_6_1 as
select distinct count(distinct RN_INDI) as NUM_PT/* 환자수 count */, count(distinct RN_
KEY) as NUM_CLAIM/* 명세서 수 count */, type/* 입원, 외래, 약국 구분 */, sum(ED_RC_TOT_
AMT) as type_cost/* 그룹별 비용 합 */
from a.cost
group by type; quit;

data ex4_6_2;set ex4_66_1;
COST_MEAN=TYPE_COST/NUM_PT;run;

proc print data=ex4_6_2; quit;

/* episode 당 입원비용 */
data ex4_7_epi; set a.cost; if type='입원';run;

proc sql;
create table ex4_7_epi2 as
select distinct RN_INDI, RN_KEY, MDCARE_STRT_DT, MDCARE_DD_CNT, VSHSP_DD_CNT, TOT_PRSC_
DD_CNT,
FORM_CD, TYPE, SICK_SYM1, SICK_SYM2, ED_RC_TOT_AMT, EDC_SBA, EDC_INSUR_BRDN_AMT
from ex4_7_epi
order by RN_INDI,  MDCARE_STRT_DT, RN_KEY;quit;

data ex4_7_epi3;
retain RN_INDI RN_KEY HOSP_FR_DT HOSP_TO_DT VSHSP_DD_CNT; /* DATASET 변수 순서 지정 */
set ex4_7_epi2;
HOSP_FR_DT=input(MDCARE_STRT_DT, yymmdd10.);
format HOSP_FR_DT yymmdd10.;
HOSP_TO_DT=HOSP_FR_DT+VSHSP_DD_CNT-1;
format HOSP_TO_DT yymmdd10.; run;

data ex4_7_epi4;
retain RN_INDI RN_KEY HOSP_FR_DT HOSP_TO_DT GAP_EPI inpatient_seq ;
set ex4_7_epi3;
by RN_INDI  MDCARE_STRT_DT RN_KEY;
GAP_EPI=HOSP_FR_DT-lag(HOSP_TO_DT); /* '이전 명세서의 HOSP_TO_DT'와 다음 명세서의 'HOSP_
FR_DT' 간의 차 */
if first.RN_INDI then GAP_EPI=. ; /* 새로운 환자로 바뀔 경우 GAP_EPI를 결측값으로 지정 */

if first.RN_INDI then inpatient_seq=1 ; /* 새로운 환자의 첫 명세서는 inpatient_seq=1로 시작 */
if not first.RN_INDI then do;
```

```
    if GAP_EPI>1 then inpatient_seq+1; /* GAP_EPI 가 1을 초과할 경우 다른 입원 에피소드로
    간주하고 기존 inpatient_seq에 1을 더함 */
    end;
run;
proc sql;
create table ex4_7_epi5 as
select distinct *, min(HOSP_FR_DT) as inpatient_dt format yymmdd10., max(HOSP_TO_DT) as
discharge_dt format yymmdd10., sum(ED_RC_TOT_AMT) as EPI_COST
from ex4_7_epi4
group by RN_INDI, INPATIENT_SEQ
order by RN_INDI, HOSP_FR_DT, INPATIENT_SEQ; quit;

proc sort data=ex4_7_epi5 out=ex4_7_epi6 nodupkey;
by RN_INDI INPATIENT_SEQ;run;

/* By Episode */
data ex4_7_epi6;set ex4_7_epi6;
keep RN_INDI INPATIENT_SEQ inpatient_dt discharge_dt DURATION EPI_COST;
DURATION=(DISCHARGE_DT-INPATIENT_DT);run;

proc sql;
create table ex4_7_epi6_1 as
select distinct count(RN_INDI) as EPI_NUM, MEAN(DURATION) as EPI_DURATION, MEAN(EPI_COST) as
EPI_COST
from ex4_7_epi6; quit;

proc print data=ex4_7_epi6_1;

/* By Patient */
proc sql;
create table ex4_7_epi7 as
select distinct RN_INDI, SUM(DURATION) as PT_DURATION, MAX(INPATIENT_SEQ) as TOTAL_EPISODE,
SUM(EPI_COST) as TOTAL_INPATIENT_COST
from ex4_7_epi6
group by RN_INDI; quit;

proc means data=ex4_7_epi7 mean std median q1 q3;
var PT_DURATION TOTAL_EPISODE TOTAL_INPATIENT_COST; run;
```

3 특이적인 상황의 비용산출 시 주의사항

연구목적에 따라 특이적인 상황에서 필요한 비용을 산출할 수 있다. 몇 가지 상황별 목적에 따른 비용산출 시 주의해야 할 점을 공부해보도록 하자.

3.1 응급실 방문 비용

응급실 방문으로 인한 비용을 계산하기 위해서는 명세서 중 수가코드(MCARE_DIV_CD)의 응급실 방문 관련 코드(AC101, AC103, AC105)가 활용될 수 있으며, 상세코드는 [표 6]과 같다. 그 외에 공단의 교육용 DB에서는 해당 정보가 없으나 자료원에 따라 응급실 진료에 대한 정보를 얻을 수 있다. 예를 들어, 국민건강보험공단의 표본코호트 DB의 경우 진료과목 코드인 MCARE_SUBJ_CD에서 응급의학과 코드(='24')가 포함된 건을 응급실 방문 명세건으로 정의할 수 있다. 또한, 표본자료 혹은 맞춤형 자료에서는 응급실 혹은 외래 중 입원경로에 대한 정보를 제공한다(국민건강보험공단 표본코호트 2.2 DB 기준: HSPTZ_PATH_TYPE, 건강보험심사평가원 표본자료 2020년 기준: IPAT_ARIV_PTH_TP). 하지만 이 경우 이로 인한 입원비용이 반영되어, 해당 조건 여부에 따라 결과의 편차가 크므로 연구에 따라 포함 여부의 결정이 필요하다.

표 6 응급실 방문 관련 코드

코드	코드명
AC101	응급의료관리료-중앙응급의료센터,권역응급의료센터
AC103	응급의료관리료-분야별전문응급의료센터,지역응급의료센터
AC105	응급의료관리료-지역응급의료기관
V1100	응급의료관리료-중앙응급의료센터
V1200	응급의료관리료-권역응급의료센터(B등급)
V1210	응급의료관리료-권역응급의료센터(A등급)
V1220	응급의료관리료-권역응급의료센터(C등급)
V1300	응급의료관리료-지역응급의료센터(B등급)
V1310	응급의료관리료-지역응급의료센터(A등급)
V1320	응급의료관리료-지역응급의료센터(C등급)
V1400	응급의료관리료-지역응급의료기관
V1500	응급의료관리료-권역응급의료센터-권역외상센터(B등급)
V1510	응급의료관리료-권역응급의료센터-권역외상센터(A등급)
V1520	응급의료관리료-권역응급의료센터-권역외상센터(C등급)
V1800	응급의료관리료-지역응급의료센터-권역외상센터(B등급)

V1810	응급의료관리료-지역응급의료센터-권역외상센터(A등급)
V1820	응급의료관리료-지역응급의료센터-권역외상센터(C등급)
VA100	응급의료관리료-중앙응급의료센터
VA200	응급의료관리료-권역응급의료센터(B등급)
VA210	응급의료관리료-권역응급의료센터(A등급)
VA220	응급의료관리료-권역응급의료센터(C등급)
VA300	응급의료관리료-지역응급의료센터(B등급)
VA310	응급의료관리료-지역응급의료센터(A등급)
VA320	응급의료관리료-지역응급의료센터(C등급)
VA400	응급의료관리료-지역응급의료기관
VA500	응급의료관리료-권역응급의료센터-권역외상센터(B등급)
VA510	응급의료관리료-권역응급의료센터-권역외상센터(A등급)
VA520	응급의료관리료-권역응급의료센터-권역외상센터(C등급)
VA800	응급의료관리료-지역응급의료센터-권역외상센터(B등급)
VA810	응급의료관리료-지역응급의료센터-권역외상센터(A등급)
VA820	응급의료관리료-지역응급의료센터-권역외상센터(C등급)

3.2 사망 환자의 비용

국민건강보험 빅데이터 중 표본코호트 2.2 DB에서는 출생 및 사망테이블 (NSC2_BND)의 변수명 DTH_YYYYMM, 맞춤형 연구 DB에서는 사망테이블의 DTH_ASSMD_DT 변수로 사망일자 관련 정보를 제공한다. 따라서 연구대상 환자의 사망 일자를 기준으로 사망 이전 1개월 또는 1년 등, 정해진 기간의 명세서들을 추출하여 해당 기간의 의료비용산출이 가능하다. 반면, 건강보험심사평가원에서 제공하는 빅데이터에는 자격 DB가 별도로 존재하지 않기 때문에 사망 일자 또는 사망 여부를 확인할 수 없다. 제한적이긴 하지만 병원 내 사망에 대한 자료는 상병코드 등으로 존재하므로 이를 이용한 분석은 가능하다.

4 기타 고려사항

4.1 시점 보정

다른 시점에서 발생하는 비용을 현재 시점에서 평가할 때는 시점의 선후관계에 따라 할인율 혹은 물가상승을 고려할 수 있다(NECA 2013). 상황에 따라 물가상승률과 할인율의 개념을 적절히 반영하여야 한다. 과거 시점을 기준으로 산출된 값을 현재 시점에서 활용하기 위해서는 물가의 조정이 필요하며, 국민건강보험 빅데이터를 활용하여 비용 연구를 하게 될 경우가 이러한 상황에 해당한다. 전반적인 의료비용은 통계청에서 보고하는 소비자물가지수 중 보건 분야 물가지수를 활용할 수 있다. 예를 들어, 2021년 시점에서 국민건강보험 빅데이터를 분석하여 2018년 기준 의료비용 100,000원이 산출되었다면, 물가지수를 반영하여 101,899원(=100,000×(99.92/98.058)으로 계산할 수 있다.

표 7 지출목적별 소비자물가지수

지출목적별	2018	2019	2020	2021
0 총지수	99.086	99.466	100.00	102.50
06 보건	98.058	98.516	100.00	99.92

출처: 통계청

하지만 이러한 물가상승을 반영할 때는 활용된 자료의 시점과 연구내용을 고려하는 것이 중요하다. 예를 들어, 특정 시점을 기준으로 연구대상 질병의 치료를 위한 고가의 시술 혹은 의약품이 급여될 수 있다. 이러한 경우 해당 질환의 의료비용이 증가할 가능성이 있고 이 증가 정도가 보건 분야 소비자물가지수를 상회할 수 있을 것이다. 따라서 연구에 따라 관련 수가의 증가율이나, 의료비 상승률을 적용하는 방법도 고려해야 한다.

반면, 할인율은 미래 시점에서 발생하는 비용의 가치를 현재 시점을 기준으로 추정하기 위하여 적용되는 개념이다. 우리나라에서는 예비타당도조사 및 의약품 경제성평가 가이드라인에서 4.5%의 할인율을 적용하고 있다. 예를 들어, 100,000원의 비용이 1년 이후에 발생한다면 해당 비용의 가치는 현재 시점의 95,694원(=100,000원×$\frac{1}{1+4.5\%}$)으로 계산된다. 동일한 비용이 2년 이후에 발생할 경우는 현재 시점의 91,573(=100,000원×$\frac{1}{(1+4.5\%)^2}$)원의 가치로 계산된다. 다만 할인율을 계산할 때는 비용의 발생시점이 연초인지, 연말인지에 따라 반영여부에 차이가 발생하므로 주의가 필요하다.

4.2 동반질환 보정

비용연구를 비롯한 건강보험 관련 빅데이터를 활용하는 관찰연구에서는 편향된 결과와 교란요인의 영향을 최소화하기 위하여 중증도 보정을 시행한다. 이때 동반질환은 합병증, 사망, 재원일 수 및 의료비에 영향을 줄 수 있다는 점에서 중요한 중증도 보정변수로 활용된다. 이 과정에서 Charlson 동반질환지수(Charlson comorbidity index, CCI)와 Elixhauser의 동반질환측정(Elixhauser's comorbidity measure, ECM) 점수가 활용될 수 있다. 여기서 CCI는 널리 사용되고 있는 동반질환측정 도구이며, 입원 환자의 의무기록을 바탕으로 개발되었다. CCI는 1년 사망을 잘 예측하는 19개의 질환에 대하여 상대위험도를 근거로 1, 2, 3, 6점의 가중치를 부여하고 해당 가중치의 합으로 산출되며, 1984년 개발된 이후 다양한 연구에서 가중치를 갱신해 왔다. 그중 Quan 등의 연구에서 2011년 개정한 질환 별 가중치는 다음 표와 같다.

표 8 질환 별 가중치

Comorbidities	International Classification of Disease, 10th revision code	Original weight	Updated weight
Myocardial infarction	I21.x, I22.x, I25.2	1	0
Congestive heart failure	I09.9, I11.0, I13.0, I13.2, I25.5, I42.0, I42.5-I42.9, I43.x, I50.x, P29.0	1	2
Peripheral vascular disease	I70.x, I71.x, I73.1, I73.8, I73.9, I77.1, I79.0, I79.2, K55.1, K55.8, K55.9, Z95.8, Z95.9	1	0
Cerebrovascular disease	G45.x, G46.x, H34.0, I60.x-I69.x	1	0
Dementia	F00.x-F03.x, F05.1, G30.x, G31.1	1	2
Chronic pulmonary disease	I27.8, I27.9, J40.x-J47.x, J60.x-J67.x, J68.4, J70.1, J70.3	1	1
Rheumatologic disease	M05.x, M06.x, M31.5, M32.x-M34.x, M35.1, M35.3, M36.0	1	1
Peptic ulcer disease	K25.x-K28.x	1	0
Mild liver disease	B18.x, K70.0-K70.3, K70.9, K71.3-K71.5, K71.7, K73.x, K74.x, K76.0, K76.2-K76.4, K76.8, K76.9, Z94.4	1	2
Diabetes without chronic complication	E10.0, E10.1, E10.6, E10.8, E10.9, E11.0, E11.1, E11.6, E11.8, E11.9, E12.0, E12.1, E12.6, E12.8, E12.9, E13.0, E13.1, E13.6, E13.8, E13.9, E14.0, E14.1, E14.6, E14.8, E14.9	1	0
Diabetes with chronic complication	E10.2-E10.5, E10.7, E11.2-E11.5, E11.7, E12.2-E12.5, E12.7, E13.2-E13.5, E13.7, E14.2-E14.5, E14.7	2	1
Hemiplegia or paraplegia	G04.1, G11.4, G80.1, G80.2, G81.x, G82.x, G83.0-G83.4, G83.9	2	2
Renal disease	I12.0, I13.1, N03.2-N03.7, N05.2-N05.7, N18.x, N19.x, N25.0, Z49.0-Z49.2, Z94.0, Z99.2	2	1
Any malignancy including leukemia and lymphoma	C00.x-C26.x, C30.x-C34.x, C37.x-C41.x, C43.x, C45.x-C58.x, C60.x-C76.x, C81.x-C85.x, C88.x, C90.x-C97.x	2	2
Moderate or severe liver disease	I85.0, I85.9, I86.4, I98.2, K70.4, K71.1, K72.1, K72.9, K76.5, K76.6, K76.7	3	4
Metastatic solid tumor	C77.x-C80.x	6	6
Acquired immune deficiency syndrome/ human immunodeficiency virus	B20.x-B22.x, B24.x	6	4

출처: 김경훈. 건강보험청구자료에서 동반질환 보정방법. 보건행정학회지 2016;26(1):71-8.

4.3 통계분석 기법

연구에 따라 특정 요인(예: 성별, 연령, 복용약물군 등)에 따른 비용의 차이를 확인할 수 있다. 일반적으로 두 그룹 간의 평균을 비교할 때 독립표본 t-검정을 활용하므로 표본 수가 충분할 경우 해당 방법을 고려할 수 있다. 다만, 비용은 데이터 특성상 정규분포 만족이 어려우므로 이를 고려하면 비용분석에서 적용하는 gamma 분포 및 log-link function을 적용한 일반화 추정 방정식(generalized estimating equation, GEE)이 적용될 수 있다. 또한 연구에 따라 질병 진행 전후의 비용 비교 분석이 요구될 수 있다.

$$Y = ax_1 + bx_2 + \dots + e$$

위와 같이 회귀식을 이용하여 x로 인한 Y의 값을 추정할 때, x와 Y가 모두 연속형 변수(non-discrete)이면서, 등분산성 및 정규분포 가정을 만족하는 경우(BLUE를 충족하는 추정치 산출 가능 시) 일반선형모형(general linear model) 활용이 가능하다. 하지만, Y가 등분산성 가정을 만족하지 않거나 종속변수가 이분형 변수일 경우 등(선형 형태가 아닐 경우) 이를 선형의 형태로 바꿔주기 위해 generalized linear model(GLM)이 활용된다. 여기에 데이터 간의 상관관계(예: 패널데이터)를 반영하기 위해 generalized estimating equation을 사용할 수 있으며, 활용할 수 있는 SAS 구문은 다음과 같다.

표 9 비용 분석에서 활용될 수 있는 generalized estimating equation 모형 및 SAS 구문

	Population		Panel		Mixed	
종속변수의 형태	이론	SAS code	이론	SAS code	이론	SAS code
Non-discrete	OLS	Proc reg	GLS	Proc glm[1] with “repeated”	Mixed effect 고려	Proc mixed “random“
discrete	GLM[2]	Proc genmod	GEE[3]	Proc genmod “repeated”	GLMM[4]	Proc glimmix “random“

1) General linear model
2) Generalized linear model
3) Generalized estimating equation
4) Generalized linear mixed model

4장 정책평가를 위한 통계분석

학습목표

1. 관찰연구에서 원인적 인과관계 특정을 통한 내적타당도 확보의 필요성을 이해한다.
2. 준실험적 연구디자인에 기반한 정책평가 방법에 대해 이해한다.
3. 심화 사례 학습을 통해 구체적인 평가 방법을 이해한다.

개요

처치군(정책 혹은 개입이 적용된 군)과 대조군(정책 혹은 개입이 적용되지 않은 군) 간의 특정 성과를 비교 평가하는 데 원인적 인과관계를 확보하는 것은 추정 결과의 내적타당도를 확보하는 것과 동일한 개념이다. 실제 무작위대조군시험과 같은 잘 설계된 실험연구를 통해 직접 데이터를 수집하는 실험적 디자인이 아닌 이미 수집된 데이터를 활용하는 관찰연구에서 연구 결과의 내적타당도를 확보하는 것은 여러모로 쉽지 않으며, 이 경우 연구 결과의 비뚤림 혹은 편의가 발생하게 된다. 추정된 효과의 차이가 순수하게 정책에 기인한 것인지 혹은 편의를 가지고 추정되지 않았는지를 구분한 것은 중요하다. 본 장에서는 관찰데이터에 기반하여 특정 프로그램 혹은 정책의 효과를 평가하기 위한 연구방법론 중 보건의료 분야에 다양하게 적용되는 이중차분분석(difference-in-difference)과 단절적시계열분석(interrupted time series)에 대해 소개한다.

1 정책평가를 위한 통계연구

1.1 준실험적(quasi-experiment) 환경을 활용한 인과적 관계 추정

1.1.1. 처치군에 대한 평균처치효과(Average Treatment Effect on the Treated, ATET)

계량적 분석연구에서 특정 요인 A와 B 간의 원인적 인과관계를 파악하는 것은 가장 큰 목표이며 동시에 난제이다. 정책 혹은 특정 프로그램의 성과를 평가하는 것은 결국 해당 정책 혹은 프로그램이 성과에 미친 원인적 인과관계, 즉 처치효과(treatment effect)를 평가하는 것이다. 여기서 "처치"라고 하는 것은 신약과 같은 의료적 개입일 수도 있고 혹은 보다 광범위하게 특정 정책의 적용 혹은 프로그램 참여 등이 될 수도 있다. 정책평가에 있어서는 특히 우리는 후자의 "처치"에 관심이 있다.

이를 정확히 평가하는 가장 확실한 방법은 같은 대상자들에게 동시에 정책을 적용했을 때의 효과(Y^T)와 적용하지 않은 상태에서 효과(Y^C)를 개별 대상자들에 대해 측정한 후, 개별적인 이 차이를 모든 대상자에 대해 평균하는 것이다. 이렇게 얻어진 값이 평균처치효과(Average Treatment Effect, ATE)이다.

ATE: $E(Y_{1i} - Y_{0i})$
ATET: $E(Y_{1i} - Y_{0i} | T_i = 1) = E(Y_{1i} | T_i = 1) - E(Y_{0i} | T_i = 1)$
T: treatment
C: control
i: 각 모집단에 속한 개별 대상자

실제 상황에서 우리가 평가하고 싶은 것은 프로그램 혹은 정책이 적용된 모집단의 평균 성과에서 동일 모집단에 프로그램 혹은 정책이 적용되지 않았을 때의 평균 성과를 차감한 순 정책의 효과이다. 이것이 처치가 실제 적용된 모집단에 대한 ATE, 즉 Average Treatment Effect on the Treated(ATET) 혹은 selected average treatment effect이다.

여기서 문제는 후자는 가상현실이 있지 않은 한 실제 발생하기 어렵다는 것이다. 이러한 상황은 사실상 성립되기 어렵기 때문에 이를 가상의 상황인 반사실(counterfactual)이라고 한다. 따라서 관찰연구에서 반사실적 상황을 가장 잘 모방하는 데이터 환경이 우리가 지향하는 바일 것이다. 공변량을 통제한 상태에서 오차항의 관찰되지 않은 요인들이 프로그램 적용 여부 및 성과에 영향을 미치지 않는다는 가정(zero conditional mean assumption, conditional independence, unconfoundness, selection-on-observables 등으로 표현됨)이 성립하면 회귀모형, 매칭 등을 통해 ATET를 추정하는 것이 가능하다. 본 장에서는 특히 준실험적 환경을 활용한 ATET 추정 모형을 소개한다.

1.1.2. 준실험적 환경

개인 단위의 counterfactual control을 확보하지는 못하더라도 표본크기를 늘려 평균이 통계적으로 유의하게 다르지 않은 대조군을 확보함으로써 인과관계를 평가할 수 있다. 이를 실험적으로 구현한 것이 대상자들을 무작위로 처치군과 대조군으로 할당하는 무작위 대조군 연구(randomized controlled trial, RCT)이다.

실험적 연구 환경에서는 그 요인에 해당하는 그룹(처치군)과 해당하지 않는 그룹(대조군)을 무작위(random)로 결정하는 방법을 통해 인위성을 배제한다. 예를 들어, 특정 의약품을 사용한 그룹과 사용하지 않는 그룹 간의 건강성과의 차이를 평가하고자 한다면 두 그룹에서 측정된 혹은 관찰된 건강성과의 차이가 해당 의약품 사용 때문인지 혹은 해당 의약품 사용과 관련이 있으면서 건강성과에도 영향을 미치는 제3의 요인(confounder)을 고려하지 못했기 때문은 아닌지를 구분해야 한다. 무작위할당은 이러한 제3의 요인에 의한 영향을 통제하는 효과적인 방법이다. 이러한 실험적 연구환경의 설정을 통한 처치군과 대조군의 무작위할당은 많은 경우 불가능하거나 어렵다. 실제 많은 계량분석 연구는 실험적 연구환경에서 생성된 무작위할당 기반 데이터가 아닌 관찰연구데이터를 이용해 요인들 간의 원인적 인과관계를 이해하기 위해 노력해 왔다.

관찰연구데이터는 연구를 위해 직접 수집된 데이터일 수도 있고, 혹은 행정데이터 등 다른 목적으로 수집되었으나 연구를 위해 활용되는 데이터일 수도 있다. 연구를 위해 직접 수집된 데이터이더라고 데이터 수집 환경이 무작위할당에 기반한 실험적 환경이 아니라면 관찰데이터가 되며, 사실 다양한 공공기관에서 수집하는 단면자료 혹은 패널자료 등의 서베이 자료들은 모두 이러한 관찰데이터에 해당한다. 이러한 관찰연구도 특정 현황에 대한 기술에는 매우 유용하게 활용될 수 있다.

준실험 환경(quasi-experiment environment)은 중재 전후, 중재가 적용된 처치군과 비처치군이 확보되었으나 중재 대상그룹을 무작위로 할당하지는 않은 상황을 의미한다. 이러한 준실험 환경을 활용하여 특정 개입의 효과를 평가하기 위한 연구방법론으로서 도구변수모형(instrumental variable estimation), 단절적시계열분석(interrupted time series), 이중차분분석(difference-in-difference), 회귀절단모형(regression discontinuity) 등이 있다. 본 장에서는 특히 보건의료 분야에서 활발히 이용되고 있는 단절적시계열분석(interrupted time series), 이중차분분석(difference-in-difference)에 대해 소개한다.

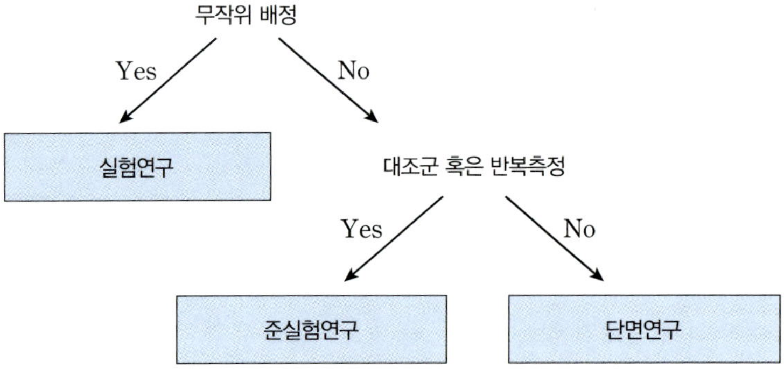

그림 1 준실험적 연구설계 개요

2 단절적시계열분석(Interrupted time-series)

개인 혹은 집단의 행태 및 특정 성과에 영향을 미치기 위한 다양한 정책들은 다방면에서 활용된다. 보건의료서비스 영역 또한 서비스의 질을 향상하고 비용은 줄이기 위한 다각도의 정책적 노력이 이루어져 왔다. 어떤 정책이든지 목표 성과가 있게 마련이고 이러한 성과가 달성되었는지를 평가하는 것은 당연히 중요하다. 정책을 평가하는 데 과거에는 투입요소에 좀 더 집중하여 평가한 것이 사실이나 최근 들어 평가의 관점이 성과 쪽으로 옮겨가고 있다. 특히, 의약품 사용과 관련하여 2000년의 의약분업과 2006년의 의약품사용적정화 정책을 계기로 이러한 정책적 노력들이 도입 의도를 달성하였는지에 대한 근거 생성 노력 또한 증가하였다.

정책은 기존의 체계에 대한 일종의 외부 중재(external shock)라고 볼 수 있다. 따라서 대부분의 경우 정책 도입 전과 도입 후가 나뉜다. 물론, 정책 도입 여부에 대해 여러 해에 걸쳐 논의가 지속되고 도입 전 시범사업 등을 통해 정책 도입을 점진적으로 평가해 온 경우에는 정책 도입 전후를 명확히 가르는 것이 어려울 수도 있다. 이는 정책이 적용되는 집단에 정책 도입에 대해 예고하는 효과를 주어 그에 대비해 행태 등을 변경할 기회를 주기 때문이다. 이에 더해 정책의 적용 집단이 전체가 아닌 일부일 경우 정책을 통한 중재를 받는 집단과 중재를 받지 않는 집단으로의 구분이 발생한다.

정책 시행은 과학적 근거 외에 정치적 요인 등에 의해서도 결정되기 때문에 이미 정책이 도입되고 한참이 지난 후에 평가하게 되는 상황도 발생하며, 경우에 따라 전체 모집단에 적용되어 비처치군이 없는 상황이 되기도 한다. 특히, 우리나라의 건강보험 관련 정책의 경우 전 국민이 피보험자 혹은 피부양자이고 전국의 의료기관 당연 요양기관이어서 많은 경우 해당 정책의 영향을 받지 않는 비처치군이 없다.

단절적시계열분석은 특히 정책이 모집단에 적용되어 정책이 적용되지 않은 그룹(비처치군)이 없을 때 적용해 볼 수 있는 정책평가 통계모형이다. 물론 정책이 적용되지 않은 대조군이 있거나 혹은 정책의 영향을 받지 않은 제3의 결과변수를 찾을 수 있다면 정책평가의 타당성을 높일 수 있을 것이다. 단절적시계열분석은 특히 인구집단 전체에 대해 정책이 도입된 적용된 시점이 명확하고 무엇보다도 정책 도입이 급작스럽게 이루어진 경우 유용하다.

다음 절에서는 정책평가를 위해 단절적시계열분석을 적용하기 위한 조건, 이를 수행하기 위해 요구되는 데이터, 회귀모형을 이용한 실증분석, 모델 적용의 타당성을 검증하기 위한 방법 및 조건들에 대해 구체적으로 기술한다.

2.1 시계열데이터

2.1.1. 개념

시계열데이터는 연구데이터에 속한 각 연구대상자에 대해 특정 기간에 일정한 시점마다 반복적으로 데이터가 누적된 형태를 갖는다. 또한 관찰값이 시간의 흐름에 따라 순서를 갖게 되며 이 순서를 임의로 변경할 수 없다. 월별 약제비, 분기별 사망률, 연도별 의료비 등 보건의료서비스 분야의 시계열 데이터는 매우 다양하다.

(stochastic process) 어떤 변수가 시간의 흐름에 따라 확률적으로 특정 값을 취하고 그 값들을 시간 순서에 따라 정렬된 값($\{y_0, y_1, \cdots\}$)을 얻는 과정이 stochastic process인데, 사실상 우리는 무한대의 조합을 얻을 수 있다. 그러나 우리가 실제 관찰하는 시계열 자료는 특정 시점에 하나의 관찰값만을 가지고 있다. 데이터에서 관찰된 값이 무한히 많은 stochastic process 중 하나에서 산출되었다고 가정하고, 우리는 이 관찰값에 근거해 시계열데이터가 생성되는 stochastic process를 추론하는 것이 시계열분석이다.

(stationarity) 시계열분석을 수행하는 데 중요한 가정은 stationarity(정상성)이다. 정상성은 특정 구간에서 시계열데이터의 확률분포가 τ만큼 옆으로 이동한 다른 구간에서도 동일할 경우를 의미한다. 즉, n개의 시점을 포함하는 구간의 확률변수 값들의 분포는 해당 구간 내의 상대적 위치에 따라 달라지고 어떤 구간인지는 영향을 미치지 않는다는 것이다. 따라서 우리가 관측한 구간 내에서의 변수값의 분포를 관찰되지 않은 전체 구간(일종의 모집단)에서의 분포와 같다고 가정할 수 있다는 것이다.

(weak dependence property) 정상성 가정은 또한 서로 다른 시점의 두 변수값의 상관성은 그 시점이 서로 가까울수록 커지고 멀수록 작아진다는 것을 함의한다. 즉, 충분히 멀리 떨어져 있는 관측값들은 서로 독립적인 상태에 가까워지기 때문에 stochastic process가 장기간에 걸쳐 진행될 경우 과거값에 의존하지 않는 새로운 독립적인 정보가 누적될 것이라는 가정이다. 따라서 관찰 기간이 길수록 추정의 타당도도 높아질 것이다. 패널데이터는 시계열데이터와 달리 한 여러 개체가 여러 시점에 걸쳐 관측된다. 이 경우 대부분 시점이 짧고 우리는 한 개체내에서의 시계열트랜드보다는 개체간의 변이에 더 관심을 갖는다는 차이가 있다(Zeger, 2006).

이러한 성질은 weak dependence property라고도 정의되는데, 이는 시계열데이터에서 특정 시점의 값과 미래 시점의 값의 상관성이 두 시점 간격이 멀어질수록 작아져 결국 미래 시점이 무한대로 수렴할 경우 상관성이 0으로 수렴하는 것을 의미한다. 이 경우 과거의 충격이 현재의 값에 미치는 영향은 일시적이라고 가정할 수 있다. weak dependence property

를 갖는 stochastic process는 대표적으로 moving average와 autoregressive process가 있다.

[예 1] moving average process of order one (MA(1))

$$y_t = \epsilon_t + \theta_1 \epsilon_{t-1}$$

[예 2] autoregressive process of order one (AR(1))

$$y_t = \rho_1 y_{t-1} + \mu_t \iff \mu_t = \rho_1 \mu_{t-1} + \epsilon_t$$

α_t: white noise (i.e., independent error)

=> $Corr(y_t, y_{h+h}) = \rho_1^h$ If $|\rho_1| < 1$

(highly persistent, 혹은 strong dependent) 만약 과거값의 영향이 일시적이라면(transitory past shock), 해당 과거값이 종속변수에 미치는 영향만 고려하면 되지만, 과거값의 영향이 지속된다면(permanent past shock) 해당 과거값 외 다른 과거값들도 종속변수에 누적 영향을 미치게 된다. 이처럼 과거의 영향이 모두 누적되어 현재의 값에 영향을 미치는 경우, 즉 과거의 영향이 시계열에 영원히 남아있게 되는 경우를 highly persistent(혹은 strong dependent) 시계열이라고 한다. 이 경우 해당 변수의 평균과 분산이 모든 시계열에 걸쳐 상수값을 갖는 covariance stationariy($E(y_t) = \mu$, $Var(y_t) = \sigma_e^2$, $Cov(y_t, y_{t+h}) = f(h)$)가 성립되지 않고, 시간이 지남에 따라 상승 혹은 감소하는 뚜렷한 시계열트랜드를 갖게 된다.

[예 1] random walk: $y_t = y_{t-1} + \epsilon_t$

=> $y_t = (y_{t-2} + \epsilon_{t-1}) + \epsilon_t = \ldots = \epsilon_t + \epsilon_{t-1} + \ldots + \epsilon_1 + y_0$

=> $E(y_t) = E(y_0)$, $Var(y_t) = \sigma_e^2 t$, $Cov(y_t, y_{t+h}) = \sqrt{\frac{t}{t+h}}$

[예 2] random walk with drift: 상승 혹은 감소하는 선형 시계열 패턴이 보이지만 weakly dependent하지는 않은 경우, 즉 시계열 값들이 상승 혹은 감소하기는 하지만 시계열트랜드 선에서 종횡무진하는 경우.

$y_t = \alpha_0 + y_{t-1} + \epsilon_t$

=> $y_t = \alpha_0 t + \epsilon_t + \epsilon_{t-1} + \ldots + \epsilon_1 + y_0$

=> $E(y_t) = \alpha_0 t + E(y_0)$, $Var(y_t) = \sigma_e^2 t$, $Cov(y_t, y_{t+h}) = \sqrt{\frac{t}{t+h}}$

2.1.2. 시계열데이터를 이용한 회귀분석모형

시계열데이터는 그 값들이 서로 독립적이지 않고 계열상관(serial correlation) 등의 상관성을 갖게 된다. 계열상관이 존재할 경우 각 관찰값이 독립적이지 않기 때문에 완전하게 새로운 정보를 제공하지 않고 현재 시점의 관찰값이 제공하는 정보는 이전 시점의 관찰값이 제공한 정보의 일부와 겹치게 된다. 즉, 회귀계수의 추정값이 편의가 없다고 하더라도 그 표준오차는 각 관찰값이 독립적이라는 통상적 회귀분석의 가정이 적용되는 경우에 비해 과소하게 측정된다. 이는 추정계수의 통계적 유의성을 과대하게 추정하게 만든다.

만약 시계열데이터가 weak dependence 형태여서 정상성가정(stationariy)를 만족한다면 다음과 같은 단계를 거쳐 회귀모형을 세울 수 있다.

$$y_t = \beta_0 + \beta X_t + \epsilon_t$$

이는 통상적인 선형회귀모형이다. 여기에 first-order autoregressive process (AR(1))를 가정한다면 다음의 추정이 추가된다.

$$\mu_t = \rho\mu_{t-1} + \epsilon_t$$
ρ first-order autocorrelation parameter
ϵ_t ~ i.i.d $N(0,\sigma^2)$, i,e., white noise

ϵ_t는 white noise로 오차항 중 상호 독립적인 평균과 분산이 상수인 부분을 의미한다. 이렇게 AR(1) 가정을 추가하여 바로 이전 시점의 종속변수의 값(Y_{t-1})이 통제되고, 따라서 현재 시점의 종속변수(Y_t)와 과거 특정 시점의 종속변수 값(Y_{t-u})의 자기상관성은 0이 된다.

AR 모델을 적용할 때 항상 AR(1)이 되는 것은 아니다. AR을 포함한 경우 자기상관함수(autocorrelation function, ACF)를 그려보면 시점이 멀어질수록 지수형태로 감소하는 양상을 보인다. 이때 과거 어느 시점까지 현재에 영향을 미치는지를 정해야 AR 모델의 차수가 결정되는데, 이때 유용하게 사용되는 것이 부분자기상관함수(partial autocorrelation function, PACF)이다. PACF는 현재 시점 값(Y_t)과 과거 특정 시점 값(Y_{t-u}) 간의 상관성을 두 시점 사이의 모든 값($Y_{t-1}, \cdots, Y_{t-u+1}$)을 통제한 상태에서 얻은 값이다. Y_t와 Y_{t-u}의 PACF가 0이 아니라는 말은 중간시점 값들을 통제한 상태에서도 현재 시점과 특정 과거 시점값들이 상관성이 있음을 나타내기 때문에 PACF가 0이 되는 과거 시점이 AR 모델의 차수가 될 것이다.

만약 ACF가 지수형태의 감소가 아닌 과거 몇 개 시점에서만 크게 나타나고 이후에 바로 0으로 떨어지는 경우에는 moving average를 고려할 수 있다.

$$y_t = \epsilon_t + \theta_1\epsilon_{t-1} + \ldots + \theta_q\epsilon_{t-q} \quad \text{MA(q)}$$
θ moving-average parameter

이때 과거 어느 시점까지 MA 모형에 포함할지는 ACF가 0이 되는 시점을 고려하면 된다. 즉, q+1 시점까지는 ACF가 0이 아니고 q+1 시점부터 0으로 떨어질 경우 위와 같이 q 차수를 고려한다.

과거 p 차수까지의 AR과 q 차수까지의 MA를 모두 반영하여 다음과 같이 추정식을 일반화여 기술할 수 있다(ARMA(p,q) 모델).

$y_t = \beta X_t + \mu_t$ structural equation

$\mu_t = \rho_1 \mu_{t-1} \cdots + \rho_p \mu_{t-p} + \theta_1 \epsilon_{t-1} + \ldots + \theta_q \epsilon_{t-q} + \epsilon_t$ ARMA(p,q) 오차항

$y_t = \beta X_t + \rho_1 (y_{t-1} - \beta X_{t-1}) + \ldots + \rho_p (y_{t-p} - \beta X_{t-p}) + \theta_1 \epsilon_{t-1} + \ldots + \theta_q \epsilon_{t-q} + \epsilon_t$

<=> $\rho(L^p)(y_t - \beta X_t) = \theta(L^q)\epsilon_t$

$\rho(L^p) = 1 - \rho_1 L - \rho_2 L^2 - \ldots - \rho_p L^p$

$\theta(L^q) = 1 + \theta_1 L + \theta_2 L^2 + \ldots + \theta_q L^q$

$L^j = y_{t-j}$

$\mu_t = \sum_{i=1}^{p} \rho_i \mu_{t-i} + \sum_{j=1}^{q} \theta_j \epsilon_{t-j} + \epsilon_t$ ARMA (p,q)의 오차항

ρ first-order autocorrelation parameter

θ first-order moving-average parameter

ϵ_t ~ i.i.d $N(0, \sigma^2)$, i,e., white noise

AR 혹은 MA를 단독으로 반영하든지 혹은 둘 다 반영하든지 간에 이 모델들은 정상성(stationary)을 가지며, 따라서 장기간의 특정 시계열트랜드를 가지지 않는 경우에 해당한다. 그러나 시계열데이터가 선형 트랜드를 보인다면 정상성 가정이 만족되지 않고 독립변수뿐 아니라 종속변수의 과거값들이 모두 누적적으로 종속변수의 현재값에 영향을 미치는 highly persistent(strong dependence) 데이터의 경우 이를 반영하여 모델을 수립해야 한다. strong dependence가 있는 경우 strict exogeneity 가정($E(\epsilon_t | y_0, y_1, \ldots, y_{n-1}) = 0$)이 위배되며, 회귀추정계수는 편의를 갖게 되기 때문이다.

만약 자기상관성이 없다면 연속적인 시간변수를 독립변수로 추가하는 간단한 방법으로 이러한 선형성을 통제할 수 있을 것이다. 특히 종속변수뿐 아니라 독립변수에도 선형 시계열트랜드가 있다면, 반드시 연속적인 시간변수를 통제하여 공통의 시계열트랜드를 통제(detrending)하는 것이 필요하다. 그렇지 않을 경우 독립변수와 종속변수가 연관성이 없는데도 공통의 선형 시계열트랜드 때문에 두 변수가 상관성이 높은 것처럼 잘못 추계된다(omitted variable bias). 종속변수에는 트랜드가 없으나 독립변수에만 있는 경우에도 트랜

드 변수를 포함함으로써 해당 독립변수가 종속변수에 미치는 점증 효과(marginal effect)를 추정할 수 있다.

$$\text{Exp}_t = \beta_0 + \beta_1 \text{Prev}_t + \beta_2 t + \epsilon_t$$

Exp: 의료비
Prev: 주요 만성질환 유병률
t: 연도

시계열트랜드 외 만약 특정 구간당 반복되는 패턴(seasonality)이 있다면, 이를 통제하지 않을 경우 특정 시즌의 오차항과 이전 연도의 동일 시즌의 오차항의 상관성은 다른 시즌의 오차항과의 상관성보다 더 크게 나타날 것이다. 이를 위해 해당 시즌이 한 번만 포함되도록 시계열데이터를 분절하여 분석할 수도 있고 혹은 다음 식과 같이 이를 반영한 더미변수 포함하여 모델을 추정할 수도 있다.

$$\text{Exp}_t = \beta_0 + \beta_1 \text{Prev}_t + \beta_1 Season_t + \beta_2 t + \epsilon_t$$

그러나 자기상관성이 없는, 즉 과거의 값이 현재에 영향을 미치지 않는 시계열 데이터는 흔하지 않을 것이다. 먼저 자기상관성과 과거 어느 시점까지 상관성이 있는지를 판단해야 한다. 이는 unit root test에서 unit root 혹은 random walk라는 귀무가설을 검정하여 수행할 수 있으며 다음과 같이 Dickey-Fuller test를 통해 수행한다.

Dickey-Fuller unit root test:

$$\Delta y_t = \alpha + \beta y_{t-1} + \delta t + \sum_{j=1}^{k} (\zeta_j \Delta y_{t-j}) + \epsilon_t$$

k: Number of lags
random walk without drift라면, t 생략
$H_0 : \rho = 1$ 또는 $\beta = 0$ 또는 unit root

즉, first order autocorrelation ($\hat{\rho} = \widehat{corr}(y_t, y_{t-1})$)이 1에 가깝게 추계된다면 서로 근접한 시계열값들이 상관성이 높다는 의미이므로 데이터가 unit root에 가까운 highly persistent 형태임을 함의한다.

만약 선형회귀분석을 적용하고 오차항의 자기상관성을 보정하는 방향으로 추정을 수행한다면 이분산성과 자기상관성을 보정한 Newey-West 회귀분석, Prais -Winsten transformed 회귀분석 등을 일반적 통계 패키지로 수행할 수 있다. 또한 선형회귀분석에서 오차항의 자기상관성을 검증하기 위한 통계량으로 빈번히 사용되는 Durbin-Watson d-statistics를 활용할 수 있다.

unit root test에서 first order autocorrelation이라는 귀무가설이 기각되지 않는다면 현재값과 과거의 값들을 빼는 차분(integration)을 수행한다. 만약, 다음 식과 같이 현재값과 바로 직전의 과거값만을 차분한다면 이는 integrated order one 혹은 I(1)라고 한다. 위와 같이 1차 차분을 수행하면 unit root와 선형 시계열트랜드가 상쇄된다. 이 상태에서 AR과 MA 모델을 추가하는 ARIMA(autoregressive, integrated, moving-average model)을 적용할 수 있으며, AR과 MA를 몇 차까지 적용할지는 차분한 모델에서 위에서 상술한 방식으로 탐색할 수 있다.

즉, ARIMA 모델에서 p=0, d=0, q=0인 경우(ARIMA(0,0,0))는 오차항이 white noise인 경우이며, ARIMA(0,1,0) 혹은 I(1)은 $y_t = y_{t-1} + \epsilon_t$와 같은 random walk 혹은 $y_t = c + y_{t-1} + \epsilon_t$와 같은 random walk with drift일 것이다.

일반적으로 d차의 차분을 수행할 경우 다음과 같이 나타낼 수 있다.

$$(1-L)^d y_t = (y_t - y_{t-1}) - \dots - (y_{t-d+1} - y_{t-d}) \quad \text{Integrated order d}$$

L: lag operator

ARIMA(p,1,q)의 일반 모형을 나타내면 다음 식과 같다.

$$\Delta y_t = \beta X_t + \sum_{i=1}^{p} \rho_i \{\Delta y_{t-i} - \beta X_t\} + \sum_{j=1}^{q} \theta_j \epsilon_{t-j} + \epsilon_t \quad \text{ARIMA(p,1,q)}$$

$$\Leftrightarrow \rho(L^p)(\Delta y_t - \beta X_t) = \theta(L^q)\epsilon_t$$

2.2 단절적시계열 데이터

2.2.1. 개념

상술한 시계열 자료에서 변수들의 시간 흐름에 따른 트랜드가 특정 정책 도입을 계기로 바뀌는 것을 활용하여 정책의 영향을 평가하는 것이 단절적시계열분석이다. 이때 정책이 도입되지 않았더라면 정책 도입 이전의 시계열트랜드(pre-existing trend)가 변화하지 않고 유지되었을 것이라는 가정이 전제되어야 한다. 과거의 시계열 양상이 지속될 경우 예상되는 시계열 양상은 사실상 정책의 도입으로 인해 실제 발생하지 않은 가상 혹은 반사실적(counterfactual)의 값이다. 즉, 이러한 예측되었던 시계열트랜드와 실제 시계열트랜드를 비교함으로써 정책의 효과를 평가할 수 있다.

[그림 2]는 앞에서 설명한 정책 도입 전후 시계열 양상의 변화를 단순화하여 표시한 것이다. 가운데 세로선은 관심 정책이 도입된 시기를 나타내는데, 그림과 같이 관찰 기간 전체의 시계열트랜드가 해당 정책 도입을 계기로 두 개의 구간으로 단절(interrupted)되었다고

가정하고 있다. 정책 도입 전의 구간 중 직선의 기울기는 단위 시간 변동에 따른 관심 종속변수의 평균적인 변화량(혹은 변화 속도)을 나타내며, 정책 도입 후의 구간 중 직선의 기울기는 마찬가지로 단위 시간 변동에 따른 관심 종속변수의 평균적인 변화량(혹은 변화 속도)을 나타낸다. 또한 해당 정책이 도입된 직후 관심 종속변수의 평균값이 눈에 띄게 감소한 것으로 나타나는데, 이러한 정책 도입 직후의 변화를 정책 도입의 즉각적 효과로 추정할 수 있다. 이처럼 단절적 시계열모형은 정책 도입의 즉각적 효과와 지속적 효과를 구분하여 추정하고 동시에 관심 종속변수의 시계열 변화에 영향을 미치는 다른 요인들을 통제할 수 있어 보건의료정책 및 의약품 정책평가를 위한 실증연구에서 다수 활용되어 왔다.

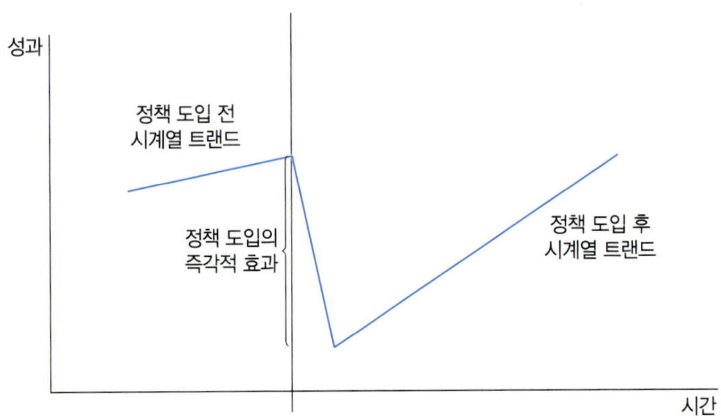

그림 2 단절적시계열분석 도식

2.2.2. 단절적시계열분석 모형

$$y_t = \beta_0 + \beta_1 Time1 + \beta_2 Policy_t + \beta_3 Time2 + \beta_4 X + \epsilon_t \tag{1}$$

단절적시계열분석의 기본 분석모형은 위 식 (1)과 같다. 이 모형은 시간의 단위 변동에 따른 종속변수의 평균값의 변화가 일정하다는 선형성 가정하에 추정된다. 식 (1)에서 y_t는 t 시점에서의 종속변수이며, Policy는 정책 도입 여부를 나타내는 더미변수로서 정책 도입 전에는 0의 값을 갖고, 정책 도입 후에는 1의 값을 갖는다. 따라서 는 정책 도입 직후 결과변수 값의 즉각적 변화의 크기이다.

Time1은 시간변수로서 연속변수의 형태로 관찰 시작 시점을 1로 하고부터의 경과된 시간을 나타내며, Time2는 정책 도입 이후 경과된 시간을 의미한다. time과 time after intervention은 각각 정책 도입 전후의 시계열트랜드를 나타내는데, 이 두 변수를 어떻게 설정하느냐에 따라 해당 회귀계수의 해석은 바뀐다.

예를 들어, 전체 관찰 기간이 총 10개의 단위 시점인 월로 나누어져 있고 정책이 4개월차에 도입되었다고 가정할 경우, time을 0부터 시작하여 1씩 증가하도록 설정하고(최댓값

10), 정책 도입 후 시점을 정책 도입 이전에는 0, 도입 시점에서 1씩 증가하도록 설정할 경우(최댓값 6)로 할 수도 있으며(시나리오1, [표 1]의 왼쪽 패널), time을 0부터 시작하여 1씩 증가하도록 설정하되 정책 도입 이후에는 값을 4로 고정시키고(최댓값 4), 정책 도입 후 시점 (Time2)을 정책 도입 이전에는 0, 도입 시점에서 1씩 증가하도록 설정할 경우 (최댓값 6)로 설정할 수도 있다(시나리오2, [표 1]의 오른쪽 패널). 시나리오1의 경우 β_1은 정책 도입 이전의 시계열트랜드(단위 시간 변화당 종속변수의 평균적 변화)를 나타내고 β_3은 정책 도입 이후 시계열트랜드의 변화를 나타낸다. 따라서 정책 도입 후의 시계열트랜드는 $\beta_1+\beta_3$가 된다. 그러나 시나리오2와 같이 코딩되어 있을 경우 정책 도입 전의 시계열트랜드 기울기는 β_1, 정책 도입 후의 시계열트랜드 기울기는 β_3가 된다. ϵ_t는 잔차항으로서 모형으로 설명되지 않는 오차를 말한다.

표 1 관심 정책이 하나일 경우 데이터 구성 예

time	policy1	시나리오1(marginal)		시나리오2	
		time1	time2	time1	time2
1	0	1	0	1	0
2	0	2	0	2	0
3	0	3	0	3	0
4	0	4	0	4	0
5	1	5	1	4	1
6	1	6	2	4	2
7	1	7	3	4	3
8	1	8	4	4	4
9	1	9	5	4	5
10	1	10	6	4	6

$$y_t = \beta_0 + \beta_1 Policy1_t + \beta_2 Policy2_t + \beta_3 Time1 + \beta_4 Time2 + \beta_5 Time3 + \beta_6 X + \epsilon_t \quad (2)$$

식 (2)는 관찰 기간 중 관심 정책이 두 가지인 경우의 단절적시계열모형이다. 이 경우 전체 구간은 첫 번째 정책 도입 전, 첫 번째 정책 도입 직후부터 두 번째 정책 도입 전, 두 번째 정책 도입 후 이렇게 3개의 구간으로 나뉘게 되며, 이 경우에도 각 구간의 연속적인 시간변화를 어떻게 설정하느냐에 따라 해석에 주의가 필요하다. [표 2]의 시나리오1과 같이 값이 코딩되어 있을 경우 단위 시간 증가에 따른 종속변수의 평균적인 변화는 구간 1의 경우 β_3, 구간2의 경우 $\beta_3+\beta_4$, 구간3의 경우 $\beta_3+\beta_4+\beta_5$가 된다. 이를 수식으로 표현하면 다음과 같다. 위와 마찬가지로 시나리오2의 경우 각 구간의 기울기는 β_3, β_4, β_5가 된다.

시나리오1의 경우:
$$\frac{dy}{dtime} = \begin{cases} \beta_3 & \text{if } time < time1 \\ \beta_3 + \beta_4 & \text{if } time1 \leq time < time2 \\ \beta_3 + \beta_4 + \beta_5 & otherwise \end{cases}$$

시나리오2의 경우:
$$\frac{dy}{dtime} = \begin{cases} \beta_3 & \text{if } time < time1 \\ \beta_4 & \text{if } time1 \leq time < time2 \\ \beta_5 & otherwise \end{cases}$$

표 2 관심 정책이 두 개 이상일 경우 데이터 구성 예

time	policy1	policy2	시나리오1(marginal)			시나리오2		
			time1	time2	time3	time1	time2	time3
1	0	0	1	0	0	1	0	0
2	0	0	2	0	0	2	0	0
3	0	0	3	0	0	3	0	0
4	0	0	4	0	0	4	0	0
5	1	0	5	1	0	4	1	0
6	1	0	6	2	0	4	2	0
7	1	0	7	3	0	4	3	0
8	1	0	8	4	0	4	4	0
9	1	0	9	5	0	4	4	0
10	1	1	10	6	1	4	4	1
11	1	1	11	7	2	4	4	2
12	1	1	12	8	3	4	4	3
13	1	1	13	9	4	4	4	4
14	1	1	14	10	5	4	4	5
15	1	1	15	11	6	4	4	6
16	1	1	16	12	7	4	4	7
17	1	1	17	13	8	4	4	8
18	1	1	18	14	9	4	4	9
19	1	1	19	15	10	4	4	10
20	1	1	20	16	11	4	4	11

위와 같은 회귀식을 통해 정책 도입 이전의 결과변수의 값과 시계열 추세를 통제하면서 정책 도입에 의한 결과변수의 즉각적 변화와 시계열 추세의 변화를 측정할 수 있다.

여기에 더해 상술한 ARIMA 등 오차항의 성격에 따른 적절한 모형을 추가로 고려해야 한다.

2.2.3. 단절적시계열분석 고려사항

단절적시계열분석도 결국 최소자승법(ordinary least squares methods)에 근거한 다중 선형회귀모형(multivariate linear regression model)이므로 이 모형에서 추정된 회귀계수들의 불편성(unbiasedness)과 회귀계수의 표준오차의 불편성을 확보해야 함은 동일하다. 즉, 정책 도입 전후의 시계열 추세의 차이를 정책 도입의 순효과(marginal effect)로 추정할 수 있어야만 내생성 오류를 통제한 내적 타당도를 확보할 수 있다.

다음은 단절적시계열분석의 질을 평가하기 위한 몇 가지 고려사항들을 제시하였는데, 이는 앞서 제시한 내적타당도를 확보하기 위한 체크리스트로 활용될 수 있다.

첫째, 정책 도입이 시간에 흐름에 따라 변화하는 다른 요인들과 독립적이어야 한다. 예를 들어, 관찰 기간 중 분석 대상이 되는 정책 외에 다른 유사한 정책들이 도입되었다고 하면 이들 정책의 도입도 동시에 모델에서 통제되어야 한다.

둘째, 관심 정책의 도입 시점이 명확해야 한다. 만약 2000년의 의약분업 등과 같이 장기간에 걸쳐 관련 논의가 있었거나 시범사업이 실시된 경우에는 정책이 공식적으로 도입되기 이전에도 종속변수에 영향을 미쳤을 수 있다.

셋째, 이와 동시에 정책의 효과 발생 시점을 예측할 수 있어야 한다. 정책의 성격에 따라 도입과 동시에 효과를 나타내는 경우도 있고 혹은 그 효과가 지연되어 나타날 수도 있다. 예를 들어, 2012년 4월의 약가일괄인하제도가 약품비에 미치는 영향을 평가하는 경우에는 이 제도가 가격을 직접 변화시키기 때문에 그 영향이 즉각적일 것으로 예측할 수 있다. 그러나 2010년 10월의 외래처방인센티브 제도 혹은 2014년 7월의 처방조제약품비 절감 장려금제도와 같은 행태 변화를 유도하기 위한 정책들의 효과는 도입 후 시간이 경과하면서 나타날 수 있다.

넷째, 정책 도입 전의 시계열 변화 양상을 파악하기 위한 충분한 데이터가 필요하다. 만약 정책 도입 전 데이터 관측구간이 짧을 경우 정책 도입 전의 시계열 추이를 정확히 파악하기 어렵고 따라서 이를 정책 도입 후의 추이와 비교하여 그 차이를 정책 도입의 효과로 평가하는 것도 어렵게 된다. 이와 마찬가지로 정책 도입 후의 관찰 구간도 길수록 그 추이를 정확히 파악하는 데 유리하다. 다만, 정책의 효과를 즉각적 효과, 단기적 효과, 중장기적 효과 등으로 구분하는 것도 의미가 있다면 정책 도입 후의 구간이 짧은 것은 도입 전의 구간이 짧은 것에 비해 내적 타당도 확보에 덜 위협적이다.

다섯째, 관찰된 데이터 구간 중 종속변수의 조작적 정의에 영향을 미칠 수 있는 요인들을 파악하여 모델에 통제해야 한다. 예를 들어, 측정 대상 인구집단의 구성이 변화하였고 이러한 변화가 관심 정책 도입 및 종속변수와 상관성을 갖는 경우 이를 모델에 통제해야 한다. 혹은 변수 정의의 변화 등이 관찰 시점 중 발생한 경우 이 시점을 기준으로 전체 시계열을 추가로 단절할지를 고려해야 한다. 동시에 시계열분석은 분석단위가 개인이 아닌 통합된 형태이기 때문에 개인 단위에서 특정 개입과 종속변수와의 인과성을 평가하기에는 적절하지 않다.

여섯째, 단절적시계열모형은 기본적으로 시계열 자료이다. 따라서 시계열의 특성을 제대로 파악하는 것이 중요하며 이를 위해서는 앞 절에서 기술한 정상성(stationarity) 가정에 대한 검증 및 그 결과에 따라 자기상관성(autocorrelation)을 적절히 통제하여 회귀계수의 불편성 및 그 표준오차의 효율성을 마련하는 것이 필요하다.

일곱째, 단절적시계열모형도 같은 관찰 기간에 정책이 적용되지 않는 대조군을 확보할 경우 정책의 순효과를 더 타당하게 평가할 수 있다. 예를 들어, 정책이 특정 지역 혹은 인구집단에만 적용될 경우 다른 지역 혹은 다른 인구집단이 대조군이 될 수 있다. 미국의 경우 주별로 특정 의료정책의 도입 시기와 도입 여부가 차이가 있는 경우가 많아 이와 같은 대조군을 설정하기 용이한 측면이 있다(예: Soumeria 1991). 만약 대조군 확보가 용이하지 않을 경우 관심 이 영향을 미치지 않을 제3의 결과변수를 추가로 분석하여 단절적시계열분석을 통한 정책의 영향 평가의 타당도를 높이는 것도 고려할 수 있다(예: Soumerai, 1990).

여덟째, 단절적시계열분석의 분석단위, 즉 구간이 길면 가용한 관측수가 감소하고 분석단위 구간이 짧을 경우 관측 수는 늘릴 수 있으나 짧은 관측구간에서 종속변수의 변이가 있을 것이라고 가정하는 것이 합리적인지를 고려해야 한다.

2.3 단절적 시계열 분석을 적용한 정책평가 사례

2.3.1. 분석코드 및 결과

다음은 단절적시계열분석을 적용한 간단한 추정 사례를 소개한다. 여기서 이용한 데이터는 실제값이 아닌 가상의 값임을 밝힌다.

```
**********************
**** ITS
**********************

use data,clear

global policy intervention1 intervention2
global time time1 time2 time3
global cost drug_cost_all svc_cost drug_cost_in drug_cost_out
global behav rx_rate_mean num_drug_mean duration_mean
```

```
* infiling data

insheet using data.csv,clear /* adult otitis data was modified */
keep $policy $time drug_cost_all
save data,replace

* checking data distribution

des

sum $time /* time1: linear from 0 to 48, time2: from 22 (October 2010) to 48, time3: from 40 (April 2012) to 48 */

sum $policy

histogram drug_cost_all

* setting time variable

tsset time1

* checking time trend via graph

label var drug_cost_all  "Total drug expenditure per month"
label var time1 "Month from January 2009 to December 2012"
tsline drug_cost_all

* augmented Dickey-Fuller unit root test for random walk

dfuller drug_cost_all /* can't reject the null. random walk */
*dfuller drug_cost_all if time1<22
*dfuller drug_cost_all if 22<= time1 & time1< 40
*dfuller drug_cost_all if time1 >= 40

* AC and PAC

corrgram drug_cost_all /* Q: portmanteau (or Q) test for white noise, p0: white noise */
ac drug_cost_all
pac drug_cost_all
pac ds12.drug_cost_all, srv /* the partial autocorrelations after controlling for trends(first differencing) and seasonality */
```

```
* ARIMA

arima drug_cost_all, arima(1,1,1) vce(robust) diffuse nolog
predict y, y
tsline D.drug_cost_all
ac D.drug_cost_all
pac D.drug_cost_all

* ARMAX analysis

arima drug_cost_all $policy $time , arima(1,1,1) vce(robust) diffuse nolog
predict yhat_armax,y

arima D.drug_cost_all $policy $time , ar(1) ma(1) vce(robust) diffuse nolog
predict yhat_armax1,y

* Newey regression(Newey-West standard error adjusting heteroskedasticity and possible
autocorrelations up to some lag)
newey drug_cost_all $policy $time ,lag(1)
predict yhat_nw

* The Prais -Winsten transformed regression estimator or the Cochrane -Orcutt  trans-
formed regression estimator. The Prais -Winsten method(as described in Judge et al.
1985) is derived from the AR(1) model for the error term

reg drug_cost_all $policy $time
prais drug_cost_all $policy $time
prais drug_cost_all $policy $time ,corc
estat dwatson

* Comparison of lowess, ARMA, and Newey

scatter drug_cost_all time1 || ///
tsline yhat_armax1, lpattern(shortdash) || ///
tsline yhat_nw, lpattern(solid) yline(0) legend(label(1 "Raw data") label(2 "I(1), AR(1),
MA(1)") label(3 "Newey-West") rows(3))

scatter drug_cost_all time1, msize(vsmall) mcolor(black) || ///
tsline drug_cost_all,lpattern(shortdash) lcolor(black) || ///
tsline yhat_armax, lpattern(solid) lcolor(blue) || ///
tsline yhat_nw, lpattern(solid) lcolor(red) yline(0) legend(label(1 "Raw data") label(2
"Raw data") label(3 "I(1), AR(1), MA(1)") label(4 "Newey-West") rows(3))
```

```
scatter drug_cost_all time1 || ///
tsline drug_cost_all,lpattern(dash) || ///
tsline yhat_armax, lpattern(shortdash) || ///
tsline yhat_nw, lpattern(solid) yline(0) legend(label(1 "Raw data") label(2 "Raw data") la-
bel(3 "Predicted from ARMAX") label(4 "Predicted from Newey-West") rows(3))

scatter drug_cost_all time1 || ///
tsline yhat_armax , lpattern(shortdash) || ///
tsline yhat_armax1, lpattern(dash)  || ///
tsline yhat_nw, lpattern(solid) yline(0) legend(label(1 "Raw data")  label(2 "ARIMA(1,1,1)")
label(3 "I(1), AR(1), MA(1)") label(4 "Newey-West") rows(4))
```

먼저 데이터를 불러온 후 분석에 사용할 데이터를 업로드하고 데이터 구조 및 변수들의 기본 분포를 확인한다. 데이터는 월별 시계열 자료이며, 총 48개의 데이터값이 있다. 이 데이터에서 첫 번째 정책(intervention1)은 22개월 차에 도입되었고, 두 번째 정책(intervention2)은 40개월 차에 도입되었다. 이에 전체 48개월의 구간이 1-22개월의 구간이 1-22개월, 22-40개월, 40-48개월의 3개 구간으로 나누어졌다(그림 3). 분석의 간편함을 위해 각 변수들을 그룹화하여 레이블을 붙인다(그림 4).

이후 데이터의 시계열 단위를 설정하고, 종속변수인 월별 건당평균약제비의 분포를 시각적으로 확인한다(그림 6, 7). 적어도 40개월까지는 우상향 패턴을 관찰할 수 있고 이는 종속변수에 대한 Dickey-Fuller test(귀무가설: random walk, unit root, 혹은 strong persistence)를 통해 유의수준 10%에서도 귀무가설이 기각되지 않음을 통해 다시 확인할 수 있다(그림 7).

이러한 자기상관성은 자기상관성 및 부분자기상관성 및 오차항의 white noise를 나타낸 그림에서도 확인되는데, 모든 과거 차수에 대해 오차항의 white noise는 기각되고, 특히 바로 직전 시차의 값과 현재 시차의 값은 강한 자기상관성이 있음을 확인할 수 있다(그림 9).

```
. * checking data distribution
.
. use data,clear

. des

Contains data from data.dta
 Observations:            48
    Variables:             6                  28 Nov 2017 11:29
------------------------------------------------------------------------
Variable      Storage   Display    Value
    name         type    format    label      Variable label
------------------------------------------------------------------------
time1           byte    %8.0g
intervention1   byte    %8.0g
time2           byte    %8.0g
intervention2   byte    %8.0g
time3           byte    %8.0g
drug_cost_all   float   %9.0g
------------------------------------------------------------------------
Sorted by:

.
. sum $time /*time1: linear from 0 to 48, time2: from 22 (October 2010) to 48, time3: from 40 (April 2012) to 48 */

    Variable |        Obs        Mean    Std. dev.       Min        Max
-------------+---------------------------------------------------------
       time1 |         48        24.5          14          1         48
       time2 |         48       7.875    9.171243          0         27
       time3 |         48       .9375    2.272933          0          9

.
. sum $policy

    Variable |        Obs        Mean    Std. dev.       Min        Max
-------------+---------------------------------------------------------
interventi~1 |         48       .5625     .501328          0          1
interventi~2 |         48       .1875    .3944428          0          1
```

그림 3 데이터 업로드, 구조 및 변수의 기본 분포 확인

```
. global policy intervention1 intervention2

. global time time1 time2 time3

. global cost drug_cost_all svc_cost drug_cost_in drug_cost_out

. global behav rx_rate_mean num_drug_mean duration_mean
```

그림 4 변수들 그룹화

```
. * setting time variable
.
. tsset time1

Time variable: time1, 1 to 48
        Delta: 1 unit
```

그림 5 시계열데이터 세팅

```
. * checking time trend via graph
.
. label var drug_cost_all  "Total drug expenditure per month"

. label var time1 "Month from January 2009 to December 2012"

. tsline drug_cost_all
```

그림 6 종속변수의 시계열 패턴 확인

```
. * augmented Dickey-Fuller unit root test for random walk
.
. dfuller drug_cost_all /*can't reject the null. random walk */

Dickey-Fuller test for unit root           Number of obs  = 47
Variable: drug_cost_all                    Number of lags =  0

H0: Random walk without drift, d = 0

                                       Dickey-Fuller
                   Test      ──────── critical value ────────
              statistic           1%           5%          10%
──────────────────────────────────────────────────────────────
 Z(t)            -2.428       -3.600       -2.938       -2.604
──────────────────────────────────────────────────────────────
MacKinnon approximate p-value for Z(t) = 0.1340.
```

그림 7 자기상관성 검정: unit root test

이제 앞서 확인한 분포를 바탕으로 I(1), AR(1), MA(1)로 오차항의 시계열 특성을 설정한 후 ARIMA 분석을 진행했다. 원 데이터 분포에서도 확인되었던 두 번째 정책 도입 이후의 즉각적인 약제비의 감소를 확인할 수 있는데, 두 번째 정책 도입 이후 이전보다 월평균 총 약제비가 평균 438원 감소한 것을 알 수 있으며, 그 후 월평균 총 약제비는 다시 상승하여 월평균 75원씩 증가 추세로 전환된 것으로 추계되었다(그림 8).

만약 월평균 총 약제비를 선형회귀분석을 통해 추정하고자 한다면 오차항의 자기상관성과 이분산성을 보정해야 하며, 여기서는 Newey-West 회귀모형을 적용하였다. 전반적인 추정 패턴은 ARIMA 결과와 유사하나 실제 추정값은 예상대로 차이가 있다. 예를 들면, 두 번째 정책 도입 이후 이전보다 월평균 총약제비가 평균 926원 감소한 것으로 추계되었으며, 그 후 월평균 총 약제비는 다시 상승하여 월평균 0.7원씩 증가 추세로 전환된 것으로 추계되었다(그림 9).

원 데이터와 ARIMA에서 추정된 forecast값을 도시함으로써 ARIMA 모델을 간접적으로 평가할 수 있다. 여기에 더해 Newey-West 모형에서 추청된 값을 같이 도시하였다. 후자의 경우 종속변수인 월평균 총약제비가 시간의 단위 증가에 따라 일정하게 단위 변화한다고 가정하기 때문에 추정값의 분포는 선형을 보이게 된다(그림 10).

```
. arima D.drug_cost_all $policy $time , ar(1) ma(1) vce(robust) diffuse nolog

ARIMA regression

Sample: 2 thru 48                               Number of obs     =         47
                                                Wald chi2(7)      =   23789.42
Log pseudolikelihood = -322.0161                Prob > chi2       =     0.0000

------------------------------------------------------------------------------
D.           |              Semirobust
drug_cost_all| Coefficient  std. err.      z    P>|z|     [95% conf. interval]
-------------+----------------------------------------------------------------
drug_cost_all|
intervention1|   -.037094   65.51571    -0.00   1.000    -128.4455    128.3713
intervention2|  -438.7561   86.90652    -5.05   0.000    -609.0898   -268.4225
        time1|  -4.456118   3.907243    -1.14   0.254    -12.11417    3.201938
        time2|   4.309553   4.140357     1.04   0.298    -3.805397     12.4245
        time3|   75.50435   13.60046     5.55   0.000     48.84794    102.1608
        _cons|   100.6255   49.87788     2.02   0.044     2.866695    198.3844
-------------+----------------------------------------------------------------
ARMA         |
          ar |
         L1. |   .2353352   .1625095     1.45   0.148    -.0831776    .5538479
             |
          ma |
         L1. |  -.9921495   .0075316  -131.73   0.000    -1.006911   -.9773878
-------------+----------------------------------------------------------------
      /sigma |   181.8256   15.31091    11.88   0.000     151.8168    211.8344
------------------------------------------------------------------------------
Note: The test of the variance against zero is one sided, and the two-sided
      confidence interval is truncated at zero.

. predict yhat_armax1,y
(1 missing value generated)
```

그림 8 ARIMA 분석 결과

```
. * Newey regression (Newey-West standard error adjusting heteroskedasticity and possible
autocorrelations up to some lag
> )
. newey drug_cost_all $policy $time ,lag(1)

Regression with Newey-West standard errors      Number of obs     =         48
Maximum lag = 1                                 F(  5,        42) =      22.39
                                                Prob > F          =     0.0000

------------------------------------------------------------------------------
             |             Newey-West
drug_cost_all| Coefficient  std. err.      t    P>|t|     [95% conf. interval]
-------------+----------------------------------------------------------------
intervention1|  -62.91467   153.7787    -0.41   0.685    -373.2527    247.4233
intervention2|  -926.0823   180.4877    -5.13   0.000    -1290.321   -561.8433
        time1|   35.73686   9.764053     3.66   0.001      16.0322    55.44152
        time2|  -26.19372    13.0065    -2.01   0.050     -52.4419    .0544538
        time3|   .7003917   25.89488     0.03   0.979    -51.55759    52.95837
        _cons|   4726.708   130.3354    36.27   0.000     4463.681    4989.736
------------------------------------------------------------------------------
. predict yhat_nw
(option xb assumed; fitted values)
```

그림 9 Newey-West 회귀분석

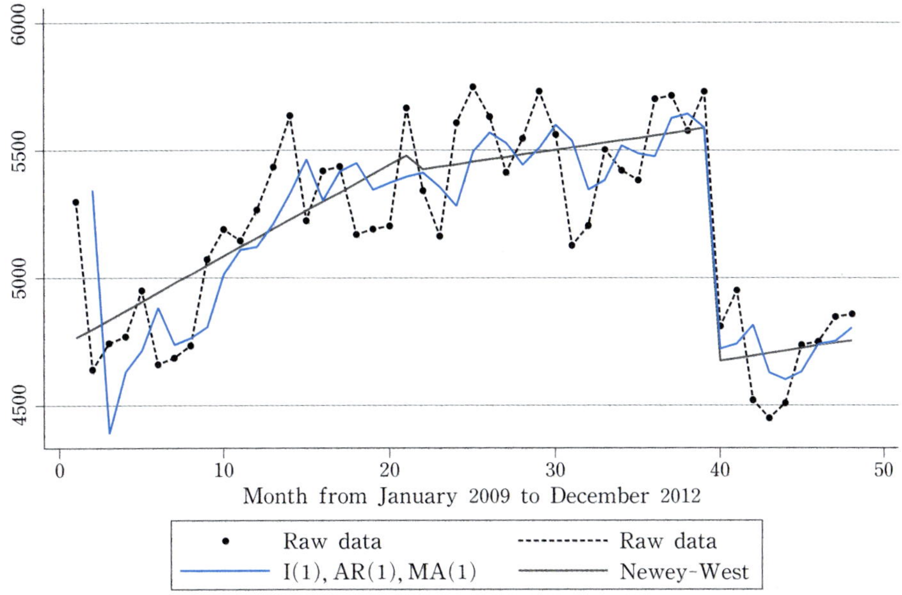

그림 10 ARIMA, Newey-West 추정값의 시계열 분포 비교

3 이중차분분석

3.1 개요

회귀단절모형, 도구변수모형, 무작위배당을 통한 실험은 공통직으로 누구에게 프로그램 혹은 정책이 적용되는 처치군이 되는지에 대한 규칙이 명확하며 이를 연구자가 알고 있다. 반면, 이중차분분석(difference-in-difference estimation)과 짝짓기 방법(matching method)은 처치군에 할당되는 규칙이 명확하지 않기 때문에 할당규칙의 알려지지 않은 부분에 대해 가정을 해야만 한다. 이렇게 할당 규칙이 명확하지 않은 이유는 향후 기술할 각 군의 비순응 혹은 과순응 등 때문이다. 물론 이 가정이 반드시 맞지는 않고 그로 인해 추정 결과가 타당하지 않게 된다.

이중차분모형은 정책 도입 전후의 성과, 정책 적용군과 미적용군의 성과가 모두 확보된 실험 혹은 관찰데이터에 적용할 수 있다. 이 모형에서는 두 번의 차분을 수행하게 되는데, 첫 번째 차분은 각 그룹 내에서 도입 전과 후의 평균의 차분을 구하는 것이고, 두 번째 차분은 각 시점에서 적용군과 미적용군의 평균의 차분을 구하는 것이다. 이 두 차분을 다시 차분하기 때문에 이중차분이 된다(표 3).

표 3 이중차분분석을 통한 정책 도입의 효과평가를 위한 단순화 모형

$E(y)$	미적용군	적용군	2차 차분
도입 전	A	B	A-B
도입 후	C	D	C-D
1차 차분	A-C	B-D	(A-B)-(C-D) = (A-C)-B-D)

다음과 같은 선형회귀모형을 가정하자.

$$E(Y) = b_0 + b_1 Post + b_2 Txt + \delta(Txt \cdot Post) + bX$$

정책이 적용되지 않은 대조군($Txt = 0$)에서 정책개입 전후의 종속변수의 평균 변화는 b_1으로 나타낼 수 있고, 정책이 적용된 군의 정책개입 전후의 종속변수의 평균 변화는 $b_1 + \delta$, 정책 도입 전 치료군과 대조군의 종속변수의 평균 차이는 b_2, 정책 도입 후($Post = 1$) 치료군과 대조군의 종속변수의 평균 차이는 $b_2 + \delta$이다. 따라서 정책 도입 전 이미 관찰된 치료군과 대조군 간의 기저 차이를 보정한 후 정책 도입으로 인한 두 군 간의 종속변수의 평균 차이는 δ로 나타낼 수 있다(표 4).

표 4 이중차분분석을 통한 정책 도입 전후의 예측값과 순효과

		$E(Y)$		Difference (D-C)
		미적용군	미적용군	
$E(Y)$	도입 전 (A)	$b_0 + b_3\overline{X}$	$b_0 + b_2 + b_3\overline{X}$	$\frac{\Delta E(Y\mid X, Post=0)}{\Delta Txt} = b_2$
	도입 후 (B)	$b_0 + b_1 + b_3\overline{X}$	$b_0 + b_1 + b_2 + \delta + b_3\overline{X}$	$\frac{\Delta E(Y\mid X, Post=1)}{\Delta Txt} = b_2 + \delta$
Difference (B-A)		$\frac{\Delta E(Y\mid X, Txt=0)}{\Delta Post} = b_1$	$\frac{\Delta E(Y\mid X, Txt=1)}{\Delta Post} = b_1 + \delta$	$\left(\frac{\Delta E(Y\mid X, Post=1)}{\Delta Txt}\right) - \left(\frac{\Delta E(Y\mid X, Post=0)}{\Delta Txt}\right) = \left(\frac{\Delta E(Y\mid X, Txt=1)}{\Delta Post}\right) - \left(\frac{\Delta E(Y\mid X, Txt=0)}{\Delta Post}\right) = \delta$

이중차분분석은 앞에서 기술한 단절적시계열분석과 같이 적용할 수도 있다. 즉, 단절적 시계열분석에서 정책이 적용되지 않은 대조군을 확보할 수 있다면, 다음 수식과 같이 단절적시계열분석이 확장된다.

$$E(Y) = b_0 + b_1 Time_t + b_2 Txt_j + b_3(Time_t \cdot Txt_j) + b_4(Time_t \cdot Post_t) + \alpha(Time_t \cdot Txt_j \cdot Post_t) + bX$$

정책이 적용되지 않은 대조군에서 정책 도입 전후의 종속변수의 시계열 추세의 차이는 b_4, 정책이 적용된 군의 정책개입 전후의 종속변수의 시계열 차이는 $b_4+\alpha$, 정책 도입 전 치료군과 대조군의 시계열 추세 차이는 b_3, 정책 도입 후 치료군과 대조군의 시계열 추세의 차이는 $b_3+\alpha$이다. 따라서 정책 도입 전 이미 관찰된 치료군과 대조군 간의 시계열 추세의 차이를 보정한 후 정책 도입으로 인한 두 군 간의 순 시계열 추세의 차이는 α로 나타낼 수 있다(표 5).

표 5 이중차분분석과 단절적시계열분석 복합모형에서의 선형시계열 효과

		$\frac{\partial Y}{\partial Time}$		Difference (D-C)
		Control (C)	Txt (D)	
$\frac{\partial Y}{\partial Time}$	Before (A)	b_1	b_1+b_3	b_3
	After (B)	b_1+b_4	$b_1+b_3+b_4+\alpha$	$b_3+\alpha$
Difference (B-A)		b_4	$b_4+\alpha$	α

3.2 가정

3.2.1. 외생성 가정(exogeneity assumption)

이렇게 얻어진 이중차분값은 정책이 도입되지 않은 경우에도 도입 전후의 시간 차이 때문에 발생하는 영향을 제거하고 정책이 도입되어 발생한 순효과로 해석될 수 있을까? 만약 어떤 요인이 시간의 흐름에 따라 그 값이 변동하고 그 요인이 성과에도 영향을 미치면서 우리가 관찰할 수 없다면 이중차분값은 편의를 갖게 된다.

동일 그룹(처치군 혹은 대조군) 내에서 시간에 따라 변동되지 않는 변수들 혹은 동일 시점대에서 처치군이나 대조군에 따라 변동되지 않는 변수들은 데이터를 통해 관찰되지 않아도 차분을 통해 상쇄되기 때문에 회귀분석 추정값의 불편성(unbiasedness)에 영향을 미치지 않는다. 그러나 동일 그룹 내에서 시간에 따라 변동되는 변수들 혹은 동일 시점대에서 처치군과 대조군에 따라 변동되는 변수들은 차분을 해도 상쇄되지 않기 때문에 회귀분석에서 공변량으로 통제해야만 한다. 이러한 시간에 따라 혹은 그룹에 따라 변동되는 변수들이 관찰되지 않았다면 이는 차분을 한 후에도 오차항에 포함되어 누락편의(omitted variable bias)를 일으킨다. 이는 회귀분석의 기본 가정인 외생성 가정{$Cov(X,e)=E(e|X)=0$}을 위반하게 되어 추정값은 편의를 갖게 된다. 외생성 가정은 이 외에도 독립변수 측정오류와

오차항의 상관성 및 종속변수가 독립변수에도 영향을 미치는 simultaneity 또한 외생성 가정을 위반한 내생성 오류(endogeneity bias)를 일으킨다.

3.2.2. 평행추세가정(parallel trend assumption)

평행추세가정은 프로그램 도입 전 종속변수의 변화 추세가 처치군과 대조군 간에 통계적으로 유의한 차이가 없었다는 가정을 말한다. 즉, 이러한 두 군 간의 평행한 추세가 프로그램이 처치군에 적용되지 않았다면 처치군과 대조군에서 지속되었을 것으로 가정하는 것이다. 따라서 우리가 데이터에서 관찰한 처치군에서 프로그램 도입 이전보다 이후의 추세 변화는 온전히 프로그램의 영향으로 평가할 수 있고 이는 앞서 기술한 대조군이 처치군의 counterfactual 이 되는 상황을 가정한 것이다.

counteractual은 반사실적인 가정이기 때문에 프로그램이 도입되지 않았더라면 두 군의 추세가 계속 평행하게 나타났을지를 직접 증명할 수는 없다. 그러나 간접적으로 검증해 볼 수는 있다.

첫째, 프로그램 도입 이전 기간에 대해 구간을 나누어 처치군과 대조군에서 종속변수의 평균 변화량을 반복적으로 측정해 보는 것이다. 구간을 어떻게 나누던지 두 군에서 종속변수 변화량이 평행한 추세로 이동한다면 이는 평행추세가정을 지지하는 증거가 될 것이다. 이를 위해서는 프로그램 도입 이전에 대해 적어도 두 개 이상의 구간을 만들 수 있도록 최소 3개 이상의 데이터 포인트가 필요하다.

둘째, 소위 말하는 placebo test, 즉 가짜 처치군, 가짜 대조군, 혹은 가짜 종속변수에 대해 이중차분분석을 수행해 볼 수 있다. 관심 프로그램이 적용되지 않은 처치군과 유사한 가짜 처치군임에도 대조군과의 이중차분분석 결과 유의한 결과를 얻는다면, 이는 가짜 처치군과 대조군간의 프로그램 도입 전 추세가 평행하지 않고 특정 연관성을 보이기 때문일 가능성이 있다. 또한 프로그램의 도입과 무관한 가짜 종속변수에 대한 원 처치군-대조군에 대해 이중차분분석을 수행하여 통계적으로 유의한 차분값을 얻을 때도 대조군의 counterfacual 가정이 위반된다고 의심할 수 있다.

3.3 그 외 고려사항

3.3.1. 종속변수의 특성에 따른 연결함수

또 한 가지 유의해야 할 점은 추정하고자 하는 종속변수가 선형이 아닌 이산 혹은 명목변수 등의 비선형 변수인 경우 위 수식의 의 해석은 연결함수(link function)에 따라 달라진다는 것이다.

예를 들어, 종속변수가 "예" 혹은 "아니오"의 두 가지로 측정되는 이산변수(binary variable)인 경우 연결함수가 $g(E(Y)) = \log\left[\frac{p(Y=1)}{p(Y=0)}\right]$와 같은 형태를 보이는 로지스틱 회귀모형(logistic regression)이 많이 활용된다. 이 경우 δ는 프로그램 도입이 치료군의 사건 발생 확률(종속변수가 "예"일 확률)에 양의 영향을 미치는지 혹은 음의 영향을 미치는지의 방향성만을 함의한다. 대신 δ의 지수형태(e^{δ})는 odds ratio(OR)로 해석되어야 한다. 즉, 대조군에서 프로그램 도입 후 사건이 발생할 확률과 발생하지 않을 확률의 비(ratio)와 치료군에서 상응하는 비(ratio)의 비(ratio)이다. 만약 프로그램 도입 후 프로그램 도입 전의 추세를 차분한 후 도입 이후의 사건 발생 확률의 증분(marginal effect)을 계산하고자 한다면 이는 상수가 아닌 독립변수들의 값에 따라 달라진다.

물론 비선형회귀모형은 앞서 언급한 로지스틱 회귀모형 외 종속변수의 특성에 따라 count model, ordinal logistic model, multinomial model, two-part model 등 다양하며 종속변수가 이산변수인 경우에도 오차항이 어떤 분포를 따를 것인가에 대한 가정에 따라 probit model 등 다른 모형들을 적용할 수 있다.

3.3.2. 회귀분석의 타당성

이 외 회귀분석의 타당도를 확보하기 위한 가정들이 이중차분분석에도 동일하게 적용된다.

첫째, 처치군 내의 대상자 특성에 따라 프로그램의 영향이 상이하게 나타날 경우(heterogenous treatment effect) 대상자들을 소그룹으로 나누어 분석을 수행한다.

둘째, 준실험 환경의 경우 프로그램의 적용군과 비적용군은 자신이 프로그램 적용 대상인지를 알고 있을 가능성이 크다. 이 경우 적용군과 비적용군에서 의도하지 않은 행태 변화가 나타날 수 있다. 예를 들면 대상자가 연구자에 의해 관찰되고 있다는 것 때문에 행태를 달리하거나(Hawthorn effect), 프로그램 비적용군이 그 사실을 알고 오히려 더 열심히 행태를 변화시켜 성과에 영향을 미치려고 하거나(John Henry effect), 비적용군에 속한 개인이 미래에는 프로그램이 자신에게 적용될 것을 기대하면서 미리 행태를 바꾸거나(anticipation effect), 프로그램 미 적용군이 이에 실망하여 다른 대체재를 찾으려고 하는 등(substitution effect)이다. 이러한 비의도적 행태 변화는 프로그램의 효과가 편향되어 측정되게 하는 결과를 낳을 수 있다. 특히 준실험 환경에서 프로그램 적용이 특정 지역 거주 등에 의해 결정될 경우 일부러 해당 지역으로 이주하는 등의 자기선택(self-selection)이 나타날 경우 이들을 데이터에서 특정할 수 없다면 회귀모형에 근거한 프로그램 효과를 이중차분분석을 통해 편의 없이 추정할 수 없을 것이다.

셋째, 파급효과(spillover effect) 또한 추정의 타당성을 위협하는 요인이다. 파급효과는 프로그램의 영향이 대조군에 나타나는 현상을 말한다. 이는 음 혹은 양의 외부효과(externalities) 때문에 발생하기도 하고, 프로그램 적용군과 비적용군 간의 여러 경로를 통한 상호작용을 통해 발생하기도 한다. 또는 프로그램 시행으로 인해 프로그램 적용그룹과 비적용 그룹에서 전반적인 행동 혹은 사회환경 변화로 인해 나타나기도 한다(context equilibrium effect). 프로그램의 수행이 특정 재화나 서비스에 대한 수요와 공급에 영향을 주어 이들의 가격을 변화시키는 경우(general equilibrium effect)에도 파급효과가 나타난다. 이러한 프로그램 수행의 파급효과가 대조군에 나타날 경우 이중차분분석에 의한 프로그램의 효과를 편의 없이 추정할 수 없다.

넷째, 연구대상자들이 시간이 흐름에 따라 표본에서 탈락하는 탈락편의(attrition bias)도 추정의 타당성을 위협할 수 있다. 이때 표본의 중도 탈락으로 인해 대조군과 처치군의 비교성(comparibility)이 저해된다면 이는 추정에 편의를 일으킬 것이다. 장기간 추적 관찰하는 연구의 경우 탈락이 발생하는 것은 매우 현실적인 문제이며 연구자는 데이터 최초 시작점(baseline)에서의 표본의 특성과 탈락군의 표본의 특성이 평균적으로 유의하게 차이가 있는지를 검정해 보아야 한다. 또한 탈락률이 처치군과 대조군에서 유사한지도 검증 대상이다. 만약 탈락률에 차이가 있다면 inverse probability weighting 등을 통해 처치군과 대조군의 특성이 연구 시작 시점과 평균적으로 동일하도록 가중치를 주는 방법도 고려할 수 있다.

다섯째, 프로그램을 도입하고 본 궤도에 올리기 위해 시간이 필요한 경우 프로그램의 효과가 즉각적으로 나타나지 않을 것이다. 이렇게 프로그램의 영향을 받아 개인 혹은 기관이 행태를 변화시킨 경우 프로그램이 종료된 이후에도 변화된 행태가 지속될 수도 있다. 이러한 프로그램의 성격을 파악하여 프로그램 종료 후 시점을 설정하는 것이 필요하다.

3.4 분석코드 및 결과

다음은 이중차분분석의 간단한 적용 사례를 소개한다. 여기서 이용한 데이터는 실제값이 아닌 가상의 값임을 밝힌다.

```
**********************
**** DID built-in
**********************

use didsample,clear

qui reg lntotexpmn blind_old post blindpost $demo time
```

```
sum totexpmn blind_old post blindpost $demo time if e(sample)

regress lntotexpmn1  i.year i.person_id blind male i.agegr,vce(cluster person_id)
didregress (lntotexpmn1 male i.agegr) (blind),group(person_id) time(year)
estat trendplot
estat ptrends
estat granger

xtset person_id
xtreg lntotexpmn1 blind male i.agegr i.year i.person_id ,vce(cluster person_id)

xtset person_id
xtdidregress (lntotexpmn1 male i.agegr) (blind),group(person_id) time(year)

estat trendplot
estat ptrends
estat granger /* in anticipation of treatment, the control or treatment groups change
their behavior. This is evaluated with the Granger causality test using estat grang-
er.*/

**********************
**** DID manual
**********************

use didsample,clear

gen blind_oldpost=blind_old*post
global demo male i.agegr
sum $demo

* peeking at unadjusted ATE
tab blind_old post,sum(totexpmn1) mean

xtset person_id
xtreg lntotexpmn1 blind_old post blind_oldpost male i.agegr i.year,vce(cluster person_id)
lincom blind_old /* diff b vs nb for pre */
lincom blind_old + blind_oldpost /* diff b vs nb for post */
lincom post + blind_oldpost /* diff pre vs post for blind */
lincom post /* diff pre vs post for non-blind */
lincom blind_oldpost /* did */

xtreg lntotexpmn1 blind_old post blind male i.agegr i.year,vce(cluster person_id)
lincom blind_old /* diff b vs nb for pre */
lincom blind_old + blind /* diff b vs nb for post */
```

```
lincom post + blind /* diff pre vs post for blind */
lincom post /* diff pre vs post for non-blind */
lincom blind /* did */

xtreg lntotexpmn1 blind_old year post yearblind_old yearpost yearblind_oldpost blind_
oldpost ,vce(cluster person_id)
lincom year /* pre trend for non-blind */
lincom year + yearblind_old /* pre trend for blind */
lincom yearblind_old /* diff b vs. nb for pre trend */
lincom year + yearpost /* post trend for non-blind */
lincom year + yearpost + yearblind_oldpost /* post trend for blind */
lincom yearblind_oldpost /* diff b vs. nb for post trend */
lincom yearpost /* diff post vs. pre for non-blind */
lincom yearpost + yearblind_oldpost - yearblind_old /* diff post vs. pre for blind */
lincom yearblind_oldpost - yearblind_old /* did in trend */

* graph
use didsample,clear
sort person_id year
drop lntotexpmn1
bysort blind_old year: egen lntotexpmn1=mean(ln(totexpmn1))
sort blind_old year
keep blind_old year lntotexpmn1
duplicates drop blind_old year,force
save totexpmn1, replace

graph twoway scatter  lntotexpmn1 year if blind_old==1, connect(direct) lpattern(sol-
id) msymbol(circle) lcolor(red) mcolor(red) ///
           || scatter  lntotexpmn1 year if blind_old==0, xline(2006) connect(direct)
lpattern(solid) msymbol(circle_hollow) lcolor(blue) mcolor(blue) ///
                 ytitle("Log total expenditure") legend(label(1 "Impaired") label(2
"Non-impaired") rows(1)) xtitle("Year")

sort blind_old year
bysort blind_old: gen lntotexpmn1_lag=lntotexpmn1[_n-1]
gen deltay_p=(lntotexpmn1 - lntotexpmn1_lag)/lntotexpmn1_lag
list if year<2006
```

먼저 분석에 사용할 변수들의 기본 분포를 확인한다. 데이터는 개인별 연도별 패널 자료이며, 총 38,179개의 데이터값이 있다. 이 데이터에서 장애 여부(변수명: blind_old), 장애 발생 후 여부(변수명: post), 장애 여부와 장애 발생 후 여부의 교호작용(변수명: blindpost 혹은 blind)이 주요 독립변수이며, 종속변수는 연도별 약제비평균이다(그림 11).

```
. use didsample,clear

.
. qui reg lntotexpmn blind_old post blindpost $demo time

. sum totexpmn blind_old post blindpost $demo time if e(sample)

    Variable |        Obs        Mean    Std. dev.       Min        Max
-------------+---------------------------------------------------------
    totexpmn |     38,179    136557.5    597296.5        220   5.10e+07
   blind_old |     38,179    .3017889    .4590402          0          1
        post |     38,179    .6592629    .4739633          0          1
   blindpost |     38,179    .1951335    .3963086          0          1
        time |     38,179    17473.74    1249.083      15341      19693
```

그림 11 변수 일반분포

```
. xtset person_id

Panel variable: person_id (unbalanced)

. xtreg lntotexpmn1 blind male i.agegr i.year i.person_id ,vce(cluster person_id)
note: 93506780.person_id omitted because of collinearity.

Random-effects GLS regression                   Number of obs     =     38,179
Group variable: person_id                       Number of groups  =        400

R-squared:                                      Obs per group:
     Within  = 0.0519                                         min =          3
     Between = 1.0000                                         avg =       95.4
     Overall = 0.2681                                         max =        144

                                                Wald chi2(14)     =          .
corr(u_i, X) = 0 (assumed)                      Prob > chi2       =          .

                           (Std. err. adjusted for 400 clusters in person_id)
------------------------------------------------------------------------------
             |               Robust
 lntotexpmn1 | Coefficient  std. err.      z    P>|z|     [95% conf. interval]
-------------+----------------------------------------------------------------
       blind |   .0746349   .0728587     1.02   0.306    -.0681656    .2174354
        male |  -.8360421   .0633654   -13.19   0.000    -.9602361   -.7118481
             |
       agegr |
          2  |  -.1942643   .1051993    -1.85   0.065    -.4004511    .0119225
          3  |  -.1647413   .1284677    -1.28   0.200    -.4165334    .0870508
             |
        year |
       2003  |   .0049917   .0274614     0.18   0.856    -.0488316     .058815
       2004  |   .0703891   .0337183     2.09   0.037     .0043025    .1364758
       2005  |   .1479815   .0376048     3.94   0.000     .0742776    .2216855
       2006  |   .2450657    .044596     5.50   0.000     .1576593    .3324722
       2007  |   .3140278   .0495835     6.33   0.000     .2168459    .4112096
       2008  |   .4068845   .0554068     7.34   0.000     .2982891    .5154799
       2009  |   .4580986   .0592642     7.73   0.000     .3419429    .5742543
       2010  |   .5561549   .0592535     9.39   0.000     .4400201    .6722897
       2011  |   .6054526   .0609438     9.93   0.000      .486005    .7249001
       2012  |    .652845   .0638203    10.23   0.000     .5277596    .7779305
       2013  |   .6456708   .0676727     9.54   0.000     .5130347    .7783069
             |
   person_id |
```

그림 12 이중차분분석 방법 1: 개인단위 고정효과모형

이중차분분석은 두 가지 다른 방법으로 진행하였다. 먼저 이중차분분석의 원개념을 확인하기 위해 STATA에 내장된 코드를 사용하지 않고 수동으로 이중차분분석을 수행하였다. 이때 동일 개인의 데이터가 반복 측정되어 표준오차의 편의를 보정하였고, 연도 및 개인 단위 고정효과를 모형에 추가하였다. 여기서 종속변수는 연도별 월평균 약제비의 로그형태이다. 따라서 "blind"에 해당하는 이중차분계수를 해석하면 장애 발생자의 장애 발생 후 순 의료비는 7% 순증가였으나 이는 10% 유의수준에서도 통계적으로 유의하지는 않았다.

또한, 평행추세가정의 시각적 진단을 위해 다음 [그림 13]과 같이 데이터를 조정하여 [그림 14]를 얻었으며, 이를 통해 장애 발생 시기인 2006년 이전의 양 군의 추세는 시각적으로 평행해 보임을 확인할 수 있다.

```
. use didsample,clear

. sort person_id year

. drop lntotexpmn1

. bysort blind_old year: egen lntotexpmn1=mean(ln(totexpmn1))

. sort blind_old year

. keep blind_old year lntotexpmn1

. duplicates drop blind_old year,force

Duplicates in terms of blind_old year

(38,155 observations deleted)

. save totexpmn1, replace
file totexpmn1.dta saved

.
. graph twoway scatter  lntotexpmn1 year if blind_old==1, connect(direct) lpattern(solid) msymbol(circle) lcolor(red) mco
> lor(red) ///
>           || scatter  lntotexpmn1 year if blind_old==0, xline(2006) connect(direct) lpattern(solid) msymbol(circle_holl
> ow) lcolor(blue) mcolor(blue) ///
>                      ytitle("Log total expenditure") legend(label(1 "Impaired") label(2 "Non-impaired") rows(1)) xtitl
> e("Year")
```

그림 13 **평행추세가정의 시각적 진단을 위한 데이터 조정**

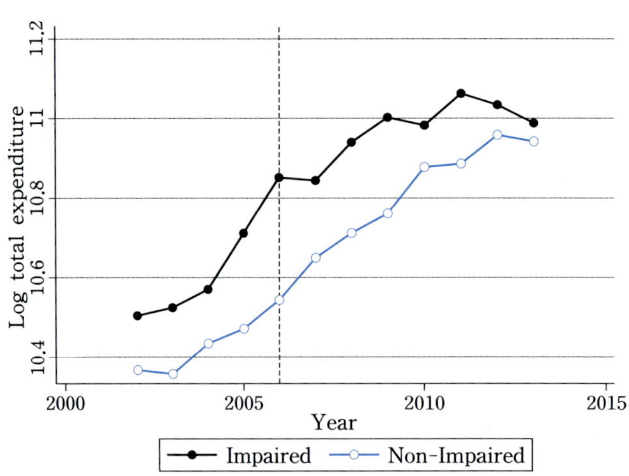

그림 14 **종속변수(월별 로그 약제비)**

장애 도입 전후 각 그룹의 연도별 월별약제비 평균값의 추정치와 이에 따른 이중차분계수를 계산하기 위해 모형을 약간 변형하였다(그림 15).

이 추정 결과에서 각 군별 장애 전후 1차 차분값을 구했다. 장애 발생 전 장애군은 대조군보다 연도별 월평균 약제비가 14.4% 높았으며(차분 1), 이 차이는 장애 발생 후 21.4%로 증가하였다(차분 2). 또한 장애 발생군은 발생 전보다 발생 후 연도별 월평균 약제비가 69.1% 높았고(차분 3), 대조군의 경우 이 차이는 62.0%(차분 4)이었다. 장애 발생이 연도별 월평균 약제비에 미치는 순효과는 이중차분계수인데, 이는 차분 2에서 차분 1을 감하거나 혹은 차분 3에서 차분 4를 감한 값과 동일한 이중차분계수이다. 이는 7%로 추계되었으나 10% 유의수준에서도 통계적으로 유의하지는 않았다(그림 16).

```
. xtset person_id

Panel variable: person_id (unbalanced)

. xtreg lntotexpmn1 blind_old post blind_oldpost male i.agegr i.year,vce(cluster person_id)
note: 2013.year omitted because of collinearity.

Random-effects GLS regression                   Number of obs     =     38,179
Group variable: person_id                       Number of groups  =        400

R-squared:                                      Obs per group:
     Within  = 0.0518                                         min =          3
     Between = 0.0047                                         avg =       95.4
     Overall = 0.0397                                         max =        144

                                                Wald chi2(16)     =     242.88
corr(u_i, X) = 0 (assumed)                      Prob > chi2       =     0.0000

                           (Std. err. adjusted for 400 clusters in person_id)
------------------------------------------------------------------------------
             |               Robust
 lntotexpmn1 | Coefficient  std. err.      z    P>|z|     [95% conf. interval]
-------------+----------------------------------------------------------------
   blind_old |   .1440269   .0570251     2.53   0.012     .0322598    .2557941
        post |   .6208212   .0644519     9.63   0.000     .4944979    .7471445
blind_oldpost|   .0704831    .072127     0.98   0.328    -.0708833    .2118495
        male |  -.0835905   .0597779    -1.40   0.162    -.2007529     .033572
             |
       agegr |
          2  |  -.1144824   .0868359    -1.32   0.187    -.2846775    .0557128
          3  |  -.0419135   .1005275    -0.42   0.677    -.2389438    .1551169
             |
        year |
       2003  |   .0033354   .0272286     0.12   0.903    -.0500318    .0567025
       2004  |   .0669844   .0333977     2.01   0.045     .0015262    .1324427
       2005  |   .1412574   .0369089     3.83   0.000     .0689172    .2135976
       2006  |  -.3842141   .0527069    -7.29   0.000    -.4875177   -.2809105
       2007  |  -.3176935   .0546763    -5.81   0.000    -.4248571   -.2105299
       2008  |  -.2272376   .0542843    -4.19   0.000    -.3336328   -.1208423
       2009  |  -.1777641   .0543453    -3.27   0.001    -.2842789   -.0712492
       2010  |  -.0813012    .051785    -1.57   0.116    -.1827979    .0201954
       2011  |  -.0358867    .047834    -0.75   0.453    -.1296395    .0578662
       2012  |   .0098708   .0385771     0.26   0.798     -.065739    .0854805
       2013  |          0  (omitted)
             |
       _cons |   10.40881   .0927975   112.17   0.000     10.22693    10.59069
-------------+----------------------------------------------------------------
     sigma_u |  .52307807
     sigma_e |  1.0003648
         rho |  .21470768   (fraction of variance due to u_i)
------------------------------------------------------------------------------
```

그림 15 **이중차분분석 방법 2: 개인단위 고정효과모형**

```
. lincom blind_old /* diff b vs nb for pre */

 ( 1)  blind_old = 0

------------------------------------------------------------------------------
lntotexpmn1 | Coefficient  Std. err.      z    P>|z|     [95% conf. interval]
------------+----------------------------------------------------------------
        (1) |   .1440269   .0570251     2.53   0.012     .0322598    .2557941
------------------------------------------------------------------------------

. lincom blind_old + blind_oldpost /* diff b vs nb for post */

 ( 1)  blind_old + blind_oldpost = 0

------------------------------------------------------------------------------
lntotexpmn1 | Coefficient  Std. err.      z    P>|z|     [95% conf. interval]
------------+----------------------------------------------------------------
        (1) |     .21451   .0790977     2.71   0.007     .0594815    .3695386
------------------------------------------------------------------------------

. lincom post + blind_oldpost /* diff pre vs post for blind */

 ( 1)  post + blind_oldpost = 0

------------------------------------------------------------------------------
lntotexpmn1 | Coefficient  Std. err.      z    P>|z|     [95% conf. interval]
------------+----------------------------------------------------------------
        (1) |   .6913043   .0856124     8.07   0.000      .523507    .8591015
------------------------------------------------------------------------------

. lincom post /* diff pre vs post for non-blind */

 ( 1)  post = 0

------------------------------------------------------------------------------
lntotexpmn1 | Coefficient  Std. err.      z    P>|z|     [95% conf. interval]
------------+----------------------------------------------------------------
        (1) |   .6208212   .0644519     9.63   0.000     .4944979    .7471445
------------------------------------------------------------------------------

. lincom blind_oldpost /*did*/

 ( 1)  blind_oldpost = 0

------------------------------------------------------------------------------
lntotexpmn1 | Coefficient  Std. err.      z    P>|z|     [95% conf. interval]
------------+----------------------------------------------------------------
        (1) |   .0704831    .072127     0.98   0.328    -.0708833    .2118495
------------------------------------------------------------------------------
```

그림 16 **추정계수의 선형조합을 통한 각 그룹별 장애 발생 전후 예측치 추정**

다음으로 STATA의 내장코드를 활용하여 동일한 분석을 수행하였다. 앞에서와 마찬가지로 개인단위 고정효과와 연도 고정효과가 통제되었다. 장애 발생 시기는 모두 2006년인 것을 알 수 있고, 장애 발생군 총 120명과 비장애인 대조군 총 280명에 대해 총 38,179개인-연도 패널데이터인 점은 위와 동일하다- ATET로 나타난 값이 이중차분추계값에 해당하며 이에 대한 해석은 당연히 앞의 그림과 동일하다.

이 내장코드를 활용하면 평행추세분석을 위한 그림과 검정을 수행할 수 있다는 편리함이 있다. 먼저 장애 발생 전 두 군의 의료비의 선형추세가 평행하다는 귀무가설은 유의수준 10%에서도 기각되지 않았다. 또한 장애 발생을 예상하여 각 군의 의료비가 영향을 받았는지를 검정하는 Granger test도 수행할 수 있는데, 이 또한 기대편의가 없다는 귀무가설이 유의수준 10%에서도 기각되지 않았다(그림 17).

다음 코드를 활용하여 도시한 평행추세패턴은 다음 [그림 18]과 같다.

```
. xtset person_id

Panel variable: person_id (unbalanced)

. xtdidregress (lntotexpmn1 male i.agegr) (blind),group(person_id) time(year)
note: male omitted because of collinearity.

Number of groups and treatment time

Time variable: year
Control:       blind = 0
Treatment:     blind = 1

                  Control  Treatment

Group
   person_id          280        120

Time
      Minimum        2002       2006
      Maximum        2002       2006

Difference-in-differences regression                    Number of obs = 38,179
Data type: Longitudinal

                             (Std. err. adjusted for 400 clusters in person_id)

                             Robust
 lntotexpmn1   Coefficient  std. err.      t    P>|t|     [95% conf. interval]

ATET
       blind
   (1 vs 0)      .0746349   .0724769     1.03   0.304    -.0678494    .2171191

Note: ATET estimate adjusted for covariates, panel effects, and time effects.

.
. estat trendplot

. estat ptrends

Parallel-trends test (pretreatment time period)
H0: Linear trends are parallel

F(1, 399) =   1.39
 Prob > F = 0.2391

. estat granger /*in anticipation of treatment, the control or treatment groups change their behavior. This is evaluated
> with the Granger causality test using estat granger.*/

Granger causality test
H0: No effect in anticipation of treatment

F(3, 399) =   0.97
 Prob > F = 0.4081
```

그림 17 이중차분분석 방법 2: 개인단위 고정효과모형

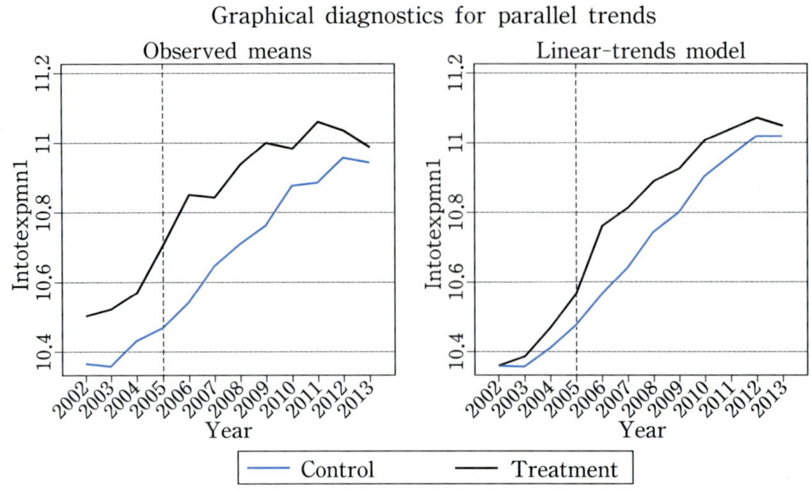

그림 18 평행추세가정에 대한 시각적 진단

마지막으로 장애 도입 전후 각 그룹의 연도별 월별약제비 변화의 선형시계열 추세의 변화를 추정하기 위해 이중차분분석모형에 선형추세를 나타내는 변수를 추가하고 선형추세와 장애군의 교호작용(변수명: yearblind_old), 선형추세와 장애 발생 이후 시점의 교호작용(변수명: yearpost), 선형추세와 장애군 및 장애 발생 이후 시점의 삼중 교호작용(변수명: yearblind_oldpsot)를 추가하여 모형을 다시 추정하였다(그림 19).

```
. xtreg lntotexpmn1 blind_old year post yearblind_old yearpost yearblind_oldpost
  blind_oldpost ,vce(cluster person_id)
Random-effects GLS regression                   Number of obs     =     38,179
Group variable: person_id                       Number of groups  =        400

R-squared:                                      Obs per group:
     Within  = 0.0513                                         min =          3
     Between = 0.0004                                         avg =       95.4
     Overall = 0.0355                                         max =        144

                                                Wald chi2(7)      =     225.72
corr(u_i, X) = 0 (assumed)                      Prob > chi2       =     0.0000

                              (Std. err. adjusted for 400 clusters in person_id)
------------------------------------------------------------------------------------
                  |               Robust
      lntotexpmn1 | Coefficient  std. err.      z    P>|z|     [95% conf. interval]
------------------+-----------------------------------------------------------------
        blind_old |  -61.96796   53.18151    -1.17   0.244    -166.2018    42.26588
             year |   .0412245   .0138964     2.97   0.003      .013988     .068461
             post |  -54.52273   31.64837    -1.72   0.085    -116.5524    7.506929
    yearblind_old |    .030996   .0265456     1.17   0.243    -.0210324    .0830245
         yearpost |   .0272211   .0157864     1.72   0.085    -.0037196    .0581619
yearblind_oldpost |  -.0557318    .031257    -1.78   0.075    -.1169945    .0055309
    blind_oldpost |    111.871   62.66901     1.79   0.074    -10.95798       234.7
            _cons |  -72.23541   27.83773    -2.59   0.009    -126.7963   -17.67447
------------------+-----------------------------------------------------------------
          sigma_u |  .53331035
          sigma_e |  1.0005731
              rho |  .22124095   (fraction of variance due to u_i)
------------------------------------------------------------------------------------
```

그림 19 이중차분분석과 단절적시계열분석의 병합

```
. lincom year /* pre trend for non-blind */

 ( 1)  year = 0

------------------------------------------------------------------------------
lntotexpmn1 | Coefficient  Std. err.      z    P>|z|     [95% conf. interval]
------------+-----------------------------------------------------------------
        (1) |   .0412245   .0138964     2.97   0.003      .013988     .068461
------------------------------------------------------------------------------

. lincom year + yearblind_old /* pre trend for blind */

 ( 1)  year + yearblind_old = 0

------------------------------------------------------------------------------
lntotexpmn1 | Coefficient  Std. err.      z    P>|z|     [95% conf. interval]
------------+-----------------------------------------------------------------
        (1) |   .0722205   .0226177     3.19   0.001     .0278907    .1165504
------------------------------------------------------------------------------

. lincom yearblind_old /* diff b vs. nb for pre trend */

 ( 1)  yearblind_old = 0

------------------------------------------------------------------------------
lntotexpmn1 | Coefficient  Std. err.      z    P>|z|     [95% conf. interval]
------------+-----------------------------------------------------------------
        (1) |    .030996   .0265456     1.17   0.243    -.0210324    .0830245
------------------------------------------------------------------------------

. lincom year + yearpost /* post trend for non-blind */

 ( 1)  year + yearpost = 0

------------------------------------------------------------------------------
lntotexpmn1 | Coefficient  Std. err.      z    P>|z|     [95% conf. interval]
------------+-----------------------------------------------------------------
        (1) |   .0684456   .0078253     8.75   0.000     .0531084    .0837829
------------------------------------------------------------------------------

. lincom year + yearpost + yearblind_oldpost /* post trend for blind */

 ( 1)  year + yearpost + yearblind_oldpost = 0

------------------------------------------------------------------------------
lntotexpmn1 | Coefficient  Std. err.      z    P>|z|     [95% conf. interval]
------------+-----------------------------------------------------------------
        (1) |   .0127138   .0303464     0.42   0.675     -.046764    .0721916
------------------------------------------------------------------------------

. lincom yearblind_oldpost /* diff b vs. nb for post trend */

 ( 1)  yearblind_oldpost = 0

------------------------------------------------------------------------------
lntotexpmn1 | Coefficient  Std. err.      z    P>|z|     [95% conf. interval]
------------+-----------------------------------------------------------------
        (1) |  -.0557318    .031257    -1.78   0.075    -.1169945    .0055309
------------------------------------------------------------------------------

. lincom yearpost /* diff post vs. pre for non-blind */

 ( 1)  yearpost = 0

------------------------------------------------------------------------------
lntotexpmn1 | Coefficient  Std. err.      z    P>|z|     [95% conf. interval]
------------+-----------------------------------------------------------------
        (1) |   .0272211   .0157864     1.72   0.085    -.0037196    .0581619
------------------------------------------------------------------------------

. lincom yearpost + yearblind_oldpost - yearblind_old /* diff post vs. pre for blind */

 ( 1)  - yearblind_old + yearpost + yearblind_oldpost = 0

------------------------------------------------------------------------------
lntotexpmn1 | Coefficient  Std. err.      z    P>|z|     [95% conf. interval]
------------+-----------------------------------------------------------------
        (1) |  -.0595067   .0496257    -1.20   0.230    -.1567713    .0377579
------------------------------------------------------------------------------

. lincom yearblind_oldpost - yearblind_old /* did in trend */

 ( 1)  - yearblind_old + yearblind_oldpost = 0

------------------------------------------------------------------------------
lntotexpmn1 | Coefficient  Std. err.      z    P>|z|     [95% conf. interval]
------------+-----------------------------------------------------------------
        (1) |  -.0867278   .0556148    -1.56   0.119    -.1957308    .0222752
------------------------------------------------------------------------------
```

그림 20 추정계수의 선형조합을 통한 각 그룹별 장애 발생 전후 시계열추세 예측치 추정

이 추정 결과에서 각 군별 장애 전후 연도별 월별약제비 변화의 선형시계열 추세의 1차 차분값을 구했다. 장애 발생 전 기간에 대해 대조군의 경우 평균 4%, 장애 발생군은 7%의 월평균 약제비가 증가가 있었고, 이 두 차이는 3% 포인트(차분 1)로 통계적으로 유의하지 않았다. 장애 발생 후에는 대조군과 장애 발생군의 연도별 월평균 약제비 증가는 각각 6.8%와 1.2%로 나타났고 이 차이는 -5.57%(차분 2)로 유의수준 10%에서 통계적으로 유의하였다. 장애 발생이 연도별 월평균 약제비 변화의 선형시계열 추세에 미치는 순효과는 차분 2에서 차분 1을 감한 값과 동일한 이중차분계수이다. 이는 -8.6%로 추계되었으나 10% 유의수준에서 통계적으로 유의하지는 않았다(그림 20).

본 장에서는 관찰연구에서 원인적 인과관계 특정을 통한 내적타당도 확보의 필요성과 이를 바탕으로 준실험적 연구디자인에 기반한 정책평가 방법에 대해 설명하였다. 분석에 적용된 가정의 타당도는 분석을 수행하는 당사자가 사전에 확인해야 하며, 이를 담보하지 않은 분석 결과의 해석은 유의미하지 않음을 숙지하기 바란다.

참고문헌

- 국민건강보험공단, 교육용 DB ver 2.0.
- 국민건강보험공단, 교육용 표본연구 DB 사용자 매뉴얼.
- 김경훈. 건강보험청구자료에서 동반질환 보정방법. 보건행정학회지 2016;26(1):71-8.
- 김우현, 한은아., 국민건강보험 지출 효율화를 위한 약제비 관리 방안. 한국조세재정연구원. 2019.12.16. 기본과제 출판보고서.
- 김윤희 외, NECA 경제성 평가 매뉴얼: 중재법 중심으로, NECA, 2021.
- 대한고혈압학회, 2022년 고혈압 진료지침, 2022.
- 박실비아, 김남순, 채수미, 한은아, 류치영., 의약품 정책이 의사의 처방에 미친 영향 연구, 한국보건사회연구원 연구보고서, 2013.
- 장은진 외, 보건의료빅데이터 활용 고도화 방안 연구, 건강보험심사평가원, 2016.
- 최종후 외, SAS Data Step, 자유아카데미, 2008.
- 한국보건의료연구원, 보건의료분야에서 비용 산출방법, 2013.

- Andersson K, Petzold MG, Sonesson C, Lönnroth K, Carlsten A., Do policy changes in the pharmaceutical reimbursement schedule affect drug expenditures? Interrupted time series analysis of cost, volume and cost per volume trends in Sweden 1986-2002. Health Policy. 2006.
- Angelucci, Manuela, and Vicenzo Di Maro., "Programme Evaluation and Spillover Eff ects." Journal of Development Eff ectiveness, 2015.
- Bärnighausen T, Røttingen JA, Rockers P, Shemilt I, Tugwell P., Quasi-experimental study designs series-paper 1: introduction: two historical lineages. J Clin Epidemiol. 2017.
- Becketti, S., Introduction to Time Series Using Stata. Rev. ed. College Station, Stata Press, 2020.
- Becketti, S., Introduction to Time Series Using Stata. Rev. ed. College Station, Stata Press, 2020.
- Bernal JL, Cummins S, Gasparrini A. Interrupted time series regression for the evaluation of public health interventions: a tutorial. Int J Epidemiol. 2017. Erratum in: Int J Epidemiol. 2020.
- Bonell CP, Hargreaves J, Cousens S et al., Alternatives to randomisation in the evaluation of public health interventions: Design challenges and solutions. J Epidemiol Community Health 2009;65:582-87.
- Box, G. E. P., G. M. Jenkins, and G. C. Reinsel., Time Series Analysis: Forecasting and Control. 4th ed. Hoboken, Wiley, 2008.
- Brett J, Schaffer A, Dobbins T, Buckley NA, Pearson SA. The impact of permissive and restrictive pharmaceutical policies on quetiapine dispensing: Evaluating a policy pendulum using interrupted time series analysis. Pharmacoepidemiol Drug Saf. 2018 Apr;27(4):439-446. doi: 10.1002/pds.4408. Epub 2018 Feb 28. PMID: 29493050.

- Campbell M, Fitzpatrick R, Haines A, Kinmonth AL, Sandercock P, Spiegelhalter D, et al., Framework for design and evaluation of complex interventions to improve health. BMJ 2000;321:694.
- Charlson ME, Pompei P, Ales KL, MacKenzie CR. A new method of classifying prognostic comorbidity in longitudinal studies: development and validation. J Chronic Dis 1987;40(5):373-383. DOI: http://dx.doi.org/10.1016/0021-9681(87)90171-8.
- Cook TD, Campbell DT., Quasi-experimentation: design and analysis issues for field settings. Chicago: Rand McNally Publishing Company, 1979.
- Elixhauser A, Steiner C, Harris DR, Coffey RM. Comorbidity measures for use with administrative data. Med Care 1998;36(1):8-27. DOI: http://dx.doi.org/10.1097/00005650-199801000-00004.
- Euna Han, Su-Mee Chae, Nam-Soon Kim, Sylvia Park*., Effects of pharmaceutical cost containment policies on doctors' prescribing behavior: Focus on antibiotics, Health Policy, 2015.
- https://www.stata.com/manuals/
- https://www.stata.com/manuals/teteffectsintro.pdf#teteffectsintro
- https://www.stata.com/manuals/teteffectsintroadvanced.pdf#teteffectsintroadvanced
- https://www.stata.com/manuals/ts.pdf
- https://www.stata.com/manuals13/
- https://www.stata.com/manuals13/tsarimapostestimation.pdf#tsarimapostestimation
- James J. Heckman, Edward J., Vytlacil. Local Instrument variables. NBER Technical Working Paper No, 252, 2000.
- Jeffery M. Wooldridge., Introductory Econometrics: A Modern Approach. 5th Edition.
- Jensen L., Guidelines for the application of ARIMA models in time series. Res Nurs Health, 1990.
- Joshua D Angrist, Guido W Imbens., Identification and estimation of local average treament effects. NBER Technical Working Paper No. 118. 1991.
- Joshua D Angrist, Guido W., Imbens. Identification and estimation of local average treament effects. NBER Technical Working Paper No. 118. 1991.
- Kibicho J, Pinkerton SD. Multiple drug cost containment policies in Michigan's Medicaid program saved money overall, although some increased costs. Health Aff (Millwood). 2012 Apr;31(4):816-26. doi: 10.1377/hlthaff.2011.0246. PMID: 22492899; PMCID: PMC4118749.
- King, Elizabeth M., and Jere R. Behrman. "Timing and Duration of Exposure in Evaluations of Social Programs." World Bank Research Observer 24 (1): 55-82, 2009.
- Levitt, Steven D., and John A. List., "Was There Really a Hawthorne Eff ect at the Hawthorne Plant? An Analysis of the Original Illumination Experiments." Working Paper 15016, National Bureau of Economic Research, Cambridge, MA, 2009.
- McDowall, D, McCleary, R, Meidinger, EE, Hay, RA., Interrupted time series analysis. In: Sage University Papers Series on Quantitative Applications in the Social Sciences, 07-021. Thousand Oakes, CA: Sage Publications Inc, 1980.

• Nelson BK., Statistical methodology: V. Time series analysis using autoregressive integrated moving average(ARIMA) models. Acad Emerg Med, 1998.

• Parzen M., Stochastic Processes. Philadelphia: Soc. Ind. Appl. Math, 1999.

• Paul J. Gertler, Sebastian Martinez, Patrick Premand, Laura B. Rawlings, and Christel M. J., VermeerschImpact Evaluation in Practice. Second edition. https://www.worldbank.org/en/programs/sief-trust-fund/publication/impact-evaluation-in-practice

• Penfold RB, Zhang F., Use of interrupted time series analysis in evaluating health care quality improvements, Acad Pediatr, 2013.

• Quan H, Li B, Couris CM, Fushimi K, Graham P, Hider P, et al. Updating and validating the Charlson comorbidity index and score for risk adjustment in hospital discharge abstracts using data from 6 countries. Am J Epidemiol 2011;173(6):676-682. DOI: http://dx.doi.org/10.1093/aje/kwq433.

• Ramsay CR, Matowe L, Grilli R, Grimshaw JM, Thomas RE. Interrupted time series designs in health technology assessment: lessons from two systematic reviews of behavior change strategies. Int J Technol Assess Health Care. 2003 Fall;19(4):613-23. doi: 10.1017/s0266462303000576. PMID: 15095767.

• Ramsay CR, Matowe L, Grilli R, Grimshaw JM, Thomas RE., Interrupted time series designs in health technology assessment: lessons from two systematic reviews of behavior change strategies. Int J Technol Assess Health Care, 2003.

• Saretsky, Gary., "The OEO P.C. Experiment and the John Henry Eff ect." Phi Delta Kappan 53: 579-81, 1972.

• Shadish WR, Cook TD, Campbell DT., Experimental and quasi-experimental designs for generalized causal inference. Boston: Houghton Mifflin, 2002.

• Soumerai SB., How do you know which health care effectiveness research you can trust? A guide to study design for the perplexed. Prev Chronic Dis 2015;12:E101.

• Soumerai, SB, Ross-Degnan, D, Avorn, J, McLaughlin, TJ, Choodnovskiy, I., Effects of Medicaid drug payment limits on admission to hospitals and nursing homes. New England Journal of Medicine, 325, 1072-1077, 1991.

• Soumerai, SB, Ross-Degnan, D, Fortess, E, Abelson, J., A critical analysis of studies of state drug reimbursement policies: research in need of discipline. Milbank Quarterly, 71, 217-252, 1993.

• Soumerai, SB, Ross-Degnan, D, Gortmaker, S, Avorn, J., Withdrawing payment for nonscientific drug therapy. Intended and unexpected effects of a largescale natural experiment. Journal of the American Medical Association, 263, 831-839. 1990.

• Veney, JE, Kaluzny, AD., Trend analysis techniques and interpretation. In: Veney, JE, Kaluzny, AD, eds. Evaluation and decision making for health services. Ann Arbor, MI: Health Administration Press, 1998.

• Victora CG, Habicht J-P, Bryce J., Evidence-based public health: moving beyond randomized trials. Am J Public Health 2004;94:400-05.

- Wagner AK, Soumerai SB, Zhang F, Ross-Degnan D., Segmented regression analysis of interrupted time series studies in medication use research. J Clin Pharm Ther 2002;27:299-309.
- Woohyun Kim, Heejo Koo, Hye-Jae Lee, Euna Han*., The Effects of Cost Containment and Price Policies on Pharmaceutical Expenditure in South Korea, International Journal of Health Policy and Management. In Press.
- wooldridge. Introductory Econometrics. Cengage.
- Zeger SL, Irizarry R, Peng RD. On time series analysis of public health and biomedical data. Annu Rev Public Health. 2006;27:57-79.

2부

자발적부작용보고자료를 활용한 빅데이터 분석

5장 한국의 자발적부작용보고자료의 개요

학습목표

1 한국의 자발적부작용보고자료의 수집 및 제공 배경을 이해한다.
2 의약품부작용보고원시자료의 개념과 데이터 구조를 학습한다.
3 의약품부작용보고원시자료 신청 및 이용 방법을 설명할 수 있다.

개요

1988년 한국에서의 자발적부작용보고제도가 시작된 이후, 의약품 복용 후 발생한 부작용 정보가 지역의약품안전센터, 병·의원, 약국, 제약회사, 소비자 등으로부터 보고되어 수집되고 있다. 이를 '자발적부작용보고자료'라고 하며, 의료현장 등 실제 의약품 사용 환경에서 발생한 사례가 수집된 것으로 시판 후 의약품 안전관리의 기반이 되는 자료이다. 그 일환으로 이상사례 보고현황 파악, 의약품 실마리 정보 검색 및 분석·평가 등에 활용될 수 있다. 단, 자발적부작용보고자료는 해당 의약품등과의 인과관계 여부와 관계없이 보고된 것으로서, 동 자료만으로는 해당 제품에 의해 부작용이 발생하였다고 확정할 수 없다는 한계가 있다. 이번 장의 내용은 현재 시점 기준 규정에 근거하여 작성된 내용으로, 추후 제도 변경에 따라 상세 내용은 변경될 수 있다.

1 배경

1.1 한국의 자발적부작용보고자료의 수집 배경

'자발적부작용보고자료'란 시판 전 임상시험에서 미처 파악하지 못한 부작용의 탐지를 위해 시행된 자발적부작용보고제도에 따라 수집된 자료를 의미한다. 한국은 약사법 제 68조의8(부작용 등의 보고)에 근거하여 시판 후 의약품 부작용 보고자료가 수집되며, 의약품등의 제조업자, 품목허가를 받은 자, 수입자 및 의약품 도매상, 약국 개설자, 의료기관 개설자에게 보고의무가 있으며 일반인도 보고할 수 있다.

현재 시판 후 의약품 부작용을 보고 받고 관리하기 위한 전산시스템인 '의약품이상사례보고시스템(Korea Adverse Event Reporting System, 약칭 KAERS)'은 식품의약품안전처

(이하 식약처)에서 운영하는 '의약품통합정보시스템(약칭 의약품안전나라, KAERS-NeDrug)'과 한국의약품안전관리원(이하 의약품안전관리원)에서 운영하는 '국내 의약품이상사례보고시스템(약칭 KAERS-KIDS)'이 있다. 2012년 10월부터 KAERS-KIDS 시스템을 통해 부작용을 수집하였으나, 2021년 6월부터 국제표준 이상사례 보고 기준인 ICH(The International Council for Harmaonisation of Technical Requirements for Pharmaceuticals for Human Use) E2B(R3)의 국내 도입으로 KAERS-NeDrug 시스템 병행 운영이 시행되었고, 점차 국제표준인 KAERS-NeDrug로의 보고가 주를 이룰 것으로 예상된다.

KAERS-KIDS 보고자료는 의약품 등의 안전에 관한 규칙 [별지 제77호의2서식]에 따라 수집되고 있으나, KAERS-NeDrug 보고자료는 ICH E2B(R3) 기반의 보고항목을 토대로 구성되어 있다.

현재 시스템 병행운영에 따른 데이터 통합관리를 위해, KAERS-KIDS 시스템으로 보고된 자료는 ICH E2B(R3)로의 매핑 기준에 따라 KAERS-NeDrug 시스템으로 이관되며, 추후 시스템 운영 체계는 변동될 수 있다.

[붙임1] 의약품 등 이상사례 · 약물이상반응 보고서(의약전문가용)

의약품안전나라(nedrug.mfds.go.kr)에서 보고할 수 있습니다

의약품등 이상사례 · 약물이상반응 보고서(의약전문가용)

(총 6쪽 중 제1쪽)

* 아래 항목 중 ※[1]표시된 항목은 필수항목이므로 반드시 작성해야 합니다. 그 밖의 항목은 내용이 불분명한 경우에는 작성하지 않아도 됩니다. 각 항목의 작성란이 부족한 경우에는 별지를 첨부할 수 있으며, 항목별 작성 요령은 맨 뒤쪽의 '작성시 참고사항'을 참고하시기 바랍니다.
* 이 서식을 이용하여 의약품 또는 의약외품으로 인한 이상사례·약물이상반응을 보고할 수 있습니다.

가. 환자 정보			
1.이름※[2]			
2.성별	[ ]남성 [ ]여성		
3.연령정보※[3]	생년월일	년 월 일	
	나이[4]	(숫자)	
		단위 : [ ]년 [ ]월 [ ]주 [ ]일 [ ]시간 [ ]연대	
	연령대[5]	[ ]태아 [ ]출생일~27일 [ ]28일~24개월 미만 [ ]24개월~12세 미만 [ ]12세~19세 미만 [ ]19세~65세 미만 [ ]65세 이상	
4.체중(kg)			
5.신장(cm)			
6.임신기간[6]	(숫자)		
	단위 : [ ]일 [ ]주 [ ]월 [ ]임신분기		
7.최근 월경일[7]	년 월 일		
8. 과거 병력 및 치료 정보 (복수 작성 가능)	이상사례·약물이상반응을 제외한 병력[8]	과거 병력 및 동반증상 (질병/수술처치/기타)	
		시작일	년 월 일
		지속여부	[ ]예 [ ]아니오
		종료일	년 월 일
		비고	
		가족력	[ ]예
		상세내용	
	과거 의약품등 사용 내역[8]	보고된 의약품등의 명	
		시작일	년 월 일
		종료일	년 월 일
		적응증	
		약물이상반응	
	병용요법 유무[9]	[ ]예	

210㎜×297㎜[백상지(80g/㎡)]

- 47 -

(총 6쪽 중 제2쪽)

9.부모 정보[10]	이름[2]		
	성별(※)	[ ]남성 [ ]여성	
	연령	생년월일	년 월 일
		나이	(숫자)
			[ ]년 [ ]연령대[5]
	어머니의 최근 월경일	년 월 일	
	체중(kg)		
	신장(cm)		
	과거 병력 및 동반증상[8] (복수 작성 가능)	과거 병력 및 동반증상 (질병/수술처치/기타)	
		시작일	년 월 일
		지속여부	[ ]예 [ ]아니오
		종료일	년 월 일
		비고	
		상세내용	
	과거 의약품등 사용 내역[8] (복수 작성 가능)	보고된 의약품등의 명	
		시작일	년 월 일
		종료일	년 월 일
		적응증	
		약물이상반응	
10.사망 정보[11]	사망일	년 월 일	
	보고된 사망원인 (복수 작성 가능)		
	부검 실시여부	[ ]예 [ ]아니오	
	부검 결과에 따른 사망원인 (복수 작성 가능)		
11.식별번호[12]			
나. 이상사례·약물이상반응 정보(복수 작성 가능)			
1.이상사례·약물이상반응 명※[13]			
	원보고자	보고내용	
		강조용어	[ ]원보고자가 강조함. 중대하지 않음 [ ]원보고자가 강조하지 않음. 중대하지 않음 [ ]원보고자가 강조함. 중대함 [ ]원보고자가 강조하지 않음. 중대함
2.발생국가[14]			
3.증상 발생일	년 월 일		
4.증상 종료일	년 월 일		
5.지속 기간	(숫자)		
	단위: [ ]시간 [ ]일 [ ]주 [ ]월 [ ]년		

- 48 -

그림 1 KAERS-NeDrug의 보고서식(일부)

출처: 식품의약품안전처, 약물이상반응 및 이상사례 전자보고 가이드라인(민원인안내서)

1.2 의약품부작용보고원시자료의 제공 배경

의약품이상사례보고시스템으로 보고된 의약품 부작용 보고자료는 「공공데이터의 제공 및 이용 활성화에 관한 법률」을 근거로 2014년 10월부터 의약품안전관리원 안전정보공개(open.drugsafe.or.kr)에서 공개 및 제공되고 있다.

의약품 안전관리를 위한 목적으로 "의약품부작용보고원시자료"메뉴를 통해 의약품 부작용 보고자료를 요청하는 경우, 분석할 수 있는 형태로 가공한 의약품부작용보고원시자료(이하 원시자료, KAERS DB)를 제공하고 있다. 원시자료는 「개인정보보호법」에 따라 개인정보에 관한 사항 등을 제외하며, 원시자료의 각 테이블을 연결할 수 있는 보고번호는 난수화하여 제공한다.

의약품부작용보고원시자료 신청 외에도 "이상사례보고 조회"를 통해 특정 의약품 또는 이상사례별 보고현황 통계는 검색하여 조회할 수 있다.

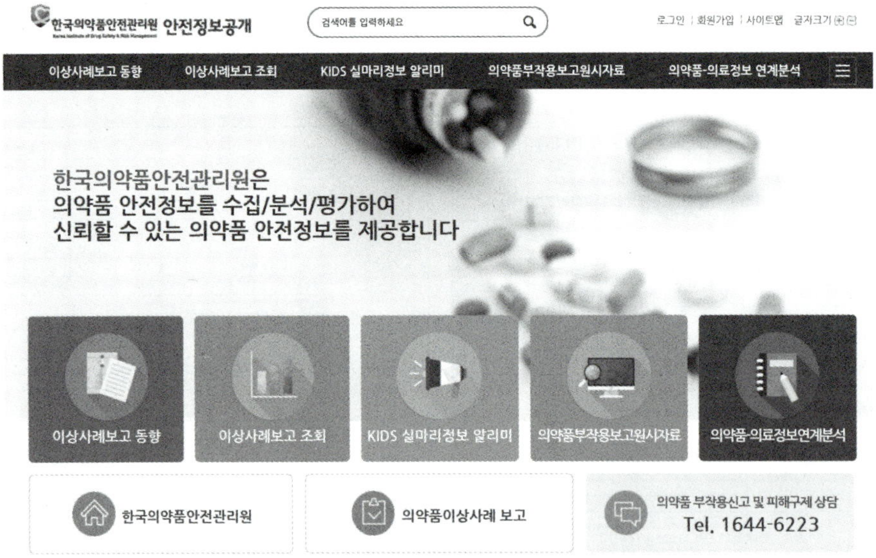

그림 2 이상사례보고 조회 및 의약품부작용보고원시자료 신청 화면

출처: 한국의약품안전관리원 안전정보공개 홈페이지

2 의약품부작용보고원시자료의 구성

2.1 테이블 구성

KAERS DB는 구분자가 "|"로 이루어진 ASCII 포맷의 파일로 생성된다. 하나의 이상사례

보고서(Individual Case Safety Report)는 기본 정보, 의약품 정보, 부작용 정보 등 9개 테이블에 분산되어 있고, 이에 대한 내용은 [표 1], [그림 3]과 같다. KAERS DB에는 개인을 식별할 수 있는 정보는 포함되어 있지 않다.

테이블 구성은 변동될 수 있으므로, 자료 신청 시점에서 최신의 의약품부작용보고원시자료 이용지침서를 참고해야 한다.

표 1 의약품부작용보고원시자료의 테이블 구성

연번	테이블명	설명
1	DEMO	기본 정보
2	HIST_E	과거 병력 정보
3	EVENT	부작용 정보
4	DRUG	의약품 기본 정보
5	DRUG1	의약품 성분 정보
6	DRUG2	의약품 투여량 및 관련 정보
7	DRUG3	의약품 적응증 정보
8	ASSESSMENT	인과성평가 정보
9	GROUP	그룹 정보

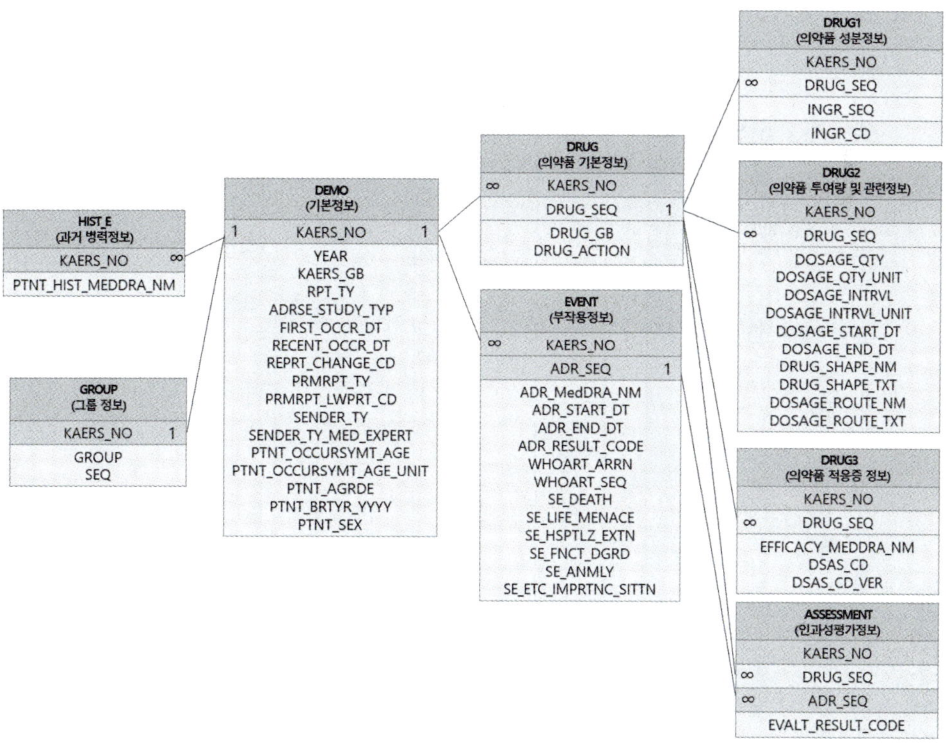

그림 3 의약품부작용보고원시자료 테이블 간 도식도

2.2 변수 정의

KAERS DB 자료의 테이블과 변수에 대한 레이아웃은 다음과 같다. 변수는 변동될 수 있으므로 자료 신청 시점에서 최신의 의약품부작용보고원시자료 이용지침서를 참고해야 한다.

표 2 의약품부작용보고원시자료의 변수 레이아웃(연구/의료/공공기관)

테이블명	연번	변수명	변수설명	변수유형	항목(비고)
DEMO (기본 정보)	1	KAERS_NO	난수화처리된 보고번호	숫자	table간 연결 키
	2	YEAR	보고연도	날짜	YYYY
	3	KAERS_GB	보고시스템	문자	1=KAERS-KIDS 2=KAERS-NeDrug
	4	RPT_TY	보고 구분	문자	1=자발적보고 2=시험/연구에서 보고 3=기타 4=정보이용불가(불명)
	5	ADRSE_STUDY_TYP	연구 구분	문자	1=임상시험 2=개별환자 사용 3=기타시험
	6	FIRST_OCCR_DT	최초 발생인지일	문자	CCYYMMDD
	7	RECENT_OCCR_DT	가장 최근의 발생인지일	날짜	CCYYMMDD
	8	REPRT_CHANGE_CD	보고무효화/수정	문자	1=삭제, 2=수정
	9	PRMRPT_TY	원보고자의 구분	문자	1=의사, 치과의사, 한의사 2=약사, 한약사 3=기타 의료전문가 4=변호사 5=소비자 또는 기타 비의료전문가 UNK=모름
	10	PRMRPT_LWPRT_CD	기타 의료전문가 구분	문자	1=간호사, 2=기타

DEMO (기본 정보)	11	SENDER_TY	보고자 구분	문자	1=제약회사 2=규제당국 3=의료전문가 4=지역의약품안전센터 5=WHO국제의약품모니터링센터 6=기타(예: 유통업체 또는 기타단체) 7=환자/소비자
	12	SENDER_TY_MED_EXPERT	의료전문가 상세 구분	문자	1=병의원, 2=약국, 3=보건소, 4=기타
	13	PTNT_OCCURSYMT_AGE	발현 당시 연령	숫자	
	14	PTNT_OCCURSYMT_AGE_UNIT	발현 당시 연령(단위)	문자	00105=시, 00107=일, 00108=주, 00106=월, 00103=년, 00009=10년
	15	PTNT_AGRDE	환자의 연령대	문자	0=태아 1=신생아(출생일~28일) 2=유아(28일~24개월 미만) 3=어린이(소아)(24개월~12세 미만) 4=청소년(12세~19세 미만) 5=어른(19세~65세 미만) 6=노인(65세 이상)
	16	PTNT_BRTYR_YYYY	환자 생년	문자	연도 4자리(YYYY)
	17	PTNT_SEX	성별	문자	1=남, 2=여
HIST_E (과거 병력 정보)	1	KAERS_NO	난수화처리된 보고번호	숫자	table 간 연결 키
	2	PTNT_HIST_MEDDRA_NM	과거 병력(MedDRA)	문자	
EVENT (부작용 정보)	1	KAERS_NO	난수화처리된 보고번호	숫자	table 간 연결 키
	2	ADR_SEQ	부작용 순번	숫자	table 간 연결 키
	3	ADR_MedDRA_NM	부작용명(MedDRA)	문자	
	4	ADR_START_DT	발현일	날짜	CCYYMMDD
	5	ADR_END_DT	종료일	날짜	CCYYMMDD

테이블명	연번	변수명	변수설명	변수유형	항목(비고)
	6	ADR_RESULT_CODE	최종 관찰 결과	문자	1=회복됨, 2=회복중, 3=회복되지 않음 4=회복했지만 후유증 있음 5=약물 이상반응/이상사례에 의한 사망 0=알려지지 않음
	7	WHOART_ARRN	부작용코드(WHO-ART PT)	문자	WHO-ART (PT level)
	8	WHOART_SEQ	부작용코드(WHO-ART IT)	문자	WHO-ART (IT level)
	9	SE_DEATH	사망	문자	Y=예
	10	SE_LIFE_MENACE	생명의 위협	문자	Y=예
	11	SE_HSPTLZ_EXTN	입원 또는 입원기간의 연장	문자	Y=예
	12	SE_FNCT_DGRD	중대한 불구나 기능저하	문자	Y=예
	13	SE_ANMLY	선천적 기형 초래	문자	Y=예
	14	SE_ETC_IMPRTNC_SITTN	기타 의학적으로 중요한 상황	문자	Y=예
DRUG (의약품 기본 정보)	1	KAERS_NO	난수화처리된 보고번호	숫자	table 간 연결 키
	2	DRUG_SEQ	의약품 순번	숫자	table 간 연결 키
	3	DRUG_GB	의약품 구분	문자	1=의심되는 의약품, 2=병용의약품 3=상호작용, 4=비투여
	4	DRUG_ACTION	의약품에 대한 조치	문자	1=투여중지 2=투여량감소 3=투여량증가 4=투여량변경하지않음 0=모름 9=해당사항없음

DRUG1 (의약품 성분 정보)	1	KAERS_NO	난수화처리된 보고번호	숫자	table간 연결 키
	2	DRUG_SEQ	의약품 순번	숫자	table 간 연결 키
	3	INGR_SEQ	성분 순번	숫자	table 간 연결 키
	4	INGR_CD	성분코드	문자	식약처 주원료코드(M코드) MSK
DRUG2 (의약품 투여량 및 관련 정보)	1	KAERS_NO	난수화처리된 보고번호	숫자	table 간 연결 키
	2	DRUG_SEQ	의약품 순번	숫자	table 간 연결 키
	3	DOSAGE_QTY	투여량	숫자	
	4	DOSAGE_QTY_UNIT	투여량(단위)	문자	00138=그램, 00142=킬로그램, 00141=밀리그램, 00140=마이크로그램, 00139=나노그램, 00144=피코그램, 00001=킬로그램 당 밀리그램, 00002=킬로그램 당 마이크로그램, 00014=밀리리터 당 밀리그램, 00003=제곱미터 당 밀리그램, 00004=제곱미터 당 마이크로그램, 00096=리터, 00095=밀리리터, 00098=마이크로리터, 00092=베크렐, 00086=기가베크렐, 00084=메가베크렐, 00094=킬로베크렐, 00088=퀴리, 00085=밀리퀴리, 00083=마이크로퀴리, 00005=나노퀴리, 00079=몰, 00082=밀리몰, 00081=마이크로몰, 00039=국제단위, 00043=킬로국제단위, 00041=메가국제단위, 00006=킬로그램 당 국제단위, 00136=밀리당량, 00050=질량백분율, 00007=적 (또는 방울), 00008=제형
	5	DOSAGE_INTRVL	투여간격	숫자	
	6	DOSAGE_INTRVL_UNIT	투여간격(단위)	문자	00109=초, 00104=분, 00105=시, 00107=일, 00108=주, 00106=월, 00103=년, 00009=10년, 00010=임신분기, 00011=주기적으로, 00012=필요시, 00013=총량
	7	DOSAGE_START_DT	투여시작일	날짜	CCYYMMDD
	8	DOSAGE_END_DT	투여종료일	날짜	CCYYMMDD
	9	DRUG_SHAPE_NM	의약품 제형1	문자	
	10	DRUG_SHAPE_TXT	의약품 제형2	문자	

테이블명	연번	변수명	변수설명	변수유형	항목(비고)
	11	DOSAGE_ROUTE_NM	투여경로1	문자	
	12	DOSAGE_ROUTE_TXT	투여경로2	문자	
DRUG3 (의약품 적응증 정보)	1	KAERS_NO	난수화처리된 보고번호	숫자	table 간 연결 키
	2	DRUG_SEQ	의약품 순번	숫자	table 간 연결 키
	3	EFFICACY_MEDDRA_NM	적응증명(MedDRA)	문자	
	4	DSAS_CD	투여목적(KCD)	문자	
	5	DSAS_CD_VER	KCD ver.	문자	한국표준질병사인분류코드 버전
ASSESS-MENT (인과성평가 정보)	1	KAERS_NO	난수화처리된 보고번호	숫자	table 간 연결 키
	2	DRUG_SEQ	의약품 순번	숫자	table 간 연결 키
	3	ADR_SEQ	부작용 순번	숫자	table 간 연결 키
	4	EVALT_RESULT_CODE	평가 결과	문자	1=확실함 2=상당히 확실함 3=가능함 4=가능성 적음 5=판정곤란 6=판정불가 7=해당없음
GROUP (그룹 정보)	1	KAERS_NO	난수화처리된 보고번호	숫자	table 간 연결 키
	2	GROUP	최초추적그룹번호	숫자	
	3	SEQ	최초추적그룹 일련번호	숫자	

2.2.1. 테이블 간 연결 변수: 난수화처리된 보고번호, 부작용 순번, 의약품 순번

9개 모든 테이블에 공통으로 입력된 "난수화처리된 보고번호"는 실제 KAERS에 입력된 보고번호를 KAERS DB 자료 구축과정에서 난수화하여 새로 부여한 일련번호이다. 해당 변수를 활용하여 테이블별 연결이 가능하다.

"부작용 순번" 변수는 보고된 부작용(이상사례)에 부여한 연번으로, 부작용 정보 테이블(EVENT)과 인과성평가 정보 테이블(ASSESSMENT) 결합 시에 사용한다.

의약품 정보가 포함된 5개의 테이블에 공통으로 입력된 "의약품 순번"은 보고된 의약품 품목(또는 성분)에 부여한 연번으로, 의약품 기본 정보 테이블(DRUG), 의약품 성분 정보 테이블(DRUG1), 의약품 투여량 및 관련 정보 테이블(DRUG2), 의약품 적응증 정보 테이블(DRUG3), 인과성평가 정보 테이블(ASSESSMENT)의 결합 시 사용한다. 만약, 동일 보고서이고 동일 성분코드인데 의약품 순번이 다르면 해당 의약품은 서로 다른 품목(또는 성분)을 의미한다.

2.2.2. 기본 정보(DEMO) 테이블

기본 정보(DEMO) 테이블은 보고구분, 발생인지일, 보고자구분, 환자정보 등 총 17개의 변수로 구성되어 있다. "보고연도" 변수는 KAERS에 입력된 보고연도로, 원보고기관에 부작용이 보고된 시점은 아니다. "보고시스템" 변수는 KAERS-KIDS와 KAERS-NeDrug로 구분되어 있다. "보고 구분" 변수는 자발적 보고, 시험/연구에서 보고, 기타, 정보 이용불가(불명)로 구분되어 있다. "보고 구분" 중 시험/연구에서 보고의 경우, "연구 구분" 변수를 통해 세분화된 정보인 임상시험, 개별 환자 사용, 기타 시험으로 구분되어 있다. "최초 발생인지일" 변수는 보고자가 부작용을 알게 되었거나, 원보고자로부터 보고받은 최초 일자를 의미한다. "가장 최근의 발생인지일" 변수는 보고자가 부작용을 알게 되었거나, 원보고자로부터 보고받은 가장 최근 일자를 의미한다. "보고무효화/수정" 변수는 이전에 보고된 보고서가 완전히 무효 또는 수정됨을 의미한다. 보고무효화로 입력된 보고는 그룹 정보(GROUP) 테이블을 활용하여 연결된 최초와 추적보고를 모두 무효화해야 한다. '원보고자'와 '보고자'의 자격구분 변수는 보고된 부작용 보고서 서식상의 분류로서, '원보고자'는 부작용에 대한 정보를 처음으로 알게 된 사람으로, 보고자에게 부작용 정보를 알려준 사람을 의미한다. "원보고자의 구분" 변수는 직능으로 구분되어 있으며, 여러 원보고자가 존재하는 경우 규제목적상 원보고자 정보만 제공한다. '보고자'는 보고서를 작성한 사람을 의미하며, 원보고자와 동일한 경우도 있다. "보고자구분" 변수는 소속 카테고리로 구분되어 있다. "의료전문가 상세 구분"변수는 "보고자구분" 변수를 의료전문가로 선택한 경우 보고자가 추가 입력한 정보로, 병의원, 약국, 보건소, 기타로 구분되어 있다.

2.2.3. 과거 병력 정보(HIST_E) 테이블

과거 병력 정보(HIST_E) 테이블은 과거에 발생했던 질환에 대한 총 2개의 변수로 구성되어 있다. "과거 병력(MedDRA)" 변수는 MedDRA LLT(Lowest Level Term) 한글명으로 제공한다. MedDRA LLT 한글명은 MedDRA 버전 변경 시 변동된다.

2.2.4. 부작용 정보(EVENT) 테이블

부작용 정보(EVENT) 테이블은 부작용명, 발현일 및 종료일 등 총 14개의 변수로 구성되어 있다. "부작용명(MedDRA)" 변수는 보고자에 의해 보고된 부작용 내용과 가장 일치하거나 근접한 코딩명으로 입력되었다. MedDRA LLT(Lowest Level Term) 한글명으로 제공하며, MedDRA LLT 한글명은 MedDRA 버전 변경 시 변동된다. "최종 관찰 결과" 변수는 이상반응/이상사례 보고 시 최신 결과를 의미한다. 회복됨, 회복중, 회복되지 않음, 회복했지만 후유증 있음, 약물 이상반응/이상사례에 의한 사망, 알려지지 않음으로 구분되어 있다. "부작용코드(WHO-ART)"정보는 KAERS-KIDS로 입력된 보고건에 한해 제공된다. 각 부작용에 대한 중대성 기준은 "사망", "생명의 위협", "입원 또는 입원기간의 연장", "중대한 불구나 기능저하", "선천적 기형 초래", "기타 의학적으로 중요한 상황"으로 입력되며, 6가지 항목 가운데 어느 항목에 해당하는지 보고자가 판단하여 체크한 것으로 하나의 보고서에 복수의 항목이 입력될 수 있다.

2.2.5. 의약품 기본 정보(DRUG) 테이블

의약품 기본 정보(DRUG) 테이블은 의약품 구분, 의약품에 대한 조치 등 총 4개의 변수로 구성되어 있다. "의약품 구분" 변수는 의심의약품, 병용의약품, 상호작용, 비투여로 구분되어 있다. 의심의약품이란 이상반응과 관련이 있다고 의심되는 의약품, 병용의약품은 이상반응이 인정된 때 환자에게 투여된 의약품, 상호작용은 다른 의약품과 상호작용이 의심되는 의약품이다.

2.2.6. 의약품 성분 정보(DRUG1) 테이블

의약품 성분 정보(DRUG1) 테이블은 의약품 성분코드 등 총 4개의 변수로 구성되어 있다. "성분 순번" 변수는 보고된 의약품 품목에 해당하는 성분 목록 및 보고된 성분에 부여한 연번이다. 동일한 "의약품 순번" 내 "성분 순번"으로 단일제, 복합제를 확인한다. "성분코드" 변수는 품목 정보를 활용하여 해당 품목의 주성분 코드가 입력되며, 성분정보만 보고된 경우에는 보고된 성분정보가 입력된다. "성분코드"는 단일제, 복합제 고려하여 주성분(들)의 품목 보유 회사가 2개 이하일 경우 MSK로 변환되어 있다

2.2.7. 의약품 투여량 및 관련 정보(DRUG2) 테이블

의약품 투여량 및 관련 정보(DRUG2) 테이블은 의약품 투여량, 제형, 투여경로 등 총 12개의 변수로 구성되어 있다. "의약품 제형1", "투여경로1"변수는 EDQM 코드집을 활용하여 보고된 정보를 한글로 변환한 항목으로 KAERS-NeDrug 보고건에만 값이 존재한다. "의약품 제형2", "투여경로2"변수는 KAERS-KIDS에서 보고자가 보고한 정보와 KAERS-NeDrug에서 보고자가 자유형식으로 입력한 텍스트 정보를 의미한다.

2.2.8. 의약품 적응증 정보(DRUG3) 테이블

의약품 적응증 정보(DRUG3) 테이블은 적응증 관련 총 5개의 변수로 구성되어 있다. "적응증명(MedDRA)" 변수는 MedDRA LLT(Lowest Level Term) 한글명으로 제공한다. MedDRA LLT 한글명은 MedDRA 버전 변경 시 변동되며, KAERS-NeDrug 보고건에 한해 값이 존재한다. "투여목적(KCD)" 변수는 한국표준질병사인분류 코드로 제공하며, KAERS-KIDS 보고건에만 값이 존재한다.

2.2.9. 인과성평가 정보(ASSESSMENT) 테이블

인과성평가 정보(ASSESSMENT) 테이블은 평가 결과 등 총 4개의 변수로 구성되어 있다. "평가 결과" 변수는 WHO의 인과성평가방법을 기준으로 보고자가 부작용조합에 대해 인과성을 평가한 결과를 입력한 것이다.

2.2.10. 그룹 정보(GROUP) 테이블

그룹 정보(GROUP) 테이블은 최초추적 구분 관련 총 3개의 변수로 구성되어 있다. 해당 사례가 최초로 KAERS에 입력된 경우 "최초보고"가 되며, 이후 동일 사례에 대한 추가정보를 보고하는 경우 "추적보고"가 된다. "최초추적그룹번호"와 "일련번호" 변수를 이용하여 최종보고건만 식별할 수 있다. 동일 사례의 최초보고와 이후 입력된 추적보고는 동일한 "최초추적그룹번호"가 부여된다. "최초추적그룹번호"는 고정된 값은 아니며, 원시자료 갱신 시마다 새롭게 부여된다. 동일한 그룹에서는 보고된 순서에 따라 "일련번호"가 1부터 부여되며, 요청한 의약품정보가 포함된 보고건만 제공된다. 특히 보고서마다 최초, 추적 구분이 있어 최종 보고건만 분석에 포함해야 중복 없이 분석 가능함에 유의해야 한다.

2.3 의약품 코드, 이상사례 코드의 종류

2.3.1. 의약품 코드

국내 시판 후 의약품 이상사례 보고 시, 의약품 정보는 식약처의 의약품코드 체계를 사용하고 있다. 식약처의 의약품코드 체계는 9자리 숫자로 구성된 '품목기준코드'와 1자리 영문 알파벳과 6자리 숫자로 구성된 '주원료코드'로 구성되어 있다. 해당 정보는 의약품 이상사례 보고 시 활용할 수 있도록 공개한 의약품안전나라 홈페이지의 공공데이터 정보에서 '이상사례보고 제품정보', '이상사례보고 성분정보' 목록으로 확인할 수 있다. 그뿐만 아니라 의약품안전나라 홈페이지의 '의약품등 정보검색'에서 특정 제품정보를 검색하면 [그림 4]와 같이 제품코드를 조회할 수 있다.

그림 4 식품의약품안전처, 의약품등 정보검색

출처: 식품의약품안전처 의약품안전나라 홈페이지의 의약품등 정보검색 화면

2.3.2. 이상사례 코드

국내 시판 후 의약품 이상사례 보고 시, 이상사례 정보는 World Health Organization Adverse Reaction Terminology(이하 WHO-ART), Medical Dictionary for Regulatory Activities(이하 MedDRA, 국제의약용어) 체계를 사용하고 있다.

WHO-ART는 세계보건기구-웁살라모니터링센터(이하, WHO-UMC)에서 개발 및 유지 관리하는 4단계 계층구조로 이루어진 이상반응 용어체계다. 2008년 MedDRA 도입 전까지 VigiBase에서 사용된 유일한 용어체계였으나 2015년 이후 더는 유지·관리되지 않고, ICH 및 the Maintenance and Support Services Organization(MSSO, MedDRA 유지·관리기관)과 협력하여 하나의 표준용어체계로서 MedDRA로 통합되고 있다.

현재 KAERS-KIDS 보고 시 사용되는 WHO-ART 092 버전은 32개의 신체기관분류(SOC)를 최상위 단계로 시작하여, 상위용어(HLT), 우선순위용어(PT), 하위포함용어(IT)로 [그림 5], [그림 6]과 같은 계층화된 구조를 갖추고 있다.

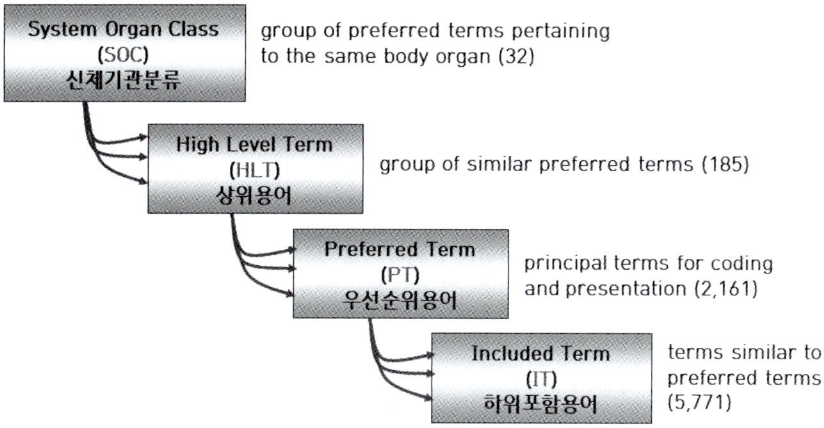

그림 5 WHO-ART 092버전 계층구조

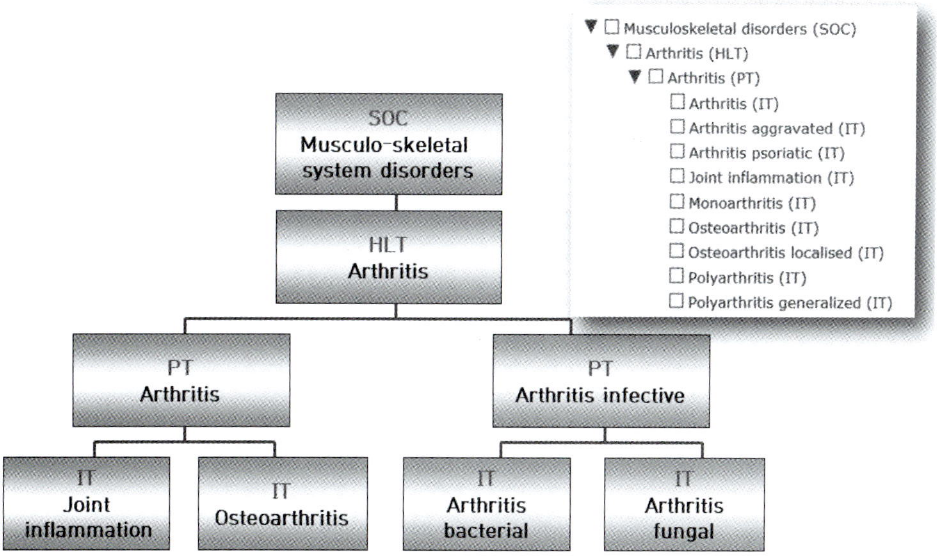

그림 6 WHO-ART 계층 예시

MedDRA는 국제의약품규제조화위원회(ICH)의 후원하에 의약품 등록을 위해 개발된 이상사례 용어체계로, MedDRA 관리위원회 감독하에 MSSO가 유지·관리를 담당하고 있다. MedDRA는 국제 의학용어의 표준화를 통한 임상정보 교환 촉진, 제품평가, 모니터링, 커뮤니케이션, 전자기록 교환 및 감독을 위해 개발되었으며, 인체사용 의약품에 대한 임상

정보 코딩(데이터 입력), 검색, 분석을 지원한다. 1990년대 표준 국제의학용어가 없었을 때, 영국 용어를 기반으로 하여 EU를 중심으로 한 검토 과정이 있었고, 이후 ICH에서 실무 그룹을 구성하여 MedDRA를 개발하여 발전시켜 왔다. ICH E2B(R3)에서는 이상사례 정보 수집 시에 사용하는 용어를 MedDRA로 가이드하고 있다.

포괄적 국제의학용어인 MedDRA는 활용범위가 매우 넓어, [그림 7]과 같이 의약품 이상사례 보고를 위한 질환 정보뿐 아니라, 적응증, 임상검사, 내과 및 외과 시술, 가족력, 투약오류, 제품 품질 문제, 의료기기 관련 문제 등을 표현하는 데에도 활용할 수 있다.

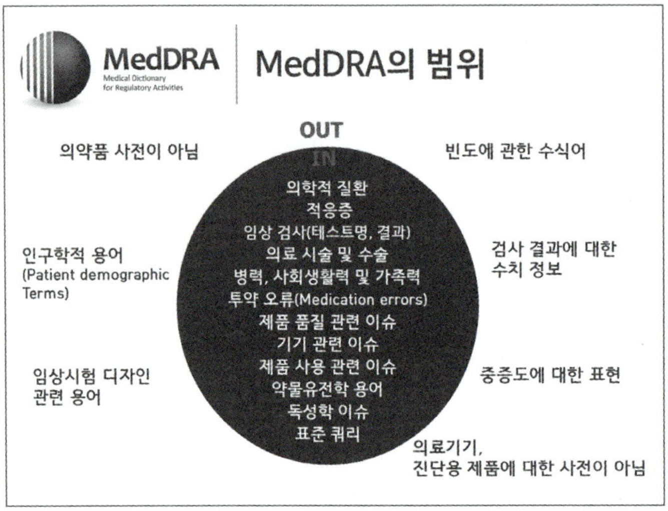

그림 7 MedDRA 범위

출처: MSSO, What is MedDRA and How is it Used? Training Materials korean version 2022.4.

WHO-ART가 4단계의 계층구조를 가지고 있는 반면, MedDRA는 SOC와 HLT 사이에 HLGT 단계를 하나 더 가지고 있어 총 5단계의 계층구조를 가진다.

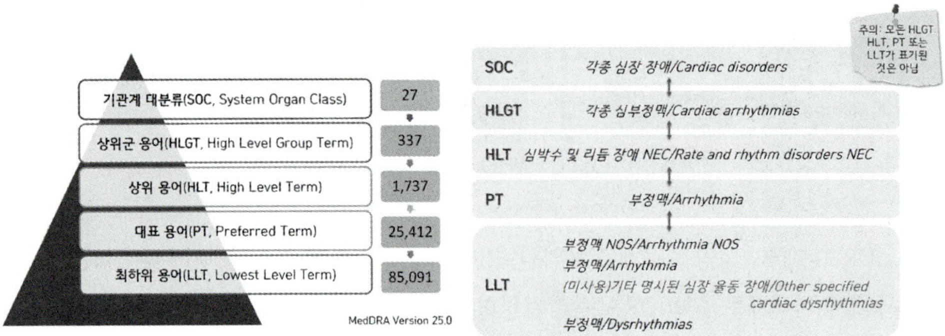

그림 8 MedDRA 계층구조

출처: MSSO, What is MedDRA and How is it Used? Training Materials korean version 2022.4.

MedDRA 코드는 '1'로 시작하는 8자리 숫자코드가 부여되어 있으며, 새로운 용어 등장 시 순차적으로 코드를 부여한다. 영어, 일본어, 스페인어를 비롯한 다양한 언어 버전이 개발되어 있고, ICH 가이드라인에서 정의하고 있는 주요 전자적 표준을 지원함으로써 정보를 표준화하여 전자 전달이 가능하다.

WHO-ART보다 MedDRA를 활용하는 전 세계적인 추세에 따라, 2007년 이후 매년 WHO에서는 WHO-ART 사용자들이 MedDRA를 함께 사용할 수 있도록 MedDRA ID 보유자에 한해, 'WHO-ART와 MedDRA 간 Bridge 파일'을 생성하여 배포하고 있다. Bridge 파일 내에서 WHO-ART PT는 MedDRA LLT와 연결된다. MedDRA가 좀 더 광범위한 용어를 포함하고 있으므로 WHO-ART에서 MedDRA로의 전환은 가능하나, MedDRA에서 WHO-ART로의 전환이 불가한 용어도 있음에 주의해야 한다.

3 의약품부작용보고원시자료 신청방법 및 절차

3.1 의약품부작용보고원시자료 신청 방법

의약품안전관리원 안전정보공개 홈페이지에 접속하여 요청할 수 있다.

http://open.drugsafe.or.kr > 의약품부작용보고원시자료

신청방법 및 절차는 변동될 수 있으므로, 자료 신청 시점에서 최신의 의약품부작용보고원시자료 이용지침서를 참고해야 한다.

3.1.1. 연구/의료/공공기관

의약품 또는 이상사례 조건으로 최근 10년 이내의 자료를 요청할 수 있다. 연령, 성별 등의 조건으로 의약품과 이상사례 정보 전체를 요청한 경우, 최근 5년 이내의 자료를 요청할 수 있다. 단, 정부 연구과제 진행이나 의약품안전관리원과의 협력사업 등 특별한 사유가 있다고 인정되는 경우 심의를 통해 제공될 수 있다.

3.1.2. 제조업자

제조업자가 원시자료 요청 시 해당 업체의 허가 품목에 한해 원시자료를 신청할 수 있다. 단, 타사 허가 품목권자에게 '동의서'를 받아 제출하는 경우 '동의서'에 기재된 품목에 한해 제공된다.

3.2 의약품부작용보고원시자료 수령 및 책임

3.2.1. 심의

의약품안전관리원으로 신청한 원시자료 제공요청서는 의약품안전관리원의 원시자료제공 심의위원회에서 심의된다. 원시자료 제공이 승인된 경우, 요청자는 다운로드 기한 내에 온라인으로 원시자료를 다운로드할 수 있다. 심의 결과 반려(승인불가)로 결정된 경우에 요청자는 구체적인 사유가 명시된 심의 결과를 통지받는다. 심의 결정에 대해 이의가 있는 경우, 의약품안전관리원에 이의신청을 할 수 있다.

3.2.2. 책임

원시자료 요청자는 자료의 특성을 충분히 숙지하여 원시자료 활용에 문제가 없도록 해야 하며, 원시자료 활용에 대한 모든 책임은 원시자료 요청자(책임자)에게 있다. 요청자 이외에는 자료열람 및 활용이 불가하다. 또한, 요청서에 기재된 활용범위 외의 목적으로 이용하는 것은 불가능하고, 원시자료 및 산출물을 판매하는 행위, 비공익적 목적으로 이윤을 창출하는 행위 역시 불가능하다.

3.3 의약품부작용보고원시자료 활용 후 절차

3.3.1. 사전협의 요청

원시자료 요청자가 원시자료를 이용하여 생산한 안전성정보 평가 결과를 발표할 경우 반드시 '의약품부작용보고원시자료 활용 사전협의 요청서'를 활용하여 의약품안전관리원과 사전 협의하도록 한다. '사전협의 요청서'에는 반드시 요청자(책임자)의 서명이 포함되어야 한다. '사전협의 요청서'와 함께 자료(초록, 발표 자료 등)를 함께 제출해야 하며, 제출된 자료에 지정된 표기법에 따라 KAERS DB를 이용한 연구임을 명시하지 않을 시 사전협의 요청에 대하여 반려되므로 유의한다.

만약 원시자료 요청자가 사전협의 없이 원시자료를 이용하여 생산한 안전성정보 평가 결과를 발표한 경우 '의약품부작용보고원시자료 활용 사후 요청서 및 사전협의 요청서 미제출사유서'를 이른 시일 안에 제출해야 한다. '사후 요청서 및 사전협의 요청서 미제출사유서'에는 발표 자료를 첨부하여야 하며, 사후 요청서 제출 시 활용 결과를 함께 등록할 수 있다.

3.3.2. 활용 결과 등록

원시자료 요청자는 원시자료를 이용한 산출물(논문 및 발표 자료 등)을 '의약품부작용보고원시자료 활용 결과 등록서'를 이용하여 활용 결과를 등록해야 한다. 논문게재 확정 후

90일 이내에 논문정보(저자, 논문제목, 게재학술지명, 발행연도 등)를 등록해야 한다. 학술대회 포스터 및 구연발표 후 30일 이내에 발표정보(발표자, 발표제목, 학술대회, 발표날짜)를 등록해야 한다. '의약품부작용보고원시자료 활용 결과 등록서'와 발표 자료를(논문, 포스터 및 구연발표 전문) 첨부하여 제출해야 한다.

요약

본 장에서는 한국의 자발적부작용보고자료인 의약품부작용보고원시자료(KAERS DB)의 개념, 자료의 구조, 신청 및 이용 방법에 대해 학습했다. 자발적부작용보고자료 고유의 특성을 올바르게 이해하여, 의약품 안전정보 분석 연구를 수행 및 결과 해석에 임해야 한다. 국내 시판 의약품 사용 후 보고된 부작용 자료원이라는 점에서 특장점이 있으나, 보고된 부작용은 해당 의약품등과의 인과관계 여부와 관계없이 보고된 것으로서, 본 자료만으로는 해당 제품에 의해 부작용이 발생하였다고 확정할 수 없다. 또한, 과소·과대 보고될 수 있고, 환자의 상세한 임상데이터는 부족할 수 있으므로 추가적인 심층연구 수행이 필요할 수 있다.

6장 부작용보고자료를 활용한 이상반응 보고현황의 기술적분석

학습목표

1. 부작용보고자료를 활용한 SAS 프로그램을 활용하여 자료를 불러오기, 연구용 자료로 변환, 연구용 변수로의 코딩 등을 수행할 수 있다.
2. 부작용보고자료를 활용하여 시계열 보고건수의 산출, 주요한 부작용보고자료의 분포 등을 기술할 수 있다.
3. 부작용보고자료를 활용하여 중대한 이상반응과 특수 인구집단에서의 부작용보고현황과 인과성평가 현황 등을 산출할 수 있다.

개요

부작용보고 원시자료는 한국을 대표하는 국가약물감시데이터로 연구용 원시자료에 포함된 여러 가지 변수를 활용하여 의약품/백신 등에 관한 이상반응 보고현황을 다양한 각도로 분석할 수 있다. 연구대상 의약품을 선정한 후, 다빈도 보고 의약품(백신) 혹은 다빈도 이상반응의 빈도와 분율을 확인할 수 있다. 자발적부작용보고자료에 포함된 인과성평가결과, 중증이상반응 여부의 변수를 확인하여 의약품 종류별로 중증이상반응 혹은 사망보고율의 차이를 파악할 수도 있다. 본 장에서는 부작용보고 원시자료를 활용하여 이상반응이 보고된 다빈도 백신과 주요 백신 부작용에 대한 실제 사례를 학습하고 데이터를 활용한 프로그래밍 원리까지 학습하고자 한다.

1 연구용 자료로 변환하기 위한 자료 불러오기, 합치기 및 변환

2020년 윤동원 등은 국내 자발적부작용보고자료를 활용하여, 백신에 대한 이상사례 보고현황에 대한 연구를 국제학술지에 출판하였다(윤동원 등, 2020, YMJ). 해당 연구는 2005년에서 2017년까지 한국의약품안전관리원에 보고된 백신 부작용 보고현황을 연도별, 백신종류별, 이상사례 종류별로 기술하고, 이상반응을 5개 계열, 즉, 신경학적 부작용, 국소적 부작용, 알레르기 반응, 전신계 반응, 기타로 분류하여, 원인 백신과의 관련성을 보고오즈비(reporting odds ratio)지표를 활용하여 산출하였다(보고오즈비에 대한 정의는 7장을 참고). 본 장에서는 실제 출판된 연구의 방법과 결과를 이해하고, 실제 데이터에서부터 기술적 분석을 위한 SAS 프로그래밍 코드 및 산출 결과를 학습하여, 빅데이터 활용 능력을 향상시키고자 한다.

1.1 자발적 부작용보고자료를 사용하고자 하는 SAS 프로그램으로 불러오기

다음은 윤동원 등의 2020년 발표논문에서 실제로 사용한 SAS 프로그램이다. 한국의약품안전관리원으로부터 연구용 자료 신청을 통해 획득한 원시자료를 SAS로 불러오는 것이 첫 번째 단계이다. 원시자료는 txt 파일 형태로 주어지며, 이를 SAS 파일 형태로 불러오기 위해 각 원시자료의 변수 타입을 지정해주는 작업이 필요하다. 본 프로그램에서는 부작용보고자료 중 기본정보에 해당하는 파일에 대해 기술하였으며, 나머지 파일에도 동일한 로직을 적용할 수 있다.

부작용보고자료 분석을 더 원활히 하기 위해 WHO-ART SOC/PT term에 대해 정리하고, 각각의 백신에 대해 labeling을 하여 엑셀 파일의 형태로 문서화하였다. 해당 엑셀 파일을 SAS 파일 형태로 불러오는 proc import 구문을 활용하여 다음과 같이 의약품 정보(drug index), WHO-ART 부작용 정보(arrn code), 상품명 정보(drug code), 백신 정보(vaccine index) 등을 불러왔다. 본 연구의 경우에는 정부 과제를 재원으로 하여 상품명에 대한 정보를 공문을 통해 제공받아 연구를 진행했으나, 해당 사항이 없는 경우에는 상품명 정보에 대한 과정을 생략할 수 있다.

자발적 부작용보고자료를 통해 연구하고자 하는 백신의 종류는 우리나라 국가필수예방접종에 들어가는 백신으로, influenza, pneumococcal, Bacillus Calmette-Guérin (BCG), Hemophilus influenza b (Hib), human papilloma virus (HPV), meningococcal, rotavirus, diphtheria-tetanus-pertussis (DTaP, DTwP, Tdap, Td, DTap-IPV, DTap-IPV/Hib), Japanese encephalitis, hepatitis A, hepatitis B, measles-mumps-rubella (MMR), yellow fever, polio, varicella, herpes zoster, typhoid, Hantaan virus, cholera vaccines 등을 포함한다.

```
option compress=yes;
libname v "D:\백신트렌드\sas분석\원자료";
libname a "D:\백신트렌드\sas분석\a";
libname p "D:\백신트렌드\sas분석\p";
data v.ADR_REPORT_BASIC;
infile "D:\백신트렌드\sas분석\원자료\ADR_REPORT_BASIC.txt"
delimiter="¦" missover dsd lrecl=50000 firstobs=2;
informat KD_NO $10.;
informat YEAR best12.;
informat OCCR_RECOG_DT;
informat CRTCL_CASE_YN;
```

```
informat RPT_CSF;
informat PTNT_SEX;
informat PTNT_OCCR_THTM_AGE best12.;
informat AGE_UNIT;
informat PTNT_AGEGP;
informat QCK_RPT_YN;
informat RPT_CSF_OTHER_TXT $100.;
informat INVST_RPT_TYP;
informat PTNT_WEGT best12.;
informat PTNT_HEGT best12.;
format KD_NO $10.;
format YEAR best12.;
format OCCR_RECOG_DT;
format CRTCL_CASE_YN;
format FR_TRC_CSF;
format RPT_CSF;
format PTNT_SEX;
format PTNT_OCCR_THTM_AGE best12.;
format AGE_UNIT;
format PTNT_AGEGP;
format QCK_RPT_YN;
format RPT_CSF_OTHER_TXT $100.;
format INVST_RPT_TYP;
format PTNT_WEGT best12.;
format PTNT_HEGT best12.;
input KD_NO $ YEAR OCCR_RECOG_DT $ CRTCL_CASE_YN $ FR_TRC_CSF $ RPT_CSF $ PTNT_SEX $
PTNT_OCCR_THTM_AGE AGE_UNIT $ PTNT_AGEGP $ QCK_RPT_YN $ RPT_CSF_OTHER_TXT $ INVST_RPT_
TYP $ PTNT_WEGT PTNT_HEGT;
run;

%macro import(dataset);

proc import out=a.&dataset.
datafile="D:\백신트렌드\sas분석\관련자료\&dataset."
dbms=xlsx replace;
run;

%mend;

%import(drug_index);
%import(arrn_code);
%import(drug_code);
```

```
%import(vaccine_index);
%import(whoart_modified);
%import(whoart);
%import(vaccine_brandlist);
```

1.2 구분된 자발적부작용보고자료를 하나의 연구 테이블 생성을 위한 자료로 합치기 위한 proc sql 구문의 활용

SAS 프로그램으로 불러온 약물정보, 부작용 정보, 연구대상백신 코드, 약물코드, 부작용코드 중에서, 본 연구의 분석대상에 포함될 변수만 선택하여 하나의 테이블로 만들기 위해 proc sql 구문을 활용하였다. 아래 프로그램은 v 라이브러리에 drug_info_adr2라는 새로운 테이블을 생성하기 위해 약물정보를 기준으로 하여 (left join), 약물 코드와 약물을 넘버링 해둔 drug_index, 약물 코드에 대한 상품명을 결합하는 프로그램이다. 그다음 하나의 데이터셋을 만들기 위해 부작용보고자료의 기본정보, 의약품정보, 중대사례정보, 평가정보를 결합하고, WHO-ART 코드의 부작용 정보를 결합하여 overall_data라는 데이터셋을 생성하였다.

```
proc sql;
create table v.drug_info_adr2 as
select a.*, b.drug_final, b.drug_type, b.drug_type2, c.drug_kr, c.drug_en
from v.drug_info_adr_linked as a left join a.drug_index as b on a.drug_chem=b.drug_chem
left join a.drug_code as c on a.drug_cd=c.drug_cd
where a.drug_cd^=.;
quit;

* Constructing an overall dataset;
proc sql;
create table a.overall_data as
select distinct a.kd_no, a.doubt_cmbt_csf, a.drug_chem, a.drug_cd, a.drug_kr, a.drug_en,
a.drug_final, a.drug_type, a.drug_type2, b.year, b.crtcl_case_yn, b.fr_trc_csf, b.rpt_csf,
b.ptnt_sex, b.occr_recog_dt, b.ptnt_occr_thtm_age, b.age_unit, b.ptnt_agegp, c.certain,
c.probable, c.possible, c.unlikely, c.unclassified, c.unassessable, c.not_applicable,
c.whoart_arrn, c.whoart_seq, d.soc1, d.soc2, d.arrn, d.seq, d.term_kr, d.term_en, e.*
from v.drug_info_adr2 as a left join v.adr_report_basic as b on a.kd_no=b.kd_no
left join v.assessment_adr as c on a.kd_no=c.kd_no and a.drug_chem=c.drug_chem
left join a.whoart as d on c.whoart_arrn=d.arrn and c.whoart_seq=d.seq
left join v.serious_adr as e on a.kd_no=e.kd_no;
quit;
```

1.3 원하는 형태의 자료만 선택하기 위한 where 구문의 활용

본 연구에서는 2004년 이후의 연도별 부작용보고현황, 최초보고, 의심약물보고건만 분석에 활용하기로 계획하여, where 구문에서 fr_trc_csf 변수에서 1, 즉 최초 보고건만을 포함하며, doubt_cmbt_csf 변수에서 1, 즉 의심약물보고건만을 선택, 2004년 이후의 보고건만을 포함, 백신이 아닌 의약품(v_type=99)을 제외하고 가져오는 조건절을 sql 구문에 활용하였다. 또한, 부작용보고자료의 보고자정보를 결합하여 분석에 활용할 최종적인 데이터셋을 구축하였다.

```
proc sql;
create table a.indexdata as
select distinct a.*, catx("*",arrn,seq) as it, b.v_nm, b.v_type, b.v_type2, b.types
from a.overall_data as a left join a.vaccine_brandlist as b on a.drug_cd=b.drug_cd
where fr_trc_csf=1 and doubt_cmbt_csf=1 and drug_type2 not in (99) and year>2004 and
v_type not in (99);
quit;

proc sql;
create table a.indexdata as
select a.*, b.*
from a.indexdata as a left join v.reportor_adr as b on a.kd_no=b.kd_no;
quit;
```

최종적으로 연구대상에 포함된 부작용 보고건수를 중복을 제거한 distinct 구문을 활용하여 건수를 파악하기 위하여 proc sql; select count (distinct) 구문을 활용하였고, 부작용보고건수가 중복을 제거하고 총 28,012건인 것으로 집계되었다.

```
/* 28012 */
proc sql;select count(distinct kd_no)from a.indexdata;quit;
```

부작용보고 원시자료의 연령 변수는 연령단위(age_unit)와 연령군(ptnt_agegp) 두 가지 변수로 구성되어 있어, 이를 고려한 코딩 작업이 필요하다. 본 연구에서는 0-2세, 3-6세, 7-11, 12-18세, 19에서 64세, 65세 이상으로 그룹화하여 if, then 구문을 이용하여 다음과 같이 변수를 변환하였다. 중대한 부작용(Serious AEs)의 경우, 입원, 장애, 선천적 장애, 생명을 위협하는 부작용, 사망으로 코딩된 경우로 정의하여 se를 1로 코딩하였고, 그 외의 경우 0으로 코딩하였다.

```
data a.indexdata;
set a.indexdata;

if (0<ptnt_occr_thtm_age<24 and age_unit=3) or
(0<=ptnt_occr_thtm_age<2 and age_unit=4) or ptnt_agegp in (1,2)
then age=1;
else if (24<=ptnt_occr_thtm_age and age_unit=3) or
(2<=ptnt_occr_thtm_age<7 and age_unit=4) then age=2;
else if (7<=ptnt_occr_thtm_age<13 or ptnt_agegp=3) then age=3;
else if (13<=ptnt_occr_thtm_age<19 or ptnt_agegp=4) then age=4;
else if (19<=ptnt_occr_thtm_age<65 or ptnt_agegp=5) then age=5;
else if (65<=ptnt_occr_thtm_age or ptnt_agegp=6) then age=6;
else age=99;

if ptnt_sex=. then ptnt_sex=99;

if (se_disability=1 or se_deform='1' or se_threat=1 or se_death=1
or se_hosp=1 or se_other=1) then se=1;
else se=0;
run;
```

2 연도별 부작용보고현황과 백신 부작용 보고현황의 성별, 연령, 보고자유형 등의 특징

2.1 연도별 부작용 보고현황 시계열 그림 산출

자발적부작용보고자료 원시자료를 논문작성에 필요한 연구용 마스터파일로 전환한 다음, 본격적으로 빅데이터 분석의 결과물인 표, 그림을 작성하기 위한 SAS 프로그램은 다음과 같다. 연도별(year), 백신별(v_type2) 이상반응 보고건수를 산출하기 위해 group by 구문을 활용하여 연도와 백신 종류를 그룹화하였고, 부작용 보고건수의 중복을 제거하여 카운팅하였으며, order by 구문을 통해 연도별 오름차순으로 정렬하였다. 위 과정으로 생성된 overall_year_vaccine 데이터셋을 활용하여 엑셀을 기반으로 [그림 1]을 작성하였으며, 국내 부작용보고시스템의 변화 및 백신 관련 정책 변화 시기를 함께 표시하였다.

```
/* Fig 1; Annual AEFI trends */

proc sql;
create table overall_year_vaccine as
select distinct year, v_type2, count(distinct kd_no) as report_cnt
from a.indexdata
group by 1,2
order by year;
quit;
```

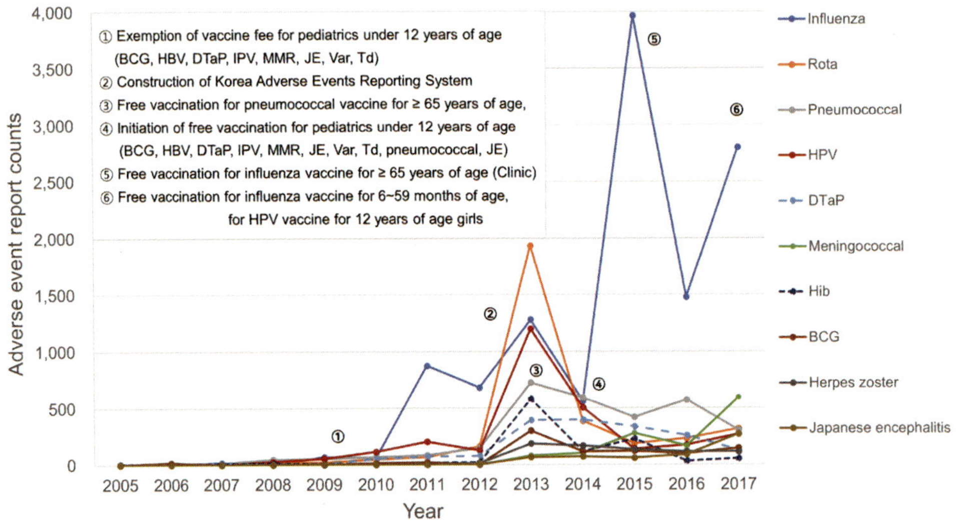

그림 1 자발적부작용보고자료를 활용한 백신 연도별 부작용 보고현황, 2005-2017

출처: 윤동원 등, 2020, YMJ

한국의약품안전관리원 부작용보고자료의 분석 결과 28,012건의 백신 관련 부작용 보고가 있었으며, 54,378건의 백신-이상반응 쌍이 있었다. 부작용보고건수는 2011년까지는 거의 일정했으나 2012년에 부작용보고시스템이 확립된 후부터 급격히 증가하는 경향을 보였다. 2013년의 예방접종 후 이상반응 보고건의 수는 2011년에 비해 약 5배가량 증가하였다. 최다빈도 이상반응 보고 백신은 인플루엔자(56.7%)였으며, 폐렴구균(11.6%), 결핵(5.0%), b형 헤모필루스 인플루엔자(4.5%), 사람유두종바이러스(4.5%) 등의 순으로 나타났다.

또한, 백신별 이상반응의 패턴을 비교하기 위해 마스터 데이터셋에서 필요한 변수만을 선정하여 category 데이터셋을 생성하였다. 그 후, 이상반응을 WHO-ART 코드에 따라 5개의 카테고리로 범주화하여 category_1 데이터셋을 생성하였다. 신경계 이상반응(중추 및 말초신경계 장애, 정신질환 등), 전신의 이상반응(피부 및 부속기관의 이상반응, 근골격계

이상반응, 콜라겐성 이상반응, 시각장애, 소화기 이상반응 등), 국소 이상반응(주사 부위 통증 및 발적 등), 알러지 반응(알러지, 아나필락시스 반응, 두드러기), 기타. 위에서 범주화된 5개의 이상반응 카테고리에 대해 빈도와 백분율을 proc freq 프로시져를 활용하여 산출하였다.

```
/* Fig 2; Adverse events following immunization by categories of adverse events */

proc sql;
create table category as
select distinct kd_no, ptnt_sex, age, drug_cd, drug_final, drug_type, drug_type2,
v_type2, term_kr, term_en, whoart_arrn, whoart_seq, soc1, soc2, types
from a.indexdata;
quit;

data a.category_1;
set category;
if whoart_arrn in (3, 7, 12, 21, 22, 44, 45, 86, 238, 539, 712, 713, 714, 1058, 1207,
1938, 1968, 2237, 2309) then ae=4;
else if soc1 in (410, 420, 500) or soc2 in (410, 420, 500) then ae=1;
else if soc1 in (100, 200, 300, 431, 432, 433, 600, 700, 800, 900, 1010, 1020, 1030,
1040, 1100, 1210, 1220, 1230, 1300, 1410, 1420, 1500, 1600, 1700, 1810, 1830) then ae=2;
else if soc1 in (1820) then ae=3;
else ae=99;
run;

proc freq
data=a.category_1;
table v_type2 * ae/norow nocol nopercent;
run;
```

대부분의 백신에서 일반적 전신이상반응이 가장 분율이 높았으며, 국소 이상반응, 신경계이상반응이 그 뒤를 이었다. 신경계 이상반응의 경우에는 로타바이러스 백신과 수막구균백신, 그리고 황열병 백신에서 높게 보고되었다. 일반적 전신이상반응의 경우 결핵백신에서 가장 높은 분율을 보였다. 국소 이상반응은 폐렴구균백신, 수막구균백신, 대상포진백신에서 높게 나타났으나 로타바이러스 백신에서는 낮게 나타났는데, 이는 로타바이러스 백신이 경구백신이기 때문에 주사 관련 이상반응이 나타나지 않은 것에 기인할 것으로 추정된다. 알러지 이상반응의 경우 로타바이러스 백신, 헤모필루스인플루엔자b 백신, 일본뇌염 백신, 수두 백신, 그리고 홍역-볼거리-풍진 백신에서 높게 나타났다.

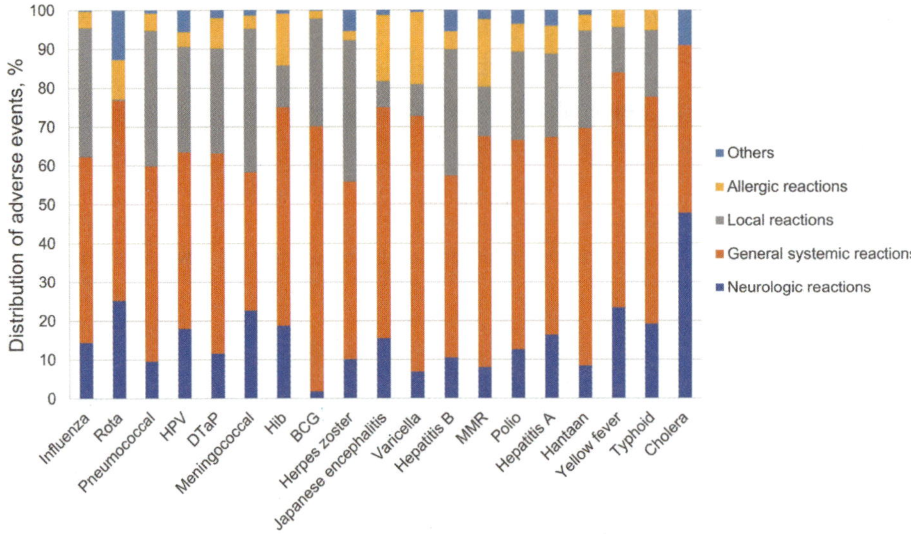

그림 2 자발적부작용보고자료를 활용한 백신의 종류별 부작용의 종류, 2005-2017

출처: 윤동원 등, 2020, YMJ

2.2 백신 부작용보고현황의 성별, 연령, 보고자 유형 등 일반적 특징

마스터 데이터셋으로부터 일반적 특징을 파악하기 위한 변수들을 선정한 뒤 보고건을 기준으로 중복을 제거하여 base라는 데이터셋을 생성하고, 중대사례여부(crtcl_case_yn) 변수를 활용하여 sar_base라는 데이터셋을 생성하였다. 생성된 각각의 데이터셋으로부터 proc freq 프로시져를 활용하여 성별, 연령, 중대한 이상반응 여부, 보고 유형, 보고자 유형 등 일반적 특징을 요약하였다.

```
/* Table 1 */
proc sql;
create table a.base as
select distinct kd_no, ptnt_sex, age, se_disability, se_deform, se_threat, se_death,
se_hosp, se_other, qualy_csf, qualy_csf_1, rpt_csf
from a.indexdata;
quit;

* restricting serious adverse event;
proc sql;
create table sae_base as
select distinct *
from a.base
where kd_no in (select kd_no from a.indexdata where crtcl_case_yn='Y');
quit;
```

```
* summarizing frequency and proportion;
proc freq data=a.base;
table ptnt_sex age se_disability se_deform se_threat se_death se_hosp se_other qualy_
csf qualy_csf_1 rpt_csf;
run;

proc freq data=sae_base;
table ptnt_sex age se_disability se_deform se_threat se_death se_hosp se_other qualy_
csf qualy_csf_1 rpt_csf;
run;
```

표 1 2005-2011 백신 부작용보고의 성별, 연령 등 일반적 특징

Demographics and characteristics	AE report (Serious AEs)	
	N	%
Sex		
Male	9,580 (762)	34.2 (39.1)
Female	17,332 (1,020)	61.9 (52.3)
Unknown	1,100 (167)	3.9 (8.6)
Age (years)		
0-2	4,291 (312)	15.3 (16.0)
3-6	1,407 (167)	5.0 (8.6)
7-11	1,187 (150)	4.2 (7.7)
12-18	1,586 (285)	5.7 (14.6)
19-64	9,250 (515)	33.0 (26.4)
≥65	1,597 (191)	5.7 (9.8)
Unknown	8,694 (329)	31.0 (16.9)
Serious AEs		
Hospitalization or prolongation of hospitalization	1,296	4.6
Disability	24	0.1
Birth defect	-	-
Life threatening	21	0.1
Death	107	0.4
Other	629	2.2
Report type		
Spontaneous report	13,157 (1,180)	47.0 (60.5)
Postmarketing surveillance report*	14,501 (697)	51.8 (35.8)
Literature	50 (28)	0.2 (1.4)
Other	304 (44)	1.1 (2.3)
Reporting groups by affiliation		
Regional pharmacovigilance center	5,596 (113)	20.0 (5.8)
Manufacturer	19,936 (1,563)	71.2 (80.2)
Medical institution	350 (6)	1.2 (0.3)
Pharmacy	4 (0)	0.0 (0.0)
Public health center	62 (2)	0.2 (0.1)
Consumer	416 (51)	1.5 (2.6)

Other	1,648 (214)	5.9 (11.0)
Total	28,012 (1,949)	100 (100)

Abbreviation: AE, adverse event.
* Postmarketing surveillance reports are required for drug approval by the Korea Ministry of Food and Drug Safety.

예방접종 후 이상반응의 인구학적 특징으로는 여성이 남성보다 많았으며, 상대적으로 소아 및 유아에서 높게 나타났다. 가장 빈번하게 보고된 백신으로는 인플루엔자 백신이 약 40%가량을 차지하였으며, 로타바이러스 백신이 11.7%, 폐렴구균 백신이 10.5%, 사람유두종바이러스 백신이 9.7%, 디프테리아-파상풍-백일해 백신이 5.9%로 나타났다. 이는 인플루엔자 백신에서 국가예방접종 지원사업이 가장 광범위하게 이루어지며, 매년 접종받는 사람이 많기 때문으로 보인다.

3 임신 중 백신 부작용 보고 관련 현황 및 사망 보고건의 분석

3.1 임신 중 백신 부작용 보고현황 결과 산출

임신부에서의 예방접종 후 이상반응을 살펴보기 위해 마스터 데이터셋에서 WHO-ART PT code의 2221에 해당하는 '임신 중 약물 노출'이 보고된 여성을 임신부로 가정하여 분석하였다. where 구문과 in 구문을 활용하여 그들의 부작용 보고건에서의 백신 예방접종에 대한 기록과 보고한 이상반응에 대해 나타내었고, 백신별 이상반응의 건수와 백분율을 산출하였다.

```
/* Table 5; AEFI among pregnant women */
proc sql;
create table preg_person as
select distinct kd_no
from a.indexdata
where whoart_arrn=2221;
quit;

proc sql;
create table preg as
select distinct kd_no, drug_final, drug_type2, term_en, term_kr, whoart_arrn, whoart_seq
from a.indexdata
where kd_no in (select kd_no from preg_person);
quit;
```

```
proc sql;
create table preg1 as
select distinct *
from preg
where whoart_arrn^=2221;
quit;

proc sql;
create table preg_ae as
select distinct drug_type2, term_en, term_kr, count(whoart_arrn) as ae
from preg1
group by 1, whoart_arrn
order by 1, ae desc;
quit;
```

표 2 Adverse events following immunization during pregnancy reported in KAERS from 2005 to 2017

Vaccines	Adverse events	
	N	%
HPV	33	54.1
Inappropriate schedule of drug administration	16	26.2
Abortion	7	11.5
Injection site reaction	4	6.6
*Cervical dysplasia, Medication error, Pyrexia, Vaccine failure, Chills, Unintended pregnancy	6	9.8
DTaP	15	24.6
Injection site reaction	4	6.6
Unintended pregnancy	2	3.3
*Pruritus, Muscle stiffness, Myalgia, Rash, Pain in limb, Pigmentation abnormal, Blisters, Paresthesia distal, Skin laceration	9	14.8
Herpes Zoster	10	16.4
Inappropriate schedule of drug administration	5	8.2
Medication error	2	3.3
*Small for gestational age, Incorrect drug administration route, Rhinitis	3	4.9
Hepatitis B	2	3.3
Inappropriate schedule of drug administration, Off label use	2	3.3
MMR	1	1.6
Medication error	1	1.6
Total	61	100

Abbreviations: KAERS, Korea Adverse Event Reporting System; HPV, human papilloma virus; DTaP, diphtheria tetanus acellular pertussis; MMR, measles mumps rubella.

*Each adverse event was reported in only one case.

임신부에서의 예방접종 후 이상반응에 대해 분석하였을 때, 보고건수는 매우 적게 나타났으며 61건이 보고되었다. 보고된 백신의 종류는 사람유두종바이러스 백신, 디프테리아-파상풍-백일해 백신, 대상포진 백신, B형간염백신, 홍역-볼거리-풍진 백신으로 나타났다. 대부분의 이상반응은 심각하지 않았지만, 일부 사산과 의도하지 않은 임신, 자궁경부이형상피증, 경량아 등이 드물게 보고되었다.

3.2 중대한 부작용 및 사망 보고건의 분석

예방접종 후 중대한 부작용 및 사망 보고건에 대한 분석을 위해 마스터 데이터셋으로부터 필요한 변수를 선정하여 중대 사례 정보 중 사망으로 기록된 건을 포함하여 sae_death 라는 데이터셋을 생성하였다. 해당 데이터셋으로부터 백신의 종류, 인과성 평가정보만을 포함하여 sae_vaccine, sae_cause 데이터셋을 생성하였다. 2.2절의 일반적 특징에서 생성한 sae_base 데이터셋을 활용하여 proc freq 프로시저를 통해 빈도와 분율을 산출하였으며, 동일하게 백신의 종류와 인과성 평가정보를 요약하였다.

```
/* Table 3; SAE reported with death */
proc sql;
create table sae_death as
select kd_no, v_type2, year, ptnt_sex, occr_recog_dt, ptnt_occr_thtm_age, age_unit, ptnt_
agegp, certain, probable, possible, unlikely, unclassified, not_applicable, term_kr, term_
en, se_disability, se_deform, se_threat, se_death, se_hosp, se_other, types, age, se
from a.indexdata
where se_death=1;
quit;

proc sql;
create table sae_vaccine as
select distinct kd_no, v_type2
from sae_death;
quit;

proc sql;
create table sae_cause as
select distinct kd_no, certain, probable, possible, unlikely, unclassified, not_applica-
ble
from sae_death;
quit;

proc freq data=sae_base;
```

```
where se_death=1;
table ptnt_sex age se_disability se_deform se_threat se_death se_hosp se_other qualy_csf
qualy_csf_1 rpt_csf;
run;

proc freq data=sae_vaccine;
table v_type2;
run;

proc freq data=sae_cause;
table certain probable possible unlikely unclassified not_applicable;
run;
```

표 3 Demographics and characteristics of serious adverse events following immunization leading to death from 2005 to 2017

Demographics and characteristics	AE report	
	N	%
Sex		
Male	56	52.3
Female	39	36.5
Unknown	12	11.2
Age (years)		31.8
0–2	34	
3–6	21	19.6
7–11	3	2.8
12–18	4	3.7
19–64	9	8.4
≥65	26	24.3
Unknown	10	9.4
Type of vaccine*		
Influenza	35	25.7
DTaP	31	22.8
IPV	22	16.2
Pneumococcal	13	9.6
Hib	12	8.8
Hepatitis B	12	8.8
Rotavirus	6	4.4
BCG	2	1.5
MMR	1	0.7
Japanese encephalitis	1	0.7
Varicella	1	0.7
Causal assessment information		
Certain	0	0

Probable	3	0.03
Possible	6	0.06
Unlikely	5	0.05
Unclassified	26	24.3
Not applicable	0	0
Unknown	6	62.6
Total	107	100

Abbreviations: AE, adverse event; BCG, Bacillus Calmette-Guérin; Hib, hemophilus influenza type b; DTaP, diphtheria, tetanus, acellular pertussis; MMR, measles, mumps, rubella; IPV, inactivated polio virus.
*As a recipient could be vaccinated with more than one vaccine, the total number exceeds 107.

예방접종 후 사망으로 보고된 중대 사례 107건 중 남성이 여성보다 높은 분율을 보였고, 대부분이 6세 이하의 유아거나 65세 이상의 노인이었다. 백신의 종류로는 인플루엔자 백신(35건, 25.7%)이 가장 높은 분율을 차지했으며, DTaP(31건, 22.8%), IPV(22건, 16.2%)가 그 뒤를 이었다. 인과성 평가 결과, 대부분의 보고건이 Unclassified(26건, 24.3%)로 판정 불가하였으나, 3건의 Probable, 6건의 Possible한 경우도 존재하였다.

요약

국내에서 활용 가능한 대표적인 연구용 공공빅데이터 중 하나인 국가부작용보고자료를 활용하여, 관심 의약품 혹은 백신에 대한 기술적인 분석을 하는 방법에 대해 알아보았다. SAS 프로그램을 활용하여 원시자료를 불러오고, 연구에 활용하고자 하는 변수 위주로, proc sql 구문을 활용하여 테이블을 다시 구조화하는 과정을 거쳤다. 또한 원시자료에는 분석자가 원하는 형태로 코딩되어 있지 않은 경우가 많으므로 논문 혹은 보고서에서 제시하고자 하는 형태로 변수를 재구조화하는 과정을 SAS 프로그램으로 제시하였다. 부작용 보고자료를 활용한 기술적 분석의 목표는 다양할 수 있으나, 본 장에서는 연도별 분석, 주요 부작용별 빈도와 분포, 백신 부작용 보고의 연령, 성별, 보고자유형, 중대한 부작용의 종류를 위주로 분석하는 방법을 설명하였다. 마지막으로 특수인구집단인 임신부에서의 부작용보고건과 사망으로 기록된 부작용보고에 대한 상세한 분석기술 방법을 SAS 코딩 및 실제 분석 결과로 함께 제시하였다.

7장 KAERS 자료를 활용한 실마리정보 분석

학습목표

1. 자발적부작용보고자료를 이용한 실마리정보 분석에 대한 기본 개념을 학습한다.
2. 데이터마이닝의 지표 산출방법을 파악할 수 있다.
3. 실습을 통해 구체적인 분석방법을 파악하고 본인의 연구주제에 적용할 수 있다.

개요

우리나라의 KAERS 자료에 데이터마이닝 기법을 적용하여 의약품 부작용의 실마리정보를 분석하는 방법을 학습하고자 한다.

1 실마리정보 분석의 개념 및 적용

실마리정보(signal)는 유해사례와 약물 간의 인과관계 가능성이 있다고 보고된 정보로서 그 인과관계가 알려지지 아니하거나 입증자료가 불충분한 것을 의미한다. 약물이 시판되는 시점에 안전성에 대한 정보를 모두 파악할 수 없기 때문에 시판 이후 약물감시가 지속되는 것이 필요하다. 자발적 이상사례보고시스템을 통한 부작용 보고는 시판 후 약물감시의 토대가 되는 제도로서, 보고된 자료를 이용하여 부작용보고건의 양상을 파악하는 기술적인 분석을 진행하기도 하지만 기존에 알려지지 않았던 실마리정보를 분석하여 이상사례와 약물과의 인과성을 평가하기 위한 가설을 설립하는 데 적용하고 있다. 자발적부작용보고자료를 이용한 실마리정보 분석은 우리나라를 포함하는 다양한 국가에서 약물감시의 한 방안으로 적용하고 있다.

1.1 실마리정보 분석을 위한 데이터베이스 구축

자발적부작용보고자료 분석 시 분석 단위를 사전에 정하고 이에 따라 자료를 구축하는 것이 필요하다. 연령, 성별, 연도별 보고건의 특성을 기술적으로 분석하는 경우에는 보고건 단위로 분석을 진행하게 되는데, 실마리정보 분석의 단위는 약물-유해사례 단위로 진행하므로 데이터베이스를 재구축하는 것이 필요하다. 다음의 예시처럼 보고건 단위로는 3건에 해당하는 자료이지만, 약물-유해사례 단위로 재구축하면 9개로 늘어나게 된다.

표 1 자발적부작용보고건 예시

보고건 번호	보고 약물	보고 유해사례
1	A	a, b, c
2	B, C	d
3	A, D	e, f

표 2 약물-유해사례단위로 재구축한 자료 예시

보고건 번호	보고 약물	보고 유해사례
1	A	a
1	A	b
1	A	c
2	B	d
2	C	d
3	A	e
3	A	f
3	D	e
3	D	f

1.2 실마리정보 분석을 위한 데이터마이닝 기법

데이터마이닝(data-mining)은 대규모 데이터베이스에서 전산화된 알고리즘을 이용하여 숨겨진 관련성의 양상이나 예측하지 못한 발생을 찾아내는 것이다. 자발적부작용보고자료를 포함하여 보험청구자료, 전자의무기록자료 등을 이용하여 약물의 실마리정보를 분석하는 데 데이터마이닝 기법이 활용되고 있다.

데이터마이닝 분석 방법에는 불균형 분석(disproportionality analysis)에 기반한 방법들이 널리 사용되고 있다. 대표적으로 보고분율비(proportional reporting ratio, PRR), 보고오즈비(reporting odds ratio, ROR), 베이지안신뢰전달신경망(Bayesian Confidence Propagation Neural Network, BCPNN)의 정보성분(Information Component, IC)이 포함되어 있다. 불균형 분석 중 FDA에서 사용하는 Multi-Item Gamma Poisson Shrinker이나 트리 기반 통계적 검색을 이용한 상대위험비 산출 등도 실마리정보 검색을 위해 이용되고 있으나 본 장에서는 PRR, POR, IC에 중점을 두고 설명하고자 한다.

표 3 데이터마이닝 지표 산출을 위한 2×2표

보고건 번호	특정 유해사례	특정 유해사례 외 유해사례
특정 약	n11	n12
특정 약 외 보고된 다른 약	n21	n22

PRR은 1972년 Finney 등에 의해 처음 제시되었고 이후에 Evans 등에 의해서 변형된 방법으로 적용되고 있으며, 유럽의약품청(European Medicines Agency) 등에서 사용하고 있다. PRR은 특정 약에 대한 특정 유해사례 분율을 그 외 다른 약물의 특정 유해사례 분율로 나누어 산출한다. 특정 약의 특정 유해사례의 분율이 다른 약물과 유사한 경우 PRR은 1에 가까워지고, 특정 약에서 특정 유해사례가 다른 약물에 비해 많이 보고되었다면 PRR의 값은 커지게 된다.

$$PRR = [n11/(n11+n12)]/[n21/(n21+n22)]$$

ROR은 1992년에서 Stricker 등의 연구에서 처음 사용되었으며, 네델란드의 약물감시센터인 Lareb에서 적용하고 있다. ROR은 역학연구에서 사용되는 전통적인 오즈비와 같은 개념으로 특정 약에서 특정 유해사례에 대한 오즈를 그 외 약물에서의 특정 유해사례에 대한 오즈로 나누어 산출한다. ROR에 대한 해석은 PRR과 유사하게 적용된다.

$$ROR = (n11/n12)/(n21/n22)$$

IC는 WHO의 웁살라모니터링 센터에서 사용하는 실마리정보 검색 방법으로 베이지안 통계학에 기반하여 산출한다. IC는 특정 약물과 특정 유해사례가 함께 발생할 확률을 특정 약물과 특정 유해사례가 발생할 각 확률의 곱으로 나눈 값에 로그를 취한 값으로 산출한다.

연구에 따라 PRR, ROR, IC의 판정 기준이 달라지기도 하지만, 일반적으로 PRR, ROR의 경우 각 지표값(PRR 또는 ROR)이 2 이상, 카이제곱통계량이 4 이상, 특정 약물의 특정 유해사례보고건이 3 이상($n11 \geq 3$)인 경우 실마리정보로 판정하고, IC의 경우 95% 신뢰구간 하한치의 값(IC25)이 0 이상인 경우 실마리 정보로 판정한다. 카이제곱통계량(χ^2)은 [표 3]의 각 cell에 대해 다음의 식을 적용하여 산출한다.

$$x^2 = \sum[(O-E)^2/E]$$

2 메틸페니데이트 치료제에 대한 실마리정보 분석

이번 절에서는 ADHD 치료제인 메틸페니데이트에 대해 KAERS 자료를 이용하여 실마리정보 검색한 연구를 예시로 설명하고자 한다. 해당 연구는 한국보건사회약료경영학회지 9권 2호에 출판되었다.

2.1 ADHD 치료제 실마리정보 분석 연구개요

KAERS를 통해 보고된 의약품부작용보고원시자료를 이용하였고, 2015년부터 2019년까지 20세 이하의 소아 및 청소년을 대상으로 보고된 자료 중 성별 정보가 입력된 자료를 확보하여 분석에 활용하였다.

연구대상 약물은 메틸페니데이트(WHO-ATC: N06BA04)로 정의하였고, 유해사례 정보 분석을 위해 WHO-ART 용어의 우선순위용어(Preferred term, PT)를 이용하였다. 본 교재에서는 위 소개한 연구 내용 중, 메틸페니데이트에 대한 실마리정보를 분석하기 위해 데이터마이닝 지표인 PRR, ROR, IC를 산출하는 과정에 대한 분석코드를 설명하고자 하였다.

2021년부터 자발적 부작용보고 시 의약품 정보는 식약처의 의약품코드 체계를 이용하고, 이상사례는 Medical Dictionary for Regulatory Activities(MedDRA, 국제의약용어)를 이용하고 있으므로 실마리정보 분석에 활용할 자료 기간 및 변수명을 확인하여 실마리정보를 검색하는 것이 필요하다.

2.2 분석코드

2.2.1. 실마리정보 분석을 위해 사용되는 자료

실마리정보 검색을 위해 KAERS 자료의 테이블 중 ADR_INFO_REPORT(부작용 정보)와 DRUG_INFO_ADR(의약품 정보) 테이블을 이용하였다. ADR_INFO_REPORT(부작용 정보) 테이블 중 KD_NO(난수화 처리된 보고번호), WHOART_ARRN(WHO-ART PT level) 변수를 이용하였고, DRUG_INFO_ADR(의약품 정보) 테이블 중 KD_NO(난수화 처리된 보고번호), WHO_ATC_CD(ATC 코드) 변수를 이용하였다.

표 4 데이터마이닝 산출을 위해 사용된 테이블 및 주요 변수

Table 이름	주요 변수	항목 설명
ADR_INFO_REPORT (부작용 정보)	KD_NO	난수화처리된 보고번호 (Table 간 연결 키)
	WHOART_ARRN	WHO-ART (PT level)
DRUG_INFO_ADR (의약품 정보)	KD_NO	난수화처리된 보고번호 (Table 간 연결 키)
	WHO_ATC_CD	ATC 코드

2.2.2. 실마리정보 분석을 위한 데이터베이스 구축

```
libname R 'C:\Users\raw'; * KAERS DB에 대한 디렉토리;

proc sql;
create table  pairs
as select distinct a.kd_no, b.who_atc_cd, a.whoart_arrn
from r.adr_info_report as a
full outer join r.drug_info_adr as b
on a.kd_no=b.kd_no;
quit;
```

먼저, 1.1절에서 설명한 것처럼 약물-유해사례 단위로 자료를 재구축하는 작업이 선행되어야 한다. 자발적부작용보고자료의 경우 ADR_INFO_REPORT(부작용 정보)와 DRUG_INFO_ADR(의약품 정보)가 각각 별도의 테이블로 제공되고 있어서 두 테이블을 병합하는 과정이 필요하다. 최종적으로 [표 2]와 같은 형태로 데이터를 재구축하는 과정이다.

분석 시작에 앞서 연구자의 컴퓨터에 KAERS SAS 데이터파일이 저장된 디렉토리의 경로를 R 라이브러리로 지정해주어 SAS 상에서 해당 파일에 대한 접근 및 저장을 할 수 있게 한다.

proc sql의 outer join 구문을 이용하여 R 라이브러리에 저장된 ADR_INFO_REPORT(부작용 정보)와 DRUG_INFO_ADR(의약품 정보) 테이블을 난수화 처리된 보고번호인 kd_no 변수를 이용하여 같은 보고건인 경우 병합하도록 하여 pairs라는 새로운 SAS 데이터를 구축하였다. select 구문 이후에 새로 구축할 pairs에 포함될 변수들을 선택하였다. 같은 보고건에 동일한 약물정보 및 WHO-ART PT 용어가 중복되어 보고되는 상황을 고려하여 distinct 옵션을 추가하여 select 구문 이후 선택된 변수들에 대해 중복된 자료를 제외하였다.

2.2.3. 데이터마이닝 지표 산출을 위한 2×2표에 해당하는 성분 분석

```
/* 연구대상 약물과 그 외 약물로 구분 */
data pairs1;
set pairs;
if who_atc_cd='N06BA04' then d=1; else d=0; * methylphenidate;
run;

/* 연구대상 약물과 그 외 약물에 대한 WHO-ART PT 용어별 약물-유해사례 조합 수 산출 */
```

```
proc freq data=pairs1;
table d*whoart_arrn/
out=pairs_table nocol norow nopercent; run;

/* WHO-ART PT 용어 순서로 자료 정렬 */
proc sort data=pairs_table;
by whoart_arrn;
run;
```

데이터마이닝 지표 산출을 위해 연구대상 약물과 그 외 약물에 대해 특정 유해사례와 그 외 유해사례에 대한 [표 3]의 2×2표를 구축하는 것이 필요하다. 우선 약물-유해사례 단위로 재구축한 pairs 데이터를 이용하여 연구대상 약물 유무를 구분하는 변수 D를 생성하였다.

연구대상 약물과 특정 유해사례 별 약물-유해사례 조합 수 산출을 위해 proc freq 구문을 이용하여 빈도를 산출하였다. proc freq 구문에서 출력된 빈도표의 예시는 [표 5]와 같다.

표 5 연구대상 약물 여부에 따른 WHO-ART PT 빈도 결과 출력 예시

	WHOART_ARRN									
D	1	2	3	6	7	...	2347	2349	2351	합계
0	179	348	990	1	571	...	5	1	29	154289 (n20)
1	1	1	0	0	0	...	0	0	0	265 (n10)
합계	180	349	990	1	571	...	5	1	29	154554 (n)

출력 결과 중 D=1인 열의 우측 끝에 있는 합계값(n10)은 추후 2×2표 중 n12에 해당하는 자료 산출을 위해 사용되며, D=0인 열 우측 끝에 있는 합계값(n20)은 n22에 해당하는 자료 산출을 위해 사용된다.

[표 5]에 해당하는 pairs_table이라는 데이터를 결과로 구축하였다. 새로 생성한 pairs_table 데이터를 proc sort 구문을 이용하여 WHO-ART PT 용어 기준으로 정렬하였다. 이렇게 만들어진 pairs_table은 WHO-ART PT 용어별로 D(연구대상 약물 구분) 변수가 1인 경우와 0인 경우에 대한 유해사례 조합의 빈도수로 구축되어 있다(표 6).

표 6 연구대상 약물 여부에 따른 WHO-ART PT 빈도 데이터 예시(실습데이터명: pairs_table)

D	WHOART_ARRN	빈도수	전체빈도의 백분율
0	1	179	0.11582
1	1	1	0.00065
0	2	348	0.22516
1	2	1	0.00065
0	3	990	0.64055
0	6	1	0.00065
...	...	...	...

[표 3]을 기준으로 보면 D=1에 해당하는 특정 유해사례의 빈도수는 n11에 해당하는 값이고, D=0에 해당하는 특정 유해사례의 빈도수는 n21에 해당하는 값이 된다.

```
/* WHO-ART PT 단위로 자료 구축 */
proc transpose data=pairs_table
out=pairs_table1;
by whoart_arrn;
var count;
id d;
run;

/* 변수명 변경 */
data pairs_table2;
set pairs_table1;
drop _NAME_ _LABEL_;
rename _1 = n11;
rename _0 = n21;
run;□

/* 2×2 테이블에 해당하는 성분 산출 */
data signal;
set pairs_table2;
if n11=. then n11=0;
if n21=. then n21=0;
n12 = 265-n11; * d=1의 총합계;
n22=154289-n21; * d=0의 총합계;

if n11>=1;
run;
```

pairs_table 데이터를 살펴보면 WHO-ART PT 용어에 따라 연구대상 약물 외 약물(D=0)에 해당하는 자료와 연구대상 약물(D=1)에 해당하는 자료가 세로로 구축되어 있다. 이를 proc transpose 구문을 이용하여 WHO-ART PT 용어에 따라서 가로 포맷으로 재구축하여 pairs_table1 데이터를 생성하였다. pairs_table1 데이터에는 WHO-ART PT 용어 단위로 한 줄씩 자료가 생성되어 WHO-ART PT 용어별로 연구대상 약물(D=1)과 연구대상 외 약물(D=0)에 대한 약물-유해사례 조합 빈도수가 파악할 수 있다. 이후 추후 분석에 사용되지 않을 변수들(_NAME_, _LABEL_)을 삭제하고, n11, n21로 변수명을 변경하였다.

표 7 데이터마이닝 지표 산출을 위한 데이터 구축 예시(실습데이터명: signal)

WHOART_ARRN	n11	n21
1	1	179
2	1	348
3	.	990
6	.	1
7	.	571
8	.	5
...	...	...

앞의 proc freq 구문에서 출력된 결과(표 5)에서 파악한 D에 따른 합계값들을 이용하여 n12, n22에 해당하는 값들을 산출한다. 연구대상 약물과 특정 유해사례 외 모든 유해사례에 대한 조합 수에 해당하는 n12의 경우, 연구대상 약물에 대한 모든 유해사례 조합 수인 n10(실습 예시에서는 265에 해당함)에서 연구대상 약물과 특정 유해사례 조합 수에 해당하는 n11과의 차로 산출된다. 연구대상 외 모든 약물에 대한 특정 유해사례가 아닌 모든 유해사례와의 조합 수는 [표 5]의 n20 값에서 n21 값을 빼서 산출한다.

연구대상 약물과 1개 이상의 약물-유해사례 조합이 보고된 WHO-ART PT 용어에 대해 데이터마이닝 지표를 적용할 것이므로 n11이 1 이상인 경우에 대해서만 자료로 구축하였다.

표 8 데이터마이닝 지표 산출을 위한 데이터 구축 예시(실습데이터명: signal)

WHOART_ARRN	n11	n21	n12	n22
1	1	179	264	154110
2	1	348	264	153941
27	2	8776	263	145513
44	1	7067	264	147222
73	1	1005	264	153284
92	1	53	264	154236
...	...	...	...	...

2.2.4. PRR, ROR, IC 등 데이터마이닝 지표 산출

```
data signal_result;
set signal;

n10=n11+n12;
n20=n21+n22;
n01=n11+n21;
n02=n12+n22;
n=n11+n12+n21+n22;

/* PRR, ROR 산출 */
PRR=(n11/n10)/(n21/n20);
ROR=(n11/n12)/(n21/n22);

/* 카이제곱통계량 산출 */
e11=n10*n01/n;
e12=n10*n02/n;
e21=n20*n01/n;
e22=n20*n02/n;

chi=(n11-e11)**2/e11+(n12-e12)**2/e12+(n21-e21)**2/e21+(n22-e22)**2/e22;

/* IC 산출 */
r=1*((n+2)*(n+2))/((n10+1)*(n01+1));
IC=((LOG(2))**(-1))*( LOG((1+n11)/(4+n))- LOG((1+n10)/(2+n))-
LOG((1+n01)/(2+n)));
VIC=( LOG(2)**(-2))*((1+n-n10)/((1+n10)*(3+n))+(1+n-n01)/
((1+n01)*(3+n))+(1+n-n11)/((1+n11)*(5+n)));
SIC=SQRT(VIC);
L_IC=IC-2*SIC;
U_IC=IC+2*SIC;

/* PRR, ROR, IC 실마리정보 판정 */
IF PRR=>2 AND n11=>3 AND chi=>4 THEN PRR_G=1;ELSE PRR_G=0;
IF ROR=>2 AND n11=>3 AND chi=>4 THEN ROR_G=1;ELSE ROR_G=0;
IF L_IC >=0 THEN IC_G=1; ELSE IC_G=0; RUN;

/* PRR, ROR, IC 실마리정보 결과 출력 */
proc freq data=signal_result; table PRR_G ROR_G IC_G ;RUN;
proc print data=signal_result where PRR_G=1 or PRR_G=1 or IC_G=1;
var whoart_arrn n11 n12 n21 n22 prr ror ic l_ic PRR_G ROR_G IC_G; RUN;
```

위와 같이 생성한 signal 데이터를 이용하여 데이터마이닝 지표인 PRR, ROR, IC를 산출하였다.

분석의 편의를 위해 연구대상 약물로 인한 모든 약물-유해사례 조합 수(n10), 연구대상 외 약물로 인한 모든 약물-유해사례 조합 수(n20), 특정 유해사례에 대한 모든 약물-유해사례 조합 수(n01), 특정 유해사례를 제외한 모든 유해사례에 대한 모든 약물-유해사례 조합 수(n02), 자료에 포함된 모든 약물-유해사례 조합 수(n) 등을 산출한다. 해당 산출 값을 이용하여 PRR, ROR 값을 산출하고, PRR, ROR의 실마리정보 판정을 위해 카이제곱통계량을 산출한다. IC에 대한 산출 및 사전분포는 Gould 등의 연구를 적용하여 산출하였다.

표 9 데이터마이닝 지표 산출 결과 예시(실습데이터명: signal_result)

WHOART_ARRN	n11	n21	n12	...	PRR	n12	n11	n22
1	1	1	1	...	3.253	0	0	1
2	1	1	1	...	1.673	0	0	0
27	2	2	2	...	0.133	0	0	0
44	1	1	1	...	0.082	0	0	0
73	1	1	1	...	0.579	0	0	0
92	1	1	1	...	10.985	0	0	1
...	...	...	...	...	...	...	...	...

실마리정보 판정을 위해 PRR, ROR의 경우 각각의 값이 2 이상이고, 연구대상 약물 및 특정 유해사례의 조합 수가 3건 이상인 경우, 카이제곱통계량이 4 이상인 경우를 모두 만족하는 경우 실마리정보로 정의하였다. PRR에 대해 실마리정보로 판정된 경우 PRR_G가 1로, 그렇지 않으면 0으로 입력되도록 하였다. ROR의 경우에도 실마리정보 판정에 대해 ROR_G 변수로 코딩하였다. IC의 경우 95% 신뢰구간의 하한치가 0 이상인 경우를 실마리정보로 정의하여 IC_G 변수에 1로 입력되고, 그 외의 경우 0으로 입력되도록 하였다. 결과적으로 PRR, ROR, IC의 값과 판정에 필요한 정보, 판정 결과에 대한 변수가 생성된 signal_result 데이터를 생성하였다.

이후 signal_result 데이터에 proc freq 구문을 이용하여 전체 유해사례 중 PRR, ROR, IC로 실마리정보가 판정되는 빈도를 파악할 수 있다. proc print 구문을 이용하여 signal_result 데이터 중 일부를 출력할 수 있는데, where 구문을 이용하여 PRR, ROR, IC 등 3가지 지표 중 1개 이상에서 실마리정보로 검색된 경우를 출력하도록 하였고, var 옵션을 이용하여 출력될 변수를 지정하였다.

위 분석내용에 기반하여 한국보건사회약료경영학회지에 출판한 논문에 포함된 결과표의 일부는 다음과 같다.

표 10 실마리정보 분석 결과 제시의 예시

Adverse events	No. of reports	PRR	ROR	IC 95% LCI	MFDS
Anorexia	24	18.0*	19.7*	3.6*	Y
Somnolence	17	2.1*	2.2*	0.4*	Y
Headache	15	3.4*	3.6*	1.1*	Y
Emotional Lability	14	123.5*	130.3*	5.9*	Y
Muscle Contractions Involuntary	12	332.7*	348.4*	6.8*	Y
Insomnia	12	6.7*	7.0*	2.0*	Y
Anxiety	7	19.3*	19.8*	3.4*	Y
Palpitation	7	5.6*	5.7*	1.6*	Y
Tachycardia	6	6.7*	6.9*	1.8*	Y
Dyspepsia	6	2.2*	2.2*	0.2*	Y
Appetite Increased	5	24.5*	24.9*	3.6*	Y
Nervousness	5	2.4*	2.5*	0.4*	Y
Agitation	4	10.6*	10.8*	2.4*	Y
Neurosis	4	129.4*	131.4*	5.5*	Y
Aggressive Reaction	3	7.8*	7.9*	1.9*	Y
Weight Decrease	3	34.2*	34.6*	3.9*	Y
Concentration Impaired	3	83.2*	84.1*	5.0*	Y
Apathy	2	9.9	9.9	2.2*	Y
Depression	2	10.6	10.7	2.3*	Y
Suicide Attempt	2	20.4	20.6	3.1*	Y
Weight Increase	2	6.2	6.2	1.5*	Y
Fatigue	2	5.6	5.7	1.4*	
Acne	1	3.3	3.3	0.6*	Y
Confusion	1	11.0	11.0	2.3*	Y
Dyskinesia	1	9.0	9.0	2.0*	Y
Encephalopathy	1	3.5	3.5	0.7*	
Hyperkinesia	1	2.4	2.4	0.2*	Y
Migraine	1	64.7	64.9	4.5*	Y
Oculogyric Crisis	1	17.1	17.2	2.9*	Y
Urinary Retention	1	22.4	22.5	3.3*	
Amnesia	1	14.6	14.6	2.7*	
Libido Decreased	1	582.2	584.4	6.0*	Y
Sleep Disorder	1	3.5	3.5	0.7*	Y
Yawning	1	194.1	194.8	5.4*	
Vision Abnormal	1	2.8	2.8	0.4*	Y
Tinnitus	1	8.1	8.1	1.9*	
Gynaecomastia	1	23.3	23.4	3.3*	Y
Growth Retarded	1	36.4	36.5	3.9*	Y
Cardiac Arrest	1	38.8	39.0	3.9*	Y
...	...	...	...	...	...

PRR: the Proportional Reporting Ratio, ROR: the Reporting Odds Ratio, LCI: lower confidence interval, IC: the Information Component, MFDS: Ministry of Food and Drug Safety, Y: the adverse event which was listed on drug labels.
* Detected signal by each indices, PRR, ROR or IC.

2.3 실마리정보 해석 및 활용

검색된 실마리정보는 약물감시 측면에서 시판 후 약물 안전성을 제고하기 위해 다양하게 적용할 수 있다. 우선 추후 인과관계 평가를 위해 고차원적 근거 생성을 위한 약물역학 연구의 가설을 생성하는 데 활용될 수 있다. 또한, 현시점의 식약처 허가사항 항목과 비교하여 기존에 알려지지 않았던 유해사례가 실마리정보로 파악된 경우에 다수의 약물역학 및 임상 전문가 등이 검토하여 해당 실마리정보를 허가사항에 반영하는 방안도 고려할 수 있다. 새로운 실마리정보 판정에 식약처 홈페이지에서 제공하는 사용상 주의사항 및 Drugs@FDA, UpToDate, Micromedex 등 국내외 허가사항 정보 및 의약정보데이터베이스를 이용할 수 있다.

요약

본 장에서는 자발적부작용보고자료를 이용하여 실마리정보를 검색하는 방법에 대해 학습하였다. 실마리정보로 검색되었다는 것은 약물과 해당 유해사례가 다른 약물 및 다른 유해사례에 비해 통계적으로 다빈도로 보고되었다는 것을 의미하며 이를 이용하여 약물 유해사례를 조기에 발견하는데 기여할 수 있다. 하지만, 데이터마이닝 지표만으로 검색된 유해사례를 인과관계로 확대해석하는 것은 주의가 필요하며, 인과관계의 확인을 위해 추가적인 약물역학연구의 수행이 필요하다.

8장 KAERS 자료에 활용 가능한 백신의 이상반응 연구: 변경점 분석

학습목표

1. KAERS 자료를 활용한 백신 이상반응 보고의 변경점 분석 개념을 학습한다.
2. 심화 사례 학습을 통해 변경점 분석 방법을 이해한다.
3. 변경점 분석 결과의 해석 시 주의가 필요한 사항을 설명할 수 있다.

개요

자발적 부작용 신고자료는 시판 전 임상시험 단계에서 미처 발견하지 못하였던 드물지만 중대한 이상반응을 파악하거나 이전에 보고된 이상사례의 새로운 특성을 파악하는 등, 시판 후의 의약품 안전성 모니터링에 유용하게 활용될 수 있다.

시판 이후 의약품 등의 안전성 문제를 발견하기 위해 주로 활용되는 분석 방법은 불균형 분석(disproportionality analysis)으로서, 관심 의약품에 대한 특정 이상사례가 다른 의약품 및 다른 이상사례보다 많이 신고 및 보고되었는지를 분석하는 방법이다. 불균형 분석을 수행하면 관심대상 약물-이상사례가 그 외 모든 약물 및 이상사례 보고건보다 많이 보고되었는지를 파악하여 약물이상반응의 가설을 제공할 수 있다.

백신의 경우 일반적으로 건강한 사람들에게 투여하므로 대중은 다른 치료약제보다 높은 안전성 허용기준을 적용한다. 또한 예방접종대상 감염병의 효과적인 예방을 위해 높은 접종률을 유지하는 것이 필요하므로 백신의 안전성 문제가 발생하는 경우 이를 신속하게 파악하고 대응하는 것이 중요하다. 변경점 분석(change point analysis)은 연속된 측정치 또는 시계열적(time series) 자료 내에서의 변화를 감지하는 방법론이다. 이상반응 신고건수가 급격히 증가한 시점을 탐지함으로써 이상반응에 신속하게 대응하는 데 도움을 줄 수 있다.

본 장에서는 부작용보고 원시자료를 활용하여 이상반응의 월별, 주별 등 보고건수 통계를 산출하고, 이 정보를 기반으로 변경점 분석을 수행하는 과정을 학습하고자 한다. 변경점 분석은 백신뿐 아니라 다양한 의약품에 적용될 수 있으나, 본 장에서는 유승훈 등이 발표한 논문을 토대로, 백신 분석을 중심으로 사례를 제시하였다(You et al., 2021).

1 변경점 분석 개념

변경점을 탐지하기 위해 개발된 여러 알고리즘 중에서 본 장에서 학습하고자 하는 분석 방법은 편차의 누적합계(cumulative sum, CUSUM)를 활용하는 분석 방법이다. 간략히 개념을 설명하자면 전체 자료 중 보고건수의 편차가 작은 그룹을 묶어서, 편차가 발생하는 지점을 변경점으로 지정하는 방법이다.

이해를 돕기 위해 CUSUM 기반의 변경점 분석은 다음과 같은 순서로 수행한다. 먼저, 데이터 시작 시점으로부터 분석대상 시점까지의 데이터에서 편차의 누적합 최댓값(S0)을 구한다. 다음으로 가지고 있는 자료 내에서 데이터를 반복적으로 재추출하는 부트스트랩(bootstrap) 과정을 거쳐서 각 그룹별 편차의 누적합 최댓값(S1)을 도출한다. 마지막으로 전체 데이터에서 산출한 편차보다 부트스트랩 결과 산출한 편차가 작은 지점이 차지하는 분율에 대한 통계적 유의성을 검정하여, 유의성을 보이는 지점을 변경점으로 탐지한다.

CUSUM 이외에도 최대우도비를 활용하거나 베이지안 모델을 이용하는 등 다른 알고리즘들이 소개되어 왔으며, 유승훈 등(2021)이 HPV백신을 예시로 세 개의 알고리즘을 비교하였을 때 CUSUM 기반의 분석이 변경점을 탐지하는 데 좋은 타당도를 가지는 것으로 파악하였다.

2 변경점 분석 수행

변경점 분석은 크게 (1) 부작용 보고 원자료를 날짜 변수에 따라 보고건수가 표시된 자료로서 데이터를 준비한 후 (2) CPA 매크로를 실행하는 순서로 수행한다.

2.1 데이터 준비

HPV 백신에 대해 보고된 '실신' 및 '어지러움' 이상사례 보고건을 '분기별'보고건수로 요약하는 방식으로 데이터를 준비하는 과정이다.

2.1.1. 분석대상 자료 추출

약물-이상반응 조합으로 생성한 원자료에서 HPV 백신에 대한 보고건을 'hpv'라는 변수에서 '1'로 표시한 데이터셋(drug_adr_pair_vac)을 이용한 분석의 예시이다. proc sql 구문의 'create table' 옵션을 활용하여 HPV 백신(where hpv=1)에 대해 보고된 이상사례명이

'실신(syncope)' 및 '어지러움(dizziness)'인 경우를 추출한다. 한 보고서 내에 '실신'과 '어지러움'이 모두 포함된 경우 보고건수를 '2건'으로 집계할 가능성이 있으므로, 이를 'group by kd_no'라는 구문을 이용하여 한 개 보고서가 한 줄만 기여할 수 있도록 데이터셋을 만든다.

```
/* hpv 백신 중 SYNCOPE OR DIZZINESS로 보고된 dataset 생성 */
proc sql;
        create table hpv_syncope as
        select distinct kd_no, max(case when english IN ("SYNCOPE", "DIZZINESS")
then 1 else 0 end) as SYNCOPE
        from b.Drug_adr_pair_vac
        where hpv = 1
        group by kd_no
        ;
quit;
```

위에서 생성된 데이터셋에는 보고 날짜 등 보고서 특성을 표시할 정보가 기재되어 있지 않으므로 보고서 데이터셋과 연결시킨다.

```
proc sql;
        create table hpv_report_cpa as
        select a.*, b.SYNCOPE
        from b.vaccine_reports2 as a
        inner join hpv_syncope as b
        on a.kd_no = b.kd_no
        ;
quit;
```

2.1.2. 분기별 요약 자료 정리

본 분석에서는 분기별 요약자료를 기반으로 변경점 분석을 수행하기로 하였으므로 분기별 요약자료의 준비가 필요하다.

SAS에서 'yyqz6.' 함수는 날짜를 분기별 형식으로 제시하는 함수로서, 예를 들어 2022년 3분기의 경우 '202203'과 같은 형태로 제시하게 된다. '분기별'보고건수로 요약하는 방식으로 데이터를 준비하는 과정이다. 날짜변수가 결측인 경우는 제외하기 위하여 'where occr_recog_dt ^= . '를 표시하였다.

```
/* 날짜 변수를 분기 format으로 변경 */
data cpa_dataset;
        set hpv_report_cpa1;
        occr_recog_dt_c = input(put(occr_recog_dt, 8.), yymmdd8.);
        occr_recog_dt_c1 = put(occr_recog_dt_c, yyqz6.);
        where occr_recog_dt ^= . ;
        keep kd_no occr_recog_dt occr_recog_dt_c occr_recog_dt_c1;
run;
```

proc sql 구문을 활용하여 분기별로 보고건수를 집계한(count(*)) 테이블을 산출하였다.

```
/* 분기별 보고건수 count */
proc sql;
        create table count_Syncope_hpv as
        select distinct occr_recog_dt_c1, count(*) as count
        from cpa_dataset
        group by occr_recog_dt_c1
        ;
quit;
```

본 분석에서 적용한 데이터에는 보고건수가 '0'인 분기가 존재하였다. 이 경우에도 보고건수를 표시하여 변경점을 분석하기 위하여 HPV 백신 허가 시점인 2007년부터 연구자료가 가용한 2017년까지 각 분기별 보고건수를 모두 표시하기 위해 분기 변수를 생성한다.

```
data x;
        format date_qt $6.;
        do year = 2007 to 2017;
                do quarter = 1 to 4;
                        date_qt = compress(year || 0 || quarter);
                        output;
                end;
        end;
run;
```

모든 분기의 지점을 표시한 데이터셋과 분기별 보고건수 데이터셋을 결합하며, 보고건수 변수(count)가 비어있는 경우 '0'으로 표시한다. 이제 변경점분석을 적용하기 위한 데이터 전처리가 완료되었다.

```
proc sql;
        create table c.hpv_syncop_qz as
        select distinct a.date_qt, b.count
        from x as a
        left join count_Syncope_hpv as b
        on a.date_qt = b.occr_recog_dt_c1
        ;
quit;

data c.hpv_syncop_qz;
        set c.hpv_syncop_qz;
        if count = . then count = 0;
run;
```

2.2 변경점 분석 매크로 변수 설정

2.2.1. 변경점 분석 매크로 파일 준비

SAS 매크로는 복잡한 코드로 구성된 일련의 분석과정을 자동화하여 손쉽게 분석할 수 있도록 하는 옵션으로서 %MACRO로 시작하여 %MEND로 끝나는 구조로 구성된다.

```
%macro runs();
   분석 내용 코드
%mend;
```

변경점 분석 매크로는 다음 웹페이지에서 다운로드받을 수 있다.

"https://sites.google.com/site/changepointanalysis/library-1"

심화사례 분석을 위해 "SAS codes" 항목에 있는 파일들을 다운로드받아 준비한다.

%include는 외부에서 작성된 SAS 매크로를 호출하는 방법이다. 다음 프로그램에서는 &path.\saspgm\CPA_Macro 위치에 저장된 변경점 분석 매크로를 호출하였다. &path.는 SAS에서 사용자가 원하는 단어를 설정하는 옵션이다.

```
************************* MACROs ******************************;
%include "&path.\saspgm\CPA_Macro\CPA_macro.sas";
*********************** end MACROs ****************************;
```

2.2.2. 변수 및 분석 방법 설정

변경점 분석을 위한 CPA 매크로를 실행하기 위해서 주요 변수와 분석 방법을 설정해야 한다. 다음은 실제 SAS 프로그램상에서 분석 옵션을 설정한 예시이다.

```
libname in "&path.\sasdata";

%let nsim=1000;
%let minConfLevel=95;
%let cpmethod=1;
%let bcimethod=1;
%let mlengci=10;
%let replacement=0;
%let alpha=0.025;
%let msizecrt=1;
%let minsize=7;
%let mlevelcrt=0;
%let mlevelsize=0;


%let fname=hpv_syncop_qz;
%let unitvar=count;
%let datevar=date_qt;
%let formatdatevar= yyqz6.;

* Fixed values;
%let level=1;
%let step=1;
%let step_prev=1;
%let result=REPORT; * dataset for CPA results;
```

위에서 설정한 분석 방법은 다음 [표 1]과 같은 의미를 가진다.

표 1 변경점 분석 매크로 실행을 위한 데이터셋 및 분석 지표 설정 예시

데이터셋 설정	설명
%let fname=Syncope_each;	데이터셋 입력
%let unitvar=count;	지표 변수 입력
%let datevar=date_qt;	날짜 변수 입력
%let formatdatevar=yyqz6.;	날짜 변수의 형태 입력
분석 지표 설정	
%let nsim=1000;	부트스트랩 횟수 입력
%let minConfLevel=95;	CPA 알고리즘 최소 신뢰수준 입력
%let cpmethod=1;	CPA 알고리즘 방법 선택(1:CUSUM, 2: MSE)
%let bcimethod=1;	부트스트랩 신뢰구간 계산 공식 선택(1~5)
%let replacement=0;	복원추출 유무 선택(0: 비복원, 1: 복원)
%let alpha=0.025;	부트스트랩 신뢰구간 설정 (100*(1-2*alpha)%), 95%의 경우 alpha=0.025)
%let msizecrt=1;	CPA 분석을 수행할 최소 데이터 크기를 설정할지 여부
%let minsize=7;	CPA 분석을 수행할 최소 데이터 크기
%let mlevelcrt=0;	CPA 알고리즘 횟수 설정(0: 변경점이 없을 때까지, 1: 지정된 횟수 %letm-levelsize 사용)

2.2.3. 변경점 분석 매크로 수행

다음은 %runs()라는 변경점 분석을 실행하고 결과를 산출하는 매크로를 수행하는 과정이다.

```
%macro runs();
    * Initial level, LEVEL=1;
    %runCPA(dsin=dsin, dsout1=dsout&level._&step._1, dsout2=dsout&level._&step._2);
    %let level=%EVAL(&level.+1);
    %let step_prev=%EVAL(&step.-1);
    * Second level;
    %if &mlevelcrt.=0 %then %do;
        %do %while(&step_prev.>0);
            %let step=1;

             (중략)

    title 'Results of Change-Point Analysis';
    title2 'Table of Significant Changes';
    %if &replacement.=0 %then %do;
        title3 "Confidence Level=&minConfLevel.%, Boostraps = &nsim., Sampling Without
        Replacement";
    %end;
```

```
    %else %do;
        title3 "Confidence Level=&minConfLevel.%, Boostraps = &nsim., Sampling With Re
        placement";
    %end;
    proc print data=&result.;
    run;

    quit;
%mend;
%runs();
```

위 매크로 구문을 거쳐 변경점 분석의 결과 테이블이 생성되었으며, 결과 output은 [그림 1]과 같다. 2013년 2분기, 2014년 4분기, 2016년 3분기, 2017년 2분기의 총 4개의 변경점이 탐지되었다. 'im1'은 해당 변경점 이전의 평균값, 'im2'는 해당 변경점 이후의 평균값을 의미한다.

Results of Change-Point Analysis
Table of Significant Changes
Confidence Level=95%, Boostraps = 1000, Sampling Without Replacement

OBS	date_qt	conflevel	level	step	ci_l	ci_u	cilength	im1	im2
1	201302	99.3	1	1	251001	251104	704	3.1364	13.3333
2	201404	97.1	2	1	251101	251201	400	13.3333	3.4286
3	201603	100.0	3	1	251103	251201	202	3.4286	9.6667
4	201702	100.0	4	1	251104	251201	101	9.6667	11.6667

그림 1 변경점 분석 결과 output

2.2.4. 변경점 분석 결과의 시각화

변경점 분석 결과 각 분기별 보고건수를 꺾은선 그래프로 나타내면서, 변경점에는 X축에서 출발하는 선을 표시하고, 변경점 전후에는 평균 보고건수를 가로 선으로 표시해주도록 하는 그래프를 [그림 2]와 같이 산출하고자 한다.

변경점 분석 결과 output을 토대로 "c.Hpv_syncop_qz" 데이터셋에서 그래프를 산출하기 위해 data step과 proc sgplot 구문은 다음과 같이 수행한다.

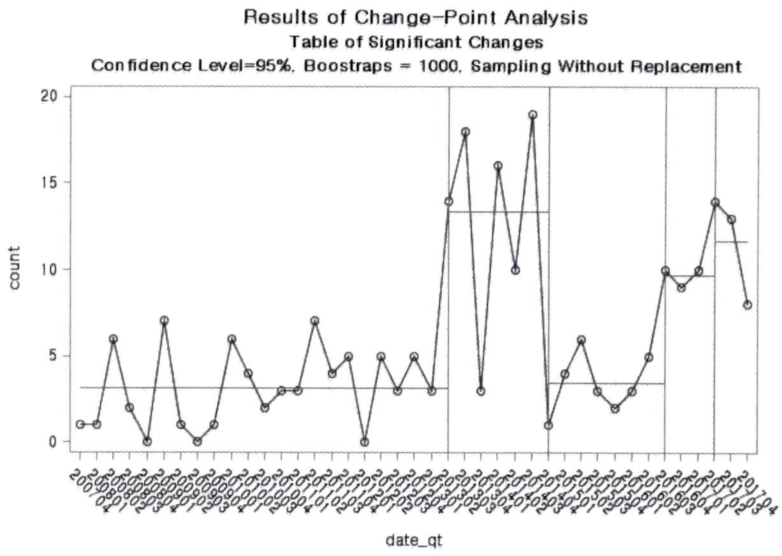

그림 2 변경점 분석 결과의 시각화 예시

```
data in.result_bCI&bcimethod._dlength&mlengci.;
    set &result.;
run;

data x;
        set c.Hpv_syncop_qz;
        if date_qt <= 201302 then mean1=3.1367;
        if 201302 <= date_qt <= 201404 then mean2=13.333;
        if 201404 <= date_qt <= 201603 then mean3=3.429;
        if 201603 <= date_qt <= 201702 then mean4=9.667;
        if 201702 <= date_qt then mean5=11.667;
run;

proc sgplot data=x;
        series x=date_qt y=count / lineattrs=(color=blue);
        scatter x=date_qt y=count / markerattrs=(color=blue);
        series x=date_qt y=mean1 / lineattrs=(color=red);
        series x=date_qt y=mean2 / lineattrs=(color=red);
        series x=date_qt y=mean3 / lineattrs=(color=red);
        series x=date_qt y=mean4 / lineattrs=(color=red);
        series x=date_qt y=mean5 / lineattrs=(color=red);
        /* (x축) 변경점 표시 */
        refline 201302 201404 201603 201702 / axis=x lineattrs = (pattern=solid
color= Magenta);
run;
```

요약

본 장에서는 자발적 부작용 보고자료를 이용하여 보고건수가 급격히 변화한 변경점을 탐지하는 변경점 분석을 다루었다. 변경점 분석은 부작용 보고 원자료를 날짜 변수에 따라 보고건수가 표시된 자료로서 데이터를 준비한 후 CPA 매크로를 실행하는 순서로 수행한다. 본 장에서 제시한 예시는 '분기별' 보고건수를 예시로 분석을 수행하였으나, 실제 분석을 수행하는 경우, 목표에 따라 월별, 주별, 일별, 시간대별 다양한 옵션을 적용할 수 있다.

이상사례 신고자료는 보건의료인 또는 일반인 등이 자발적으로 신고한 자료로서, 의약품-이상사례 간 인과성을 확인할 수는 없는 자료이다. 특히 변경점 분석을 수행하는 중에 발생하는 보고건수 변동의 실마리정보는 뉴스, 소셜미디어상 부작용 이슈가 제기된 후 자발적 보고건수가 급증하는 일명 '악명에 의한 바이어스(notoriety bias)'의 가능성이 있으므로 이를 고려해서 해석해야 한다.

참고문헌

- 의약품 등의 안전에 관한 규칙, 총리령 제1650호 (2020).
- 식품의약품안전처, 약물이상반응 및 이상사례 전자보고 가이드라인(민원인안내서) (2021). [cited 2021 Dec 23]. Available from: https://www.mfds.go.kr/brd/m_1060/list.do.
- 식품의약품안전청, 자발적부작용보고자료를 이용한 안전성정보생성지침, 2012.
- 안전정보공개 [homepage on the Internet]. 한국의약품안전관리원; [cited 2021 Dec 29]. Available from: https://open.drugsafe.or.kr/
- 의약품 등의 안전에 관한 규칙, 총리령 제1650호 (2020).
- 의약품등 정보검색[Internet]. 식품의약품안전처; [cited 2021 Dec 29]. Available from: https://nedrug.mfds.go.kr/searchDrug
- 의약품안전나라 의약품통합정보시스템 [homepage on the Internet]. 식품의약품안전처; [cited 2021 Dec 29]. Available from: https://nedrug.mfds.go.kr
- 의약품이상사례보고시스템 [Internet]. 한국의약품안전관리원; [cited 2021 Dec 29]. Available from: https://kaers.drugsafe.or.kr/
- 이상사례보고 성분 정보[Internet]. 식품의약품안전처; [cited 2021 Dec 29]. Available from: https://nedrug.mfds.go.kr/pbp/CCBGA01/getItem?infoName=%EC%9D%B4%EC%83%81%EC%82%AC%EB%A1%80%EB%B3%B4%EA%B3%A0&totalPages=1&limit=10&searchYn=true&page=1&&openDataInfoSeq=42
- 이상사례보고 제품 정보[Internet]. 식품의약품안전처; [cited 2021 Dec 29]. Available from: https://nedrug.mfds.go.kr/pbp/CCBGA01/getItem?infoName=%EC%9D%B4%EC%83%81%EC%82%AC%EB%A1%80%EB%B3%B4%EA%B3%A0&totalPages=1&limit=10&searchYn=true&page=1&&openDataInfoSeq=41
- 장은지, 최희윤, 안지혜, 양보람., 소아 자발적부작용보고자료를 이용한 메틸페니데이트와 아토목세틴의 실마리정보검색, 한국보건사회약료경영학회지, 2021, Nov; 9(2):100-10.
- (재)방역연계범부처감염병연구개발사업단 연례보고서, 2020.
- 질병관리청, 예방접종 후 이상반응 관리지침, 2022.07.
- 한국의약품안전관리원, WHO-ART 092 한글용어집. 2015 [cited 2021 Dec 23]. Available from: https://www.drugsafe.or.kr/iwt/ds/ko/bbs/EgovBbs.do?bbsId=BBSMSTR_000000000024&ntId=1446&pageIndex=9&searchCnd=0&searchWrd=
- 한국의약품안전관리원, 의약품부작용보고원시자료 사용자매뉴얼. 2021 [cited 2021 Dec 23]. Available from: https://open.drugsafe.or.kr/original/guidelines/List.jsp
- 한국의약품안전관리원, 의약품부작용보고원시자료 이용지침서. 2021 [cited 2021 Dec 23]. Available from: https://open.drugsafe.or.kr/original/guidelines/List.jsp

- Availavle from: https://ich.org/page/e2br3-individual-case-safety-report-icsr-specification-and-related-files
- Bate A, Lindquist M, Edwards IR, Olsson S, Orre R, Lansner A, De Freitas RM., A Bayesian neural network method for adverse drug reaction signal generation, Eur J Clin Pharmacol, 1998, Jun;54(4):315-21.
- CIOMS, Practical aspects of signal detection in pharmacovigilance: report of CIOMS Working Group VIII, 2010.
- Evans SJ, Waller PC, Davis S., Use of proportional reporting ratios(PRRs) for signal generation from spontaneous adverse drug reaction reports, Pharmacoepidemiol Drug Saf, 2001, Oct-Nov;10(6):483-6.
- Finney DJ, Systemic signalling of adverse reactions to drugs, Methods Inf Med, 1974, Jan;13(1):1-10.
- Gould AL, Practical pharmacovigilance analysis strategies, Pharmacoepidemiol Drug Saf, 2003, Oct-Nov;12(7):559-74.
- International Council for Harmonisation of Technical Requirements for Pharmaceuticals for Human Use, E2B(R3) Individual Case Safety Report (ICSR) Specification and Related Files 2021 [cited 2021 Dec 28].
- MSSO, What is MedDRA and How is it Used? Training Materials korean version. 2021.5.4. [cited 2021 Dec 23]. Available from: https://www.meddra.org/training-materials
- Rothman KJ, Lanes S, Sacks ST., The reporting odds ratio and its advantages over the proportional reporting ratio, Pharmacoepidemiol Drug Saf, 2004, Aug;13(8):519-23.
- Stricker BH, Tijssen JG., Serum sickness-like reactions to cefaclor, J Clin Epidemiol, 1992 Oct;45(10):1177-84.
- Yoon DW, Kim JH, Lee H, Shin JY. Updates on Vaccine Safety and Post-Licensure Surveillance for Adverse Events Following Immunization in South Korea, 2005-2017. Yonsei Med J. 2020 Jul; 61(7):620-630.
- You SH, Jang EJ, Kim MS, Lee MT, Kang YJ, Lee JE, Eom JH, Jung SY. Change point analysis for detecting vaccine safety signals. Vaccines 2021;9(3):26.

3부

패널조사자료

9장 패널조사자료의 소개

학습목표

1. 패널조사의 기본 개념과 자료의 구성을 이해한다.
2. 국내 보건의료 연구에서 사용되는 패널조사의 종류와 특성을 이해한다.
3. 한국의료패널의 주요 변수와 자료 구조를 이해한다.

개요

본 장에서는 조사자료에 대해 이해하고 보건의료 영역의 대표적인 조사자료인 한국의료패널에 대해 소개한다. 실습자료를 활용한 자료처리와 패널분석을 다루기에 앞서 조사자료의 특성과 한국의료패널이 포함하고 있는 변수와 자료 구조를 이해하고 분석 시 고려해야 할 유의사항을 짚어본다.

1 패널조사자료의 개요

1.1 조사자료의 개념

우리나라에는 다양한 연구에 활용이 가능한 조사자료들이 생산되고 있다. 자료의 종류는 크게 1차 자료와 2차 자료로 구분이 된다. 1차 자료란 연구자가 연구 문제의 해결을 위해 직접 수집하는 자료이고, 2차 자료란 연구자가 수행하고자 하는 연구 이외의 목적으로 이미 수집된 자료로 연구목적에 맞게 가공하여 활용하게 된다. 조사자료는 1차 자료로 활용될 수도 있고 2차 자료로도 활용될 수도 있다. 예를 들어, 대통령 선거를 앞두고 어느 후보를 지지하는지를 묻는 여론조사는 후보들의 지지율을 추측하는 데만 쓰이니 1차 자료라고 할 수 있다. 반면 매년 통계청에서 수집하는 가계동향조사는 기본 목적인 소비자 물가지수 작성에 사용된 후에도 다양한 연구에 활용된다. 지난 20년간 우리나라 가구의 과부담 의료비의 발생률 추이를 연구하고자 가계동향조사를 활용한다면 이것은 2차 자료라고 할 수 있겠다.

아예 다양한 연구주제에 활용될 가능성을 염두에 두고 수집하는 자료들도 있는데, 최근에는 경제, 노동, 복지, 보건의료 분야별로 자료가 조사되고 있어 2차 자료원을 활용한 연구가 풍부해지고 있다. 2차 자료원에는 이처럼 직접 수집된 자료원이 있는가 하면, 건강보험 청구자료와 같이 행정적 목적으로 구축되었으나 연구용으로 가공하여 사용하는 자료원도 있다. 행정자료와 달리 조사자료는 응답자들의 사회경제적 변수뿐 아니라, 주관적 건강, 미충족 의료, 만족도 등과 같이 개인의 인식에 기반한 변수를 포함할 수 있다는 장점이 있다. 국내 보건의료 영역에서 많이 활용되는 조사자료는 국민건강영양조사, 장애인실태조사, 청소년건강행태온라인조사, 환자조사, 노인실태조사 등이 있다.

1.2 패널조사자료의 개념과 특성

조사자료를 수집하는 방법에는 횡단적 방법과 종단적 방법이 있다. 특정 시점에 여러 대상에게 다양한 정보를 얻는 것을 횡단적 자료라고 하며, 단면 자료라고도 한다. 한 개체를 일정 기간 동일한 내용을 반복하여 조사하는 것을 종단적 자료라고 하며 시계열 자료라고도 한다. 이 두 가지 특성을 결합하여 동일한 대상자에게 같은 내용을 여러 시점에 반복적으로 조사함으로써 횡단적 특성과 종단적 특성을 동시에 갖는 자료를 패널조사자료라 한다.

국내에는 여러 패널조사자료가 수집되고 있는데 우리나라를 대표하는 표본을 선정하고 조사 목적에 따라 개발된 문항을 연간 단위로 조사하고 있다. 대표적인 패널조사자료에는 한국의료패널, 한국복지패널, 고령화연구패널, 한국노동패널이 있다. 한국의료패널은 국민건강보험공단과 한국보건사회연구원이 공동 수행하는 조사로 의료이용과 의료비 지출을 포함하여 이들과 관련된 변수들을 포함하고 있다. 한국복지패널은 한국보건사회연구원이 저소득층과 일반층을 표본추출하여 복지와 관련된 변수들을 조사하고 있다. 고령화연구패널은 고용노동부와 한국고용정보원이 45세 이상 중고령자를 대상으로 고령사회의 다양한 측면을 포착하기 위한 변수들을 조사하고 있다. 한국노동패널은 한국노동연구원이 조사하는 자료로 경제활동과 노동시장 이동에 관련된 변수들을 포함하고 있다. 이들 패널조사는 동일한 대상자를 장기간 조사하게 되므로 관심 변수들의 시간에 따른 변동과 이에 관련된 요인들을 살펴볼 수 있다는 장점이 있다.

패널조사자료는 관심을 두는 영역에 따라 집중적으로 조사하는 내용이 구성되지만 공통으로 개인의 인구사회학적 특성과 경제 상태를 포함하며, 개인의 건강상태를 파악하기 위해 만성질환 유무와 주관적 건강을 조사하고 있다. 그러나 보유하고 있는 질환의 종류나 의료이용과 의료비 지출에 대한 상세한 내용은 한국의료패널에서 유일하게 다루고 있다. 본 장에서는 보건의료 영역에서 활용 가능성이 높은 한국의료패널을 사용한 자료처리 및 패널분석 실습을 다루며, 이에 앞서 자료에 대해 소개한다.

2 한국의료패널 소개

2.1 조사 개요

한국의료패널은 우리나라 국민의 의료서비스 이용과 이에 따른 비용 지출, 의료이용과 관련된 상병을 파악하기 위해 우리나라를 대표할 수 있는 표본을 대상으로 매년 수행하는 국가승인통계이다. 2008년 한국의료패널 조사가 시작되기 이전에는 노동, 복지, 고령사회 분야의 패널조사가 수행되고 있었으나 의료이용에 대한 세부 조사 내용이 포함되어 있지 않아 보건의료 분야의 활용에 한계가 있었다.

한국의료패널조사는 인구주택총조사를 기반으로 대표성 있는 가구 표본을 추출하여 해당 가구원을 조사에 포함하고 있다. 1차 조사인 2008년 상반기 조사에서는 7,866가구의 24,616명이 대상이 되었으며 2018년 조사에서는 6,497가구의 17,453명이 포함되었다. 2019년 조사부터는 새로운 표본으로 2기 한국의료패널이 수집되고 있다. 의료이용과 의료비를 정확하게 수집하기 위해 대상가구는 사전에 배포된 가계부에 의료비 지출 내역을 기록하고, 조사원은 가구방문을 통해 가계부와 영수증 등을 확인하여 의료기관 방문 날짜와 지출내역 등을 확인하여 조사표를 작성한다. 대상 가구는 1년 동안 발생하는 입원, 응급, 외래 서비스의 이용과 의약품 이용에 대해 기록하며 조사원이 매년 동일한 가구를 방문하여 CAPI(Computer Assisted Personal Interviewing)를 사용하여 조사를 수행하고 있다.

표 1 1기 한국의료패널 조사 현황

조사 차수, 연도		응답 가구수	응답 가구원수
1차	2008년 상반기	7,866	24,616
2차	2008년 하반기	7,201	22,595
3차	2009년	6,798	21,170
4차	2010년 상반기	6,433	19,842
5차	2010년 하반기	6,283	19,163
6차	2011년	6,041	18,256
7차	2012년	5,850	17,414
8차	2013년	7,743	22,701
9차	2014년	7,339	21,218
10차	2015년	6,983	19,720
11차	2016년	6,821	18,870
12차	2017년	6,640	18,080
13차	2018년	6,497	17,453

2.2 주요 내용과 변수

한국의료패널의 자료 수집 단위는 다층적이다. 다시 말해 가구 수준, 개인 수준, 의료이용 건 수준으로 조사되는 자료가 있으며, 이들 변수는 서로 다른 데이터 수준으로 구성된다. 예컨대 가구원 수나 생활비 지출은 가구 수준에서 수집되는 정보이고, 연령이나 교육 수준은 개인 수준에서 수집된다. 한국의료패널에서는 개인이 이용한 의료이용을 조사 수준으로 하여 해당 의료이용 건의 지출 비용, 상병, 약제비, 비급여진료비 등의 정보를 수집하고 있다. 이처럼 자료가 다른 수준으로 조사되어 구축되므로 동일한 조사년도라 하더라도 조사 내용에 따라 별도의 데이터셋으로 제공되는 점을 유념해야 한다.

이를 수평적 자료와 수직적 자료가 복합된 구조로 설명할 수 있다. 개인이나 가구 수준에서 구축되는 수평적 구조는 인구사회학적 특성, 경제상태, 건강수준, 건강행태, 인식으로 나열될 수 있다. 의료이용에 대해서는 입원, 응급, 외래 등 의료이용 종류에 따라 지출 비용, 약제비, 이동 수단, 간병비, 비급여진료비, 의료비 부담 수준 등이 의료이용 건 별로 구축된다. 민간의료보험도 수직적인 구조를 갖는다. 개인이 가입한 민간의료보험에 따라 보장 내용, 보험료 등이 조사되며 위로는 부부공동가입 상품과 같이 가구 수준에서 조사되는 정보가 있다.

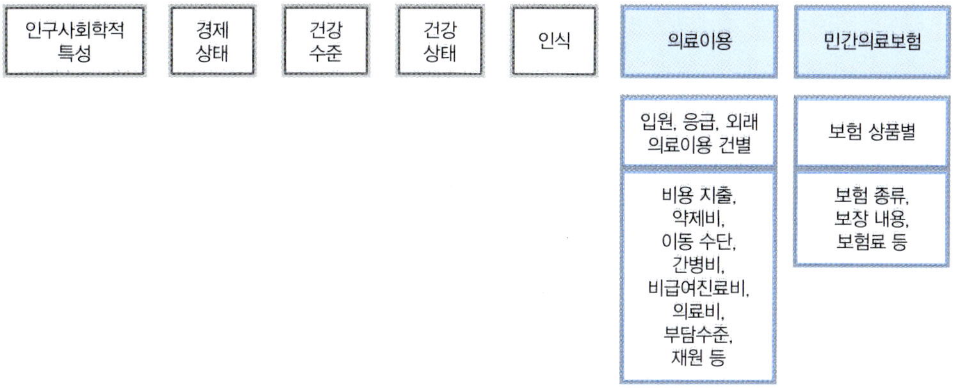

그림 1 **한국의료패널 데이터 구조**

한국의료패널에 포함된 주요 변수는 다음과 같다. 더 상세한 조사표와 조사 문항은 한국의료패널 홈페이지(https://www.khp.re.kr/)에서 얻을 수 있다.

한국의료패널은 의료서비스 이용 건별로 다양한 의료비 항목을 조사하고 있다. 예컨대 입원 서비스 이용 건에 대해 병원에 수납한 비용과 비급여진료비, 퇴원 시 처방약 조제비용, 교통비, 간병인 비용 등 비용의 세부 항목이 조사된다. 이를 입원, 외래, 응급, 기타 의료서비스에 대해 조사하므로 의료비 항목은 다층적인 구조를 가지며 연구목적에 따라 의료비를 어디까지 포함할지 조작적으로 정의할 수 있다. 한편, 한국보건의료연구원에서는 경

표 2 한국의료패널 주요 내용과 변수

조사 단위	설문 영역	주요 변수
가구 단위	사회경제적 특성	• 가구원수/세대구성/다문화가구/맞춤형급여/주거형태
	소득, 부채 및 자산, 지출	• 근로소득/사업소득 • 부채/자산 • 소비지출/비소비지출
	일반의약품 및 의료관련 지출	• 일반의약품 및 의외약품 년간 구매액/구매처 • 건강보조식품 연간 구매액/구매처 • 의료기기 및 의료용품 연간 구매액
	가구 의료비 부담	• 가구 의료비 부담 정도 • 본인부담금 보조 재원 및 금액
건단위	민간의료보험	• 가입연도/보험 형태/보장유형 • 월 보험료/보험금 청구 및 수령금액 • 민간의료보험 가입 및 지출 규모
개인 단위	인구사회경제적 특성	• 성별/생년월일/결혼상태/교육수준 • 가구주와의 관계/장애유무 및 유형/의료보장형태
	경제활동상태 및 소득	• 경제활동 참여 상태/종사상 지위/근로시간 형태 • 고용관계/근로계약 기간/산업분류/직업분류 등 • 재산소득/이전소득/비경상 소득
건단위	만성질환 관리	• 주요 만성질환 유무/진단 시기
	(입원/외래/응급)	• 방문시기/방문기관 유형 • 방문 이유 및 주질환 • 치료 또는 검사 내용 • 건강검진 종류/발견 질병 • 의료비/간병인비용 • 약국수납금액 • 의사결정자, 만족도
개인 단위	장기요양 및 기타 돌봄서비스 이용	• 돌봄 필요 이유/돌봄 부담 • 장기요양등급 • 주 돌봄공간 및 제공자 • 재가서비스 등 이용 기간과 비용 • 장기요양시설 등 이용기간과 비용 • 산후조리원 및 산후도우미 이용 기간과 비용
	건강관련 인식 및 행태	• 건강생활 습관 • 건강수준 • 의료접근성 • 상용치료원
	건강정보 이해능력 (2기 조사의 부가조사)	• 건강정보 이해능력 수준 • 건강정보 탐색경험 여부 및 방법

제성평가나 질병부담 등 비용 연구에서 활용 가능한 '표준비용산출방법'을 정리하여 보고하였는데, 이에 따르면 의료서비스와 관련된 비용은 직접의료비, 직접비의료비, 간접비용

으로 구분된다. 한국의료패널이 제공하는 세부 의료비 항목들을 조합하면 '표준비용산출방법'에 따라 의료비를 재분류할 수 있다. 다만, 이때 세부 의료비 변수들은 한국의료패널의 여러 데이터셋에 걸쳐 산재해 있기 때문에 적절한 결합을 거쳐야 한다. 이에 대한 결합 방법과 주의사항은 다음 장에서 실습자료와 함께 다룬다.

표 3 한국의료패널의 의료비 변수 구조와 '표준비용산출방법' 기준 의료비 매칭 방법

표준비용항목 \ 의료패널		입원 서비스 비용	외래 서비스 비용	응급 서비스 비용	기타 의료비 (약국에서 구매한 비용)	기타 의료비 (의료기관 외 시장, 인터넷, 홈쇼핑 등)
의료비	의료기관에 수납한 비용	포함	포함	포함		
	처방약 조제 비용	포함	포함	포함		
	일반의약품, 의약외품등				포함	
	의료기기, 건강기능 식품, 안경/콘택트렌즈 관련 지출 등					포함 (가구)
비의료비	교통비	포함	포함	포함		
	간병인비	포함				
	시간비용					
간접비용	이환 비용, 조기 사망 비용					

· 의료비 산출 시 포함된 의료서비스가 해당되는 의료기관은 한국의료패널 설문 문항에 의거하여 종합전문병원, 종합병원, 병원, 의원, 치과병원, 치과의원, 한방병원, 한의원, 보건의료원, 노인요양병원이다. (장기요양서비스 비용은 제외)
· 한국의료패널에서 조사한 '기타의료비'는 구체적으로 다음과 같은 항목이 포함되었으며 약국에서 지출한 비용과 그 외의 비용으로 구분하였음.
1) 약국 일반의약품 구매, 약국 일반의약외품구매, 약국 한약 구매, 건강기능식품, 안경/콘택트렌즈, 의료기기 구매/수리/임대, 무면허 틀니
2) 한약방 한약 구매, 시장에서 건재, 첩약 구매, 한약 달이는 삯, 침술/접골원, 기타

2.2.1. 부가조사

한국의료패널에서는 연구자의 수요와 사회적 요구에 맞추어 추가적인 조사를 수행한다. 이를 부가조사라고 하는데, 만 18세 이상 성인 가구원을 대상으로 건강생활습관, 삶의 질, 일상생활수행능력(ADL), 상용치료원, 환자경험, 보건의료체계 인식 등이 조사된 바 있다. 부가조사는 지속적으로 조사되지 않고 누락되기도 하고, 준거기간이 조사일 기준 혹은 지난 1년 등으로 항목마다 차이가 있어 연구에 활용할 때는 세부 조사문항의 포함 연도와 일관성을 살펴봐야 한다.

2.2.2. 생성변수

생성변수란 조사된 변수를 조작하여 새로운 변수로 제공하는 것으로, 한국의료패널에서는 소득과 의료비 변수가 연구자들이 많이 사용하는 생성변수이다. 소득은 개인의 근로소득을 포함하여 다양한 소득원 별로 조사되며, 이를 사후에 합산하여 개인소득과 가구소득 변수로 제공한다. 의료비는 모든 의료이용 건별 본인부담금을 다양한 범위의 의료비 정의에 따라 개인과 가구 수준으로 합산하여 의료비 변수로 제공하고 있다. 많은 연구자들이 연구목적에 따라 조작적 정의를 사용하기 위해 개별 의료이용의 비용을 직접 합산하여 사용하지만, 편의를 위해 생성변수를 사용할 수도 있다.

2.2.3. 한국의료패널자료 분석 시 유의사항

한국의료패널은 조사 내용이 방대하고 복잡한 자료 구조를 갖지만, 자료처리를 잘 거친다면 다양한 차원의 요인들 간의 관계를 파악하는 것이 가능하고 활용 가능성이 높은 자료원으로 다음의 몇 가지 유의사항을 잘 숙고하여 사용할 것을 권한다.

첫째, 자료 결합 시 서로 다른 수준의 자료를 동일한 수준으로 일치시키는 자료처리가 필요하다. 실제로 한국의료패널자료를 사용하다 보면 서로 다른 수준의 데이터셋을 결합해야 하는 경우가 항상 발생한다. 예컨대 가구와 가구원 수준의 자료끼리 결합하거나, 가구와 민간의료보험 자료를 결합하거나, 가구원 수준과 의료이용 자료를 결합하는 경우들이 있다. 자료를 처음 이용하는 학생들은 데이터셋마다 자료의 수준이 다르다는 점을 간과하는 경우가 있는데, 이를 방지하기 위해 항상 데이터셋의 구축 단위를 확인할 것을 권한다. 이를 위한 가장 쉬운 방법은 데이터셋의 관측치수와 고유한 개인 ID(혹은 가구 ID)의 수를 함께 확인하는 것이다. 단면 자료에서 고유한 개인의 수보다 관측치의 수가 더 많다면 이것은 의료이용 건이나 민간의료보험 상품을 기준으로 구축된 자료일 수 있다. 이 작업은 한국의료패널뿐 아니라 어떤 자료원을 사용하더라도 가장 먼저 확인해봐야 하는 내용이다. 만약 개인 수준의 자료와 의료이용 건 수준의 자료를 결합해야 한다면 어떻게 할까? 이때에는 결합변수, 즉 key 변수가 개인 ID가 되며 의료이용 건을 개인 수준으로 합산하여 개인 수준의 자료로 변환하는 과정을 거친 후 결합할 수 있다.

둘째, 소득 변수는 전년도 소득이 조사되었음을 유의해야 한다. 소득은 지불 능력을 나타내는 대표적인 변수로 의료이용의 양과 질에 유의한 영향을 주는 것으로 알려져 있다. 한국의료패널에서 조사되는 의료이용은 당해연도의 지출이지만 소득은 전년도 소득이 조사되었기에 소득과 의료이용 간의 관계를 살펴보는 경우와 같이 소득이 중요한 변수가 되는 연구에서는 소득의 시점을 한해 이동시켜 의료이용 시점과 일치시킬 필요가 있다. 그러나 이때, 조사에 누락된 개인들은 분석 대상에서 제외되므로 표본 수가 줄어드는 문제가

표 4 의료패널의 3가지 분석 수준과 변수의 예

(1) 건	(2) 가구원	(3) 가구
의료이용1 의료이용2 의료이용3 ⋮	개인의료비 의료이용 횟수 입원일수	가구의료비
만성질환1 만성질환2 만성질환3 ⋮	개인의 만성질환수 특정 질환 유무	가구내 만성질환수 특정 질환자 유무
민간보험1 민간보험2 민간보험3 ⋮	개인의 민간보험수 보험료납입액	가구내 보험 수 가구 보험료

있다. 표본에서 탈락되는 개인들이 체계적인 특성을 지닌다면 대표성을 상실한 표본 구성으로 인해 선택편향(selection bias)을 일으킬 수 있다. 연구목적에 따라 이 두 가지 문제의 크기를 잘 가늠하여 소득 변수의 연도를 일치시킬지를 결정해야 할 것이다. 많은 연구에서 전년도 소득이 올해 가구의 경제 수준을 전반적으로 대변한다고 보고 연도를 이동시키지 않고 그대로 사용하고 있다.

셋째, 만성질환 변수를 사용하는 경우 조사의 일관성을 고려해야 한다. 한국의료패널에서 질환은 한국표준질병사인분류(KCD6)를 이용하여 기입하고 있으나, 초기 조사에서는 KCD가 아닌 코드를 사용하고 있어 이를 확인하고 분석 기간을 정하면 좋다.

2.3 요약

한국의료패널은 보건의료 영역에서 가장 활용도가 높은 조사자료이다. 그러나 내용이 방대하고 다른 패널조사자료와 달리 의료이용, 만성질환, 민간의료보험 등 세부 정보가 다른 수준의 데이터셋으로 구축되어 복잡한 구조를 갖는다. 하지만 이러한 특징은 다시 다양한 수준의 분석이 가능하다는 장점이기도 하다. 가구, 개인, 의료이용 에피소드 등 연구목적에 따라 자료를 조작할 수 있다는 점은 활용 가능성을 더욱 높이는 특징이다. 또한 건강보험 청구자료와 비교하여 한국의료패널은 본인 부담 의료비와 비급여 진료비를 포함하고 사회경제적 상태, 개인의 인식 등 설문으로 파악할 수 있는 정보를 담고 있다는 장점이 있다. 단 자료의 복잡한 구조를 인식하고 분석 시 연구목적에 따라 적절히 결합하여 사용해야 한다. 결합변수는 가구나 개인 ID를 사용할 수 있으며 먼저 분석 수준을 일치시킨 후 결합해야 한다. 어느 패널조사든지 표본의 누락과 조사의 일관성이 문제가 될 수 있다. 부가조사를 활용하는 경우라면 조사가 포함된 연도를 확인하고 연구를 설계해야 한다.

10장 자료처리

학습목표

1. 한국의료패널 자료 구조에 대한 이해를 바탕으로 SAS 언어를 사용한 기본적인 자료처리를 할 수 있다. (SUM, JOIN, SQL, MACRO 등)
2. 빈도와 평균을 산출하는 기술분석표를 작성할 수 있다.

개요

본 장에서는 다음과 같은 예제를 통해 자료의 구조를 살펴보고 기본적인 자료처리 과정을 배운다.

예 제

1. 개인의 연도별 의료비 자료를 패널데이터 형식으로 구축하고 연도별 총의료비 평균은 얼마인지 확인하시오.
2. 가구의 의료비가 가구소득의 10%를 넘는 가구의 비율을 연도별로 확인하시오.
3. 표본의 고혈압과 위암의 유병자 비율을 연도별로 확인하시오.

1 자료처리 개요

1.1 자료원과 데이터셋 구조

한국의료패널은 우리나라의 대표성 있는 표본을 대상으로 의료이용과 건강상태에 대해 광범위한 조사 내용을 담고 있는 자료원이다. 본 장에서는 기초적인 자료처리와 기술분석을 학습하기 위해 몇 가지 예제를 다룬다. 실습 데이터(data_khp.zip)는 한국의료패널의 2012년부터 2015년까지 조사자료를 주요 변수만 간추리고 일부 가구를 추출한 자료임을 밝혀둔다[1].

1) 한국의료패널 원데이터는 홈페이지에서 신청을 통해 얻을 수 있으며, 본 교재에서 제공하는 자료보다는 한국의료패널 원자료를 사용하여 학습할 것을 권장한다.

실습데이터는 외래, 입원, 응급 의료이용 데이터와 가구 및 가구원 조사자료, 만성질환에 대한 조사자료가 각 연도별로 6개씩, 총 24개의 데이터셋으로 구성되며 이들의 자료 수준이 다른 점을 유념해야 한다(표 1). <예제 1>에서는 서로 다른 수준으로 조사된 데이터의 구조를 확인하고 이를 분석 목적에 맞도록 가공하는 과정을 다룬다. 개인 수준으로 합산 처리되어 패널데이터 형태로 제공되는 데이터를 사용할 경우 <예제 1>의 과정은 넘어가도 무방하다. SAS의 sql 문, macro 문을 실습하고 싶거나 count, sum과 같은 함수와 merge 문을 실습하고 싶다면 이번 예제가 기초 실습으로서 유용한 경험이 될 것이다.

예제에서 다루는 주요 변수들은 개인의료비, 가구의료비, 가구소득, 개인의 고혈압 유병 여부, 개인의 위암 유병여부이며, 이들 변수를 정의하고 합산하는 방법에 대해 알아본다.

표 1 조사년도와 조사 내용에 따른 실습자료 데이터셋 구성

	2012년	2013년	2014년	2015년
가구 조사자료	t12hh	t13hh	t14hh	t14hh
가구원 조사자료	t12ind	t13ind	t14ind	t14ind
외래 의료이용	t12ou	t13ou	t14ou	t14ou
입원 의료이용	t12in	t13in	t14in	t14in
응급 의료이용	t12er	t13er	t14er	t14er
만성질환	t12cd	t13cd	t14cd	t14cd

• 실습데이터(data_khp.zip)는 위와 같이 조사년도와 조사 내용에 따라 별도의 데이터셋명이 부여되어 있다.

2 자료처리 예제

2.1 개인의 의료비 산출

예 제

1. 개인의 연도별 의료비 자료를 패널데이터 형식으로 구축하고 연도별 총의료비 평균은 얼마인지 확인하시오.

Key point 개인의 의료비 산출: 값의 합산과 서로 다른 수준의 데이터 결합

2.1.1. 데이터 확인

개인의 의료비는 외래, 입원, 응급 의료이용 시에 발생한 의료비를 합산하여 얻는다. 우선

[표 1]에 제시된 데이터셋 중 2015년 외래 의료이용이 조사된 데이터인 t15ou의 자료 구조를 살펴보기 위해 다음과 같은 명령을 실행하였다.

```
libname a 'D:\data'; run;   /* ① */

proc sql;
        select * from a.ou15 (obs=100) ;   /* ② */
quit;

proc sql;
        select count(*) as count_obs   /* ③ */
                 , count(distinct pid) as count_pid   /* ④ */
        from a.ou15;
quit;
```

① 데이터셋이 저장된 물리적 경로를 지정하고 라이브러리 이름을 'a'로 부여하였다. 여기서는 컴퓨터 D 드라이브의 data라는 폴더 안에 원데이터가 저장되어 있어 이 경로를 지정하였다. 라이브러리 지정은 데이터 분석을 시작할 때 반드시 필요한 과정으로 라이브러리에서 데이터를 불러오고, 가공된 데이터를 정해진 물리적 경로에 저장하기 위해 사용된다.

② 데이터 내용을 들여다보기 위해 데이터를 직접 열 수도 있지만, 용량이 큰 자료를 매번 열어서 확인하는 것은 번거로운 일이다. 이 실행문은 관측치의 100개까지만 결과로 보여준다. 관측치의 조사 수준과 데이터셋이 포함하고 있는 변수를 확인할 수 있는 직관적인 방법이다.

③ 관측치의 수를 count 함수를 이용하여 확인하는 실행문이다.

④ 대상자 수를 확인하기 위해 고유한 개인 ID의 수를 count 함수를 이용하여 산출하는 실행문이다. ③의 결과와 비교해보면 자료가 개인 수준으로 구축되었는지, 개인의 의료이용 건을 기준으로 구축되었는지 가늠할 수 있다.

2.1.2. 외래 의료이용 데이터셋의 자료처리

의료이용 자료는 외래, 입원, 응급 의료이용 시의 정보가 별도의 데이터셋에 저장되어 있다. 여기서 2015년 외래 의료이용에 대한 정보를 담고 있는 데이터셋 a.ou15를 이용하여 의료비를 개인 수준으로 통합하기 위해 다음과 같은 명령을 실행하였다.

```
proc sql; create table ou15_pid as
        select distinct pid, hhid, year
             , sum(ou_cost_hospital) as ou_hospital /* ① */
             , sum(ou_cost_pharmacy) as ou_pharmacy
             , sum(calculated ou_hospital, calculated ou_pharmacy)
                    as ou_med /* ② */
        from a.ou15
        group by pid;
quit;

proc sql; select count(*) from ou15_pid; quit; /* ③ */
proc sql; select count(*) from a.ou15; quit; /* ④ */
```

이 sql 문은 의료이용 건 수준으로 구축된 자료를 개인 수준으로 재구성한다. 이때 출력물의 수준을 group by 구절에서 정의하고 sum, count, max, min 등의 함수를 실행하면 지정된 수준으로 연산된 결과를 변수로 하는 데이터를 얻을 수 있다.

① 한 개인이 1년간 이용한 외래 의료이용의 비용을 sum 함수를 이용하여 합산하고 그 값을 새로운 변수에 저장한다.
② 하나의 select 구문 안에서 이미 계산된 값을 이용할 때는 생성된 변수 앞에 calculated를 붙여서 사용한다.
③ 결과는 개인 수준으로 합산된 데이터셋의 관측치를 알려준다. ④(합산되기 전의 관측치 수)의 결과와 비교해보면 값이 22,120에서 1,245로 줄어들었음을 확인할 수 있다. 따라서 이 자료는 1,245명이 이용한 22,120건의 외래 의료이용에 대한 정보를 담고 있음을 가늠할 수 있다.

이러한 처리를 2012년 데이터부터 2015년 데이터까지 반복해서 수행해야 한다. 이러한 반복 작업은 SAS의 macro 문을 사용하여 실행할 수 있는데, 이때 연도별 데이터셋의 자료 구조와 변수명이 동일해야 한다. 다음은 위에서 실행한 외래 의료이용을 개인 수준으로 합산한 과정을 4개 연도 자료에 반복 실행한 macro 문이다.

```
%macro ou(y=);
%do y=12 %to 15;  /* ① */
proc sql; create table ou&y._pid as
        select distinct pid, hhid, year
               , sum(ou_cost_hospital) as ou_hospital
```

```
             , sum(ou_cost_hospital) as ou_hospital
             , sum(ou_cost_pharmacy) as ou_pharmacy
             , sum(calculated ou_hospital, calculated ou_pharmacy)
                  as ou_med
       from a.ou&y   group by pid;
quit;
%end;
%mend;
%ou; /* ② */
```

위 실행문에서는 매크로 변수 y를 사용하여 매크로문을 정의하고 ou라고 명명하였다. 매크로 변수 y에 연도에 해당하는 값을 입력하여 반복실행을 수행하였다. 이때 주의할 점은 실행에 사용되는 데이터셋의 구조와 변수명이 같아야 한다는 것이다. 패널조사자료라 하더라도 조사년도에 따라 문항이 개선되어 다른 변수명을 부여하는 경우가 있으므로 매크로문을 실행하기 앞서 데이터셋을 확인하는 과정이 필요하다.

① 매크로 문 안에서 do loop, 즉 %do를 이용하여 반복 작업을 더 쉽게 수행할 수 있다. 만약 do loop를 사용하지 않았다면, 이 매크로를 실행할 때 %ou(y=15)라고 매크로 변수의 값을 직접 입력한다.

② 정의한 매크로를 실행할 때는 이처럼 %매크로명을 입력하면 매크로로 저장된 텍스트가 실행된다. 실행 결과로 ou12_pid, ou13_pid, ou14_pid, ou15_pid의 데이터셋이 만들어진다.

입원 의료이용 데이터셋과 응급 의료이용 데이터셋에 대해서도 매크로를 이용하여 같은 작업을 수행한다. 실행 결과로 개인 수준의 입원 의료이용 데이터셋 네 개와 응급 의료이용 데이터셋 네 개가 만들어진다.

```
/* 입원 의료이용 데이터셋의 자료처리 */
%macro in;
%do y=12 %to 15;
proc sql; create table in&y._pid as
       select distinct pid, hhid, year
             , sum(in_cost_hospital) as in_hospital
             , sum(in_cost_pharmacy) as in_pharmacy
             , sum(calculated in_hospital, calculated in_pharmacy)
                  as in_med
       from a.in&y    group by pid;
```

```
quit;
%end;
%mend;
%in;

/* 응급 의료이용 데이터셋의 자료처리 */
%macro er;
%do y=12 %to 15;
proc sql; create table er&y._pid as
       select distinct pid, hhid, year
               , sum(er_cost_hospital) as er_hospital
               , sum(er_cost_pharmacy) as er_pharmacy
               , sum(calculated er_hospital, calculated er_pharmacy)
                      as er_med
       from a.er&y    group by pid;
quit;
%end;
%mend;
%er;
```

2.1.3. 개인조사자료를 기준으로 의료이용 자료 결합

의료이용 자료에도 개인 식별 아이디가 있으므로 개인별 의료이용 정보를 확인할 수 있다. 그러나 의료이용을 하지 않는 사람은 이 자료에 존재하지 않는다. 외래 서비스는 비교적 많은 사람들이 이용하지만 입원 서비스는 그보다 적은 사람들이 이용한다. 응급 서비스는 더 적은 사람들이 이용했을 것이다(그림 1). 개인의 총의료비를 합산하기 위해서는 해당 서비스를 이용한 정보만을 포함하고 있는 의료이용 자료를 결합하여 하나의 데이터셋으로 구축하는데, 그 결과 의료이용 변수에 결측값이 생기는 이유이다. 이때 결합의 기준이 되는 데이터셋은 전체 응답자의 정보를 담고 있는 개인 조사자료(a.ind15)이며 결합변수는 개인식별기호(pid)가 된다.

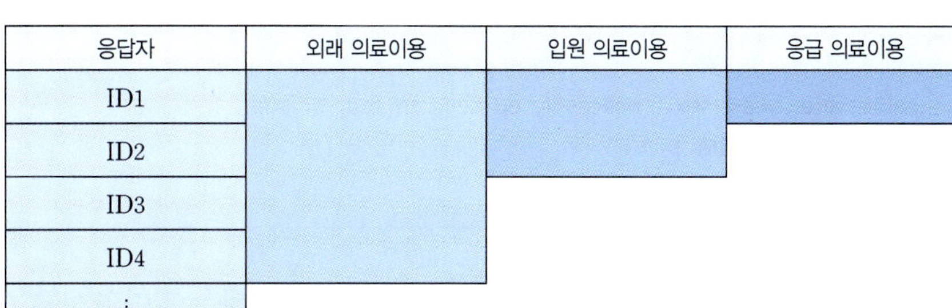

그림 1 자료의 형태를 고려한 결합 방식

```
/* ① */
proc sort data=a.ind15; by pid; run; /* 앞서 지정한 a 라이브러리에 있음 */
proc sort data=er15_pid; by pid; run; /* 매크로로 생성한 데이터셋 */
proc sort data=ou15_pid; by pid; run;
proc sort data=in15_pid; by pid; run;

data join15; /* ② 개인조사자료를 기준으로 결합, left join이라고도 함 */
       merge a.ind15(in=a) er15_pid(in=b) ou15_pid(in=c)
             in15_pid(in=d);
       if a=1;
       by pid;
run;

%macro join(y=); /* ③ 매크로로 반복실행 */
%do y=12 %to 15;
proc sort data=a.ind&y; by pid; run;
proc sort data=er&y._pid; by pid; run;
proc sort data=ou&y._pid; by pid; run;
proc sort data=in&y._pid; by pid; run;
data join&y;
       merge a.ind&y(in=a) er&y._pid(in=b) ou&y._pid(in=c)
             in&y._pid(in=d);
       if a=1;
       by pid;
run;
%end;
%mend;
%join ;

data panel_ind_med; set join15 join14 join13 join12 ; /* ④ */
       medcost1=sum(er_med, in_med, ou_med); /* ⑤ */
       medcost1_1=er_med + in_med + ou_med ; /* ⑥ */
run;

proc sql; /* ⑦ */
       select pid, year, sex,  medcost1, ou_med, in_med, er_med
       from panel (obs=15) ;
quit;
```

① 여러 데이터셋을 공통의 key 변수를 기준으로 수평으로 결합하는 방법은 여러 가지가 있으나 proc sql의 join 구문을 이용하거나, 본 프로그램에서처럼 data 스텝의 merge

구축된 패널데이터

pid	year	sex	medcost1	ou_med	in_med	er_med
1200101	2012	2	192,500	192,500	.	.
1200101	2013	2	801,820	651,630	43,250	106,940
1200101	2014	2	336,864	336,864	.	.
1200101	2015	2	365,478	365,478	.	.
1200201	2012	2	753,900	753,900	.	.
1200201	2013	2	108,200	108,200	.	.
1200201	2014	2	98,400	98,400	.	.
1200201	2015	2	1,005,450	1,005,450	.	.
1200202	2012	1	225,800	225,800	.	.
1200202	2013	1	.	.	.	.
1200202	2014	1	200,000	200,000	.	.
1200202	2015	1	119,980	.	.	119,980
1200401	2012	1	.	.	.	.
1200401	2013	1	.	.	.	.
1200401	2014	1	.	.	.	.

문을 이용하는 방법이 주로 사용된다. 결합하기 전에 key 변수로 정렬을 해준다.

② 여기서는 총 4개의 데이터셋을 개인식별기호(pid)를 기준으로 수평으로 결합하는데, 특히 모든 응답자를 포함하고 있는 개인조사자료 데이터셋(a.ind15)을 기준으로 동시에 3개의 데이터셋을 결합할 것이다. 결합 조건은 if 문에서 정의해주는데 여기서는 개인조사자료를 기준으로 결합하는 조건을 정의하였다.

③ 조사년도에 따라 결합 과정을 반복하는 것은 매크로문을 이용하여 수행하였다. 이 결과로 각 년도별 개인의 의료이용에 대한 데이터셋이 생성되었다. 생성된 네 개의 데이터셋은 조사년도가 다르며, 동일한 변수를 포함하고 있다.

④ 패널데이터는 개인의 반복적인 조사 내용을 하나의 데이터셋에 담겨진 것으로 년도별 자료가 수직으로 붙여진 형태를 갖는다. 앞서 생성된 연도별 개인의 의료이용 데이터셋을 이와 같은 프로그램을 이용하여 패널데이터로 구축할 수 있다. 이 프로그램에서는 동일 연도의 의료이용 데이터셋을 수평으로 결합한 후 연도를 수직으로 붙이는 순서로 패널데이터를 생성하였으나, 이 순서는 수직결합 후 수평결합을 하는 방식으로 바뀌어도 무방하다. 다만 후자의 경우 수평결합 시 key 변수는 개인식별변수(pid)와 연도(year) 두 가지를 지정해주어야 한다.

⑤ 개인의 총의료비는 sum 함수를 이용하여 합산하였다. 자료를 결합하는 과정에서 의료이용 서비스 항목에 따라 결측값이 발생한다. 예컨대 입원 서비스를 이용하지 않은 개

인은 자료 결합 후 입원 의료비 변수의 값이 결측값이 된다. 이처럼 결측값을 포함하고 있는 변수를 연산할 때는 함수를 이용할 것을 권장한다. ⑥과 같이 연산을 직접 수행하면 결측값을 하나라도 가진 관측치는 연산이 처리되지 않기 때문이다.

⑦ 구축된 패널데이터셋을 확인하기 위해 개인식별기호와 연도로 정렬한 후 자료를 살펴보았다. 각 개인별 연도별 의료비 정보가 패널데이터 형식으로 구축된 것을 확인할 수 있다.

2.1.4. 응답자의 연도별 평균의료비 산출

구축된 패널자료를 이용하여 개인의 연도별 평균의료비를 다음과 같은 프로그램으로 산출하였다. data 문에서 옵션으로 어떤 통계량을 출력할 것인지를 지정할 수 있는데, 사용된 관측치 수(n), 평균(mean), 표준편차(std), 최솟값(min), 최댓값(max)을 출력하였다.

```
proc means data=panel  n mean std min max;
        class year;
        var medcost;
run;
```

MEANS 프로시저

분석 변수: medcost						
year	관측값 수	N	평균	표준편차	최솟값	최댓값
2012	1,783	1,479	540,266	1,095,992	0	13,951,170
2013	1,668	1,385	544,292	960,970	0	13,909,270
2014	1,555	1,316	583,911	1,014,285	0	8,944,517
2015	1,476	1,252	671,851	1,529,822	0	30,745,440

출력된 결과는 연도별 통계량을 보여주고 있다. 관측값 수는 데이터에 포함된 전체 조사대상자 수를 나타내며 N은 분석에 사용된 관측값 수를 나타낸다. 개인에 따라서는 해당 연도에 의료이용을 안 한 사람도 있어 의료비가 결측값으로 입력되어 있으므로 N은 관측값 수보다 적다. N을 관측값 수로 나누면 그 해의 의료이용자 비율을 구할 수 있다. 의료이용을 하지 않은 사람이라면 의료비의 실질적인 값은 0으로, 의료비 변수를 구태여 결측값으로 남겨둘 필요가 없다고 생각할 수 있다. 때로는 결측값을 0으로 재코딩하여 평균의료비를 계산하는 것이 합당하다. 연구에 따라 결측치를 남겨둘지, 재코딩할지를 결정하겠지만 가장 투명하게 자료의 정보를 독자에게 보여주는 방법은 N과 함께 의료이용률과 의료이용자의 평균의료비를 함께 제시하는 방법이다.

2.2 가구 의료비 산출

예제

2. 가구의 의료비가 가구소득의 10%를 넘는 가구의 비율을 연도별로 확인하시오.

Key point 가구의 의료비 산출, 새로운 변수 생성, 빈도표 작성

가구의 의료비가 가구의 지불능력의 일정 수준이 넘는 지출을 과부담 의료비라고 한다. 과부담 의료비를 지출한 가구의 비율이 얼마인지를 산출하기 위해서는 가구 수준으로 데이터셋이 구축되어야 하고, 새로운 변수를 생성하고 빈도를 산출하는 과정이 필요하다.

2.2.1. 데이터 구축

가구소득 변수는 data_khp.zip에 있는 가구 데이터셋(hh12, hh13, hh14, hh15)에 포함되어 있으며, 의료비 변수는 앞서 생성한 개인의료비 데이터셋(panel)을 이용하거나 실습데이터로 제공되는 panel 데이터셋을 이용하여 가구 수준으로 합산한다. 가구소득과 가구의료비 변수가 별도의 데이터셋에 있으므로 가구 key 변수로 결합하여 가구 수준의 패널데이터를 생성한다.

```
/* ① */
data hh; set a.hh15  a.hh14  a.hh13  a.hh12 ; run;

/* ② */
proc sql; create table hh_med as
       select hhid, year, sum(medcost) as hh_medcost
       from panel
       group by hhid, year;
quit;

/* ③ */
proc sort data=hh; by hhid year;
proc sort data=hh_med; by hhid year;
data panel_hh;
       merge hh(in=a) hh_med(in=b);
       by hhid year;
       if a=1;
run;
```

① 연도별 가구 데이터셋을 패널데이터 형식으로 붙이는 작업이다. 생성된 hh 데이터셋은 가구의 네 개 연도 소득 변수를 포함하는 패널데이터이다.

② 가구의 의료비는 가구 구성원의 의료비를 합산하여 얻는다. 가구 데이터셋에는 의료비에 대한 정보가 없고 의료이용 데이터셋으로부터 개인의료비를 합산한 데이터셋(panel)으로부터 가구의료비를 합산한다. 이때 각 연도별, 가구의 의료비를 산출하므로 합산의 기준이 가구식별 변수(hhid)와 연도변수(year)가 됨을 유의해야 한다.

③ 가구소득과 가구 의료비 데이터셋은 이미 패널데이터 형식으로 구축되어 있으므로 이때에는 key 변수로 가구식별 변수(hhid)와 연도변수(year)를 사용한다.

2.2.2. 가구 과부담의료비 발생률

다음은 기초통계량을 확인하고 과부담 의료비를 정의한 다음, 빈도를 산출하는 프로그램이다.

```
/* ① */
proc means data=panel_hh n mean std ;
        class year;
        var hh_medcost ;
        var hh_income ;
run;

/* ② */
data cata; set panel_hh;
        if hh_income=0 then hh_income=1;
        if hh_medcost='.' then medcost_hh=0;
        if hh_medcost/hh_income>0.1 then che=1; else che=0;
run;

/* 가구 과부담의료비 발생률: 2012년 14.74%, 2013년 16.61%, 2014년 18.48%, 2015년 22.41% */
/* ③ */
proc freq data=cata;
        table che*year / nopercent norow;
run;
```

① 가구 의료비와 가구소득의 기초통계량을 확인하는 프로그램이다. 실행 결과는 다음과 같은데 가구소득의 통계량을 산출하는 데 사용된 관측치 수와 가구 의료비 통계량을 산출하는 데 사용된 관측치 수가 다른 점을 확인할 수 있다. 이는 한 해 동안 의료서비스를 이용하지 않은 가구의 의료비가 결측치로 입력되어 있기 때문이다.

MEANS 프로시저

year	관측값 수	변수	N	평균	표준편차
2012	597	hh_medcost	590	1,528,000	1,972,786
		2013	597	36,538,042	24,674,376
2013	566	hh_medcost	559	1,569,826	1,827,516
		2015	566	39,981,611	49,847,830
2014	541	hh_medcost	534	1,626,324	1,823,137
		hh_income	541	38,431,532	27,544,478
2015	522	hh_medcost	513	2,013,915	2,938,047
		hh_income	522	40,128,602	29,390,075

② 과부담 의료비 변수는 분자와 분모로 이루어져 있는데, 분모에 해당하는 가구소득이 0인 경우 변수 생성이 누락되지 않도록 가구소득 값으로 1원을 대입하였다. 의료서비스를 이용하지 않아 의료비 변수가 결측값으로 입력되어 있는 경우 가구 의료비를 0으로 입력하였다. 가구소득 대비 의료비 지출이 0.1을 초과하는 가구를 과부담 의료비 발생 가구로 정의하고 새로운 변수 che를 생성하였다. 변수 che는 과부담 의료비가 발생한 가구에 1을, 발생하지 않은 가구에 0을 입력한 이변량 변수이다.

③ 범주형 변수의 기술통계량을 구하는 프로시저인 proc freq를 사용하여 연도별 과부담 의료비 발생 빈도와 발생률을 얻을 수 있다. table 문의 옵션을 활용하면 연도별 발생 빈도와 발생률만을 출력할 수 있다. 이 결과는 이 표본의 가구 과부담 의료비 발생률이 2012년 14.74%, 2013년 16.61%, 2014년 18.48%, 2015년 22.41%임을 보여준다.

FREQ 프로시저

빈도
칼럼 백분율

테이블 che * year					
che	year				
	2012	2013	2014	2015	합계
0	509 85.26	472 83.39	441 81.52	405 77.59	1,827
1	88 14.74	94 16.61	100 18.48	117 22.41	399
합계	597	566	541	522	2,226

2.3 연도별 고혈압과 위암 유병자 비율

예 제

3. 표본의 고혈압과 위암의 유병자 비율을 연도별로 확인하시오.

Key point 질환코드를 이용한 질병 정의, 빈도표 작성

만성질환은 실습자료 중 cd 데이터셋에서 확인할 수 있다. 이 데이터셋들은 개인이나 가구 수준이 아닌 질환 수준으로 구축되어 있다. 이 자료를 개인의 질환 보유 여부로 재구성하고 특정 질병의 유병률을 산출하는 과정이다.

```
proc sql; select * from a.cd15 (obs=10); quit; /* ① */

data panel_cd; set a.cd12 a.cd13 a.cd14 a.cd15; run; /* ② */

/* ③ */
data panel_cd1; set panel_cd;
      if substr(kcd, 1, 3)  in("I10","I11","I12","I13","I14","I15")
            then htn=1;
            else htn=0; * 고혈압;
      if substr(kcd, 1, 3)  ="C16" then sc =1;
            else sc=0; * 위암;
run;

/* ④ */
proc sql; create table panel_cd_ind as
      select distinct pid, year, sum(htn) as htn, sum(sc) as sc
      from panel_cd1
      group by pid, year;
quit;

/* ⑤ */
data panel_ind; set a.ind12 a.ind13 a.ind14 a.ind15; run;

proc sort data=panel_ind; by pid year; run;
proc sort data=panel_cd_ind; by pid year; run;
data ind_cd;
      merge panel_ind(in=a) panel_cd_ind(in=b);
      if a=1;
      by pid year;
```

```
        if htn='.' then htn=0;
        if sc='.' then sc=0;
run;

/* (5) 표본 중 연도별 고혈압, 유방암 유병자 비율 */
/* ⑥ */
proc freq data=ind_cd;
        table htn*year / nopercent norow;
        table sc*year / nopercent norow;
run;
```

① 먼저 한 년도의 만성질환 자료를 확인하자. 개인의 개별 질환을 기준으로 구축된 자료임을 알 수 있는데, 개별 질환의 진단 이력, 치료 내용, 의약품 복용 등에 대한 정보를 입력하기에는 이러한 형태가 유용할 수 있다.

② 여러 연도의 만성질환 데이터셋을 연결하여 패널데이터로 구축하였다.

③ 질병기호 변수(kcd)를 사용하여 고혈압과 위암을 정의하였다. 질병기호 변수는 '한국표준질병사인분류(KCD6)'로 입력되었고, 고혈압과 위암에 해당하는 코드를 사용하여 정의한다. 데이터셋 별로 변수에 대해 여러 길이가 지정되어 있거나, 질병기호 입력 시 코드의 자릿수가 다를 경우를 고려하여 substr 함수를 이용하여 변수값의 앞에서 3자리까지로 정의하였다.

④ 고혈압과 위암을 정의한 후, 이를 개인의 유병 여부로 바꾸기 위해 개인 수준으로 합산하였다. 이렇게 구축된 데이터는 개인의 고혈압 유무와 위암 유무를 보여주지만, 만성질환이 있는 사람들만 포함되어 있다. 그러나 질병의 유병률을 산출하기 위해서는 전체 개인이 분모가 되어야 한다.

⑤ 개인 조사자료(ind)를 패널 형식으로 구축하고 여기에 개인의 만성질환 자료를 결합하는 과정이다. 개인 조사자료 중 일부의 사람들이 만성질환 자료에 포함되어 있으므로 개인 조사자료를 기준으로 결합한다. 이때 고혈압과 위암이 없는 사람들은 해당 변수가 결측값이 아닌 0으로 입력되도록 하였다.

⑥ 이제 연도별 고혈압과 위암의 유병자 비율을 빈도표로 작성할 수 있다. 다음과 같은 결과가 출력된다. 표본의 고혈압 유병률은 2012년 13.4% 2013년 14.27% 2014년 17.11% 2015년 18.29%이며, 위암 유병률은 2012년 0.28% 2013년 0.3% 2014년 0.39% 2015년 0.41%이다.

FREQ 프로시저

빈도
칼럼 백분율

htn	테이블 htn * year				
	year				
	2012	2013	2014	2015	합계
0	1,544 86.6	1,430 85.73	1,289 82.89	1,206 81.71	5,469
1	239 13.4	238 14.27	266 17.11	270 18.29	1,013
합계	1783	1668	1555	1476	6482

빈도
칼럼 백분율

sc	테이블 sc * year				
	year				
	2012	2013	2014	2015	합계
0	1,778 99.72	1,663 99.7	1,549 99.61	1,470 99.59	6,460
1	5 0.28	5 0.3	6 0.39	6 0.41	22
합계	1,783	1,668	1,555	1,476	6,482

11장 패널분석

학습목표

1. 패널자료의 구조와 특징에 대해 이해할 수 있다.
2. STATA를 사용하여 기술분석을 수행하고 기초통계표를 작성할 수 있다.
3. 패널분석을 수행하고 결과를 해석할 수 있다.

개요

본 장에서는 패널자료의 구조와 특징에 대해 학습하고, 한국의료패널 데이터를 이용하여 기술분석과 회귀분석을 수행한다. STATA 프로그램을 이용하여 기술분석을 수행하고 기초통계표를 작성하고 회귀분석을 수행한 후 그 결과를 해석해볼 것이다. 또한, 개인의 변수가 연도에 따라 반복적으로 조사되는 패널자료의 특징을 고려한 패널분석을 수행하고 그 결과를 해석해볼 것이다.

1 패널분석 개요

1.1 패널자료의 구조와 특징

어떤 대상을 특정 시점에서 관찰하거나 조사하는 자료를 횡단 자료(cross-sectional data)라고 한다. 예를 들어, 올해 대학 신입생 1,000명을 뽑아 건강상태를 조사하였다면 이를 횡단 조사자료라고 할 수 있다. 이러한 표본추출을 매년 실시하고 대학 신입생의 흡연율이 어떻게 달라지는지 확인할 수도 있다. 이로부터 지난 30년간 대학 신입생의 흡연율 추이 자료를 얻었다면 이것은 시계열 자료(time-series data), 또는 종단적 자료(longitudinal data)라고 할 수 있다. 즉 종단적 자료는 시간의 흐름에 따라 반복적으로 조사되는 자료를 의미한다.

패널자료는 횡단 자료와 종단 자료의 특성을 결합한 형태로서 동일한 대상에게 동일한 내용을 반복적으로 관찰하거나 조사한 자료를 의미한다. 즉, 여러 개체(i)의 특성을 일련의 관측시점(t) 별로 기록한 자료로서 올해 대학 신입생(i) 1,000명을 선정하여 건강상태를 조사하고 이들에게 매년(t) 동일한 내용을 반복해서 조사한다면 패널자료가 된다. 조사 기간이 길어질수록 조사대상에서 빠져나가는 사람들이 생길 수 있는데, 이렇게 자료의 기간 동안 동일한 대상자가 유지되지 않는 패널자료를 불균형패널(unbalanced panel) 자료라고 하며, 동일한 대상자가 유지된다면 균형패널(balanced panel) 자료라고 한다.

표 1 패널자료의 구조

횡단 자료	
개인ID	흡연상태
1	흡연
2	비흡연
3	비흡연
4	흡연
5	비흡연
⋮	⋮

시계열 자료	
연도	흡연율
2022	24.8%
2021	25.4%
2020	26.3%
2019	24.4%
2018	28.0%
⋮	⋮

패널자료		
개인ID	연도	흡연상태
1	2022	흡연
1	2021	흡연
1	2020	비흡연
2	2022	비흡연
2	2021	흡연
⋮	⋮	⋮

패널자료를 이용하면 대상자의 상태의 변화를 측정할 수 있다. 횡단 자료가 여러 시점에 걸쳐 조사되었을 때, 표본의 흡연율 변화를 알려줄 뿐 한 개인의 흡연상태 변화를 알 수는 없다. 그러나 패널자료에서는 개별 대상자를 추적 관찰하므로 개인의 흡연상태가 시간에 따라 어떻게 변하는지를 측정할 수 있다. 패널자료는 횡단 자료보다 다음과 같은 장단점을 갖는다.

장점
- 횡단 자료보다 더 많은 정보를 포함한다.
- 변수의 동적 상태를 측정할 수 있다.
- 개체의 관찰되지 않는 이질성을 모형에서 고려할 수 있다.

단점
- 조사 비용이 많이 든다.
- 결측치가 발생할 수 있다.

2 패널자료의 기술통계

자료를 조사하고 분석하는 일련의 과정은 수집된 데이터를 일정한 절차와 연구목적에 맞게 정제하고 분석하는 순서를 거친다. 분석은 기술분석과 추론분석으로 구분될 수 있는데 회귀분석 등 본격적인 분석에 들어가기에 앞서 데이터가 포함하고 있는 표본과 변수의 특징을 표나 그래프를 통해 파악하게 된다. 이 과정은 회귀분석에 투입될 변수의 형태를 점검하고 필요한 변환을 취할지를 결정하기 위해서도 필요하지만, 때로는 기초통계표나 그래프 자체가 중요한 결과물이 되기도 한다.

2.1 자료의 확인

본 장에서는 실습데이터 khp.dta를 이용하여 패널자료의 기술통계를 STATA를 이용해서 학습하고 기술통계표를 작성해볼 것이다. 이 실습데이터는 한국의료패널 표본 중 일부를 다시 추출하여 분석할 수 있도록 데이터 정제 과정을 거친 것이다. 먼저 데이터가 저장된 경로를 다음과 같이 지정하여 STATA에서 데이터를 열고, 자료의 특성을 살펴볼 수 있다. 이 결과에서 데이터 khp.dta는 총 6,482개의 관측치로 이루어져 있으며 10개의 변수를 포함하고 있음을 알 수 있으며, 개별 변수의 이름과 포맷을 확인할 수 있다.

- use "D:\khp.dta", clear
- de

```
Contains data from D:\khp.dta
  obs:          6,482
 vars:              9
 size:        466,704
------------------------------------------------------------------------
              storage   display     value
variable name   type    format      label       variable label
------------------------------------------------------------------------
hhid            double  %12.0g
pid             double  %12.0g
sex             double  %12.0g
job_type        double  %12.0g
year            double  %12.0g
medcost         double  %12.0g
htn             double  %12.0g
sc              double  %12.0g
income          double  %12.0g
------------------------------------------------------------------------
Sorted by:
```

2.2 기초통계량

자료를 분석할 때 먼저 수행하는 것은 개별 변수에 대해 값의 분포와 기초통계량을 확인하는 기술분석이다. 변수에는 크게 범주형 변수와 연속형 변수가 있는데 범주형 변수의 기초통계량은 빈도(n, %)로서 제시되지만, 연속형 변수의 기초통계량은 대푯값(mean, SD, 최솟값, 최댓값)으로 제시된다.

STATA에서 범주형 변수의 빈도를 확인할 때는 tabulate 명령어를 사용하며 khp.dta에 포함된 변수 중, 연도, 성, 일자리유형, 고혈압유무, 위암유무 변수의 빈도를 다음과 같은 명령어를 입력하여 확인할 수 있다.

- tab year
- tab sex
- tab job_type
- tab htn
- tab sc

만약 표본의 연도(year)별 위암(sc) 유병자수를 교차 테이블로 작성하고자 한다면 다음과 같은 명령을 실행한다.

- tab sc year

```
           |                      year
        sc |      2012       2013       2014       2015 |     Total
-----------+--------------------------------------------+----------
         0 |     1,778      1,663      1,549      1,470 |     6,460
         1 |         5          5          6          6 |        22
-----------+--------------------------------------------+----------
     Total |     1,783      1,668      1,555      1,476 |     6,482
```

이와 같은 과정을 거쳐 khp.dta에 포함된 표본의 성별, 일자리 유형, 고혈압 유무, 위암 유무에 대한 빈도표를 작성할 수 있다.

표 2 표본의 성별, 일자리 유형, 고혈압 유무, 위암 유무에 대한 빈도표

		2012 n (%)		2013 n (%)		2014 n (%)		2015 n (%)	
전체 (n)		1,783		1,668		1,555		1,476	
성별	남성	886	49.69	833	49.94	776	49.90	728	49.32
	여성	897	50.31	835	50.06	779	50.10	748	50.68
일자리 유형	해당없음	946	53.06	870	52.16	816	52.48	803	54.40
	임금근로자	570	31.97	534	32.01	488	31.38	442	29.95
	고용주/자영업자	220	12.34	215	12.89	202	12.99	186	12.60
	무급가족종사자	47	2.64	49	2.94	49	3.15	45	3.05
고혈압	없음	1,544	86.60	1,430	85.73	1,289	82.89	1,206	81.71
	있음	239	13.40	238	14.27	266	17.11	270	18.29
위암	없음	1,778	99.72	1,663	99.70	1,549	99.61	1,470	99.59
	있음	5	0.28	5	0.30	6	0.39	6	0.41

연속변수의 통계량을 확인할 때는 summarize 명령어를 사용하는데, khp.dta에 포함된 변수 중 소득, 의료비 변수의 기초통계량을 다음과 같은 명령어를 입력하여 확인할 수 있다.

- su income
- su medcost

만약 표본의 연도별 의료비 통계량을 확인하고자 한다면 다음과 같은 명령어를 실행한다. 이는 성별이나 일자리 유형 등 특정 집단을 구분하여 의료비를 알아보고자 할 때도 사용될 수 있다.

- by year, sort: su medcost

이와 같은 과정을 거쳐 표본의 연도별 의료비와 소득의 기초통계량에 대한 표를 작성할 수 있다.

표 3 의료비와 소득의 평균과 표준편차

연도	변수	N	평균	표준편차
2012	의료비	1,479	540,266	1,095,992
	소득(만원)	851	2,181	1,622
2013	의료비	1,385	544,292	960,970
	소득(만원)	803	2,392	3,936
2014	의료비	1,316	583,911	1,014,285
	소득(만원)	736	2,334	1,907
2015	의료비	1,252	671,851	1,529,822
	소득(만원)	694	2,394	1,865

2.3 변수 변환

기술분석 단계에서는 변수값의 분포를 확인하고 필요에 따라 적절한 변환을 고려할 수 있다. 보건의료 영역에서 흔히 사용되는 변수인 소득과 의료비는 변수변환이 필요한 대표적인 변수이다. 이들 변수는 두 가지 분포상의 특징이 있는데 첫째, 0의 값을 갖는 관측치가 많고(excess zero), 둘째, 오른쪽으로 꼬리가 긴(right scewed) 분포를 보인다는 점이다. 이 경우 히스토그램을 통해 변수값의 분포를 확인하고 정규분포를 보이도록 변수변환을 해줄 필요가 있다.

실습데이터 khp.dta에 포함된 의료비 변수, medcost가 어떤 분포를 보이는지를 확인하기 위해서는 STATA의 histogram 명령어를 사용할 수 있다. 아래 명령어에서는 if 절을 이용하여 고비용 의료이용자를 제외하고, 옵션으로 세로축을 비율로 표시하였다. 아무런 변환을 취하지 않은 의료비 변수는 저비용을 지출한 사람들이 많고 고비용을 지출하는 사람들이 소수 존재하는 양상으로 오른쪽으로 꼬리가 긴 분포를 보인다. 대부분의 다른 국가에서도 사람들의 의료이용 횟수나 의료비 지출은 이러한 분포를 보인다. 이에 의료비 변수를 로그 변환하여 다시 히스토그램을 확인하면 정규분포와 유사한 형태로 변환되었음을 알 수 있다. 이때 로그변환하는 과정에서 의료비 지출이 0인 관측치들은 결측치로 남게 됨을 유의해야 한다. 결측치가 포함된 변수가 종속변수일 때 이들은 회귀분석에서 제외되고 분석된다.

- histogram medcost if medcost<5000000, percent name(graph1)
- gen ln_medcost=ln(medcost)
  (1,141 missing values generated)
- histogram ln_medcost, percent name(graph2)
- graph combine graph1 graph2

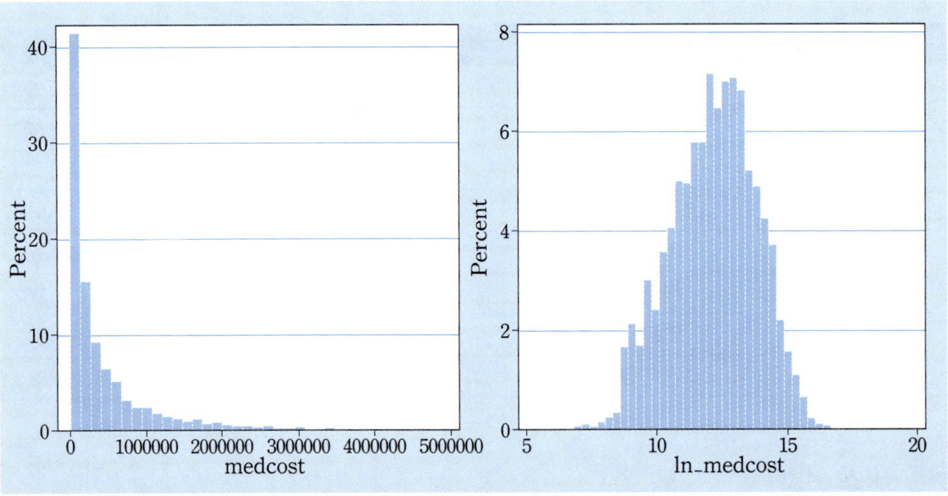

3 패널자료의 회귀분석

앞서 횡단 자료, 종단 자료, 패널자료의 특징에 대해 언급하였다. 패널자료는 횡단 자료가 가진 개체 간 변이와 종단 자료가 가진 시간변화에 따른 변이를 함께 포착할 수 있기 때문에 더 많은 정보와 변이를 포함하고 있다. 또한 개인이 반복 측정되었다는 특징을 활용해서 관찰할 수 없는 변수의 영향을 통제하는 분석 방법을 적용할 수 있다. 예를 들어 의료비 지출에 관련된 요인을 회귀분석을 통해 분석할 때 성, 직업, 소득과 같은 변수는 측정 가능한 정보들이지만 개인의 윤리의식, 건강염려증, 타고난 유전적 특징 등은 쉽게 조사될 수 없는 정보들이다. 이러한 관찰되지 않는 개개인의 고유한 특성이 무시된 채 전체 관측치를 대상으로 회귀분석을 수행하게 되면 편의를 가진 추정치를 얻게 된다.

패널자료의 분석모형은 다음과 같이 개체를 i, 시간을 t 라 할 때 종속변수 Y_{it}가 독립변수 Y_{it}의 함수로 표현되는 식으로 나타낼 수 있다.

$$Y_{it} = \alpha_i + \beta X'_{it} + \varepsilon_{it}$$

이 회귀모형에서 α_i 는 개인의 고유한 특성에 의한 효과를 나타내는 오차항이며 α_i 와 다른 독립변수 Y_{it} 와의 상관관계에 따라 모형은 고정효과모형(fixed effects model)이나 확률효과(random effects model)모형으로 구분하여 분석된다. 반면 는 순수한 오차항으로서 독립변수와 상관관계를 갖지 않는 것으로 가정한다.

고정효과모형에서는 α_i 를 어떻게 제거할 것인가에 관심이 있는데, 간단히 소개하자면 변수를 차분변환(first difference transformation)하는 방법, 더미변수를 사용하는 방법, 개체 내 추정량(within estimator)을 구하는 추정 방법 등이 있다. 자세한 설명은 본 장의 서두에 소개한 참고문헌들을 살펴보기 바란다. 여기서는 기본적인 개념만을 소개하고자 한다. 고정효과모형에서는 반복 측정된 시점의 자료들을 이용하여 개인의 고정효과 α_i 를 제거하면서 개인의 변하지 않는 설명변수들도 함께 제거되어 이들의 파라미터를 추정하지 못하게 된다. 예컨대 대표적인 불변 변수인 성별은 고정효과모형에서 회귀계수를 구할 수 없다. 그뿐만 아니라 종속변수가 이변량 변수인 경우에도 관찰 기간에 종속변수 값이 불변인 개인은 추정에서 제외되어 표본이 줄어드는 결과를 낳게 된다. 이때 표본 수의 감소도 문제지만 표본의 구성이 달라짐으로써 생기는 선택편의(selection bias)가 발생할 수 있음을 유의해야 한다.

확률효과모형은 개인의 고유한 특성 α_i 가 독립변수와 상관관계가 없는 무작위적 확률변수라고 가정한다. 확률효과모형은 고정효과모형보다 효율적인 추정치를 제공한다. 확률효과모형은 개인 각각의 고정효과를 추정하지 않으므로 추정해야 할 모수가 줄어들고 자유도가 증가하여 더 작은 표준오차를 얻기 때문이다. 두 개의 항으로 구성된 오차항은 개체의 관찰되지 않는 고유한 특성 α_i 와 완전히 무작위적인 오차항 ε_{it}으로, 확률효과모형에서는 α_i 가 독립변수들이 서로 상관관계가 없으며 독립적이라고 가정한다. 그렇다고 확률효과모형을 OLS(ordinary least squares)로 추정하면 오차항의 자기상관 문제가 해소되지 않는다. 특정 시점에서 양(+)의 오차를 갖는 개인은 다른 시점에서도 양(+)의 오차를 가질 가능성이 높기 때문이다. 반대의 경우도 마찬가지다. 따라서 확률효과모형은 자기상관 문제를 해결하면서 효율적인 추정치를 얻기 위해 GLS(generalized least squares) 추정을 사용한다. 확률효과모형에서는 고정효과모형에서 추정할 수 없었던 개인불변변수의 회귀계수 추정치도 얻을 수 있다.

3.1 고정효과모형

앞에서와 같이 xtset 명령을 이용하여 패널데이터의 개인(i)과 시간(t) 변수를 지정하고 나면 STATA에서 제공하는 패널자료 분석 명령어를 사용할 수 있다. 회귀분석에 사용되는 명령어는 xtreg로서 옵션을 이용하여 고정효과모형과 확률효과모형을 분석할 수 있다. 고정효과모형에서는 개체의 특성을 나타내는 오차항의 처리, 즉 고정효과의 통제가 중요하다. 고정효과모형에서는 xtreg 명령어에 고정효과를 나타내는 옵션 fe를 사용하고 고정효과를 나타내는 오차항을 제거하는 방법이 사용된다.

다음은 실습자료 khp.dta를 이용하여 개인의 의료비 지출에 관련된 요인들의 효과를 고정효과모형을 적용하여 분석한 예이다. 종속변수인 의료비는 로그 변환하여 투입되었고, 독립변수로 성, 일자리 유형, 소득, 고혈압 유무, 위암 유무가 사용되었다.

```
. xi: xtreg ln_medcost i.sex i.job_type income i.htn i.sc, fe
i.sex             _Isex_1-2           (naturally coded; _Isex_1 omitted)
i.job_type        _Ijob_type_0-3      (naturally coded; _Ijob_type_0 omitted)
i.htn             _Ihtn_0-1           (naturally coded; _Ihtn_0 omitted)
i.sc              _Isc_0-1            (naturally coded; _Isc_0 omitted)
note: _Isex_2 omitted because of collinearity
note: _Isc_1 omitted because of collinearity

Fixed-effects (within) regression               Number of obs     =      2,414
Group variable: pid                             Number of groups  =        924

R-sq:                                           Obs per group:
     within  = 0.0023                                         min =          1
     between = 0.0638                                         avg =        2.6
     overall = 0.0509                                         max =          4

                                                F(5,1485)         =       0.70
corr(u_i, Xb)  = 0.1769                         Prob > F          =     0.6271

------------------------------------------------------------------------------
  ln_medcost |      Coef.   Std. Err.      t    P>|t|     [95% Conf. Interval]
-------------+----------------------------------------------------------------
     _Isex_2 |          0  (omitted)
 _Ijob_type_1 |   .1322808   .1518996     0.87   0.384    -.1656798    .4302414
 _Ijob_type_2 |   .3006276   .2028751     1.48   0.139    -.0973246    .6985798
 _Ijob_type_3 |  -.0306124   .8905639    -0.03   0.973    -1.777509    1.716285
      income |   2.40e-06   .0000313     0.08   0.939    -.0000591    .0000639
     _Ihtn_1 |    .246874   .2162814     1.14   0.254    -.1773755    .6711235
      _Isc_1 |          0  (omitted)
       _cons |    11.9975   .1552016    77.30   0.000     11.69307    12.30194
------------------------------------------------------------------------------
```

```
     sigma_u    1.4779938
     sigma_e    1.1886682
         rho    .60723498   (fraction of variance due to u_i)

F test that all u_i=0: F(923, 1485) = 3.07              Prob > F = 0.0000

. estimates store fem
```

위 고정효과모형 분석 결과에서 성별(sex)과 위암 유무(sc)의 회귀계수는 분석 기간인 4년간 개체 안에서 변동이 없었기 때문에 누락되었음을 알 수 있다. 회귀계수의 의미를 해석해보자면, 먼저 일자리 유형(job_type)이 무직(0)인 경우에 비해 상용직(1)인 경우, 종속변수인 ln_medcost, 즉 로그(의료비)가 0.13228 만큼 높다는 것을 의미하는데, 이와 같은 해석은 실제 자료를 바라보는 사람들에게 그리 유용하지 않다. 이보다는 양변을 지수변환하면, 의료비는 상용직이 무직보다 exp(0.13228)=1.14배 더 높다고 해석할 수 있어 회귀계수를 지수 변환하여 제시하는 방법이 많이 사용된다. 이 고정효과모형 분석 결과는 0.05 유의수준에서 회귀계수들의 유의성이 나타나지 않았다.

3.2 확률효과모형

확률효과모형을 추정하기 위해서는 xtreg 명령어에 re 옵션을 추가하여 분석할 수 있다. 고정효과모형에서는 개인의 평균만을 변수로 사용하는 등 개인의 효과를 고정하고 분석하는 반면, 확률효과모형에서는 개인 간 차이뿐 아니라 개인 내 변동을 모두 사용할 수 있으므로 확률효과모형에서 얻은 추정량은 고정효과모형에서 얻은 추정량보다 효율적이다. 즉, 추정된 회귀계수의 표준오차가 더 작다. 다음은 앞서 고정효과모형에 투입된 동일한 변수들의 관계를 확률효과모형으로 추정한 결과이다.

```
. xi: xtreg ln_medcost i.sex i.job_type income i.htn i.sc, re
i.sex             _Isex_1-2          (naturally coded; _Isex_1 omitted)
i.job_type        _Ijob_type_0-3     (naturally coded; _Ijob_type_0 omitted)
i.htn             _Ihtn_0-1          (naturally coded; _Ihtn_0 omitted)
i.sc              _Isc_0-1           (naturally coded; _Isc_0 omitted)

Random-effects GLS regression                 Number of obs      =     2,414
Group variable: pid                           Number of groups   =       924

R-sq:                                         Obs per group:
     within  = 0.0014                                       min =         1
     between = 0.1208                                       avg =       2.6
     overall = 0.0858                                       max =         4

                                              Wald chi2(7)       =    115.33
corr(u_i, X)   = 0 (assumed)                  Prob > chi2        =    0.0000
```

ln_medcost	Coef.	Std. Err.	z	P>|z|	[95% Conf.	Interval]
_Isex_2	.4263997	.0956299	4.46	0.000	.2389685	.6138309
_Ijob_type_1	-.0332703	.1182874	-0.28	0.779	-.2651094	.1985688
_Ijob_type_2	.3223752	.1364679	2.36	0.018	.054903	.5898474
_Ijob_type_3	-.2948394	.5922675	-0.50	0.619	-1.455662	.8659836
income	-5.80e-06	.0000216	-0.27	0.788	-.0000481	.0000365
_Ihtn_1	.9869702	.1090026	9.05	0.000	.773329	1.200611
_Isc_1	.0751708	.9433798	0.08	0.936	-1.77382	1.924161
_cons	11.69491	.1324044	88.33	0.000	11.4354	11.95442
sigma_u	1.1268835					
sigma_e	1.1886682					
rho	.47333652	(fraction of variance due to u_i)				

```
. estimates store rem
```

우선 이 결과는 GLS를 적용하였음을 알 수 있다. 또한 corr(u_i, X)=0을 가정하였다고 표시되어 있다. 그림의 아래에 제시된 rho=0.4733의 의미는 전체 오차항의 분산에서 패널 그룹 오차항인 ui의 분산이 차지하는 비중이 47.33%임을 의미한다. rho 값이 0이라면 개체특성을 고려하지 않고 OLS로 추정해도 무방함을, 1에 가까울수록 개체특성을 고려한 선형회귀모형이 필요함을 시사한다고 볼 수 있다.

고정효과모형의 결과와 비교해보면, 확률효과모형에서 추정치의 효율성이 개선되어 유의성을 보이는 회귀계수가 많아졌음을 확인할 수 있다. 또한 불변 변수인 성별과 위암 여부의 회귀계수 추정치도 얻어졌다. 유의한 결과를 중심으로 살펴보면 성별(sex)이 남성(1)인 경우에 비해 여성(2)인 경우 의료비 지출이 1.53배(=exp(0.4264)) 높다는 것을 알 수 있다. 일자리 유형(job_type)이 무직(0)인 경우에 비해 고용주/자영업자(1)인 경우 의료비 지출이 1.39배(=exp(0.3324)) 높고, 고혈압(htn)이 있는(1) 경우 없는(0) 경우에 비해 의료비 지출이 2.68배(=exp(0.9870)) 높다는 것을 알 수 있다.

3.3 고정효과모형과 확률효과모형의 비교

앞서 두 모형을 실행한 후 estimates table 명령을 이용하여 모형의 추정값을 저장하였다. estimates table 명령어와 그 옵션을 사용하면 여러 모형의 수행 결과를 비교하기 용이하다. 다음 결과는 해석을 직관적으로 하기 위해 고정효과모형과 확률효과모형의 회귀계수 추정치를 지수 변환하여 제시한 것이다.

```
. estimates table fem rem, b(%7.3f) star eform

------------------------------------------
    Variable |     fem          rem
-------------+----------------------------
     _Isex_2 |  (omitted)      1.532***
 _Ijob_type_1|     1.141       0.967
 _Ijob_type_2|     1.351       1.380*
 _Ijob_type_3|     0.970       0.745
   income_ind|     1.000       0.999
     _Ihtn_1 |     1.280       2.683***
      _Isc_1 |  (omitted)      1.078
       _cons |   1.6e+05***  1.2e+05***
------------------------------------------
```

두 결과를 비교하면 확률효과모형의 추정치의 효율성이 더 좋고 고정효과모형에서 누락된 성별과 위암의 회귀계수 추정치를 얻을 수 있다는 것을 알 수 있다. 두 모형을 비교하는데 의미를 두고 회귀계수의 유의성은 무시하고 해석하자.

고정효과모형에서 고혈압(htn)을 앓고 있으면, 그렇지 않은 경우에 비해 1.28배 의료비를 많이 지출하였다. 이 의미는 관찰 기간에 개인 i의 고혈압 유무를 반복 조사하였는데 i가 고혈압이 없을 때보다 있을 때 의료비를 1.28배 더 많이 지출하며 이 효과를 모든 개인에게 똑같이 적용한다는 것이다.

확률효과모형에서 고혈압을 앓고 있으면 그렇지 않은 경우보다 2.68배 더 많은 의료비를 지출하였고, 이 효과는 개인 간과 개인 안에서 동일하게 적용된다. 즉, 개인 i가 고혈압 유병자이면 그렇지 않은 사람 j보다 의료비를 평균적으로 2.68배 많이 지출하며, 개인 i 내에서도 고혈압이 없을 때보다 있을 때 의료비를 2.68배 더 많이 지출한다고 해석할 수 있다.

확률효과모형은 고정효과모형보다 효율적인 추정치를 제공하지만 개인 i의 고정효과가 독립변수들과 독립이 아닐 때는 편의를 가진 추정치가 된다. 따라서 개인의 관찰되지 않는 특성을 나타내는 오차항이 독립변수들과 상관성이 있다면 고정효과모형을 추정하는 것이 더 바람직하다.

3.3.1. 하우스만 검정

하우스만 검정은 고정효과모형과 확률효과모형의 추정된 회귀계수의 차이를 검토하여 두 모형의 추정치가 유의미한 차이가 있는지를 확인해주는 검정법이다. 이때 확률효과모형의 가정인 cov(α_i, X_{it})=0이 성립된다면 두 모형은 유사한 추정치를 생산한다. 따라서 하우스만 검정의 귀무가설은 두 모형의 추정치가 같다라는 것이고, 귀무가설이 기각된다면 고정효과모형의 추정치를 선택하게 된다. 다시 말해, 귀무가설을 기각한다면 편의가 없는 고정효과모형의 추정치를 선택하고, 귀무가설을 기각하는 데 실패한다면 확률효과모형의 추정치가 더 효율적이다. 하우스만 검정은 고정효과모형과 확률효과모형의 선택뿐만 아니라 두 모형의 추정치가 같은지를 검정해야 하는 경우에 두루 사용될 수 있다.

앞서 저장된 고정효과모형의 추정치(fem)와 확률효과모형의 추정치(rem)의 하우스만 검정을 아래와 같이 실행할 수 있다.

```
. hausman fem rem

                 ---- Coefficients ----
             |      (b)          (B)            (b-B)     sqrt(diag(V_b-V_B))
             |      fem          rem         Difference          S.E.
-------------+----------------------------------------------------------------
_Ijob_type_1 |    .1322808    -.0332703        .1655511        .0952973
_Ijob_type_2 |    .3006276     .3223752       -.0217476         .150116
_Ijob_type_3 |   -.0306124    -.2948394         .264227        .6650739
  income_ind |    .0002403      -.00058        .0008202        .0022743
     _Ihtn_1 |     .246874     .9869702       -.7400962        .1868049
------------------------------------------------------------------------------
                          b = consistent under Ho and Ha; obtained from xtreg
           B = inconsistent under Ha, efficient under Ho; obtained from xtreg

    Test:  Ho:  difference in coefficients not systematic

                  chi2(5) = (b-B)'[(V_b-V_B)^(-1)](b-B)
                          =        19.72
                Prob>chi2 =       0.0014
```

하우스만 검정 결과 검정통계량 chi2(X^2)=19.72로 0.05 유의수준에서 귀무가설은 기각된다. 따라서 고정효과모형의 추정치를 사용하는 것이 적절하다고 볼 수 있다. 이때 연구주제에서 중요하게 다루는 변수가 고정효과모형에서 누락되는지와 짧은 분석 기간으로 인한 추정의 효율성 등을 고려하여 하우스만 검정 결과와 무관하게 확률효과모형을 채택하는 경우도 존재한다.

```
. hausman rem fem

Note: the rank of the differenced variance matrix (4) does not equal the number
        of coefficients being tested (5); be sure this is what you expect, or
        there may be problems computing the test.  Examine the output of your
        estimators for anything unexpected and possibly consider scaling your
        variables so that the coefficients are on a similar scale.

                 ---- Coefficients ----
             |      (b)          (B)            (b-B)     sqrt(diag(V_b-V_B))
             |      rem          fem         Difference          S.E.
-------------+----------------------------------------------------------------
_Ijob_type_1 |   -.0332703     .1322808       -.1655511               .
_Ijob_type_2 |    .3223752     .3006276        .0217476               .
_Ijob_type_3 |   -.2948394    -.0306124        -.264227               .
      income |   -5.80e-06     2.40e-06       -8.20e-06               .
     _Ihtn_1 |    .9869702      .246874        .7400962               .
------------------------------------------------------------------------------
                          b = consistent under Ho and Ha; obtained from xtreg
           B = inconsistent under Ha, efficient under Ho; obtained from xtreg

    Test:  Ho:  difference in coefficients not systematic

                  chi2(4) = (b-B)'[(V_b-V_B)^(-1)](b-B)
                          =    -19.70    chi2<0 ==> model fitted on these
                                         data fails to meet the asymptotic
                                         assumptions of the Hausman test;
                                         see suest for a generalized test
```

참고문헌

- 민인식, STATA 기초적 이해와 활용, 2012. 지필출판사(지필미디어).
- 민인식, STATA 패널데이터 분석, 2009. 지필출판사(지필미디어).
- 박승록, STATA를 이용한 응용계량경제학, 2020. 박영사.
- 손창균, SAS를 이용한 통계자료분석, 2020. 자유아카데미.
- 정기문, 한성실, SAS를 활용한 통계자료분석 실습, 2022. 자유아카데미.
- 한국보건의료연구원(NECA), 국내 보건의료 이차자료원 활용, 2013.
- 한국보건의료연구원(NECA), 보건의료 현황분석을 위한 이차자료원의 종류와 활용방안, 2018.
- 한국의료패널(https://www.khp.re.kr/)

4부

공통데이터모델

12장 공통데이터모델의 도입

학습목표

1. 공통데이터모델 도입의 필요성을 이해한다.
2. 약학 연구를 위한 국내외 공통데이터모델 및 관련 프로젝트의 현황을 학습한다.

개요

공통데이터모델이 도입된 배경과 필요성을 파악하고, 공통데이터모델과 관련된 국내외 현황을 학습하고자 한다.

1 Common data model의 개념 및 장단점

과학기술이 발달함에 따라 연구를 위해 활용되는 자료를 생성하는 데 필요한 시간은 점점 단축되고 있고, 축적되는 자료의 양은 더욱 방대해지고 있다. 예를 들어, 19세기 영국의 의사 존 스노우(John Snow)가 콜레라에 대한 연구(On the Mode of Communication of Cholera, 1885)를 수행하기 위한 연구자료를 구축할 때, 그는 콜레라 유행지인 런던의 가구를 가가호호 방문하여 사망자가 발생한 장소를 지도에 표시하는 방법으로 자료를 수집하였다. 그에 비해 약 170년이 지난 지금은 과거와는 비교할 수 없을 정도로 빠른 속도로 연구자료가 생성되고 있다. 2019년에 전 세계적인 유행으로 번진 코로나바이러스감염증-19(COVID-19)에 대해 질병관리청에서 역학조사를 수행할 때를 보자. 당시에도 역학조사관이 확진자를 면담하는 등의 현장 역학조사가 이뤄졌으나, 이에 더해 모바일 기기 등을 통해 확진자가 직접 입력하는 자기기입식 조사 체계도 도입되어 보다 신속하고 효율적인 자료수집이 수행되었다.

연구자료는 자료의 수집목적에 따라 일차자료와 이차자료로 구분할 수 있는데, 일차자료는 연구수행을 목적으로 수집된 자료를 의미한다. 이차자료는 그 외 진료, 보험청구 및 행정업무 등 다른 목적으로 수집된 자료를 연구에 활용하는 경우를 의미하며, 이를 이용한 연구들도 활발히 수행되고 있다. 상급종합병원을 예로 들면, 하루에도 수많은 환자들이 병원에 내원하여 진단, 약물 처방, 처치, 시술, 검사 등을 받고 있다. 과거 종이차트에 기록하여 관리되었던 의료정보는 지금은 디지털화되어 전자의무기록으로 저장되어 관리되고 있다. 또한 우리나라의 경우 전 국민을 포함하는 건강보험제도를 운영하고 있는데, 이를 통해 의료기관에서 진료받은 내용을 건강보험에 청구하는 과정에서 환자에 대한 진료정보가 축적되고 있다. 이러한 배경으로 2005년 이후 EDI(electronic data interchange)를 통한 전산청구율은 99%에 달하고 있으며, 2013년 기준으로 연간 14억 건이 청구되고 있다. 이처럼 일상적인 진료상황이나 건강보험을 청구하는 과정 등을 통해서 다양한 방법 및 경로를 통해 자료들이 축적되고 있다.

과거에는 이차자료를 이용한 연구는 주로 1개 기관의 자료를 이용하여 수행되었으나 대상자 수 부족 및 대표성 등을 이유로 연구 결과를 일반화하는 데 한계가 존재하며, 같은 주제에 대해 출판된 연구 결과들에서 서로 다른 결론을 도출하는 경우도 있었다. 특히 약물의 효과 및 부작용에 대한 연구의 경우 규제당국의 행정적인 조치로 이어져 임상 현장에 큰 영향을 미치게 되므로 이차자료를 활용하여 더 효율적이고 시의적절하게 근거를 생성할 수 있도록 하는 방법이 강구된다.

한편 축적된 자료를 효율적으로 이용하고 더 많은 대상자를 포함하여 의미 있는 연구를 수행하고 연구 결과를 일반화하기 위해 전 세계적으로 다기관 자료를 이용한 연구를 수행이 활발해지고 있다. 하지만 대부분 개별 연구기관의 자료 축적이 시작된 시점에서 다기관 자료를 이용한 연구수행이 고려되지 않았기 때문에 각 기관의 자료구조 및 입력양식 등에 차이점이 존재한다. 예를 들어, 특정 의료기관에서는 성별이 1, 2 등 숫자로 입력되어 있을 수도 있고, 다른 의료기관에서는 남, 여 등 한글로 입력되거나, M, F 등 영어 약어로 표기되어 있을 가능성이 있다. 또한, 약, 치료재료, 질병 등에 대한 용어체계도 기관에 따라 상이할 수 있다. 다른 형태로 축적된 자료들을 이용한 연구를 수행할 때, 각 기관의 자료 특성에 맞추어 분석을 진행하고 해당 결과들을 통합하여 결론을 도출할 수 있으나 이 경우 프로그램을 개발하는 과정에 시간이 많이 소요되고 해당 프로그램을 다른 자료원에 적용하는 것이 제한된다는 한계점이 있다. 상술한 부분을 보완하며 보다 효율적이고 체계적인 공동연구를 수행하기 위해서는 기관별로 축적된 그리고 축적될 자료에 대한 표준화가 요구된다. 이때 대두되는 것이 공통데이터모델(Common Data Model, CDM)의 개념이다.

CDM은 각 기관이 보유한 다양한 형태의 데이터를 변환하여 공통의 구조를 갖도록 하는 표준화된 형태의 데이터모델을 의미한다. 각 기관에서 보유하고 있는 자료를 변환, 통합, 분할하여 CDM의 자료구조에 맞도록 변형시키고, 필요한 경우 용어도 표준화된 용어로 변환시키는 과정을 거친다. 이렇게 CDM 형태로 통일된 자료들은 분석을 위해 기관마다 개별적인 프로그램을 적용할 필요 없이 공통의 표준화된 분석 프로그램을 바로 적용할 수 있다. 최종적으로 각 기관이 보유하고 있는 CDM에 기반하여 변환된 자료를 토대로 공통된 분석 프로그램을 이용하여 결과를 도출하며, 그 결과들을 취합하여 최종적인 결론을 내리는 분산형 공동연구(distributed research network)를 수행할 수 있는 것이다.

이처럼 CDM을 이용한 분산형 공동연구를 통해, 보건의료 측면의 현안에 대한 다양한 기관의 자료원을 이용하여 더 빠르고 효율적인 연구를 수행할 수 있고, 약물의 효과 및 안전성에 대한 근거를 생성하여 임상적으로 활용, 나아가 규제과정에서 적용하는 것이 가능해진다. 또한 위에서 언급한 연구의 효율성 외에 CDM에 기반한 분산형 공동연구의 경우 분석된 최종 결과만 취합하게 되므로 각 기관의 자료를 별도의 저장소로 이동할 필요가 없다. 자료 이동에 소요되는 시간 및 자원을 절약할 수 있으며, 자료 저장을 위한 서버 등의 설비 또한 요구되지 않고 자료 이동 시 발생할 수 있는 자료의 변형 및 소실 등의 문제들도 발생하지 않게 되는 것이다. 비록 기관의 자료를 CDM으로 변환하는 초기 과정에 많은 시간과 인력이 소요되고 자료 간 특성에 대한 파악이 필요하나, 매핑 및 변환 이후에는 많은 자원이 소요되지 않는다. 마지막으로 각 기관 자료에 포함된 의료기록 등 개인정보가 기관 밖으로 반출되지 않는다는 장점도 있다.

한편 개별 데이터베이스를 CDM으로 매핑하는 과정에서 각 기관에서 보유하고 있는 모든 자료가 적절한 테이블의 부재 등으로 CDM으로 변환되지 못할 수 있다. 또한 다양한 데이터베이스에서 사용하는 용어체계가 다양한데 CDM에서 사용하는 공통 용어체계에 따라 매핑되는 자료의 자세한 의미를 반영하지 못하여 유사한 용어나 상위용어로 코딩되어 임상적 의미가 소실될 가능성이 있는 점에는 주의가 필요하다.

2 Common data model의 국내외 현황

보건의료 분야에서 CDM은 1990년대부터 시작되었다. 초기 프로젝트 중 하나는 백신 안전성 평가를 위해 미국 질병관리본부에서 수행하는 Vaccine safety datalink와 미국과 이스라엘의 18개 기관으로 구성된 컨소시엄인 HMO 연구네트워크이다. 2000년대 시작한 대표적인 CDM 프로젝트는 미국 FDA의 Sentinel Initiatives, 국제 컨소시엄인 Observational Health Data Sciences and Informatics(OHDSI), 미국의 The National Patient Centered Clinical Research Network(PCORnet) 등이 있다. 최근 우리나라에서도 보건의료 분산네트워크, 병원자료 분석네트워크(MOA 프로젝트)와 같은 국가 주도의 CDM 관련 프로젝트들을 진행하고 있다. 본 장에서는 각 CDM에 대한 간략한 정보를 전달하고자 한다. 임상연구에서 활발하게 사용되는 Sentinel Initiatives와 OHDSI, 그리고 약물 부작용 감시를 위해 한국의약품안전원 주도로 진행되는 MOA 프로젝트에 대해서는 15장에서 자세히 설명하고 있다.

2.1 Common data model의 시작

보건의료 분야에서 CDM을 적용하기 시작한 프로젝트 중 하나는 미국 질병관리본부의 Vaccine Safety Datalink(VSD, https://www.cdc.gov/vaccinesafety/ensuringsafety/.html)이다. 이는 1990년에 백신의 안전성을 모니터링하고 부작용을 평가하여 백신에 대한 대중의 신뢰를 강화하기 위해 시작된 프로젝트이다. VSD에 다양한 건강관리기구(Health Maintenance Organization)가 참여하여 여러 지역과 인구집단에 대해 부작용을 추적할 수 있도록 자료를 수집하였고, 미국 질병관리본부는 VSD 자료를 이용하여 백신의 상대적인 안전성을 평가하였다. 1991년부터 2000년까지는 자료를 중앙에 통합하여 운영하였고, 2001년 이후에는 분산형 데이터모델로 구축되었다. 초기에 4개의 기관과 협력하여 6세 미만의 어린이 약 600만 명에 대한 자료를 구축하였고, 2014년에는 협력 기관이 9개로 늘어났고 연구대상의 규모가 전 연령으로 확장되었다. 2022년 9월 시점에 11개의 기관에서 자료를 제공하고 있다.

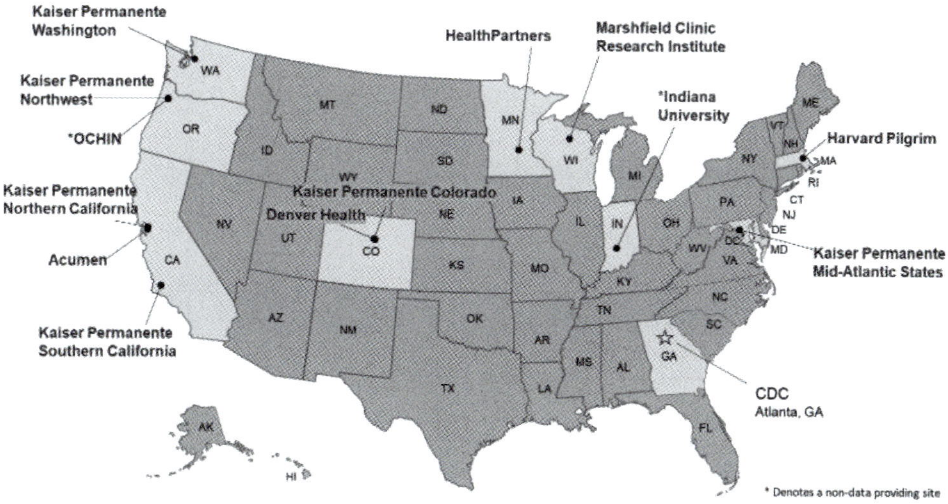

그림 1 VSD 참여기관

Health Maintenance Organization(HMO) 연구네트워크(https://www.hcsrn.org/en/)는 미국의 연구 컨소시엄으로 중개연구 수행을 위해 1994년에 10개 기관이 참여하며 시작되었고 현재 미국과 이스라엘 등의 19개의 기관에서 참여하고 있다. HMO 연구네트워크의 CDM은 utilization, enrollment, pharmacy, tumors, social history, demographics, census, lab, death, language, vital signs 등 11개의 테이블로 구성되었고, 이후 1999년에 암 연구를 위한 Cancer research network가 시작되었다. 암 연구를 수행할 때 많은 양의 임상정보가 요구되는데, 중앙집중적인 자료구조로는 한계가 있었기 때문에 Cancer research network

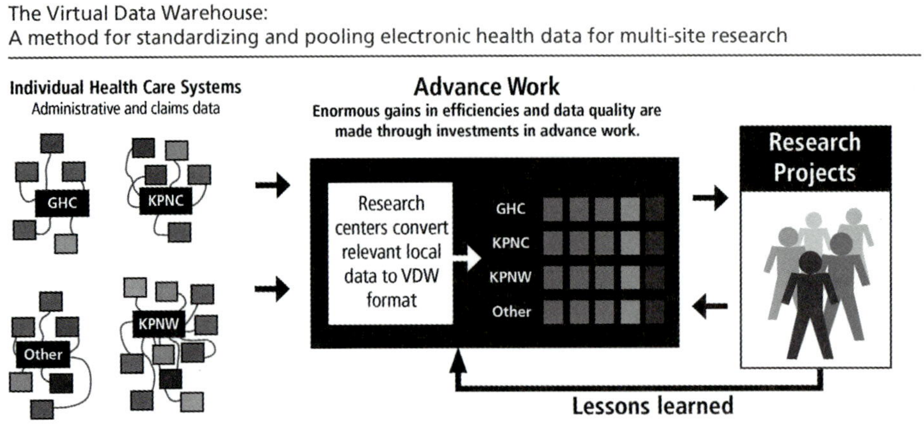

그림 2 HMO 연구네트워크의 virtual data warehouse

에서는 각 기관에 자료를 두고 코드를 공유하여 각 기관의 연구 결과를 쉽게 통합할 수 있는 형태의 Virtual Data Warehouse를 개발하였다. 이는 환자자료의 개인정보를 보호면서 보안이 가능한 형태로 다기관 연구를 용이하게 하는 형태의 CDM을 의미한다. 현재는 암 연구뿐만 아니라 약물 안전성, 심혈관계질환, 정신건강 등 다양한 연구수행을 지원하고 있다.

2.2 대표적인 Common data model

국제적으로 운영되는 대표적인 공통데이터모델로는 비영리 국제 컨소시엄인 OHDSI, 약물역학연구를 위한 미국 FDA의 Sentinel Initiative, 비교효과연구를 위한 미국의 PCORnet 등이 있다.

Sentinel Initiative는 FDA가 약물 안전성 이슈를 모니터링하는 것을 개선하고자 2008년 설립되었다. 2009년부터 2014년까지 하버드대학교를 협연센터로 하여 단기 프로젝트인 미니 센티넬 프로젝트를 진행하여 Sentinel CDM을 개발하고 분산자료원으로부터 신속한 결과도출을 위해 재사용이 가능한 프로그래밍 툴을 개발하였다. 이후 2016년부터 Sentinel Initiative는 FDA의 공식조직으로 승격하였다. 2000년부터 2022년까지 중복이 포함된 3억 6천 5백만 명에 대한 자료를 확보하였고, 최신 버전인 Sentinel CDM v8.0은 16개의 테이블로 구성되어 있다.

Observational Health Data Sciences and Informatics(OHDSI)는 2008년에 미국 국립보건원, FDA 등 미국의 공공기관과 민간의 협력으로 결성된 Observational Medical Outcomes Partnership(OMOP)으로부터 시작되었다. 5년의 프로젝트 동안 분석 방법론에 대한 연구와 다양한 데이터를 변환 및 분석하기 위한 도구 개발, 표준화된 용어 개발 등을 진행하였다. 2013년 정부 지원이 종료된 이후 OHDSI라는 이름으로 비영리 국제 컨소시엄을 시작하여 콜롬비아 대학을 협연센터로 하고 있다. 이후로도 OMOP CDM을 계속해서 발전시키고 있으며 최신 버전인 OMOP CDM v6.0은 총 40개 테이블로 이루어져 있다.

Sentinel CDM의 경우 원자료의 코딩과 다양한 용어를 보존하여 유연성을 보존할 수 있다. 추후 생성할 수 있는 변수는 사전에 생성하지 않고 분석 시 필요한 경우에 추가로 생성하는 것을 원칙으로 하고 있다. Sentinel CDM과 다르게 OMOP CDM에는 분석방법론을 적용하기 쉽도록 약물 복용 기간 등 원자료에는 포함되어 있지 않지만, 추가로 생성된 요소가 포함되어 있고 용어에 대한 표준화도 이루어져 있다.

Patient-centered observational research network(PCORnet, https://pcornet.org/)는 2013년에 미국의 비영리 연구기관인 Patient centered outcome research institute(PICORI)의 펀드로 개발된 환자중심임상연구 네트워크로서 비교 효과 연구(comparative effectiveness research)를 수행하기 위한 역량을 증진시키기 위해 설립되었다. PCORnet은 미국 전역에서 매년 3천만 명 이상에 대한 데이터를 포함시키고 있다. PCORnet은 양질의 자료 확보를 위해 2단계 과정을 거쳐 데이터를 선별한다. 첫 단계에서 PCORnet 양식에 따른 적합성, 진단코드 등을 포함한 완결성, 논리적 타당성, 자료의 지속성 등을 검사하고, 두 번째 단계에서 특정 연구를 위한 자료의 질 수준을 설정하여 협연센터에서 자료의 잠재적 문제점을 파악하여 특정 연구 목적으로 사용할 경우에 대한 장단점을 투명하게 소통한다. 최신의 PCORnet CDM은 v6.0이며 23개의 테이블로 구성되어 있다.

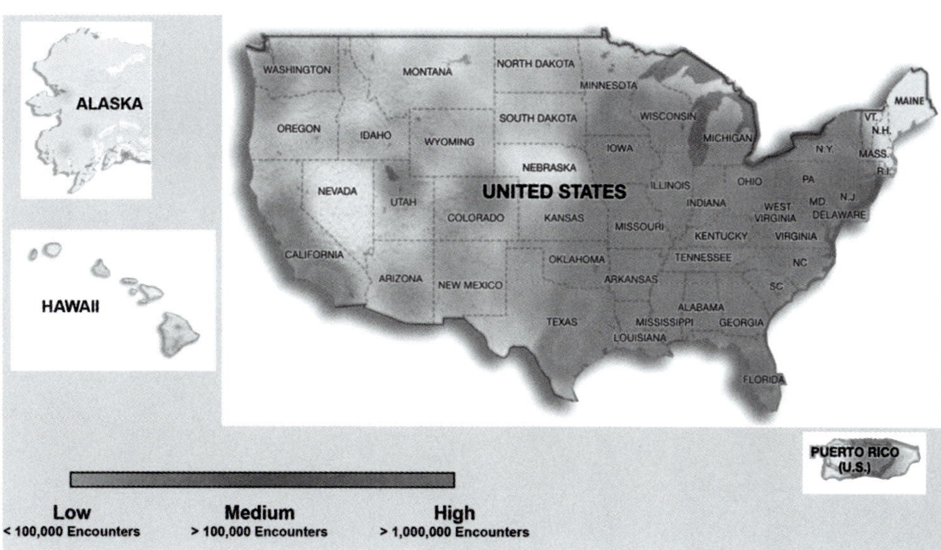

그림 3 PCORnet의 데이터 분포

2.3 국내 Common data model관련 프로젝트

우리나라에서도 보건의료 분야를 중심으로 보건의료 분산네트워크, 병원자료 분석네트워크(MOA project)와 같은 CDM과 관련된 프로젝트들이 진행되어 CDM 구축 및 연구 활성화에 대한 노력이 이어지고 있다.

보건의료 분산네트워크(Healthcare Distributed Research Networks, https://hdrn.mohw.go.kr)는 정부, 공공기관, 국공립 의료기관의 데이터를 CDM의 형태로 변환하여 연구자에게 제공하는 분산 형태의 다기관 데이터 활용 시스템으로, 한국보건의료정보원이 보건복지부로부터 위탁받아 운영하는 사업이다. 건강보험심사평가원(진료내역, 원외처방전상세내역, 수진자 상병내역, 명세서 일반내역)과 국립암센터(암등록자료)의 데이터가 OMOP CDM으로 변환되어 있고, 국민건강보험공단과 질병관리청의 자료도 변환 예정이다. 연구자가 연구신청서를 제출하고 협력 기관에서 심의 후 승인되면 연구자가 샘플 DB를 이용하여 쿼리를 작성하여 협력 기관에 전송할 수 있고 분석 후 쿼리 결과를 연구자에게 전달되는 형태로 연구가 진행된다.

병원자료 분석네트워크(MOA project, https://moa.drugsafe.or.kr/)는 한국의약품안전관리원이 보건의료 기관과 협력하여 의약품의 사용과 관련된 다양한 정보를 통합적으로 분석하여 의약품 안전관리를 도모하고자 진행하고 있는 사업이다. 보건의료 기관의 전자의무기록을 CDM으로 구축하는 데 있어서 FDA의 Sentinel CDM과 OMOP CDM 등 두 가지 모델을 적용하고 있다. MOA project에 대한 자세한 내용은 15장에 기술되어 있다.

요약

본 장에서는 공통데이터모델이 도입된 배경과 장점, 공통데이터모델을 이용할 때 유의해야 할 점을 서술하였다. 또한 전 세계 보건의료 분야에 1990년대부터 도입된 공통데이터모델의 역사와 대표적인 공통데이터모델 및 우리나라에서의 진행되고 있는 각종 관련 프로젝트를 소개했다.

13장 OMOP-CDM

학습목표

1. OMOP-CDM의 도입 배경과 OHDSI 활동에 대해 이해한다.
2. OMOP-CDM의 구성 원리와 OMOP 표준 용어 체계를 이해한다.
3. OMOP-CDM 분석 도구를 학습하고, 이를 활용한 주요 연구 사례를 통해 보건의료 빅데이터를 활용한 고품질 의학 근거 생성의 중요성을 이해한다.

개요

이번 장에서는 전 세계적으로 활발하게 운영되고 있는 대표적인 CDM 중 하나인 OMOP-CDM의 도입 배경, 구성 및 주요활동에 대해 학습하고자 한다.

1 OMOP-CDM 배경

1.1 자료원의 특성

OMOP(Observational Medical Outcomes Partnership)은 과거 미국 국립 보건원이 관리하고 미국식품의약국 FDA 주관으로 보건 데이터 파트너, 연구자 및 제약사 간의 민관 협약으로 이루어진 협력체의 명칭이다. OMOP은 분산된 관찰 데이터베이스를 통한 연구의 한계점을 해결하기 위해 데이터의 구조, 내용 및 용어를 표준화하여 하나의 통계분석 코드가 모든 데이터베이스에서 적용 가능할 수 있도록 OMOP Common Data Model(이하 OMOP-CDM)을 설계하였다. OMOP은 공통데이터모델과 표준화된 어휘집을 만드는 것이 가능함을 증명하였고, 대규모의 경험적 실험을 성공적으로 수행하였다. 이후 OMOP 프로젝트는 종료되었지만, OHDSI(Observational Health data Sciences and Informatics)라는 개방형 과학 공동체가 설립되어 OMOP-CDM의 발전과 활용을 위한 연구를 이어가고 있다.

1.1.1. OMOP 프로젝트와 OHDSI의 출범

1) OMOP 프로젝트

1999년 골 관절염 및 급성 통증 치료제로서 선택적 COX-2 저해제인 Rofecoxib가 미국

FDA에서 출시 허가되었으나, 이후 여러 차례의 연구 결과에서 Rofecoxib의 심혈관계 안전성 문제가 제기되었다. 이에 개발사인 Merck 사는 2004년 Rofecoxib의 허가를 자진 철회하였으나, 미국에서는 더 높은 수준의 약물 안전성 감시의 필요성이 대두되었다. 이후 2007년, FDA의 의약품 시판 후 관리에 대한 권한을 강화하는 법령인 The FDA Amendments Act(FDAAA)를 제정하였다. 이를 달성하기 위한 주요 사업으로 Sentinel initiative를 발족하였으며, 구체적으로 2010년까지 2,500만 명, 2012년까지 10억 명의 환자 정보 분석을 통해 의약품 안전성을 평가하도록 요구하였다. 핵심 사업으로서 FDA가 주도한 Mini-sentinel 사업과 대규모 민관협력 사업인 OMOP 프로젝트(그림 1)가 수행되었다.

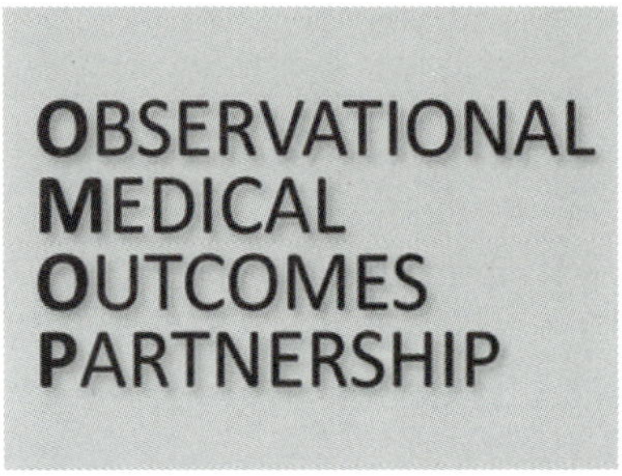

그림 1 Observational Medical Outcome Partnership

OMOP 프로젝트는 FDA, 미국국립보건원(NIH), 학술 연구자, 보건의료데이터 파트너 및 협력 제약사 등과 같은 다수의 이해관계자 간의 거버넌스 구조를 확립하였다. 또한 OMOP의 연구진들은 데이터의 구조, 용어 및 의미를 표준화하여 하나의 통계분석 코드가 공통으로 사용될 수 있도록 OMOP-CDM을 설계하였으며, 이를 활용하여 분산된 관찰 데이터베이스를 통한 연구에 적합한 대안적인 역학 연구방법론을 설계하고, 그 성능을 검증하는 실험을 수행하였다(그림 2).

OMOP 실험으로 다음과 같은 주요 교훈을 얻을 수 있었다. (1) 데이터의 이질성: 데이터가 동일하다면 분석 설계에 따라서 다양한 연구 결과가 나타날 수 있음. (2) 변수 선택의 민감성: 선택한 연구설계의 변수에 따라, 추정치가 달라질 수 있음. (3) 관찰연구 방법론의 통계적 비뚤림 평가 부재: 코호트 연구에서 음성대조군을 활용하였음에도 유의미한 효과가 다수 관찰됨. (4) 음성대조군을 활용한 경험적 보정: 음성대조군을 활용한 영분포의 경험적 보정(empirical calibration)은 잠재적 비뚤림을 효과적으로 감소시킴.

OMOP은 시작부터 개방형 과학 정책을 채택하여 연구설계, 데이터 표준, 분석 코드 및 결과 등을 공개함으로써 투명성과 연구에 대한 신뢰를 쌓았다. 그리고 이 신뢰를 바탕으로, 초기 목적인 약물 안정성뿐만 아니라 의학적 중재 효과 비교 연구와 같은 다양한 주제로 연구 영역을 확장해 갔으며 지속적으로 발전하였다.

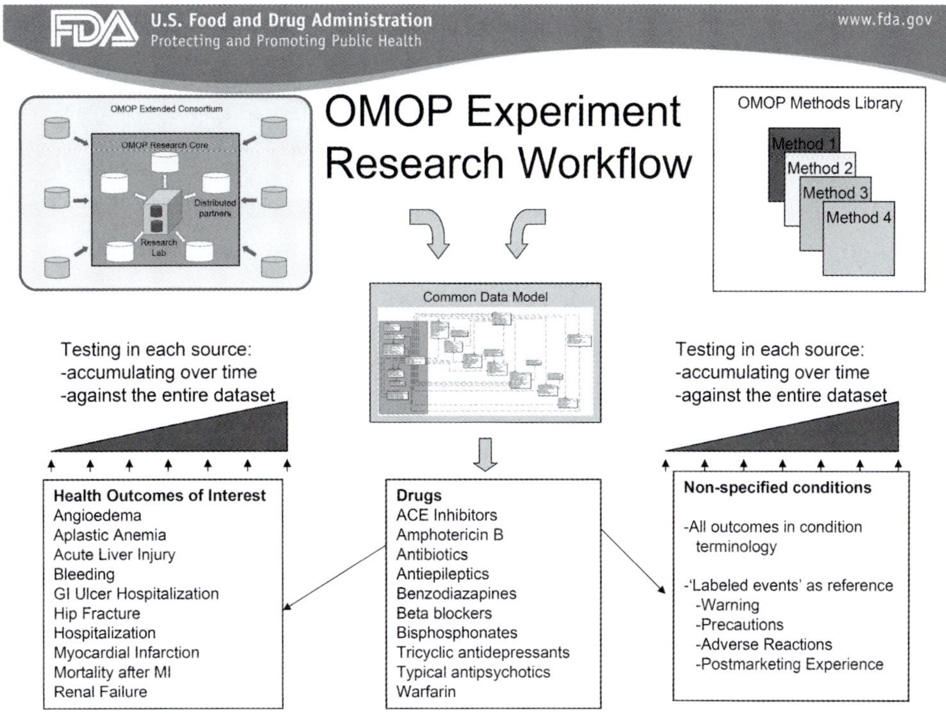

그림 2 OMOP 실험과 연구 개요(www.fda.gov)

2) OHDSI의 출범

OMOP은 2013년까지 FDA의 대규모 실험을 성공적으로 수행하였고, 신뢰할 만한 근거 생성을 위한 방법론적 개선을 이루었다. FDA의 OMOP 프로젝트가 종료된 이후에도 연구자들은 이와 같은 노력들이 지속되어야 한다고 생각했다. 따라서 OMOP 연구자들은 관찰데이터 및 관찰데이터 활용 연구의 품질을 높이고, 다 학제 이해관계자들과 함께 공통의 의학적 질문에 대한 근거를 제시할 수 있도록, 새로운 공동체 커뮤니티인 OHDSI가 창립되었다(그림 3).

OHDSI
OBSERVATIONAL HEALTH DATA SCIENCES AND INFORMATICS

그림 3 Observational Health Data Sciences and Informatics

1.1.2. OHDSI 커뮤니티

1) OHDSI 국제 현황

OHDSI는 보다 더 나은 의료 결정과 보건 관리를 촉진할 수 있는 과학적 근거를 공동으로 생성하도록 함으로써 보건 수준을 향상하는 것을 목표로 하는 개방형 과학 공동체이다. 핵심 가치로 혁신성, 재현성, 개방성, 공동체 정신, 협력 정신, 선행의 정신을 강조하고 있다. OHDSI는 2014년 설립된 이래 성장을 지속하여 컴퓨터 과학, 역학, 통계, 의생명정보학, 정책 및 임상 의학 등 다양한 분야와 집단을 대표하는 전 세계 관계자가 활동하고 있으며, 2021년 11월 기준으로 74개국, 2,367개 협력자와 협업하고 있다. OHDSI는 매년 국제 심포지엄 및 지역별 심포지엄 개최를 통하여 학술 성과를 공유하고 있다(그림 4).

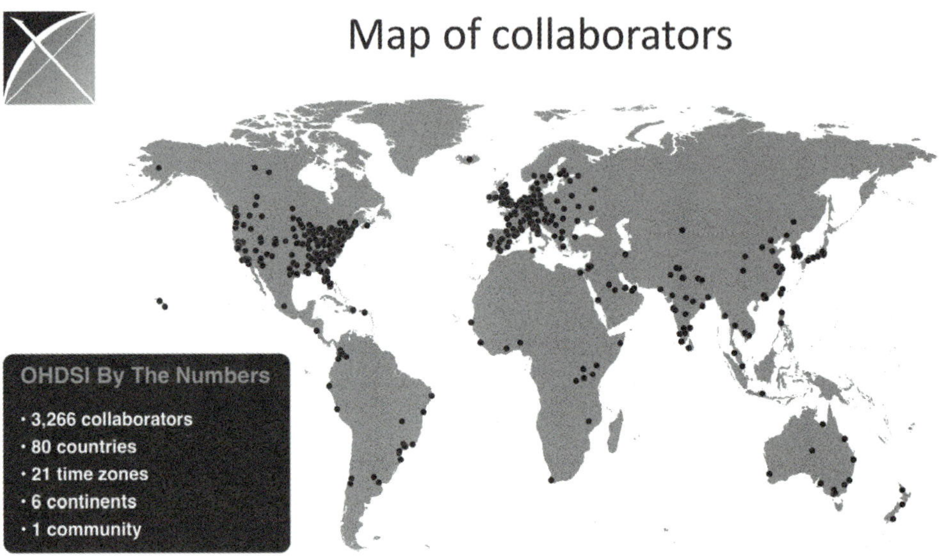

그림 4 OHDSI 및 OMOP-CDM의 국제 현황(www.ohdsi.org, 2022.)

OHDSI는 활동 위원회(Working group)와 지역 지부(Regional Chapter)를 운영하여 회원들에게 다양한 참여의 기회를 제공하고 있다. 현재 27가지의 활동 위원회가 운영되고 있으며, 참여에 제약 없이 누구나 기여할 수 있다. OHDSI 지역 지부는 각각의 지리적 위치의 특수한 문제를 해결하기 위해 구성되었으며, 그 지역의 OHDSI 참여자들의 그룹을 대표한다. 현재 크게 아시아태평양 지역과 유럽 지역 및 아프리카 지역이 있으며, 세부적으로 한국, 중국, 일본, 대만 호주, 유럽, 아프리카 지부 등이 있다. 더 자세한 사항은 OHDSI 홈페이지(https://ohdsi.org)에서 확인할 수 있다.

2) 한국 OHDSI 및 국내 OMOP-CDM 도입 현황

한국은 2012년 아주의대 박래웅 교수가 국내 4개 대학병원의 임상 의료정보 통합시스템 개발을 진행하였고, 이 과정에서 처음으로 OMOP-CDM을 국내에 적용하였다. 2014년 OHDSI 창립에 한국이 참여한 이후, 가장 먼저 지역 지부를 개설하였으며, 공공기관을 비롯한 전국 의료 기관 및 연구자들이 참여하기 시작하였다. 한국 OHDSI는 2017년 3월 첫 국제 심포지엄을 시작하였으며, 이후 현재까지 지속적으로 교육, 세미나, 연구 활동을 수행하고 있으며, 국제 OHDSI와 끊임없이 협력하고 있다. 또한 한국 OHDSI에서는 다기관 데이터 분석 플랫폼인 FeederNet, 데이터의 시의성 반영을 위한 준 실시간 데이터 변환(일/주/월 단위), 연구의 활성화를 위한 IRB(Institutional Review Board, 기관윤리심의위원회) 상호 인정 협약 "연구자유지대" 등과 같은 독자적인 데이터 활용 기술 및 활성화 정책을 도입하고 시행하고 있다.

한국 OHDSI가 시작된 이래 OMOP-CDM은 급속도로 확대되고 있다. 2021년 현재 60개 이상의 의료기관이 OMOP-CDM 데이터망을 구축에 협약하였으며, 국내 상급종합병원의 70% 이상 수준이 현재 OMOP-CDM 구축에 동참하고 있다(그림 5).

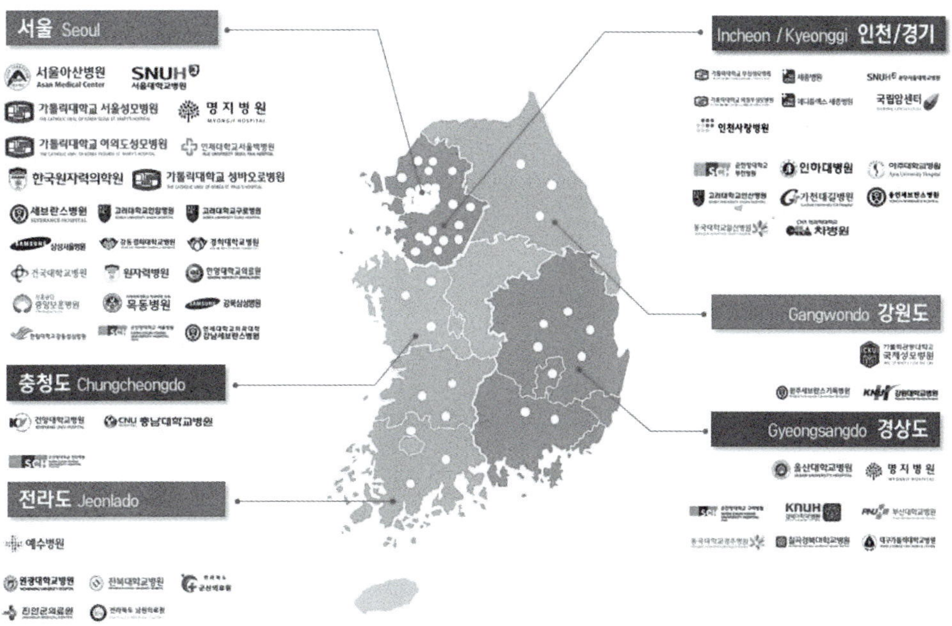

그림 5 2021년 기준 국내 OMOP-CDM 도입 현황

출처: 한국보건산업진흥원

1.2 OMOP-CDM과 표준 용어

여러 국가 및 기관에 나뉘어 저장된 데이터는 구조와 의미(structure and semantic) 두 부분에서 차이를 가진다. 구조의 차이란 데이터가 저장되는 저장공간의 형태의 차이를 의미한다. 대부분의 보건의료 데이터들은 SQL 기반 데이터베이스에 저장되지만 저장되는 스키마, 테이블, 속성의 형태가 상이하다. OMOP-CDM의 기본 원리상 의료 데이터의 표준적

인 저장을 위한 관계형 데이터베이스의 구조를 제시하며 각 연구자는 이러한 구조를 따름에 따라 데이터의 구조적인 통일성을 얻을 수 있다. 의미의 차이란 각 국가별로 쓰이는 의료 용어의 차이(상이한 코드 체계)를 의미한다. 예를 들어 한국에서는 KCD(Korean Standard Classification of Diseases, 한국표준질병사인분류) 코드를 사용하며, 제2형 당뇨는 E11 및 하위코드로 표현된다. 하지만, 미국의 SNOMED(Systematized Nomenclature Of Medicine)-CT(Clinical Terms) 코드 체계에서는 제2형 당뇨는 73211009라는 코드로 표현된다. E11과 73211009는 그 자체로 호환되지 않으며, 이는 데이터 활용 연구의 걸림돌로 작용할 수 있다. 이러한 의미의 차이는 국가 사이에서만 발생하지 않으며, 특정 기관 내부적 사용 목적의 진단, 처방, 시술 코드 용어를 별도로 가지고 있는 경우에도 발생할 수 있다.

본 장에서는 위의 두 가지 차이를 해소하기 위한 OHDSI의 핵심 자산인 OMOP-CDM과 OMOP 표준 용어에 대한 기본 개념 및 원리를 소개한다.

1.2.1. OMOP-CDM의 구성 원리

OMOP-CDM의 구축 목적은 관찰 의료 데이터를 포착하는 것으로 약물, 수술 및 처치, 의료 기기와 같은 노출에 대하여 진단명, 검사 수치와 같은 결과 간의 연관성을 분석하기 위한 것이었으나, 다양한 분석을 위해 지속해서 확장되고 있다. OMOP-CDM의 구성 원리는 1) 목적 적합성 2) 데이터 보안 3) 표준 용어의 활용 4) 원본 코드의 유지 5) 기술 중립성 6) 하위호환성 등이다. 데이터의 구조는 관찰연구의 목적에 적합하도록 고안되었으며, 표준 용어를 활용한다는 점에서 다른 CDM(Sentinel CDM, PCORnet CDM 등)과 차별성이 있다. 기술적으로는 데이터의 보안, 추적 가능성 확보를 위한 원본 코드의 적재, 하위 버전과의 호환성 등이 있으며, 특정 환경에 의존하지 않도록 기술 중립성을 띠고 있다.

OMOP-CDM은 세부 목적에 따라 포착한 임상 사건을 적재하기 위한 표준 임상 자료(Standardized clinical data), 표준 보건의료체계 자료(Standardized health system data), 표준 파생 요소(Standardized derived element), 표준 의료비용자료(Standardized health economics), 표준 메타자료(Standardized metadata) 및 표준 용어집(Standardized vocabularies)으로 구성된다(그림 6). 이번 장에서는 가장 많이 활용되고 있는 표준 임상 자료만 간략히 소개하고자 한다.

1) 표준 임상자료 Standardized clinical data

표준 임상자료는 의료기관에서 환자에 대한 임상 사건을 포착하여 적재한 데이터이며, 의료기관에서 진행되는 일련의 모든 과정을 최대한 적재한다. Person에는 환자의 기본정보(출생연도, 성별, 인종 등)를 포함하며 환자 1명당 1개의 레코드가 존재한다. Observation_period는 각 환자당 데이터베이스에서 관찰된 기간에 대한 정보를 포함하며, 전자의무기록

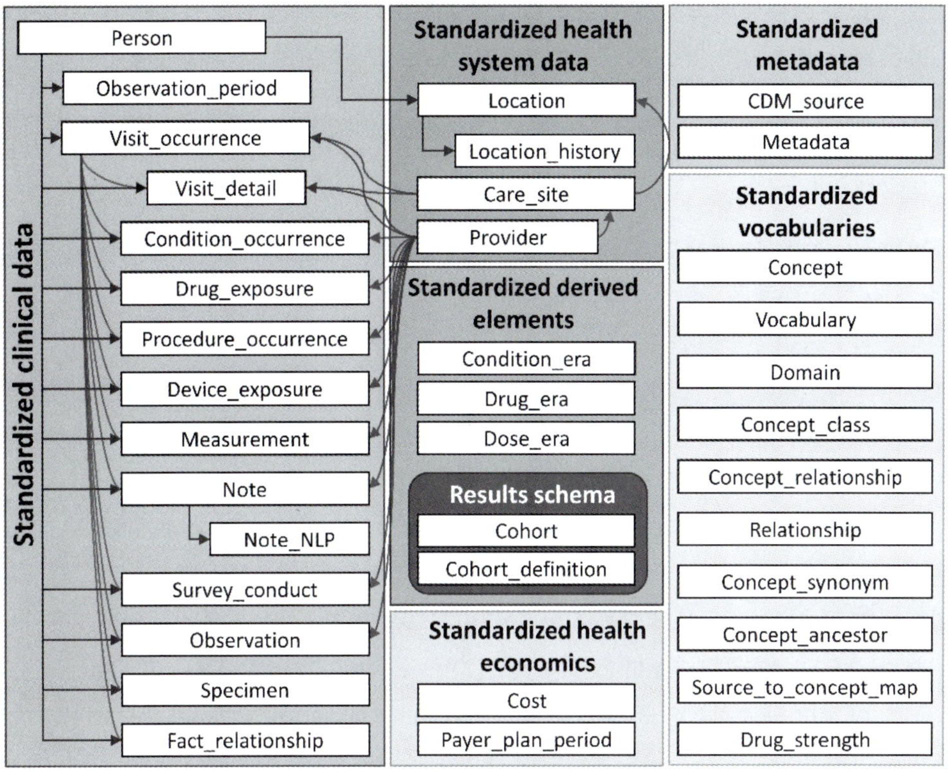

그림 6 OMOP-CDM version 6의 구성도

데이터의 경우 환자당 1개의 레코드가 생성된다. OMOP-CDM 분석 도구는 Observation_period를 참조하여 개별 환자의 관찰 기간을 한정한다. Visit_occurrence는 의료기관 수진 정보를 포함하며, 외래 방문, 입원, 응급실 방문 등의 정보를 포함한다. Condition_occurrence는 진단(주진단 및 부진단) 및 주 호소에 대한 정보를 포함한다. Drug_exposure는 약물 처방 및 투약 기록에 해당하는 정보를 적재하며, 약품명, 처방일, 수량, 리필 정보, 투여 경로 정보를 포함한다. Procedure_occurrence는 수술 및 처치 처방에 관한 정보를 적재하며, Device_exposure는 의료 기기 및 재료 처방에 대한 정보를 포함한다. Measurement는 각종 검사에 대한 처방과 구조화되어 있거나 혹은 정량적으로 측정된 검사 결과를 포함하여 적재하고, 단위까지 포함한다. Observation에는 환자의 과거력, 가족력 및 생활 습관(흡연력, 음주력) 등의 자료를 적재한다. Specimen은 검체 정보를 포함한다.

1.2.2. OMOP 표준 용어집

전 세계 다양한 코드 시스템, 보건의료체계 등에 대한 조화를 이루기 위해서는 막대한 양의 용어 매핑(mapping) 과정이 필요하다. 용어 매핑이란 원본 코드를 그 의미가 가장 가까운 표준화된 대응 코드로 연결 짓는 작업을 말한다. OMOP 표준 용어집은 전 세계에서 사용하는 수백 가지의 의료 코드 체계를 포함하고, 각 용어체계 간 매핑이 포함되어 있으며, 이를 공개하고 있다(https://athena.ohdsi.org).

1) Concept

OMOP-CDM에서 모든 사건은 개념(concept)으로 표현된다. 즉, 환자의 의료 경험(진단명, 시술, 약물 처방 등) 및 의료시스템의 일부 관리정보(예를 들어, 기관 지역 정보 등)와 관련된 모든 요소를 concept로 표현한다. 각각의 concept는 고유의 concept ID를 가지며, 정수로 이루어진 이 ID는 해당 원본 코드를 대신하여 CDM에 데이터를 기록하는 데 사용되는 기본 키(primary key)이다. 이러한 concept는 대부분 기존 용어집이나 코드 체계에서 차용하며, 일부는 OHDSI 커뮤니티에서 생성한다.

OMOP-CDM에서 Concept는 모든 테이블에서 예외 없이 활용된다. OMOP-CDM 내 표준 용어집(Standardized Vocabularies)의 Concept 테이블은 OMOP-CDM의 코드 사전과 같으며, 모든 concept가 사전 안에 정의되어 있다(그림 7). 각 concept에는 고유한 도메인이 할당되는데, 그 예로는 “Condition”, “Drug”, “Procedure”, “Visit”, “Device”, “Specimen” 등이 있다. 이러한 도메인은 해당 concept가 OMOP-CDM의 어느 테이블에서 사용될 것일지를 결정한다. 도메인 할당은 경험적 지식을 통해 용어 수집 중에 진행된다.

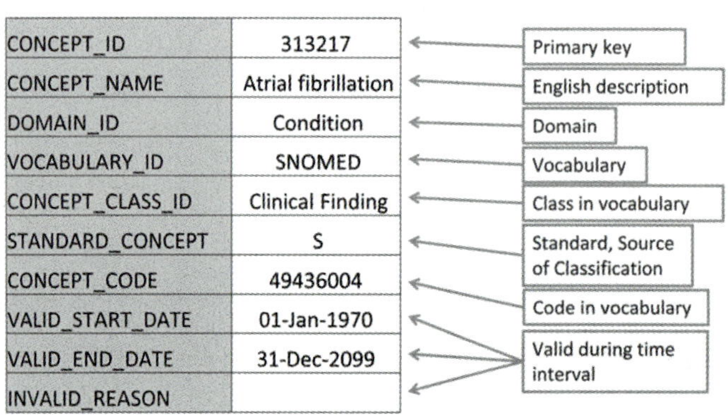

그림 7 OMOP 표준 용어집 내 concept의 적재 방식.
SNOMED-CT 체계의 Atrial fibrillation 494360004에 해당하는 OMOP concept의 예

2) 용어의 표준 및 비표준

이번 장에서 밝힌 바와 같이 각 국가, 기관은 특정 사용자들만 사용하게 되는 자체 질병 분류체계를 가진 경우가 대부분이다. 이러한 다수의 용어집은 의미적 통일성을 해치어 시스템의 상호운용성에 큰 장벽이 된다. 현재 OMOP-CDM에는 총 111개 용어집이 고유 개념으로 포함되어 있다. 이러한 다수의 용어체계를 통합하여 표준화하는 것이 다국적, 다기관

에 걸친 연구를 통해 의학적 증거를 만들어내는 일에 매우 중요한 열쇠라고 할 수 있다.

그렇다면 어떻게 용어 표준화를 이룰 것인가? OMOP-CDM은 그 해답으로 원천 개념에서 특정 표준 개념으로의 매핑을 제시한다. 표준 개념 Standard concept는 말 그대로 여러 용어의 개념 중 표준이 되는 concept이다. 표준 개념이 될 수 있는 용어들은 미국의 보건 IT 표준 위원회 Health IT Standards Committee(HITAC)의 권고에 따르며, 진단에는 SNOMED-CT, 검사 항목은 LOINC®(LogicalObservationIdentifiersNamesandCodes) 등이 활용되고, 약물 용어로는 RxNorm이 사용되고 있다. 그 외 도메인별 표준 개념 용어의 현황은 다음 [표 1]과 같다.

표 1 도메인별 표준 및 비표준 용어체계

Domain	Standard	Non-standard
Condition	SNOMED, ICDO3	SNOMED Veterinary
Procedure	SNOMED, CPT4, HCPCS, ICD10PCS, ICD9Proc, OPCS4	HCPCS, HemOnc, NAAACCR
Measurement	SNOMED, LOINC	SNOMED Veterinary, NAACCR, CPT4, HCPCS, OPCS4, PPI
Drug	RxNorm, RxNorm Extension, CVX	HCPCS, CPT4, HemOnc, NAAACCR
Device	SNOMED	Others
Observation	SNOMED	Others
Visit	CMS place of Serivce, ABMT, NUCC	SNOMED, HCPCS, CPT4, UB04

예를 들어, KCD 코드에서 제2형 당뇨는 원천 코드 E11로 표현된다. 하지만, SNOMED-CT를 사용하는 미국에서는 당뇨는 73211009라는 원천 코드로 표현된다. 두 코드는 모두 condition 도메인에서 "제2형 당뇨, Type 2 diabetes mellitus"를 정의하지만, condition 도메인에서는 SNOMED만이 표준이고 질환을 의미할 수 있다. 그에 따라 원천 개념인 KCD 등의 비표준 개념으로 되어 있을 경우 이러한 원천 개념을 표준 개념으로 바꿔주는 매핑을 진행해야 한다.

그렇다면 제2형 당뇨는 Condition_occurrence 테이블에 SNOMED-CT의 73211009라는 코드로 정의되느냐 하면 그렇지 않다. 73211009는 SNOMED에서 사용되는 원천 코드이며, OMOP 표준 용어 내에서는 201820이라는 고유한 concept 아이디를 사용하게 된다. 즉, 73211009라는 SNOMED 코드는 OMOP의 201820이라는 코드로 변환되어 CDM 데이터베이스에 저장된다. 추가적인 예로 Rabeprazole sodium 20mg의 매핑 사례는 다음과 같다(그림 8). RabiET Tab 20mg의 국내 약품 코드 정보상 EDI 코드로써 642901590을 사용한다. 하지만 약물에 있어서 OMOP 표준은 RxNorm 체계가 활용되므로, 642901590을 RxNorm의 40163285(Rabeprazole sodium 20MG Delayed Release Oral Tablet)로 매핑할 수 있다.

〈국내 약품코드 정보〉

EDI 코드	ATC 코드	주성분코드	약품명	성분명
642901590	A028C04	222202ATB	RabiET Tab 20mg	Rabeprazole sodium

용어 매핑 및 변환

〈표준코드 정보〉

Concept ID	Concept Name	Domain ID	Vocabulary ID	Concept Code
40163285	Rabeprazole sodium 20MG Delayed Release Oral Tablet	Drug	RxNorm	854868

RxNorm 코드에 부여한 OMOP 고유 번호

RxNorm 코드명

RxNorm 코드

그림 8 **국내 약품코드의 OMOP 표준 코드로 매핑의 예**

OMOP-CDM 각 도메인 내에서는 이러한 원천 개념을 그대로 적재하는 열(column)도 존재하므로, 원천 개념도 삭제되지 않고 별도로 저장된다. 단, 원천 개념이 저장되어 있어도 공식적인 OMOP-CDM 연구는 표준 용어를 기반으로 진행한다.

이처럼 표준 개념에 쓰이는 용어들이 분류되어 있지만, 한 용어체계의 모든 concept가 표준 개념으로 사용되는 것은 아니며, 개별 concept에 대한 경험적 분류에 따라 각 개념은 표준, 비표준 개념 등으로 분류된다. 또한 한 용어체계가 모두 같은 도메인으로 매핑되는 것도 아니다. 예를 들어 ICD-10의 경우, 대부분은 Condition 도메인과 관련된 코드들이지만 일부 procedure 도메인에 더 적합한 개념들이 포함되어 있으며, 이러한 개념들은 상황에 맞게 경험적으로 최적인 도메인으로 매핑되어 있다.

1.3 OMOP-CDM 분석 도구

OHDSI의 모든 연구방법론은 분산연구망(Distributed research network)을 기본으로 삼는다. 분산연구망이란, 원본 데이터의 공유 없이 분산된 형태로 데이터를 관리하면서 기관 내에서 분석한 결과만 공유하는 방식이다. 즉, 각 기관의 환자 정보를 표준화한 후, 데이터의 반출 없이 연구자의 요청에 따라서 분석 프로그램 및 코드를 실행하여 산출된 통계치 및 요약 정보만을 회신하는 방식이다.

OHDSI의 주요 연구 분야는 질환 특성분석(Clinical Characterization), 집단 수준 효과 측정(Population-level effect estimation) 및 개인 수준 예측 모델링(Patient-level prediction)이다. 구축된 OMOP-CDM을 활용하여 위와 같은 연구를 수행하기 위해서는 다양한 분석 도구와 분석방법론이 필요하다.

OMOP-CDM을 분석하는 접근법은 다음과 같이 3가지로 나눌 수 있다. (1) 개별적으로 분석 코드를 작성하거나 (2) 기존 정립된 방법론에 대한 OHDSI 연구방법론 라이브러리를 활용하거나 (3) 웹 기반 분석 플랫폼인 ATLAS를 활용하는 것이다. 첫 번째 방법인 개별 분석 코드 작성을 통한 분석은 최대의 유연성을 갖지만, 많은 코드 작성 기술의 숙련도 및 시간을 요구하며, 분석 코드의 오류 및 재현성 문제와 같은 한계를 피할 수 없다. 두 번째 방법은 필요한 분석 요소별로 구축되어 있는 OHDSI의 연구방법론 라이브러리를 활용하는 것이며, 이는 여전히 기술적 숙련도가 있어야 하지만, 코드의 재사용성 및 외부 데이터베이스 적용 면에서 효율적일 수 있다. 가장 권장되는 방법은 분석 플랫폼인 ATLAS와 OHDSI 연구방법론 라이브러리를 적절히 활용하는 것이다. 실제로 ATLAS 플랫폼과 연구방법론 라이브러리는 독립적이지 않고 상호 호환할 수 있다. ATLAS는 비 프로그래머 또한 효율적으로 연구 코드를 작성하고 분석을 수행할 수 있도록 간단한 그래픽 인터페이스와 분석 코드를 제공한다.

이번 장에서는 ATLAS의 구성 및 기능 소개와 함께 OHDSI 연구방법론 라이브러리에 대해 간략히 소개하고자 하며, 더 자세한 내용은 16장에서 소개할 Book of OHDSI 및 Online repository에서 직접 확인할 수 있다.

1.3.1. ATLAS

ATLAS는 OMOP-CDM을 활용한 후향적 관찰연구를 돕기 위해 OHDSI 커뮤니티가 개발한 웹 기반의 오픈소스 애플리케이션이다. ATLAS의 주요 기능은 데이터베이스 기술 요약, OMOP 표준 용어집 검색, UI 기반 환자 코호트 정의, 환자 특성 요약 분석, 임상 사건 시각화, 임상 결과 발생률 계산, 연구 디자인 설계(집단수준 효과 비교 연구, 환자 수준 예측 연구) 등이다. 아래 그림은 ATLAS의 메인 페이지이며 좌측에 있는 탭에 ATLAS가 기본적으로 제공하고 있는 기능들이 나열되어 있다(그림 9).

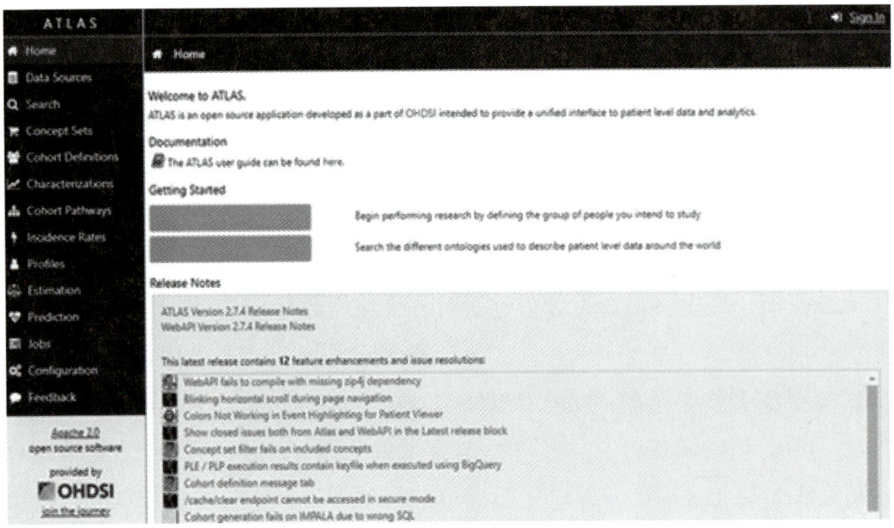

그림 9 ATLAS 메인 화면

1) Data source, Concept, Concept Sets

가장 상단에 있는 Data Sources 탭은 CDM 데이터베이스의 주요 기술적 요약을 여러 종류의 표와 그래프로 시각화하여 제공한다. 다음 그림은 Condition_occurrence 테이블이 포함하고 있는 concept에 대한 기술 요약이며, Treemap과 Table 형태로 제공함을 확인할 수 있다(그림 10).

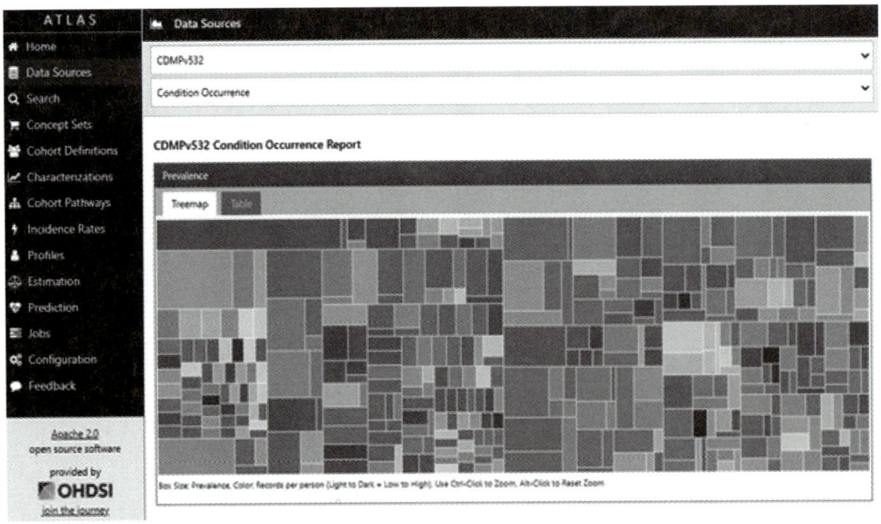

그림 10 TLAS의 Data source 탭의 예

Search 탭을 통해서 OMOP 표준 용어가 데이터베이스에 얼마나 포함되어 있는지 검색할 수 있으며, 다음 예시는 hypertension을 검색한 결과이다(그림 11). RC와 DRC는 각각 Record Count와 Descendant Record Count의 약자로서 이미지 내의 Secondary Hypertension을 살펴보면, 해당 코드는 데이터베이스에 9,906건이 기록되어 있으며, Secondary Hypertension을 포함한 그 하위코드는 데이터베이스에 총 13,608건이 기록되어 있다.

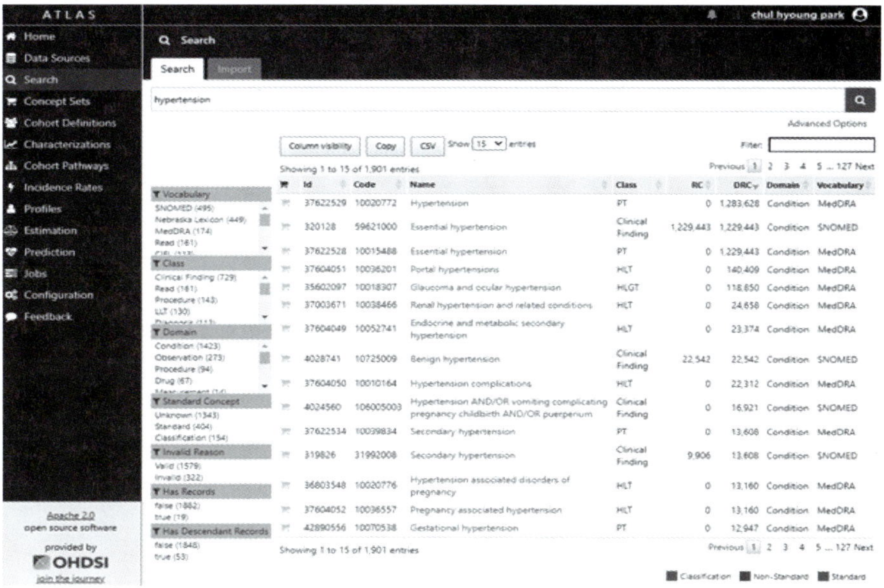

그림 11 ATLAS의 Search 탭의 예

Concept Sets 탭에서는 원하는 Concept의 묶음을 정의할 수 있다. 예를 들어 linisopril, enalapril의 concept를 묶어 ACE inhibitor로 정의하여 활용할 수 있다.

Concept Set을 구축했다면 이를 활용하여 Cohort를 구축함으로써 연구에 필요한 환자 집단을 정의할 수 있다.

2) Cohort definition

코호트 설계는 Cohort Entry Events 설정, Inclusion Criteria 설정 및 Cohort Exit 설정으로 구성된다. Cohort Entry Event는 코호트에 포함할 대상 환자를 선정하며, index date의 기준이 되는 사건을 설정한다. Inclusion Criteria에서는 코호트 선정 기준 및 제외기준을 적용하여 환자군을 추가적인 기준으로 제한할 수 있다. Cohort Exit는 코호트에서 이탈하는 날짜에 대한 기준을 설정하며, 데이터베이스 내 마지막 기간까지 관찰하거나 혹은 약제의 노출 종료 시 코호트에서 이탈시킬 수 있다. 다음 예시에서는 '[CDM] Hypertension with ACEi'라는 코호트를 설계하였다(그림 12). 정의해 두었던 Hypertension Concept set

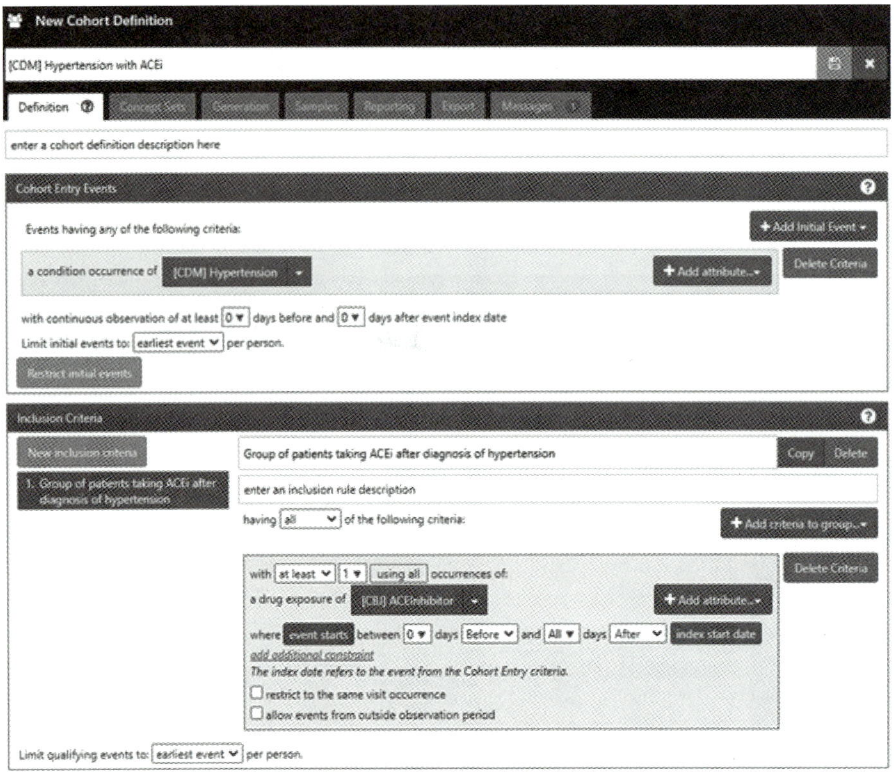

그림 12 ATLAS를 활용한 코호트 구성의 예

을 활용하여 Cohort Entry Events를 설계했다. 다음 예시의 의미는 고혈압 진단을 갖는 환자는 해당 코호트에 포함시킨다는 뜻이며, 고혈압 진단 중 가장 빠른 일자가 해당 코호트의 index date가 된다. 다음으로 Inclusion Criteria에서 고혈압 진단 코호트에 포함된 환자 중에서 Hypertension 진단 이후(event starts between 0 days and all days after) ACE inhibitor 약제(a drug exposure of "[CBJ] ACEInhibitor") 처방을 최소 1번(at least 1 occurrences) 받은 환자를 포함시키도록 설정하였다.

예시와 같이 연구자들은 필요에 따라 다양한 Concept Sets를 설정하여 Cohort Definition에 활용할 수 있고, 여러 세부 조건을 수정하면서 본인이 원하는 환자 코호트를 구축할 수 있다.

3) Estimation

보건의료 관찰데이터는 특정 치료 및 중재에 대해 그 효과에 대한 근거를 제공하는 분석에 활용할 수 있다. 본 Estimation 탭에서는 특정 임상 결과에 대한 노출 요인의 평균 인과효과 추정 분석에 대한 연구설계가 가능하도록 한다. 대표적인 활용 방법으로 집단수준 비교효과 추정 연구(Population-Level Estimation)가 가능하며, 이는 치료군과 비교군의 임상 결과 위험도에 대한 노출의 영향을 추정한다. Estimation 탭에서 설계된 연구 디자인은 연구방법론 라이브러리 중 CohortMethod와 연동된 R 패키지 형태로 자동 구현되어, 실제 데이터베이스에 적용할 수 있도록 한다. 비교효과 연구를 위해 Estimation 탭에서는 다음과 같은 항목을 지정할 수 있다.

- Target cohort – 관심 대상 치료군 (약물 및 중재 노출 집단) 코호트
- Comparator cohort – 비교군(비교 대상 약물 및 중재 노출 집단, 혹은 경우에 따라서 비노출 집단) 코호트
- Outcome cohort – 결과변수로 지정한 임상 사건 코호트
- 음성대조군 설정 – 연구설계의 잠재 비뚤림을 해결하기 위한 경험적 p-value 보정을 위하여 필요한 음성대조군 concept 설정
- 관찰 기간 – 결과변수의 발생 측정을 위하여 결과변수 임상 사건이 발생 가능한 구간을 설정
- 모형 설정 – Cox regression, Logistic regression, Poisson regression 등 결과 사건 위험 측정에 활용할 모형 설정
- 교란변수 통제방법 설정 – Propensity score matching, Propensity score stratification, Inverse Probability Treatment Weighting 등의 교란변수 통제를 위한 방법을 설정

Estimation 탭에서 설계된 연구로부터 생성된 R 패키지를 OMOP-CDM에 실행하면, 설정된 설계에 따라 outcome 발생의 관찰 결과를 얻을 수 있다. 결과는 R 기반 Web application인 Shiny dashboard 형태로 제공되며, 다음 그림과 같이 Hazard ratio와 p-value, 성향점수 보정결과, Kaplan-Meier 곡선이 제공됨을 확인할 수 있다(그림 13).

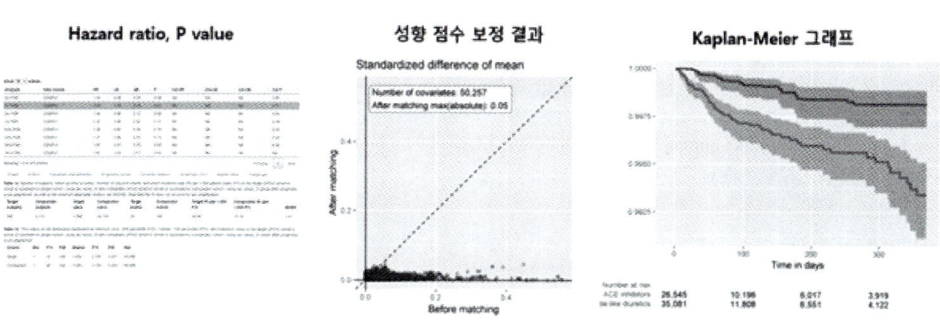

그림 13 Estimation 결과로 제공되는 Shiny App 화면

4) Prediction

임상 의사 결정은 의사가 환자의 병력 및 현재 임상 지침을 기반으로 진단 또는 치료 방법을 추론해야 하는 복잡한 작업이다. 임상 예측 모델은 이러한 의사 결정 과정을 지원하기 위해 개발되며, 광범위한 전문 분야에서 실제로 활용된다. 이러한 모델은 환자 특성의 조합을 기반으로 진단 또는 예후 결과를 예측할 수 있다. Prediction 탭에서는 연구방법론 라이브러리의 PatientLevelPrediction에 대한 분석이 가능하도록 연구설계를 진행할 수 있다. Prediction 연구에서는 사전에 정의되어야 할 예측 문제를 설정할 수 있으며, 항목은 다음과 같다.

- Target cohort – 관심 대상 치료군 (약물 및 중재 노출 집단) 코호트
- Outcome cohort – 결과변수로 지정한 임상 사건 코호트
- 관찰 기간 – 결과변수의 발생 측정을 위해 결과변수 임상 사건이 발생 가능한 구간을 설정
- 예측모형 알고리즘 – 예측모형 개발에 활용할 알고리즘 및 예측 변수 설정

Prediction 탭에서 설계된 연구로부터 생성된 R 패키지를 OMOP-CDM에 실행하면, 설정된 설계에 따라 outcome 발생을 예측하는 모형을 얻을 수 있다. Target cohort에 속한 환자들의 예측 변수를 학습하여 Outcome의 발생을 예측하는 모델을 개발한다. 학습 모델의 알고리즘으로써 Lasso logistic regression, Random Forest, Gradient Boosting Machine 등의 기계학습 방법들과 신경망 알고리즘을 기본적으로 제공하고 있고 계속 추가되고 있다. 결과는 R 기반 Web application인 Shiny dashboard 형태로도 제공되며, 다음 그림과 같이 개발된 모델의 성능을 Overall performance, Discrimination, Calibration 성능 등을 AUROC, AUPRC 등으로 제공한다(그림 14).

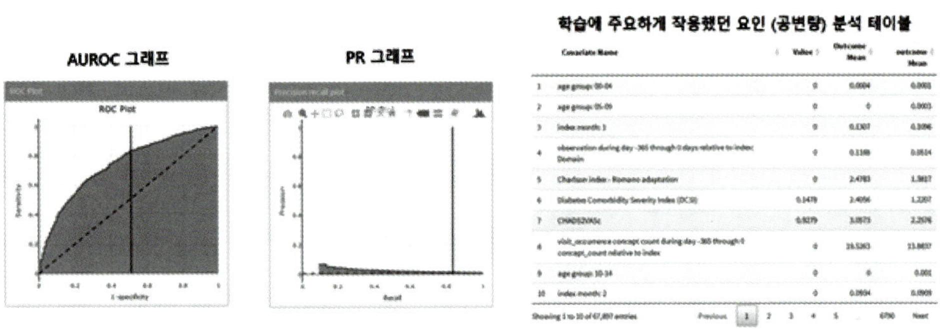

그림 14 Estimation 결과로 제공되는 Shiny App 화면

1.3.2. 연구방법론 라이브러리 HADES

HADES(Health Analytics Data-to-Evidence Suite)는 OHDSI의 연구방법론 라이브러리이다. HADES는 임상 특성 분석, 집단수준 인과 효과 추정 및 환자 수준 예측을 포함하여 OMOP-CDM을 활용한 대규모 분석을 위한 Open-source R package set이다. 데이터로부터 추정치를 얻는 관찰연구와 관련한 통계, 그림 및 표 작성에 활용할 수 있는 R 기능들을 제공하고, OMOP-CDM과 직접 상호작용하여 대규모 데이터와 많은 수의 분석을 지원할 수 있도록 설계되어 있다. 특히 단순 기능제공뿐만 아니라 연구 분석의 투명성 및 재현성 보장을 위해 노력하고 있다. 다음 그림은 HADES에서 제공하는 R package의 목록이다(그림 15). 연구 분석 패키지로는 효과 추정을 위한 CohortMethod, 예측 모델 개발을 위한

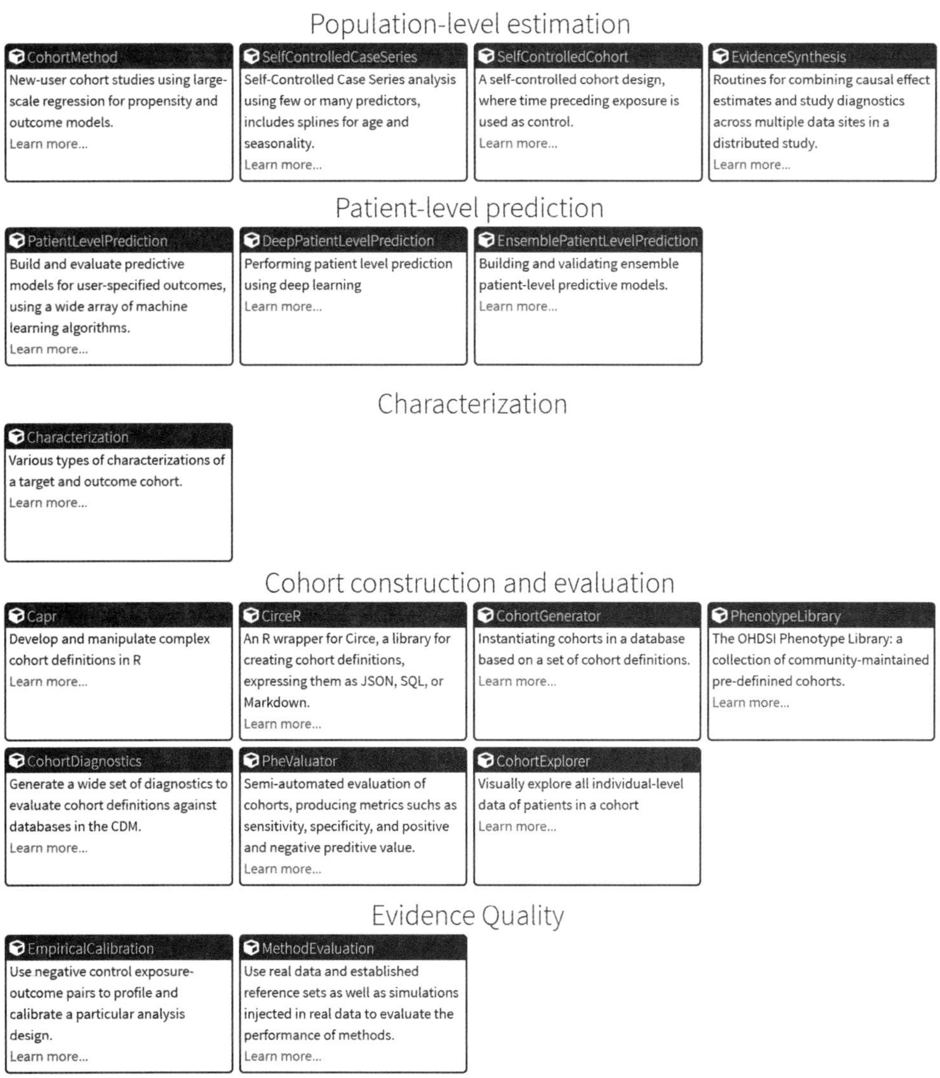

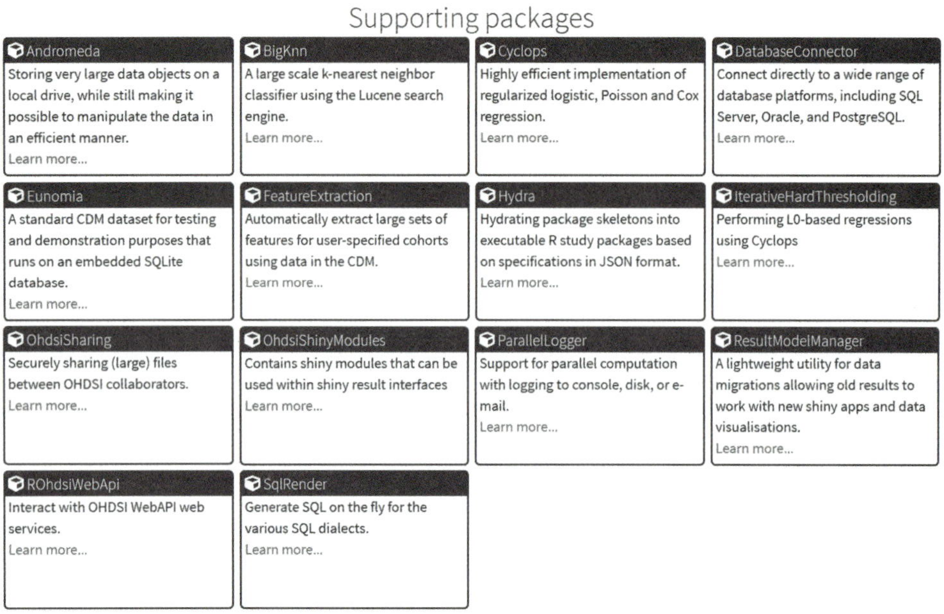

그림 15 OHDSI에서 제공하는 연구방법론 라이브러리인 HADES(ohdsi.github.io)

Patient-level prediction, 코호트 특성 분석을 위한 CohortDiagnostics 등이 있으며, 지원 패키지로는 OMOP-CDM 연동을 위한 DatabaseConnector, 공변량 추출을 위한 Feature-Extraction 등이 있다.

1.4 주요 연구 사례

본 절에서는 OMOP-CDM을 활용하여 출판된 주요 연구 사례를 다룬다. 타 연구 사례를 통해 OMOP-CDM을 활용하여 수행 가능한 연구를 가늠하고, 데이터 활용 연구의 최신 지견을 공유하는 데 그 목적이 있다. OMOP-CDM 활용 연구의 범위는 환자 특성 분석, 의학 중재의 집단수준 효과 비교 연구 및 환자 개인 수준 예측 모델링까지 매우 광범위하므로, 각 분야별로 나누어 수록하였다.

1.4.1. 환자 특성 분석연구 Cohort Characterization

초기 OMOP-CDM이 여러 기관에 구축된 이후, 데이터 내 환자 특성을 정확하게 포착하고, 치료법의 이질성을 제시하는 등의 환자 특성 분석 연구가 수행되었다.

2016년 George Hripcsak 등은 고혈압, 제2형 당뇨병 및 우울증 3가지 질환에 대해 대규모 관찰데이터를 활용하여 실제 임상 현장의 약물 사용패턴을 관찰하였다. 총 11개의

OMOP-CDM 데이터베이스(건강보험 청구자료 7개, 전자의무기록 4개)를 활용하였으며, 대상 환자 수는 약 250만 명이었다. 연구 결과 공통데이터모델을 활용한 분산 연구 네트워크의 가능성을 확인하였고, 각 데이터베이스별로 서로 다른 약물 사용패턴을 보임을 확인하였다(그림 16).

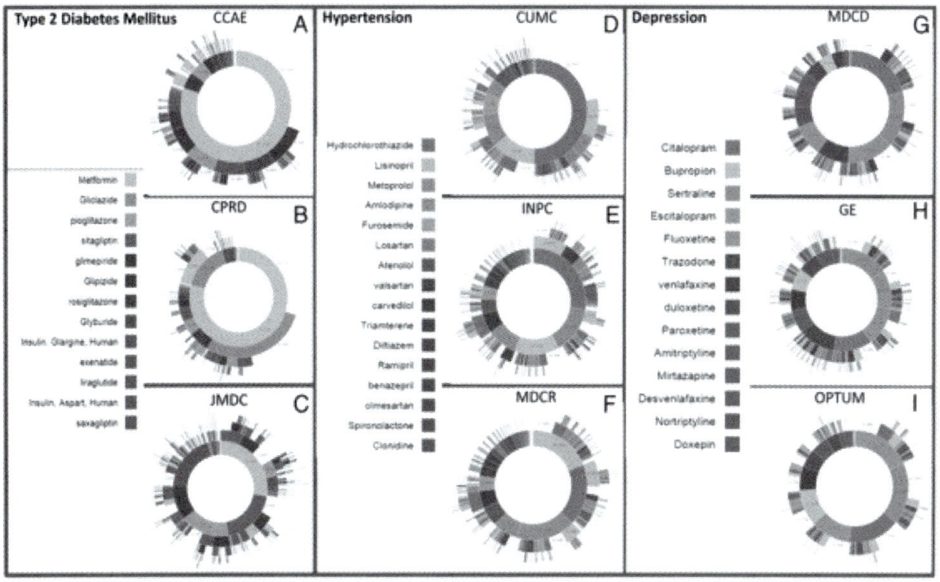

그림 16 OMOP-CDM을 활용한 약물 치료패턴 분석의 예

1.4.2. 집단수준 효과 비교 연구 Population-Level Estimation

전통적으로 약물 부작용 감시를 위해 OMOP-CDM이 개발되고 활용되었으므로, 집단수준의 약물 중재에 대한 효과 비교 연구(comparative effectiveness research)가 가장 많이 수행되었다.

2019년 Marc A Suchard 등은 고혈압 1차 선택 약제에 대해 약제 간 유효성 및 안전성을 평가하고자 하였다. 본 연구에는 9개의 대규모 OMOP-CDM 자료원(건강보험 청구자료 6개, 전자의무기록 3개)을 활용하였으며, 490만 명의 환자 자료가 포함되었다. 연구 방법으로 초기 치료자 코호트 디자인(new-user cohort design)을 적용하여 비교 대상 약제별, 분석 조건별로 약 22,000 가지의 분석을 동시에 수행하였다. 연구 결과, 현재 표준 진료지침에 따라 고혈압 단일 요법에 대한 약제 계열 간 동등성을 지지하였다. 다만, 티아지드 또는 티아지드계 이뇨제가 안지오텐신 전환효소 억제제보다 안전성 면에서 우수하였고, 비디히드로피리딘계 칼슘채널 차단제(non-dihydropyridine calcium channel blocker)의 타 약제 계열 대비 열등함에 대한 결과를 제시하였다(그림 17).

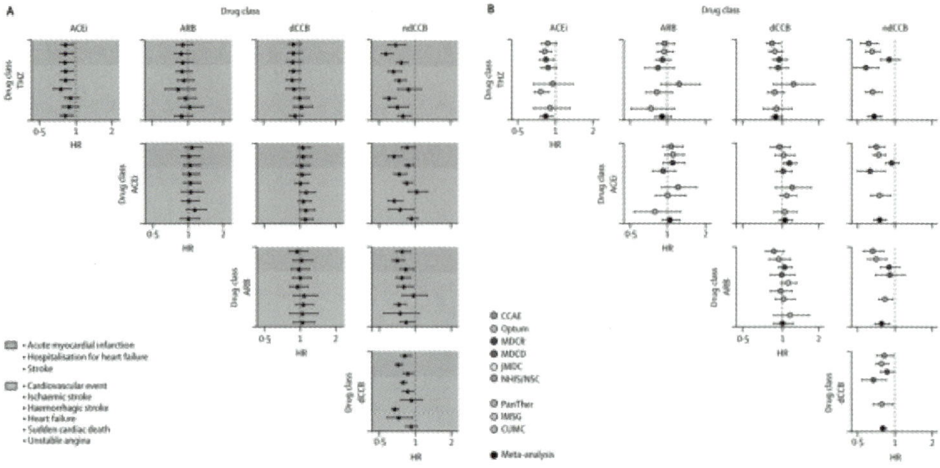

그림 17 OMOP-CDM을 활용한 효과 비교 연구의 예

2020년 Seng Chan You 등은 급성 관상동맥질환 환자에서 티카그렐러와 클로피도그렐에 대한 효과 및 안전성 비교 연구를 수행하였다. 연구 목적은 경피적 관상동맥중재술(percutaneous coronary intervention)을 시술받은 급성 관상동맥 환자에게 우선 권고되는 P2Y12 항혈소판제인 티카그렐러과 클로피도그렐의 허혈(유효성) 및 출혈(안전성) 사건의 발생을 평가하는 것이었다. 본 연구에서는 3개의 대규모 OMOP-CDM 자료원(건강보험 청구자료 1개, 전자의무기록 2개)을 활용하였고 각 데이터베이스의 연구 결과에 대해 메타분석을 수행하였다. 연구 결과, 순 유해 임상사건(net adverse clinical event, NACE)의 경우 두 군 간 유의미한 차이는 관찰되지 않았으나(그림 18), 안전성 측면에서 출혈 사건 및 호흡곤란이 티카그렐러 군에서 유의미하게 높은 결과가 관측되었다(각 p = 0.001, p < 0.01).

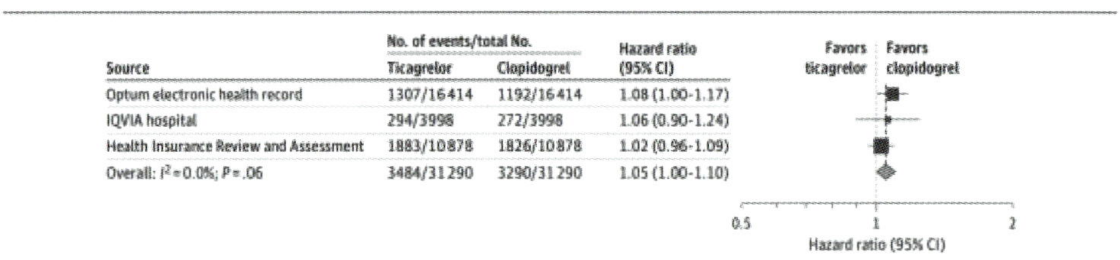

그림 18 OMOP-CDM을 활용한 메타분석의 예

1.4.3. 개인 수준 예측 모형 개발 연구 Patient-Level Prediction

표준화된 예측모형 개발 프레임워크를 활용하여 의료 데이터를 활용한 개인 수준 예측 모형의 개발, 검증, 대치 연구가 많이 수행되고 있다.

2020년 Jenna M Reps 등은 예측모형 개발 프레임워크를 응용하여, 기존 의학 분야에서 광범위하게 활용되고 있는 예측 점수 시스템에 대해 OMOP-CDM을 활용한 외부 검증 연구를 수행하였다. 해당 연구에서는 심방세동 환자들에게 뇌졸중의 위험도를 예측할 수 있는 지표인 ATRIA, CHADS2, CHADS2VASC, Q-Stroke, Framingham score를 구현하고, 이를 9개의 OMOP-CDM 데이터베이스(건강보험 청구자료 5개 전자의무기록 4개)에 적용 및 성능을 평가하였다. 연구 결과 5개의 뇌졸중 위험도 예측모형의 평균 c 통계량은 0.57-0.63이었으며(그림 19), 이는 기존의 연구 결과와 유사한 수준이었다. 이를 통해, PLP 프레임워크를 활용하면, 기존 의학적 예측 모델 구현하고 대규모 의료 데이터로 검증할 수 있음을 입증하였다.

	ATRIA	Framingham	$CHADS_2$	CHA_2DS_2VASc	Q-Stroke
Internal c-statistic	0.72	0.66	0.82	0.61	0.65
External c-statistic					
UK Electronic Medical Records (EMR) 2015 [13]	0.7 (0.69–0.71)	–	0.68 (0.67–0.69)	0.68 (0.67–0.69)	–
Swedish EMR 2016 [14]	0.71 (0.70–0.71)	–	0.69 (0.69–0.70)	0.69 (0.69–0.70)	–
Taiwan 2016 [15]	–	–	0.66	0.70	–
New Zealand, Russia and the Netherlands 2014 [16]	–	0.70 (0.68–0.73)	–	–	0.71 (0.69–0.73)
UK EMR 2010 [17]	–	0.65 (0.63–0.68)	0.66 (0.64–0.68)	0.67 (0.65–0.69)	–

Internal and previously published external model fit statistics for each of the five models that predict stroke in atrial fibrillation patients

그림 19 OMOP-CDM을 활용한 예측 모델 개발 및 성능 평가의 예1

또한 2020년 Jenna M Reps 등은 대부분의 의학 데이터베이스에서 사망 여부를 확인할 수 없다는 점에 착안하여 관찰 데이터베이스에서 개인 환자의 사망을 예측하는 모형을 개발하였다. 4개의 OMOP-CDM 데이터베이스(건강보험 청구자료 4개)를 활용하였으며, 1개의 데이터베이스에서 모형을 개발하고 3개의 독립적인 데이터베이스로 성능을 검증하였다. 연구 결과 사망을 예측하는 모형의 성능은 c 통계량 0.951-0.995의 높은 외부 검증 성능을 보여주었다.

이어서 2020년 Chungsoo Kim 등은 기계학습 방법을 활용하여 사망 및 사망원인까지 예측할 수 있는 모형을 추가로 개발하였다. 5개의 데이터베이스(건강보험 청구자료 4개, 전자의무기록 1개)를 활용하였다. 대한민국의 건강보험 자료를 활용하여 개발하고 국내 전자의무기록 자료에 외부 검증하였으며, 3개의 미국 건강보험 자료에 실제 사망 및 사망원인을 대치(imputation)하는 실험을 진행하였다. 연구 결과 c 통계량 0.8887의 외부 검증 성능을 나타냈으며(그림 20), 미국 자료에 대치한 결과도 미국의 사망원인 통계 순위와 유사하였다.

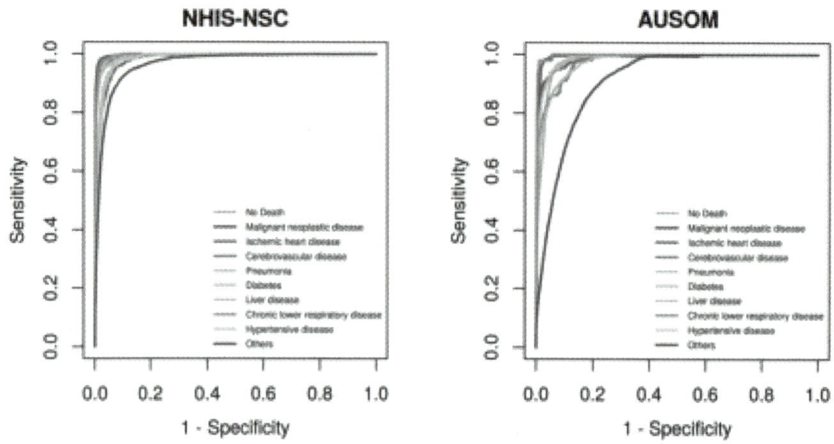

그림 20 OMOP-CDM을 활용한 예측 모델 개발 및 성능 평가의 예2

1.4.4. 데이터 품질 관리 연구 Data Quality Assessment

대규모의 보건의료 데이터에 대한 활용도가 높아지면서 각 데이터베이스의 품질을 관리하고 연구에 적합한 품질의 데이터임을 보증하는 것 또한 하나의 주요 연구 주제로 자리잡게 되었다.

OHDSI에서는 변환된 OMOP-CDM이 데이터 품질 규율을 만족하는지 평가하기 위한 도구인 Achilles Heel을 개발하였다. 새로운 데이터 변환 시 이를 의무적으로 수행하여 실행 결과를 다시 변환 과정에 반영하도록 하고 있다. 또한 데이터베이스의 완결성, 표준 데이터 정의(Data definition language, DDL)와의 정합성, 타당성 등을 평가하고 점수화하는 프로그램인 Data quality dashboard(그림 21)를 개발하고 운영하고 있다.

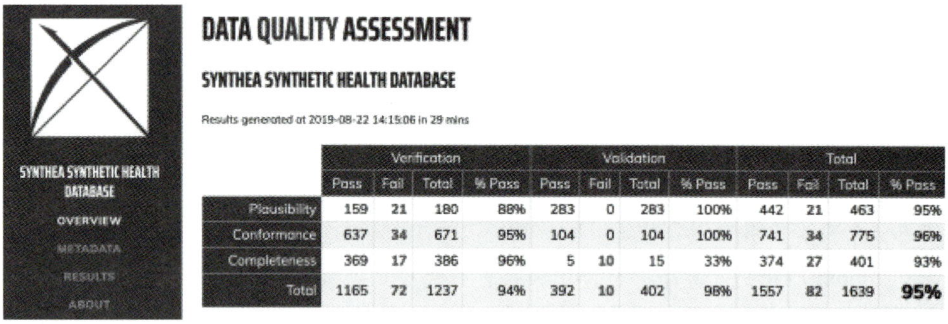

	Verification				Validation				Total			
	Pass	Fail	Total	% Pass	Pass	Fail	Total	% Pass	Pass	Fail	Total	% Pass
Plausibility	159	21	180	88%	283	0	283	100%	442	21	463	95%
Conformance	637	34	671	95%	104	0	104	100%	741	34	775	96%
Completeness	369	17	386	96%	5	10	15	33%	374	27	401	93%
Total	1165	72	1237	94%	392	10	402	98%	1557	82	1639	95%

그림 21 Data quality dashboard

1.4.5. 코로나바이러스감염증-19 연구 사례

2020년 코로나바이러스감염증-19(이하 COVID-19)의 대유행이 세계를 강타하면서, 관찰 의료데이터 연구 분야에서도 COVID-19에 대한 연구가 활발히 수행되었다. OMOP-CDM을 활용하여 COVID-19에 대한 대규모 의학적 근거 생성을 위하여, OHDSI는 2020년 3월 OHDSI COVID-19 International Study-A-Thon을 개최하고, 30개국 이상의 330여 명의 연구자들과 동시에 COVID-19 연구를 수행하였다. 대표적으로 수행하는 환자 특성 분석, 집단수준 효과 비교 및 개인 수준 예측 연구가 광범위하게 수행되었다. 이번 장에서는 그 사례에 대해 공유하고자 한다.

COVID-19는 신종 감염 질환이므로 먼저 질환의 특성을 이해하는 것이 중요하였다. Edward Burn 등은 OMOP-CDM을 활용하여 COVID-19 대유행 초기에 감염증의 환자 특성을 기존 계절성 독감과 비교하여 발표하였으며, 기존 계절성 독감 대비 높은 남성 비율, 낮은 연령, 공존 질환, 기저 약물 사용 등의 특징이 있는 것으로 밝혀냈다(그림 22). 이후 연령별, 질환별 하위 그룹 분석(17-20) 및 COVID-19 약물 사용패턴 변화 연구(그림 23) 등을 별도로 수행하여 연구 결과를 발표하였다.

COVID-19 감염증 유행 초기 COVID-19 환자에게 히드록시클로로퀸과 아지스로마이신의 병용 요법이 치료 대안으로 떠오르자 OMOP-CDM을 활용 히드록시클로로퀸과 아지스로마이신 병용에 대한 안전성 평가 연구를 수행하였으며, 이를 통해 두 약제 병용 시 심혈관계 안전성 문제가 발생함을 발표하였다(그림 24). 또한 체내 안지오텐신 수용체가 코로나바이러스의 유입에 관여함이 밝혀짐에 따라, 고혈압 약제별 COVID-19 발생 위험 평가 연구를 수행하였으며, 안지오텐신 전환효소 억제제 및 안지오텐신 수용체 저해제가 타 계열의 고혈압 약제 대비 COVID-19의 발생이 증가하지 않는다는 결과를 발표하였다.

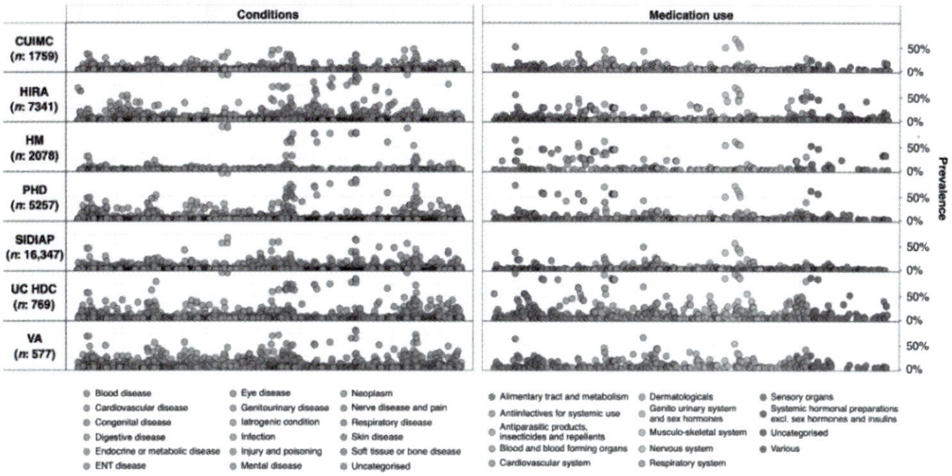

그림 22 OMOP-CDM을 활용한 COVID-19 환자 특성 분석의 예

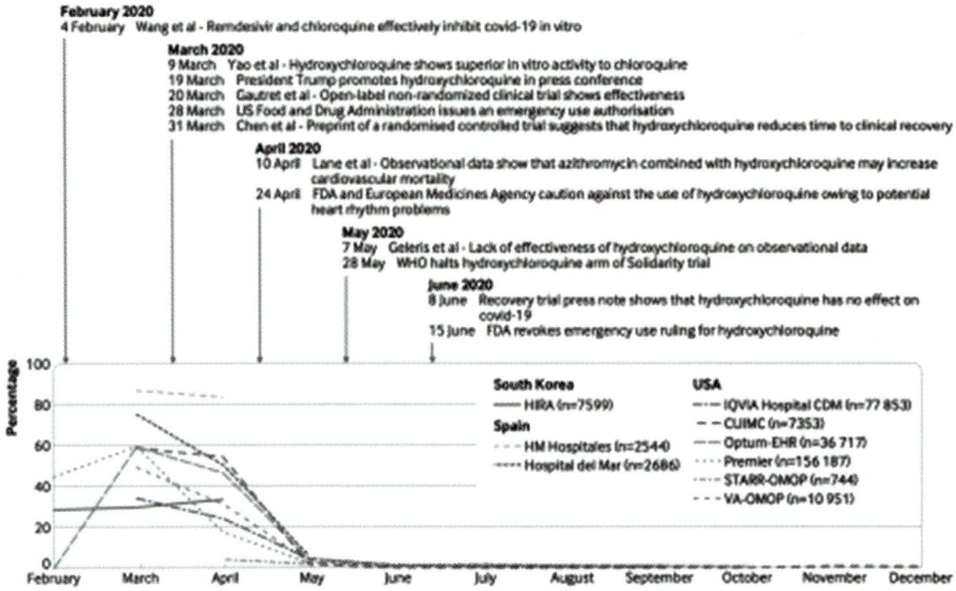

그림 23 OMOP-CDM을 활용한 COVID-19 약물 사용 패턴 분석의 예

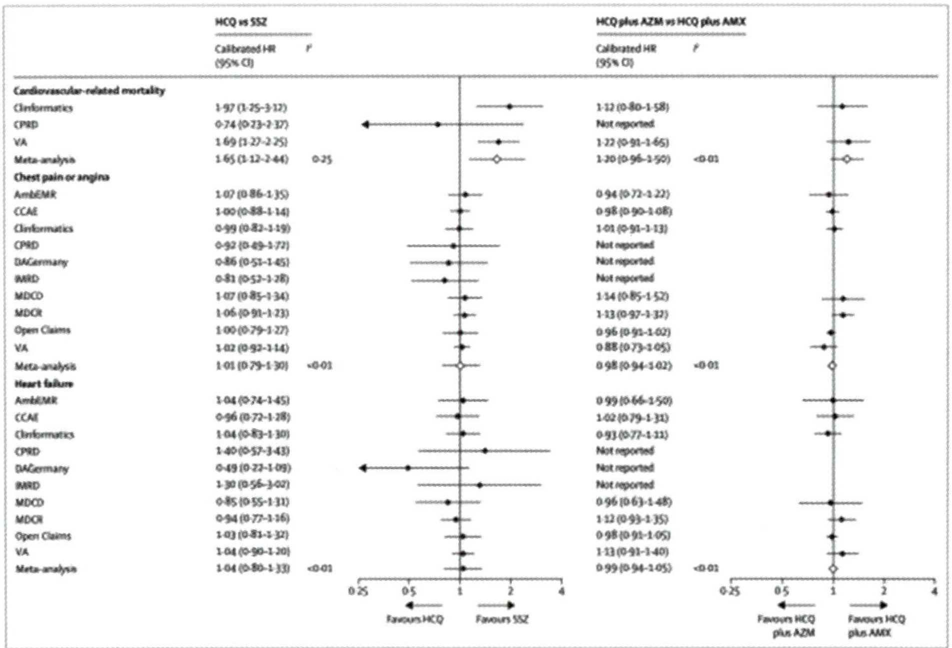

그림 24 OMOP-CDM을 활용한 히드록시클로로퀸과 아지스로마이신 병용 요법의 안전성 비교 연구 예

온라인상에서 COVID-19 감염에 대한 개인의 감염 위험도를 예측하는 모형(위험도 계산기 등)들이 다수 등장하였으나, 대부분 충분한 성능 검증을 통과하지 못한 채 공개되어 환

Database	Target size, n	Outcome size, n (%)	AUROC[a] (95% CI)[b]	AUPRC[c]
HIRA[d]	1985	89 (4.48)	0.56 (0.488-0.636)	0.07
SIDIAP[e]	37950	1223 (3.22)	0.363	0.03
VA[f]	1446	149 (10.30)	0.529 (0.473-0.584)	0.14

[a]AUROC: area under the receiver operating characteristic curve.
[b]The 95% CI is reported when the outcome count is <1000.
[c]AUPRC: area under the precision recall curve.
[d]HIRA: Health Insurance Review and Assessment.
[e]SIDIAP: Information System for Research in Primary Care.
[f]VA: Department of Veterans Affairs.

그림 25 OMOP-CDM을 활용한 기존 모형 외부 검증 성능 평가의 예

자에게 잘못된 정보를 제공할 우려가 있었다. 따라서 Jenna M Reps 등은 실제 서비스 중인 COVID-19 개인 감염 위험도 계산기를 OMOP-CDM에 적용 가능한 모형으로 구현하고, 이를 COVID 데이터베이스에 적용하여 성능을 평가하였다. 연구 결과, 실제 COVID-19 환자 데이터에 불충분한 외부 검증 성능이 산출되었다(c 통계량 0.6 미만, 그림 25). 따라서 충분한 외부 검증 과정이 수행되지 않은 예측모형들의 결과 해석에 경각심이 필요함을 시사하였다.

이후 COVID-19 백신 접종이 시작되면서, Xintong Li 등은 주요 백신 부작용 15종에 대한 발생률을 분석하여 발표하였다. 백신의 부작용을 전 세계 8개국 13개의 데이터베이스를 활용하여 분석하였으며, 연령 및 성별로 하위 그룹 분석을 수행하였다. 연구 결과, 백신의 부작용이 분석 데이터베이스 간 상당히 이질적인 패턴을 보였으며, 이는 연령 및 성별에 따라서도 다양하게 관찰되었다(그림 26).

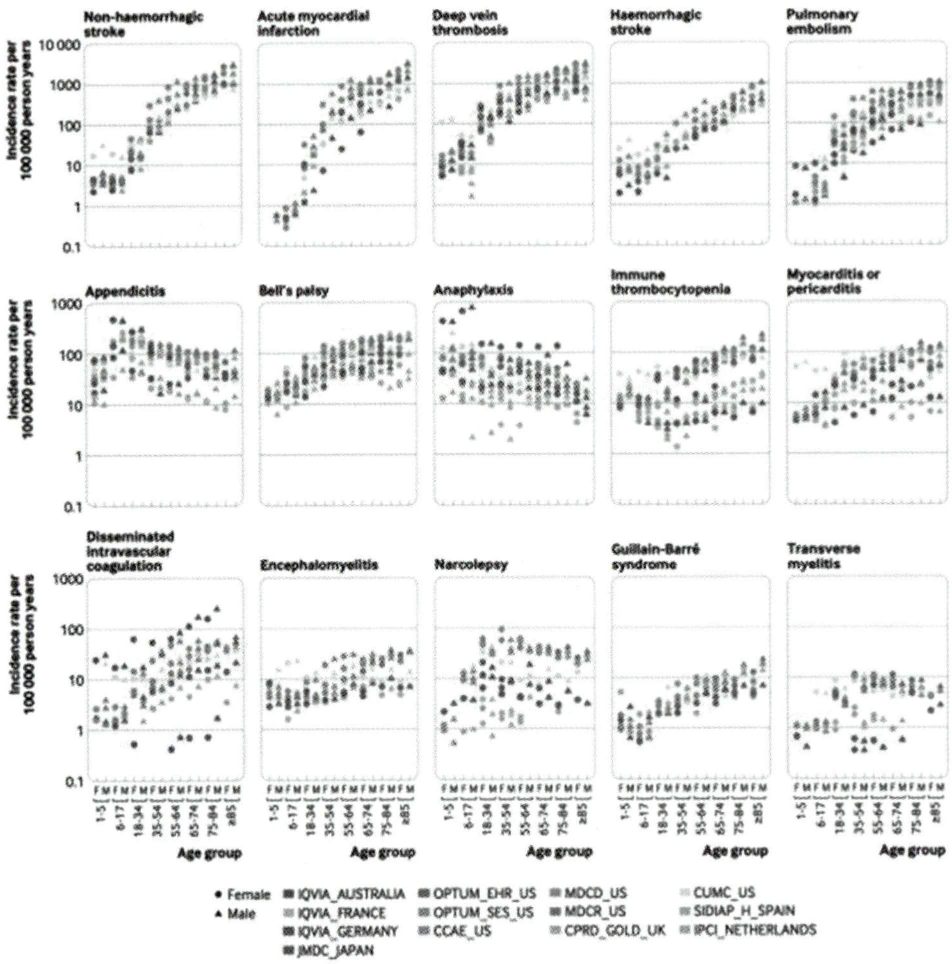

그림 26 OMOP-CDM을 활용한 백신 부작용 발생률 분석의 예

1.5 학습 자료 현황

OHDSI 커뮤니티는 새롭게 참여하는 각국의 연구자들과 연구 주제들을 위해 다양한 자료와 플랫폼들을 운영하고 있다. 이번 장에서는 OMOP-CDM에 대해 심층적으로 학습할 수 있는 자료들과 플랫폼들에 대해 간략히 소개한다.

1.5.1. Book of OHDSI

Book of OHDSI는 OMOP-CDM과 관련된 전반적인 지식을 총망라한 교재라고 볼 수 있으며, OMOP-CDM에 대한 기초 지식 습득 및 예제를 통한 실습을 위해서는 해당 책을 통해 학습하는 것이 가장 효율적일 것으로 생각된다(그림 27(왼쪽)). Book of OHDSI는 다음과 같은 5개의 챕터로 구성되어 있으며, 각 챕터는 Introduction, Theory, Practice, Summary, Exercise로 이루어져 있다. Summary를 통해 챕터의 내용을 요약적으로 확인할 수 있으며, Exercise를 통해 챕터의 내용을 실제 OMOP-CDM 연구로 실습해볼 수 있도록 되어있다.

또한 온라인을 통해 무료로 책을 조회하거나 다운로드받을 수 있다(https://ohdsi.github.io/TheBookOfOhdsi/). OHDSI Korea에서는 앞선 Book of OHDSI 서적을 국문으로 번역한 번역본을 공개하였다. 한글 번역본은 온라인 버전이 공개되지 않고, 『오딧세이 바이블: 데이터 과학자를 위한 여행지침서』로 출간되었다(그림 27(오른쪽)).

그림 27 Book of OHDSI와 국문 번역서인 오딧세이 바이블

1.5.2. Online repository

Open community를 지향하는 OHDSI 커뮤니티의 특성상 주요 개발 내용 및 코드 자료들은 모두 온라인에 공개되어 있다. 여기서 개발과 관련된 분석 코드, 프로그램 코드 등은 GitHub를 통해 공개되어 있고, 연구 결과는 R Shiny로 배포하여 마찬가지로 온라인에 공개하고 있다. 연구 주제에 대한 논의, 질문 등에 대한 토론은 OHDSI 포럼(forum)을 통해 이루어지고 있다.

1) Github repository

깃허브(GitHub)는 온라인 버전 관리 플랫폼으로서 개발 코드를 업로드하여 버전 별로 관리할 수 있으며, 공동 개발의 경우 개발자별 프로그램 기여도와 개발 부분을 시각적으로 확인할 수 있게 해준다. OHDSI에서 진행한 주요 연구들, 개발 프로그램, 그리고 데이터 모델에 대한 자료들까지 모두 깃허브에 공개하여 관리하고 있다(그림 28). OHDSI 깃허브에 올라와 있는 대부분의 프로젝트는 Apache License 2.0을 사용하여 사용자들에게 무료 배포를 허용하고 있다.

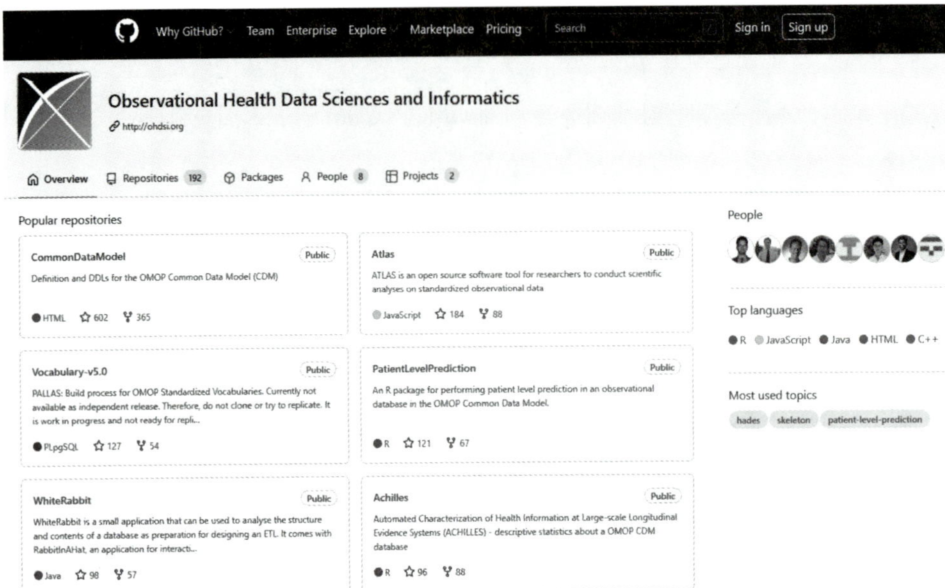

그림 28 OHDSI GitHub repository(https://github.com/OHDSI)

그 외에도 OHDSI 커뮤니티에서 수행한 연구 결과들을 R Shiny로 배포하기 위해 만들어진 페이지가 있다. R Shiny로 배포한 별도의 페이지(https://data.ohdsi.org)로 들어갈 경우, 해당 연구 결과들에 대한 시각적 조회가 가능하다(그림 29).

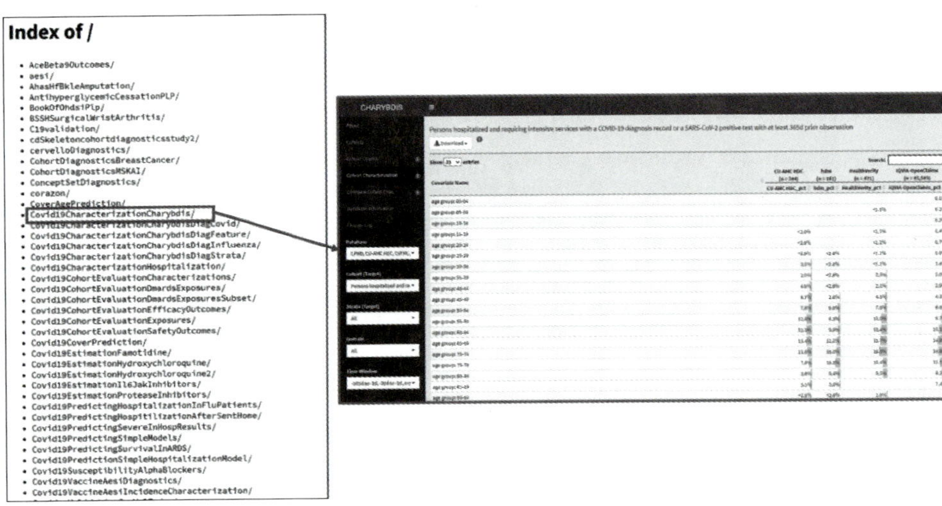

그림 29 OHDSI 데이터 저장소(https://data.ohdsi.org)

2) OHDSI forum

깃허브가 분석 코드에 대한 내용을 공유하는 플랫폼이라면, OHDSI 포럼(https://fo-

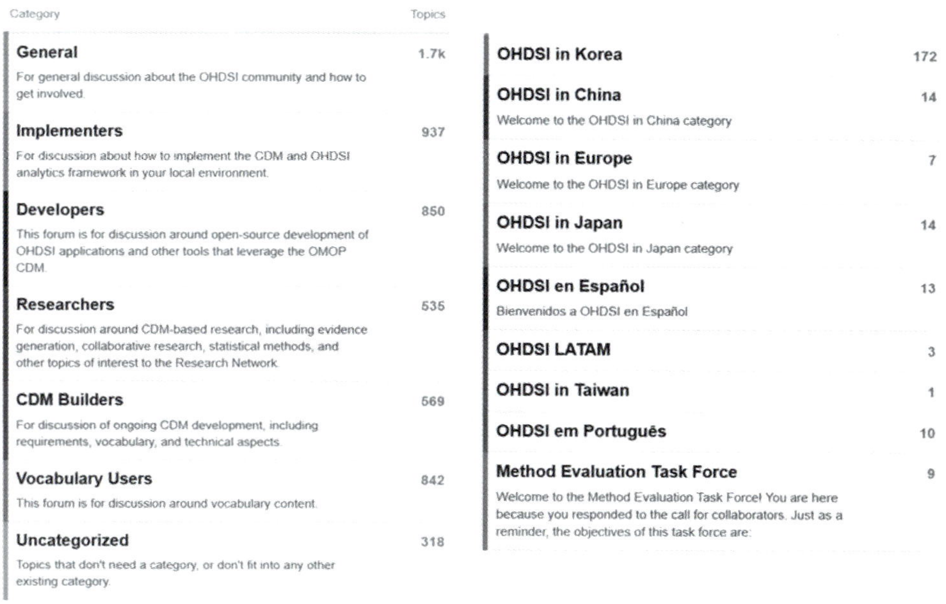

그림 30 OHDSI Forum(https://forums.ohdsi.org)

rums.ohdsi.org)은 OHDSI의 모든 멤버들이 자유롭게 참여하여 질문하고 토론하는 장소이다(그림 30). 오픈 커뮤니티의 특성상 OHDSI에는 많은 신규 참여자들이 들어오고 있고, 포럼을 통해 많은 질문이 오가고 있다. 포럼은 현재 17개의 카테고리로 구성되어 있고, 국가별 혹은 언어권별 카테고리 역시 존재한다. 해당 카테고리에서는 각국의 언어로 소통할 수 있기 때문에 OHDSI Korea 카테고리에서 한글로 논의할 수 있다.

3) OHDSI YouTube channel

OHDSI 및 OHDSI 한국 지부에서는 YouTube 채널을 개설하여 동영상 자료를 공유하고 있다. "OHDSI" 채널에서는 글로벌 OHDSI 커뮤니티에서 진행되는 모든 행사에 대한 녹화본을 영어로 제공한다. 특히 매주 진행되는 Community call과 학술대회 기간에 제공하는 이론 및 실습 강의에 대한 전체 영상을 확인할 수 있어 초기 OHDSI 및 OMOP-CDM 교육에 활용할 수 있다. "OHDSI Korea" 채널에서는 국내 행사 및 학술대회에 대한 한국어 강의 녹화본을 제공하고 있다.

요약

이번 장에서는 OMOP-CDM에 대한 도입 배경, OMOP-CDM과 OMOP 표준 용어집에 대한 구성 원리, OMOP-CDM 분석 도구 및 활용 연구 예시를 학습하였다. 또한 더 심도 있는 학습이 필요한 독자를 위해 학습 자료 현황을 제공하였다.

OHDSI 커뮤니티와 OMOP-CDM은 다양한 분야의 연구자가 자발적으로 참여하며 빠른 속도로 그 규모가 확장되고 있다. 해외뿐만 아니라 국내에서도 범정부 차원의 지원으로 다양한 기초 및 응용 연구 사업이 진행되고 있다. 앞서 소개한 OMOP-CDM의 많은 장점에도 불구하고, 1) 초기 건강보험 청구자료원 중심의 연구 분석방법론으로 인한 전자의무기록 자료 분석방법론 부족, 2) 비정형 데이터에 대한 자료 적재 및 표준화, 3) OMOP-CDM의 전 주기(변환, 매핑 및 연구 분석) 품질 평가 및 관리 방안 등의 부분에서 개선되어야 할 필요성이 있으며, 많은 연구자들이 개선을 위해 노력하고 있다. 차후 OMOP-CDM은 단순한 후향적 연구 자료원으로써의 역할에서 벗어나 실용적 임상 시험, 임상 현장에서 신속하게 활용될 수 있도록 지속해서 발전하고 있다.

이번 장을 통해 공통의 보건의료 질문에 대한 신뢰할 만한 수준의 근거(Reliable real-world evidence) 생성의 수단으로 OMOP-CDM을 개발하고 활용한 국제적인 노력에 대해 체감하는 기회가 되길 바란다.

14장 미국 센티넬 CDM 소개

학습목표

1. 센티넬 시스템의 도입 배경에 대해 이해한다.
2. 센티넬 이니셔티브의 조직에 대해 이해한다.
3. 센티넬 분산데이터베이스(SDD) 및 공통데이터모델(CDM)에 대해 이해한다.
4. 센티넬 시스템 연구수행 방법에 대해 이해한다.

개요

2008년, FDA는 2007년 개정된 FDAAA에 따라 기존의 자료(전자의무기록, 건강보험청구자료, 환자등록자료, 진단검사자료 등)인 실사용데이터(Real-world data, RWD)를 활용한 의약품의 안전성 감시 시스템을 개발하기 위해 주요한 근거 생성 플랫폼인 센티넬 이니셔티브(Sentinel Initiative)를 개발하였다. 2009년부터 5년간 의약품과 의료기기의 부작용에 대한 신속한 대응이 가능한 전국적인 규모의 전자 안전성 감시 시스템 구축의 토대를 마련하기 위하여 미니센티넬 파일럿 프로젝트를 수행하였다. 2016년 완성된 센티넬 시스템을 구축하여 FDA는 RWD를 활용하여 시판 후 안전성을 평가할 수 있는 능동적인 의약품 안전감시시스템을 구현하였다. 센티넬 시스템은 중앙 집중식 데이터 저장소 대신 각 데이터 파트너가 자체 데이터를 보유하고 접근할 수 있는 분산데이터 방법을 사용하며 각 데이터 파트너가 미리 지정된 정의에 따라 표준 형식을 기반으로 개별 데이터를 CDM으로 변환하여 연구를 수행한다. 이번 장에서는 대표적인 의약품 능동 감시 시스템 중 하나인 미국 FDA 센티넬 시스템의 도입 배경, 조직구성, 데이터구조 및 활용사례에 대해 학습하고자 한다.

1 센티넬 CDM 구축 배경

1.1 미국 식품의약품안전국(FDA)의 시판 후 감시 및 보고 시스템 개요

FDA의 명시적 사명은 "인간의 약물의 안전성, 효능 및 보안을 보장함으로써 공중 보건을 보호하는 것"이다. 이를 위해 FDA는 모든 신약에 대한 시판 전 임상시험 절차를 수립할 법적 권한을 가지고 있으며, 신약의 잠재적 위험을 평가하고 해결하기 위해 시판 후 감시를 수행할 권한을 가지고 있다.

미국은 1954년 의약품 시판 후 감시 프로그램(post-marketing surveillance program)을 설립한 이래로 제약회사에는 신약 허가신청을 거친 제품에 대한 안전성 정보보고를 의무적으로 보건의료인에 권장하며 모든 의약품의 이상사례에 대한 모니터링을 실시해왔다. 미국이 의약품의 시판 후 감시에 대해 관심을 갖게 된 계기는 1949년 초 클로람페니콜(chloramphenicol) 항생제 복용 후 재생불량성 빈혈에 대한 이상사례가 보고되기 시작하면서이다. 1954년 미국 의사 협회와 의약품 시판 후 감시 프로그램을 설립하여 이상 혈액질환에 대한 파일럿 프로그램을 실시하였고, 1961년에는 모든 의약품으로 감시를 확대하였다. 탈리도마이드 사건을 계기로 미국은 자체 약물이상반응 모니터링사업을 시작하기 위해 미국 의사 협회(American Medical Association, AMA)의 프로그램을 FDA로 이관하였는데, 이듬해에는 Kefauver Harris 개정법을 제정하여 제약회사가 신약의 유효성에 대한 실질적인 증거를 입증하도록 의무화하기도 하였다. 시판 후 자발적 이상사례보고를 활성화하기 위해 FDA는 1993년부터 메드와치(MedWatch) 프로그램을 시작하였는데, 이는 의약품 이상사례를 수집하기도 하지만 약물 안전성정보를 보건의료인과 소비자에게 알리는 채널이라고도 할 수 있다. 제약회사가 제출한 이상사례와 메드와치를 통해 수집된 보고 정보는 유해사례보고시스템(adverse event reporting system, AERS)에 저장되며 FDA는 이 정보들이 축적된 데이터베이스를 정기적으로 검사하여 잠재적인 위험을 밝히고 추가 조사가 필요한지를 결정한다.

이렇게 미국 시판 후 의약품안전관리체계는 수동적인 자발적 이상사례 보고에 의존하고 있었으나 2004년 9월 머크사의 블록버스터 약물 바이옥스(Vioxx® , Merck, Kenilworth, NJ, USA)의 심각한 심혈관 이상사례 발생으로 인한 철회 사건 등을 계기로 의약품안전관리시스템의 문제점들이 제기되기 시작하였다. 로페콕시브(rofecoxib)를 주성분으로 하는 바이옥스는 그 당시 COX-2 선택적 비스테로이드성 항염증제로 기존 비선택적 비스테로이드성 항염증제보다 위장관 합병증의 발생률을 줄일 수 있다는 장점이 있는 약물로 1999년 5월 FDA의 승인을 받았다. 이 약은 2003년에 전 세계적으로 총 25억 달러의 매출을 기록하며 80개국 이상에서 판매되었다. 그러나 머크사는 대장 용종의 병력이 있던 환자에서 대장암의 발생 위험을 낮출 수 있을지 확인하기 위해 자체적으로 수행한 시판 후 추가연구인 Adenomatous Polyp Prevention on Vioxx(APPROVe)에서 바이옥스가 첫 복용 18개월 후 심장마비와 뇌졸중 위험을 높인다는 사실을 확인한 후 약물을 자발적으로 철회하게 되는데, 이때는 이미 2천만 명의 미국인이 이 약을 복용한 다음의 일이었다. 이후 의학 저널 Lancet에 발표된 연구에 따르면 바이옥스를 복용 후 심장마비를 일으킨 미국인은 8만 8,000여 명이며 여기서 3만 8,000여 명은 사망한 것으로 나타났다. 이 사건을 계기로 수동적인 자발적 보고 대신 보다 포괄적이고 능동적인 의약품 안전관리체계가 요구되었다.

1.2 능동적 약물감시의 필요성

약물감시를 통해 로페콕시브의 심혈관 질환 위험 증가가 초기에 감지된 바 있었다. 2000년 10월 튀니스에서 열린 국제 약물 모니터링을 위한 세계보건기구(World Health Organization, WHO) 프로그램에 참여하는 국가 연례 회의에서 네덜란드 국가약물감시센터(The Netherlands Pharmacovigilance Centre Lareb, Lareb)는 바이옥스의 심혈관 질환의 새로운 증거를 제시한 바 있으며, 심혈관 부작용에 대한 높은 오즈비(odds raito)를 보고 일부 사망자는 치료 초기에 발생했다고 발표하였다. 이러한 내용은 로페콕시브 사용과 관련하여 심근경색이 관찰된 많은 국가의 반응을 촉발시키기도 하였는데, 여러 국가에서 각 규제 당국은 공식 소식지와 웹사이트를 통해 정기적으로 문헌에 보고된 최신 상황에 대해 보건 전문가와 대중에게 경고하였고, 미국 및 기타 지역에서는 로페콕시브 라벨에 심혈관 사건에 대한 정보를 추가하라는 권고가 있었다. 동시에 여러 역학 연구와 대규모 무작위 시험에서도 로페콕시브 복용과 관련하여 심혈관 사건의 위험이 증가한다는 증거들이 있었다.

하지만 결과적으로 심근경색증 등 심장병 위험 증가의 첫 번째 증거가 문서화 된 후 바이옥스가 시장에서 철수되기까지 거의 5년이라는 시간이 걸렸다. 이때까지 FDA는 승인 후 약물감시 정보의 주요 출처로 자발적이고 개별적인 사례보고에 오랫동안 의존해왔는데, 이는 전적으로 의료전문가, 제조회사 또는 소비자로부터 보고받은 부작용 정보에 의한 것이므로 과소 보고 및 보고 건수 불충분의 문제 등으로 분석에 한계가 있는 수동적 감시 방법이었다. 전문가들은 이를 비효율적인 규제의 이유로 설명하였고, 의약품 안전 문제가 나타날 경우 FDA는 승인 후 안전성 평가 연구를 제약회사가 수행하도록 강제할 수 있어야 한다고 하였다. 바이옥스가 시판 후 매우 많은 사람에게 처방되었기 때문에 일억 명 환자의 의료기록을 의약품 안전성 평가 모니터링에 로페콕시브 시판 직후부터 사용할 수 있었다면, 시판 후 불과 3개월 만에 심혈관계 부작용이 발견되었을 것으로 계산되기도 하였다. 따라서 FDA도 메디케이드(Medicaid), 메디케어(Medicare) 및 상업보험회사 등의 보건의료데이터를 활용하여 승인된 의약품의 안전성 평가를 수행할 수 있는 권한이 필요하다는 주장이 제기되었다. 바이옥스 사례를 통해 미국은 시판 후 의약품안전관리체계를 재조명하였고 보고사례의 불충분한 보고 건수, 검토 방법에서의 의견 충돌, 분석의 한계 등에 부딪힌 기존의 자발적 보고 의약품안전관리체계에서 포괄적이고 능동적인 의약품 안전관리의 필요성을 느끼게 되었다.

1.3 능동적 약물감시를 위한 FDA 센티넬 이니셔티브의 출범

2004년 11월, FDA는 의약품 안전관리강화계획을 발표하였고, 안전성 관리를 강화하기 위한 점검을 위해 미국 정부의 보건정책 자문기구인 의학한림원(Institute of medicien,

IOM)에 미국의 의약품 안전성 평가 및 관리 시스템을 진단하고 의약품의 위해 평가, 감시 및 안전한 사용을 위한 개선안 마련에 관한 연구를 요청하였다. 의학한림원은 그 응답으로 2006년 9월 '의약품 안전의 미래: 공공의 건강증진 및 보호(The future of drug safety: promoting and protecting health of the public)' 보고서를 발표하였다. 이 보고서는 FDA가 취해야 할 안전성 향상 조치 권고안에 대해 제시하고 있는데 주요 골자는 (1) 의약품의 시판 전 임상시험과 개발단계부터 시판 후 감시 및 약물 위해 관리까지 의약품의 안전성과 유효성을 지속적으로 확인하는 '전주기적 안전관리'를 지원하는 과학 강화, (2) 의약품 사용과 관련한 사람들과의 의사소통 및 정보흐름을 개선, (3) 미국 의약품 안전관리체계 강화를 위해 필요한 운영과 관리체계를 향상해야 함을 권고하는 내용이 포함되었다.

FDA는 IOM 보고서에 대해 대응조치 계획을 담은 'IOM 권고에 대한 FDA의 대처(FDA's Response to the Institute of Medicine's 2006 Report)' 보고서를 2007년 1월에 발표하였는데, 여기서 의학한림원의 권고대로 능동적 약물감시체계인 센티넬 시스템(Sentinel System)의 설계를 위해 과학적 방법론 및 자료 접근에 대한 5개년 시범사업인 미니 센티넬(Mini-Sentinel) 수행과 대규모 의료데이터를 활용한 약물역학연구 수행지침서 개발 및 배포를 내세웠다. 그 후 2007년 9월부터 미국에서 이미 허가 완료된 의약품에 대한 시판 후 조사를 강화하고 라벨에 새로운 주의문구를 추가할 것을 제약회사에 요구할 수 있다는 내용을 포함하는 FDA 강화법(FDA Amendments Act, FDAAA)이 제정 및 통과되었다. FDAAA는 궁극적으로 2012년 7월 1일까지 일억 명의 환자에 대한 건강자료를 구축할 것을 구체적으로 명시하기도 하였다. 2008년 FDA의 협연센터인 하버드의대 필그림 건강관리 연구소(Harvard Pilgrim Health Care Institute)가 약물 안전성 모니터링을 위한 국가전자 시스템을 구축하기 위해 발표한 장기 프로젝트인 센티넬 이니셔티브(Sentinel Initiative)를 발표하였고, 2009년 비로소 센티넬 시스템의 출범을 알리는 미니센티넬 사업이 시작되었다.

2 센티넬 시스템

2.1 센티넬 시스템 개요

2.1.1. 센티넬 시스템의 역사

2007년 FDAAA의 시판 후 안전성 감시 및 분석에 대한 요구로 FDA는 200명 이상의 의료 관련 전문가, 약물역학자, 임상의, 데이터 과학자, 환자 대표 및 31개 기관의 기타 전문가와 협력하여 2009년부터 5개년 시범사업인 미니센티넬을 수행하였다. 미니센티넬의 비전

(vision)은 일상적으로 수집된 전자의료데이터를 사용하여 시판되는 의료제품의 안전성을 능동적으로 감시할 수 있는 기능을 개발하는 것이며, 미션(mission)은 향후 온전한 센티넬 시스템에서 사용될 수 있는 정책, 절차, 조직구조 및 과학적 방법을 개발하고 평가하는 것이었다. 미니센티넬의 구체적인 세부 목표는 (1) 능동적 의약품 안전성 모니터링의 목적으로 전자건강보험 청구자료, 환자등록 자료, 의무기록 등의 사용을 위한 환경 조성, (2) 능동적 약물감시의 정확도 향상을 위한 과학적인 방법의 개발 및 평가, (3) 시의적절하고 정확한 능동적 약물 안전 관리시스템 개발과정에서 발생 가능한 문제와 도전과제들을 확인하는 것이었다. FDA는 센티넬을 FDA의 지속적인 안전성 감시 도구로 개발하고자 하였으며, 2016년 2월에 FDA는 미니센티넬을 센티넬 시스템으로 전환하여 FDA 규제 프로그램에 공식적으로 통합하였다(그림 1).

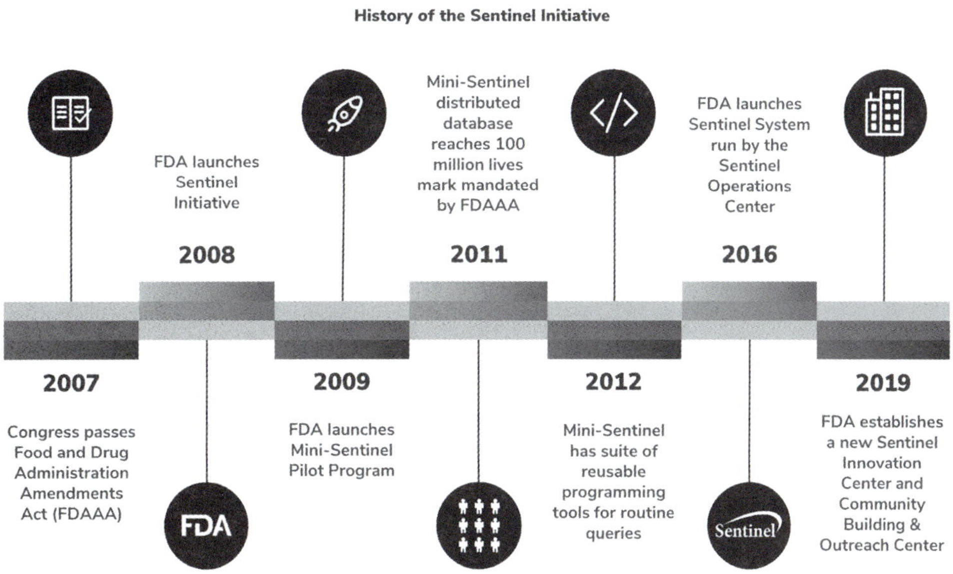

그림 1 미국 FDA의 센티넬 이니셔티브 역사

2.1.2. 센티넬 인프라(Sentinel infrastructure)

센티넬 시스템은 주로 전자데이터를 사용하여 승인 후 의료제품에 대한 FDA의 안전성 문제를 해결한다. 센티넬 시스템 내에는 대표적으로 CDER(The Office of Surveillance and Epidemiology in the Center for Drug Evaluation and Research)의 ARIA(The Active postmarket Risk Identification and Analysis system), CBER의 BloodScan과 PRISM(Postlicensure Rapid Immunization Safety Monitoring program)이 있다. CDER ARIA는 센티넬 시스템의 하위 구성요소로 사전 테스트, 검증 및 매개변수화된 분석 프로그램, Sentinel Common Data Model(SCDM)으로 구성된다. ARIA 시스템은 최첨단 분석

도구와 전자 건강 기록(EHR) 데이터와 연결된 표준화된 청구 및 청구의 분산데이터베이스를 사용하여 약물의 안전성을 모니터링하며 센티넬 시스템에서 가장 많이 사용되고 있다. BloodScan은 혈액 및 혈액 제품의 시판 전후 안전 감시를 수행하며, PRISM은 백신의 시판 전후 안전성 감시를 수행한다. 본 장에서는 센티넬 시스템 ARIA의 하위 구성요소 중 하나인 SCDM에 초점을 두고 서술한다.

2.2 센티넬 시스템 이해관계자 및 구조(structure)

2.2.1. 센티넬 시스템 이해관계자

센티넬 이니셔티브는 여러 프로그램관리자 및 역학자로 구성된 FDA CDER이 주도하며 그 밖에 약 13개의 데이터 파트너, 약 24개의 협력 기관, 레이건-우달(Reagan-Udall) 비영리 재단이 참여하고 있다. 데이터 파트너는 학술의료센터, 의료시스템, 건강보험회사 등이 참여하며 각 기관은 SCDM을 보유하고 있다. 미니센티넬 운영 당시 FDA는 하버드필그림건강관리연구소를 협연센터로 지정하고 여러 데이터 파트너들을 연계하여 각각의 데이터를 표준양식으로 수합한 후 자료 접근 및 분석 등에 대한 연구를 수행하는 협연센터모델을 구축하였는데, 센티넬 전환 이후에는 하버드필그림건강관리연구소가 연구소 내 센티넬 운영센터(Sentinel Operations Center, SOC)를 이끌면서 여러 협력 기관과 파트너십을 맺었으며, 협력 기관은 SOC에 의료데이터뿐 아니라 과학, 기술, 조직적 전문지식 등을 제공한다. 대부분의 데이터 파트너는 협력 기관으로 참여하고 있다.

2.2.2. 센티넬 이니셔티브 구조

센티넬 이니셔티브는 3개의 개별센터인 센티넬 운영센터(SOC), 커뮤니티 구축 및 지원센터(Community Building and Outreach Center, CBOC), 혁신센터(Sentinel Innovation Center, IC)로 구성되어 있다(그림 2). 각 센터는 협력센터전담 리더십 팀이 독립적으로 운영하며 각각의 목표와 관련된 프로젝트를 수행하지만, 최종적으로는 센티넬 시스템을 사용하여 규제과학을 발전시키기 위해 협력한다.

SOC는 약물역학, 임상 의학, 약학, 통계, 보건정보학, 데이터 과학(예, 인공지능 및 자연어 처리, 기계학습) 및 네트워크 운영 분야에서 조직적 파트너십을 계속 활용하여 시판 후 안전 분석을 지원한다. SOC의 주요 업무는 (1) SCDM 관리 및 개발, (2) 새로운 분산 분석 도구 개발, (3) 안전성 신호 감지 등의 기능 강화, (4) FDA-Catalyst를 통한 실사용 증거(Real World Evidence, RWE) 시범사업 등을 수행하는 것이다. SOC와 데이터 파트너는 FDA와 협력하여 시판 의료제품의 위해성-유익성(risk-benefit)을 평가한다. CBOC는 이해관계자들의 참여 증진 및 센티넬 인프라에 대한 인식 및 참여 확대를 통한 커뮤니케이션과 협업

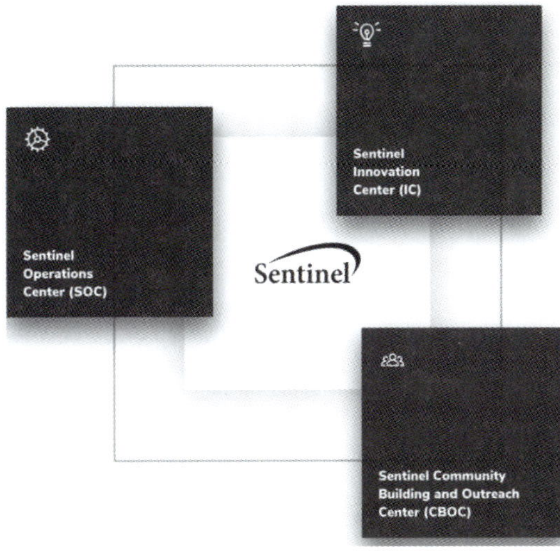

그림 2 센티넬 이니셔티브의 구조

에 중점을 둔다. CBOC의 주요 업무는 (1) 과학적 도전을 통해 규제과학의 획기적인 아이디어 촉진, (2) 센티넬 웹사이트를 현대화하여 사용자 경험 및 주요 기능 향상, (3) SCDM 사용의 가속화 등을 수행하는 것이다. IC는 센티넬을 더욱 발전시키기 위한 방법개발에 중점을 두며 주요 업무로 (1) 새로운 데이터 소스를 활용한 센티넬 기능의 향상, (2) 전자 건강 기록 데이터 포함에 필요한 Tool 구축, (3) 분석을 통한 RWE 기능의 향상 등을 수행한다.

2.3 센티넬 분산데이터베이스(3SDD) 및 공통데이터모델(CDM)

2.3.1. 센티넬 분산데이터베이스(Sentinel distributed database, SDD)

FDA는 중앙 집중식 데이터 저장소 대신 각 데이터 파트너가 자체 데이터를 보유하고 접근할 수 있는 분산데이터(distributed database) 방법을 사용하였다. 분산데이터 시스템은 복잡한 중앙 데이터 웨어하우스에 대한 액세스를 생성, 보호, 유지 및 관리할 필요가 없으며, 개인의 기밀 정보와 자신의 독점 데이터를 공유하는 것에 대한 데이터 파트너들의 우려를 줄일 수 있고 데이터 파트너들의 데이터 사용에 대해 가장 잘 이해하고 있는 여러 전문가의 데이터에 대한 접근성을 유지할 수 있다는 장점이 있다.

전체적인 FDA의 센티넬 분산데이터 접근방식은 [그림 3]에서 확인할 수 있다. FDA가 연구설계와 함께 특정 약물에 대한 안전성 문제를 SOC에 의뢰하면 SOC에서는 여러 데이터 파트너(건강보험, 연구소 또는 대학 등)에게 필요한 쿼리(프로그램)를 보낸다. 각 데이터 파트너는 SOC가 보낸 쿼리를 검토하고 로컬 데이터에 대해 쿼리를 실행하여 도출된 결과를 SOC에 제출한다. SOC와 데이터 파트너 간 공유되는 데이터 쿼리는 보안 포털을 통해 배포되고 반환된다. SOC에서는 각 데이터 파트너에서 제출된 결과를 검토하고 종합결과를 도출하여 FDA에 제출한다. SOC가 제공하는 쿼리는 특정 제품에 대한 노출 수, 관심 진단을 가진 개인의 연령/성별 분포와 분포를 결정하는 것과 같은 간단한 질문에 대해 메뉴 기반 쿼리 생성기(menu-driven query generator)를 사용한다. 데이터 파트너는 또한 테이블에 개인 식별 가능 정보가 포함되어 있지 않으므로 쿼리가 중요한 정보를 포함하지 않는다.

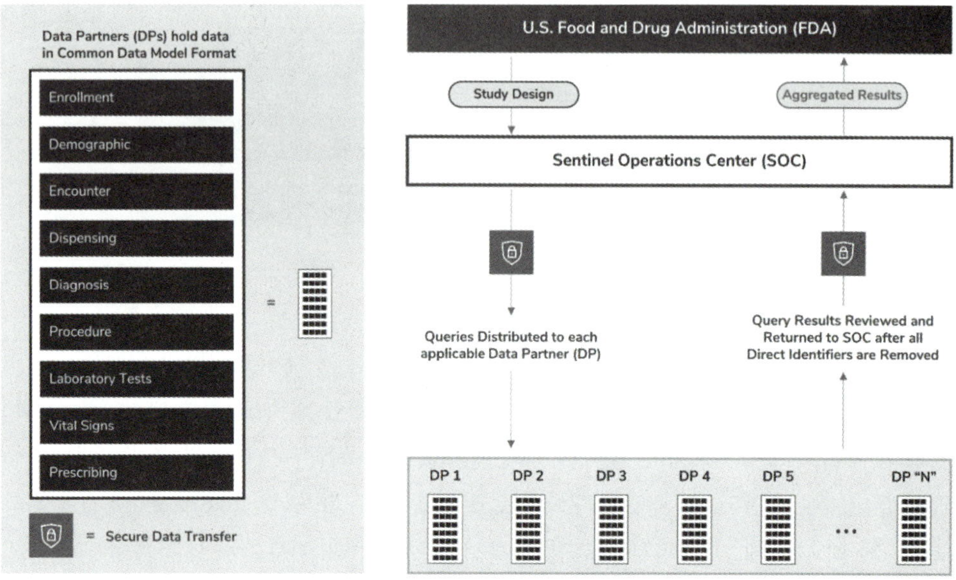

그림 3 센티넬 분산데이터베이스 시스템

센티넬 분산데이터 시스템은 2000년부터 2021년까지 약 3억 6,020만 명의 고유 환자 데이터를 보유하고 있다. 2010년에 5천만 명, 2016년 온전한 센티넬 시스템 전환 당시 2억 명의 데이터를 구축하였었는데, 시간이 지남에 따라 꾸준히 축적된 환자 정보도 증가하고 있다. 또한 155억 건의 약 처방 데이터와 산모와 유아가 연결된 550만 건의 분만 데이터도 포함되어 있다. 2022년 7월 기준으로 최소 6개월 이상의 데이터를 가진 환자가 86.4%이며, 5년 이상의 데이터를 축적하고 있는 환자가 26%를 차지하고 있다(그림 4).

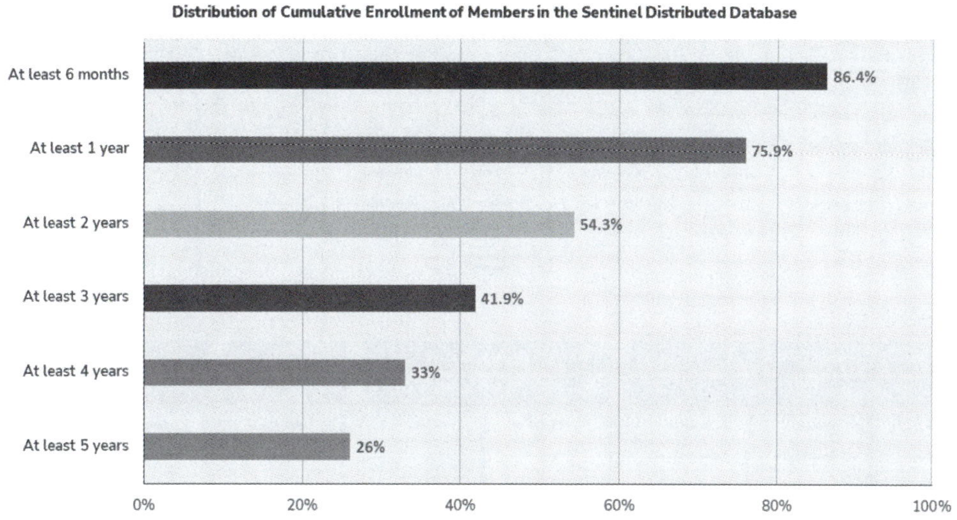

그림 4 SDD에서의 누적 등록 분포

2.3.2. 센티넬 공통데이터모델(SCDM)

센티넬데이터는 보험청구데이터, 치료과정 중 발생한 임상데이터, 특정 인구집단의 자료를 수집한 레지스트리자료 등 2차 자료로 구성되어 있다. 센티넬 분산데이터 시스템에서는 각 데이터 파트너에서 미리 지정된 정의에 따라 표준 형식을 기반으로 개별 데이터를 CDM으로 변환해야 하며, FDA나 SOC가 아닌 데이터 파트너가 직접 수행한다. CDM으로의 변환은 (1) 데이터가 사용되기 전 데이터의 완전성 평가 및 광범위한 품질 보증 평가, (2) 컴퓨터 프로그램을 사용한 평가가 가능하고 해당 프로그램은 사이트별 수정 없이 배포되고 실행될 수 있다는 장점을 가진다. SCDM을 사용하면 SOC가 데이터 파트너와 협력하여 개발한 표준화된 프로그램을 실행할 수 있으므로 프로그래머 능력의 효율적 사용 및 프로토콜이 다른 시스템에서 다르게 구현될 가능성을 낮추는 것이 가능하다.

CDM은 각각 특정 유형의 데이터를 포함하는 별도의 테이블로 구성되기 때문에 이 구조를 통해 FDA의 요구와 추가 데이터 유형의 가용성을 수용할 수 있도록 모델을 구성할 수 있다. 이 모델은 행정 및 청구데이터에 중점을 두고, 포함되는 데이터 영역에는 인구 통계, 진단, 외래 환자의 조제 정보, 및 사망률 등이 포함된다(그림 5). 행정 및 청구 데이터베이스에서 사용할 수 있는 기본 데이터 요소는 ICD-9-CM 용어 등을 사용하여 진단을 코딩하고 ICD-9-CM 및 CPT 코드를 사용하여 절차를 코딩하는 등 비교적 일관성 있는 코딩이 가능하다. 이 모델은 또한 활력징후, 흡연상태 및 2005년 이후 기록된 실험실 테스트 결과 일부를 포함한 임상데이터를 포함할 수 있다.

현재 센티넬의 SOC는 SCDM v7.1.0, SCDM v8.0.0, SCDM v8.1.0 모델을 관리하고 있다.

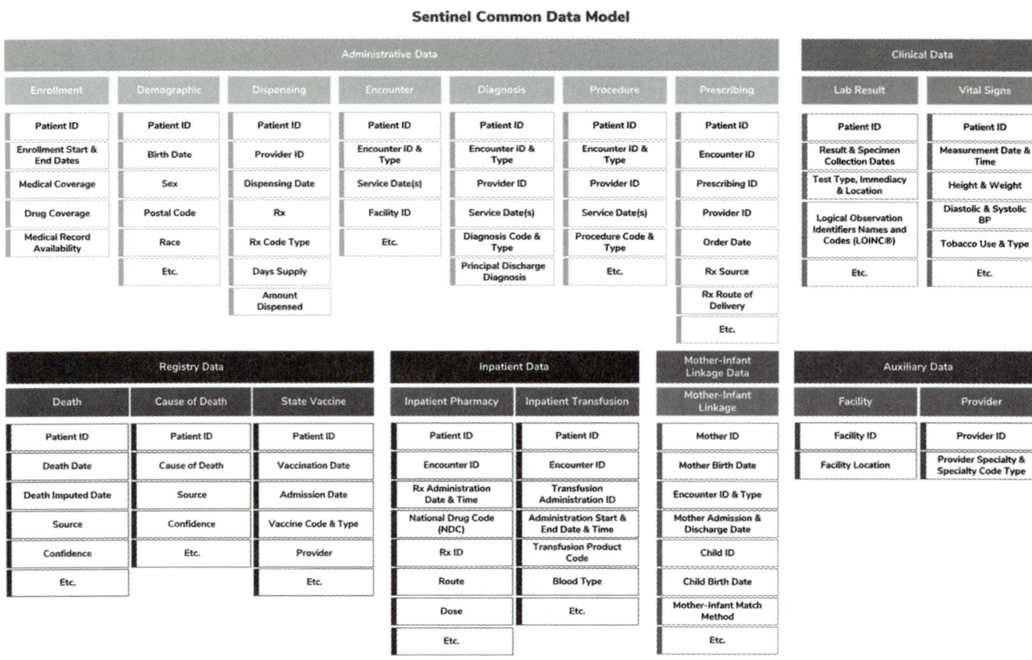

그림 5 SCDM 테이블 및 변수

각 버전별 포함하는 테이블은 다음 [표 1]에 나와 있으며, 각 테이블의 상세 내용 빛 변수는 FDA 센티넬 홈페이지에서 확인할 수 있다. SCDM v7.1.0에는 13개의 테이블이 있으며, 고유 식별자 PatID를 사용하여 테이블을 연결할 수 있다. 주로 새로운 COVID-19 진단 테스트 결과를 포함하기 위해 실험실 결과 테이블이 여러 기존 변수에 허용 가능한 값을 추가하도록 2020년 7월에 업데이트되었다. SCDM v8.0.0에는 16개의 테이블이 있으며, 여러 고유 식별자(PatID, ProviderID, EncounterID)가 테이블 간 데이터를 연결하는 데 사용된다. 2020년 12월에 업데이트된 SCDM v7에서 v8.0.0으로의 주요 변경사항에는 (1) 새로운 표, 처방, 시설 및 제공자 생성, (2) 특정 변수를 모든 값을 캡처하는 데 필요한 만큼 짧은 변수 길이의 숫자 데이터 유형으로 설정, (3) 모든 식별 변수 이름이 "ID"로 끝나는지 확인 등이 있다. SCDM v8.1.0은 2022년 4월 환자-보고 테이블이 새로 추가되어 18개의 테이블이 있으며, 고유 식별자 PatID, ProviderID, EncounterID와 같은 여러 식별자가 테이블 간 데이터를 연결하는 데 사용된다.

SCDM은 기존의 표준화된 코딩 스키마(예: ICD-9-CM, ICD-10-CM, HCPCS(Healthcare Common Procedure Coding System)/CPT(Current Procedural Terminology) 및 NDC (National Drug Code))에 의존하여 매핑의 필요성을 최소화하고 의료 코딩 표준과의 상호 운용성을 가능하게 하며 동일한 데이터 유형을 사용하는 다른 CDM과 호환된다. SOC의 인프라 부서와 전문 자문 위원회 역할을 하는 데이터 코어는 SCDM의 생성, 구현, 업데이

표 1 SCDM 버전별 테이블 종류

SCDM v7.1.0	SCDM v8.0.0	SCDM v8.1.0
1. Enrollment 2. Demographic 3. Dispensing 4.1. Encounter 4.2. Diagnosis 4.3. Procedure 5.1. Death 5.2. Cause of Death 6.1. Laboratory Result 6.2. Vital Sign 7. Inpatient Pharmacy 8. Inpatient Transfusion 9. Mother-Infant Linkage	1. Enrollment 2. Demographic 3. Dispensing 4.1. Encounter 4.2. Diagnosis 4.3. Procedure 5.1. Death 5.2. Cause of Death 6.1. Laboratory Result 6.2. Vital Sign 7.1. Inpatient Pharmacy 7.2. Inpatient Transfusion 8. Mother-Infant Linkage 9. Prescribing 10.1. Facility 10.2. Provider	1. Enrollment 2. Demographic 3. Dispensing 4.1. Encounter 4.2. Diagnosis 4.3. Procedure 5.1. Death 5.2. Cause of Death 6.1. Laboratory Result 6.2. Vital Sign 7.1. Inpatient Pharmacy 7.2. Inpatient Transfusion 8. Mother-Infant Linkage 9. Prescribing 10.1. Facility 10.2. Provider 11.1. Patient-Reported Measures survey 11.2. Patient-Reported Measures Survey responses

트, 유지 관리, 향상 및 사용에 있어 데이터 파트너의 적극적인 참여를 독려하고, 프로젝트 작업 그룹 등과 긴밀하게 협력하여 구성원이 데이터의 특성을 완전히 이해하고 SCDM이 요구 사항을 충족하도록 설계되었는지 확인한다. 센티넬 데이터는 또한 필요한 경우 출생 레지스트리, 백신 레지스트리 등 데이터와 연계하여 활용할 수 있다.

2.3.3. 센티넬 데이터 개인정보보호 및 보안(privacy and security)

센티넬은 모든 해당 주 및 연방법을 준수하여 개인건강정보를 보호한다. FDA는 센티넬 활동을 수행할 때 1974년 개인정보보호법에 정의된 대로 개인식별정보(PII)가 포함된 데이터를 수신하거나 소유하지 않는다. 즉, 데이터 파트너는 소유한 데이터에 대한 물리적 및 운영적 제어를 유지하고 SOC가 자체 방화벽 뒤에서 안전하게 배포한 분석 프로그램을 실행하는 방법으로 개인 건강정보의 기밀성을 보호한다(그림 6). 데이터 파트너는 특정 프로젝트에서 요구하는 대로 추가 임상 및 인구통계정보를 수집하거나 데이터를 다른 소스의 데이터에 연결하는 데 필요할 때 직접 환자 식별자를 사용할 수 있지만 SOC와 정보를 공유하기 전에 데이터 파트너가 자체 방화벽 뒤에서 직접 환자 식별자를 제거한다. 개인 건강정보는 이러한 정책과 모든 해당 주 및 연방 규정에 따라 데이터 파트너가 필요에 따라 병원 및 레지스트리와 같은 다른 데이터 보유자와 공유할 수 있다.

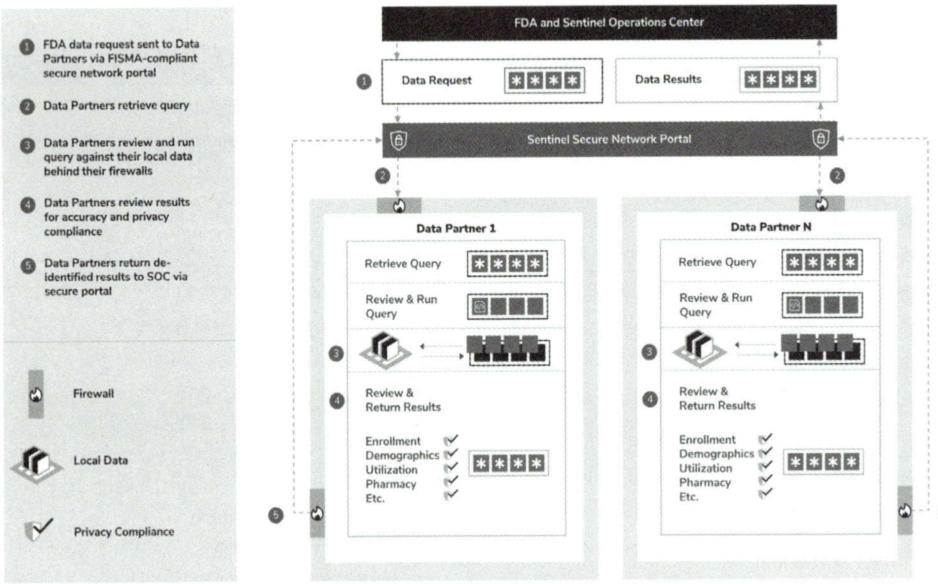

그림 6 센티넬 데이터 활용 과정에서 개인정보보호 및 보안

SOC가 쿼리(예: 특정 결과를 보인 약물에 노출된 사람의 수를 계산하는 컴퓨터 프로그램)를 각 조직에 보내면 각 조직은 쿼리 결과를 SOC에 전송할지 선택할 수 있으며 요약 정보 전송은 (1) Hypertext Transfer Protocol(HTTP), (2) Secure Sockets Layer(SSL), (3) Transport Layer Security(TLS) 중 하나를 사용한다. 이 방법을 사용하면 쿼리와 결과를 안전하게 전송할 수 있으며, 이때 환자를 직접 식별하는 개인정보(예: 이름, 주소, 및 전화번호)는 공유되지 않는다. 센티넬 시스템은 연방 정보 보안 관리법(Federal Information Security Management Act of 2002, FISMA)을 준수하기 위해 다음과 같은 많은 보안 정책과 절차를 포함하고 있다.

- 데이터 센터 액세스 포인트의 물리적 액세스 제어 및 연중무휴 모니터링
- 운영 책임의 명확한 구분
- 능동적인 침입 탐지
- 보안 방화벽
- 잠재적인 취약점에 대한 정기적인 검색
- 데이터 센터 내에 저장된 모든 데이터 암호화
- 브라우저 또는 다른 컴퓨터 시스템으로 전송될 때 데이터 암호화
- 엄격한 암호 표준 및 강제 암호 만료 날짜
- 모든 네트워크 및 데이터베이스 활동 기록 및 로그 정기 검토

이 밖에도 FDA와 센티넬 시스템은 발생할 수 있는 보안 문제를 지속적으로 모니터링하며 시행하고 있는 보안 통제를 계속해서 개선하고 있다.

2.3.4. 데이터 품질관리 및 보증

SOC와 데이터 파트너는 데이터 품질관리 및 유지를 위해 서로 협력한다. SOC는 SDD가 데이터 변환 일관성 및 품질에 대한 합리적인 표준을 충족하고 SDD 데이터가 분산건강데이터 네트워크에 필요한 기대치를 충족하는지 확인하기 위해 데이터 품질검토 및 특성화 프로그램(Data Quality Review and Characterization Programs)을 개발하였으며, 데이터 파트너와 함께 프로그램을 수행한다(그림 7). SOC는 데이터 파트너에게 SCDM 규칙을 사용하여 생성하는 데이터를 특성화하기 위한 가이드라인을 제공한다.

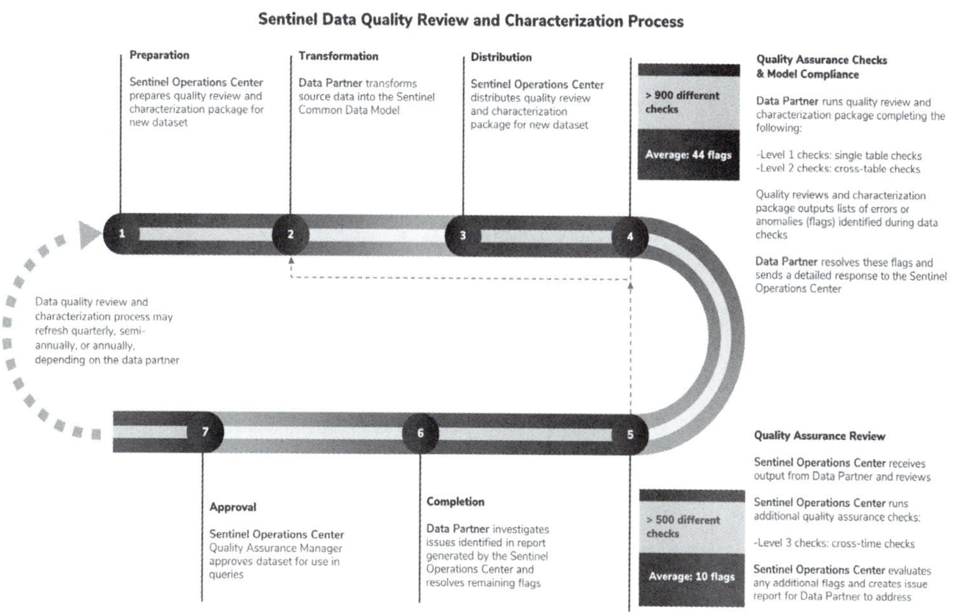

그림 7 SOC 데이터 품질검토 및 특성화 프로그램

품질관리를 위해 데이터 파트너는 정기적(분기별, 반기별 또는 연도별)으로 SDD를 새 데이터로 업데이트해야 한다. 데이터 파트너는 청구데이터 또는 전자의무기록 형태로 되어 있는 내부 시스템의 데이터를 추출(extract)하고 해당 데이터를 SCDM에서 지정한 형식으로 변환(transform)한 뒤 SDD에 업로드한다. 이를 ETL(extract, transform, and load) 프로세스라고 한다. 단, 데이트 파트너는 SCDM으로 변환한 새 데이터를 SDD에 업로드하기 전에 SOC에 데이터 품질 보증 검토를 받아야 하는데, 데이터 파트너가 SOC에 데이터 품질 보증 요청을 하면 SOC는 SCDM에 지정된 표준을 준수했는지 검증할 수 있는 품질보증 컴퓨터 프로그램을 데이터 파트너에 배포하고 파트너는 이를 이용해 품질검증을 수행한다.

품질보증 컴퓨터 프로그램의 데이터 품질검증은 다음의 3가지 단계를 거친다(그림 8). 1단계는 단일테이블에 대한 검증(single table checks)으로 누락된 변수, 값 또는 전체 테이블을 분석하여 완전성(completeness)과 타당성(validity)을 확인한다. 2단계는 테이블 간 검증(cross-tables checks)으로 품질보증 패키지에서 자동으로 수행되며 환자 입퇴원일자의 시간순서가 논리적으로 정확한지 등 테이블 간의 정확성(accuracy)과 무결성(integrity)을 확인한다. 데이터 파트너는 1단계 및 2단계 검증이 실패 없이 실행되는지 확인하고 컴퓨터 프로그램에서 생성된 결과 및 식별된 모든 잠재적 문제를 설명하는 보고서를 작성한다. 데이터 파트너가 이 보고서를 SOC에 전달하면 SOC는 3단계인 시간에 따른 데이터의 안정성 및 일관성을 확인(cross-time checks)하는 검증을 수행하고 질문을 달아 데이터 파트너에 보고서를 전달한다. 데이터 파트너가 SOC의 모든 질문에 대한 답변을 완료하면 SOC는 SDD에 업로드할 새 데이터를 최종 승인한다.

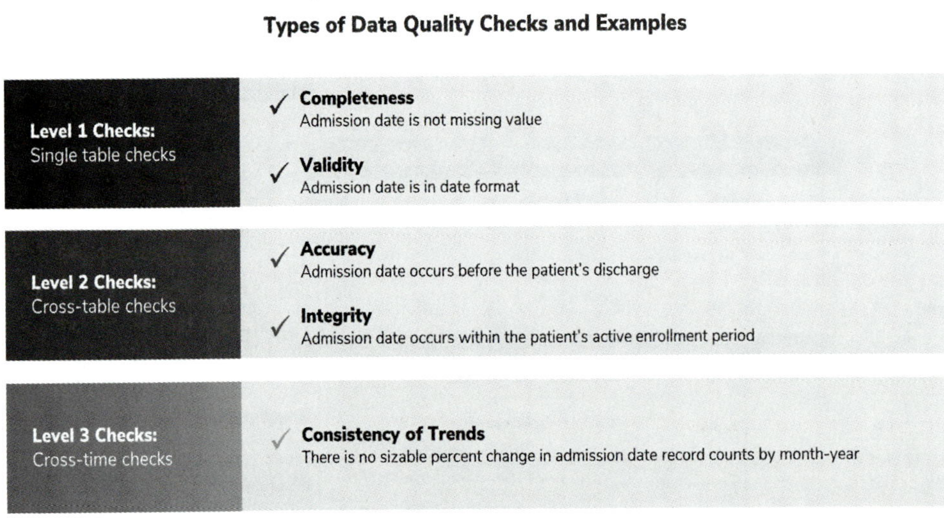

그림 8 SOC 데이터 품질검증 3단계

2.3.5. 센티넬 데이터 소유 및 활용 권한

센티넬은 많은 건강 계획 및 과학 공동 작업자와 협력하여 FDA에 의해 개발된 것으로 대규모 데이터 및 학술 파트너 네트워크 간의 파트너십을 통해 풍부한 전자 의료 데이터 및 과학기술 전문지식에 접근할 수 있다. 미니센티넬 및 센티넬 프로그램을 위해 FDA에서 제공한 모든 데이터/자료, 그리고 그 안의 모든 지적 재산권은 FDA가 소유하는 것으로 여기서 지적 재산권은 발명, 개념, 아이디어, 디자인, 프로세스, 소프트웨어, 노하우, 특허, 특허출원, 영업비밀(trade secrets), 저작권 및 저작권 등록에 대한 모든 권리를 포함한다. FDA

는 이로써 모든 협력자에게 미니센티넬 및 센티넬에 참여하는 동안 각자의 역할에 필요한 모든 목적으로 FDA 데이터 및 자료를 사용할 수 있는 라이선스를 부여한다. 미니센티넬 및 센티넬 협력자는 FDA 데이터/자료를 개인 또는 상업적 목적으로 보유, 복제 또는 사용할 수 없다.

한편 미니센티넬 및 센티넬 프로그램에서 각 협력자가 제공한 모든 데이터/자료 그리고 이에 포함된 모든 지적 재산권은 해당 협력자의 소유로 여기에는 미니센티넬 또는 SCDM 포맷, 그리고 미니센티넬 및/또는 SDD의 해당 부분에 있는 공동 작업자의 원시데이터가 포함된다. 이에 따라 각 협력자는 미니센티넬 및 센티넬 프로그램에 참여하는 기간에 각자의 역할에 필요한 모든 목적을 위해 협력자 데이터/자료를 사용할 수 있는 라이선스를 FDA 및 FDA를 대신하는 다른 사람에게 부여하게 된다. 미니센티넬 및 센티넬 프로그램의 당사자는 원래 소유자의 명시적인 허가 없이 자신의 기관에서 생성되지 않은 협력자의 데이터/자료를 개인적 또는 상업적 목적으로 보유, 복제 또는 사용할 수 없다. 계약에서 특별히 명시되는 경우를 제외하고, 협력자는 해당 프로그램 수행에 있어 해당 기관에서 최초로 구축한 데이터 및 자료에 대한 저작권을 주장할 수 있는데, 이 계약을 수행하면서 처음 생성된 다른 모든 데이터에 대한 저작권을 주장하려면 계약 담당관의 명시적인 사전 서면 허가가 필요하다.

센티넬 이니셔티브 의료제품 평가를 수행하는 개인과의 이해 상충을 해결하는 문제는 센티넬 이니셔티브와 그 결과물의 무결성 및 신뢰성에 대한 대중의 신뢰를 유지하기 위해 중요하다. 이해 상충은 (1) 다른 이해관계, 활동 또는 다른 개인이나 조직과의 관계 때문에 센티넬 이니셔티브 의료제품 평가를 수행하는 개인이 FDA에 공정한 지원이나 조언을 제공할 수 없거나 잠재적으로 불가능할 때, (2) 센티넬 의료제품 평가 수행에 대한 개인의 객관성이 손상되거나 손상될 수 있거나, 또는 개인이 불공정한 경쟁 우위를 확보하거나 획득할 수 있을 때 존재한다. 센티넬 이해 상충 정책은 프로젝트별 프로토콜 개발 또는 센티넬 ARIA 시스템을 사용하여 FDA가 안전성 평가로 지정한 분석을 수행하는 것과 관련된 FDA 규제 의료제품의 평가에 적용된다.

학계 및 산업계 연구원은 파트너 조직과의 협력, 개별 센티넬 데이터 파트너와 직접 작업 또는 센티넬 운영센터와의 협력을 통해 다기관 관찰연구 또는 중재연구를 위해 센티넬을 사용할 수 있는데 레이건-우달 재단의 혁신의약품 개발(IMEDS) 프로그램, 미국국립보건원(NIH)의 분산형 연구네트워크(Distributed Research Network, DRN), 생물학적 제제 및 바이오시밀러 집단 지능 컨소시엄(Biologics and Biosimilars Collective Intelligence Consortium, BBCIC) 등 여러 기관을 통해 연구를 용이하게 할 수 있다. 또한 외부 조사관은 센티넬 데이터 파트너 및/또는 운영센터와 직접 협력할 수 있으며 센티넬로 연구 프로젝트를 수행하는 비용은 노력의 복잡성, 데이터 파트너의 수, 데이터 접근의 적시성, 원본 의료기록을 확보해야 하는 필요성 및 기타 요구 사항에 따라 달라질 수 있다.

협업과 관련하여서는 센티넬 공식 웹사이트(https://www.sentinelinitiative.org)를 통해 센티널 운영센터에 문의할 수 있다. 연구자들은 웹사이트에서 공개적으로 사용 가능한 리소스를 사용하여 센티넬로부터 직접적인 혜택을 받을 수도 있다. 센티넬 공통 데이터모델, 분석 tool 및 데이터 소스 번역 코드는 연구원이 자체 데이터를 변환하고 쿼리를 실행할 수 있도록 공개적으로 제공되고 있다. 규제분석(regulatory analyses)에 사용되는 연구 프로토콜, 사양 및 분석 패키지 또한 센티넬의 웹사이트에서 공개적으로 제공되어 다른 환경의 광범위한 연구 커뮤니티에서 쉽게 적용할 수 있다.

2.4 센티넬 시스템 연구수행 방법

2.4.1. 의료제품 안전성 문제 확인 및 평가 프로세스

센티넬 의약품 시판 후 안전 감시는 실마리정보 생성(Signal Generation), 실마리정보 정제(Signal Refinement) 및 실마리정보 평가(Signal Evaluation)로 이루어진 3가지 프로세스로 개념화될 수 있다(그림 9). 실마리정보 생성은 FDA 유해사례 보고시스템(FAERS) 등의 자발적 보고에서 생성되는 수백, 수천 가지의 잠재적인 의료제품-관심결과(health outcomes of interest, HOIs) 쌍을 의미한다. 미니센티넬 당시 약물과 이상반응의 연관성에 대한 과학적 증거가 있는지를 결정하기 위해 미리 정의된 의료제품과 관심결과 쌍을 평가하는 실마리정보 정제 프레임워크를 개발하였다. 실마리정보 정제는 일반적으로 제품의 축적된 경험에 대한 신속한 일회성 평가 또는 축적되는 데이터의 전향적 반복(순차) 모니터링으로 구성된다. 실마리정보 정제 시 중요한 것은 얼마나 빠르게 이상반응을 감지할 수 있는지에 대한 속도와 최대한 표준화된 방법론적 접근 및 도구를 사용하는 것이다. 실마리정보 평가는 최종적으로 연관성이 인과관계일 가능성이 있는지 평가하고 위험의 용량 반응,

	Signal Generation	Signal Refinement	Signal Evaluation
Aim = Identify excess risk	All (suspected and unanticipated) adverse events (AEs), all products	Specific product:AE pairs of prior concern	A highly suspected product:AE pair
Approach	Consider many AEs or Product:AE pairs (100's, 1000's)	Prospective repeated (sequential) monitoring of accumulating data, or one-time expedited analysis of product:AE pairs (typically 5-10)	One-time, in-depth and rigorous investigation of a single pair

그림 9 의료제품의 센티넬 시판 후 안전성 평가 단계

기간 반응 및 개인 간 변동성과 같은 문제를 해결하는 데 중점을 두고 실마리정보 정제 작업을 계속 수행하는 것이다. 실마리정보 정제 활동과 실마리정보 평가 활동 간에는 일부 중복이 있을 수 있으며, 실마리정보 평가 활동은 일반적으로 연구 별 맞춤 프로토콜을 통해 수행된다.

2.4.2. 센티넬 시스템의 일상 쿼리 도구

센티넬의 일상적인 쿼리 도구를 통해 사용자는 의료제품의 잠재적 안전 문제 식별, 관심 모집단 특성화, 역학 분석 등을 수행할 수 있으며, 실마리정보 식별, 레벨1 분석, 레벨2 분석, 레벨3 분석의 4가지 범주로 나뉜다(그림 10). 실마리정보 식별이란 예상하지 못한 잠재적 안전 문제를 감지하는 것으로 의료제품에 노출된 후 발생하는 수많은 이벤트를 스크리닝하거나 임상 및 연구 검토를 통해 수행된다. 레벨1 분석은 기술분석으로 노출, 결과, 발생기준, 포함/제외기준, 관련 연령 그룹 및 인구 통계 등을 포함하여 사용자가 정의한 것을 기반으로 관심 집단을 식별하고 관심 집단에 대한 기술통계를 계산하는 것이다. 레벨 2 분석은 후향적 추론 분석으로 관심 집단을 식별하고 교란에 대한 더 복잡한 보정을 수행하여 효과 추정치 및 신뢰구간을 계산하는 것이다. 마지막으로 레벨3 분석은 전향적 순차 추론 분석으로 관심 집단을 식별하고 전향적 순차 분석의 일환으로 교란에 대한 복잡한 보정을 반복적으로 수행하는 것이다.

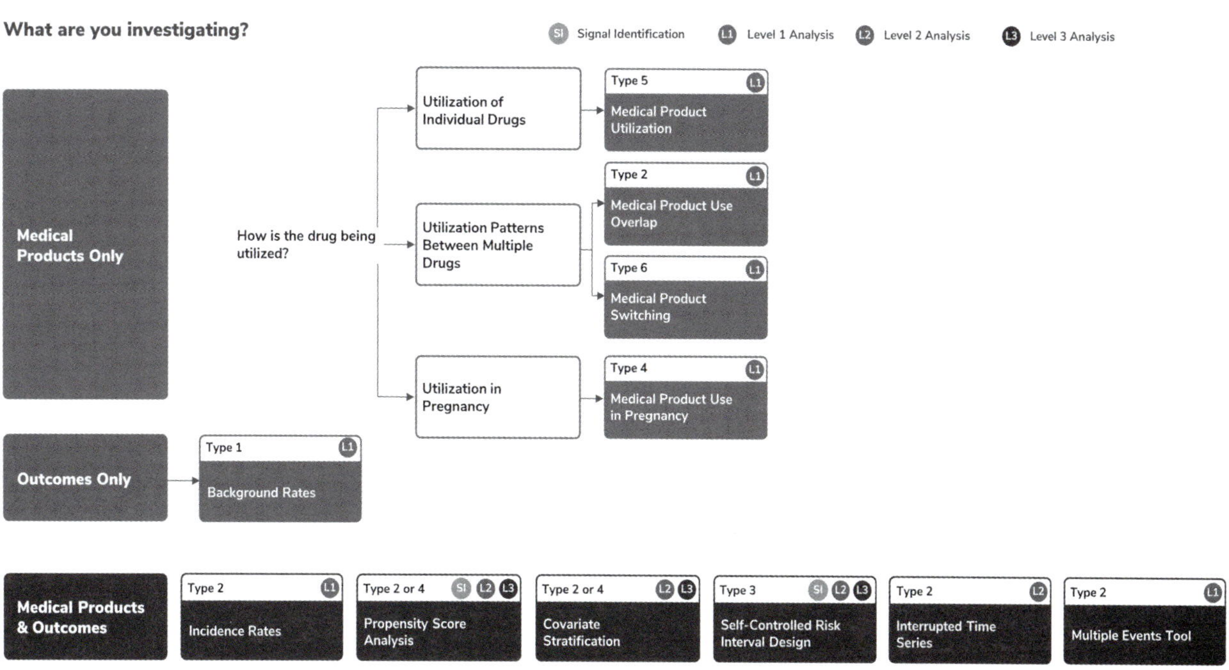

그림 10 조사 대상에 따라 사용하는 쿼리 도구

2.4.3. 센티넬 모듈식 프로그램(Modular Programs, MP)

센티넬의 약물역학자들은 분산데이터베이스 환경에서 성향 점수 매칭 및 자기 통제 분석과 같은 정교한 분석을 수행하기 위한 모듈식 프로그램(MP)으로 개발하였다. 이를 활용하면 SDD에서 표준 쿼리를 신속하게 구현할 수 있다. MP는 SCDM에 대해 실행되도록 설계되었으며 SAS 통계프로그램으로 작성되었다. 노출, 결과, 공변량, 포함/제외기준, 날짜 범위, 연령 범위 및 기타 구현 세부 정보를 정의하는 다양한 매개변수 설정을 사용하여 연구자가 지정할 수 있다.

Cohort Identification and Descriptive Analysis(CIDA) 도구를 사용하면 요청자가 정의한 여러 옵션(예: 노출)의 사양을 기반으로 SDD에서 관심 집단을 식별하고 추출하고 해당 집단에 대한 기술 통계량을 계산하여 추가 분석(예: 성향점수 분석)에 유용한 데이터를 출력할 수 있다. 성향 점수 분석 도구에 대한 입력으로 사용할 수 있는 노출, 결과 및 공변량에 대한 정보가 포함된 출력을 생성한다. CIDA 도구는 단독 또는 교란 요인에 대한 보다 복잡한 조정을 수행하는 추가 도구와 함께 사용될 수 있다.

성향점수 분석도구는 CIDA 도구의 정보 출력을 사용하여 사전 정의된 공변량 및/또는 고차원 성향 점수 접근방식을 통해 성향점수를 추정하고, 추정된 성향점수를 기반으로 노출 코호트와 비노출 코호트를 일치시킨다. 일치된 코호트를 통해 위험비(hazard ratios, HR) 등을 계산할 수 있다.

요약

미국에서는 의약품 시판 후 감시 프로그램을 도입한 이래 의약품의 이상사례를 모니터링하고 평가해 왔으나, 바이옥스 등의 약화사고를 통해 FDA의 규제제품을 능동적으로 모니터링해야 할 필요성이 대두되었다. 센티넬 시스템은 FDA의 국가 전자 시스템으로 약물, 백신, 생물학적 제제 및 의료기기를 포함하여 FDA 규제 대상인 의료제품의 안전성을 평가할 수 있도록 구축되었다. 본 장에서는 센티넬 시스템 출범의 배경, 센티넬 시스템의 구조, 센티넬 분산데이터베이스와 공통데이터모델 및 연구수행 방법에 대해 알아보았다.

15장 능동적 약물감시를 위한 MOA 프로젝트 소개

학습목표

1. 능동적 약물감시를 위한 CDM의 개념과 활용방안에 대해 이해한다.
2. MOA CDM의 구조와 용어 체계에 대해 이해한다.
3. MOA CDM을 활용한 의약품 안전정보 분석 과정과 방법을 이해한다.

개요

한국의약품안전관리원에서는 의약품 안전성 문제가 제기되는 경우 우리나라 인구를 기반으로 약물과 부작용 간의 인과관계를 확인하기 위한 약물역학조사연구를 실시하고 있습니다. 약물역학조사연구는 직접 자료를 수집하거나, 기존에 구축된 자료원을 이차적으로 활용하여 수행할 수 있다. 특히 빅데이터를 활용한 약물역학조사연구는 대규모 인구집단의 자료를 포괄하기 때문에 대표성이 높으며, 비교적 타당성 높은 정보를 단기간에 효율적으로 확보할 수 있는 장점이 있다. 이에, 국내외에서는 보험청구자료, 병원자료 등 다양한 빅데이터를 활용한 약물역학조사연구로 능동적 약물감시 체계를 구축하고자 하는 노력이 계속되고 있다. 이번 장에서는 국내 능동적 약물감시를 위한 MOA(Medical record Observation and Assessment for drug safety) 프로젝트에 대해 알아본다.

1 MOA CDM의 개념과 필요성

1.1 빅데이터 분석을 통한 안전정보 제공

한국의약품안전관리원은 국내 보건의료 빅데이터를 이용하여 의약품 사용과 부작용 발생 간의 연관성을 파악하여 국민과 전문가를 대상으로 안전정보를 제공하는 약물역학조사연구를 수행하고 있다. 국내 약물역학연구에 사용되는 주요 빅데이터 자료원에는 (1) 건강보험심사평가원, 국민건강보험공단 등 유관 기관에서 제공하는 공공정보, (2) 병원 전자의무기록(EHR, Electronic Health Record) 등의 민간정보, (3) 국민, 의료인 및 제약회사 등으로부터 수집되는 자발적 의약품 부작용 보고자료(KAERS, Korea Adverse Event Reporting System) 등이 있다.

이렇게 수집된 빅데이터를 활용하여 의약품 사용과 부작용 발생 간의 연관성 분석을 통해 생산된 의약품 안전정보는 다양한 경로를 통해 국민과 전문가에게 제공되며, 의약품 품목 허가사항 변경 등 정책 결정에 활용되고 있다.

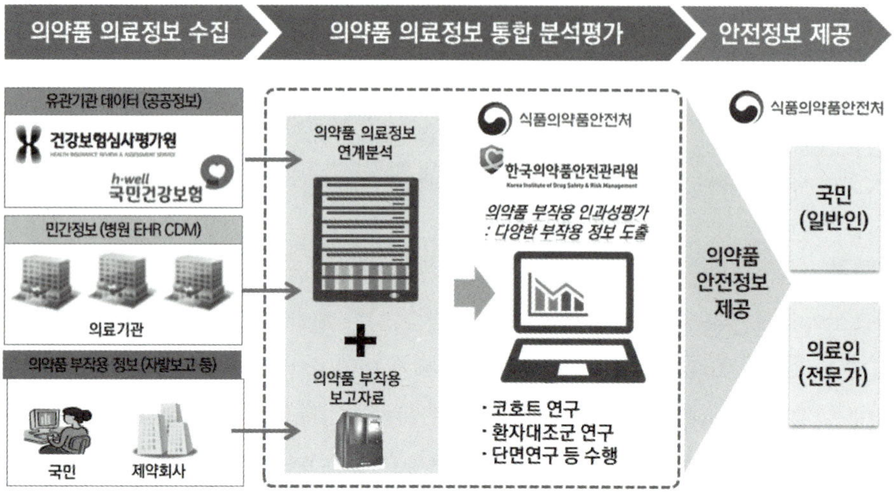

그림 1 빅데이터 분석을 통한 안전정보 제공 과정

1.2 능동적 약물감시를 위한 CDM

CDM(Common Data Model)은 의료기관별로 상이한 전자의무기록(EHR)의 자료구조와 용어 체계 등을 표준화해서 공통의 형식으로 만든 것이다. CDM 구축을 통해서 각 병원별로 서로 다른 구조, 형식으로 되어 있던 전자의무기록이 표준화된 형태의 데이터베이스로 구축되고, 기관별 내부 서버에 보관, 운영되며 의약품 안전성 분석 연구에 활용되고 있다.

병원에서 생성되는 원자료인 EHR은 실제 환자의 진료 현장에서 생성되는 임상정보를 그대로 담고 있기 때문에 비급여 의약품 사용정보, 임상 검사 수치 등 다양한 정보를 활용할 수 있다. EHR은 이름, 주민등록정보 등을 이용해서 각 환자의 개인정보를 식별할 수 있게 되어 있지만, 이것을 CDM으로 변환할 때는 개인식별정보를 삭제하고 환자별로 랜덤한 ID를 부여하여 가명 처리한다. 또한 CDM 데이터베이스에서 개별 환자 단위 정보는 의료기관 외부로 반출하지 않고, 의료기관 내부에 보관하여 이용된다. 따라서 CDM 자료를 활용한 연구는 개인정보 노출의 우려가 적다. 더불어, 다기관 자료를 CDM으로 구축하면서 자료구조나 용어 체계를 표준화했기 때문에 분석 시마다 자료를 새로 구축할 필요가 없고, 같은 분석코드로 여러 기관 자료를 분석할 수 있으므로 안전성 이슈에 따른 신속한 분석이 가능하다는 장점이 있다.

한편 CDM 자료를 활용할 때도 몇 가지 제한점이 존재함을 유의해야 한다. CDM 자료는 의료기관 내에 보관되며 개인 단위 정보가 반출되지 않기 때문에 각 의료기관 자료를 개인별로 연계할 수 없다. 따라서 환자가 퇴원, 전원 등으로 의료기관을 벗어나면 더는 추적관찰이 불가능하다. 또한 두통, 어지럼증, 설사 등 상대적으로 가벼운 이상사례는 실제 임상에서 질병이 아닌 단순 증상으로 인식되어 진단코드 등의 기록을 남기지 않는 경우가 많다. 임상에서는 다양한 부작용 정보가 진단코드 외에도 간호진술문이나 임상노트 등에 자유서술문으로 저장될 수 있는데, 최근에는 자연어처리, 인공지능 등의 기술을 이용하여 이러한 비정형자료를 CDM으로 구축하고 활용하는 분야의 연구가 활발히 이루어지고 있다.

1.3 국내 약물감시 MOA CDM 현황

전 세계적으로 빅데이터를 활용한 의약품 안전정보 생산의 중요성이 대두되며, 각국에서 CDM을 능동적 약물감시에 활용하고자 하는 노력이 계속되고 있다.

MOA(Medical record Observation and Assessment for drug safety) 프로젝트는 의약품 안전정보를 수집하기 위해 의료정보를 능동적으로 관찰 및 평가한다는 의미로 2018년부터 식품의약품안전처, 한국의약품안전관리원, 의료기관이 참여하는 국내 CDM 활용 능동적 약물감시 프로젝트이다(그림 2). 한국의약품안전관리원은 협연센터로서 전체적인 사업을 운영 관리한다. 의약품 안전성 이슈 발생 시에 분석방법 설계, 분석정보 및 분석코드

그림 2 MOA 프로젝트 홈페이지(https://moa.drugsafe.or.kr/main)

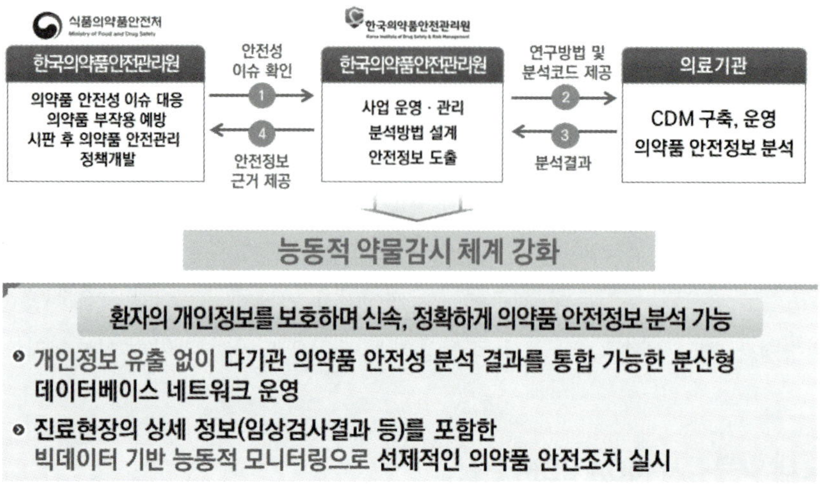

그림 3 MOA 프로젝트 개요

를 생성하여 의료기관에 전달하고, 의료기관에서는 전달받은 분석정보 및 분석코드를 CDM 데이터에 적용해서 의약품 부작용 분석을 수행하고, 분석결과를 안전원에 제출한다. 안전원은 여러 기관에서 수집한 분석결과를 종합하여 안전정보를 도출하고, 이를 식약처에 제공하여 시판 후 의약품 안전관리에 활용하고 있다(그림 3).

한국의약품안전관리원은 이러한 CDM 자료를 활용해서 환자의 개인정보 유출 없이 다기관 의약품 안전성 분석 결과를 통합 가능한 분산형 데이터베이스 네트워크를 운영하고, 진료현장의 상세 정보를 포함한 빅데이터 기반 능동적 모니터링으로 선제적인 의약품 안전조치를 실시하여 능동적 약물감시 체계를 강화해 나가고 있다. 2022년까지 전국 27개 의료기관에서 3,300만 명의 환자정보를 CDM으로 구축하였다(그림 4).

2023
3개 의료기관 구축 예정
(가톨릭대 대전성모병원, 부산대병원, 울산대병원)

2022
7개 의료기관 구축
(가톨릭대 부천성모병원, 건양대병원, 단국대병원, 순천향대 구미병원, 순천향대 부천병원, 한림대 한강성심병원, 한양대 구리병원)

2021
5개 의료기관 구축
(가톨릭대 은평성모병원, 가톨릭대 의정부성모병원, 서울대병원, 연세 강남세브란스병원, 한양대병원)

2020
5개 의료기관 구축
(가톨릭대 성빈센트병원, 고대 구로병원, 인제대 서울백병원, 충북대병원, 한림대 강남성심병원)

2019
5개 의료기관 구축
(가톨릭대 여의도성모병원, 동국대 일산병원, 연세 세브란스병원, 이대 목동병원, 한림대 성심병원)

2018
5개 의료기관 구축
(가톨릭대 서울성모병원, 분당서울대병원, 순천향대 서울병원, 전남대병원, 한림대 동탄·춘천성심병원)

그림 4 MOA CDM 구축 현황

2 MOA CDM의 구조와 용어 체계

MOA CDM을 구축하기 위해서는 전자의무기록 자료구조와 용어 체계를 CDM의 기준에 맞게 표준화해야 한다. 본 장에서는 MOA CDM의 자료구조와 용어 체계에 대해 알아본다.

2.1 MOA CDM 구조

2.1.1. MOA CDM 구축 과정 개요

ETL(Extraction, Transformation, Loading)은 병원 전자의무기록을 추출하여 테이블명, 필드명, 필드 형식 등의 자료구조를 CDM의 표준 구조에 맞게 변환, 적재하는 과정으로 추출(Extraction), 변환(Transformation), 적재(Loading) 과정으로 구분된다(그림 5).

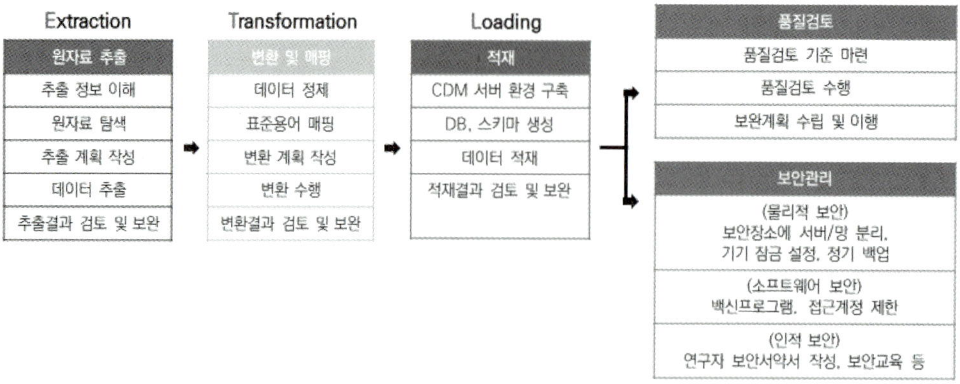

그림 5 CDM 구축 과정

1) 원자료 추출(Extraction) 단계에서는 추출해야 하는 정보의 종류와 특성을 이해하고, 원자료인 전자의무기록 자료를 탐색하여 정보의 종류별로 구체적인 추출 계획을 작성한다. 이러한 계획에 따라 데이터를 추출하고, 적절히 추출되었는지 결과를 검토한다. 국내 대형 의료기관에서는 병원정보시스템 데이터를 연구목적으로 활용하기 위해 자체적으로 재설계한 데이터베이스인 CDW(Clinical Data Warehouse)를 도입하여, CDM으로의 표준화가 용이해지고 있다.
2) 변환(Transformation) 단계에서는 자료의 분포와 이상치 등을 탐색하여 데이터를 정제한다. 이상치검출에는 자료의 분포에 대한 시각적 검토나, 사전에 정해진 품질검토 기준에 맞지 않는 데이터를 찾는 등의 방법이 있다. 또한 테이블명, 필드명, 필드 형식 등 자료구조를 표준화하기 위한 변환 계획을 작성, 이행하고, 결과를 검토한다.
3) 적재(Loading) 단계에서는 서버에 CDM DB, 스키마를 생성하고, 표준화된 데이터를 적재한다.

이상의 ETL 과정을 통해 의료기관의 원자료(전자의무기록)를 CDM의 구조에 맞게 표준화하면, 품질검토(DQM, Data Quality Management)와 데이터 보안 유지를 위한 관리 절차를 마련하는 것이 중요하다. 품질검토는 CDM 자료가 따라야 할 논리적, 물리적 기준에 따라 데이터 품질이 미흡한 항목에 대해 보완계획을 작성, 이행하고, 결과를 검토한다. 보안관리 절차는 크게 물리적 보안, 소프트웨어 보안, 인적 보안으로 구분된다. 물리적 보안은 보안된 장소에 별도의 서버, 망을 분리하여 CDM 데이터베이스를 보관하고, 기기 잠금 설정, 정기적 백업 등을 수행하는 것을 의미한다. 소프트웨어 보안은 백신 프로그램으로 바이러스 등의 공격을 예방하고, 데이터베이스에 접근하는 계정을 제한하여 환자 정보의 무단 유출을 방지한다. 마지막으로 인적 보안은 CDM 데이터를 다루는 연구자의 보안서약서를 작성하고, 보안 교육을 수행하는 등의 보안관리 방법이다.

2.1.2. MOA CDM 구축을 위한 정보 추출

CDM 구축을 위해 추출하는 정보는 크게 환자 정보, 방문 정보, 처치·수술 정보, 진단 정보, 관찰 기간 정보, 투약 정보, 검사 정보, 생명 징후 정보의 8가지로 구분된다(표 1).

1) 환자 정보는 환자의 기본적인 인구통계학적 정보로 환자 ID, 생년월일, 성별, 인종, 주소 등이 있다. 여기서 환자 ID는 주민등록번호를 대체하여 랜덤하게 부여하는 고유번호로 각 테이블에서 개별 환자를 구분하기 위해 사용된다.
2) 방문 정보는 입원, 응급, 외래 등의 방문 유형, 방문 일자 또는 입/퇴원일자, 입/퇴원 시 상태 등이 포함된다. 각 환자의 개별 방문 건마다 방문 ID가 생성되는데, 이는 환자 ID와 함께 여러 테이블에서 동일 방문 건으로 생성된 정보를 연결하는 데 외래키(foreign key)로 사용되는 정보이다.
3) 처치·수술 정보는 각 처치·수술 건별 대상 환자, 시행 일자, 처치·수술 종류, 시행 횟수 등을 포함한다.
4) 진단 정보는 각 진단 건별 대상 환자, 진단 일자, 진단명, 진단 종류(주진단, 부진단) 등의 정보를 포함한다.
5) 관찰 기간 정보는 각 의료기관에서 환자별 최초 방문 시작일, 최종 방문 종료일을 기록한 정보이다. CDM은 각 환자가 의료기관 내에 머무르는 동안 생성된 정보만 알 수 있고, 퇴원 후의 정보 또는 다른 의료기관에서 진료를 받은 정보는 추적 관찰할 수 없다. 따라서, 분석 시에 관찰 기간 정보를 이용해서 환자별로 추적 관찰된 기간을 파악한 다음, 조건에 맞는 환자를 선정해야 한다.
6) 투약 정보는 약물감시를 위한 CDM에서 가장 중요한 정보로 각 처방 건별 대상 환자, 처방 일자, 약물 종류, 처방량, 1일 투여 횟수 및 총 처방 기간 등 상세한 정보를 포함한다. MOA CDM은 병원에서 사용된 전수 약제 정보를 추출하므로 약물의 급여·비급여 여부와 관계없이 환자에게 처방된 모든 약물의 정보가 포함된다.
7) 검사 정보는 의료기관에서 환자에게 수행하는 임상검사 종류와 그 결과값을 담고 있는 정보로, 병원자료를 이용하여 의약품 부작용을 조작적 정의할 때 가장 정확하고 유용하게 사용되는 정보이다. 예를 들어 약물에 의한 간손상을 탐색할 때, 건강보험 청구자료에서는 간손상에 대한 진단, 처치, 약물사용 기록만을 이용할 수 있지만, CDM에서는 GPT, APL 등 간기능 관련 검사 수치를 직접적으로 확인하여 간손상을 더욱 정확히 찾아낼 수 있다.
8) 생명 징후 정보는 기본적인 혈압, 신장, 체중, 흡연상태 등의 측정값을 의미하며, 대부분 의약품 사용 및 이상사례 발생에 영향을 줄 수 있는 공변량으로 많이 활용된다.

표 1 MOA CDM 구축을 위한 추출 정보

연번	추출 정보	주요 추출 항목
1	환자 정보	환자 ID, 생년월일, 성별, 인종, 주소 등
2	방문 정보	방문 유형, 방문일(외래) 또는 입/퇴원일(입원), 입/퇴원 시 상태 등
3	처치·수술 정보	처치·수술 날짜, 처치·수술명, EDI 코드 등
4	진단 정보	진단 날짜, 진단명, 진단 유형(주/부진단 등), KCD 코드 등
5	관찰 기간 정보	환자별 최초 방문 시작일, 최종 방문 종료일
6	투약 정보	약물 처방일, 약물명, 약물코드, 처방 용량, 일 투여 횟수, 처방 기간, EDI 코드 등
7	검사 정보	검사일, 검사명, 검사코드, 검사결과, EDI 코드 등
8	생명 징후 정보	측정일, 혈압, 신장, 체중, 흡연상태 등

2.1.3. MOA CDM 자료구조

MOA CDM의 구조는 미국 FDA의 Sentinel CDM과 OHDSI의 OMOP CDM 구조를 모두 가지고 있다(그림 6). Sentinel CDM 구조에서 Demographic은 환자 정보, Encounter는 방문 정보, Enrollment는 관찰 기간 정보, Vital signs는 생명 징후 정보, Diagnosis는 진단 정보, Procedure는 처치·수술 정보, Dispensing은 투약 정보, Laboratory result는 검사 정보를 의미한다.

OMOP CDM 구조에서 Person은 환자 정보, Observation_period는 관찰 기간 정보, Visit_occurrence는 방문 정보, Procedure_occurrence는 처치/수술 정보, Drug_expo-

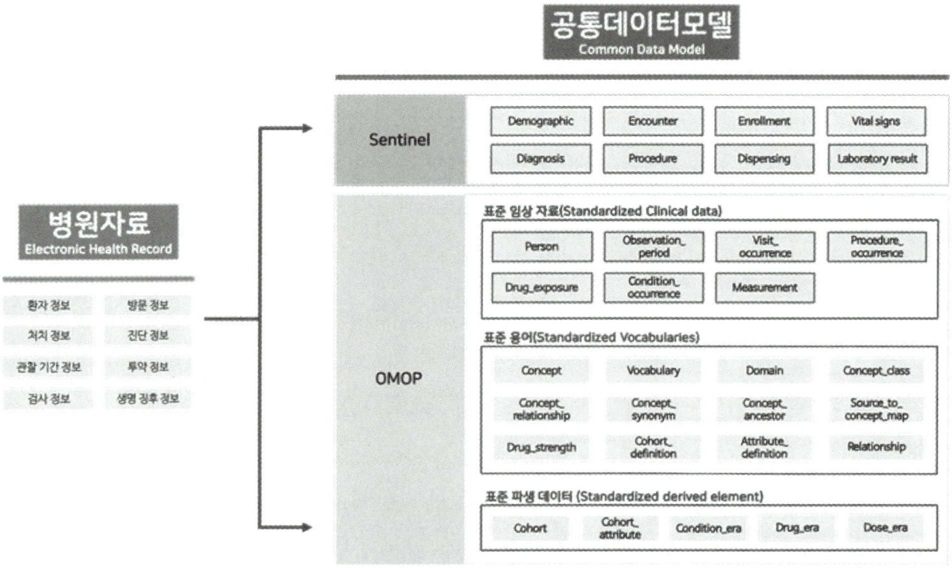

그림 6 MOA CDM 자료구조

sure는 투약 정보, Condition_occurrence는 진단 정보, Measurement는 검사 정보를 의미하고, 이 테이블들을 통틀어서 표준 임상 자료, 즉 Standardized clinical data table이라고 지칭한다.

이 밖에도 표준 용어의 개념과 관계 등을 정의하는 표준 용어 테이블, 표준 임상 자료 테이블에서 파생하여 만드는 표준 파생 데이터 테이블 등이 있다.

2.2 MOA CDM의 표준 용어 체계

대부분의 국내 의료기관에서는 환자의 임상진료에 관한 모든 정보를 전자의무기록 시스템으로 기록하는데, 이때 의료기관별로 상이한 용어 체계를 사용하고 있다. 따라서 같은 진단, 검사라 해도 실제 데이터에서는 의료기관마다 다른 용어로 기록되어 있을 수 있고, 이를 활용하여 다기관 연구를 수행하기 위해서는 각 기관별 용어 체계를 CDM의 기준에 맞게 표준화하여야 효율적으로 사용할 수 있다.

어떤 용어 체계를 다른 용어 체계로 변환하는 과정을 '매핑'이라고 하며, CDM 구축에서 매핑이 필요한 경우는 성별, 인종 등의 범주형 변수값을 CDM에서 정의한 코드 값에 맞게 변환하거나, 약물, 진단, 처치·수술, 검사 용어 등의 임상 용어 체계를 CDM 표준 용어 체계로 변환하는 것들이 포함된다. 매핑은 원자료를 다른 용어 체계로 변환하는 과정이므로 정보의 손실이 일어날 수 있다. 또한 의료기관마다 전자의무기록 시스템에 차이가 있기 때문에 매핑 과정은 일률적으로 적용되기 어려울 수 있다. 용어 체계는 불변하는 것이 아니라 지속적으로 관리되고 업데이트되므로 매핑을 완료한 후에도 매핑 결과물은 지속해서 업데이트할 필요가 있다. 이번 절에서는 MOA CDM에서 약물, 진단, 검사의 표준 용어 체계에 대해 알아본다(표 2).

표 2 MOA CDM 표준 용어 체계

구분	의료기관 EHR 코드체계	CDM 표준 용어 체계
약물	보험 EDI 약품 코드	RxNorm, RxNorm extension
진단	ICD, KCD	SNOMED-CT
처치, 수술	보험 EDI 수가 코드	
검사	기관 코드(검사코드, 검체코드), 수가코드	LOINC

2.2.1. 약물 용어

국내 의료기관 전자의무기록 시스템에서는 약물에 대한 용어로 주로 보험 EDI 약품 코드나 품목코드, 자체 기관 코드 등을 사용하고 있고, 이를 CDM으로 구축할 때는 RxNorm,

RxNorm extension으로 매핑한다. RxNorm은 약물 용어 체계 표준화를 위해 미 국립의학 도서관에서 관리하는 용어 체계로, 다양한 타 약물 용어 체계 간의 매핑을 지원하고 있다. RxNorm extension은 RxNorm에서 지원하지 않는 용어의 표준화를 위해 OHDSI에서 자체 생성 및 관리하는 용어 체계이다.

RxNorm과 RxNom extension은 성분명(ingredient), 용량(quantity), 강도(strength), 제형(form), 상표(brand name), 제조사(company) 등 약물을 정의하는 데 사용될 수 있는 정보를 조합한 다양한 클래스로 이루어져 있다. 예를 들어, Clinical Drug 클래스의 용어는 주로 약물의 성분명, 강도, 제형 정보로 구성되어 있으며, Branded Drug 클래스의 용어는 Clinical Drug 용어에 상표 정보를 더해 구성되어 있다. RxNorm과 RxNorm extension은 각 클래스 간의 관계(relationship)에 대한 정보를 제공하여 용어를 빠르고 쉽게 찾고 관리할 수 있다(그림 7). MOA CDM에서 원자료 약물 용어를 RxNorm, RxNorm extension으로 표준화할 때는 약제의 성분명, 강도, 제형을 중심으로 고려하여 가장 정확히 일치하는 개념으로 매핑한다.

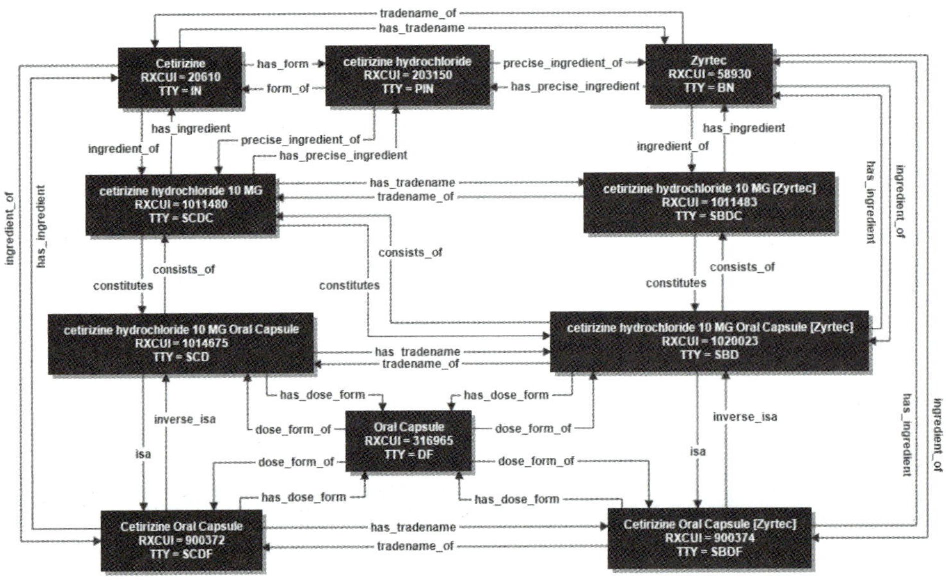

그림 7 RxNorm 용어 클래스 및 관계 예시

2.2.2. 진단 용어

국내 의료기관 전자의무기록 시스템에서는 진단에 대한 용어로 주로 ICD(International Standard Classification of Disease), KCD(Korean Standard Classification of Disease) 코드를 기반으로 한 자체 기관 코드를 사용하고 있고, 이를 CDM으로 구축할 때는 SNOMED-CT(Systematized Nomenclature Of Medicine Clinical Terms)로 매핑한다.

SNOMED-CT는 2002년 미국병리학회의 SNOMED RT(Reference Terminology) 용어와 영국의 국내 임상표준용어인 CTV3(Clinical Terms version 3) 용어가 결합되어 만들어진 용어 체계로, 임상 현장에서 사용되는 코드, 용어와 동의어, 정의를 제공하며 체계적으로 구조화되어 전산적으로 처리할 수 있는 의학용어(medical term)의 집합이다. 이는 국제적으로 가장 포괄적이며 다중언어를 지원하는 임상 헬스케어 용어 체계로 평가받고 있으며, 전 세계 80여 개 국가에서 활용하는 국제표준용어 체계로 알려져 있다. SNOMED-CT로 나타낼 수 있는 정보에는 임상소견과 증상, 진단, 처치, 신체 구조, 유기체와 기타 병인, 물질, 약재, 기기, 검체 등이 있으며, 19개의 클래스로 관리되고 있다(그림 8).

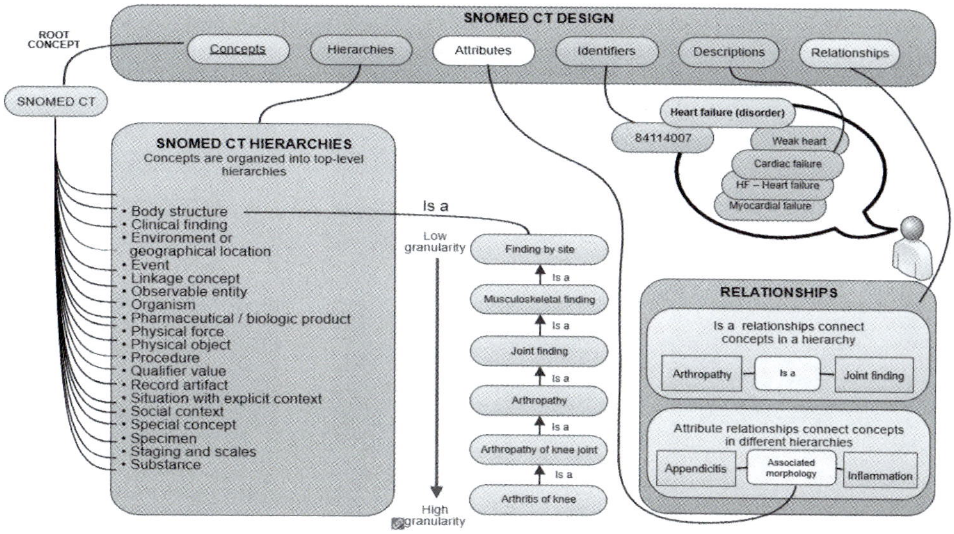

그림 8 SNOMED CT Design

SNOMED-CT는 ICD, MedDRA 등 다른 국제표준, 분류체계와의 상호 매핑을 지원하며, 관련 매핑 정보가 공개되어 있다. MOA CDM에서 원자료 진단 용어를 SNOMED-CT로 표준화할 때는 진단명의 의미와 개념 간 관계를 고려하여 가장 정확히 일치하는 용어로 매핑한다.

진단 매핑 시에는 코드의 종류나 세분화 여부에 따라서 원자료의 진단명과 완전히 일치하는 용어가 없을 수 있다. 이런 경우 용어 간 상·하위 포함관계를 이용해서 매핑하고자 하는 진단 용어의 개념을 포함하는 상위 단계의 용어로 매핑할 수 있다.

2.2.3. 검사 용어

국내 의료기관 전자의무기록 시스템에서는 검사에 대한 용어로 주로 자체 기관 코드를 사용하며, 건강보험 급여 청구를 위해 보험 EDI 수가코드를 병용하고 있다. 이를 CDM으로 구축할 때는 LOINC(Logical Observation Identifiers Names and Codes)로 매핑한다(그림 9). LOINC는 검사와 임상관찰을 명명하는 용어 체계로, 일반 화학검사, 혈액검사, 미생물검사 등 임상에서 수행되는 다양한 검사의 분석대상, 관찰속성, 측정시기, 표본종류, 측정등급, 측정방법을 표현할 수 있다.

검사 용어는 검사항목, 단위, 검체, 검사 방법 등을 고려하여 매핑해야 하며, 원자료 용어가 갖는 정보를 최대한 많이 포함하는 용어로 매핑한다. 검사 용어 매핑에서 한 가지 특징적인 점은 검사 종류뿐만 아니라 검사 단위와 결과값도 표준화해야 한다는 점이다. 이때 단위와 수치값이 정확히 변환되지 않을 때는 이상치 발생 등의 위험이 있으므로 각 검사의 특성 및 원자료 용어 내용을 잘 이해하고 매핑에 유의해야 한다.

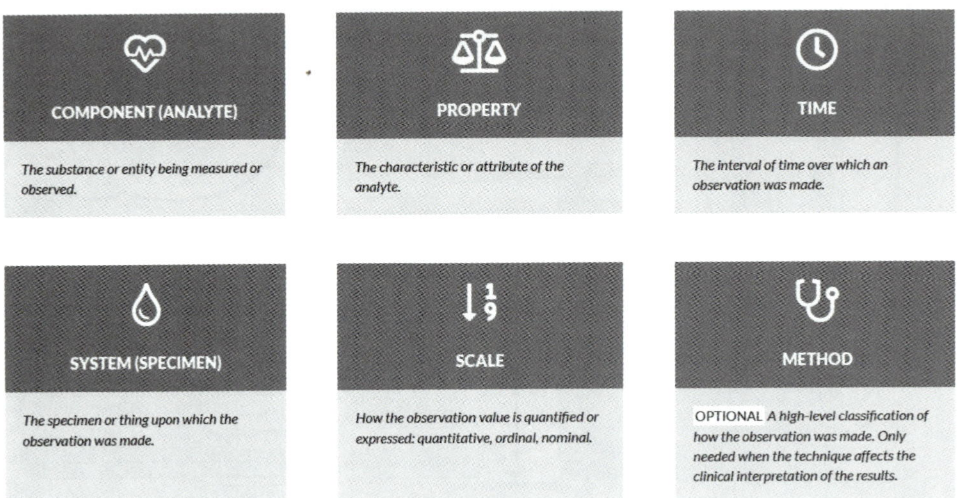

그림 9 LOINC Parts

3 MOA CDM을 활용한 의약품 부작용 분석

CDM은 의료기관에서 환자 단위 데이터를 직접 반출할 수 없으므로 의료기관에 분석 프로그램을 보내고 다기관 분석 결과를 수집하여 종합적인 연구 결과를 도출해야 한다. 이번 절에서는 MOA CDM을 활용한 의약품 부작용 분석 과정과 방법을 소개한다.

3.1 분석 방법 설계 및 조작적 정의

분석을 수행하기에 앞서 연구디자인, 연구대상자 정의 등 연구계획 및 분석 방법을 설계하고, 약제 사용, 부작용 발생 및 공변량 등을 조작적으로 정의하기 위해 관련 표준 용어를 정리해야 한다(표 2). 표준 용어를 정리할 때는 용어의 종류와 버전을 고려해야 하며 각 용어 간의 관계나 클래스의 특성을 이용하면 편리하고 정확하게 용어를 정리할 수 있다.

3.2 분석 프로그램 작성 및 배포

CDM 분석 시에는 분석코드의 모수화(Parametrization) 및 모듈화(Modularization)를 통해 다기관 재사용이 가능한 프로그램을 작성할 수 있다. 재사용 가능한 프로그램을 작성하면 의약품 안전정보를 분석할 때 약물 사용자, 이상사례 발생자의 기본적인 특성을 분석해야 하거나 또는 여러 가지 약물, 부작용에 대해서 비슷한 통계값을 반복적으로 산출해야 할 때 신속히 분석을 수행할 수 있다. CDM 분석에는 주로 R, Python 등이 이용되며, R 패키지 중 SqlRender와 DBI 등을 이용하여 R에서 모수화된 SQL을 처리하고, CDM DB에 접근할 수 있다. 분석 프로그램이 작성되면 병원자료 분석네트워크(MOA-Net)를 통해 CDM 구축 기관에 배포하고, 다기관 분석 결과를 취합할 수 있다.

그림 10 분석 프로그램 배포 및 결과 수집(https://moa.drugsafe.or.kr/main)

3.3 메타분석(Meta analysis)

메타분석은 여러 연구의 양적인 효과 크기 결과들을 통계적으로 결합하기 위한 방법으로 다기관 분석 결과를 토대로 종합적인 연구 결과를 생성하는 데 활용할 수 있다. 개별 기관의 분석 결과는 기관 특성이나 데이터 현황에 따라 편향이 있을 수 있는데, 메타분석을 통해 기관별 연구대상자 수에 따라 가중치를 부여하여 결합하면 전체적으로 표본수가 증가하게 되므로 통계적 검정력과 정밀성이 향상된다.

메타분석의 통계모형에는 고정효과모형(fixed effect model)과 랜덤효과모형(random effect model)이 있다. 고정효과모형은 여러 연구에서 측정한 효과 크기에 공통으로 하나의 참값이 있다고 가정할 수 있을 때 일반적으로 사용되는 모형이다. 반면 랜덤효과모형은 각 연구별로 측정한 효과 크기의 참값이 다르다고 가정하는 모형으로, 이때 효과 크기는 정규분포 등의 통계분포를 따른다고 가정한다.

메타분석을 수행할 때는 먼저 메타분석 할 통계량에 대해 파악한 다음, 고정효과모형과 랜덤효과모형 중 사용할 모형을 결정한다. 이후 분석 결과 간의 이질성을 검토해야 하는데, 이질성을 검토하는 방법으로는 숲그림(Forest plot)을 이용해서 시각적으로 평가하는 방법, 카이제곱 검정 등 통계적인 검정을 이용하는 방법, I2 통계량 등 이질성에 대한 통계량을 고려하는 방법이 있다. 이질성이 확인될 경우 소그룹 분석, 메타-회귀분석, 민감도 분석 등을 통해 원인을 파악할 수 있고, 랜덤효과모형으로 메타분석을 수행한다. 메타분석을 위한 R 패키지로 meta, metafor 등을 이용할 수 있다.

3.4 분석 사례

빅데이터를 활용한 능동적 약물감시에 대한 필요성이 대두되면서 MOA CDM을 활용한 의약품 안전정보 분석 연구가 활발히 수행되었다. 이번 장에서는 몇 가지 MOA CDM 연구 사례를 공유한다.

3.4.1. 히드록시클로로퀸 사용 현황 분석으로 DUR 정보 개발

2020년 WHO의 코로나19 팬데믹 선언 후, 국내 유관 학회에서는 코로나19 약물치료에 관한 전문가 권고안을 발표하여 항바이러스 요법으로 칼레트라(로피나비르/리토나비르), 히드록시클로로퀸, 인터페론, 렘데시비르 등의 사용을 권고하였다. 여기서 히드록시클로로퀸(hydroxychloroquine, HCQ)은 말라리아의 예방, 치료 및 류마티스성 질환의 치료에 사용되던 약물로, 생체 외(in vitro)에서 코로나19 바이러스 증식을 억제한다는 연구 결과가 발표되어 코로나19 치료제의 후보물질로서 주목을 받았다.

한편, 2020년 3월 프랑스 의약품의료기기안전청은 히드록시클로로퀸을 사용한 코로나19 환자들에게서 심각한 심장 관련 부작용이 보고되었음을 알리고, 긴급하게 쓰이는 코로나19 의약품에 대해 오남용을 주의하도록 당부하였다. 히드록시클로로퀸 사용에 따른 심장질환 발생 위험에 대한 여러 국외 선행 연구가 수행되었으나, 한국인을 대상으로 한 연구는 부족하며 RWD 기반의 현황 파악이 필요하였다. 이에 한국의약품안전관리원에서는 5개의료기관의 2013년~2018년(6년)의 자료를 이용하여 히드록시클로로퀸 사용자 9,129명의 특성을 파악하고, 심장질환 및 사망 발생 현황을 확인하였다.

분석 결과, 히드록시클로로퀸 사용 환자 중 약 0.4%에서 약물 유발로 인한 QT 연장 및 Torsades de Pointes(TdP) 관련 위험요인이자 국내 허가사항서 히드록시클로로퀸과 병용 시 심장질환의 위험을 높이는 것으로 명시되어 있는 아미오다론(amiodarone) 처방 사례를 확인하였다. 아미오다론은 대부분의 빈맥성 부정맥에 일차 혹은 이차 약제로 사용되며 장기간 투약 시 반감기가 60~142일에 이르는 약물로, 상호작용을 주의해야 하는 약물을 사용할 시 아미오다론의 반감기를 고려하여 수개월 전부터 약물사용을 조정해야 한다. 한국의 약품안전관리원은 본 연구 결과를 토대로 히드록시클로로퀸과 아미오다론의 병용사용에 대한 정보를 개발하여 DUR 병용금기 성분으로 지정하였다('12.12월, 식품의약품안전처 고시 제2021-106호).

3.4.2. 히드록시에틸전분 제제 안전성정보 분석으로 허가사항 변경 및 RMP 품목 지정

히드록시에틸전분(hydroxyethyl starch, 이하 HES)은 혈장증량제로, 혈액량 감소의 치료 및 예방과 신속한 동량 혈액희석요법에 사용된다. 2021년 7월 미국 FDA는 HES 제제에 대해 사망, 신장손상, 과다출혈 위험 내용을 박스 경고에 추가하도록 허가사항 변경지시 서한을 발표하였다. 이어서 국내 식품의약품안전처는 적절한 대체 치료 방법이 없는 경우 외에는 HES 제제를 처방하지 말 것을 경고하는 안전성 서한을 배포하고, 이와 관련하여 국내 품목에 대한 안전조치 필요성 여부 검토의 근거로서 한국의약품안전관리원에 MOA CDM 분석을 요청하였다. 이에 한국의약품안전관리원에서는 13개 의료기관의 2016~2020년 자료를 이용하여 연도별 HES 제제 사용자, 사용금기대상 현황, 인구학적 특성 및 주요 이상사례 발생 현황 등을 분석하였다.

분석 결과 HES 제제 사용자 수는 연도별로 점차 줄어드는 양상을 보였으며, HES 제제 사용 후 2개월 내 0.4~0.7% 환자가 급성신손상, 1.8~2.0% 환자가 사망, 6.5~7.1% 환자가 과다출혈을 겪은 것으로 나타났다. 특히 사용금기대상(패혈증, 신손상, 중증환자)에서 HES 제제 사용 후 이상사례 발생 환자가 더 많았으며, HES 제제 사용 전 과다출혈 진단을 받은 환자가 HES 제제 사용 후 2개월 내 과다출혈을 경험한 비율이 60.3~65.1%로 매우 높은 수치를 보였다. 식품의약품안전처는 본 연구 결과와 국내·외 허가 현황 등을 종합 검토한 결과를 토대로 HES 제제 허가사항 변경 및 RMP 품목 지정('22.8월) 등 안전조치를 수립하였다.

3.4.3. 알로푸리놀 사용 후 TSH 수치 증가 위험 분석으로 국외 전문학술지 게재

최근 수십 년 동안 국내외에서 통풍 발병률이 증가함에 따라 1차 치료 약제인 크산틴 산화효소 억제제(xanthine oxidase inhibitors, XOIs) 사용 역시 증가하였다. 대표적 통풍 치료약제인 페북소스타트, 알로푸리놀 등 약물 사용 후 혈액 갑상선자극호르몬(Thyroid stimulating hormone, 이하 TSH) 수치에 대한 선행 임상연구 결과, 알로푸리놀 사용 환자에서 TSH 수치 상승이 보고되었다. 2017년 11월, 유럽의약품청(European Medicines Agency, EMA)에서 알로푸리놀 장기복용 환자에서 갑상선자극호르몬 수치가 증가한다는 문헌 검토 결과를 바탕으로 알로푸리놀 허가사항에 TSH 수치 증가에 대한 내용을 포함하도록 지시하였고, 영국, 프랑스, 스위스, 등의 유럽 국가에서는 알로푸리놀의 허가사항에 TSH 수치 증가에 대한 내용을 포함하였다. 이어서 국내 식품의약품안전처는 2020년 5월 알로푸리놀의 허가사항에 TSH 수치 증가에 대한 내용이 반영되었다. 이에 국내 인구집단을 대상으로 알로푸리놀 복용과 TSH 수치 증가 현황을 파악하여 약물과 이상사례 간의 연관성을 확인하고자 7개 의료기관의 1997~2020년 9월 자료를 이용하여 코호트 내 환자-대조군 연구가 수행되었다.

각 의료기관에서 TSH 수치 검사 이력이 있는 19세 이상 성인 중 59,307명의 TSH 수치 증가 환자군과 연령, 성별 등을 기준으로 매칭한 236,508명의 대조군을 분석하였다.

알로푸리놀 사용과 TSH 수치 증가의 연관성에 대한 메타분석 결과 교란요인 보정 오즈비(95% 신뢰구간)는 1.51(1.32-1.72)로 통계적으로 유의하였다. 본 연구 결과는 국외 전문학술지에 게재되어 국내외 임상전문가 및 연구진 등에 알로푸리놀 안전사용 정보를 제공하는 데 기여하였다.

요약

본 장에서는 능동적 약물감시를 위한 MOA CDM의 개념, 구축 과정과 이를 활용한 분석 수행 방법 및 사례에 대해 알아보았다.

MOA CDM은 국내 의료기관의 전자의무기록(EHR) 자료구조와 용어 체계 등을 표준화된 형태의 데이터베이스로 만든 것으로, 이를 통해 환자의 개인정보 유출 없이 다기관 의약품 안전성 분석 결과를 통합 가능한 분산형 데이터베이스 네트워크를 운영하고, 진료 현장의 상세 정보를 포함한 빅데이터 기반 능동적 모니터링으로 선제적인 의약품 안전조치를 실시하여 능동적 약물감시 체계를 강화해 나가고 있다.

MOA CDM 구축에는 자료구조 표준화 과정인 ETL(Extraction, Transformation, Loading)과 용어 표준화 과정인 매핑(Mapping)이 필요하며 MOA CDM의 표준 용어로는 Rx-

Norm, RxNorm extension(약물), SNOMED-CT(진단), LOINC(검사) 등이 있다. CDM 구축 후에는 분석 결과의 신뢰성 제고 및 개인정보보호를 위해 품질관리와 보안관리가 뒷받침되어야 한다.

MOA CDM 분석을 위해서는 연구계획 수립 및 분석 방법을 설계하여 조작적 정의에 필요한 표준 용어를 정리하고, 여러 기관에서 재사용 가능한 분석 프로그램을 작성하여 MOA-Net을 통해 CDM 구축 기관에 배포 및 결과를 취합한다. 다기관 연구의 결과로 메타분석 등을 통해 종합적 연구 결과를 산출할 수 있다.

16장 공통데이터모델을 활용한 심화 사례

학습목표

1. 공통데이터모델을 활용한 심화 사례를 학습한다.
2. 심화 사례를 통해 공통데이터모델을 이용한 처방 약물 패턴 분석, 사용 약물에 따른 임상 결과 비교, 머신러닝을 통한 예측모형 구축에 대해 이해한다.
3. 공통데이터모델을 사용한 방법에 대해 설명할 수 있다.

개요

앞서 살펴본 공통데이터모델을 활용한 실제 사례를 학습하고자 한다. 공통데이터모델을 이용한 처방 약물 패턴을 분석한 사례, 사용한 약물에 따른 임상 결과를 비교한 사례, 그리고 머신러닝을 통해 예측모형을 구축하는 사례 이렇게 총 세 가지의 사례로 학습자가 단계별로 따라 하면서 실습을 할 수 있도록 구성하였다. 이를 통해 공통데이터모델에 대한 이해도가 한층 더 높아질 것으로 기대한다.

1 개요

공통데이터모델을 이용한 분석 사례는 OHDSI에서 제공하는 ATLAS demo 버전을 통해 진행한다. ATLAS에서 진행할 수 있는 분석은 코호트 정의, 특성, 코호트 경로, 발생률, 추정, 예측이 있다. 이 중 코호트 정의, 특성, 코호트 경로, 발생률은 ATLAS에서 분석 결과를 확인할 수 있고, 추정과 예측은 R 프로그램을 통해 결과를 확인할 수 있다.

본 장의 예시에서는 먼저 베타차단제를 사용한 본태성 고혈압 환자 코호트를 구성한다. 그 이후 베타차단제를 사용한 본태성 고혈압 환자가 그 이후에 받는 처방 약물의 패턴을 살펴보는 사례가 이어진다. 사용 약물에 따른 임상 결과 비교를 위한 예시로 본태성 고혈압 환자에서 칼슘 통로 차단제와 베타차단제를 비교하여 뇌졸중 위험에 대한 임상 결과를 비교한다. 이는 Estimation이라는 방법으로 진행을 한다. 분석적 연구의 또 다른 축은 Prediction인데, 베타차단제 처방 이력이 있는 본태성 고혈압 환자에서 뇌졸중이 발생하는 것에 대한 예측을 머신러닝을 통해 진행한다.

이번 장에서 기술한 사례들은 모두 예시를 위한 연구임을 유의하길 바란다.

2 코호트 구성

ATLAS를 이용하는 방법은 크게 두 가지이다. 첫 번째 방법은 OHDSI에서 제공하는 Demo 버전의 ATLAS를 이용하는 것이다. ATLAS Demo 버전에 있는 자료원은 현재 SYNPUF 1K와 5%의 자료원이 있다. 두 번째 방법은 FeederNet에 접속하여 OHDSI의 ATLAS를 이용하는 것이다. FeederNet에 있는 자료원은 건강보험심사평가원의 2012, 2013, 2014, 2015, 2016, 2017년의 1년 샘플 자료와 SYNPUF 자료가 있다. FeederNet에 변환된 자료가 있는 각 병원, 기관의 승인을 얻은 경우, 해당 기관의 자료를 이용할 수 있다.

ATLAS 접속 방법	URL	자료원
OHDSI ATLAS DEMO	https://atlas-demo.ohdsi.org/	SYNPUF 1K SYNPUF 5%
FeederNet	https://feedernet.com/atlas	FNET_HIRA2012 FNET_HIRA2012 FNET_HIRA2012 FNET_HIRA2012 FNET_HIRA2012 FNET_HIRA2012 FNET_SYNPUF

ATLAS에 접속을 완료하였다면 아래의 창이 보일 것이다(그림 1). 본격적으로 ATLAS에서 분석하기 전, 컨셉세트를 먼저 구성할 필요가 있다. 컨셉세트는 마치 요리에 필요한 재료들을 모으는 쇼핑카트와도 같다. 이를테면 약물과 질병에 따른 연구를 진행하고자 할 때, 필요한 다양한 약물들을 세트로 묶어 놓음으로써 이 세트에 포함된 약물을 사용한 환자만을 선택할 수 있다. 하나의 약물이라도 ATLAS에서 코호트 정의, 특성, 코호트 경로, 발생률, 추정, 예측을 수행하기 위해서는 세트로 구성해야 한다. 세트 구성은 매우 직관적이며 단순한 형태를 가지고 있다. 본 장에서 소개하는 사례는 베타차단제를 사용하는 본태성 고혈압 환자이기 때문에, 컨셉세트를 베타차단제와 본태성 고혈압 각각 구성해야 한다. 아래의 단계로 같이 수행해 보도록 한다.

1. 좌측 탭에서 쇼핑카트로 표시된 컨셉세트를 클릭한다.
2. 오른쪽 윗부분에 있는 'New concept set'을 클릭한다(그림 2).
3. 새로운 컨셉세트의 이름, 본태성 고혈압을 기입한다(그림 3).
4. 왼쪽 탭에 Search로 가서 'essential hypertension'을 검색한 후, 회색 쇼핑카트 모양을 클릭하면 concept sets에 들어오게 된다(그림 4).
5. 같은 프로세스로 새로운 컨셉세트인 베타차단제를 만들어 본다.

컨셉세트 구성 방법은 ATLAS의 버전에 따라 방법이 상이하기 때문에 학습자가 사용하는 버전을 확인할 필요가 있다.

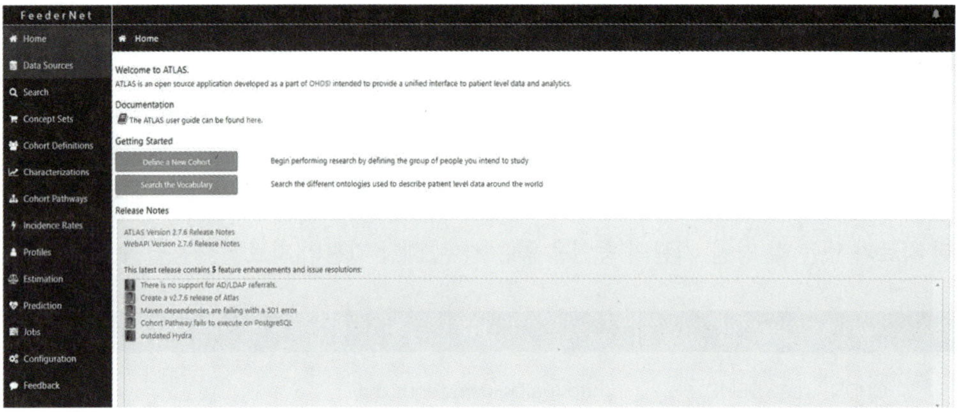

그림 1 ATLAS 메인 페이지(OHDSI, FeederNet)

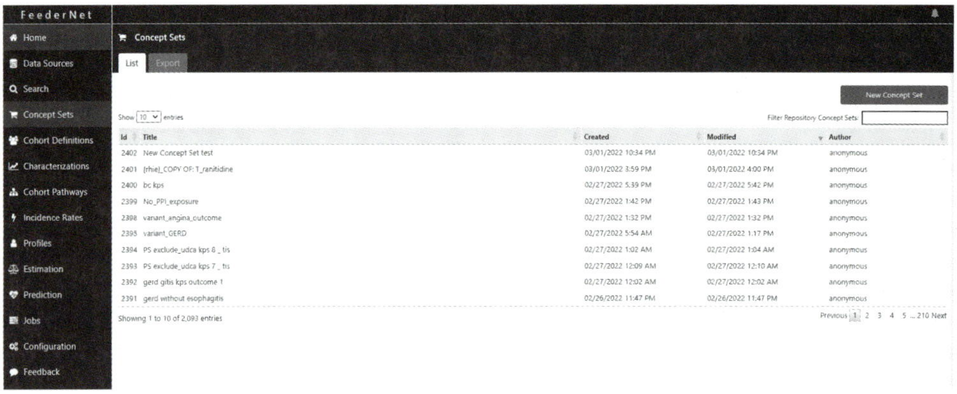

그림 2 ATLAS 컨셉세트(OHDSI, FeederNet)

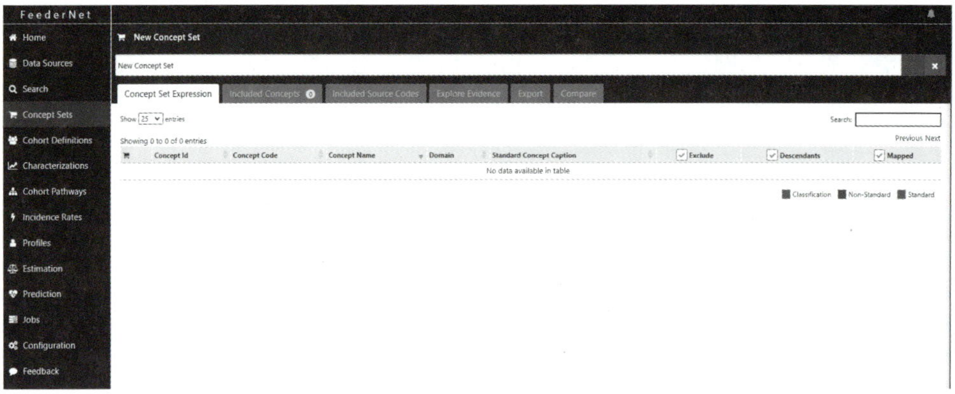

그림 3 새로운 컨셉세트

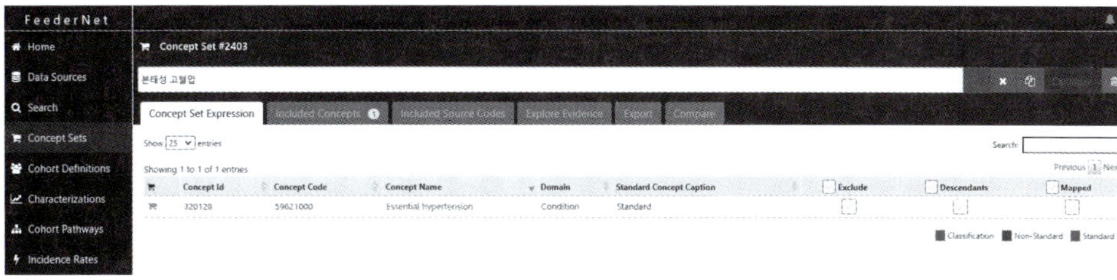

그림 4 컨셉세트 예시(본태성 고혈압)

만들어진 컨셉세트를 이용하여 코호트를 구축할 수 있다. 왼쪽의 탭 중 'Cohort Definition'을 클릭하여 접속하면 오른쪽 위에 파란색의 New cohort가 있다. 이를 클릭하면 새로운 코호트를 구축할 수 있도록 cohort entry events, inclusion criteria, cohort exit, cohort eras로 구성되어 있다.

예시 코호트인 베타차단제를 처방받은 본태성 고혈압 진단받은 환자는 다음과 같이 진행한다.

1. 'Cohort definitions'을 클릭하여 접속한 후 파란색의 'New cohort'를 클릭하여 코호트의 이름을 부여하고 플로피디스크 모양의 초록색 버튼을 눌러 저장한다. 본 예시에서는 "BB 처방 이력이 있는 본태성 고혈압"으로 저장하였다(그림 5).
2. Cohort entry events에서 오른쪽 파란색 '+Add initial event'를 누르고 'Add drug exposure'를 클릭한다(그림 6).
3. a drug exposure of 옆의 파란색 박스로 표시된 'Any drug'을 클릭한다.
4. 드롭다운에서 'import concept set'을 누른 후, 기존에 만들어 놓은 "beta blocking agents" 약물 컨셉세트를 불러온다(그림 7).
5. 본태성 고혈압 진단 이력 확인을 위해 Inclusion criteria에 초록색 'new inclusion criteria'를 클릭한다(그림 7).
6. Criteria에 이름을 부여하고 바로 아래에 '+ Add criteria to group..'을 클릭한다(그림 7).
7. 적어도 한 번 이상의 본태성 고혈압 진단 이력을 확인하기 위해 'add condition occurrence'를 클릭한다(그림 7).
8. a condition occurrence of 옆에 있는 파란색 'any condition'을 클릭한다(그림 7).
9. 드롭다운에서 'import concept set'을 누른 후, 기존에 만들어 놓은 "본태성 고혈압" 진단 컨셉세트를 불러온다(그림 7).
10. 약물 처방 이전 시점에 진단을 정의하기 위해 events starts를 before all days로 바꾼다(그림 7).
11. Inclusion criteria의 하단 부위 하얀색 드롭다운을 all events로 바꾼다(그림 7).

12. Cohort exit는 관찰기간 종료로 정의한다(end of continuous observation)(그림 7).

코호트를 구축한 후 Generation 탭을 통해 환자의 수를 확인하고(그림 8), Reporting 탭을 통해 약물 사용, 시술 등 다양한 정보를 확인할 수 있다. 더 나아가서 Cohort entry events 탭 내부에서 빨간색의 delete criteria 왼쪽에 있는 '+Add attribute...'를 클릭하여 다양한 옵션을 부여할 수 있다.

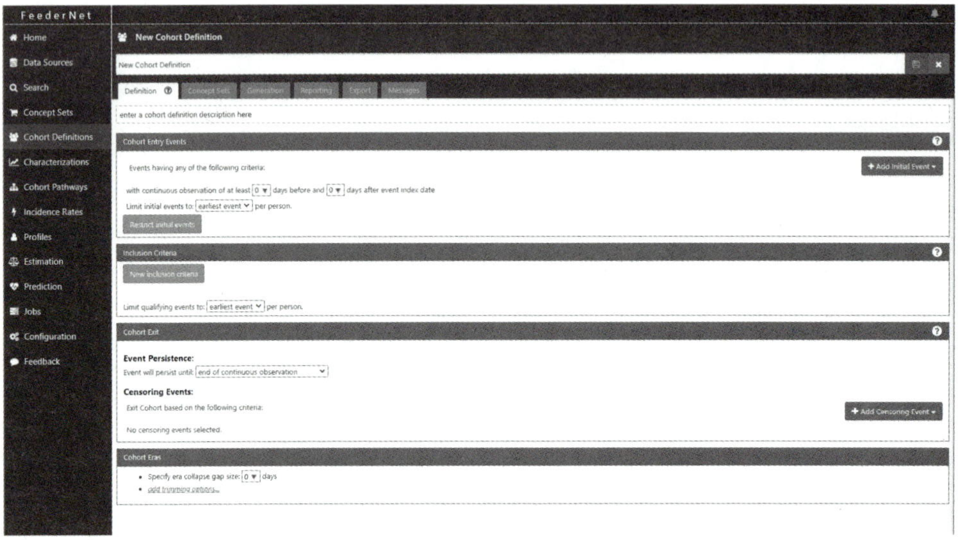

그림 5 새로운 코호트 정의(New Cohort Definition)

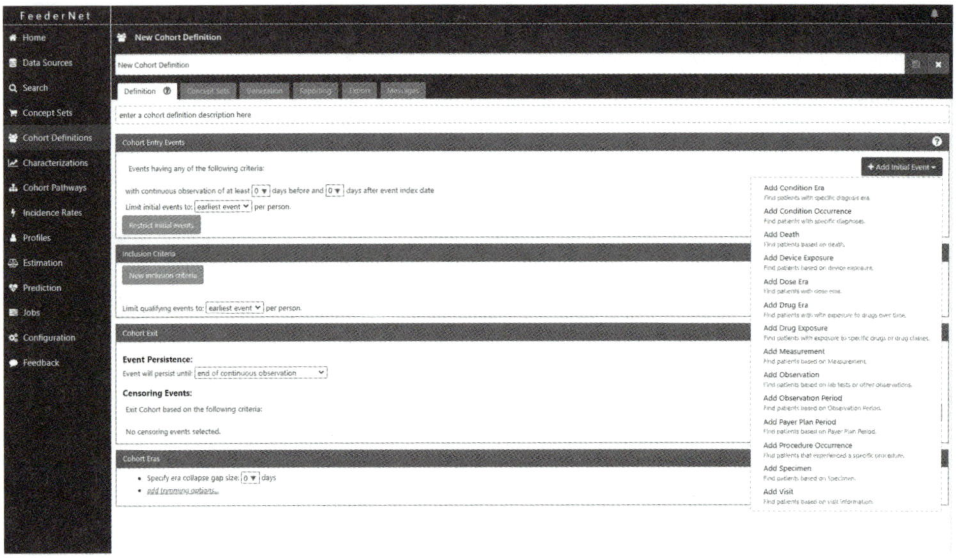

그림 6 초기 이벤트 추가(Add Initial Event)

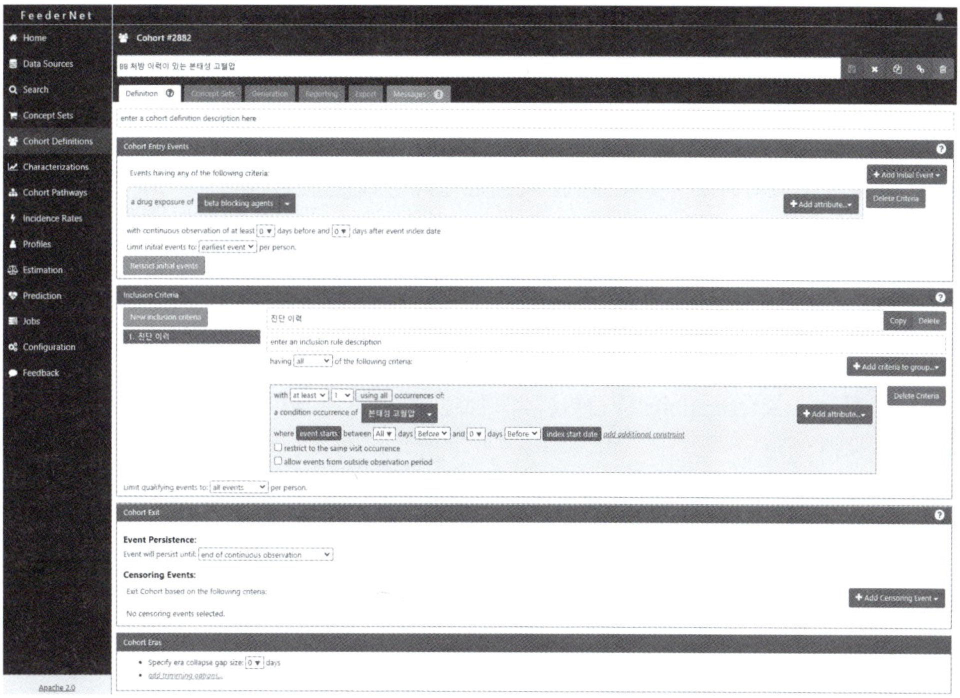

그림 7 코호트 예시

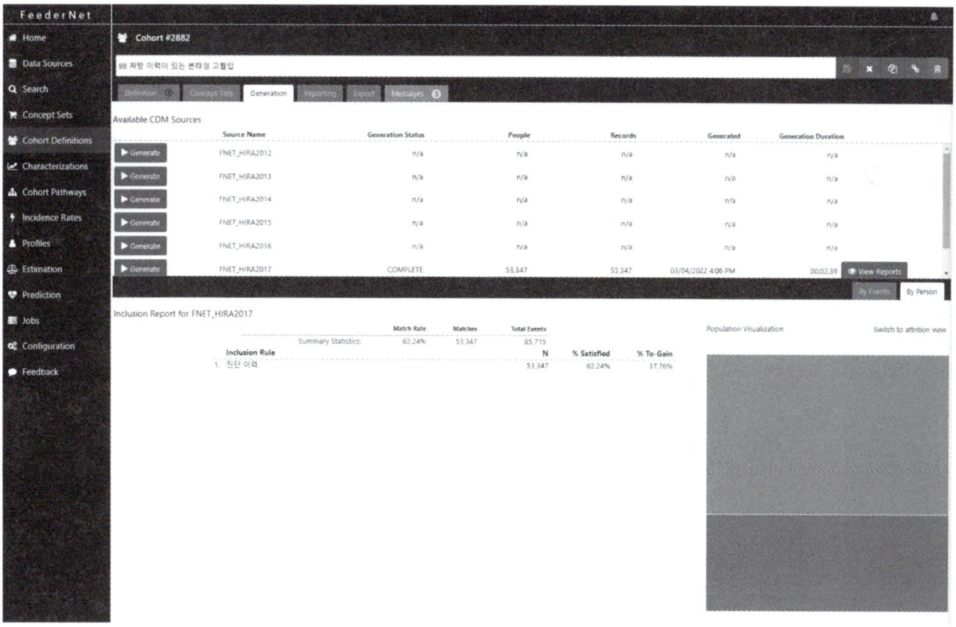

그림 8 예시 코호트의 환자 수 결과

3 처방 약물 패턴 분석

앞에서 구축된 코호트는 characterizations를 통해 특성을 분석할 수 있는데, 이번 절에서는 구축된 코호트, 즉 베타차단제를 복용한 본태성 고혈압 환자의 여러 처방 약물들의 패턴에 대한 특성을 분석하도록 하겠다.

다음의 절차를 통해 베타차단제를 사용한 본태성 고혈압 환자의 약물 사용에 관한 특성을 분석해 보자.

1. 왼쪽의 'characterizations'를 클릭하여 접속한 후 오른쪽 위의 'New charaterization'을 클릭한다(그림 9).
2. 코호트 특성 분석에 대한 이름을 기입한 후, 플로피디스크 모양의 초록색 버튼을 눌러 저장한다. 본 예시에서는 "본태성 고혈압 환자의 약물 사용 특성"으로 저장하였다(그림 10).
3. 저장된 해당 창에서 Cohort definitions의 'Import'를 클릭하여 기존의 생성한 베타차단제를 사용한 본태성 고혈압 환자를 불러온다(그림 10).
4. 예시에서 분석하고자 하는 약물 사용에 대한 특성을 파악하기 위해 Feature analyses의 'Import'를 클릭하여 Drug Exposure Long Term을 찾아 체크박스에 체크한다(그림 10).

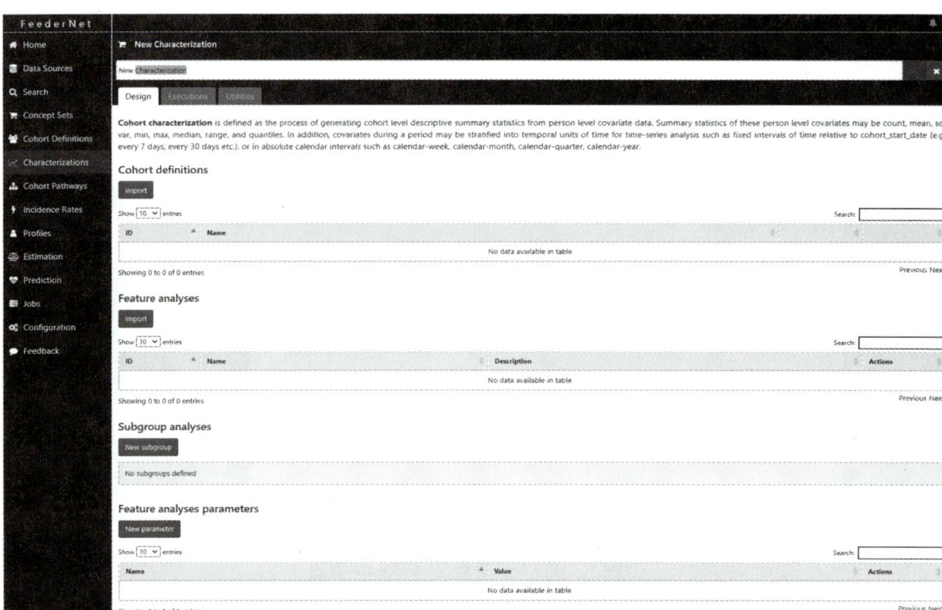

그림 9 특성(Characterizations)

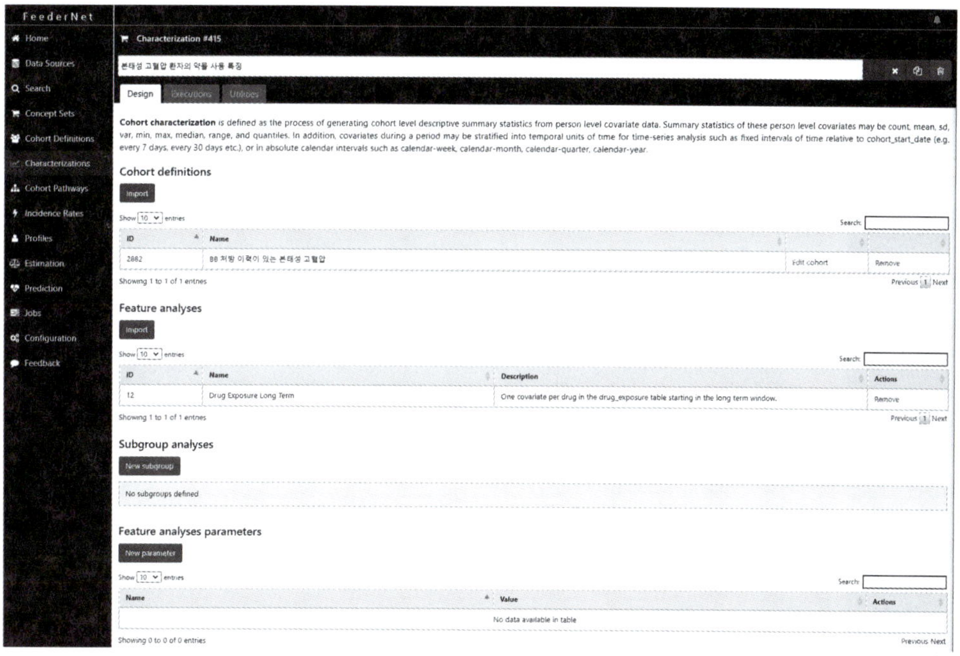

그림 10 **코호트 특성 예시**

5. 저장을 다시 누르고 이름 바로 밑에 있는 회색 탭 중 'Executions'를 클릭한다(그림 10).
6. Executions에서 원하는 자료원을 골라 'Generate'를 클릭한 후 분석이 돌아가길 기다린다.
7. 원하는 자료원의 분석이 다 돌아간 후, 'View latest result'를 클릭하여 결과를 확인한다(그림 11).

예시 코호트의 특성 분석 결과, 칼슘 통로 차단제를 비롯하여 다양한 약물 사용을 확인할 수 있다(그림 11).

이제부터는 본태성 고혈압 환자에서 다음 약제로 어떤 고혈압 약물을 사용하는지에 대해 확인하려 한다. 이 분석은 Cohort Pathways를 통해 진행한다. Cohort Pathways 분석을 수행하기 위해서는 예시에서 만든 베타차단제를 사용한 본태성 고혈압 환자의 코호트를 구축한 것처럼 먼저 보고자 하는 약제에 대한 코호트를 구축해야 한다. 앞선 예시를 참고하여 칼슘 통로 차단제, 이뇨제, 안지오텐신 전환 효소 억제제(Angiotensin Converting Enzyme Inhibitor, ACE 억제제), 안지오텐신 수용체 차단제를 각각 구축하여 보자. 구축한 각 약제 코호트는 다음 [그림 12]~[그림 15]와 같다.

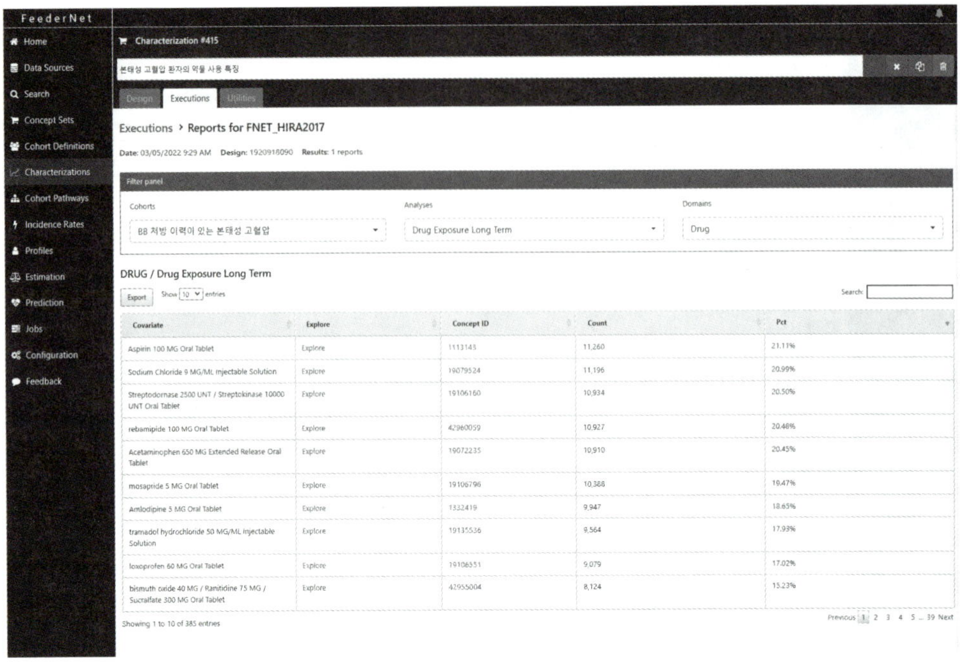

그림 11 예시 코호트 특성 분석 결과

CCB

Initial Event Cohort

People having any of the following:

- a drug era of CCB[1]

with continuous observation of at least 0 days prior and 0 days after event index date, and limit initial events to: **all events per person.**

Limit qualifying cohort to: **earliest event per person.**

End Date Strategy

Custom Drug Era Exit Criteria

This strategy creates a drug era from the codes found in the specified concept set. If the index event is found within an era, the cohort end date will use the era's end date. Otherwise, it will use the observation period end date that contains the index event.

Use the era end date of CCB[1]

- allowing 30 days between exposures
- adding 0 days after exposure end

Cohort Collapse Strategy:

Collapse cohort by era with a gap size of 0 days.

Appendix 1: Concept Set Definitions

1. CCB

Show 10 entries Search:

Concept Id	Concept Name	Domain	Vocabulary	Excluded	Descendants	Mapped
21601744	CALCIUM CHANNEL BLOCKERS	Drug	ATC	NO	YES	YES

Showing 1 to 1 of 1 entries Previous 1 Next

그림 12 코호트 예시(칼슘 통로 차단제를 복용한 환자)

Diuretics

Initial Event Cohort

People having any of the following:

- a drug era of Diuretics[1]

with continuous observation of at least 0 days prior and 0 days after event index date, and limit initial events to: **all events per person.**

Limit qualifying cohort to: **earliest event per person.**

End Date Strategy

Custom Drug Era Exit Criteria

This strategy creates a drug era from the codes found in the specified concept set. If the index event is found within an era, the cohort end date will use the era's end date. Otherwise, it will use the observation period end date that contains the index event.

Use the era end date of Diuretics[1]

- allowing 30 days between exposures
- adding 0 days after exposure end

Cohort Collapse Strategy:

Collapse cohort by era with a gap size of 0 days.

Appendix 1: Concept Set Definitions

1. Diuretics

Show 10 entries　　Search:

Concept Id	Concept Name	Domain	Vocabulary	Excluded	Descendants	Mapped
21601461	DIURETICS	Drug	ATC	NO	YES	YES

Showing 1 to 1 of 1 entries　　Previous 1 Next

그림 13　코호트 예시(이뇨제를 복용한 환자)

ACEI

Initial Event Cohort

People having any of the following:

- a drug era of ACEI[1]

with continuous observation of at least 0 days prior and 0 days after event index date, and limit initial events to: **all events per person.**

Limit qualifying cohort to: **earliest event per person.**

End Date Strategy

Custom Drug Era Exit Criteria

This strategy creates a drug era from the codes found in the specified concept set. If the index event is found within an era, the cohort end date will use the era's end date. Otherwise, it will use the observation period end date that contains the index event.

Use the era end date of ACEI[1]

- allowing 30 days between exposures
- adding 0 days after exposure end

Cohort Collapse Strategy:

Collapse cohort by era with a gap size of 0 days.

Appendix 1: Concept Set Definitions

1. ACEI

Show 10 entries　　Search:

Concept Id	Concept Name	Domain	Vocabulary	Excluded	Descendants	Mapped
21601783	ACE INHIBITORS, PLAIN	Drug	ATC	NO	YES	YES

Showing 1 to 1 of 1 entries　　Previous 1 Next

그림 14　코호트 예시(안지오텐신 전환 효소 억제제를 복용한 환자)

ARB

Initial Event Cohort

People having any of the following:

- a drug era of ARB[1]

with continuous observation of at least 0 days prior and 0 days after event index date, and limit initial events to: **all events per person.**

Limit qualifying cohort to: **earliest event per person.**

End Date Strategy

Custom Drug Era Exit Criteria

This strategy creates a drug era from the codes found in the specified concept set. If the index event is found within an era, the cohort end date will use the era's end date. Otherwise, it will use the observation period end date that contains the index event.

Use the era end date of ARB[1]

- allowing 30 days between exposures
- adding 0 days after exposure end

Cohort Collapse Strategy:

Collapse cohort by era with a gap size of 0 days.

Appendix 1: Concept Set Definitions

1. ARB

Show 10 entries Search:

Concept Id	Concept Name	Domain	Vocabulary	Excluded	Descendants	Mapped
21601822	ANGIOTENSIN II ANTAGONISTS, PLAIN	Drug	ATC	NO	YES	YES

Showing 1 to 1 of 1 entries Previous 1 Next

그림 15 코호트 예시(안지오텐신 수용체 차단제를 복용한 환자)

구축된 각 약제 코호트를 대상으로 베타차단제를 사용한 본태성 고혈압 환자에서 환자의 약물 사용에 대한 경로를 아래의 단계와 같이 확인해 보도록 하자.

1. 왼쪽 탭에서 Cohort Pathways를 클릭하고 오른쪽 위의 파란색 'New Pathway Analysis'를 클릭한다(그림 16).
2 코호트 경로 분석에 대한 이름을 기입한 후, 플로피디스크 모양의 초록색 버튼을 눌러 저장한다. 본 예시에서는 "BB 본태성 고혈압"으로 저장하였다(그림 17).
3. Target cohort의 파란색 'Import'를 클릭하여 분석하고자 하는 코호트인 BB 처방 이력이 있는 본태성 고혈압을 불러온다(그림 17).
4. Event cohort의 파란색 'Import'를 클릭하여 구축한 칼슘 통로 차단제, 이뇨제, ACE 억제제, 안지오텐신 수용체 차단제를 불러온다(그림 17).
5. 본 예시에서 분석 세팅은 Combination Window는 중첩 기간 7일, Minimum cell count는 경로를 모두 포함하기 위해 0명, Maximum path length는 5가지 경로로 설정한다(그림 17).
6. 저장을 다시 누르고 이름 바로 밑에 있는 회색 탭 중 'Executions'를 클릭한다.
7. Executions에서 원하는 자료원을 골라 'Generate'를 클릭한 후 분석이 돌아가길 기다린다.

8. 원하는 자료원의 분석이 다 돌아간 후, 'View latest result'를 클릭하여 결과를 확인한다(그림 18).

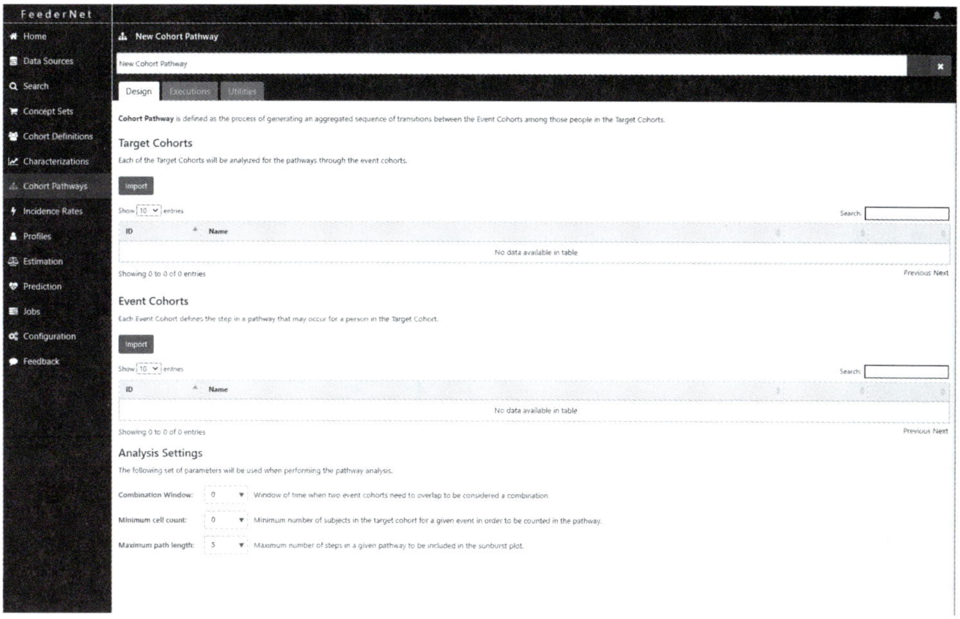

그림 16 코호트 경로(Cohort Pathways)

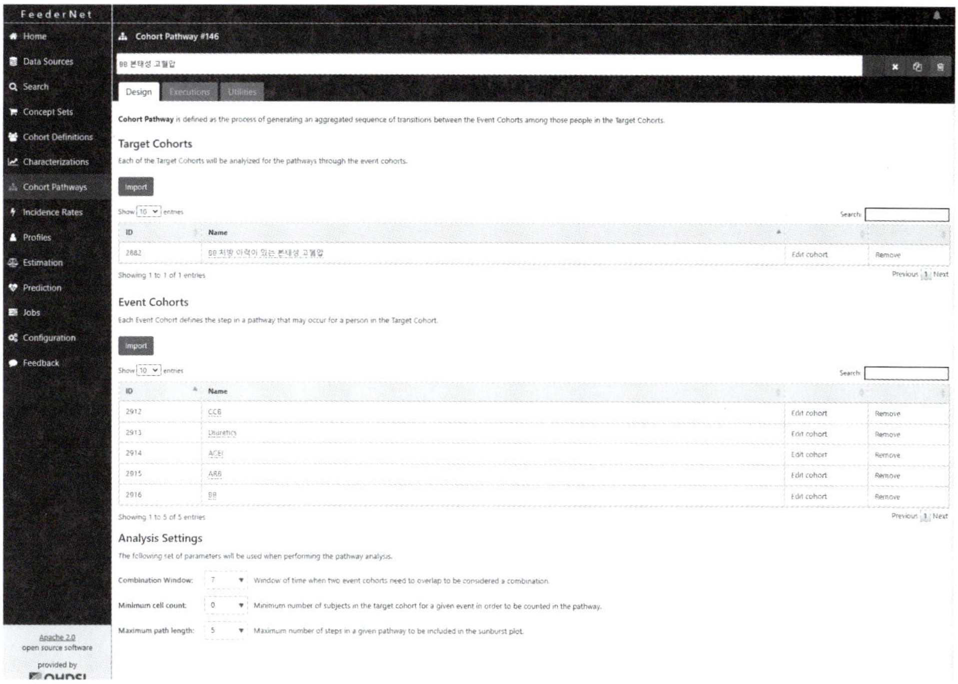

그림 17 코호트 경로 예시

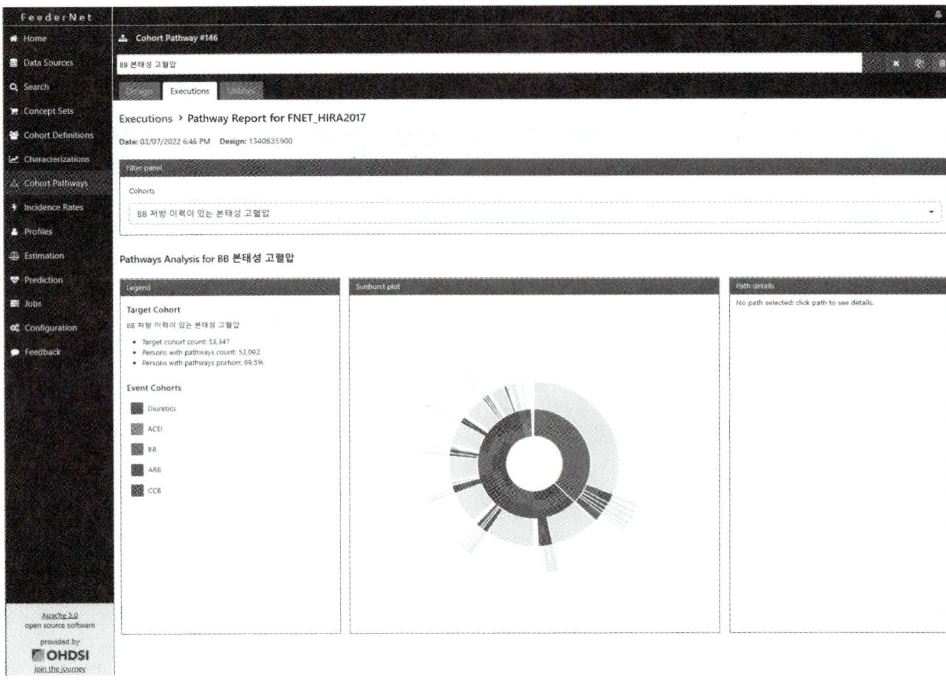

그림 18 예시 코호트 경로 분석 결과

예시 코호트 경로 분석 결과, 칼슘 통로 차단제를 비롯하여 다양한 약제와 병용하는 것으로 나타났다(그림 18).

4 사용 약물에 따른 임상 결과 비교(추정, Estimation)

이번 절에서는 본태성 고혈압 환자에서 칼슘 통로 차단제와 베타차단제를 비교하여 뇌졸중 위험을 추정한다. 이번 예시의 분석은 추정(Estimation)을 통해 진행한다. Estimation 분석을 수행하기 위해서는 예시에서 만든 베타차단제를 사용한 본태성 고혈압 환자의 코호트를 구축한 것처럼 비교군과 결과 코호트를 구축해야 한다. 앞선 예시를 참고하여 칼슘 통로 차단제를 사용한 본태성 고혈압 환자와 뇌졸중 환자를 각각 구축해 보자. 구축한 비교군 코호트와 뇌졸중 결과 코호트는 다음 [그림 19], [그림 20]과 같다.

앞에서 구축한 치료군 코호트(베타차단제를 사용한 본태성 고혈압 환자, 그림 7)와 비교군 코호트(칼슘 통로 차단제를 사용한 본태성 고혈압 환자, 그림 19)를 비교하여 뇌졸중 결과(그림 20)가 어떻게 다르게 나타나는지 분석하고자 한다.

또한 두 개의 컨셉세트가 사전에 준비되어야 한다. 양 군에서 차이가 없을 것으로 기대하는 음성 대조군(negative control)에 대한 컨셉세트(예: 무좀, 전립성 비대증 등)와 성향 점수 매칭에서 높은 연관관계를 갖는 컨셉세트(예: 베타차단제, 칼슘 통로 차단제 등)을 구성하고 estimation 분석 세팅에 넣어야 한다. 이 두 가지 컨셉세트는 반드시 있어야 분석이 수행된다. 이 두 가지 개념에 대해 간단히 설명하겠다.

첫 번째, 음성 대조군이라함은 비교하고자 하는 두 개 치료군의 결과가 차이가 없을 것으로 예상이 되는 결과를 의미한다. 이를 활용함으로써 두 개 치료군이 서로 비교 가능한지 확인할 수 있다. 즉, 고혈압 약제들을 비교하는데 그 약제 간에 무좀에 대한 효과가 나타날 리는 없을 것이다. 분석 결과 두 고혈압 약제 간에 무좀에 대한 발생이 차이가 없게 나타난다면, 우리는 두 개의 고혈압 약제 코호트 각각이 서로 비교 가능하다고 생각할 수 있다.

두 번째, 성향 점수라는 것은 특정 치료법을 받을 성향인데, 이를 도출하기 위해 여러 가지 변수(예: 성별, 연령, 위중도, 질환 병력 등)들을 사용한다. 두 고혈압 약제들 간을 비교 가능하게 만들기 위해서는 성향 점수가 동일한 환자끼리 매칭하여 환자들에서 나타나는

ccb 처방 이력이 있는 본태성 고혈압

Initial Event Cohort

People having any of the following:

- a drug exposure of CCB[1]

with continuous observation of at least 0 days prior and 0 days after event index date, and limit initial events to: **earliest event per person.**

Inclusion Rules

Inclusion Criteria #1: 진단 이력

Having all of the following criteria:

- at least 1 occurrences of a condition occurrence of 본태성 고혈압[2]
  where event starts between all days Before and 0 days Before index start date

Limit qualifying cohort to: **all events per person.**

End Date Strategy

No end date strategy selected. By default, the cohort end date will be the end of the observation period that contains the index event.

Cohort Collapse Strategy:

Collapse cohort by era with a gap size of 0 days.

Appendix 1: Concept Set Definitions

1. CCB

Show 10 entries Search:

Concept Id	Concept Name	Domain	Vocabulary	Excluded	Descendants	Mapped
21601744	CALCIUM CHANNEL BLOCKERS	Drug	ATC	NO	YES	YES

Showing 1 to 1 of 1 entries Previous 1 Next

2. 본태성 고혈압

Show 10 entries Search:

Concept Id	Concept Name	Domain	Vocabulary	Excluded	Descendants	Mapped
320128	Essential hypertension	Condition	SNOMED	NO	NO	NO

Showing 1 to 1 of 1 entries Previous 1 Next

그림 19 비교군 코호트 예시(칼슘 통로 차단제를 사용한 본태성 고혈압 환자)

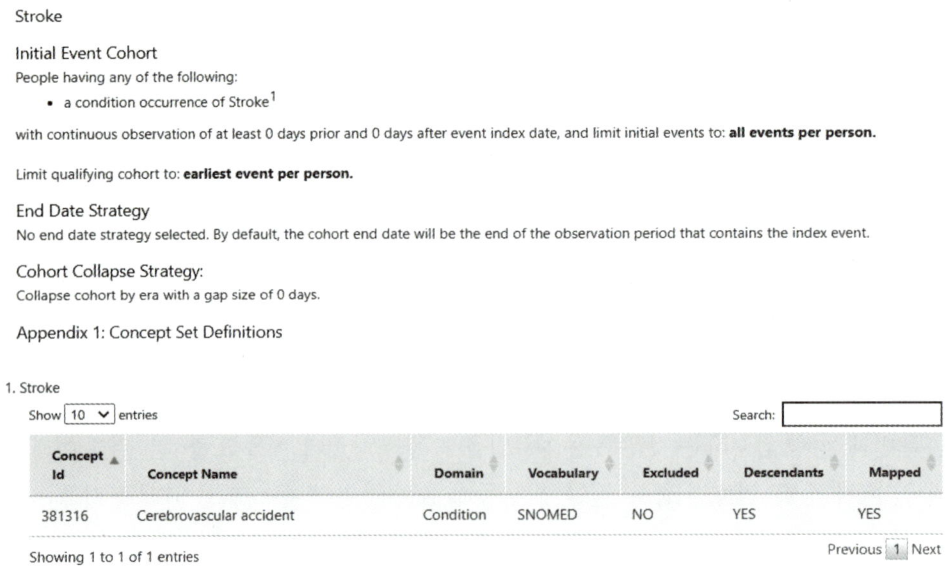

그림 20 결과 코호트 예시(뇌졸중 발생 환자)

결과들을 비교한다. 이러한 방식으로 두 고혈압 약제 간의 효과를 비교하는 통계적인 분석 방법이 성향 점수 매칭이다. 그런데 한 치료군에 극단적으로 높은 연관관계를 갖는 변수가 있다면, 이 변수를 활용하여 만든 성향 점수로 두 고혈압 약제 간의 매칭이 어려워진다. 이러한 이유로 추정(estimation) 분석에서는 성향 점수 매칭 시 특정 치료군에 높은 연관관계를 갖는 컨셉세트를 만들어야 하고 분석 시 이를 배제해야 한다.

이번 절에서는 공통데이터모델의 분석 사례를 개괄적으로 보여주는 것이 목적이므로 자세한 통계적인 기법에 대한 설명은 생략하겠다.

음성 대조군에 대한 컨셉세트와 성향 점수 매칭에서 높은 연관관계를 갖는 컨셉세트 예시는 [그림 21], [그림 22]와 같다.

Estimation을 OHDSI의 ATLAS에서 수행하려면 ATLAS에서 설정을 완료하여 패키지를 다운로드받고 R을 통해 데이터베이스에 연결한 후 분석을 진행한다. R을 통한 분석은 다운로드받은 패키지의 Readme를 참고한다. 본 예시에서는 FeederNet을 통해 진행한다. FeederNet에서는 R을 이용할 필요 없이 웹페이지에서 아래의 단계와 같이 분석할 수 있다.

1. 왼쪽 탭에서 'Estimation'을 클릭하고 오른쪽 위의 파란색 'New Population Level Effect Estimation'을 클릭한다(그림 23).
2. 코호트 추정을 위한 이름을 기입한 후, 플로피디스크 모양의 초록색 버튼을 눌러 저장한다. 본 예시에서는 "Stroke CCB vs BB in essential hypertension pt"로 저장하였다.
3. Comparative Cohort Settings에서 파란색의 '+Add comparison'을 클릭한다.

4. 본 예시의 관심 코호트인 BB 처방 이력이 있는 본태성 고혈압과 CCB 처방 이력이 있는 본태성 고혈압을 각각 target, comparator 코호트로 파란색 열린 폴더를 클릭하여 불러온다(그림 24).
5. 'Add outcome'을 눌러 결과 코호트를 불러온다. 본 예시에서는 Stroke 이름을 가진 코호트를 저장하여 불러왔다(그림 24).
6. 음성 대조군은 결과 코호트 설정 밑에 파란색 열린 폴더를 클릭하여 불러온다. 본 예시에서는 관절염으로 설정하였다(그림 24).
7. 음성 대조군 밑 exclude의 파란색 열린 폴더를 클릭하여 성향 점수 매칭에 배제할 공변량을 불러온다. 본 예시에서는 성향 점수 매칭에서 높은 연관관계를 갖는 컨셉세트를 불러왔다(그림 24).
8. 코호트 설정이 끝났으면 왼쪽 위의 Comparison 뒤로가기를 눌러 1번 화면으로 돌아온다(그림 23).

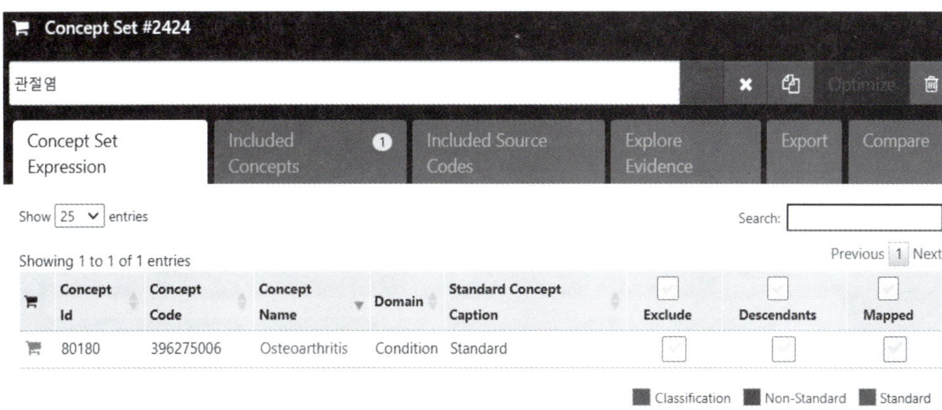

그림 21 음성 대조군에 대한 컨셉세트 예시

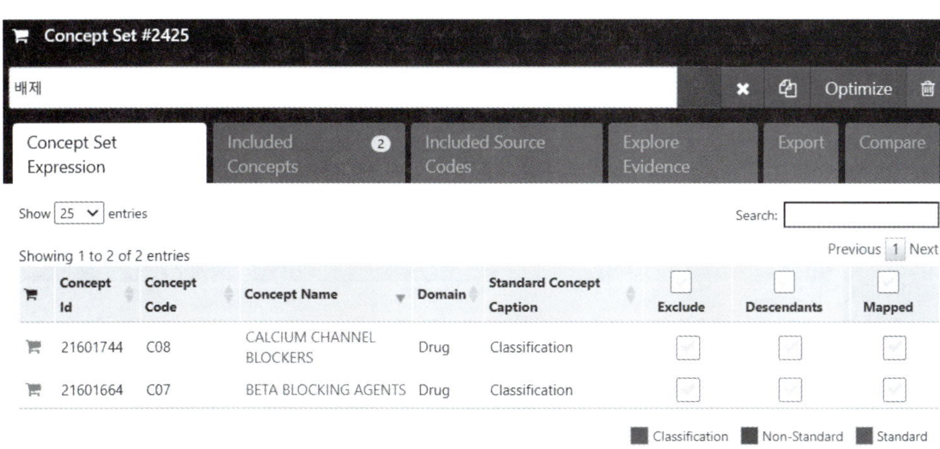

그림 22 성향 점수 매칭에서 높은 연관관계를 갖는 컨셉세트 예시

9. 분석 설정을 위해 파란색 '+Add Analysis Setting'을 클릭한다(그림 23).
10. 성향 점수 매칭과 관련한 인구 집단의 설정을 다음과 같이 진행한다(그림 25).
11. 성향 점수 매칭을 위한 공변량 설정을 위해 앞서 [그림 24]에서 진행한 성향 점수 매칭에서 높은 연관관계를 갖는 컨셉세트를 동일하게 불러온다(그림 26).
12. 결과를 파악하기 위한 관찰기간(Time At Risk)은 [그림 26]과 같이 설정한다.
13. 성향 점수 매칭을 위한 공변량의 범위를 [그림 27]과 같이 설정한다.
14. 성향 점수 매칭 모델과 결과 모델을 [그림 28]과 같이 설정한다.
15. 저장 후 새로운 창에서 feedernet.com으로 접속한다.
16. 좌측의 My Research에서 'My projects'를 클릭한 후, '+신규 프로젝트'를 클릭하여 프로젝트를 생성한다.
17. 생성한 프로젝트를 클릭한 후, 상단의 Analyses에서 '+New Analysis'를 클릭한다.
18. 생성한 분석을 클릭한 후, 'Import from ATLAS'를 클릭하여 본 예시에서 생성한 Stroke CCB vs BB in essential hypertension pt를 불러온다(그림 29).
19. 파란색의 'Execute'를 클릭하여 FNET_HIRA2017_OPEN으로 데이터베이스를 선택한 뒤, 'Submit'을 클릭한다(그림 29).
20. 분석이 완료된 후, RESULT의 'View'를 클릭하여 파란색의 'Shiny'를 클릭하면 결과를 볼 수 있다(그림 30).

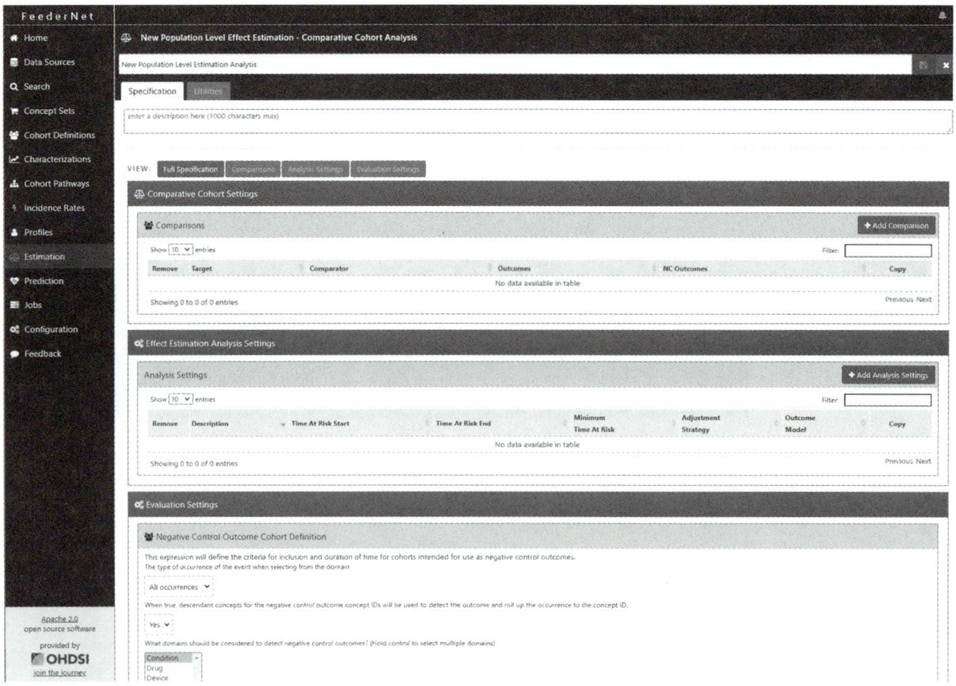

그림 23 추정(Estimation)

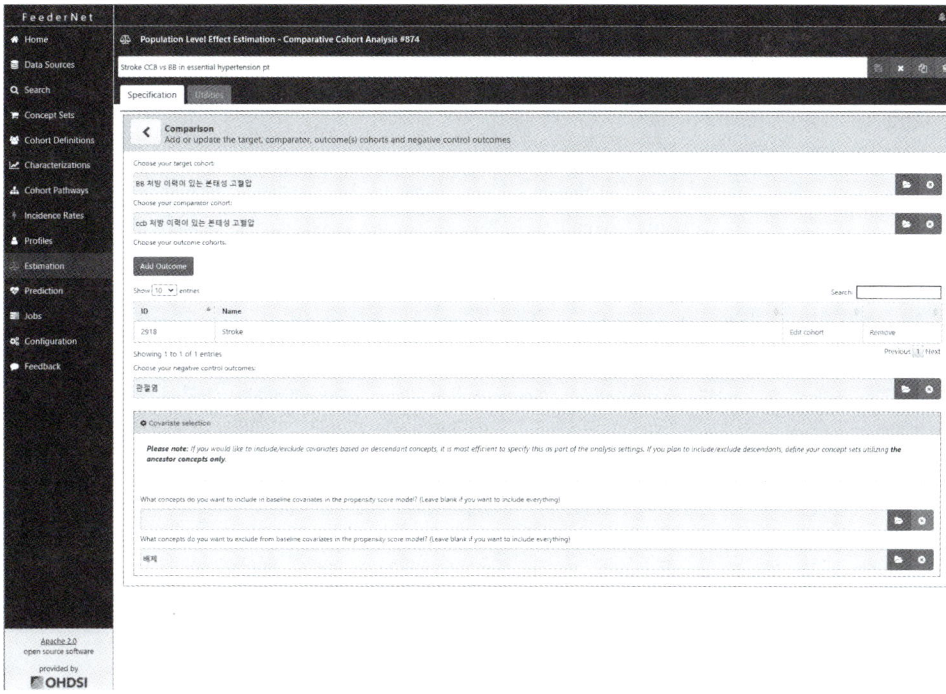

그림 24 추정 설정 예시(비교군, 음성 대조군, 성향 점수 매칭에서 높은 연관관계를 갖는 컨셉 세트 설정)

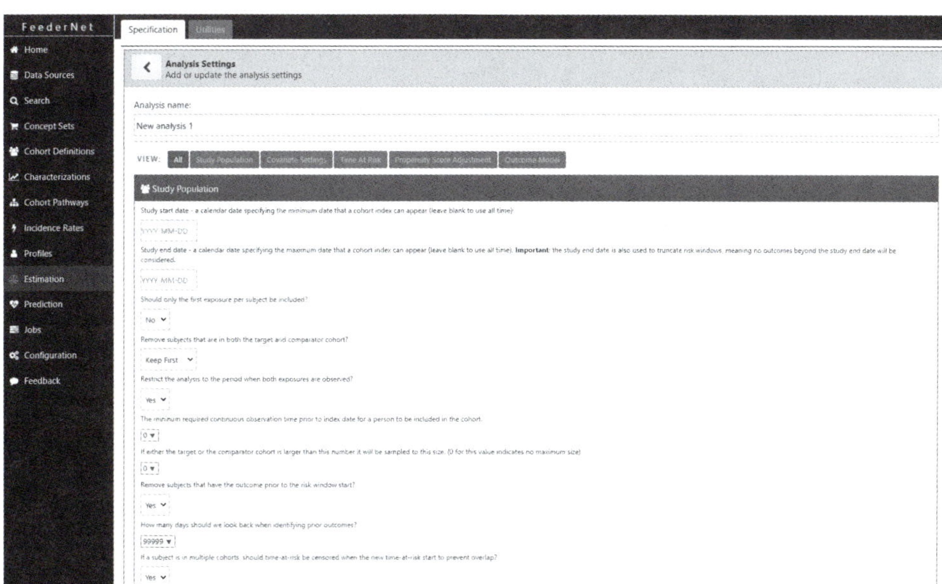

그림 25 추정 설정 예시(인구 집단 설정)

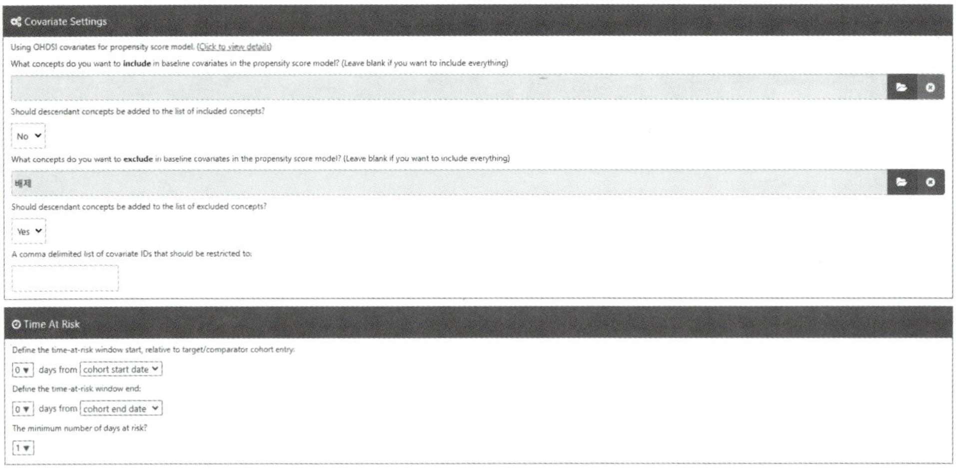

그림 26 추정 설정 예시(성향 점수 매칭을 위한 공변량 설정, Time At Risk)

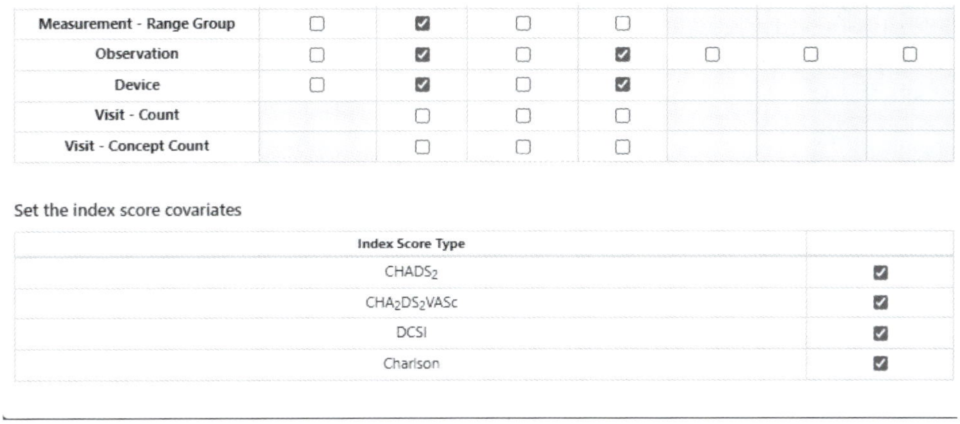

그림 27 추정 설정 예시(성향 점수 매칭을 위한 공변량 범위)

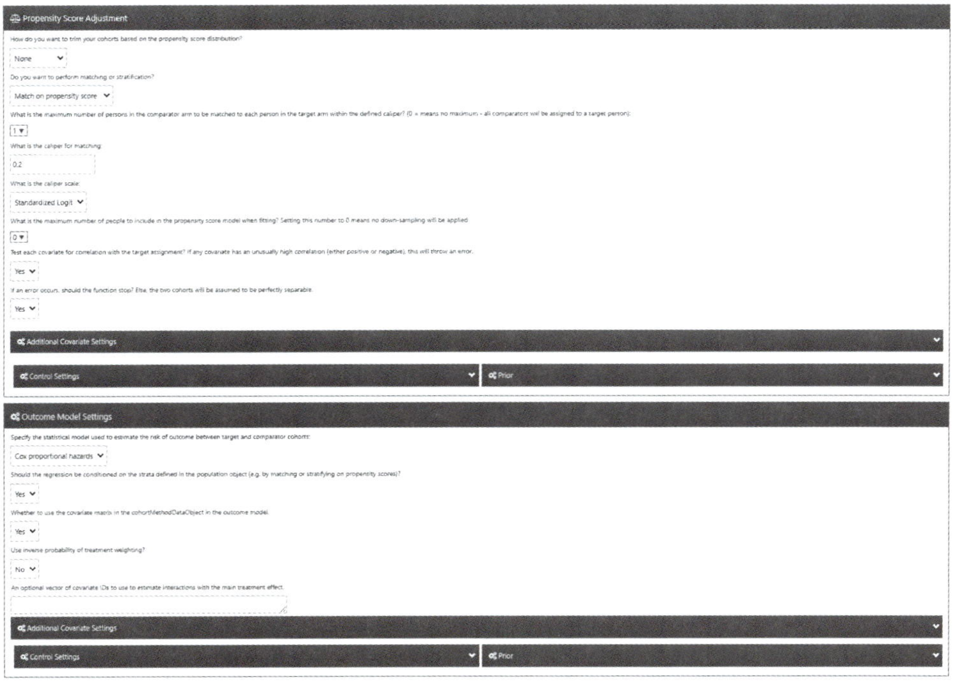

그림 28 추정 설정 예시(성향 점수 매칭 모델 및 결과 모델)

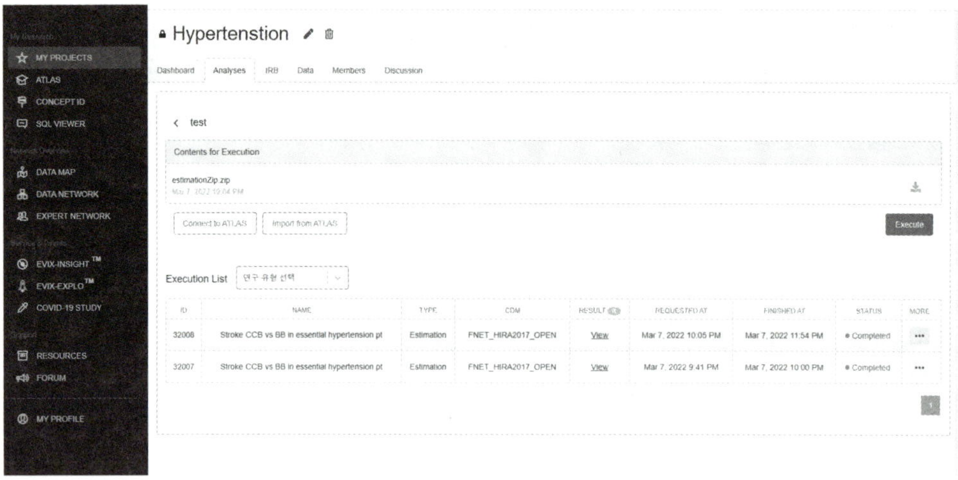

그림 29 추정 예시 분석 완료(FeederNet)

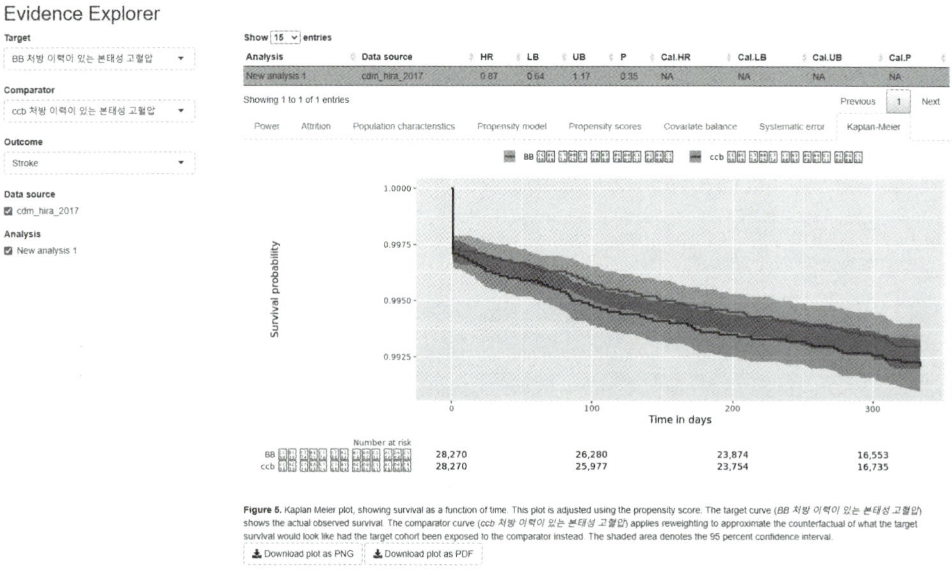

그림 30 예시 분석 결과 (Kaplan-Meier 곡선)

예시 추정 결과, 900개의 공변량을 매칭하였고 매칭 후 모든 공변량의 표준화 차이가 0.01 미만이었다. 환자 수는 각 군에서 28,270명이 매칭되었고 위험비(hazard ratio)는 0.87로 베타차단제가 뇌졸중 위험이 더 낮았지만 통계적 유의성은 없었다(P=0.35)(그림 30).

5 머신러닝을 통한 예측모형 구축(예측, Prediction)

이번 절에서는 본태성 고혈압 환자에서 뇌졸중 위험에 대한 예측을 하기 위한 모형을 만들어 보도록 한다. 머신러닝을 통해 예측모형을 구축하려 하고 이번 예시의 분석은 Prediction을 통해 진행한다.

1. ATLAS로 돌아와서 왼쪽의 Prediction에 접근한 후, 오른쪽 위의 파란색 'New Patient Level Prediction'을 클릭한다.
2. 환자 예측을 위한 이름을 기입한 후, 플로피디스크 모양의 초록색 버튼을 눌러 저장한다. 본 예시에서는 "Stroke in Essential hypertension with BB"로 저장하였다(그림 31).
3. Target Cohorts에서 파란색의 '+Add Target Cohort'를 클릭하여 BB 처방 이력이 있는 본태성 고혈압을 불러온다(그림 31).
4. Outcome cohorts에서 파란색의 '+Add Outcome Cohort'를 클릭하여 Stroke을 불러온다(그림 31).
5. Analysis settings 중 Model settings에서 원하는 머신러닝 기법을 선택한다. 본 예시에서는 가용한 모든 머신러닝 기법을 선택하였다(그림 31).
6. Covariates settings, Population settings, Execution settings 및 Traning settings는 다음 [그림 32]~[그림 34]와 같이 설정한다.

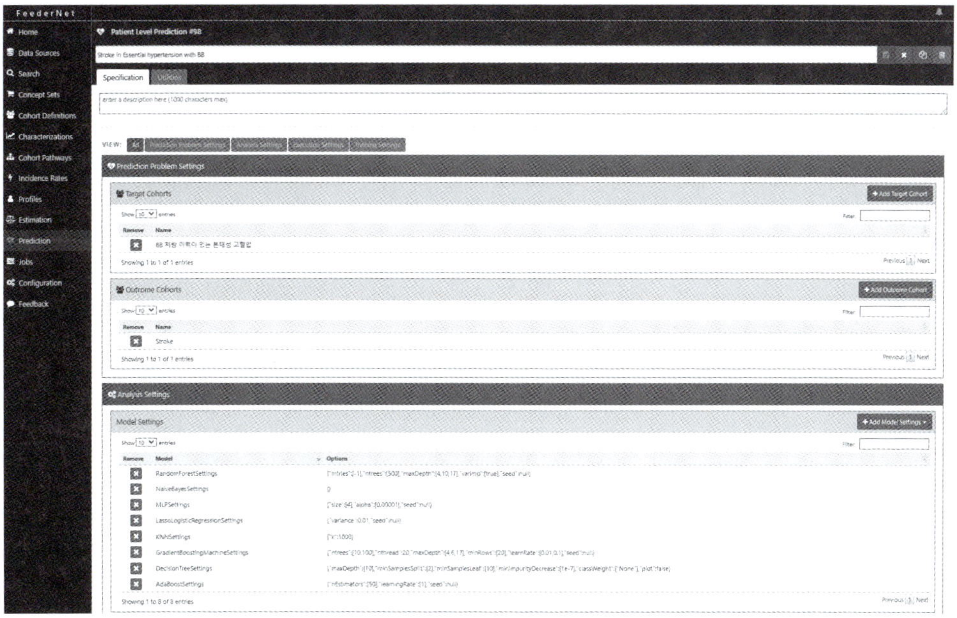

그림 31 예측 분석 예시(분석 코호트 설정, 분석 모형 설정)

7. 저장 후 새로운 창에서 feedernet.com으로 접속한다.
8. 기존의 생성한 분석(본 예시에서는 Hypertension의 test로 설정)을 클릭한 후, 'Import from ATLAS'를 클릭하여 Research Type을 Prediction으로 바꾼 후, 본 예시에서 생성한 Stroke in Essential hypertension with BB를 불러온다(그림 35).
9. 파란색의 'Execute'를 클릭하여 FNET_HIRA2017_OPEN으로 데이터베이스를 선택한 뒤, 'Submit'을 클릭한다(그림 35).
10. 분석이 완료된 후, RESULT의 'View'를 클릭하여 파란색의 'Shiny'를 클릭하면 결과를 볼 수 있다(그림 36~39).

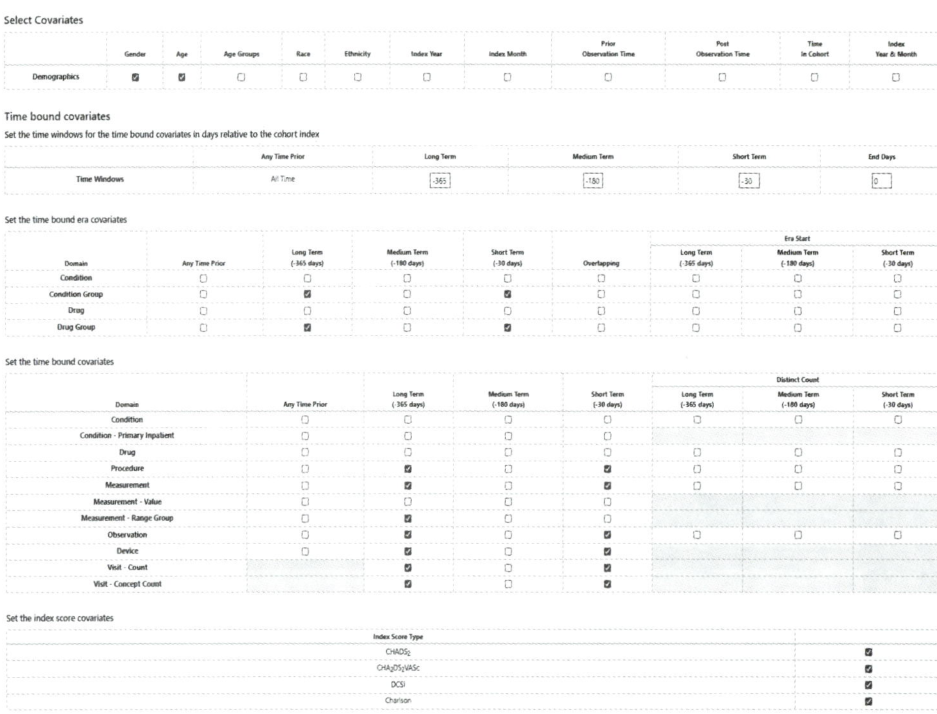

그림 32 예측 분석 예시(공변량 설정)

그림 33 예측 분석 예시(분석 인구 집단 설정)

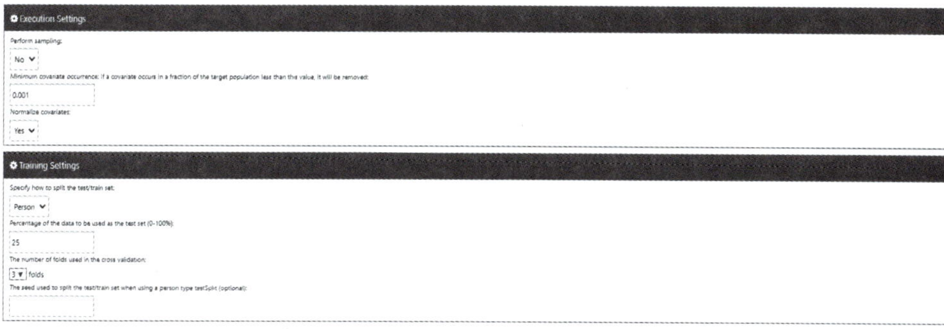

그림 34 예측 분석 예시(머신러닝 실행 및 훈련 설정)

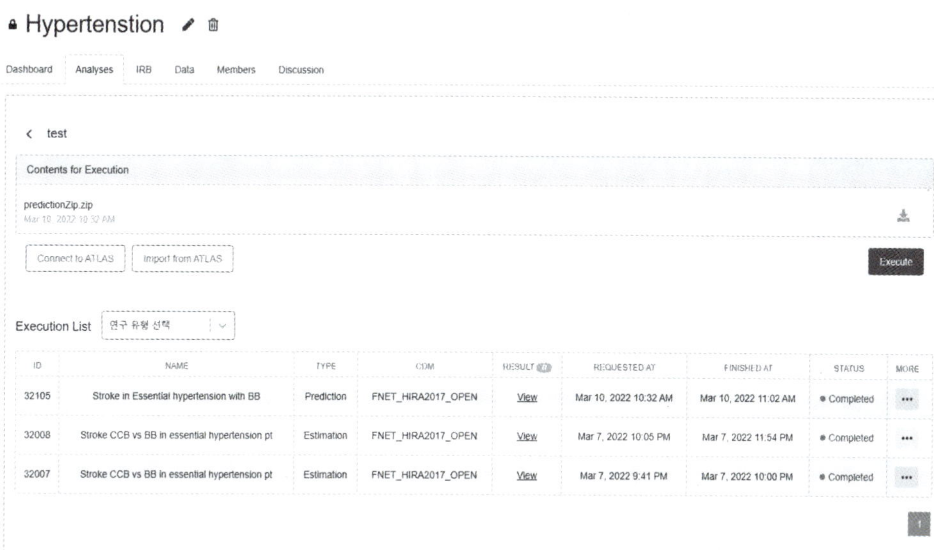

그림 35 예측 예시 분석 완료(FeederNet)

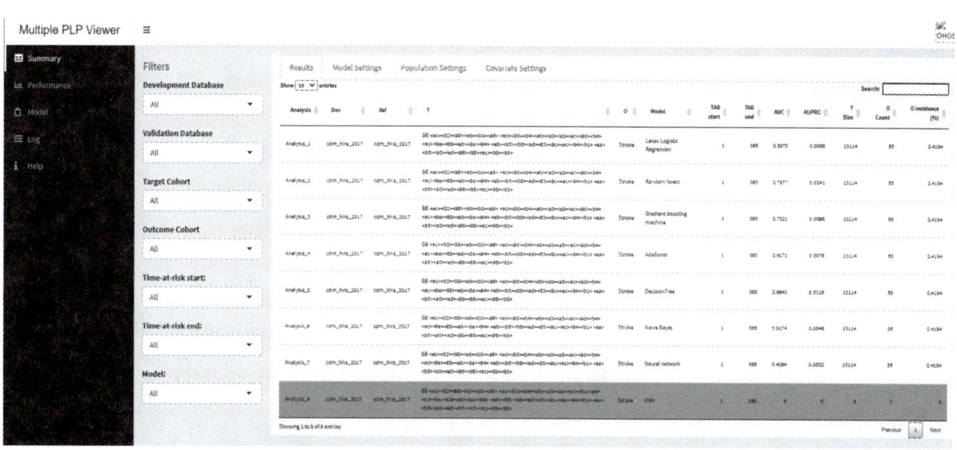

그림 36 예측 예시 분석 결과(AUC, AUPRC)

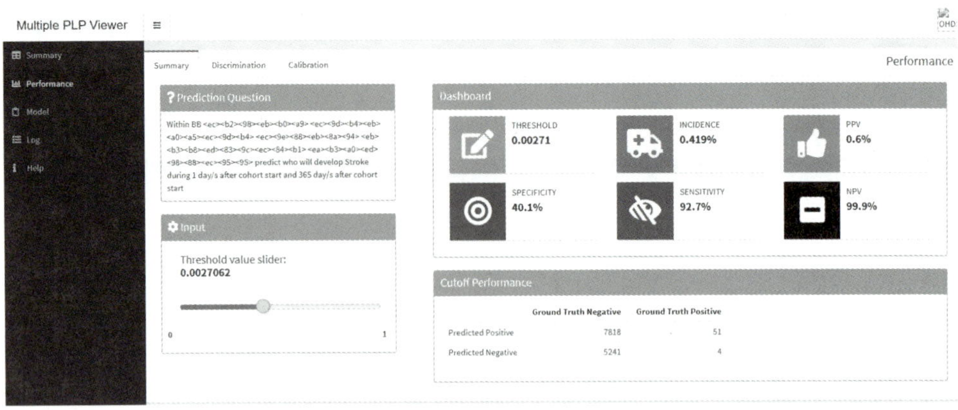

그림 37 예측 예시 분석 결과(Random forest)

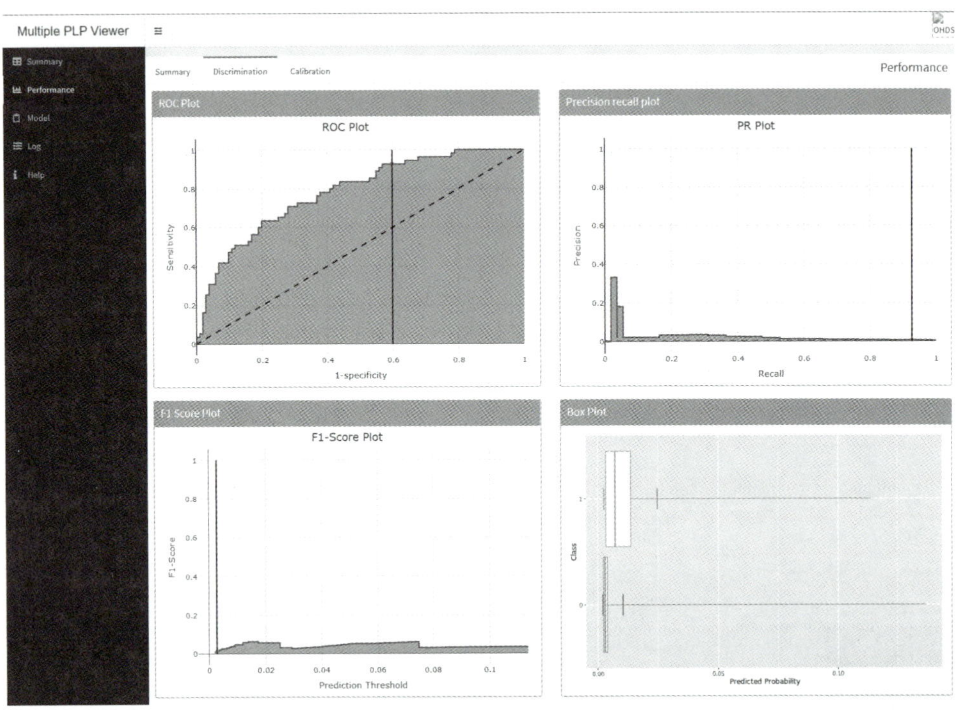

그림 38 Random forest 모형 예측 능력 결과

ROC plot을 통한 AUC 결과, Random forest를 통해 예측한 모형이 가장 좋은 성능을 보여줬다. 뇌졸중 환자의 수가 적어 오차행렬에서 양성 예측도가 상당히 낮게 예측되었다. 양성 예측도의 문제로 인하여 정밀도-재현율 곡선(Precision recall plot)과 F1 score plot 모두 좋은 모형을 보이지 못하였다(그림 38). 이번 장에서는 공통데이터모델을 활용하여 수행할 수 있는 연구들을 개괄적으로 소개하는 것이 목적이므로 머신러닝에 대한 설명은 생략하겠다.

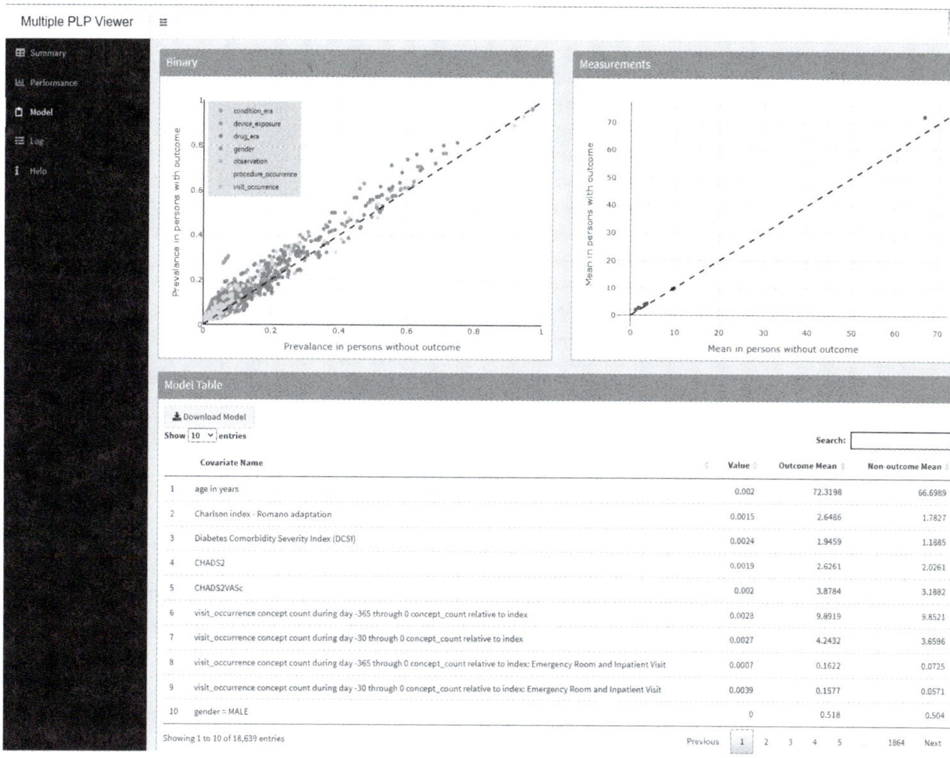

그림 39 Random forest 모형에 이용된 공변량 결과

참고로 예측모형에 사용된 변수(공변량)들을 확인하는 것도 중요하다. 본 예시에서는 머신러닝을 이용한 예측모형 중 Random forest 모형이 가장 적합한 것으로 나타났고, 이 모형에서는 여러 공변량 중 나이, Charlson index, DCSI, CHADS2, CHADS2VASc를 비롯하여 다양한 인자들이 베타차단제를 복용한 본태성 고혈압 환자의 뇌졸중 위험에 대한 예측에 사용되었다(그림 39).

요약

이번 장에서는 공통데이터모델을 활용한 실제 사례에 대해 알아보았다. 공통데이터모델을 이용하여 분석 대상 환자 코호트를 구성하였고, 해당 코호트에서의 처방 약물 패턴을 분석한 사례를 살펴보았다. 사용한 약물들을 비교하여 임상 결과를 비교분석한 사례와 머신러닝을 통해 임상 결과가 나타날 위험을 예측하는 모형을 구축하는 사례에 대해서도 알아보았다.

이번 장에서 제시한 사례들을 이해하기 위해서는 환자와 약물에 대한 이해가 필요하고 특히 임상 결과를 비교분석하거나 머신러닝을 통해 임상 결과를 예측하는 모형을 구축하는 사례는 연구디자인과 통계적인 지식이 필요하다. 본 장에서는 공통데이터모델을 활용하여 수행할 수 있는 연구들을 개괄적으로 소개하는 것을 목적으로 하였으므로 각 분석에 필요한 지식 등에 대해서는 자세히 설명하지 못하였다. 이에 대해 자세히 알고 싶다면 해당되는 내용의 교재들을 참고하기를 바란다.

이번 장에서 살펴본 여러 사례를 통해 공통데이터모델에 대한 이해도가 한층 더 높아졌기를 기대한다.

참고문헌

- 강동윤. 능동적 약물감시체계 탐방: 미국 하버드 대학교 필그림 건강관리연구소 소개. 약물역학위해관리학회지 제, 2017, 9.1.
- 김선하; 김희진; 최남경. 미국, 유럽, 일본의 의약품 시판 후 안전관리제도 현황: 위해성 관리 계획을 중심으로. 약물역학위해관리학회지, 2020, 12.2: 70-78.
- 박병주 최정정., 미국 FDA의 의약품안전관리체계 변화: 로페콕시브 안전성 사건 이후. 약물역학위해관리학회지. 2014;7(1):17-27.
- 박수헌. 신약승인신청에 관한 미연방 식품의약품청의 규제 법령에 관한 고찰. 인하대학교 법학연구, 2011, 14.2.
- 신선미; 정수연; 박병주. 미국의 약물안전성감시체계: 메드와치 (MedWatch) 시스템을 중심으로. 약물역학위해관리학회지, 2013, 6.2: 73-78.
- 최남경; 이중엽; 박병주. 의약품 안전관리의 최신 국제동향. Journal of the Korean Medical Association, 2012, 55.9: 819-826.
- 최은미, et al. 미국 FDA 의 의약품안전관리체계 변화: 로페콕시브 안전성 사건 이후. 약물역학위해관리학회지, 2014, 7.1: 17-27.
- 한국오딧세이, 오딧세이 바이블: 데이터 과학자를 위한 여행지침서, ㈜범문에듀케이션, 2019.

- Adimadhyam, Sruthi, et al. Leveraging the capabilities of the FDA's sentinel system to improve kidney care. Journal of the American Society of Nephrology, 2020, 31.11: 2506-2516.
- Alison, T. Kawai. et al. CBER SENTINEL ASSESSMENT. DEVELOPING THE INFRASTRUCTURE TO CONDUCT SURVEILLANCE OF BIRTH OUTCOMES FOLLOWING MATERNAL VACCINATION: A PROJECT USING INFLUENZA VACCINES AND BIRTH OUTCOMES AS A USE CASE, 2018/3/28. Available URL: https://www.sentinelinitiative.org/sites/default/files/vaccines-blood-biologics/assessments/Developing_Infrastructure_to_Conduct_Surveillance_Birth_Outcomes_Following_Maternal_Vaccination_Final_Report_v2.pdf
- Avorn J, Kesselheim A, Sarpatwari A. The FDA Amendments Act of 2007 — Assessing Its Effects a Decade Later. New England Journal of Medicine. 2018;379(12):1097-9. doi: 10.1056/NEJMp1803910. PubMed PMID: 30231220.
- Avorn, Jerry; Kesselheim, Aaron; Sarpatwari, Ameet. The FDA Amendments Act of 2007—assessing its effects a decade later. New England Journal of Medicine, 2018, 379.12: 1097-1099.
- Ball, Robert, et al. The FDA's sentinel initiative—a comprehensive approach to medical product surveillance. Clinical Pharmacology & Therapeutics, 2016, 99.3: 265-268.
- Blacketer C, Defalco FJ, Ryan PB, Rijnbeek PR. Increasing trust in real-world evidence through evaluation of observational data quality. Journal of the American Medical Informatics Association. 2021;28(10):2251-7. doi: 10.1093/jamia/ocab132.

- Burn E, You SC, Sena AG, Kostka K, Abedtash H, Abrahão MTF, et al. Deep phenotyping of 34,128 adult patients hospitalised with COVID-19 in an international network study. Nature Communications. 2020;11(1):5009. doi: 10.1038/s41467-020-18849-z.
- CDM 구조 | 한국의약품안전관리원 [Internet]. [cited 2022 Jan 19]. Available from: https://moa.drugsafe.or.kr/cs/kcdm/dbconfig
- Database Sources & Operations framework | Teamit Research [Internet]. [cited 2022 Jan 19]. Available from: https://www.teamitresearch.com/eu-adr/
- Duarte-Salles T, Vizcaya D, Pistillo A, Casajust P, Sena AG, Lai LYH, et al. Thirty-Day Outcomes of Children and Adolescents With COVID-19: An International Experience. Pediatrics. 2021;148(3). doi: 10.1542/peds.2020-042929.
- Edwards, I. Ralph. What are the real lessons from Vioxx®. Drug safety, 2005, 28.8: 651-658.
- Go, Alan S., et al. Outcomes of dabigatran and warfarin for atrial fibrillation in contemporary practice: a retrospective cohort study. Annals of internal medicine, 2017, 167.12: 845-854.
- Guides | Logical Observation Identifiers Names and Codes [Internet]. [cited 2022 Jan 19]. Available from: https://loinc.org/guides/
- How Sentinel Gets Its Data | Sentinel Initiative [Internet]. [cited 2022 Jan 19]. Avaliable from: https://www.sentinelinitiative.org/about/how-sentinel-gets-its-data
- Hripcsak G, Ryan PB, Duke JD, Shah NH, Park RW, Huser V, et al., Characterizing treatment pathways at scale using the OHDSI network. Proceedings of the National Academy of Sciences. 2016;113(27):7329-36. doi: 10.1073/pnas.1510502113.
- International Health Terminology Standards Development Organisation (IHTSDO). SNOMED CT Starter Guide.(2017) Available at: http://snomed.org/sg
- Jung SY, Choi NK, Lee J, Park BJ., Use of big data for drug safety monitoring and decision making. J Korean Med Assoc. 2014;57(5):391-7. doi: 10.5124/jkma.2014.57.5.391.
- Kim C, You SC, Reps JM, Cheong JY, Park RW. Machine-learning model to predict the cause of death using a stacking ensemble method for observational data. J Am Med Inform Assoc. 2020. Epub 2020/11/20. doi: 10.1093/jamia/ocaa277. PubMed PMID: 33211841.
- Lane JCE, Weaver J, Kostka K, Duarte-Salles T, Abrahao MTF, Alghoul H, et al. Risk of hydroxychloroquine alone and in combination with azithromycin in the treatment of rheumatoid arthritis: a multinational, retrospective study. The Lancet Rheumatology. 2020;2(11):e698-e711. doi: 10.1016/S2665-9913(20)30276-9.
- Levels of Drug Assessments in ARIA | Sentinel Initiative [Internet]. [cited 2022 Jan 19]. Available from: https://www.sentinelinitiative.org/assessments/drugs
- Li X, Ostropolets A, Makadia R, Shoaibi A, Rao G, Sena AG, et al. Characterising the background incidence rates of adverse events of special interest for covid-19 vaccines in eight countries: multinational network cohort study. BMJ. 2021;373:n1435. doi: 10.1136/bmj.n1435.
- Madigan D, Ryan PB, Schuemie M, Stang PE, Overhage JM, Hartzema AG, et al., Evaluating the impact of database heterogeneity on observational study results. Am J Epidemiol. 2013;178(4):645-51. Epub 20130505. doi: 10.1093/aje/kwt010. PubMed PMID: 23648805; PubMed

Central PMCID: PMC3736754.

- Madigan D, Ryan PB, Schuemie M., Does design matter? Systematic evaluation of the impact of analytical choices on effect estimates in observational studies. Ther Adv Drug Saf. 2013;4(2):53-62. doi: 10.1177/2042098613477445. PubMed PMID: 25083251; PubMed Central PMCID: PMC4110833.
- Mcclellan, Mark. Drug safety reform at the FDA—pendulum swing or systematic improvement?. New England Journal of Medicine, 2007, 356.17: 1700-1702.
- Morales DR, Conover MM, You SC, Pratt N, Kostka K, Duarte-Salles T, et al. Renin-;angiotensin system blockers and susceptibility to COVID-19: an international, open science, cohort analysis. The Lancet Digital Health. 2021;3(2):e98-e114. doi: 10.1016/S2589-7500(20)30289-2.
- Park RW., The Distributed Research Network, Observational Health Data Sciences and Informatics, and the South Korean Research Network. Korean J Med. 2019;94(4):309-14. doi: 10.3904/kjm.2019.94.4.309.
- Platt, Richard, et al. The FDA sentinel initiative—an evolving national resource. N Engl J Med, 2018, 379.22: 2091-2093.
- Prats-Uribe A, Sena AG, Lai LYH, Ahmed W-U-R, Alghoul H, Alser O, et al. Use of repurposed and adjuvant drugs in hospital patients with covid-19: multinational network cohort study. BMJ. 2021;373:n1038. doi: 10.1136/bmj.n1038.
- Range, Laura C. FDA's Communication of Safety Information Under the FDAAA: Helpful to Consumers or Causing More Harm than Good?.
- Recalde M, Roel E, Pistillo A, Sena AG, Prats-Uribe A, Ahmed W-U-R, et al. Characteristics and outcomes of 627 044 COVID-19 patients living with and without obesity in the United States, Spain, and the United Kingdom. International Journal of Obesity. 2021;45(11):2347-57. doi: 10.1038/s41366-021-00893-4.
- Reisinger SJ, Ryan PB, O'Hara DJ, Powell GE, Painter JL, Pattishall EN, Morris JA., Development and evaluation of a common data model enabling active drug safety surveillance using disparate healthcare databases. J Am Med Inform Assoc. 2010 Nov-Dec;17(6):652-62.
- Reps JM, Kim C, Williams RD, Markus AF, Yang C, Duarte-Salles T, et al. Implementation of the COVID-19 Vulnerability Index Across an International Network of Health Care Data Sets: Collaborative External Validation Study. JMIR Med Inform. 2021;9(4):e21547. doi: 10.2196/21547.
- Reps JM, Rijnbeek PR, Ryan PB. Identifying the DEAD: Development and Validation of a Patient-Level Model to Predict Death Status in Population-Level Claims Data. Drug Safety. 2019. doi: 10.1007/s40264-019-00827-0.
- Reps JM, Williams RD, You SC, Falconer T, Minty E, Callahan A, et al. Feasibility and evaluation of a large-scale external validation approach for patient-level prediction in an international data network: validation of models predicting stroke in female patients newly diagnosed with atrial fibrillation. BMC Medical Research Methodology. 2020;20(1):102. doi: 10.1186/s12874-020-00991-3.
- Rishi, J. Desai, et al. Broadening the reach of the FDA Sentinel system: A roadmap for inte-

grating electronic health record data in a causal analysis framework. 1. NPJ digital medicine, 2021, 4.1: 1-6.

- Roel E, Pistillo A, Recalde M, Sena AG, Fernández-Bertolín S, Aragón M, et al. Characteristics and Outcomes of Over 300,000 Patients with COVID-19 and History of Cancer in the United States and Spain. Cancer Epidemiology Biomarkers & Prevention. 2021;30(10):1884-94. doi: 10.1158/1055-9965.Epi-21-0266.
- RxNorm Overview | National Library of Medicine [Internet]. [cited 2022 Jan 19]. Available from: https://www.nlm.nih.gov/research/umls/rxnorm/overview.html
- Ryan PB, Stang PE, Overhage JM, Suchard MA, Hartzema AG, DuMouchel W, et al., A comparison of the empirical performance of methods for a risk identification system. Drug Saf. 2013;36 Suppl 1:S143-58. doi: 10.1007/s40264-013-0108-9. PubMed PMID: 24166231.
- Schneeweiss S, Brown JS, Bate A, Trifirò G, Bartels DB., Choosing Among Common Data Models for Real-World Data Analyses Fit for Making Decisions About the Effectiveness of Medical Products. Clin Pharmacol Ther. 2020 Apr;107(4):827-833.
- Schuemie MJ, Ryan PB, DuMouchel W, Suchard MA, Madigan D., Interpreting observational studies: why empirical calibration is needed to correct p-values. Stat Med. 2014;33(2):209-18. Epub 20130730. doi: 10.1002/sim.5925. PubMed PMID: 23900808; PubMed Central PMCID: PMC4285234.
- Sentinel | Principles & Policies: Conflict of Interest [Internet]. [cited 2022 July 19]. Available URL: https://www.sentinelinitiative.org/about/principles-policies/conflict-interest
- Sentinel | Principles & Policies: Intellectual Property [Internet]. [cited 2022 July 19]. Available URL: https://www.sentinelinitiative.org/about/principles-policies/intellectual-property
- Sentinel | Sentinel Initiative [Internet]. [cited 2022 July 19]. Avaliable from: https://www.sentinelinitiative.org/.
- Sentinel Common Data Model | Sentinel Initiative [Internet]. [cited 2022 Jan 19]. Avaliable from: https://www.sentinelinitiative.org/methods-data-tools/sentinel-common-data-model
- Sentinel modular program, 2018/11.01, ver 7.0 : https://www.sentinelinitiative.org/sites/default/files/surveillance-tools/routine-querying/Sentinel-Routine_Querying_System-Documentation_7.0.0.pdf
- Sentinel Structure | Sentinel Initiative [Internet]. [cited 2022 Jan 19]. Avaliable from: https://www.sentinelinitiative.org/about/sentinel-structure
- Sturkenboom, Miriam; Schink, Tania (ed.). Databases for Pharmacoepidemiological Research. Springer, 2021.
- Suchard MA, Schuemie MJ, Krumholz HM, You SC, Chen R, Pratt N, et al., Comprehensive comparative effectiveness and safety of first-line antihypertensive drug classes: a systematic, multinational, large-scale analysis. The Lancet. 2019;394(10211):1816-26. doi: https://doi.org/10.1016/S0140-6736(19)32317-7.
- Tan EH, Sena AG, Prats-Uribe A, You SC, Ahmed W-U-R, Kostka K, et al. COVID-19 in patients with autoimmune diseases: characteristics and outcomes in a multinational network of

cohorts across three countries. Rheumatology. 2021:60(SI):SI37-SI50. doi: 10.1093/rheumatology/keab250.

- The Book of OHDSI | Observational Health Data Sciences and Informatics. [Internet]. 2019. [cited 2022 Jan 19]. Available from: https://ohdsi.github.io/TheBookOfOhdsi/
- Weeks J, Pardee R., Learning to Share Health Care Data: A Brief Timeline of Influential Common Data Models and Distributed Health Data Networks in U.S. Health Care Research. EGEMS (Wash DC). 2019 Mar 25;7(1):4.
- Xu Y, Zhou X, Suehs BT, Hartzema AG, Kahn MG, Moride Y, Sauer BC, Liu Q, Moll K, Pasquale MK, Nair VP, Bate A., A Comparative Assessment of Observational Medical Outcomes Partnership and Mini-Sentinel Common Data Models and Analytics: Implications for Active Drug Safety Surveillance. Drug Saf. 2015 Aug;38(8):749-65.
- Xu Y, Zhou X, Suehs BT, Hartzema AG, Kahn MG, Moride Y, Sauer BC, Liu Q, Moll K, Pasquale MK, Nair VP, Bate A., A Comparative Assessment of Observational Medical Outcomes Partnership and Mini-Sentinel Common Data Models and Analytics: Implications for Active Drug Safety Surveillance. Drug Saf. 2015 Aug;38(8):749-65. doi: 10.1007/s40264-015-0297-5. Erratum in: Drug Saf. 2015 Aug;38(8):767-8.
- You SC, Rho Y, Bikdeli B, Kim J, Siapos A, Weaver J, et al., Association of Ticagrelor vs Clopidogrel With Net Adverse Clinical Events in Patients With Acute Coronary Syndrome Undergoing Percutaneous Coronary Intervention. JAMA. 2020;324(16):1640-50. doi: 10.1001/jama.2020.16167.

5부

인공지능과 머신러닝을 활용한 빅데이터 분석

17장 인공지능과 머신러닝 이론

학습목표

1. 인공지능 및 머신러닝의 개념을 설명할 수 있다.
2. 머신러닝을 구분하고, 유형별 특성을 설명할 수 있다.
3. 머신러닝의 수행 단계와 알고리즘 성능을 평가하는 지표를 이해할 수 있다.

개요

최근 많이 회자되고 있는 인공지능(artificial intelligence, AI)은 컴퓨터가 사람처럼 학습하고 추론할 수 있는 지능을 가지는 기술을 의미한다. 인공지능의 예시로 가장 잘 알려진 것은 이세돌과 바둑 시합을 한 알파고와 IBM의 왓슨이다. 알파고는 구글의 딥마인드가 개발한 인공지능 바둑 프로그램으로 기존의 바둑 기보를 컴퓨터가 스스로 학습하여 결정을 내린다.

보건의료 분야에서도 인공지능이 적용되기 시작하였는데, 바로 IBM이 만든 '왓슨'이다. 왓슨은 IBM이 만든 인공지능 탑재 컴퓨터로서 기존의 환자 자료를 컴퓨터가 스스로 학습하여 환자에게 적절한 치료법을 제시한다. 기존의 자료에서 자동으로 규칙을 학습하는 알고리즘을 머신러닝(machine learning), 즉 기계학습이라고 한다. 다시 말하면 인공지능의 지능을 구현하기 위한 소프트웨어적인 부분이 머신러닝인 것이다.

빅데이터에 관심이 있는 보건의료 분야에 종사하는 또는 종사를 하려고 뜻을 둔 사람이라면 인공지능과 머신러닝에 관심이 있을 것이다. 이 인공지능과 머신러닝은 궁극적으로 데이터가 필요하고 데이터가 많을수록, 즉 빅데이터일수록 그 활용도와 효율성이 높기 때문이다. 따라서 본 장에서는 인공지능, 머신러닝의 개념을 간단히 살펴보고, 머신러닝 분석의 종류와 머신러닝 유형, 머신러닝의 단계를 소개하겠다.

1 인공지능과 머신러닝

1.1 인공지능이란?

인공지능은 말 그대로 인공적인 지능을 의미한다. 즉, 컴퓨터가 사람처럼 학습하고 추론할 수 있는 지능을 가지는 것이다. 1956년에 다트머스 대학교에서 열린 다트머스 회의(Dartmouth Conference)에서 존 매카시(John McCarthy)가 인공지능이라는 용어를 제안하였다. 1978년에 벨만(Bellman)은 인공지능이란 사람의 생각과 관련된 활동을 자동화하는 것이라고 하였고, 이 활동에는 의사 결정, 문제 해결, 학습 등이 포함된다고 하였다. 1991년 리치(Rich)와 나이트(Knight)는 인공지능 학문 분야를 사람이 하면 더 잘 할 수 있는 일을 컴퓨터가 하도록 하는 방법을 찾는 것이라 하였다.

인공지능의 역사를 살펴보면 세 차례의 붐이 있었다. 탐색·추론의 키워드로 말할 수 있는 인공지능의 첫 번째 붐은 1960년대 이전에 있었는데, 1958년 프랭크 로젠블랫(Frank Rosenblatt)이 초기 신경망 모델인 퍼셉트론(Perceptron)을 개발하였고, 1959년 데이비드 허블(David Hubel)과 토르스텐 비셀(Torsten Wiesel)이 시각 피질에 있는 뉴런 기능을 연구하여 노벨상을 수상하였다. 인공지능의 두 번째 붐은 1970년대에서 1980년대 초반, 일반적인 방법보다는 특정 문제 영역에 효과적인 방법을 찾는 연구로 찾아왔다. 특정 영역의 문제에 대해서는 전문가 수준의 해답을 제공하는 전문가 시스템(expert system)이 등장하였다. 대표적인 보건의료분야의 전문가 시스템으로는 스탠포드 대학에서 개발한 전염성 혈액 질환을 진단하는 MYCIN이 있었고, 이 시스템을 통해 의사보다 높은 진단 정확도를 보였다. 인공지능의 두 번째 붐은 지식기반이라는 키워드로 생각할 수 있다. 마지막으로 인공지능의 세 번째 붐은 1980년대 중반에서 1990년대에 시작하여 지금까지 오고 있는데, 신경망 모델이 발전하여 신경망의 르네상스라고 할 수 있는 다층 프셉트론(multi-layer Perceptron)이 개발되었다. 이후 기계학습, 딥러닝 등의 키워드로 현재까지도 진행형이다. IBM의 왓슨, 애플의 시리(Siri), 자율주행 자동차, 클라우드 앱 서비스, 챗봇(chatbot) 등 상업적 사례도 다수 있다.

인공지능은 크게 두 가지로 구분을 할 수 있는데, 우리가 영화에서 흔히 접하는 강인공지능(strong AI) 혹은 인공일반지능(artificial general intelligence)과 약인공지능(week AI, narrow AI)이 있다. 강인공지능은 마음을 가지고 사람처럼 느끼면서 지능적으로 행동하는 컴퓨터 시스템으로 영화 <터미네이터>의 '스카이넷'을 생각하면 이해가 될 것이다. 강인공지능은 일반적인 영역에서의 문제를 스스로 해결할 수 있는 것이다. 이렇게 영화 속에 등장하는 인공지능을 아직은 현실에서 경험하기에는 어렵다. 반면 실생활에서 우리가 일반적으로 체험하고 있는 인공지능을 약인공지능이라 한다. 이는 인공지능의 약한 형태로

자의식이 없는 인공지능이다. 즉, 약인공지능은 주어진 조건에 적합한 작동을 하고 특정한 영역에서 주어진 문제를 해결하는 컴퓨터 시스템으로 사람의 지능적 행동을 모방할 수 있는 수준이다. 현재 인공지능 대부분에 대한 접근 방향은 약인공지능이며, 이때 인공지능은 사람의 일을 보조하는 역할을 한다. 스마트폰에 내장된 음성 비서, 음악을 듣는 웹사이트나 앱에서의 음악 추천, 그리고 인공지능이 대중적으로 알려지게 된 이세돌과 바둑 시합을 한 알파고가 대표적인 예이다. 약인공지능을 지지하는 미국의 철학자 존 설(John Searle)은 1980년 중국인 방 사고실험(The Chinese Room Thought Experiment)을 고안하였는데, 이를 통해 기계의 지능 테스트(일명 '튜링 테스트')로는 기계의 인공지능 여부를 판정할 수 없다는 것을 증명하였다. 이 실험을 간단히 설명하자면 다음과 같다.

어느 방 안에 중국어를 전혀 모르는 사람이 있고, 이 사람에게 문밖에 있는 중국어 심사관은 중국어로 된 질문과 답변 목록, 중국어 단어 조합 방법 매뉴얼을 제공하였다. 이 상태에서 문 밑으로 중국어로 쓴 질문지를 전달하면, 방 안에 있는 사람은 가지고 있는 자료들로 답변에 대한 단어를 조합해서 답변지를 문밖으로 내보냈다. 문밖에 있는 중국어 심사관은 방 안에 있는 사람이 중국어를 이해하는 사람이라고 알고 있는 상태에서 답변을 받았다. 이를 참관하는 중국어를 모르는 일반인들은 방 안에 있는 사람이 중국어를 할 줄 안다고 생각하겠지만, 실제로는 질문도 답변도 모르는 상태에서 기계적으로 대조해 보고 답을 제출할 뿐 중국어를 알고 대답하는 것은 아니다. 즉, 문답이 완벽하게 이루어져도 안에 있는 사람의 중국어 이해 여부는 알 수 없고, 안에 있는 사람은 이해하지 못하고 흉내 내는 지능적(intelligent) 행동을 할 수 있다는 것이다.

2022년 1월, IBM은 큰 뜻을 품고 시작한 의료 인공지능 분야의 대표 산물인 왓슨을 헐값에 매각하였다. 왓슨을 매각한 정확한 이유에 대해서는 알려진 바가 없지만, 의료 AI가 기술적으로 극복할 수 없는 문제와 생명 윤리적인 문제 등 때문일 것이라고 전문가들은 추측하고 있다. 강인공지능에 언제 도달할지는 모르지만 약인공지능도 가야 할 길은 멀어 보인다.

인공지능은 컴퓨터가 인간의 지능을 모방하는 프로그램이다. 즉, 해당 결과를 도출하는 과정이 어떻든 간에 해당 결과가 인간의 지능과 유사한 결과를 보인다면 우리는 그것을 인공지능이라고 볼 수 있고 이 해당 결과를 내기 위해서는 다양한 알고리즘이 있다. 이 얘기인즉슨, 현재 우리는 실제 인간 지능의 원리를 완벽히 이해하고 있지 못하기 때문에 이를 인공적으로 만든다는 것은 불가능하고, 많이 축적된 데이터들을 바탕으로 다양한 알고리즘을 적용하여 인공지능 결과를 도출하지만, 그 결과가 완벽하게 정확하다고 장담하지 못한다. 그러므로 과학계에서는 인공지능에 따른 결과의 정확도를 높이기 위해 많은 연구가 진행되고 있으며, 인공지능을 사용하는 우리의 입장도 인공지능 결과를 맹신해서는 안 된다. 인공지능에 대한 이 한계점을 명확히 아는 것이 중요하다.

1.2 인공지능 연구 분야

인공지능 연구 분야에는 요소 기술 분야와 주요 응용 분야가 있다. 요소 기술은 인공지능에 필요한 핵심적인 기술을 말하는데, 이번 절에서는 각 요소에 대해서 간단히 알아보겠다. 인공지능의 요소 기술은 크게 탐색(search), 지식표현(knowledge representation), 추론(inference), 머신러닝(machine learning), 계획수립(planning), 패턴인식(pattern recognition), 에이전트(agent) 등이 있다.

탐색은 문제의 답이 될 수 있는 것들의 집합을 공간(space)으로 보고 문제에 대한 최적의 답을 찾기 위해 공간을 체계적으로 찾아보는 것이다. 체계적으로 찾아보는 과정을 통해 문제의 초기 상태에서 목표 상태에 도달하게 하는 문제의 답이 될 가능성이 있는 모든 상태들의 집합을 구성한다. 탐색하는 방법은 무정보 탐색, 휴리스틱 탐색, 게임 트리 탐색 등 여러 가지가 있다. 탐색의 예시로 주로 많이 사용되는 내용은 식인종-선교사 강 건너기 문제이다. 2인용 배와 식인종의 수가 선교사의 수보다 많아서는 안 된다는 제한 조건 안에서 선교사 3명과 식인종 3명이 안전하게 강 반대편으로 건너가는 방법을 찾는 예시이다. 문제의 초기 상태는 선교사 3명과 식인종 3명이 강을 건너려고 모여 있는 상태이고, 목표 상태는 6명 모두 무사히 강 반대편으로 건너가 있는 상태이다. 이 예시에서 탐색의 목적은 목표 상태에 도달하게 하는 동작 과정이고, 가능한 여러 동작 과정들을 탐색하여 최적의 방법을 찾는 것이다.

지식표현은 문제를 해결하거나 심층적 추론을 할 수 있도록 지식을 효과적으로 표현하는 방법이다. 정보를 취합하고 분석하여 얻은 대상에 대해 사람이 이해한 것을 지식이라 한다. 문제 해결이나 심층적 추론을 위해 이 지식을 사용하기 위해 IF-THEN 규칙, 프레임, 논리, 스크립트, 수치적 함수 등의 방법을 사용하여 정형화된 형태로 표현한다.

추론은 가정이나 전제로부터 결론을 이끌어 내는 것으로 지식이나 데이터 등을 이용하여 가설을 검증하거나 새로운 사실을 유추하는 것을 의미한다. 확률 모델의 추론 방법과 규칙기반 시스템의 추론 방법이 있다. 확률 모델의 추론 방법은 베이지안의 기본인 베이즈 정리를 활용하여 결론을 이끌어 내는 것이다. 규칙기반 시스템의 추론 방법에는 전향 추론과 후향 추론의 두 가지 방식이 있는데, 전향 추론은 현재 가지고 있는 여러 정보를 분석해 나가면서 결론을 찾을 때까지 반복적으로 탐색을 수행하여 추론하는 방식이다. 후향 추론은 목표 결론을 정해 놓고 이를 현재의 정보를 사용하여 검증하는 일종의 가설 검증 방식이다. 예를 들어, 전향 추론은 환자의 증상과 징후 등의 자료를 분석하여 폐암이라고 진단을 내리는 방식이고, 후향 추론은 환자가 폐암이라고 가정하고 환자에게서 나타나는 증상과 징후들이 폐암의 증상 및 징후와 같은지 확인하는 방식이다.

머신러닝은 우리말로 기계학습(machine learning)이라고도 하는데, 머신러닝이라는 용어가 널리 사용되므로 이번 장에서는 머신러닝이라는 용어로 통일하겠다. 학습(learning)은 경험을 통해서 추후 동일한 문제나 유사한 문제를 더 효율적으로 처리할 수 있도록 시스템의 구조나 파라미터를 바꾸는 것을 의미하는데, 컴퓨터가 학습하는 방법을 다루고 컴퓨터가 지식을 갖게 만드는 작업을 머신러닝이라고 한다.

계획수립은 현재 상태에서 목표하는 상태에 도달하기 위해 수행해야 할 행동 순서를 찾는 것이다. 여러 상자가 무질서하게 놓여 있는 초기 상태를 내가 원하는 상태(목표 상태)로 상자들이 놓이게 하는 과정을 계획하는 것이 계획수립이다. 즉, 작업을 수행하는 절차를 계획하는 것, 로봇의 움직임을 계획하는 것을 생각하면 이해하기 쉬울 것이다. 에이전트는 사용자로부터 위임받은 일을 자율적으로 수행하는 시스템인데, 에이전트가 특정 과업을 수행하려면 연속적인 동작을 취해야 하는 경우가 많다. 그래서 계획수립은 연속 동작을 취하는 지능형 서비스에 필수적인 요소 기술이다.

패턴인식은 데이터에 있는 패턴이나 규칙성을 찾는 것이다. 문자인식, 음성인식, 영상인식, 텍스트마이닝이라고 불리는 텍스트 패턴인식, 센서신호인식 등이 있다. 현재 보건의료 빅데이터 분야에서 많이 사용될 것으로 예상되는 분야가 패턴인식이다. 환자들의 엑스레이 결과, MRI/CT 결과, 안구 검사 결과 등의 빅데이터를 기반으로 패턴을 인식하여 데이터의 규칙성을 찾는다. 또한 SNS 등에 올라오는 글이나 검색엔진에서 사용되는 검색어 등을 바탕으로 데이터의 규칙성을 찾는 것이 패턴인식이다.

인공지능의 주요 응용 분야로는 전문가 시스템(expert system), 데이터마이닝(data mining), 자연어처리(natural language processing, NLP), 컴퓨터 비전(computer vision), 음성인식, 로보틱스, 에이전트 등이 있다.

전문가 시스템은 특정 전문 영역에 대해 전문가 수준의 해법을 제공하는 것으로 IBM의 왓슨을 생각하면 이해하기 쉬울 것이다. 데이터마이닝은 예전에도 있었던 방법으로 통계학 기법을 적용하여 데이터에 있는 유의미한 신호를 찾아내는 방법인데, 머신러닝을 적용하여 유의미한 규칙이나 패턴 등을 찾는 방향으로 발전하였다. 자연어처리는 사람이 사용하는 일반 언어로 작성된 문서를 처리하고 이해하는 분야로 다양한 형태의 자연어 문장에 대해 형태소 분석, 구문 분석을 통해 의미 분석 등을 하여 자동으로 번역을 하고 맞춤법을 검토하거나 주제 분류를 하여 질의응답을 하는 등 오늘날 인터넷을 통해 이루어지고 있는 많은 일들이 자연어처리를 통한 것이다. 애플의 시리, 구글의 구글 어시스턴트, 네이버 클로바 등에 “가까운 약국 알려줘”라고 하면, 이 표현을 숫자로 변환을 하여 기계가 이해하기 쉽게 하는 것이 자연어처리 방법이다. 또한 은행 앱, 인터넷 쇼핑몰 등에서 많이 사용되고 있는 챗봇도 사용자가 사용한 자연어 문장을 분석하여 의미분석을 수행하고 주제를 구분하여 자동으로 응답을 하는 것으로 자연어처리의 결과이다. 이 자연어처리 방법은 다음 장에서 사례를 통해 더 자세히 소개할 예정이다. 컴퓨터 비전은 컴퓨터를 이용하여 시각 기능을 갖는 기계장치를 만드는 분야이고 음성인식은 사람의 음성 언어를 컴퓨터가 해석하여 그 내용을 문자 데이터로 전환하는 처리 분야이다. 앞서 얘기한 애플의 시리, 구글의 구글 어시스턴트, KT의 기가지니, 삼성전자의 빅스비, 네이버의 클로바 등이 음성인식 스피커의 예시이다. 로보틱스는 로봇에 관련된 기술 분야로서 자동차 공장 등에서 부품을 조립하는 로봇이나 식당에서 음식을 배달해주는 로봇 등이 그 활용 예이다. 에이전트는 사용자로부터 위임받은 일을 자율적으로 수행하는 시스템인데, 챗봇 같은 소프트웨어 에이전트, 로봇 등의 물리적 에이전트, 단순히 입력에 대해서 정해진 반응을 보이는 반응형 에이전트, 자신의 지식을 활용하여 목표를 달성하기 위한 계획을 수립하고 수행하는 숙고형 에이전트, 경험이 누적됨에 따라 학습되어 점점 더 똑똑해지는 학습 에이전트가 있다.

1.3 머신러닝이란?

머신러닝은 기계(machine, 머신)가 자동으로 데이터에서 규칙을 학습하는 알고리즘을 연구하는 분야이다. 인공지능의 지능을 구현하기 위해 소프트웨어를 담당하는 핵심 분야이기 때문에 인공지능을 말한다면 항상 머신러닝이 뒤따라온다.

머신러닝을 통해 우리는 어떤 사람의 심혈관계질환이 발생할 위험, 골절이 발생할 위험, 직장암에 걸릴 위험, 특정 약을 먹고 치료될 확률 등 다양한 것을 예측할 수 있다. 이러한 예측은 비단 머신러닝을 통해서만 할 수 있는 것은 아니다. 자료(data)가 있으면 여러 통계학적인 모형을 사용하여 이러한 사항들을 예측할 수 있다. 그런데도 왜 최근에 머신러닝이 주목을 받고 있을까? 머신러닝은 말 그대로 기계학습이다. 자료를 바탕으로 기계가 학습하여 우리가 예측하고 싶은 사항들을 알 수 있다. 기계가 학습하는 방법에는 여러 알고리즘(algorithm)이 있으며 우리는 이를 머신러닝 모델이라고 한다. 적절한 알고리즘, 즉 머신러닝 모델을 통해 우리는 알고 싶은 사항들을 조금 더 정확하게 예측할 수 있다. 자료를 가지고 연구자가 통계모형을 만들어서 어떤 질환이 발생할 위험을 예측하는 것은 시간이 걸린다. 그러나 머신러닝 모델은 자료가 업데이트될 때마다 기계가 학습하게 하여 어떤 질환이 발생할 위험을 예측함으로써 좀 더 효율적으로, 빠르게 어떤 사항에 대해 예측할 수 있다. 물론 머신러닝 모델을 어떻게 구축하느냐가 관건이다.

인공지능 분야 중에서도 가장 주목받고 있는 분야는 데이터에 기반한 방법인 머신러닝이다. 이는 아마도 과학기술의 발전으로 빅데이터 축적이 가능해졌고, 많은 데이터로부터 패턴을 학습할수록 추출되는 결과의 정확도가 더 높아지기 때문일 것이다.

앞서 언급하였듯이 머신러닝은 통계학과 관련이 깊다. 통계학을 바탕으로 만들어진 머신러닝 알고리즘이 많으며, 통계학과 컴퓨터 과학(Computer Science) 분야가 상호 교류하여 머신러닝은 발전하고 있다. 머신러닝은 통계나 수학 이론뿐 아니라 경험을 바탕으로 발전하는 경우가 많다. 이렇게 개발된 머신러닝 프로그램들은 주로 사이킷런(scikit-learn)이라는 머신러닝 라이브러리에 포함된다. 사이킷런 라이브러리는 파이썬(Python) 언어를 사용하고 있다. 많은 연구자들이 파이썬으로 새로 개발한 알고리즘을 발표하고 이를 검증하여 사용한 다음 타당한 알고리즘으로 증명이 된다면, 이 알고리즘은 사이킷런 라이브러리에 탑재된다. 우리가 최근 책으로 배우는 머신러닝 알고리즘들은 대부분 이 사이킷런 라이브러리에 탑재될 만큼 안정적이고 성능이 검증된 것들이다. 사이킷런 라이브러리는 오픈소스이기 때문에 모든 사람에게 개방되어 있다. 즉, 파이썬 코드를 다룰 수만 있다면 누구라도 머신러닝 알고리즘을 무료로 손쉽게 활용할 수 있다. 따라서 머신러닝 분야는 기하급수적인 성장을 이룰 수 있었다고 생각된다. 만약 머신러닝에 관심이 있다면 파이썬 언어는 기본적으로 배우는 것을 권장한다.

2 머신러닝과 인공지능의 관계

인공지능, 머신러닝, 딥러닝 등 많은 용어가 상호 교차적으로 사용되고 있다. 본 장에서는 용어 간의 포함관계를 설명하고자 한다.

인공지능은 말 그대로 인간의 지능을 모방하는 모든 프로그램이다. 머신러닝은 인공지능의 여러 분야 중 하나이며, 다양한 방법을 통해서 데이터에 존재하는 패턴을 찾는 인공지능이다. 이 과정을 기계가 '학습'을 통해 수행하므로 머신러닝(기계학습)이라고 하는 것이다. 즉, 머신러닝은 더 정확한 예측을 하고 더 적합한 패턴을 찾기 위해 머신(기계)이 훈련 데이터를 기반으로 모델을 생성하는 인공지능의 중요한 하위집합이다. 딥러닝은 기계가 패턴을 학습하는 한 방법으로 머신러닝의 유형 중 하나이다. 많은 머신러닝 알고리즘 중에 인공 신경망(artificial neural network)을 기반으로 한 방법들을 통칭하여 딥러닝이라고 한다.

추가로 앞서 언급했던 자연어처리는 애플의 시리, 구글의 구글 어시스턴트, 네이버 클로바 등과 많은 앱에서 사용하는 챗봇이 기본적으로 사용하는 인공지능의 한 방법으로 그 활용도가 매우 높고 인공지능에 관심이 있다면 한 번쯤은 들어봤을 법한 용어이기 때문에 이번 절에서는 이들에 대한 포함관계를 다음과 같이 그려보았다(그림 1). 필자가 강조하고 싶은 주요한 용어들만 이 그림에 담았기 때문에 언급되지 않은 용어들도 있다는 것을 기억하기를 바란다.

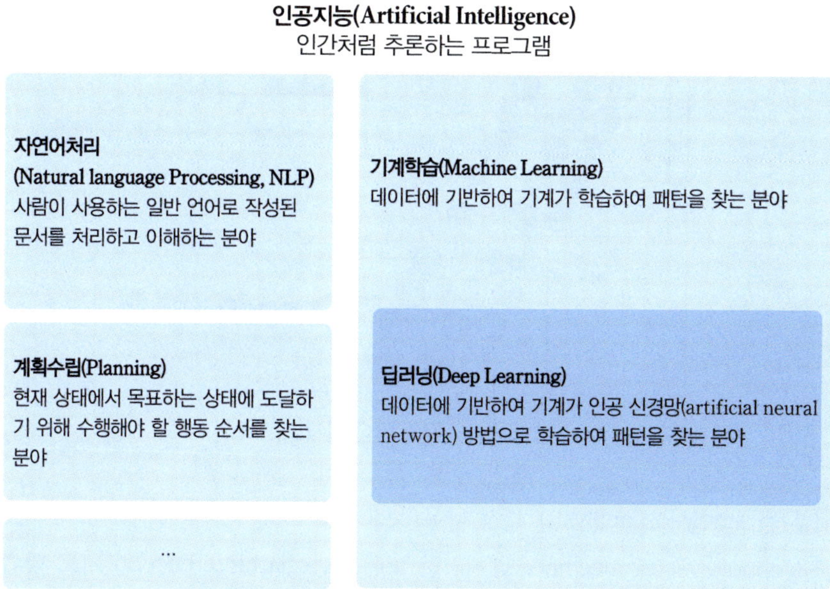

그림 1 인공지능 관련 용어의 포함관계 도식도

3 머신러닝 유형

머신러닝 방법에는 크게 지도 학습(supervised learning), 비지도 학습(unsupervised learning), 강화학습(reinforcement learning), 신경망/딥러닝(neural network, deep learning)이 있다. 이번 절에서 각각에 대해 살펴보자.

3.1 지도 학습(Supervised Learning)

지도 학습은 입력과 대응되는 출력을 데이터로 제공하고 이 대응관계의 함수 또는 패턴을 찾는 방법이다. 즉, 답이 있는 문제들로 구성된 데이터들(pre-categorized data)로부터 패턴을 추출하는 학습 방법이다. 데이터에 특정 그룹에 대한 정보(label)가 있어서 주어진 정보에 따라 학습을 통해 패턴을 추정함으로써 미래를 예측할 수 있는 모형을 얻는다. 지도 학습은 분류(classification)와 회귀분석(regression)을 통해 예측하는 것을 목적으로 한다.

다음 [그림 2]는 그룹에 대한 정보가 있는 데이터를 바탕으로 패턴을 찾아서 두 그룹으로 나눈 예이다.

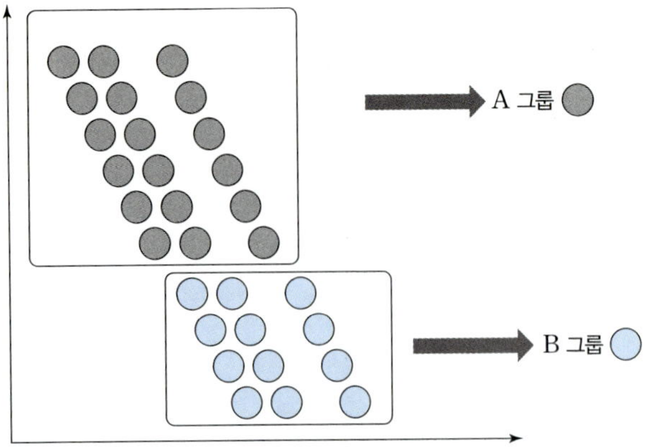

그림 2 **지도 학습 예시**

회귀분석(regression analysis), 결정 나무(decision tree), 앙상블(ensemble), 서포트 벡터 머신(support vector machine), 베이지안 추론(Bayesian inference)가 지도 학습에 속하는 분석 방법이다.

회귀분석은 입출력 데이터 간의 함수적 의존 관계를 수식의 형태로 추정함으로써 미래를 예측하는 방법이다. 통계학에서 주로 다루는 분야이지만 최근에는 머신러닝의 학습 방법 중 지도 학습에 속하는 방법으로 분류되고 있다. 회귀분석에는 선형회귀(linear regression), 다중선형회귀(multiple linear regression), 신경망(neural network), 커널 방법론(Kernel methods), 로지스틱 회귀(logistic regression), 다항 로지스틱 회귀(multinomial logistic regression) 등이 있다. 통계에 대해 공부하였다면 회귀분석에 해당되는 방법들은 어느 정도 들어보았을 것이다. 간단히 설명해 보자면 다음과 같다.

선형회귀 분석은 가장 기본적인 회귀 모델로 독립변수 X와 종속변수 Y 간에 선형의 관계가 있는 경우에 사용한다. 예를 들어 하루 섭취하는 열량이 X이고 몸무게가 Y라면, 가지고 있는 데이터를 바탕으로 하루 섭취 열량과 몸무게의 함수적 의존 관계를 추정할 수 있고, 특정 열량을 섭취하였을 때 몸무게를 예측할 수 있다.

다중선형회귀 분석은 독립변수 X가 두 개 이상인 선형회귀 분석을 말한다. 종속변수에 영향을 미치는 변수가 두 개 이상일 때 사용한다. 예를 들어 하루 섭취하는 열량이 X1, 성별이 X2이고 몸무게가 Y라면, 하루 섭취 열량과 성별에 따른 몸무게의 함수적 의존 관계를 추정할 수 있다.

신경망을 회귀분석에 포함시키는 것에 대해서는 의견이 분분하지만, 본 절에서는 신경망 모델이 회귀분석과 비슷한 성질을 가지고 예측을 한다는 면에서 회귀분석을 설명하겠다. 신경망이란 인간의 뇌를 구성하는 뉴런(neuron)의 원리를 컴퓨터 환경에서 구현하고 이를 이용해 학습하여 예측하는 방법을 말한다. 지금은 딥러닝으로 발전해서 사용되고 있다. 범주형 데이터를 가지고 예측을 하는 경우에 신경망 방법을 사용하는 것이 유용하다. 이때 층의 개수와 함수의 설정값(decay)이 예측의 정확도에 영향을 미친다.

커널 방법론은 독립변수와 종속변수 사이의 관계가 선형이 아닌 비선형일 때 사용되는 방법이다. 비선형인 관계가 완만한 곡선으로 표현될 수도 있고 데이터들을 최적으로 설명하기 위해 물결치는 곡선으로 표현될 수도 있다.

로지스틱 회귀 분석은 종속변수가 범주형 자료이면서 이분형일 때 사용하는 방법이다. 즉, 종속변수가 '예' 또는 '아니오'로 이분적으로 표현되는 자료에서 사용한다. 로지스틱 회귀분석에 대한 자세한 내용은 4.2절에서 설명하기로 한다. 다항 로지스틱 회귀분석은 종속변수가 범주형 자료이면서 3개 이상의 값을 가질 때 사용한다.

결정 나무, 앙상블, 서포트 벡터 머신에 대해서는 4.2절에서 설명하기로 한다. 마지막으로 베이지안 추론은 베이즈(Bayes) 확률 이론을 적용한 예측 모델로 주관적인 추론을 바탕으로 만들어진 사전 확률(prior probability)을 바탕으로 데이터로부터 추가 관찰된 사항들을 사후 확률(posterior probability)로 업데이트하는 방법이다. 이렇게 업데이트 확률로 어떤 사건이 일어날 확률을 예측한다.

3.2 비지도 학습(Unsupervised Learning)

비지도 학습은 데이터만 주어진 상태에서 유사한 것들을 서로 묶어 군집(cluster)을 찾거나 확률분포를 표현하는 방법이다. 즉, 답이 없는 문제들만 있는 데이터(unlabeled data)들로부터 패턴을 추출하는 학습 방법이다.

다음 [그림 3]은 그룹에 대한 정보가 없는 데이터를 바탕으로 패턴을 찾아서 두 그룹으로 나눈 예시이다. 지도 학습에서 사용한 데이터와 똑같고 단지 다른 점은 아래 데이터에는 그룹에 대한 정보가 없다는 것이다. 이 예시는 비지도 학습을 통해 나온 결과가 지도 학습

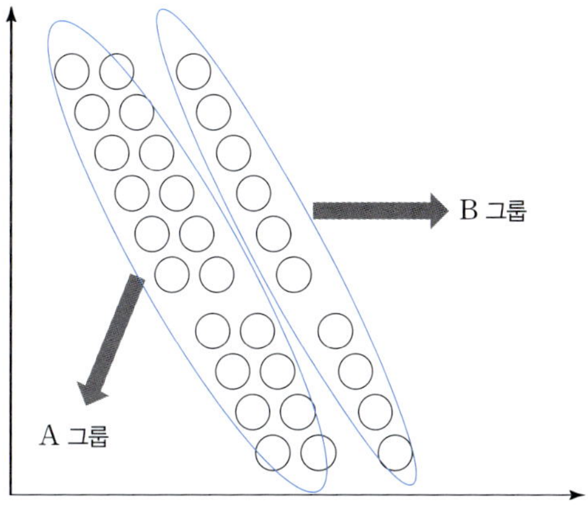

그림 3 비지도 학습 예시

을 통해 나온 결과와 다를 수도 있다는 것을 보여주기 위한 것이다.

비지도 학습은 군집(clustering), 연관성(association), 차원 축소(dimensionality reduction)를 통해 패턴과 구조를 인식하는 것을 목적으로 한다.

군집은 정해진 분류 없이 기계가 스스로 데이터들을 보고 학습하며 비슷한 특징의 데이터들끼지 군집화시키는 방법이다. 이 방법을 군집 분석(cluster analysis)이라고 하는데, 비슷한 특징으로 분류된 개체들의 유사성과 서로 다른 군집으로 분류된 개체 간의 상이성을 파악하는 분석 방법이다. 대표적인 군집 분석 방법에는 분할적 군집(partitional clustering)과 계층적 군집(hierarchical clustering)이 있다. 분할적 군집은 특정한 점을 기준으로 가까운 개체끼리 묶어서 그룹을 만들어주는 것인데, k-평균 군집법(k-means clustering)과 중앙 객체 군집법(the k-medoids clustering)이 있다. 계층적 군집은 트리 구조처럼 분리하여 그룹을 계층적으로 만들어 주는 것인데, 밀도 기반 군집법(density based clustering)이 있다.

연관성은 데이터 간의 관계 또는 패턴을 학습하는 것이고 차원 축소는 차원이 굉장히 높은 데이터의 학습을 더 효율적으로 하기 위해 고차원의 데이터를 저차원의 데이터로 만드는 것이다.

머신러닝을 잘 이해하고 적용하기 위해서는 지도 학습과 비지도 학습의 차이를 이해하여 내가 풀어야 하는 문제가 어디에 해당되는 것인지를 분별하여 어떻게 데이터를 구성해야 하고 어떤 알고리즘을 적용해야 하는지 아는 것이 매우 중요하다.

3.3 강화학습(Reinforcement Learning)

강화학습은 상황별 행동에 따른 시스템의 보상값만을 이용하여 시스템에 대한 바람직한 행동 정책을 찾는 학습 방법(behavioral learning model)이다. 문제에 대한 직접적인 답을 주지는 않지만, 경험을 통해 예상되는 보상에 대한 기댓값이 최대가 되는 정책을 찾는 학습 방법이다. 즉, 컴퓨터가 제시된 환경에서 시행착오(trial and error)를 겪으며 최적의 정책을 추출하는 학습 방법이다.

강화학습이 가장 많이 사용되는 분야는 로보틱스이다. 로봇이 계단을 올라가서 어떤 지점에 도달을 해야 한다고 생각해 보자. 로봇이 계단에 올라가지 못하고 넘어지면 데이터는 다시 재정비(recalibration)되면서 다른 방식으로 탐색이 시작된다. 이런 시행착오를 통해 로봇은 계단을 올라가는 것에 대해서 훈련이 되면서 종국에는 계단을 올라 원하는 지점에 오르기 위한 일련의 행동들을 로봇은 학습하게 된다. 학습 알고리즘은 로봇이 넘어지지 않고 성공적으로 계단을 올라 특정 지점에 올라가야 한다는 목표와 해당 성과를 내기 위한 여러 행동 배열 간의 연관성을 찾아낼 수 있어야 한다. 강화학습은 자율주행차에서도 많이 사용되는 알고리즘인데, 수많은 장애를 겪으면서 시행착오를 겪으며 안전하게 운전할 수 있는 최적의 방법을 찾아낸다. 즉, 특정 행동에 따른 보상이 있고 여러 시행착오를 겪으며 최대의 보상을 받을 수 있는 행동 정책을 찾아내는 방법이다.

3.4 신경망과 딥러닝(Neural Networks and Deep Learning)

여러 머신러닝 알고리즘 중에 인공 신경망을 바탕으로 한 방법들을 합쳐서 딥러닝이라고 부른다. 사실 딥러닝의 등장과 함께 인공지능의 시대가 본격화되었다고 봐도 무리가 없다. 앞에서 살펴본 인공지능의 역사에서 두 번째 붐 이후에 인공지능에 대한 연구가 줄어드는 시점에 얀 르쿤(Yann Lecun)이 1998년 신경망 모델을 만들어서 손글씨 숫자를 인식하는데 성공하였고 이것이 최초의 합성곱 신경망인 'LeNet-5'이다. 이 이후 2012년에 제프리 힌턴(Geoffrey Hinton) 등이 이미지 분류 대회에서 새로운 합성곱 신경망을 이용하여 기존의 머신러닝 방법을 누르고 압도적인 성능으로 우승하였다. 이때 사용한 모델이 'AlexNet'이고, 이 이후로 이미지 분류 작업에 합성곱 신경망이 널리 사용되기 시작했다. 우리나라에서 인공지능에 대해 범국민적으로 알게 된 계기인 이세돌과 알파고의 대국이 이 딥러닝에 기반한 것이었다.

앞서 언급했던 오픈소스 머신러닝 라이브러리인 사이킷런 라이브러리를 표방하여 구글은 2015년에 딥러닝 라이브러리인 텐서플로(Tensor Flow)를 오픈소스로 발표하였고, 이는 현재 가장 널리 사용되는 딥러닝 라이브러리이다. 페이스북도 2018년에 파이토치(PyTorch) 라이브러리를 오픈소스로 공개하였다. 이 두 라이브러리는 모두 인공 신경망 알고리즘을 다루고 있으며 파이썬을 사용하고 있다.

딥러닝은 머신러닝의 구체적인 방법 중 하나로 여러 층으로 구성된 신경망을 통해 반복적으로 데이터를 학습하는 방법이다. 딥러닝은 구조가 갖추어지지 않은 비정형 데이터(unstructured data)로부터 패턴을 학습할 때 특히 유용하다. 신경망은 사람의 뇌를 모방한 것으로 세 개 이상의 층(layer)으로 구성이 된다. 입력층(input layer), 한 개 이상의 숨겨진 층(hidden layer), 그리고 출력층(output layer)이 그것이다. 데이터는 입력층으로 들어가고 숨겨진 층과 출력층에 있는 여러 노드(node)에 적용이 되는 가중치에 따라 데이터가 변형된다. 신경망은 수천 개 또는 수백만 개의 노드로 구성이 되며, 이 노드들은 서로 밀도 있게 상호연결이 되어 있다. 신경망 안에 여러 층의 숨겨진 층이 있을 때를 딥러닝이라고 한다. 딥러닝은 계층적으로 있는 신경망을 사용하여 비지도 학습과 지도 학습 알고리즘의 조합을 통해 학습하는 머신러닝 기법이다. 신경망과 딥러닝은 이미지인식, 음성인식, 컴퓨터 비전 등에 널리 사용되고 있다.

갈수록 향상되는 컴퓨터 성능과 혁신적인 알고리즘 개발이 많아지면서 풍부하고 다양하게 축적되는 빅데이터를 통해 복잡한 알고리즘을 훈련할 수 있는 됨에 따라 인공지능에서의 딥러닝 발전은 매우 발전 가능성이 크다.

4 머신러닝 단계

머신러닝을 수행하기 위한 단계는 크게 데이터 정리(data management) 단계와 분석(analytics) 단계로 구분할 수 있으며, 분석 단계는 다시 머신러닝 분석 알고리즘(algorithm)을 선택하는 모델링(modeling) 단계, 모델을 훈련 및 최적화시키는 단계(training), 성능을 평가하는 단계(testing)로 세분화하여 전체 수행 단계를 총 4단계로 나눌 수 있다. 또는 저자에 따라서 7단계(데이터 수집, 데이터 준비, 모델 선택, 모델 훈련, 모델 평가, 파라미터 조정, 예측)로 구분하기도 한다. 본 교재에서는 4단계의 구분으로 머신러닝의 수행 단계를 소개하고자 한다(그림 4).

〈4단계로 구분〉

데이터 정리 (data management)	데이터 분석		
	모델링	훈련 및 최적화	성능 평가

〈7단계로 구분〉

데이터 수집	데이터 준비	모델 선택	모델 훈련	모델 평가	파라미터 조정	예측

그림 4 머신러닝 단계 구분의 개념도

4.1 데이터 정리(Data management)

데이터를 사용하는 모든 분석의 첫 단계는 데이터를 수집하고 분석이 가능한 형태로 데이터를 변환하는 것이다. 데이터를 수집하는 방법은 연구의 목적이나 데이터에 대한 접근성에 따라 매우 다양하므로 본 교재에서는 데이터를 수집하는 방법은 다루지 않고, 데이터 수집 이후 정리하는 단계부터 기술하고자 한다. 수집된 데이터는 대체로 정제되지 않은 데이터(raw data)이므로 이를 머신러닝 분석이 가능한 형태로 변환시키는 과정이 필요하며, 이 모든 과정을 데이터 정리라고 부른다.

4.1.1. 데이터의 유형

데이터의 유형에 따라 데이터를 정리하는 방법도 달라진다. 데이터는 구조화 여부에 따라 정형(structured) 데이터와 비정형(unstructured) 데이터로 구분할 수 있다. 본 교재에서는 반정형(semi-structured) 데이터는 다루지 않는다. 정형 데이터는 고정된 형태를 가지면서 정해진 규칙에 맞게 입력된 자료를 의미한다. 예를 들어 앞서 소개된 건강보험 청구자료, 의약품부작용보고자료, 공통데이터모델(CDM) 데이터는 보건의료 분야에서 가장 활발하게 사용되고 있는 정형 데이터이다. 건강보험 청구자료를 예로 들면, 입력해야 하는 변수 항목이 고정되어 있으며, 건강보험에 청구하기 위해 정해진 규칙에 맞게 입력해야 한다. "주상병명"이라는 변수 항목에는 한국표준질병분류에 의한 상병코드를 입력해야 하며, "약제성분명"이라는 변수 항목에는 건강보험심사평가원에서 제공하는 의약품 주성분코드를 입력해야 한다. 이렇듯 정형 데이터는 입력된 변수의 형태가 특정한 형태를 가지고 있어 이해하기 쉽고 분석 단계까지 가는 과정이 간편하다면, 비정형 데이터는 미리 정해진 입력 포맷이 없거나 다양한 형태를 가지고 있어서 데이터 정리에 상대적으로 많은 노력이 필요하다. 보건의료 분야에서 비정형 데이터의 대표적인 사례는 검진 이미지 및 영상, 소셜네트워크서비스에 기록된 의약품 관련 기록 등이다.

표 1 정형 자료와 비정형 자료의 비교

비교	정형(structured) 자료	비정형(unstructured) 자료
저장 형태	명확하게 정의되고 찾을 수 있는 형태	정제되지 않은 다양한 형태
속성	주로 양적 변수	주로 질적 변수
분석	상대적으로 분석이 간편함	분석 시 자료를 이해하고 정제하는 데 추가적인 노력이 필요함
예	건강보험 청구자료, 의약품부작용보고자료, 공통데이터모델 등	검진 이미지 및 영상, 소셜네트워크서비스에 기록된 의약품 관련 기록 등

4.1.2. 데이터 전처리(pre-processing)

데이터 전처리란 데이터를 분석하기 좋게 변환하는 과정으로 데이터를 정제(cleaning)한다고 부르기도 한다. 데이터 전처리는 전반적인 데이터의 품질을 확인하는 과정이며, 동시에 시간과 자원을 낭비하지 않고 분석을 효율적으로 진행하기 위해 반드시 필요한 과정이기도 하다. 연구자는 데이터 전처리 과정을 통해 데이터 품질에 대한 신뢰성을 바탕으로 연구목적에 맞게 데이터를 가공하여 분석에 대해 준비를 한다.

먼저 변수값 자체의 문제로 데이터 전처리가 필요한 경우가 있다. 연령이라는 변수에 음수 값이 있는 등 데이터에 유효하지 않은 값(invalid value)이 있거나 결측치(missing value, 빠진 값), 이상치(outlier, 일반적인 범위를 벗어난 값) 등이 있으면, 해당 값을 버리거나(drop), 다른 값으로 대체(replace), 평균값으로 채우기(fill gaps/interpolation), 분석 단계로 넘겨서 처리하는 등의 방법으로 데이터를 정리할 수 있다. 반면, 값의 문제는 없으나 수

월한 머신러닝 분석을 위해 데이터를 분석하기 쉬운 형태로 변환하는 과정을 거치는데, 대표적인 데이터 변환 방법으로는 범주화, 정규화(표준화), 로그 변환, 역수 변환, 데이터 축소 등이 있다. 데이터 축소는 불필요한 속성을 제거하거나 기존의 속성들을 대표하는 새로운 변수 생성하는 것을 의미한다. 데이터 전처리 과정의 마지막은 준비된 데이터에서 필요한 데이터만 선택(filtering, 필터링)하거나, 다른 데이터와 통합(integration)하는 과정으로 이를 통해 분석에 필요한 데이터를 준비하게 된다.

표 2 데이터 전처리 관련 용어 정리

용어	의미
데이터 필터링(filtering)	필요한 데이터만 선택하는 것
데이터 변환(transforming)	데이터의 형식 변경: 범주화, 정규화(표준화), 로그 변환, 역수 변환, 데이터 축소 등
데이터 통합(integration)	여러 출처의 데이터를 합치는 것
변수값 전처리	유효하지 않은 값, 결측치, 이상치 등을 처리하는 것, 버림, 다른 값으로 대체, 평균값 채우기, 분석 단계로 넘기기 등

4.1.3. 데이터 분리(Splitting data)

머신러닝의 목표는 선택한 모델에 데이터를 학습시켜 최적의 모델을 만든 후, 새로운 데이터에서 모델을 적용했을 때 정확성을 높이는 것이다. 이를 위해 앞서 전처리를 통해 분석에 맞게 변환된 데이터는 훈련을 위한 데이터(training data)와 시험을 위한 데이터(test data)로 구분한다. **훈련 데이터**의 일부는 다시 검증을 위한 데이터(validation data)로 나누게 된다. 훈련 데이터는 모델을 학습시킬 때 사용하는 데이터이며, **검증 데이터**는 이미 학습이 완료된 모델을 검증하기 위한 데이터로 모델의 매개변수(하이퍼파라미터, hyper-parameter)를 조정하는 데 사용된다. **시험 데이터**는 모델의 최종 성능을 평가하기 위한 데이터이다.

분석 데이터를 세 종류로 구분하는 비율은 데이터가 포함하고 있는 관측값의 수 및 실제 훈련에 필요한 관측값의 수에 영향을 받으므로 상황에 따라 다양하나 일반적으로 훈련 데이터와 시험 데이터를 8:2(혹은 7.5:2.5, 7:3)로 나누고, 다시 훈련 데이터를 6:2(또는 7:1)의 비율로 검증 데이터로 나눈다. 따라서 분석 데이터는 최종적으로 훈련:검증:시험=6:2:2(또는 7:1:2)의 비율로 분리된다(그림 5).

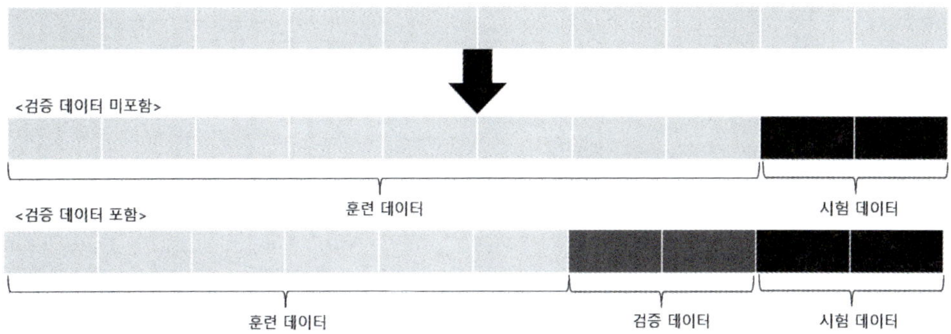

그림 5 머신러닝 분석을 위한 데이터 분리

4.2 분석 알고리즘 선택(Modeling)

분석에 필요한 데이터가 구분되어 준비된 후에는 머신러닝의 알고리즘을 선택하여 분석하는 단계로 들어간다. 연구의 목적과 데이터의 속성에 따라 적합한 머신러닝의 알고리즘의 유형이 달라지며, 알고리즘의 정확성, 학습시간, 사용 편의성을 종합적으로 고려하여 최종적으로 알고리즘을 선택한다.

앞서 배웠듯이 머신러닝의 대표적인 유형은 정답 값이 있는 labeled 데이터를 사용하는 지도 학습(supervised learning), 정답 값이 없는 unlabeled 데이터를 사용하는 비지도 학습(unsupervised learning), 강화학습(reinforcement learning)이 있다. 이 분류에 따라 선택되는 알고리즘도 달라진다. 본 교재에서는 가장 널리 사용되는 머신러닝 방법인 지도 학습에 대해 소개하고자 한다. 지도 학습에는 회귀(regression)와 분류(classification)가 있으며, 회귀는 숫자화된 데이터로 결과를 예측하는 것이라면, 분류는 순서가 없는 데이터에 대한 범주를 예측하여 분류하는 것이다. 즉, 회귀 알고리즘이 신장, 체중과 같은 연속형 변수를 통해 수축기 혈압이라는 연속형 변수를 예측했다면, 분류에서는 고혈압 여부(고혈압, 고혈압 아님), 고혈압 위험도(낮음, 주의, 심각) 등과 같이 범주(category)를 예측하는 것이다. 회귀 및 로지스틱 회귀(logistic regression), 서포트 벡터 머신(support vector machine, SVM), 결정 나무(decision tree), 랜덤포레스트(random forest), K-최소 근접(K-nearest neighbor, KNN) 알고리즘 등 회귀와 분류를 대표하는 지도 학습의 알고리즘에 대해 살펴보자.

4.2.1. 회귀(Regression)

연령(age), 신장(height), 체중(weight)으로 수축기 혈압(systolic blood pressure)을 예측할 수 있을까? 이처럼 독립변수(feature, input variables)가 연속적인 숫자 형태일 때, 연속형의 종속변수(target variables)를 예측할 때 사용되는 알고리즘이 바로 회귀이다. 회귀는

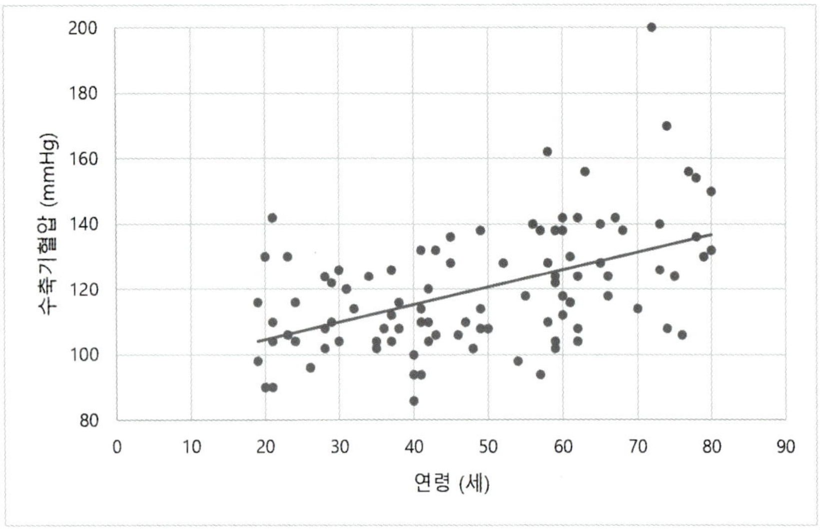

그림 6 회귀선의 의미(각각의 점은 관측치, 선은 회귀선을 의미함)

지도 학습의 대표적인 알고리즘으로 예측하고자 하는 종속변수의 정답 값이 이미 알려져 있을 때 독립변수의 여러 속성의 관계를 통해 종속변수를 가장 잘 예측할 수 있는 모델을 만드는 방법이다. 회귀는 전통적인 통계 방법으로 이미 잘 알려져 있으나 머신러닝에서의 회귀 알고리즘은 모델의 전체 성능과 예측에 초점을 맞추고 있다면, 통계적 회귀모형은 계수의 해석에 초점을 맞추고 있다는 것에 차이가 있다.

회귀에서 가장 간단하고 오래된 알고리즘은 선형회귀(linear regression)이며, 선형회귀 모델을 만든다는 것은 다음 [그림 6]에서 x축의 연령 값으로부터 y축의 수축기 혈압 값을 예측할 수 있는 직선을 찾는다는 의미이다. 그림에서 보는 것처럼 x와 y의 관계가 선형적으로 표현되므로 선형회귀라고 이름 붙여졌으며, 이 직선을 회귀선(regression line)이라고 하며, 회귀선은 y=ax+b와 같은 일차함수가 된다. 회귀선을 찾는 가장 보편적인 방법은 각 관측치의 실제 y값(y_i)과 회귀선을 통해 예측된 y값($\hat{y}$)의 차이의 제곱합($\sum(y_i-\hat{y})^2$) 혹은 평균제곱오차(mean squared error)가 최소화될 때의 기울기와 절편을 가진 일차함수를 구하는 것이다. 여기에서 $y_i-\hat{y}$는 잔차(residual)라고 부르며, 잔차의 제곱합이 최소가 될 때의 회귀선을 구하는 것을 최소제곱법(최소자승법, ordinary least squares)을 사용한다고 한다. 즉, 회귀분석을 한다는 것은 회귀선을 찾아가는 과정이며, 회귀선이 일차방정식의 형태이므로 실질적으로는 회귀계수인 a와 b의 값을 구하는 과정이 되겠다. x에 해당하는 독립변수가 하나인 경우는 단순회귀분석, 두 개 이상인 경우는 다중회귀분석이라고 한다.

그러나 선형회귀는 적은 데이터 수로 복잡한 알고리즘을 이용할수록 훈련 데이터의 과대적합을 야기하여 시험 데이터에서 예측력이 떨어질 수 있으므로 선형회귀의 대안으로 릿지 회귀(lidge regularization)와 라쏘 회귀(lasso regularization)가 등장하였고, 이 두 회귀 알고리즘을 혼합한 elastic-net 모형도 등장하였다. 릿지 및 라쏘 회귀에서는 선형회귀 모형에 일종의 패널티(릿지: L2-norm regularization; 라쏘: L1-norm regularization)를 부과하여 과대적합을 방지하므로 널리 사용되고 있다.

4.2.2. 로지스틱 회귀(Logistic regression)

선형회귀 알고리즘이 연속형 변수의 값을 예측했다면, 로지스틱 회귀에서는 이분형(binary)/범주형(categorical) 변수의 값을 예측하여 분류한다. 같은 회귀라는 단어가 포함되어 있지만, 로지스틱 회귀는 지도 학습 중 분류를 위한 알고리즘이다. 즉, 고혈압의 수치를 예측하는 것이 아니라 고혈압 유무 혹은 고혈압의 중증도를 분류하는 알고리즘인 것이다. 로지스틱 회귀도 전통적인 통계 방법으로 이미 잘 알려져 있으나 머신러닝에서의 로지스틱 회귀는 데이터셋을 특성별로 분류하기 위한 결정 경계(decision boundary)를 찾는 알고리즘의 성능에 더 초점을 맞추고 있다. 선형회귀 알고리즘에서 일차함수로 표현되는 회귀식(regression line)을 구해 모델을 구축하였다면, 로지스틱 회귀 알고리즘에서는 시그모이드(sigmoid) 함수를 사용하여 특정 사건이 일어날 오즈비(odds ratio=p/1-p, 여기서 p는 특정 사건이 일어날 확률)로서 가중치(W)를 업데이트하여 분류하게 된다. 로지스틱 회귀는

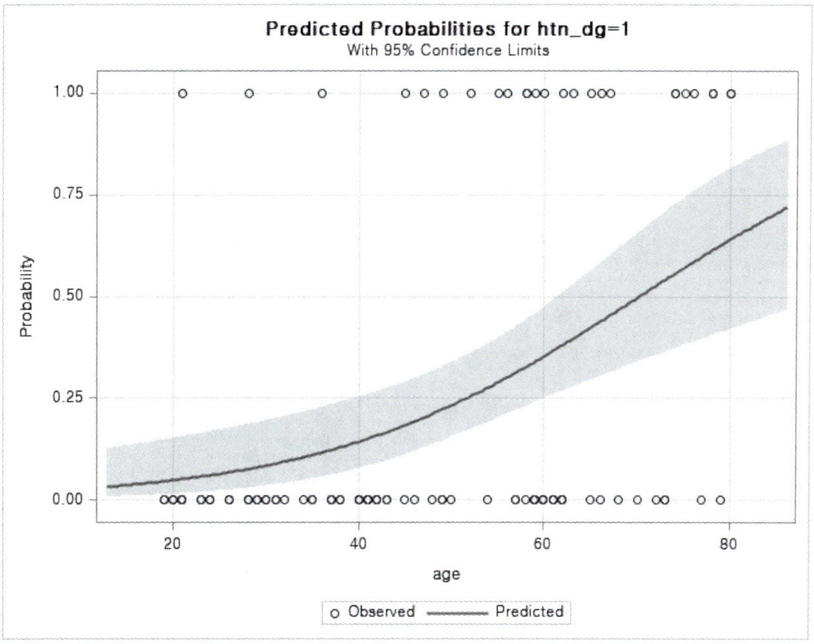

그림 7 시그모이드 함수 예시(관측점은 고혈압 유무를 곡선은 고혈압 유병 확률을 의미함)

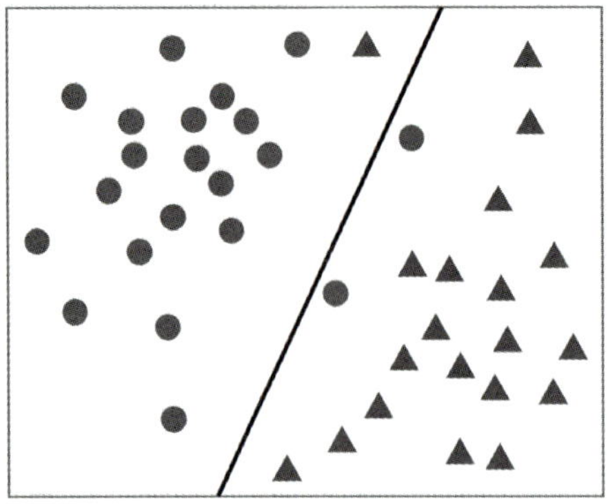

그림 8 로지스틱 회귀 분류 알고리즘 적용 예시(가운데 선이 결정 경계를 의미함)

구현이 간편하고 결과 해석이 쉬우나 비선형 관계에 있는 데이터의 경우 정확도가 낮을 수 있고, 과소적합(underfitting)의 가능성이 상대적으로 크다는 제한점이 있다.

4.2.3. 서포트 벡터 머신(Support vector machine)

서포트 벡터 머신(support vector machine, 이하 SVM) 알고리즘은 클래스를 분류할 수 있는 다양한 경계선 중 최적의 선을 찾아내는 방법으로 선형 분류 알고리즘 중 로지스틱 회귀와 함께 잘 알려져 있다. 최적의 선을 찾기 위해서 매개변수 C의 값을 조절해 주는데, 이때 C의 값으로는 0.01, 0.1, 1.0, 10.0의 값이 주로 사용된다. C의 값이 높을수록 오류를 허용하지 않으므로 데이터를 정확하게 분류할 수 있으나 과대적합될 가능성도 커진다. 서포트 벡터 분류기(support vector classifier, 이하 SVC)는 데이터를 선형으로 분류할 수 없는 경우에도 적용되는데, 커널 기법(kernel trick)을 사용하여 데이터를 고차원적으로 바꾸는

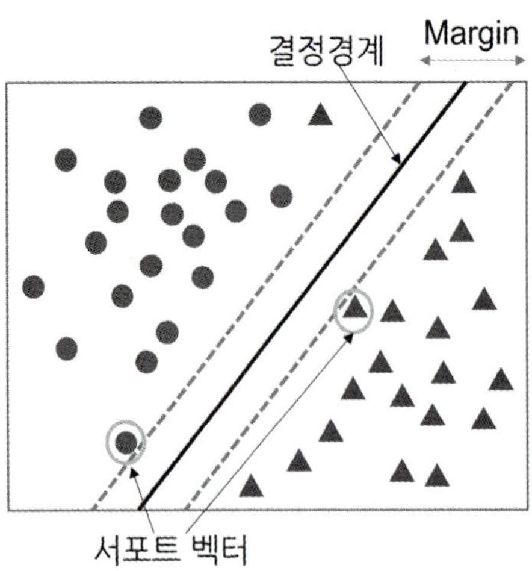

그림 9 선형 서포트 벡터 머신 알고리즘의 개념도

것으로 커널 SVC라고 부른다. 선형 SVC는 커널에 선형(linear)을 지정해 준 것이며, 다항식(polynomial), 방사 기저 함수(radial bias function) 등의 커널을 지정하여 데이터를 고차원적으로 변환한다. 커널 SVC에서는 감마(gamma)라는 매개변수로 결정 경계를 얼마나 유연하게 만들 것인지를 정하는데, 감마 값이 클수록 과대적합이 발생할 수 있다.

4.2.4. 결정 나무(Decision-Tree)

결정 나무 알고리즘은 순서도와 같은 개념으로 이해하면 쉽다. 특정 기준에 따라 순차적으로 데이터셋을 구분하는 방법이다. 결정 나무 알고리즘에서 특정 기준을 노드(node)라고 부르는데, 처음 기준을 루트 노드(root node), 중간 기준을 중간 노드(intermediate node), 마지막 노드를 리프 노드(leaf/terminal node)라고 한다. 결정 나무에서는 마지막 리프 노드가 가장 섞이지 않은 채로 구분되는 것을 목표로 하며, 리프 노드에 하나의 데이터 클래스를 포함하는 경우 이 노드를 순수 노드(pure node)라고 한다. 리프 노드의 불순도(impurity)를 감소시키는 것이 좋은 결정 나무 알고리즘을 만든다는 의미이다. 불순도란 분류된 데이터셋에 얼마나 다른 특성이 섞여 있는가의 개념이며, 불순도를 확인하기 위해 지니 지수(계수) 및 엔트로피 지수를 확인한다.

결정 나무에서 연속된 기준(질문)의 개수를 깊이(depth)라고 하고, 깊이를 깊게 할수록 모델이 복잡해지고 리프 노드가 순수 노드가 될 가능성이 커진다. 깊이가 깊어지면, 훈련 데이터에서 모델의 정확도는 높아지나 과대적합(overfitting)될 가능성도 높아져 오히려 새로운 시험 데이터에 대한 성능은 저하될 수 있다.

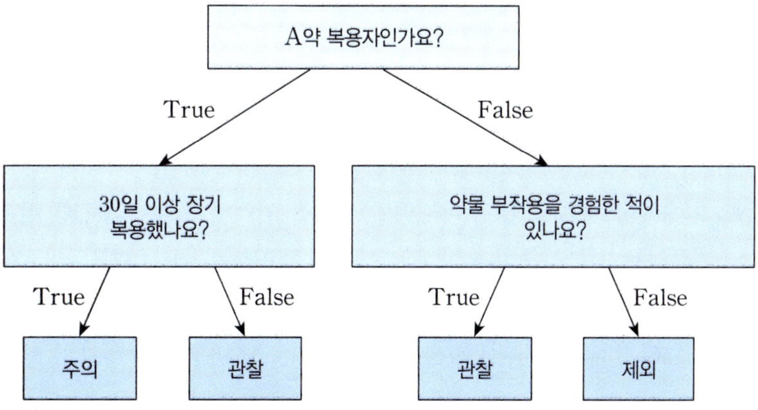

그림 10 약물 부작용 관찰 대상자를 분류하기 위한 결정 나무 예시

4.2.5. 결정 나무 앙상블: 랜덤 포레스트(Random forest) 및 그래디언트 부스팅 (Gradient boosting)

결정 나무 앙상블 알고리즘은 전체적으로 어울린다는 본래 앙상블(ensemble)의 의미처럼 여러 결정 나무의 조합으로 이루어진다. 가장 널리 사용되는 머신러닝 알고리즘인 랜덤 포레스트와 그래디언트 부스팅이 결정 나무를 기본 요소로 하는 대표적인 앙상블 알고리즘이다. 랜덤 포레스트가 결정 나무를 랜덤하게(무작위적으로) 많이 만들어서 그 결과값을 합하는 개념이라면, 그래디언트 부스팅은 이전 결정 나무의 오차를 보완하여 다음 결정 나무를 만드는 순서로 진행된다는 차이가 있다. 따라서 한 번에 하나의 결정 나무를 만드는 것이 아니기 때문에 결정 나무 알고리즘의 단점인 과적합을 보완한다는 장점이 있다.

랜덤 포레스트 알고리즘에서는 대략적인 과정은 이러하다. 독립적인 결정 나무를 많이 만들기 위해 원래 데이터셋에서 붓스트래핑(bootstrapping) 방법으로 반복 추출하여 데이터셋을 여러 개(n_samples) 만들고, 각 데이터셋에서 랜덤하게 선택한 피처로부터 결정 나무(n_estimators)를 만들어 분석한 후 얻어진 결과값을 평균하여 모델의 전체 성능을 평가하게 된다. 여기서 랜덤하게 몇 개의 피처를 고를지(max_features)가 랜덤 포레스트의 중요 변수가 되는데, max_features가 많을수록 랜덤한 속성이 줄어들고, 적을수록 랜덤한 속성이 늘어나 깊이가 깊어질 수도 있으므로 적절한 피처 수를 선택하는 것이 중요하다.

그래디언트 부스팅 알고리즘은 순차적으로 결정 나무를 적용하는 방법으로 앞선 결정 나무의 오차를 얼마나 보완할 것인지를 결정하는 학습률(learning_rate)이 중요 변수가 된다. 학습률이 높으면 트리의 개수(n_estimators)가 줄어들 수 있으나 모델의 복잡도가 높아져 과대적합될 수 있다. 그래디언트 부스팅에서는 랜덤 포레스트보다 깊이가 얕은 트리(보통 5 이하)를 사용하므로 예측값을 빠르게 얻을 수 있다는 장점이 있다.

4.2.6. K-최소 근접(K-Nearest Neighbor) 알고리즘

K-최소 근접(K-Nearest Neighbor, 혹은 최근접 이웃) 알고리즘 즉 KNN 알고리즘은 훈련 데이터로부터 함수를 도출하는 것이 아니라 데이터를 기억하여 데이터 간의 유사한 특징을 기준으로 분류하는 알고리즘이다. 새로운 데이터 포인트를 예측하기 위해 주어진 데이터의 주변 이웃 데이터들의 특징을 파악하고 가장 유사한 데이터 그룹에 포함되도록 하는 방식이다. 다음 [그림 11]에서 검은색 점을 그룹 1, 2, 3 중 하나로 분류하고자 하였을 때 검은색 점을 기준으로 일정 거리 안에 들어가는 샘플의 수(k)를 고려하여 가장 많이 포함된 그룹으로 점을 분류해 준다는 개념이다. KNN은 거리 metric만 사용하므로 구현이 쉽고, 연속형 변수에서 성능이 좋은 것으로 알려져 있다.[1)]

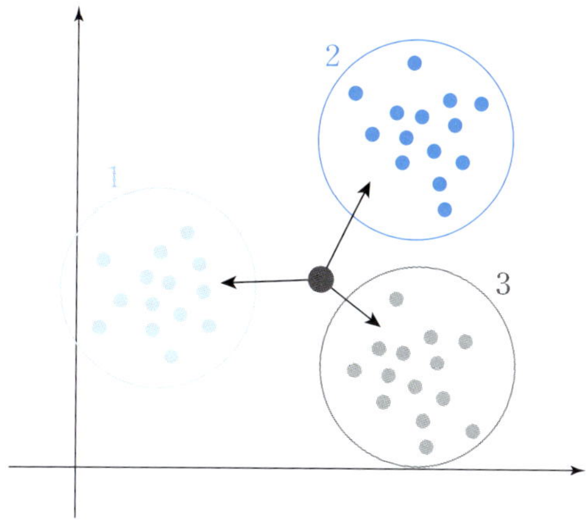

그림 11 K-최소 근접 알고리즘의 개념

4.3 머신러닝 모델 훈련 및 최적화

이제 훈련 데이터로 알고리즘을 선택하여 모델을 학습시켰다면, 이 모델이 최적의 성능을 갖도록 하는 과정이 필요하다. 모델을 최적화하는 과정 중에 알아야 할 핵심 개념이 바로 과대적합(overfitting)이다. 앞서 설명했지만 과대적합은 훈련 데이터에 의해 학습이 너무 잘된 상태를 의미하는데, 훈련 데이터가 적거나 알고리즘이 너무 복잡한 경우, 혹은 **불균형 데이터**(imbalanced data)에서 자주 발생한다. 의약 빅데이터 분석에서 관심을 갖게 되는 사건들은 드물게 발생하는 경우가 많으므로 데이터셋이 불균형 되어 있기 쉽다. 따라서 불균형 데이터에서 과대적합을 피하는 방법은 매우 중요하며, 본 교재에서는 가장 보편적으로 사용되는 교차 검증(cross-validation)에 대해 살펴보겠다.

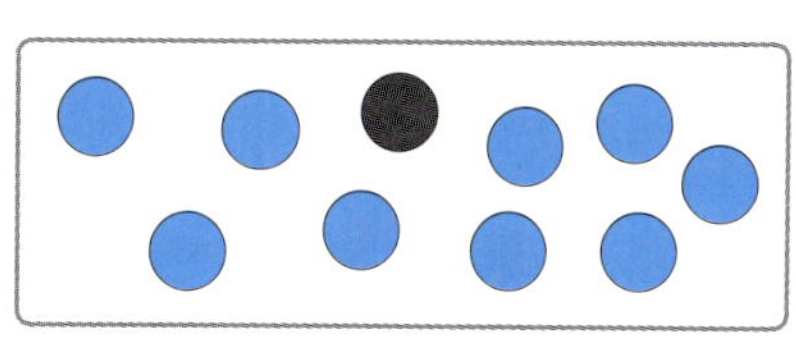

그림 12 불균형 데이터의 개념

4.3.1. 교차 검증(cross-validation)

교차 검증은 훈련 데이터와 시험 데이터를 여러 번 반복해서 나누어 여러 가지 모델을 학습시킨 후에 각 학습 모델의 성능을 평균 내어 평가하는 방법이다. 교차 검증의 횟수에

1) https://medium.com/capital-one-tech/k-nearest-neighbors-knn-algorithm-for-machine-learning-e883219c8f26

따라 k-fold 교차 검증이라고 부른다. 예를 들어, 다음 [그림 13]과 같이 5번의 교차 검증을 시행했다면, 5-fold 교차 검증이라고 한다. k-Fold 교차 검증은 한 번만 교차 검증하는 방법에 비해 시간이 오래 걸리나 데이터가 적은 경우, 모든 데이터를 훈련 및 검증에 사용할 수 있으므로 효율적이다.

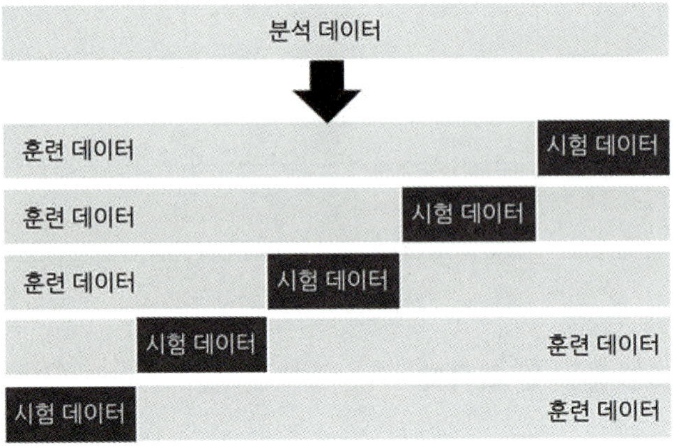

그림 13 5-fold 교차 검증 예시

4.3.2. 매개변수 최적화(hyperparameter optimization)

머신러닝에서 알고리즘에 따라 설정해야 하는 매개변수가 있는데, 이를 하이퍼파라미터라고도 한다. 하이퍼파라미터는 모델파라미터와 대비되는 개념으로 모델파라미터가 알고리즘 내에서 스스로 찾아지는 값이라면, 하이퍼파라미터는 분석자가 최대 성능을 찾기 위해 설정해 주는 것이다. 앞서 설명한 알고리즘 중 커널 SVC 알고리즘의 성능을 결정짓는 중요한 매개변수는 C와 gamma이므로 이 값을 변화시키면서 최대 성능을 찾아가는 것이다. 예를 들어, C의 값으로 0.01, 0.1, 1.0, 10.0 값이 자주 사용되고 gamma 값으로도 이 4개의 값이 자주 사용된다면, 16개의 조합(4×4 그리드)이 만들어지고, 이 조합을 하나씩 넣어보면서 모델의 성능을 비교하여 최적의 조합을 찾아가야 한다. 이런 과정을 자동으로 시행해 주는 분석 방법이 있는데, 이를 그리드 서치(grid search)라고 한다.

4.4 머신러닝 알고리즘 성능 평가

4.4.1. 회귀 알고리즘 평가

회귀 알고리즘의 평가는 모형의 적합성 평가 단계와 F-statistic 값으로 도출된 회귀식의 적합성 파악한 후에 R2 score로 회귀식에 의해 설명되는 변동이 총 변동 중에서 차지하고 있는 상대적인 비율의 정도를 확인한다. 각 독립변수에 대한 p-value 값은 유의수준 기준

(주로 0.05로 설정)에 따라 독립변수가 종속변수에 미치는 영향이 통계적으로 유의한지 판단하는 근거가 된다.

4.4.2. 분류 알고리즘 평가

분류 알고리즘의 성능 평가는 오차 행렬(confusion matrix)을 그림으로써 실제 정답과 분류 결과와의 일치 정도를 확인하고, ROC(Receiver operating characteristic) 곡선의 아래 면적인 AUC(area under the curve)의 값을 통해 판단한다. 실제 정답과 분류의 결과를 True와 False로 나눈다고 할 때, 실제도 True인데 분류도 True로 맞게 된 경우는 True Positive(TP), 실제는 True였으나 분류 결과가 False로 잘못 분류된 경우는 False Negative(FN)로 표현한다. 실제 False였으나 True로 잘못 분류된 경우는 False Positive(FP)이며, 실제도 False, 분류도 False인 경우는 True Negative(TN)이다. 이 네 가지의 지표를 사용하여 알고리즘의 성능을 평가하는 주요 지표들을 계산할 수 있다.

표 3 오차 행렬(Confusion matrix)

		실제 정답	
		True	False
분류(예측) 결과	True	True Positive (TP)	False Positive (FP)
	False	False Negative (FN)	True Negative (TN)

정확도는 가장 널리 알려진 알고리즘 성능 평가지표 중 하나이지만, 발생률이 매우 낮은(1/10,000) 약물 부작용 예측모형의 성능을 평가할 때 정확도로만 평가한다면, 10,000개 중 1개를 예측하는 성능보다 9,999개를 맞출 가능성을 평가하게 되므로 중요한 의미를 갖기 어렵다. 이렇듯 데이터셋의 특성과 알고리즘 구현의 목적에 따라 여러 개의 성능 평가지표를 동시에 보여주는 것이 필요하다. 정밀도와 재현율은 정확도와 함께 많이 사용되는 평가지표로 정밀도는 True로 예측한 것(TP+FP) 중 진짜 True(TP)인 것을 의미하며, 양성예측도(positive predictive value, PPV)라고도 한다. 재현율은 실제 Positive인 것(TP+FN) 중 Positive로 맞게 예측한 것을 의미하며, 민감도(sensitivity) 혹은 진짜 양성 비율(true positive rate, TPR)이라고도 한다. FP(거짓 양성)가 많아지면 정밀도는 감소하지만, FN(거짓 음성)이 줄어들어 재현율을 높아지게 된다. 따라서 최적화된 정밀도와 최적화된 재현율은 상충하는 관계에 있으므로 이 두 값의 조화평균인 성능 점수(F1-score)로 두 지표를 함께 고려하기도 한다.

ROC 곡선은 x축이 거짓 양성 비율(false positive rate, FPR), y축이 TPR(진짜 양성 비율, 재현율과 같은 의미)인 평면에 여러 임계값에서의 성능을 표현한 곡선이다. TPR이 1에 가깝고 FPR이 0에 가까울수록 완전한 분류가 되는 것이며, 랜덤하게 찍는 경우는 점선을 의

표 4 대표적인 알고리즘 성능 평가지표

성능 평가지표	설명	계산식
정확도(Accuracy)	전체 데이터 중 정확히 예측한 것	$\frac{TP+TN}{TP+FP+FN+FN}$
정밀도/양성예측도 (Precision/Positive predictive value)	True로 예측한 것 중 진짜 True의 것	$\frac{TP}{TP+FP}$
재현율/민감도/진짜 양성 비율 (Recall/Sensitivity/True positive rate)	실제 Positive인 것 중 Positive로 맞게 예측한 것	$\frac{TP}{TP+FN}$
성능점수(F1-score)	정밀도와 재현율의 조화평균	$\frac{2\times 정밀도\times 재현율}{정밀도+재현율}$
특이도(Specificity)	실제 Negative인 것 중 Negative로 맞게 예측한 것	$\frac{TN}{FP+TN}$
거짓 양성 비율(False positive rate)	실제 Negative인 것 중 Negative로 잘못 예측한 것	$\frac{FP}{FP+TN}$

미한다. AUC는 ROC 곡선의 아래 면적을 의미하므로 1에 가까울수록 분류 알고리즘의 성능이 좋다는 것을 의미한다. 불균형 데이터인 경우에도 랜덤하게 예측하는 경우의 AUC는 0.5이므로 앞서 설명한 정확도 보다 의미 있는 값을 제시할 수 있어서 불균형 데이터를 이용한 알고리즘의 성능 평가에는 AUC 값을 함께 사용하는 것이 좋다.

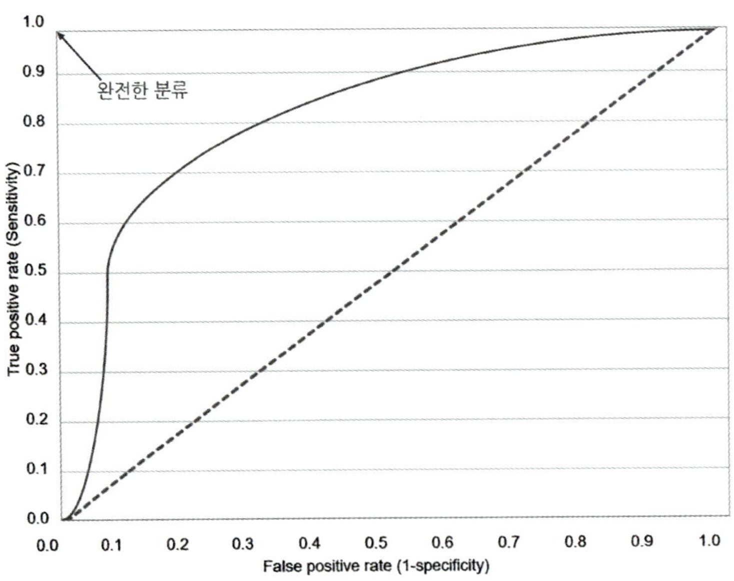

그림 14 ROC 곡선의 의미

5 머신러닝 분석 프로그램

머신러닝 분석은 어떤 도구로 수행할 수 있을까? 머신러닝 분석은 데이터의 양과 종류가 방대하고 알고리즘도 빠르게 개발되어 오픈소스 컴퓨터 프로그래밍 언어를 사용하여 분석하는 것이 일반적이다. 본 교재에서는 머신러닝 분석에 사용되는 대표적인 무료 프로그램인 R과 파이썬(Python)을 활용한 예제에 대해 소개하고자 한다. R과 파이썬은 일종의 "마당(플랫폼)"으로, 이들 마당에 실제 머신러닝 분석을 가능하게 하는 "도구"들을 불러와서 분석을 수행하게 된다. R에서는 이 도구들을 "패키지"라고 부르고, Python에서는 "라이브러리"라고 명명한다. R에서는 콘솔창에 install.packages("패키지명")를 입력하여 패키지를 설치하고 library(패키지명)를 입력하여 설치된 패키지를 불러들여 사용할 준비를 하며, 파이썬에서는 import 기능을 통해 라이브러리를 설치한다. 본 교재의 사례에서 사용할 주요 머신러닝 관련 패키지 및 라이브러리를 [표 5]에 정리하였다. 다음 장으로 넘어가기 전에 미리 R과 파이썬을 설치한 뒤 머신러닝 관련 패키지/라이브러리를 불러오면 실제 분석을 하기 위한 준비를 마친 것이다.

표 5 머신러닝 분석을 위한 주요 패키지

프로그램	패키지 설치 구문	관련 교과서 예제
R	install.packages("tm")	1. SNS 비정형 데이터 머신러닝
	install.packages("randomForest") install.packages("caret") install.packages("pROC")	3. 머신러닝 질병 위험 예측모형
	install.packages("twang")	4. 머신러닝 기반 성향점수 추정 방법
파이썬	import pandas as pd import numpy as np	파이썬 예제 공통
	from sklearn.linear_model import LogisticRegression	2. 머신러닝 활용 - 임상 데이터
	from sklearn.ensemble import Random-ForestClassifier import xgboost as xgb from xgboost import XGBClassifier	5. 머신러닝 알고리즘을 활용한 실마리정보 탐지

요약

이번 장에서는 인공지능과 머신러닝의 개념을 간단히 살펴보았고 머신러닝 분석의 종류와 머신러닝 유형, 머신러닝의 단계, 그리고 사용하는 분석 프로그램(프로그래밍 언어)에 대해 소개하였다. 인공지능은 말 그대로 인간의 지능을 모방하는 모든 프로그램이고 머신러닝은 인공지능의 여러 분야 중 하나로 다양한 방법으로 기계가 학습을 통해서 데이터에 존재하는 패턴을 찾는 인공지능이다. 최근 많이 언급되는 딥러닝은 기계가 패턴을 학습하는 한 방법으로 머신러닝의 유형 중 하나이며, 많은 머신러닝 알고리즘 중에 인공 신경망(artificial neural network)을 기반으로 한 방법들을 통칭하여 딥러닝이라고 한다.

머신러닝을 통해 보건의료 분야의 빅데이터를 여러 방면으로 활용할 수 있다. 머신러닝의 다양한 방법 중 정답이 있는 데이터를 바탕으로 패턴을 학습하는 것이 지도 학습인데 이는 질병의 여부 등을 판별하거나 특정 질환이 발생할 위험을 예측하는 모델을 개발할 때 사용될 수 있다. 반면, 데이터가 매우 고차원적이고 복잡한 경우 이 데이터로부터 중요한 특징을 추출하는 과정이 필요한데 이때 적합한 것이 비지도 학습이다. 여러 상황에 따라 최적의 행동 정책을 도출하는 강화학습은 다양한 임상 상황에 맞는 최적의 치료 전략을 수립하는 데 활용될 수 있다.

이번 장의 목적은 인공지능과 머신러닝에 대해서 개괄적으로 소개를 하여 큰 그림을 제시하는 것이 목적이기에 세부적인 내용을 깊게 다루지 않았다. 소개한 내용 중 관심이 있는 부분이 있다면 해당되는 내용에 대해 추가로 탐독하기를 권한다. 이번 장을 통해 독자들이 인공지능과 머신러닝에 대해 폭넓게 이해할 수 있는 기회가 되길 바란다.

18장 인공지능과 머신러닝 사례

학습목표

1. 머신러닝 알고리즘을 적용하여 SNS 데이터로부터 유해사례를 탐지할 수 있다.
2. 임상자료에 머신러닝 알고리즘을 적용하고 모델의 성능을 평가할 수 있다.
3. 머신러닝 질병 위험 예측모델을 구축하고 평가할 수 있다.
4. 머신러닝 기반 성향점수를 추정하고 평가할 수 있다.
5. 머신러닝 알고리즘을 활용하여 실마리정보 탐지를 수행할 수 있다.

개요

이번 장에서는 약학 연구 분야에서의 인공지능 및 머신러닝을 활용한 실제 사례를 소개하여 인공지능 및 머신러닝의 이해도를 높이고자 한다.

첫 번째 사례는 SNS 비정형 데이터에 머신러닝 알고리즘을 적용하는 사례이다. 특히 주요 SNS인 트위터로부터 메틸페니데이트(methylphenidate)의 약물 유해사례를 파이썬을 이용하여 탐지해 볼 것이다. 본 사례를 통해 자연어처리와 머신러닝 알고리즘 중 하나인 XGBoost를 실습해 볼 수 있다. 두 번째 사례는 임상 자료에 머신러닝 알고리즘을 적용하고 모델의 성능을 평가하는 사례이다. 파이썬 등에서 제공되는 라이브러리를 활용하면 17장에서 학습한 머신러닝 모델을 비교적 쉽게 자료에 적용할 수 있다. 분류 문제에 사용할 수 있는 지도학습 알고리즘 중 하나인 로지스틱 회귀분석을 자료에 적용해보고 최종적으로 모델의 성능을 평가하는 과정을 따라가며 17장 이론 부분의 이해를 돕고자 한다. 세 번째 사례는 머신러닝을 활용하여 질병 위험 예측을 하는 모델을 구축하고 이 모델의 성능평가를 위해 R을 이용한 예제를 소개한다. 네 번째 사례는 머신러닝 기반 성향점수 추정 방법의 이해 및 평가를 위해 R을 이용한 예제를 소개한다. 다섯 번째 사례는 국내 의약품부작용보고원시자료를 활용하여 Methotrexate 대비 Infliximab에 대한 실마리정보 탐지 목적 머신러닝 알고리즘 모델을 파이썬을 사용하여 개발하는 것이다. 앞으로 소개되는 다섯 가지 사례를 통해 인공지능 및 머신러닝에 대해 알아보도록 하자.

1 SNS 비정형 데이터 머신러닝

현대사회에서 우리는 매일 SNS를 접하고 있다. 우리는 SNS 플랫폼(예, 페이스북, 트위터, 인스타그램)을 통해 일상의 경험을 공유한다. 환자들은 같은 질환의 환자들끼리 온라인 커뮤니티를 형성하여 의약학 정보를 공유하기도 한다. 이러한 정보들이 축적되어 SNS는 현재 실사용 자료의 중요한 자료원이 되었다.

비록 자발적부작용보고가 임상시험 과정에서 관찰되지 않은 유해사례를 탐지하는 좋은 제도이기는 하지만, 일반인의 인식도는 여전히 낮으며 정해진 양식에 내용을 작성하기 어려워한다. 반면 SNS는 상대적으로 문턱이 낮기에 일상적으로 약물 유해사례 경험을 작성할 수 있다. 따라서 SNS 데이터마이닝은 기존의 시판 후 조사에서 탐지하지 못한 유해 반응을 탐지하거나 더 이른 시점에 탐지할 수 있을 것으로 주목받고 있다.

SNS 비정형 데이터를 분석하기 위해서는 사람이 쓰는 언어인 자연어(natural language)를 컴퓨터가 처리할 수 있도록 자연어처리(natural language processing, NLP)를 시행해야 한다. 최근에는 BERT(Bidirectional Encoder Representations from Transformers) 모델과 같이 언어를 학습시켜 다양한 머신러닝 분석에 활용할 수도 있으나, 이번 장에서는 기본적인 카운트 기반의 텍스트 표현 방법인 TF-IDF(Term Frequency-Inverse Document Frequency)와 간단한 머신러닝 모델을 이용하여 유해사례를 탐지하는 사례를 소개하고자 한다.

1.1 데이터 수집 및 전처치

SNS 자료는 파이썬 프로그램을 이용한 크롤링(crawling) 또는 스크래핑(scraping)을 통해 수집한다. 트위터의 경우 특정 조건(검색어, 작성일 등)을 만족하는 트윗을 수집할 수 있다. 따라서 특정 약물의 유해사례를 탐지하고자 하는 경우에 검색어 조건은 약물의 상품명과 성분명으로 설정하고 작성일 조건은 약물이 시판된 시점부터 현재까지 설정하여 트윗을 수집할 수 있다. 단, 사람들이 트윗을 작성하는 과정에서 오타를 쓸 수 있기에 발생할 수 있는 오타를 고려하여 검색어를 설정하는 것이 좋다.

트윗은 텍스트로 주로 구성되며 구조화가 되어 있지 않은 비정형 데이터이다. [표 1]의 메틸페니데이트를 언급한 트윗은 비정형 데이터로, 구조화된 정형 데이터와는 확연히 차이가 있다.

[표 1]의 트윗은 사람이 일상적으로 사용하는 언어인 자연어로 작성되었다. 이를 분석하기 위해서는 자연어의 의미를 분석하여 컴퓨터가 처리할 수 있도록 자연어처리를 시행해야 한다. 먼저 텍스트를 전처치하는데, 자연어처리의 목적에 따라 다양한 전처치 방법을 사용한다. 이번 사례에서는 영어의 대소문자 통일, 분석에 필요하지 않은 숫자와 문장부호

표 1 비정형 데이터와 정형 데이터

비정형 데이터 - 트윗

I am on methylphenidate 36mg (and sertraline 50mg for OCD) and I love it when it kicks in and I can control my focus a bit more, but I hate how it messes with my appetite and the anxiety feels just a little bit sharper.

정형 데이터

복용약물	유해사례
메틸페니데이트 36 mg, 설트랄린 50 mg	식욕부진, 불안

제거, 불용어(stop word) 제거, 어간 추출(stemming)을 시행하였다. 불용어는 분석에 큰 의미가 없는 단어로 영어에서는 "the", "a"와 같은 단어들이 포함된다. 일반적으로 인칭대명사("i", "me", "my", "we", "he", "she" 등)도 불용어에 포함된다. 영어 불용어를 확인하고 싶으면 R에서 stopwords (kind="en") 명령어로 확인할 수 있다. 또한 어간 추출은 공통 어간(단어의 의미를 담고 있는 핵심 부분)을 가지는 단어를 묶는 것이다. 예를 들어, "feel", "feels"는 같은 동사이지만 주어의 인칭에 따라 형태가 다른 단어이다. 이들을 개별 단어로 취급하는 것보다는 동일한 단어로 보는 것이 적합하다. 어간 추출은 어형이 변형된 단어의 어간만 분리하므로 "feels"를 어간인 "feel"로 변형시켜준다.

SNS에는 본인의 경험 외의 내용(주변 사람의 경험, 뉴스, 연구 결과 등)도 공유된다. 이러한 개인의 경험이 아닌 유해사례는 실제 유해사례를 과대평가하도록 한다. 따라서 SNS를 이용한 약물감시에서는 유해사례를 탐지함과 동시에 본인의 경험인지도 판단해야 한다. 개인의 경험인지 아닌지를 평가하기 위해서는 인칭대명사가 필요하므로 텍스트 전처치 과정에서 불용어를 제거하지 않을 수도 있다. 본 사례에서는 불용어를 제거하기 전에 "I"라는 일인칭 대명사를 "firstperson"으로 미리 변경하는 방법을 제시하였다.

다음 코드는 R 프로그램을 이용하여 자연어처리를 한 예시이다. 자연어처리를 위해 빈번하게 사용되는 R 패키지로는 'tm'(영어 자연어처리)와 'KoNLP'(한글 자연어처리)가 있다.

[코드] 자연어처리의 예시(R 프로그램)

```
# R에서 주석은 '#'으로 표시하며, # 이후의 문장은 실행되지 않는다.

install.packages("tm") # tm 패키지 설치, 컴퓨터에 처음 한 번만 실행하면 됨
install.packages("SnowballC") # SnowballC 패키지 설치, stemDocument 실행에 필요
library("tm") # tm 패키지 로딩
library("SnowballC")
#raw<-read.csv('data.csv', header=T) # csv 형태의 데이터파일 불러와서 raw에 저장
```

```
raw<-"I am on methylphenidate 36mg (and sertraline 50mg for OCD) and I love it when it kicks in and I can control my focus a bit more, but I hate how it messes with my appetite and the anxiety feels just a little bit sharper." # 본 예시에는 [표 1]의 예시 문장에 대해 자연어처리를 시행하기 위해 " "사이의 문장을 raw에 저장하였음

raw<-gsub("I", "firstperson", raw) # "I"는 불용어 제거 과정에서 제거됨. 개인의 경험과 관련된 중요한 feature로 남기기 위해서 "I"가 제거되지 않도록 "firstperson"으로 변경함
raw<-Corpus(VectorSource(raw))

tm <- tm_map(raw, tolower) # 소문자로 변경
tm <- tm_map(tm, removeNumbers) # 숫자 제거
tm <- tm_map(tm, stripWhitespace) # 여러 공백을 하나의 공백으로 변환
tm <- tm_map(tm, removePunctuation) # 문장부호 제거
tm <- tm_map(tm, stemDocument) # 어간 추출
tm <- tm_map(tm, removeWords, stopwords("english")) # english stopword 제외

tdm <- TermDocumentMatrix(tm) # Term-Document Matrix 생성
m = as.matrix(tdm)
print(m)
write.csv(m, "tm.csv") # 분석 결과를 tm.csv 파일로 저장함
```

자연어처리 과정이 끝나면 최종적으로 TermDocumentMatrix 명령어를 이용하여 각 문서에서의 단어의 빈도를 행렬(Term-Document Matrix)로 만든다. 코드의 명령어를 실행하면, [표 2]의 결과와 같이 비정형 데이터를 정형화할 수 있다. 예시 문장에 "I"가 4번 들어 있었기에 "Firstperson"의 값이 4이다. 단어 "anxiety", "appetite"와 같이 불안, 식욕부진의 유해사례와 관련된 단어도 확인할 수 있다. "anxieti"와 "appetit"으로 변형된 것은 어간 추출을 시행했기 때문이다. 여러 트윗 문장을 데이터프레임 형태로 입력했다면 하나의 문서가 아니라 여러 문서에 걸친 단어의 빈도를 확인할 수 있다.

표 2 자연어처리 결과의 예시

Terms	Docs	Terms	Docs
anxieti	1	just	1
appetit	1	kick	1
bit	2	littl	1
can	1	love	1
control	1	mess	1
feel	1	methylphenid	1
firstperson	4	ocd	1
focus	1	sertralin	1
hate	1	sharper	1

1.2 머신러닝을 이용한 유해사례 탐지

본 실습을 위해 메틸페니데이트를 언급한 트윗 중 유해사례에 대한 언급 여부가 라벨링되어 있는 6,860개의 트윗을 사용하였다. 하지만 약물 관련 트윗 중에서도 유해사례를 언급하는 트윗은 드물다. 실제로 6,860개 트윗 중 379개 트윗에서 유해사례가 언급되었다. 이러한 데이터의 불균형은 학습하는 과정에서 유해사례가 언급되지 않은 트윗으로 학습이 치중되는 문제를 유발한다. 불균형 데이터를 처리하는 방법도 여러 가지가 있으나, 이번 사례에서는 다운샘플링(down sampling)을 이용하여 유해사례를 언급하지 않은 6,481개의 트윗 중 무작위로 379개의 트윗을 추출하여 데이터의 수를 같게 하였다. 전체 데이터세트를 무작위로 8:2의 비율로 나눠 학습용 데이터세트와 테스트용 데이터세트로 하였다.

[그림 1]은 실습 데이터세트의 구조이며, [표 3]은 특징의 정보이다.[1] 이번 실습에서 데이터세트를 만드는 과정은 제외하였다. Class는 유해사례 여부에 대한 라벨(1: 유해사례, 0: 유해사례 아님)이다. Class를 제외한 열은 머신러닝 분석에 사용되는 특징이다. 본 실습에서는 메틸페니데이트에 대해 알려진 대표 부작용인 식욕감소, 불면증, 정신병, 심박변화 등만을 특징으로 선택하였으나, 알려지지 않은 약물부작용을 탐지하기 위해 모든 약물부작용 명칭을 단어집으로 만들어 활용할 수도 있다. Firstperson, secondperson, thirdperson, otherperson은 트윗에 등장하는 인칭대명사 또는 사람을 지칭하는 단어를 의미한다. 이번 사례와 같이 단어의 등장 횟수를 머신러닝 분석의 특징으로 설정하는 경우에는 관련된 단어가 누락되지 않도록 단어집을 잘 구성하는 것이 중요하다. Score는 트윗에 등장하는 긍정적인 단어(+1)와 부정적인 단어(-1)의 합이다. 긍적적인 단어와 부정적인 단어는 Liu와 Hu가 만든 Opinion Lexicon(https://www.cs.uic.edu/~liub/FBS/sentiment-analysis.html#lexicon)을 사용하였다. 일반적으로 유해사례를 언급하는 트윗에는 부정적인 단어를 빈번하게 사용하므로 특징으로 선정하였다. 트윗 작성자의 정보(가입일, 팔로워 수, 팔로잉 수 등)나 트윗에 URL 유무도 특징으로 활용해볼 수도 있다.

Class	appetite	sleep	psychotic	heart	gidisorder	nervous	sweat	eye	general	firstperson	thirdperson	secondperson	otherperson	score
0	0	0	0	0	0	0	0	0	0	0	0	0	0	0
0	0	0	0	0	0	0	0	0	0	0	0	0	0	2
0	0	0	0	0	0	0	0	0	0	0	0	0	0	0
0	0	0	0	0	0	0	0	0	0	0	0	1	0	0
0	1	0	0	0	0	0	0	0	0	1	0	1	0	3
0	0	0	0	0	0	0	0	0	0	1	0	0	0	0
0	0	0	0	0	0	0	0	0	0	0	0	0	0	0
0	0	0	0	0	0	0	0	0	0	0	3	3	0	1
0	0	0	0	0	0	0	0	0	0	0	1	0	1	0
0	0	0	0	0	0	0	0	0	0	0	1	0	0	0

그림 1 실습 데이터세트 구조

1) 본 실습에 대한 자료는 자유아카데미 홈페이지(www.freeaca.com)에서 다운로드받을 수 있다.

표 3 실습 데이터세트에 사용된 특징 및 설명

특징	특징에 대한 설명
appetite	식욕감소와 관련된 단어가 등장한 횟수
sleep	수면장애와 관련된 단어가 등장한 횟수
psychotic	정신장애와 관련된 단어가 등장한 횟수
heart	심장질환과 관련된 단어가 등장한 횟수
gidisorder	위장관장애와 관련된 단어가 등장한 횟수
nervous	신경장애와 관련된 단어가 등장한 횟수
sweat	과도한 땀분비와 관련된 단어가 등장한 횟수
eye	눈장애와 관련된 단어가 등장한 횟수
general	일반적인 약물유해반응과 관련된 단어가 등장한 횟수
firstperson	1인칭 단어가 등장한 횟수
secondperson	2인칭 단어가 등장한 횟수
thirdperson	3인칭 단어가 등장한 횟수
otherperson	인칭대명사를 제외하고 사람을 지칭하는 단어가 등장한 횟수
score	감정점수

다음 코드는 유해사례를 예측하는 XGBoost 알고리즘의 파이썬 코드이다. XGBoost 알고리즘은 최상의 예측 결과를 만드는 캐글(Kaggle) 대회에서 많은 우승을 한 알고리즘으로 다양한 머신러닝 분석에 활용된다. XGBoost 알고리즘에서는 다양한 하이퍼파라미터를 설정할 수 있다. 본 사례에서는 max_depth(트리의 최대 깊이), subsample(학습 시 데이터 샘플링 비율), eta(학습률), min_child_weight(leaf node에서 관찰되는 최소 관측치의 수)를 조정하였다. 데이터의 수가 적어 10-fold 교차검증을 통해 정확도가 가장 높은 하이퍼파라미터를 확인하였다. 학습용 데이터세트와 최적의 하이퍼파라미터로 학습된 모델을 테스트용 데이터세트에 적용하여 모델의 정확도를 평가하였다.

[코드] 유해사례 탐지를 위한 XGBoost 학습 코드(파이썬)

```
import pandas as pd
import xgboost as xgb
import numpy as np

from sklearn.metrics import make_scorer, accuracy_score, confusion_matrix
from sklearn.model_selection import cross_val_score
from sklearn.model_selection import GridSearchCV, KFold

# 학습용 데이터세트 지정
df = pd.read_csv('경로/training.csv')
```

```
X = df.drop('Class',axis=1) # 종속변수에 해당하는 Class 열 제외
y = df[['Class']]

# XGBoost의 전용 데이터 세트인 DMatrix 생성
xgb_train = xgb.DMatrix(X, label=y)

# XGBoost 분류기 생성
xgb_clf = xgb.XGBClassifier()

# 교차검증(cross validation)을 위한 하이퍼파라미터 조합의 격자 생성
xgb_param_grid = {'max_depth': [3, 5, 7 ,9],
                  'subsample': [0.6, 0.8, 1.0],
                  'eta':[0.01, 0.05, 0.1],
                  'min_child_weight':range(1, 6, 2)
                  }

# 10-fold 교차검증을 실시(cv=10)하여 하이퍼파라미터 값에 따른 정확도(accuracy_score) 계산
cv = KFold(n_splits=10, shuffle=True, random_state=42)

hr_grid = GridSearchCV(estimator=xgb_clf,
                       param_grid=xgb_param_grid,
                       scoring=make_scorer(accuracy_score),
                       n_jobs=8,
                       cv=cv,
                       refit=True,
                       return_train_score=True)

hr_grid.fit(X, y.values.ravel())
hr_grid_df = pd.DataFrame(hr_grid.cv_results_)
hr_grid_df.loc[:, ['mean_train_score','mean_test_score', "params"]]

# 최적의 하이퍼파라미터 확인
print(hr_grid.best_params_)

# 최적의 하이퍼파라미터를 적용한 모델 저장
model = hr_grid.best_estimator_

# 테스트 데이터세트 불러오기
df2 = pd.read_csv('경로/test.csv')
X_test = df2.drop('Class',axis=1)
y_test = df2[['Class']]
xgb_test = xgb.DMatrix(X_test, label=y_test)
```

```
# 오차 행렬과 정확도를 출력하는 명령어 정의
def get_clf_eval(y_test, y_pred):
    confusion = confusion_matrix(y_test, y_pred)
    accuracy = accuracy_score(y_test, y_pred)
    print('오차 행렬:\n', confusion)
    print('\n정확도: {:.4f}'.format(accuracy))

# X_test를 모델에 입력하여 얻어지는 예측값(y_pred)과 실제 테스트 데이터세트의 y값 (y_test)를
비교하는 오차 행렬과 정확도 출력
y_pred = model.predict(X_test)
get_clf_eval(y_test, y_pred)
```

위 명령어를 실행하면 오차 행렬과 정확도를 확인할 수 있다. 정확도는 0.8477로 높은 정확도의 모델이 개발되었음을 확인할 수 있다. print(y_pred) 코드를 이용하면 테스트용 데이터세트의 트윗이 어떻게 분류되었는지 확인할 수 있다. 만약 분류하고 싶은 새로운 트윗이 있다면 테스트용 데이터세트 대신에 입력하여 평가할 수도 있다.

본 예제를 통해 SNS 비정형 데이터로부터 자연어처리를 통해 데이터세트를 구성하고, XGBoost 알고리즘을 통해 유해사례 언급 여부를 분류하는 모델을 어떻게 구축하고 평가할 수 있는지 살펴보았다.

사람이 구사하는 언어를 컴퓨터가 이해할 수 있도록 하는 자연어처리 분야는 관심이 높고 지속해서 발전하는 분야이다. 따라서 본 교재에서 설명하는 카운트 기반의 방식은 기초적인 방법이다. BERT와 같이 문장 자체를 이해하는 자연어처리법은 기존의 방식에 비해 분류 성능을 높이는 것으로 알려져 있다. 따라서 SNS를 이용한 머신러닝 분석에 관심이 있다면, 고차원적인 분석법에 대해 추가로 탐독해 보기를 바란다.

2 임상 자료를 활용한 머신러닝

본 사례는 임상자료에 머신러닝 알고리즘을 적용하였을 때 파이썬을 사용하여 해당 모델의 성능을 평가하는 내용이다. 독자들의 이해를 돕기 위해 공개된 자료원을 활용하여 이에 대해 설명하고자 한다. UCI Repository(https://archive.ics.uci.edu/ml/index.php)에는 머신러닝 알고리즘을 테스트할 수 있는 여러 자료원이 공개되어 있다. 다음 실습에서 활용하는 Heart Disease(https://archive.ics.uci.edu/ml/datasets/Heart+Disease)는 1988년도부터 제공된 자료원이다. 자료의 변수에 대한 설명은 전술한 UCI Repository에서 참조할 수 있다.

2.1 자료에 대한 설명

Heart Disease 자료 변수에 대한 간단한 설명은 다음 [표 4]와 같다.

표 4 Heart Disease 변수에 대한 설명

변수	변수에 대한 설명	
age	age	숫자형(단위: years)
sex	성별	1 = 남성
		0 = 여성
cp	가슴 통증 유형	1 = 협심증(전형적)
		2 = 협심증(비전형적)
		3 = 비심장성 흉통
		4 = 무증상
trestbps	입원 시 안정 혈압	숫자형(단위: mmHg)
chol	혈청 콜레스테롤	숫자형(단위: mg/dl)
fbs	공복 혈당 > 120mg/dl 여부	1 = 예
		0 = 아니오
restecg	안정 시 심전도 결과	0 = 정상
		1 = ST-T 파 이상
		2 = 좌심실 비대
thalach	심장박동수	숫자형
exang	운동유발 협심증	1 = 유
		0 = 무
oldpeak	ST 분절 하강 정도(운동유발)	숫자형
slope	운동 시 ST 분절 기울기	1 = 상향경사
		2 = 수평
		3 = 하향경사
ca	투시조영에 의한 혈관 수	0, 1, 2, 3
thal	결손	3 = 정상
		6 = 고정 결손
		7 = 가역성 결손
num	심장질환 진단	0 = 정상
		1~4 = 질병

2.2 분석 코드 및 분석 결과

Google Colab 또는 Jupyter Notebook에서 다음의 코드를 실행한다. 코드를 실행하면

UCI Repository에 공개된 processed.cleveland.data를 다운로드하여 heart_disease라는 파일명으로 저장한다. 만약 코드가 실행되지 않는다면 코드 마지막 부분의 URL에 접속하여 파일을 다운로드한 뒤 해당 파일명을 heart_disease로 변경하여 저장하여도 무방하다.

```
!wget -O ./heart_disease https://archive.ics.uci.edu/ml/
machine-learning-databases/heart-disease/processed.cleveland.data
```

Pandas(여기서는 축약하여 pd로 import) 의 read_csv를 이용하여 UCI repository에서 다운로드한 heart disease 자료를 읽어 들인다. 제공되는 Heart disease 자료의 구분자는 쉼표(,)이고 컬럼명은 자료에 포함되어 있지 않으므로 관련 옵션을 지정해준다. 다음 코드에서 read_csv() 안의 첫 번째 파라미터는 읽어 들일 자료가 존재하는 경로와 파일명에 해당한다. 두 번째 파라미터는 구분자(separator)에 대한 정보를 제공한다. 세 번째 파라미터는 현재 읽어 들일 자료에 컬럼명(header)은 없으며 첫 번째 줄부터 데이터가 입력되어 있음을 알려준다. 네 번째 파라미터는 자료에서 결측값이 어떻게 표현되어 있는지를 지정해 둔 것이다. 원자료를 살펴보면 결측값이 "?"로 표기된 것을 알 수 있다. 컬럼명에 대한 정보는 웹페이지(https://archive.ics.uci.edu/ml/datasets/Heart+Disease) 에서 확인할 수 있다. 14개 컬럼의 컬럼명을 리스트로 하여 col_name이라고 명명하고 heart_disease 자료의 컬럼명이 되도록 해주었다.

```
import pandas as pd
import numpy as np

heart_disease = pd.read_csv('./heart_disease',sep=",",header=None, na_values="?")
col_name = ['age', 'sex', 'cp', 'trestbps', 'chol', 'fbs', 'restecg', 'thalach', 'exang',
'oldpeak', 'slope', 'ca', 'thal', 'num']
heart_disease.columns = col_name
```

다음 코드들은 기본적인 탐색적 자료 분석을 하기 위한 코드이다. 코드를 한 줄씩 실행하여 heart_disease 자료의 행과 열의 수, 결측값의 수, 값의 범위 등을 확인할 수 있다. 간단한 탐색적 자료분석을 통해 이상치를 확인할 수 있다. 예를 들어 나이가 입력된 컬럼(age [year])인데 200이라는 숫자가 있다면 입력값 오류, 코딩 오류, 단위의 문제 등을 의심하고 경우에 따라 조치할 수 있다. 자료에 포함된 변수에 대해 간단하게 요약치를 확인할 수 있다. describe()를 이용한 확인 결과는 다음 [그림 2]와 같다.

```
heart_disease.shape # 303행 14열

heart_disease.head() # 첫 5행 조회. 괄호 안에 숫자를 넣으면 그 숫자만큼의 행을 조회할 수 있다. 마지막 5행은 tail()로, 무작위 행은 sample()로 조회한다.

pd.set_option("display.float", "{:.2f}".format)
heart_disease.describe()
```

	age	sex	cp	trestbps	chol	fbs	restecg	thalach	exang	oldpeak	slope	ca	thal	num
count	303.00	303.00	303.00	303.00	303.00	303.00	303.00	303.00	303.00	303.00	303.00	299.00	301.00	303.00
mean	54.44	0.68	3.16	131.69	246.69	0.15	0.99	149.61	0.33	1.04	1.60	0.67	4.73	0.94
std	9.04	0.47	0.96	17.60	51.78	0.36	0.99	22.88	0.47	1.16	0.62	0.94	1.94	1.23
min	29.00	0.00	1.00	94.00	126.00	0.00	0.00	71.00	0.00	0.00	1.00	0.00	3.00	0.00
25%	48.00	0.00	3.00	120.00	211.00	0.00	0.00	133.50	0.00	0.00	1.00	0.00	3.00	0.00
50%	56.00	1.00	3.00	130.00	241.00	0.00	1.00	153.00	0.00	0.80	2.00	0.00	3.00	0.00
75%	61.00	1.00	4.00	140.00	275.00	0.00	2.00	166.00	1.00	1.60	2.00	1.00	7.00	2.00
max	77.00	1.00	4.00	200.00	564.00	1.00	2.00	202.00	1.00	6.20	3.00	3.00	7.00	4.00

그림 2 heart_disease.describe() 시행 결과

heart_disease.describe()는 연속변수에 대한 요약을 확인하기에는 유용하지만 명목변수에 대해서는 충분하지 않다. 명목변수에 대해서는 value_counts()를 활용할 수 있다. value_counts()의 실행 결과는 [그림 3]과 같다. 각 값에 대한 개수를 손쉽게 확인할 수 있다.

```
heart_disease['ca'].value_counts()

heart_disease['num'].value_counts()
#NA 값까지 확인하려면 value_counts(dropna=False)를 사용한다.
#heart_disease['num'].value_counts(dropna=False)
```

```
1 heart_disease['num'].value_counts()

0    160
1     54
2     35
3     35
4     13
```

그림 3 heart_disease['num'].value_counts() 시행 결과

ca 컬럼과 thal 컬럼에 결측치가 있음을 확인하였다. 결측치가 포함된 행이 전체 데이터의 약 2%(6/303)로 여기서는 결측치가 포함된 행을 제거하였다. 그리고 num 컬럼의 값이 1 이

상인 경우 (1, 2, 3, 4), 1로 바꾸어서 본 예제에서는 종속변수가 이분형 변수인 경우에 대한 분류 문제를 실습한다.

```
heart_disease = heart_disease.dropna().reset_index(drop=True)

heart_disease.shape # 297행 14열

heart_disease.loc[heart_disease['num'] >= 1, 'num'] = 1

heart_disease['num'].value_counts()
```

높은 빈도로 사용되는 머신러닝 알고리즘 중 하나인 LogisticRegression을 사용하고, 결과를 평가하기 위해 관련된 라이브러리를 불러온다.

```
from sklearn.linear_model import LogisticRegression
from sklearn.model_selection import train_test_split
from sklearn.metrics import confusion_matrix, roc_curve, auc, accuracy_score, preci-
sion_score, recall_score, f1_score
```

heart_disease 자료의 종속변수(여기서는 num 컬럼)를 분리하여 y로 지정하고, 모델에 들어갈 나머지 변수들을 X로 지정한다. X에 포함된 각 컬럼의 값들은 최솟값, 최댓값을 이용하여 표준화를 해주었다. sklearn.model_selection에서 제공하는 train_test_split 함수를 이용하여 전체 heart_disease 자료를 훈련 집합과 테스트 집합으로 분할한다. 이때 test_size 파라미터의 값을 조정하여 훈련 집합과 시험 집합의 비율을 결정할 수 있다. random_state 파라미터의 값을 조정하여 코드를 여러 번 반복 실행하여도 항상 같은 형태의 훈련 집합과 시험 집합으로 분할 할 수 있도록 해주었다.

```
X = heart_disease.drop('num', axis = 1)
X = (X - np.min(X))/(np.max(X)-np.min(X)).values

y = heart_disease['num']

X_train, X_test, y_train, y_test = train_test_split(X, y, test_size=0.3, random_
state=12)
```

훈련 집합의 데이터를 이용하여 로지스틱 회귀모델을 훈련하였고 훈련된 모델을 시험 집합에 적용하였다. 그 결과로 confusion_matrix를 얻을 수 있으며 confusion_matrix의 각 구

성 원소인 true positive, true negative, false positive, false negative를 확인할 수 있다. True positive, true negative, false positive, false negative는 각각 33, 43, 6, 8로 확인되었다.

```
LR_model = LogisticRegression()
LR_model.fit(X_train, y_train)
LR_pred = LR_model.predict(X_test)

tn, fp, fn, tp = confusion_matrix(y_test, LR_pred).ravel()
print('True Positive: {}'.format(tp))
print('True Negative: {}'.format(tn))
print('False Positive: {}'.format(fp))
print('False Negative: {}'.format(fn))
```

위의 confusion_matrix를 이용하여 직접 정밀도, 재현율, F1-score, 정확도를 계산할 수도 있으나, 다음과 같이 sklearn_metrics의 precision_score, recall_score, F1_score, accuracy_score를 이용할 수도 있다. 모델의 정밀도, 재현율, F1-score, 정확도는 각각 0.85, 0.80, 0.83, 0.84로 확인되었다.

```
print('Precision score: {:.2f}'.format(precision_score(y_test,LR_pred)))
print('Recall score: {:.2f}'.format(recall_score(y_test,LR_pred)))
print('F1 score: {:.2f}'.format(f1_score(y_test,LR_pred)))
print('Accuracy score: {:.2f}'.format(accuracy_score(y_test,LR_pred)))
```

ROC 곡선을 도시하는 코드의 예제는 아래와 같으며 파이썬에서 그림을 그리기 위해 주로 활용되는 라이브러리 중 하나인 matplotlib을 활용하였다. ROC 곡선은 다음 [그림 4]와 같다.

```
import matplotlib.pyplot as plt
probs = LR_model.predict_proba(X_test)
preds = probs[:,1]
fpr, tpr, threshold = roc_curve(y_test, preds)
roc_auc = auc(fpr, tpr)

plt.title('Receiver Operating Characteristic')
plt.plot(fpr, tpr, label = 'AUC = %0.2f' % roc_auc)
plt.legend(loc = 'lower right')
plt.plot([0, 1], [0, 1],'--')
```

```
plt.xlim([0, 1])
plt.ylim([0, 1])
plt.ylabel('True Positive Rate')
plt.xlabel('False Positive Rate')
plt.show()
```

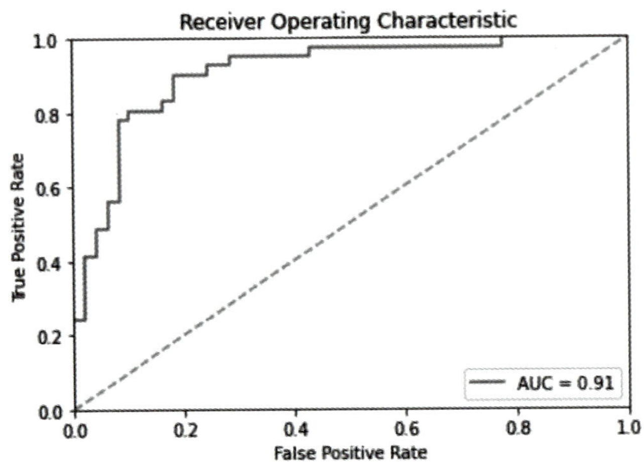

그림 4 Receiver Operating Characteristic (ROC) 곡선

이번 실습을 통해 여러 프로그래밍 언어 중 파이썬을 활용하여 임상 자료에 머신러닝 알고리즘을 어떻게 적용하고 해당 모델의 성능을 어떻게 평가할 수 있는지 살펴보았다.

3 머신러닝 질병 위험 예측모형

본 사례는 의약학 분야에서 많이 적용되고 있는 연구 분야로 특정 질병의 위험을 예측하는 내용이다. 특정 질병의 위험을 예측하는 전통적인 방법은 환자들의 특성을 바탕으로 연구자의 가설을 바탕으로 통계학적인 모델을 사용하여 예측하는 것이다. 머신러닝도 통계학적인 모델을 만드는 하나의 방법이다. 본 사례에서는 머신러닝을 적용하여 심장질환의 위험을 예측하는 모델을 구축하고자 한다. 앞서 소개한 두 번째 사례는 파이썬을 사용한 것이고, 이번 사례는 R을 이용하였다. 이에 사용할 R 패키지를 설치하는 것부터 소개하고자 한다.

3.1 패키지 설치 및 로드하기

사용할 R 패키지는 randomForest, caret, pROC 패키지로, 다음의 코드를 통해 설치한다. randomForest 패키지는 랜덤포레스트 모형으로 심장질환 위험 예측모형을 생성하기 위해 필요하고, caret 패키지는 confusion matrix의 생성 및 평가를 위해 필요하며, pROC 패키지는 ROC curve의 생성 및 평가를 위해 필요하다.

```
install.packages("randomForest")
install.packages("caret")
install.packages("pROC")

library(randomForest)
library(caret)
library(pROC)
```

3.2 데이터 불러오기

본 사례에서 이용할 데이터셋은 UCI Machine Learning Repository에 공개된 데이터셋인 "processed.cleveland.data"이며, 이 데이터셋은 2.2절의 실습에서 이용하는 데이터셋과 동일하므로 데이터셋의 다운로드 방법 및 변수 설명을 포함한 상세한 설명은 해당 실습을 확인하기 바란다.

다음의 코드 중 첫 번째 줄을 실행시키면 R에 데이터셋을 읽어 들일 수 있는데, "파일 위치"에는 컴퓨터에서 파일이 위치하고 있는 폴더까지의 주소를 복사하여 붙여넣기를 한다. 만약 해당 파일이 바탕화면에 있다면 "C:/Users/Desktop/"와 같은 형식으로 파일 위치를 지정한다. 원자료를 읽을 때 "?"를 결측값으로 지정하기 위해 na.strings를 이용한다. 컬럼명은 앞의 실습에서와 같이 14개 컬럼명을 따로 준비하여 읽어 들인 자료의 컬럼명이 되도록 해주었다.

```
heart <- read.csv(file="C:/Users/Desktop/processed.cleveland.data",
header=F, na.strings="?")
names <- c("age", "sex", "cp", "trestbps", "chol", "fbs", "restecg", "thalach",
"exang", "oldpeak", "slope", "ca", "thal", "num")
colnames(heart) <- names
```

3.3 데이터 검토하기

데이터셋을 불러온 후 데이터셋의 구조와 특징을 확인하기 위해 다음의 코드를 실행한다(그림 5, 6).

```
str(heart)
summary(heart)
View(heart)
```

	age	sex	cp	trestbps	chol	fbs	restecg	thalach	exang	oldpeak	slope	ca	thal	num
1	63	1	1	145	233	1	2	150	0	2.3	3	0	6	0
2	67	1	4	160	286	0	2	108	1	1.5	2	3	3	2
3	67	1	4	120	229	0	2	129	1	2.6	2	2	7	1
4	37	1	3	130	250	0	0	187	0	3.5	3	0	3	0
5	41	0	2	130	204	0	2	172	0	1.4	1	0	3	0
6	56	1	2	120	236	0	0	178	0	0.8	1	0	3	0
7	62	0	4	140	268	0	2	160	0	3.6	3	2	3	3
8	57	0	4	120	354	0	0	163	1	0.6	1	0	3	0
9	63	1	4	130	254	0	2	147	0	1.4	2	1	7	2
10	53	1	4	140	203	1	2	155	1	3.1	3	0	7	1
11	57	1	4	140	192	0	0	148	0	0.4	2	0	6	0
12	56	0	2	140	294	0	2	153	0	1.3	2	0	3	0
13	56	1	3	130	256	1	2	142	1	0.6	2	1	6	2
14	44	1	2	120	263	0	0	173	0	0.0	1	0	7	0
15	52	1	3	172	199	1	0	162	0	0.5	1	0	7	0
16	57	1	3	150	168	0	0	174	0	1.6	1	0	3	0

그림 5 Heart 데이터셋(일부)

```
> summary(heart)
      age             sex               cp            trestbps          chol            fbs             restecg
 Min.   :29.00   Min.   :0.0000   Min.   :1.000   Min.   : 94.0   Min.   :126.0   Min.   :0.0000   Min.   :0.0000
 1st Qu.:48.00   1st Qu.:0.0000   1st Qu.:3.000   1st Qu.:120.0   1st Qu.:211.0   1st Qu.:0.0000   1st Qu.:0.0000
 Median :56.00   Median :1.0000   Median :3.000   Median :130.0   Median :241.0   Median :0.0000   Median :1.0000
 Mean   :54.44   Mean   :0.6799   Mean   :3.158   Mean   :131.7   Mean   :246.7   Mean   :0.1485   Mean   :0.9901
 3rd Qu.:61.00   3rd Qu.:1.0000   3rd Qu.:4.000   3rd Qu.:140.0   3rd Qu.:275.0   3rd Qu.:0.0000   3rd Qu.:2.0000
 Max.   :77.00   Max.   :1.0000   Max.   :4.000   Max.   :200.0   Max.   :564.0   Max.   :1.0000   Max.   :2.0000

    thalach          exang           oldpeak          slope             ca              thal            num
 Min.   : 71.0   Min.   :0.0000   Min.   :0.00   Min.   :1.000   Min.   :0.0000   Min.   :3.000   Min.   :0.0000
 1st Qu.:133.5   1st Qu.:0.0000   1st Qu.:0.00   1st Qu.:1.000   1st Qu.:0.0000   1st Qu.:3.000   1st Qu.:0.0000
 Median :153.0   Median :0.0000   Median :0.80   Median :2.000   Median :0.0000   Median :3.000   Median :0.0000
 Mean   :149.6   Mean   :0.3267   Mean   :1.04   Mean   :1.601   Mean   :0.6722   Mean   :4.734   Mean   :0.9373
 3rd Qu.:166.0   3rd Qu.:1.0000   3rd Qu.:1.60   3rd Qu.:2.000   3rd Qu.:1.0000   3rd Qu.:7.000   3rd Qu.:2.0000
 Max.   :202.0   Max.   :1.0000   Max.   :6.20   Max.   :3.000   Max.   :3.0000   Max.   :7.000   Max.   :4.0000
                                                                  NA's   :4       NA's   :2
```

그림 6 Heart 데이터셋 변수 요약값

ca와 thal에 결측치(NA)가 있었으므로 이를 제거하고, num 컬럼의 1~4의 값을 1로 대체하였다. 이후, 위에서 불러온 데이터셋("heart")은 기본 데이터로 두고, 모형 훈련을 위한 데이터셋과 모형 검증을 위한 데이터셋(80:20)을 생성하여 각각 "TrainData"와 "TestData"로 명명하였다(그림 7).

```
heart <- na.omit(heart)
heart$num[heart$num>1] <- 1

heart$sex <- as.factor(heart$sex)
heart$cp <- as.factor(heart$cp)
heart$fbs <- as.factor(heart$fbs)
heart$restecg <- as.factor(heart$restecg)
heart$exang <- as.factor(heart$exang)
heart$slope <- as.factor(heart$slope)
heart$ca <- as.factor(heart$ca)
heart$thal <- as.factor(heart$thal)
heart$num <- as.factor(heart$num)

train <- sample(nrow(heart), 0.8*nrow(heart), replace=FALSE)
TrainData <-heart[train,]
TestData<-heart[-train,]
```

Data	
heart	297 obs. of 14 variables
TestData	60 obs. of 14 variables
TrainData	237 obs. of 14 variables

그림 7 데이터셋(80:20) 생성 결과

3.4 예측모형

본 사례에서는 머신러닝의 여러 알고리즘 중 randomForest 함수를 통해 랜덤포레스트 모형을 구축하여 심장질환 위험 예측모형을 생성할 수 있다. set.seed에는 아무 숫자(예시에서는 1111)를 입력하면 되며, 이 코드를 사용하면 나중에 같은 코드를 시행하였을 때 같은 결과를 얻을 수 있다. Importance 함수 및 varImpPlot 함수는 randomForest 분석 모형에서 분류 정확도 측면에서 가장 큰 중요도를 가진 변수를 확인할 때 활용하는 함수이다.

```
set.seed(1111)
rfmodel <- randomForest(num ~ ., data=TrainData, importance=TRUE)
rfmodel

#variable importance plot
importance(rfmodel)
varImpPlot(rfmodel)
```

Importance 함수를 실행하여 평균 정확도 감소량과 평균 지니계수 감소량의 값을 확인할 수 있고, varImpPlot 함수를 실행하면 다음 [그림 8]과 같이 시각화된 결과를 확인할 수 있다. 본 실습에서 심장질환 분류 정확도 측면에서 가장 중요한 변수는 ca임을 알 수 있다.

	0	1	MeanDecreaseAccuracy
age	7.92979523	5.7539478	9.86459076
sex	9.64821889	2.4030554	8.96125381
cp	13.43283504	15.1320050	19.61708909
trestbps	-0.03567257	-0.1825632	-0.07250073
chol	2.59109347	-1.4581046	0.91022049
fbs	-0.84760116	-3.4154027	-2.89104491
restecg	0.41609310	1.4672742	1.08696964
thalach	7.63360841	2.7440683	7.78061926
exang	2.73575437	6.9942929	7.36517662
oldpeak	9.90170596	9.4634682	13.06689871
slope	4.54230684	7.0964041	8.63097887
ca	17.69462161	17.4819474	22.68271880
thal	12.37492275	10.7663530	15.66459593

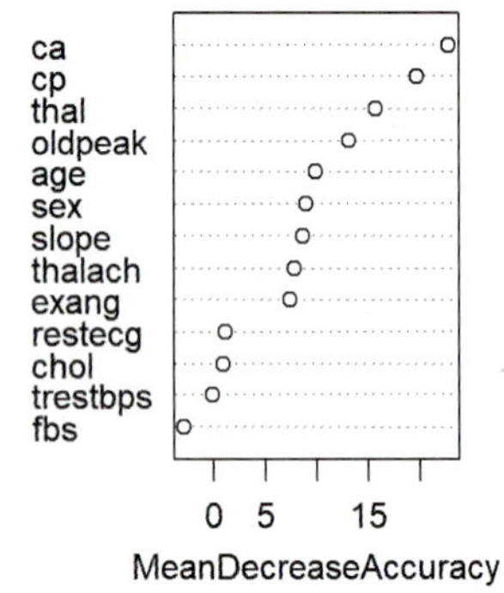

그림 8 Importance 및 VarImpPlot 실행 결과(일부)

3.5 성능 확인

훈련용 자료(TrainData)로 모형을 학습한 뒤 예측모형이 잘 구축되었는지 평가하기 위해 검증용 자료(TestData)로 confusion matrix와 ROC curve를 그려봄으로써 모형의 예측 정확도를 평가한다(그림 9, 10). ROC curve 아래 면적인 area under the ROC curve (AUC)가 1과 가까울수록 예측 정확도가 높다고 할 수 있다. 대체로 AUC 값이 0.8 이상이면 좋은 성능을 가진 예측 분류 모형으로 평가하며, 본 실습 모형의 AUC 값은 0.874로 우수한 모형으로 평가할 수 있다.

```
#confusion matrix
pred=predict(rfmodel, newdata=TestData[-14])
confusionMatrix(pred,TestData$num)

# ROC curve
roc(as.numeric(TestData$num) ~ as.numeric(pred), plot=TRUE, print.auc=TRUE)
```

```
Confusion Matrix and Statistics

          Reference
Prediction  0  1
         0 32  5
         1  2 21

               Accuracy : 0.8833
                 95% CI : (0.7743, 0.9518)
    No Information Rate : 0.5667
    P-Value [Acc > NIR] : 1.119e-07

                  Kappa : 0.7592

 Mcnemar's Test P-Value : 0.4497

            Sensitivity : 0.9412
            Specificity : 0.8077
         Pos Pred Value : 0.8649
         Neg Pred Value : 0.9130
             Prevalence : 0.5667
         Detection Rate : 0.5333
   Detection Prevalence : 0.6167
      Balanced Accuracy : 0.8744

       'Positive' Class : 0
```

그림 9 Confusion matrix 실행 결과

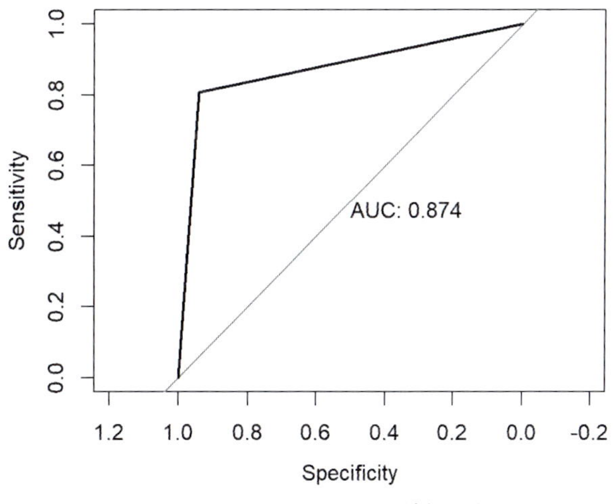

그림 10 ROC curve 실행 결과

본 실습을 통해 머신러닝의 대표 알고리즘 중 하나인 랜덤포레스트 알고리즘을 활용하여 질병 위험 예측모형을 어떻게 구축하고 평가할 수 있는지 간단하게 살펴보았다. 만약 추가적인 환자 데이터가 있다면 실습를 통해 구축한 예측모형을 이용하여 그들의 심장질환 위험이 높은지 예측할 수 있을 것이다.

4 머신러닝 기반 성향점수 추정 방법

본 사례는 최근 의약학 분야에서 많은 관심을 두고 있는 빅데이터를 사용하여 서로 다른 치료제 간의 효과를 비교 평가하는 내용이다. 서로 다른 치료를 받는 두 군의 치료효과를 비교할 때, 무작위배정 비교임상시험이 아닌 빅데이터의 형태로 축적된 실제임상자료를 이용할 때는 상당한 주의가 필요하다. 두 환자군의 기본적인 특성들이 다를 수 있으므로 이를 고려하지 않고 두 치료제 간의 효과를 비교한다면 해당 치료효과가 치료제의 효과 때문인지, 환자군의 기본적인 특성들이 다르기 때문인지 알 수가 없기 때문이다. 치료와 관련이 있으면서 결과에 영향을 주는 환자들의 특성들을 우리는 교란요인(교란변수)이라고 한다. 서로 다른 치료를 받는 두 군의 치료효과를 비교할 때 치료와 관련이 있으면서 결과에 영향을 주는 교란요인을 보정하지 않으면 치료효과를 적절히 추정할 수 없다. 성향점수는 최근 비교 효과 연구에서 교란요인을 보정하기 위한 방법 중 하나로 많이 사용되고 있다. 성향점수란 관찰된 기저특성들이 있을 때 치료를 받을 확률이다. 각 환자들이 가지는 성향점수를 추정한 후, 비슷한 성향점수를 가지는 환자들을 짝짓기(매칭)하면 두 환자군의 기본적인 특성들을 비슷하게 만들 수 있다. 이렇게 함으로써 치료와 관련이 있으면서 결과에 영향을 주는 교란요인을 보정할 수 있고, 나타나는 치료효과가 치료제의 효과 때문인지에 대한 더욱 정확한 연구 결과를 얻을 수 있다.

본 교재에서는 twang 패키지(R 패키지)에 내장된 데이터셋을 이용하여 성향점수를 추정하는 방법을 간략하게 소개하고자 한다. Twang 패키지 및 해당 데이터셋을 이용하여 성향점수를 추정하는 상세한 방법은 twang 패키지의 튜토리얼 문서(Ridgeway 등(2021))와 "https://cran.r-project.org/web/packages/twang/index.html"에서 확인할 수 있다.

4.1 패키지 설치 및 로드하기

본 실습에서 활용할 twang 패키지는 gradient boosting model을 사용하여 성향점수를 추정하는데, 이 방법을 사용하면 자동 반복 프로세스를 통해 비교하고자 하는 두 그룹의 기저특성의 균형을 최적화할 수 있다.

```
install.packages("twang")
library(twang)
```

4.2 데이터 불러오기

다음의 코드를 실행하면 twang 패키지에 내장된 lindner 데이터셋을 불러들일 수 있다. Lindner 데이터셋은 percutaneous coronary intervention(PCI)을 받은 996명의 환자들에 대한 자료이다. 해당 자료에 대한 자세한 설명은 twang 패키지 문서에서 확인할 수 있다.

```
data(lindner)
```

4.3 데이터 검토하기

데이터를 불러온 후 데이터의 구조와 특징을 확인하기 위해 다음의 코드를 실행한다(그림 11). 각 변수에 대한 정보는 [표 5]에 정리하였다.

```
str(lindner)
summary(lindner)
View(lindner)
```

	lifepres	cardbill	abcix	stent	height	female	diabetic	acutemi	ejecfrac	ves1proc	sixMonthSurvive
1	0.0	14301	1	0	163	1	1	0	56	1	FALSE
2	11.6	3563	1	0	168	0	0	0	56	1	TRUE
3	11.6	4694	1	0	188	0	0	0	50	1	TRUE
4	11.6	7366	1	0	175	0	1	0	50	1	TRUE
5	11.6	8247	1	0	168	1	0	0	55	1	TRUE
6	11.6	8319	1	0	178	0	0	0	50	1	TRUE
7	11.6	8410	1	0	185	0	0	0	58	1	TRUE
8	11.6	8517	1	0	173	1	0	0	30	1	TRUE
9	11.6	8763	1	0	152	1	0	0	60	1	TRUE
10	11.6	8823	1	0	180	0	0	0	60	1	TRUE
11	11.6	8970	1	0	152	1	0	0	60	1	TRUE
12	11.6	8999	1	0	155	1	0	0	50	1	TRUE
13	11.6	9109	1	0	170	0	1	0	40	1	TRUE
14	11.6	9330	1	0	152	1	1	0	65	1	TRUE
15	11.6	9379	1	0	173	0	0	0	60	1	TRUE
16	11.6	9460	1	0	152	1	0	0	50	1	TRUE
17	11.6	9494	1	0	170	0	0	0	60	1	TRUE
18	11.6	9570	1	0	157	1	0	0	51	1	TRUE
19	11.6	9749	1	0	183	0	1	0	56	1	TRUE

Showing 1 to 19 of 996 entries, 11 total columns

그림 11 Lindner 데이터셋(일부)

표 5 Lindner 데이터셋의 변수 설명

변수	변수 설명
lifepres	mean life years preserved due to survival for at least 6 months following PCI
cardbill	cardiac related costs incurred within 6 months of patient's initial PCI
abcix	1, usual PCI care deliberately augmented by either planned or rescue treatment with abciximab 0, usual PCI care alone
stent	1, coronary stent deployment (yes) 0, coronary stent deployment (no)
height	height in centimeters
female	1, female 0, male
diabetic	1, diabetes mellitus diagnosis (yes) 0, diabetes mellitus diagnosis (no)
acutemi	1, acute myocardial infarction within the previous 7 days (yes) 0, acute myocardial infarction within the previous 7 days (no)
ejecfrac	left ejection fraction
ves1proc	number of vessels involved in the patient's initial PCI procedure
sixMonthSurvive	survive at six months

4.4 성향점수 산출

Lindner 데이터셋에서 abcix는 중재변수이며, ps 함수를 통해 중재를 받을 확률(성향점수, propensity score, 예제에서 ps로 표현)을 추정할 수 있다. 다른 기저특성에 의해 영향을 받지 않은 중재의 효과를 추정하기 위해 성향점수 모델에 앞의 [표 5]의 기저특성을 아래와 같이 포함한다.

```
lindner.ps <- ps(abcix ~ stent + height + female + diabetic + acutemi + ejecfrac +
ves1proc,
                 data = lindner,
                 n.trees = 3000, interaction.depth = 2,
                 shrinkage = 0.1, stop.method = c("es.max"),
                 estimand = "ATT", verbose=FALSE)

summary(lindner.ps)
```

4.5 그래프 만들기

산출한 성향점수가 두 군 간 기저특성의 균형을 얼마나 잘 이룰 수 있는지를 시각적으로 평가하는 그래프를 그릴 수 있다. 추가 반복으로 인해 균형 통계의 값이 더 낮아질 수 있을 것으로 보인다면(예: 다음 [그림 12]의 balance measure가 최소점에 아직 도달하지 못한 경우) n.trees(예: 3000에서 5000)를 더 늘릴 수 있다.

```
plot(lindner.ps, plots=1)
plot(lindner.ps, plots=2)
plot(lindner.ps, plots=3)
plot(lindner.ps, plots=4)
plot(lindner.ps, plots=5)
```

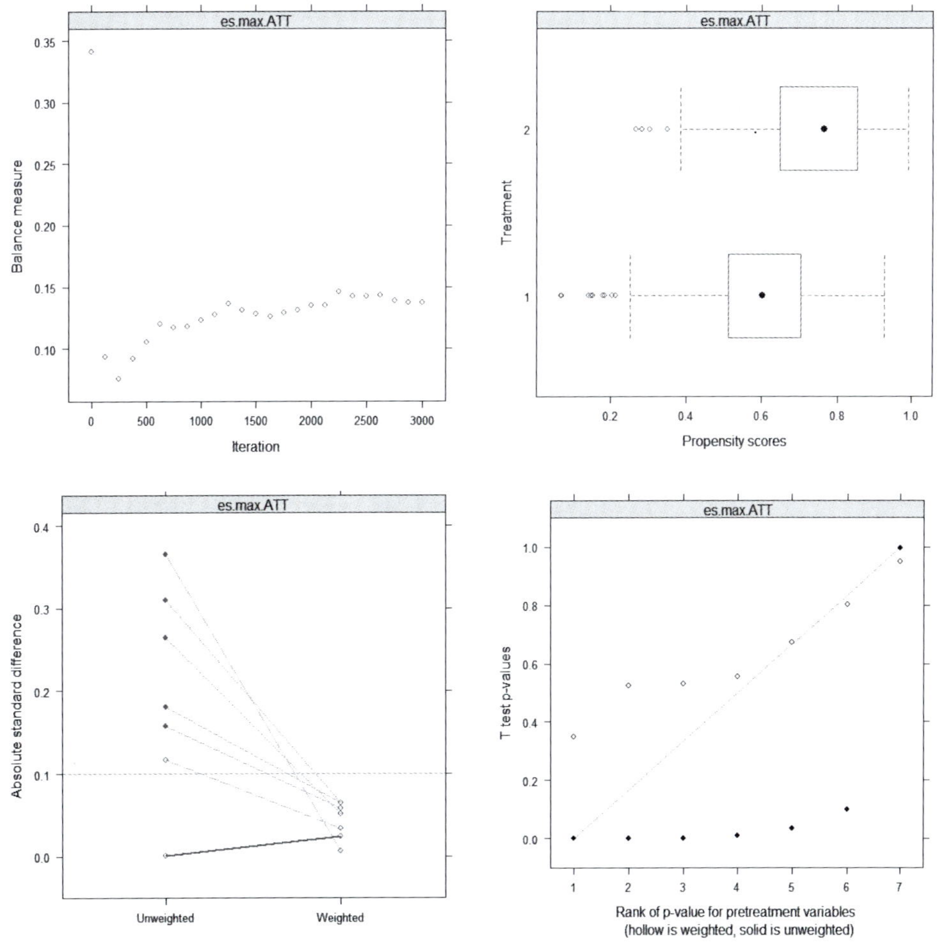

그림 12 **균형 평가 그래프**

4.6 표 만들기

결과 분석을 시작하기 전에 산출한 성향점수가 두 군 간 기저특성의 균형을 얼마나 잘 이룰 수 있는지를 평가하는 표를 다음 코드를 통해 그릴 수 있다. [그림 13]에서 tx.mn과 tx.sd는 중재군의 평균과 표준편차이고, ct.mn과 ct.sd는 비교군의 평균과 표준편차이다. std.eff.sz는 standardized effect size를 의미하며, 치료군의 평균에서 비교군의 평균을 뺀 것에 치료군의 표준편차를 나눈 것이다. 보통 standardized mean difference라고도 불리는 것으로 절댓값이 0.1보다 낮으면 균형이 잘 맞춰졌다고 판단한다. stat은 변수가 연속형인지 범주형인지에 따라 t-statistic 또는 χ2 statistic을 의미하고, p는 stat에 따라 계산되는 p value이며, 0.05보다 크면 유의하게 다르지 않다고 해석한다.

```
bal.table(lindner.ps)
```

```
$unw
            tx.mn  tx.sd   ct.mn  ct.sd std.eff.sz   stat     p
stent       0.705  0.456   0.584  0.494      0.265  3.624 0.000
height    171.443 10.695 171.446 10.589      0.000 -0.005 0.996
female      0.331  0.471   0.386  0.488     -0.117 -1.647 0.100
diabetic    0.205  0.404   0.268  0.444     -0.157 -2.127 0.034
acutemi     0.179  0.384   0.060  0.239      0.309  5.923 0.000
ejecfrac   50.403 10.419  52.289 10.297     -0.181 -2.640 0.008
ves1proc    1.463  0.706   1.205  0.480      0.365  6.693 0.000

$es.max.ATT
            tx.mn  tx.sd   ct.mn  ct.sd std.eff.sz   stat     p
stent       0.705  0.456   0.682  0.467      0.051  0.590 0.555
height    171.443 10.695 171.692 11.414     -0.023 -0.251 0.802
female      0.331  0.471   0.315  0.465      0.034  0.422 0.673
diabetic    0.205  0.404   0.228  0.421     -0.058 -0.637 0.524
acutemi     0.179  0.384   0.154  0.362      0.065  0.626 0.531
ejecfrac   50.403 10.419  51.082  8.634     -0.065 -0.934 0.350
ves1proc    1.463  0.706   1.467  0.657     -0.006 -0.062 0.951
```

그림 13 **균형 평가표**

비교효과 연구에서 혼란변수를 통제하기 위해 필요한 성향점수를 추정함에 있어서 머신러닝 방법 중 하나인 gradient boosting 방법을 사용하는 예를 살펴보았다. 향후 두 가지 치료군을 비교하는 등의 비교효과 연구를 수행한다면 본 예제의 방법을 두 환자군의 기본적인 특성의 균형을 맞추는 데 활용할 수 있을 것이다.

5 실마리정보 탐지를 위한 머신러닝 알고리즘 개발

5.1 개요

실마리정보 탐지를 위한 머신러닝 알고리즘 개발 사례는 한국의약품안전관리원에서 제공하는 의약품부작용보고원시자료(KIDS-KAERS Database)를 활용한다. 실마리정보 탐지 기법은 시판 전에 알려지지 않은 부작용을 찾아내는 분석으로 전형적인 분류(Classification)에 해당한다. 본 사례에서는 Methotrexate을 비교약물로 선정하여 Infliximab에 대한 실마리정보 탐지 목적 머신러닝 알고리즘 개발을 수행하며, 포함될 특징(Feature)들은 보고빈도, 인구학적 정보, 보고원 등을 활용한다. 본 사례는 크게 데이터 전처리와 머신러닝 알고리즘을 개발하는 두 가지 단계로 나누어 진행될 예정이다. 데이터 전처리는 SAS를, 머신러닝 알고리즘 개발은 파이썬을 활용하여 랜덤포레스트(Random Forest), GBM(Gradient Boosting Machine)을 기반으로 수행한다.

5.2 데이터 전처리

데이터 전처리 과정에서는 (1) 연구에 활용할 데이터 추출, (2) 특징(Feature)을 생성하여 머신러닝 알고리즘 개발을 위한 데이터셋을 구축하는 방법에 대해 알아보고자 한다. 실마리정보 탐지 연구를 위한 데이터셋은 다음 [그림 14]와 같이 분류대상인 개별 부작용 단위로 데이터셋이 구축되어야 하며, 개별 부작용의 목록과 각 부작용들이 실마리정보인지 아닌지를 분류하기 위해 사용되는 특징, 그리고 실제 허가사항에 기재되어있는지를 나타내는 라벨(Label) 데이터가 포함되어야 한다. 그림에서 ①이 개별 부작용 이름을, ②가 특징을, ③이 라벨을 나타낸다.

①　　②　　③

pt_term	soc_cate	agg1	agg2	agg3	agg4	type_report1	type_report2	type_report3	type_report4	...	male	female	severe_n	severe_y	type_reporter6	a	b	c	d	label
3	1	0	2	0	0	2	0	0	0	...	1	1	1	1	0	2	2493	4	6303	1
7	1	0	1	2	1	1	3	0	0	...	2	2	2	2	0	4	2491	7	6300	1
9	1	0	3	7	1	0	11	0	0	...	8	3	11	0	0	11	2484	6	6301	1
12	1	1	2	0	0	0	2	0	1	...	2	1	3	0	0	3	2492	3	6304	1
16	1	0	0	1	0	0	1	0	0	...	1	0	1	0	0	1	2494	3	6304	0
22	1	0	1	0	0	0	1	0	0	...	0	1	1	0	0	1	2494	2	6305	0
24	1	2	58	56	9	74	51	0	0	...	51	74	118	7	0	125	2370	123	6184	1
27	1	8	35	31	4	46	31	1	0	...	33	45	73	5	0	78	2417	115	6192	1
28	1	0	1	1	0	0	1	1	0	...	1	1	2	0	0	2	2493	10	6297	1
30	1	0	1	0	0	0	1	0	0	...	0	1	1	0	0	1	2494	3	6304	1

그림 14 머신러닝 알고리즘 개발을 위한 데이터셋 예시

데이터 전처리는 SAS를 활용하지만 데이터 전처리를 위한 코드가 길기 때문에 부록의

코드를 참고하기 바란다. 본 실습에서는 파이썬을 활용한 머신러닝 알고리즘에 초점을 맞추고자 한다. 데이터 전처리를 모두 진행하면 위의 [그림 14]와 같은 데이터셋이 구축되며, 이처럼 데이터셋을 구축해야 머신러닝 알고리즘을 적용할 수 있다. 그림에서도 확인할 수 있듯이 본 실습에서 머신러닝 알고리즘 개발을 위해 사용할 특징은 총 28개로 구성되어있으며, 특징에 따른 정보는 다음의 [표 6]과 같다.

표 6 Infliximab 실마리정보 탐지 목적 머신러닝 알고리즘 개발에 포함할 특징 목록

변수명	정의	변수명	정의
pt_term	WHOART PT level 부작용명	type_reporter6	보고자 정보가 누락된 보고건수
soc_cate	WHOART SOC level 부작용명	type_affiliation1	지역의약품안전센터로부터 보고된 부작용 보고건수
agg1	18세 이하 인구집단에서의 부작용 보고건수	type_affiliation2	제약회사로부터 보고된 부작용 보고건수
agg2	19세 이상 45세 이하 인구집단에서의 부작용 보고건수	type_affiliation3	의료기관으로부터 보고된 부작용 보고건수
agg3	65세 이하 인구집단에서의 부작용 보고건수	type_affiliation4	소비자로부터 보고된 부작용 보고건수
agg4	65세 초과 인구집단에서의 부작용 보고건수	type_affiliation5	기타로부터 보고된 부작용 보고건수
type_report1	자발보고로 보고된 부작용 보고건수	male	남성으로부터 보고된 부작용 보고건수
type_report2	조사연구로 보고된 부작용 보고건수	female	여성으로부터 보고된 부작용 보고건수
type_report3	문헌으로 보고된 부작용 보고건수	severe_n	중대하지 않은 것으로 보고된 부작용 보고건수
type_report4	기타로 보고된 부작용 보고건수	severe_y	중대한 것으로 보고된 부작용 보고건수
type_reporter1	의사로부터 보고된 부작용 보고건수	a	연구약물에서 관심 부작용으로 보고된 보고건수
type_reporter2	약사로부터 보고된 부작용 보고건수	b	연구약물에서 관심 부작용이 아닌 다른 부작용으로 보고된 보고건수
type_reporter3	간호사로부터 보고된 부작용 보고건수	c	비교약물에서 관심 부작용으로 보고된 보고건수
type_reporter4	소비자로부터 보고된 부작용 보고건수	d	비교약물에서 관심 부작용이 아닌 다른 부작용으로 보고된 보고건수
type_reporter5	기타로부터 보고된 부작용 보고건수	label	국내외 허가사항에 부작용으로 기재되었는지에 대한 범주형 변수 1: 기재됨, 0: 기재되지 않음

5.3 데이터 나누기

머신러닝 알고리즘 개발을 위해 가장 먼저 해야 하는 일은 데이터를 불러온 후 잘 불러왔는지를 확인하는 것이다. 다음 코드를 통해 자료를 불러올 수 있으며, 아래 코드에서 '# 분석용 데이터 불러오기' 부분 중 ' ' 사이에 분석용 데이터가 저장된 물리적 위치를 적어주면 된다. 자료 확인은 head 함수를 활용하면 된다.

```
# 필요한 패키지 불러오기
import pandas as pd
import numpy as np

# 분석용 데이터 불러오기
data = pd.read_excel('C:/Users/PE/Desktop/analysis_data.xlsx')

# 자료 살펴보기
data.head(10)
```

[출력]

	pt_term	soc_cate	agg1	agg2	agg3	agg4	type_report1	type_report2	type_report3	type_report4	...	male	female	severe_n	severe_y	type_reporter6
0	3	1	0	2	0	0	2	0	0	0	...	1	1	1	1	0
1	7	1	0	1	2	1	1	3	0	0	...	2	2	2	2	0
2	9	1	0	3	7	1	0	11	0	0	...	8	3	11	0	0
3	12	1	1	2	0	0	0	2	0	1	...	2	1	3	0	0
4	16	1	0	0	1	0	0	1	0	0	...	1	0	1	0	0
5	22	1	0	1	0	0	0	1	0	0	...	0	1	1	0	0
6	24	1	2	58	56	9	74	51	0	0	...	51	74	118	7	0
7	27	1	8	35	31	4	46	31	1	0	...	33	45	73	5	0
8	28	1	0	1	1	0	0	1	1	0	...	1	1	2	0	0
9	30	1	0	1	0	0	0	1	0	0	...	0	1	1	0	0

다음으로 해야 하는 작업은 라벨 데이터의 균형을 살펴보는 것이다. 라벨 데이터는 0 또는 1의 값을 가지게 되는데, 여기서 균형이라는 것은 0과 1의 개수가 비슷한 수준인 것을 뜻한다. 라벨 데이터의 균형을 살펴보는 코드는 다음과 같으며, 확인한 결과 불균형하게 분포한 것을 알 수 있다(1, 160개; 0, 92개).

```
data['label'].v alue_counts()
```

[출력]

```
1    160
0     92
Name: label, dtype: int64
```

라벨 데이터가 불균형하면 올바른 머신러닝 알고리즘 개발에 적합하지 않은 자료일 수 있으므로 Synthetic Minority Oversampling Technique(SMOTE)을 활용하여 균형을 맞춰줘야 한다. SMOTE는 빈도가 낮은 데이터에 임의의 값을 추가하여 새로운 데이터를 추가하는 과대표집 방식을 활용하는 기법이다. 이 방법은 훈련용 데이터와 테스트용 데이터로 나눈 후, 훈련 데이터에만 적용한다. 그러므로 우선 자료의 75%를 훈련용 데이터로 배정하고 나머지 25%를 테스트용 데이터로 배정하고자 하며, 이때 일관된 출력(재현성)을 위해 앞으로 동일한 난수(92)를 사용하고자 한다. 코드는 다음과 같다. 우선 전체 데이터를 라벨 데이터와 특성 데이터로 나누며, 특성 데이터의 경우 iloc 함수를 활용하여 soc_cate부터 d까지의 특성만 선택하여 데이터를 구성할 수 있다.

```
data_label=data['label']
data_label.head()

[출력]
0    1
1    1
2    1
3    1
4    0
Name: label, dtype: int64

data_feature=data.iloc[:,1:29]
data_feature.head()

[출력]
```

	soc_cate	agg1	agg2	agg3	agg4	type_report1	type_report2	type_report3	type_report4	type_reporter1	...	type_affiliation5	male	female	severe_n
0	1	0	2	0	0	2	0	0	0	1	...	0	1	1	1
1	1	0	1	2	1	1	3	0	0	4	...	0	2	2	2
2	1	0	3	7	1	0	11	0	0	11	...	0	8	3	11
3	1	1	2	0	0	0	2	0	1	3	...	0	2	1	3
4	1	0	0	1	0	0	1	0	0	1	...	0	1	0	1

```
# 훈련용, 테스트용 데이터 추출
from sklearn.model_selection import train_test_split
x_train, x_test, y_train, y_test = train_test_split(data_feature, data_label, test_size
= 0.25, random_state=92)
```

다음은 SMOTE를 활용하여 훈련용 데이터에서의 라벨 데이터의 균형을 맞추는 코드이며, 그 결과 균등하게 과대표집된 것을 확인할 수 있다(SMOTE 적용 후 라벨 데이터 분포: 1, 122개; 0, 122개). 이를 통해 머신러닝 알고리즘 개발을 위한 사전 준비를 모두 마쳤다.

```
# SMOTE 패키지 불러오기
from imblearn.over_sampling import SMOTE
# SMOTE 함수 정의하기
sm = SMOTE(random_state=92)

# 훈련용 데이터 SMOTE
x_resampled, y_resampled = sm.fit_resample(x_train, y_train)
print('SMOTE 적용 전 훈련용 특성/라벨 데이터: ', x_train.shape, y_train.shape)
print('SMOTE 적용 후 학습용 특성/라벨 데이터: ', x_resampled.shape, y_resampled.shape)
print('SMOTE 적용 전 라벨 데이터 분포: \n', pd.Series(data_label).value_counts())
print('SMOTE 적용 전 라벨 데이터 분포: \n', pd.Series(y_train).value_counts())
print('SMOTE 적용 후 라벨 데이터 분포: \n', pd.Series(y_resampled).value_counts())

[출력창]
SMOTE 적용 전 훈련용 특성/라벨 데이터:  (189, 28) (189,)
SMOTE 적용 후 학습용 특성/라벨 데이터:  (244, 28) (244,)
SMOTE 적용 전 라벨 데이터 분포:
 1    160
0    92
Name: label, dtype: int64
SMOTE 적용 전 라벨 데이터 분포:
 1    122
0    67
Name: label, dtype: int64
SMOTE 적용 후 라벨 데이터 분포:
 1    122
0    122
Name: label, dtype: int64
```

5.4 모형 개발하기

본 실습에서는 랜덤포레스트와 GBM을 활용하여 infliximab에 대한 실마리정보를 탐지하기 위한 머신러닝 알고리즘을 개발하고자 한다. 이를 위해 두 알고리즘을 활용하기 위한 패키지와 더불어 성능을 측정하는 패키지 및 하이퍼파라미터 튜닝을 수행하기 위한 패키지를 아래와 같이 불러올 수 있다. 또한 시각화하여 결과를 나타내주는 패키지도 미리 불러오도록 한다.

```
# 랜덤포레스트 패키지 불러오기
from sklearn.ensemble import RandomForestClassifier
# GBM 패키지 불러오기
import xgboost as xgb
from xgboost import XGBClassifier, plot_importance
# 성능측정 관련 패키지 불러오기
from sklearn.metrics import accuracy_score, precision_score, recall_score, roc_auc_
score, confusion_matrix, f1_score, precision_recall_curve, roc_curve
# 하이퍼파라미터 튜닝 관련 패키지 불러오기
from sklearn.model_selection import cross_val_score, cross_val_predict, GridSearchCV,
StratifiedKFold
# 시각화 패키지 불러오기
import warnings
import matplotlib.pyplot as plt
import matplotlib.ticker as ticker
import seaborn as sns
%matplotlib inline
```

두 알고리즘에 모두에 대해 Stratified 5-Fold 교차검증을 활용하고자 하며, 이는 모형의 과적합(Overfitting)을 최소화하기 위함이다. 기본 알고리즘과 하이퍼파라미터를 튜닝한 알고리즘을 개발하는 실습을 모두 진행하고자 하며, 성능평가는 AUC 값을 기준으로 하고자 한다.

5.4.1. 랜덤포레스트

첫 번째로는 랜덤포레스트를 활용하도록 하겠다. 랜덤포레스트를 수행하기 위한 함수는 RandomForestClassifier이며, 알고리즘 개발은 .fit 함수를 통해 SMOTE로 과대표집한 자료원을 활용하면 된다(x_resampled: 특성, y_resampled: 라벨). 그리고 roc_auc_score로 AUC 값을 계산할 수 있으며, print 구문으로 AUC 값을 출력할 수 있다. {} 안에 원하는 값을 입력하여 출력되는 AUC 값을 표시하는 형식을 정해줄 수 있다. 출력한 결과, AUC 값이 0.7221인 것을 확인할 수 있으며 더 적합한 알고리즘 개발을 위해 하이퍼파라미터 튜닝을 수행하고자 한다.

```
# 기본 랜덤포레스트 모형
rf_clf = RandomForestClassifier(random_state=92)
rf_clf.fit(x_resampled,y_resampled)
rf_roc_score = roc_auc_score(y_test, rf_clf.predict(x_test))
print('랜덤포레스트 AUC: {0:.4f}'.format(rf_roc_score))
```

```
[출력]
랜덤포레스트 AUC: 0.7221
```

랜덤포레스트에서 활용할 수 있는 하이퍼파라미터 중 본 실습에서는 아래 4개를 활용하고자 하며, 각각의 정의와 후보 값은 다음 [표 7]과 같다.

표 7 실습에 활용할 랜덤포레스트 하이퍼파라미터의 종류와 후보 값

하이퍼파라미터명	정의	후보 값
n_estimators	결정트리의 개수	50, 100, 150
max_depth	결정트리의 최대 깊이	8, 10, 12
min_samples_split	노드 분할을 위한 최소 샘플 수	3, 5, 7
min_samples_leaf	마지막 노드가 되기 위한 최소 샘플 수	1, 3, 5

하이퍼파라미터 튜닝을 위해서는 여러 개의 후보 하이퍼파라미터 값을 입력한 후 GridSearchCV 함수를 활용하면 성능 값을 기준으로 적합한 하이퍼파라미터 값 하나를 알려준다. 해당 함수는 교차검증까지 동반하며 교차군의 수는 n_split에 입력하면 된다. 본 실습에서는 Stratified 5-fold 교차검증을 수행하며, 성능은 동일하게 AUC 값을 기준으로 하고자 한다. 이를 수행하기 위한 코드는 다음과 같으며, 그 결과 후보 값 중 가장 적합한 하이퍼파라미터는 n_estimators=100, max_depth=10, min_samples_split=5, min_samples_leaf=1인 것으로 나타났다. 그리고 성능평가 부분에서는 훈련용 데이터에서의 교차검증 평균 AUC 값이 0.8865인 것으로 나타났으며, 테스트용 데이터에서의 AUC값은 0.8474인 것으로 나타났다. 즉, 하이퍼파라미터 튜닝을 통해 더 적합한 랜덤포레스트 모형을 찾아낼 수 있었고, 모든 하이퍼파라미터 값들이 후보 값 중 최소 또는 중간 값들로 선택된 것으로 보아 추가적인 튜닝은 필요 없을 것으로 판단된다. 이에 따라 해당 모형을 최종모형으로 선택하고자 한다. 실제로 튜닝은 위와 같은 조건뿐만 아니라 훈련용 데이터와 테스트용 데이터의 AUC 값이 가장 가까워지는 하이퍼파라미터를 찾을 때까지 수행하는 경우도 있으나 본 실습에서는 여기까지만 진행하도록 한다.

```
# 하이퍼파라미터 튜닝한 랜덤포레스트 모형
rf_clf = RandomForestClassifier()

parameters = {
    'n_estimators':[50, 100, 150], 'max_depth':[8, 10, 12],
    'min_samples_split':[3, 5, 7], 'min_samples_leaf':[1, 3, 5],
    'random_state':[92]}
skf_infli = StratifiedKFold(n_splits=5)
```

```
rf = GridSearchCV(rf_clf,scoring='roc_auc', param_grid=parameters, cv=skf_infli, n_jobs =
-1, verbose = -1)
rf.fit(x_resampled,y_resampled)

print("훈련용 데이터 최고 평균 AUC: {0:.4f}".format(rf.best_score_))
print("적합한 파라미터: ", rf.best_params_)

rf_roc_score = roc_auc_score(y_test, rf.predict_proba(x_test)[:,1], average='macro')
print('ROC AUC:{0:.4f}'.format(rf_roc_score))

[출력]
훈련용 데이터 최고 평균 AUC: 0.8865
적합한 파라미터: {'max_depth': 10, 'min_samples_leaf': 1, 'min_samples_split': 5, 'n_es-
timators': 100, 'random_state': 92}
ROC AUC:0.8474
```

5.4.2. GBM

두 번째 실습에서는 XGBoost 패키지를 이용하여 GBM을 활용하고자 한다. 이를 위해서는 아나콘다 프로그램 내 'Anaconda prompt'를 관리자 권한으로 실행하여 아래 코드를 입력하면 손쉽게 설치할 수 있다.

```
conda install -c anaconda py-xgboost
```

XGBoost 패키지 기반 GBM을 수행하기 위한 함수는 XGBClassifier이다. 그 뒷부분은 랜덤포레스트에서 활용한 코드와 동일하므로 설명은 갈음하도록 한다. GBM에 대해 AUC 값을 출력한 결과, 0.7889인 것으로 나타났다. 랜덤포레스트보다는 더 큰 값이 나왔지만, 더 적합한 알고리즘 개발을 위해 하이퍼파라미터 튜닝을 수행하고자 한다.

```
# 기본 GBM 모형
xgb = xgb.XGBClassifier(randomstate=92)
xgb.fit(x_resampled,y_resampled)
xgb_roc_score = roc_auc_score(y_test, xgb.predict(x_test))
print('GBM AUC: {0:.4f}'.format(xgb_roc_score))

[출력]
GBM AUC: 0.7879
```

GBM에서 활용할 수 있는 하이퍼파라미터 중 본 실습에서는 다음의 6개를 활용하고자 하며, 각각의 정의와 후보 값은 다음 [표 8]과 같다.

표 8 실습에 활용할 GBM 하이퍼파라미터의 종류와 후보 값

하이퍼파라미터명	정의	후보 값
n_estimators	결정트리의 개수	50, 100, 150
max_depth	결정트리의 최대 깊이	8, 10, 12
eta	학습률	0.01. 0.05, 0.1
min_child_weight	노드 분할을 위한 최소 샘플 수	1, 3, 5
gamma	분할 결정을 위한 최소 손실 감소 값	0.1, 0.2, 0.3
colsample_bytree	각 트리별 특성 샘플링 비율	0.5, 0.75, 1.0

동일하게 GridSearchCV 함수를 활용하여 후보 하이퍼파라미터 값 중 가장 적합한 값을 Stratified 5-fold 교차검증을 기반으로 찾아내고자 한다. 이를 수행하기 위한 코드는 다음과 같으며, 그 결과 후보 값 중 가장 적합한 파라미터는 n_estimators=150, max_depth=8, eta=0.01, min_child_weight=3, gamma=0.3, colsample_bytree=0.75인 것으로 나타났다. 그리고 성능평가 부분에서는 훈련용 데이터에서의 교차검증 평균 AUC 값이 0.8899인 것으로 나타났으며, 테스트용 데이터에서의 AUC 값은 0.8611인 것으로 나타났다.

```
# 하이퍼파라미터 튜닝한 GBM 모형: 1차
xgb = XGBClassifier()

xgb_params_grid = {
        'n_estimators':[50, 100, 150], 'eta':[0.01, 0.05, 0.1],
        'max_depth':[8, 10, 12], 'min_child_weight':[1, 3, 5], 'gamma':[0.1, 0.2, 0.3],
        'colsample_bytree':[0.5, 0.75, 1.0],
        'random_state':[92]}

skf_infli = StratifiedKFold(n_splits=5)

xgb= GridSearchCV(xgb, param_grid=xgb_params_grid, scoring="roc_auc", cv=skf_infli, n_
jobs = -1, verbose = -1)
xgb.fit(x_resampled, y_resampled)

print("최고 평균 성능: {0:.4f}".format(xgb.best_score_))
print("최고의 파라미터: ", xgb.best_params_)

xgb_roc_score = roc_auc_score(y_test, xgb.predict_proba(x_test)[:,1], average='macro')
print('ROC AUC:{0:.4f}'.format(xgb_roc_score))
```

```
[출력]
최고 평균 성능: 0.8899
최고의 파라미터:  {'colsample_bytree': 0.75, 'eta': 0.01, 'gamma': 0.3, 'max_depth': 8, 'min_child_weight': 3, 'n_estimators': 150, 'random_state': 92}
ROC AUC:0.8611
```

본 모형에서의 n_estimators와 gamma가 후보 값 중 가장 큰 값들이 선택되었고, max_depth는 가장 작은 값들이 선택되었기 때문에 세 하이퍼파라미터에 대해서만 추가적인 튜닝을 다음과 같이 진행하였다(n_estimators=150, 300, 450; max_depth=2, 4, 6, 8; gamma=0.3, 0.5, 0.7). 그 결과 n_estimators는 150이 동일하게 가장 적합하였지만, max_depth는 4개, gamma는 0.5일 때 가장 적합한 것으로 나타났다. 또한 성능평가 부분에서는 훈련용 데이터에서의 교차검증 평균 AUC 값이 0.8917인 것으로 나타났으며, 테스트용 데이터에서의 AUC 값은 1차 튜닝과 동일한 값인 0.8611이 산출되었다. 즉, 튜닝으로 인해 테스트용 데이터에서의 성능에는 차이가 없었지만, 훈련용 데이터에서의 성능은 약간 올라간 것으로 나타났다. gamma의 값이 클수록 과적합 감소 효과가 있다는 점을 고려하여, 본 실습에서는 2차 하이퍼파라미터 튜닝 모형을 최종모형으로 선택한다.

```
# 하이퍼파라미터 튜닝한 GBM 모형: 2차
xgb = XGBClassifier()

xgb_params_grid = {
          'n_estimators':[150, 300, 450], 'eta':[0.01],
          'max_depth':[2, 4, 6, 8], 'min_child_weight':[3], 'gamma':[0.3, 0.5, 0.7],
          'colsample_bytree':[0.75],
          'random_state':[92]}

skf_infli = StratifiedKFold(n_splits=5)

xgb= GridSearchCV(xgb, param_grid=xgb_params_grid, scoring="roc_auc", cv=skf_infli, n_jobs = -1, verbose = -1)
xgb.fit(x_resampled, y_resampled)

print("최고 평균 성능: {0:.4f}".format(xgb.best_score_))
print("최고의 파라미터: ", xgb.best_params_)

xgb_roc_score = roc_auc_score(y_test, xgb.predict_proba(x_test)[:,1], average='macro')
print('ROC AUC:{0:.4f}'.format(xgb_roc_score))
```

```
[출력]
최고 평균 성능: 0.8917
최고의 파라미터:  {'colsample_bytree': 0.75, 'eta': 0.01, 'gamma': 0.5, 'max_depth': 4,
'min_child_weight': 3, 'n_estimators': 150, 'random_state': 92}
ROC AUC:0.8611
```

5.5 모형 평가하기

앞서 하이퍼파라미터 튜닝을 통해 랜덤포레스트와 GBM 최종모형을 선정하였다. 이제 이 두 모형이 테스트용 데이터에서도 얼마나 적합한지 평가하기 위해 ROC 그래프도 제시하고, 오차행렬을 활용하여 AUC, 정확도, 정밀도, 재현율, F1 스코어를 계산할 것이다. 우선 ROC 그래프를 그리기 위한 함수 설정은 다음과 같으며, 이는 랜덤포레스트와 GBM 동일하게 사용할 수 있다. plt 패키지를 활용하여 plot_roc_curve라는 새로운 함수를 설정하는 코드이다.

```
# ROC curve 그리기 함수 설정
def plot_roc_curve(fpr,tpr,label=None):
    plt.plot(fpr, tpr, linewidth=2, label=label)
    plt.plot([0,1],[0,1],'k--')
    plt.axis([0,1,0,1])
    plt.xlabel('1-Specificity')
    plt.ylabel('Sensitivity')
```

우선 랜덤포레스트 최종모형에 대한 AUC 값을 포함한 ROC 그래프를 제시하는 코드는 다음과 같다. 이는 테스트용 데이터를 활용하는 것이기 때문에 "x_test"에 포함된 특성들을 활용하여 랜덤포레스트 최종모형 기반 실마리정보로 탐지될 확률을 구하고, threshold마다 실마리정보 탐지 결과를 산출한다. 그다음 "y_test"에 포함된 실제 라벨 데이터와 threshold에 따른 탐지 결과의 일치도를 비교하여 AUC 값 산출과 ROC 그래프를 제시하는 흐름이라고 생각하면 된다. 그 결과, 우연에 의해 실마리탐지 결과와 실제 라벨 데이터가 동일하다고 판단될 0.5보다 훨씬 높은 값임을 알 수 있었다. 즉, 랜덤포레스트 최종모형이 훈련용 데이터에서도 잘 작동하는 것을 확인할 수 있었다.

```
# 랜덤포레스트 ROC curve 그리기
y_probs_rf = rf.predict_proba(x_test)
y_scores_rf = y_probs_rf[:,1]
fpr_rf, tpr_rf, thresholds_rf = roc_curve(y_test, y_scores_rf)

plot_roc_curve(fpr_rf, tpr_rf, label='RandomForest')
plt.legend(loc="lower right")
plt.show()

rf_roc_score = roc_auc_score(y_test, rf.predict_proba(x_test)[:,1], average='macro')
print('ROC AUC:{0:.4f}'.format(rf_roc_score))
```

[출력]

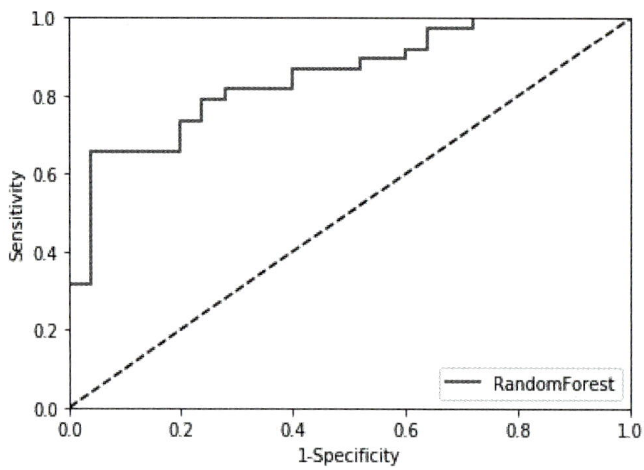


```
ROC AUC:0.8474
```

다음으로는 다양한 임계값에 따른 성능지표를 산출하는 단계이다. 여기서는 주어진 임계값에 따라 0 또는 1이라는 값으로 자동분류해주는 Biniarizer 패키지를 활용한다. 이를 통해 연구자가 설정한 여러 임계값에 따라 실마리정보 탐지 결과를 자동으로 분류한다고 이해하면 되겠다. thresholds라는 대괄호 안에 원하는 여러 임계값을 기재하면 되며, 그 아래 get_clf_eval는 오차행렬 및 5가지 평가지표를 산출해주는 함수이고 get_eval_by_threshold는 주어진 여러 임계값에 따라 오차행렬 및 5가지 평가지표를 산출해주는 함수이다. 본 실습에서는 0.40, 0.45, 0.50, 0.55, 0.60 총 다섯 가지 임계값에 대한 오차행렬 및 평가지표를 산출해보고자 한다. 산출한 결과, 성능평가 기준을 활용했던 AUC 값이 0.40부터 0.50까지는 증가했는데 0.55부터는 다시 감소하는 것으로 나타났다. 그러므로 최적의 임계값은 0.50이라고 판단할 수 있다.

```
# 임계값에 따른 성능지표 산출
from sklearn.preprocessing import Binarizer

rf_predictions = rf.predict_proba(x_test)
predicted_rf = rf_predictions[:,1].reshape(-1,1)

thresholds = [0.4, 0.45, 0.50, 0.55, 0.60]

def get_clf_eval(y_test , predicted_rf):
    confusion = confusion_matrix(y_test, predicted_rf)
    accuracy = accuracy_score(y_test, predicted_rf)
    precision = precision_score(y_test , predicted_rf)
    recall = recall_score(y_test , predicted_rf)
    f1 = f1_score(y_test,predicted_rf)
    AUC = roc_auc_score(y_test,predicted_rf)
    print('오차 행렬')
    print(confusion)
    print('AUC: {0:.4f} 정확도: {1:.4f}, 정밀도: {2:.4f}, 재현율: {3:.4f}, F1: {4:.4f}'.for-
mat(AUC,accuracy,precision,recall,f1))

def get_eval_by_threshold(y_test , predicted_rf, thresholds):
    for custom_threshold in thresholds:
        binarizer = Binarizer(threshold=custom_threshold).fit(predicted_rf)
        custom_predict = binarizer.transform(predicted_rf)
        print('임계값:',custom_threshold)
        get_clf_eval(y_test , custom_predict)

get_eval_by_threshold(y_test,predicted_rf,thresholds)

[출력]
임계값: 0.4
오차 행렬
[[16  9]
 [ 7 31]]
AUC: 0.7279 정확도: 0.7460, 정밀도: 0.7750, 재현율: 0.8158, F1: 0.7949
임계값: 0.45
오차 행렬
[[17  8]
 [ 7 31]]
AUC: 0.7479 정확도: 0.7619, 정밀도: 0.7949, 재현율: 0.8158, F1: 0.8052
```

```
임계값: 0.5
오차 행렬
[[18  7]
 [ 7 31]]
AUC: 0.7679 정확도: 0.7778, 정밀도: 0.8158, 재현율: 0.8158, F1: 0.8158
임계값: 0.55
오차 행렬
[[20  5]
 [11 27]]
AUC: 0.7553 정확도: 0.7460, 정밀도: 0.8438, 재현율: 0.7105, F1: 0.7714
임계값: 0.6
오차 행렬
[[21  4]
 [13 25]]
AUC: 0.7489 정확도: 0.7302, 정밀도: 0.8621, 재현율: 0.6579, F1: 0.7463
```

다음은 GBM 최종모형에 대한 AUC 값을 포함한 ROC 그래프를 그리는 실습이다. 코드는 다음과 같으며, 랜덤포레스트에서 활용했던 코드와 거의 동일하기 때문에 설명은 생략한다. ROC 그래프를 본 살펴본 결과, 랜덤포레스트와 마찬가지로 좋은 성능을 보이는 것으로 나타났다.

```
#GBM ROC curve 그리기 함수 설정
y_probs_gb = xgb.predict_proba(x_test)
y_scores_gb = y_probs_gb[:,1]
fpr_gb, tpr_gb, thresholds_gb = roc_curve(y_test, y_scores_gb)

plot_roc_curve(fpr_gb, tpr_gb, label='GradientBoosting')
plt.legend(loc="lower right")
plt.show()

xgb_roc_score = roc_auc_score(y_test, xgb.predict_proba(x_test)[:,1], average='macro')
print('ROC AUC:{0:.4f}'.format(xgb_roc_score))
```

[출력]

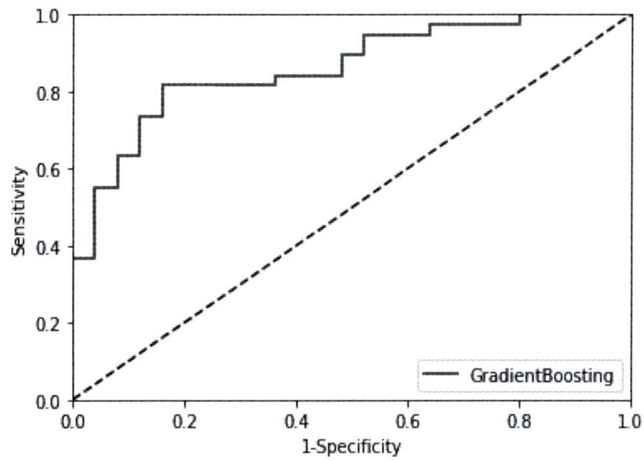


```
ROC AUC:0.8474
```

다음은 0.40, 0.45, 0.50, 0.55, 0.60 총 다섯 가지 임계값에 대한 오차행렬 및 평가지표를 산출하는 코드이다. 산출한 결과, AUC 값이 0.50과 0.55에서 가장 높은 것으로 나타났다. 이런 경우에는 일반적으로 더 보수적인 임계값을 선택하는 경향이 있으므로, 0.55가 가장 적합한 임계값이라고 볼 수 있다.

랜덤포레스트와 GBM의 평가지표를 비교하면, GBM이 전반적으로 더 좋다는 것을 알 수 있다. 즉, 본 실습에서는 GBM이 랜덤포레스트보다 Infliximab의 실마리정보 탐지 성능이 더 좋다고 평가할 수 있다.

```
# 임계값에 따른 성능지표 산출
from sklearn.preprocessing import Binarizer

xgb_predictions = xgb.predict_proba(x_test)
predicted_xgb = xgb_predictions[:,1].reshape(-1,1)

thresholds = [0.4, 0.45, 0.50, 0.55, 0.60]

def get_clf_eval(y_test , predicted_xgb):
    confusion = confusion_matrix(y_test, predicted_xgb)
    accuracy = accuracy_score(y_test, predicted_xgb)
    precision = precision_score(y_test , predicted_xgb)
    recall = recall_score(y_test , predicted_xgb)
    f1 = f1_score(y_test,predicted_xgb)
    AUC = roc_auc_score(y_test,predicted_xgb)
```

```
print('오차 행렬')
    print(confusion)
     print('AUC: {0:.4f} 정확도: {1:.4f}, 정밀도: {2:.4f}, 재현율: {3:.4f}, F1: {4:.4f}'.for-
mat(AUC,accuracy,precision,recall,f1))

def get_eval_by_threshold(y_test , predicted_xgb, thresholds):
    for custom_threshold in thresholds:
        binarizer = Binarizer(threshold=custom_threshold).fit(predicted_xgb)
        custom_predict = binarizer.transform(predicted_xgb)
        print('임계값:',custom_threshold)
        get_clf_eval(y_test , custom_predict)

get_eval_by_threshold(y_test,predicted_xgb,thresholds)

[출력]
임계값: 0.4
오차 행렬
[[18  7]
 [ 7 31]]
AUC: 0.7679 정확도: 0.7778, 정밀도: 0.8158, 재현율: 0.8158, F1: 0.8158
임계값: 0.45
오차 행렬
[[19  6]
 [ 7 31]]
AUC: 0.7879 정확도: 0.7937, 정밀도: 0.8378, 재현율: 0.8158, F1: 0.8267
임계값: 0.5
오차 행렬
[[21  4]
 [ 7 31]]
AUC: 0.8279 정확도: 0.8254, 정밀도: 0.8857, 재현율: 0.8158, F1: 0.8493
임계값: 0.55
오차 행렬
[[21  4]
 [ 7 31]]
AUC: 0.8279 정확도: 0.8254, 정밀도: 0.8857, 재현율: 0.8158, F1: 0.8493
임계값: 0.6
오차 행렬
[[21  4]
 [ 8 30]]
AUC: 0.8147 정확도: 0.8095, 정밀도: 0.8824, 재현율: 0.7895, F1: 0.8333
```

5.6 모형 해석하기

모형 해석은 최종적으로 선택된 랜덤포레스트와 GBM 모형 개발에 사용된 특성 중 어떤 특성의 영향력이 가장 컸는지를 평가하는 것이다. 이를 Feature Importances라고 말하며 본 실습에서는 랜덤포레스트와 GBM 최종모형에 대한 각 특성의 영향력을 그래프를 통해 평가하고자 하며, 본 실습에서는 다양한 평가지표 중 지니계수를 활용하고자 한다.

랜덤포레스트의 Feature Importances 도표를 산출하는 코드는 아래와 같으며, 그 결과 영향력이 높은 상위 3개 특성은 남성, WHOART SOC level 용어, 그리고 비교약물에서 관심 부작용이 아닌 다른 부작용으로 보고된 보고건수인 것으로 나타났다.

```
# 랜덤포레스트 Feature Importance

rf_clf1=RandomForestClassifier(n_estimators=100,max_depth=10,min_samples_split=5,min_
samples_leaf=1,random_state=92)
rf_clf1.fit(x_resampled,y_resampled)

ftr_importances_values=rf_clf1.feature_importances_
ftr_importances=pd.Series(ftr_importances_values, index=x_resampled.columns)
ftr_importances1=ftr_importances.sort_values(ascending=False)

plt.figure(figsize=(8,6))
plt.title('Feature importances')
sns.barplot(x=ftr_importances1, y=ftr_importances1.index)
plt.show
```

[출력]

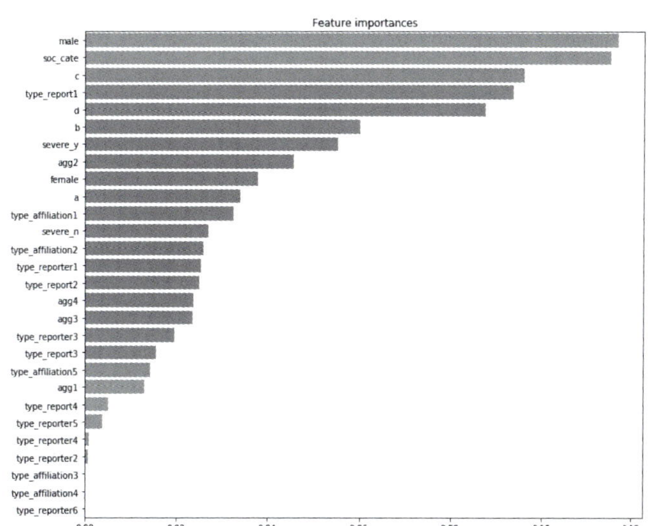

GBM의 Feature Importances 도표를 산출하는 코드는 다음과 같으며, 그 결과 영향력이 높은 상위 3개 특성은 의사로부터 보고된 부작용 보고건수, 남성, 그리고 중대한 것으로 보고된 부작용 보고건수인 것으로 나타났다. 특성의 영향력은 랜덤포레스트나 GBM에서 상위 5개 중 4개가 동일한 것으로 나타나 비슷한 양상을 보였다고 할 수 있다.

```
# GBM Feature Importance
xgb_clf1=XGBClassifier(n_estimators=150,max_depth=4,min_child_weight=3,colsample_by-
tree=0.75,gamma=0.5,random_state=92)
xgb_clf1.fit(x_resampled,y_resampled)

ftr_importances_values=xgb_clf1.feature_importances_
ftr_importances=pd.Series(ftr_importances_values, index=x_resampled.columns)
ftr_importances1=ftr_importances.sort_values(ascending=False)

plt.figure(figsize=(12,10))
plt.title('Feature importances')
sns.barplot(x=ftr_importances1, y=ftr_importances1.index)
plt.show
```

[출력]

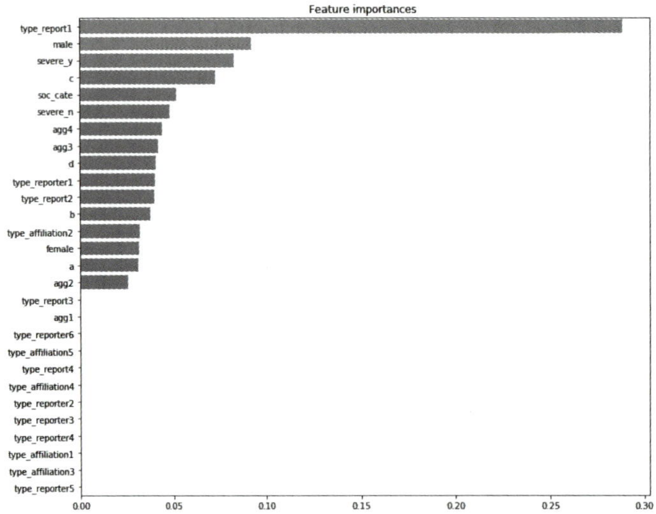

요약

이번 장에서는 약학 연구 분야에서의 인공지능 및 머신러닝을 활용한 실제 사례를 소개하였다. 첫 번째 사례는 사회적으로 널리 사용되고 있는 SNS에서 축적된 자료, 비정형 데이터라고 불리우는 자료를 사용하여 머신러닝 알고리즘을 적용하는 사례였다. SNS에 올라온 내용들을 바탕으로 특정 약물의 유해사례를 살펴보는 사례를 소개함으로써 독자들은 자연어처리와 머신러닝 알고리즘 중 하나인 XGBoost가 어떻게 활용되는지 알 수 있다. 두 번째 사례는 임상자료에 머신러닝 알고리즘을 적용하여 해당 모델의 성능을 평가하는 사례였다. 이 사례를 통해 독자들은 17장에서 소개한 이론에 대한 이해가 더 증진되었을 것이다. 세 번째 사례는 의약학 분야에서 많이 적용되고 있는 연구 분야로, 머신러닝을 이용하여 특정 질병의 위험을 예측하는 모형을 구축하고 평가하는 내용이었다. R 통계 프로그램을 이용하여 심장질환의 위험을 예측하는 모형을 구축하고 평가하는 방법을 소개하였다. 네 번째 사례는 최근 의약학 분야에서 많은 관심을 두고 있는 빅데이터를 사용하여 서로 다른 치료제들 간의 효과를 비교 평가하는 내용이었다. 서로 다른 치료를 받는 두 환자군에서 보이는 치료효과를 비교할 때, 무작위배정 비교임상시험이 아닌 빅데이터의 형태로 축적된 실제임상자료를 이용할 때는 상당한 주의가 필요하다. 두 환자군의 기본적인 특성들이 다를 수 있기 때문에, 이를 고려하지 않고 두 치료제 간의 효과를 비교한다면 해당 치료효과가 치료제의 효과 때문인 것인지, 환자군의 기본적인 특성들이 다르기 때문에 나타나는 건지 알 수가 없기 때문이다. 이 점을 줄이기 위해서 현재 많이 사용되고 있는 방법이 성향점수 방법이다. 특히 머신러닝에 기반을 두어 성향점수를 추정하는 방법이 최근에 많이 대두되고 있기 때문에 이 사례를 통해 독자들이 머신러닝에 대한 적용 사례에 대한 이해가 넓어졌기를 바란다. 다섯 번째 사례는 약물감시제도에서 널리 활용되고 있는 약물부작용에 대한 실마리정보 탐지에 대한 내용이다. 한국의약품안전관리원의 의약품부작용보고원시자료를 활용하여 Methotrexate을 비교약물로 하여 Infliximab의 실마리정보 탐지를 위한 머신러닝 알고리즘을 랜덤포레스트와 GBM을 활용하여 개발하였다.

머신러닝 알고리즘에서 가장 중요한 부분은 정확한 라벨 데이터를 구축하는 것이며, 실마리정보 탐지 연구의 경우 국내외 연구약물의 허가사항을 모두 찾아 정보를 수집할 수 있다. 본 실습에서 활용한 머신러닝 알고리즘이 지도학습이기 때문에 라벨 데이터에 따라 연구 결과가 많이 달라질 수 있으므로 별개의 여러 연구자가 교차검증을 통하여 라벨 데이터를 정확하게 구축하는 것이 가장 중요하다고 할 수 있다. 또한 본 실습에서는 인구학적 정보, 보고건수, 보고자료의 정보만을 특성으로 사용하였는데 연구약물의 특징에 따라 환자의 과거력 등 임상적 정보를 활용하는 것도 고려할 필요가 있다. 머신러닝 알고리즘은 실마리정보 탐지 등을 위한 모형을 개발해주고, 그 탐지에 가장 많은 영향력을 미치는 특성들을 찾아줄 뿐, 임상적 등 어떤 이유로 그 특성에 영향을 많이 미치는지까지는 알려주지 않는다. 그러므로 분석 결과를 산출하는 것도 중요하지만, 그 분석 결과를 올바르게 고찰하여 유의미한 근거를 도출해내는 것이 가장 중요하다.

본 장의 목적은 인공지능 및 머신러닝을 활용한 실제 사례를 되도록 폭넓게 소개하여 의약학분야에서 머신러닝 등이 어떻게 활용되고 있는지 보여주었다. 본 장에서는 여러 사례를 개괄적으로 소개하는 것이 목적이었으므로, 각 사례 등에서 사용되는 통계 등을 포함한 방법론에 대해서 깊이 기술하지는 않았다. 각 사례를 깊이 이해하기 위해서는 해당되는 내용의 연구디자인과 통계적인 이해가 더 필요할 것이다. 좀 더 깊게 이해하고 싶다면 관련된 내용을 더 공부하기를 추천한다.

참고문헌

- 건강보험심사평가원, 파이썬을 활용한 데이터 AI 분석 사례. 건강보험심사평가원. 2021.

- 건강보험심사평가원, 파이썬을 활용한 데이터 AI 분석 사례. 건강보험심사평가원. 2021.

- 권철민, 파이썬 머신러닝 완벽 가이드. 위키북스. 2019.

- 권철민, 파이썬 머신러닝 완벽 가이드. 위키북스. 2019.

- 권철민, 파이썬 머신러닝 완벽 가이드: 다양한 캐글 예제와 함께 기초 알고리즘부터 최신 기법까지 배우는. 위키북스. 2022.

- 권철민, 파이썬 머신러닝 완벽 가이드: 다양한 캐글 예제와 함께 기초 알고리즘부터 최신 기법까지 배우는. 위키북스. 2022.

- 안드레아스 뮐러, 세라 가이도, 박해선., 파이썬 라이브러리를 활용한 머신러닝: 사이킷런 핵심 개발자가 쓴 머신러닝과 데이터 과학 실무서. 한빛미디어. 2022.

- 안드레아스 뮐러, 세라 가이도, 박해선., 파이썬 라이브러리를 활용한 머신러닝: 사이킷런 핵심 개발자가 쓴 머신러닝과 데이터 과학 실무서. 한빛미디어. 2022.

- 윤덕용, 보건의료 분야에서의 인공지능과 기계학습 활용 및 전망. 건강보험심사평가원-보건의료 빅데이터 동향. HIRA 빅데이터 브리프. 건강보험심사평가원. 2019.

- 윤덕용, 보건의료 분야에서의 인공지능과 기계학습 활용 및 전망. 건강보험심사평가원-보건의료 빅데이터 동향. HIRA 빅데이터 브리프. 건강보험심사평가원. 2019.

- 이건명, 인공지능: 튜링 테스트에서 딥러닝까지. 생능출판사. 2018.

- 이건명, 인공지능: 튜링 테스트에서 딥러닝까지. 생능출판사. 2018.

- 조민호, R 데이터 분석 머신러닝. 정보문화사. 2021

- 조민호, R 데이터 분석 머신러닝. 정보문화사. 2021

- 한국의약품안전관리원, 의약품부작용보고원시자료(KIDS-KD) 이용지침서 Ver. 10. 한국의약품안전관리원. 2021.

- 한국의약품안전관리원, 의약품부작용보고원시자료(KIDS-KD) 이용지침서 Ver. 10. 한국의약품안전관리원. 2021.

- 핸즈온 머신러닝(2판), 한빛미디어. 2020.
- 핸즈온 머신러닝: 사이킷런, 케라스, 텐서플로 2를 활용한 머신러닝, 딥러닝 완벽 실무(2판), 한빛미디어. 2020.

- Aurelien Geron, Hands-On Machine Learning with Scikit-Learn & TensorFlow. 한빛미디어. 2018.

- Aurelien Geron, Hands-On Machine Learning with Scikit-Learn & TensorFlow. 한빛미디어. 2018.

- Bae JH, Yaek YH, Lee JE, et al., Machine Learning for Detection of Safety Signals From Spontaneous Reporting System Data: Example of Nivolumab and Docetaxel. Front Pharmacol. 2021.

- Bae JH, Yaek YH, Lee JE, et al., Machine Learning for Detection of Safety Signals From Spontaneous Reporting System Data: Example of Nivolumab and Docetaxel. Front Pharmacol. 2021.
- Jang EJ, Ahn J, Jung SY, Hwang JS, Lee JY, Shim JI. Methods for the control of measured confounders in outcomes research. National Evidence-based Healthcare Collaborating Agency, 2013.

- Jang EJ, Ahn J, Jung SY, Hwang JS, Lee JY, Shim JI. Methods for the control of measured confounders in outcomes research. National Evidence-based Healthcare Collaborating Agency, 2013.

- Kereiakes DJ, Obenchain RL, Barber BL, et al. Abciximab provides cost effective survival advan- tage in high volume interventional practice. Am Heart J 2000;140: 603-610.
- Kereiakes DJ, Obenchain RL, Barber BL, et al. Abciximab provides cost effective survivaladvan- tage in high volume interventional practice. Am Heart J 2000;140: 603-610.
- Obenchain RL. (2009) USPSinR.pdf ../R_HOME/library/USPS 40 pages.

- Obenchain RL. (2009) USPSinR.pdf ../R_HOME/library/USPS 40 pages.

- Package 'twang'. Updated Oct 25, 2021.

- Package 'twang'. Updated Oct 25, 2021.

- Panesar, A., Machine learning and AI for healthcare (pp. 1-73). Coventry, UK: Apress. 2019.

- Panesar, A., Machine learning and AI for healthcare (pp. 1-73). Coventry, UK: Apress. 2019.

- Ridgeway G, McCaffrey D, Morral A, Cefalu M, Burgette L, Pane J, and Griffin BA. Toolkit for Weighting and Analysis of Nonequivalent Groups: A guide to the twang package. 2021.

- Ridgeway G, McCaffrey D, Morral A, Cefalu M, Burgette L, Pane J, and Griffin BA. Toolkit for Weighting and Analysis of Nonequivalent Groups: A guide to the twang package. 2021.

- Russell, S. and Norvig, P., Artificial Intelligence: A Modern Approach (4th US ed). US: Pearson. 2022.

- Russell, S. and Norvig, P., Artificial Intelligence: A Modern Approach (4th US ed). US: Pearson. 2022.

부록 데이터 전처리 SAS 코드

▶ 실마리정보 탐지를 위한 머신러닝 알고리즘 개발

```
/* 의약품부작용보고원시자료 데이터 전처리 */

/* (1) 의약품-부작용 PAIR 자료원 구축 */

* 최초보고인 자료만 남기기;
data step1_1;
set r.adr_report_basic;
if fr_trc_csf=1;
run;

* 의심약물로 보고된 자료만 남기기;
data step1_2;
set r.drug_info_adr;
if doubt_cmbt_csf=1;
run;

* 최초보고인 자료에서 의심약물로 보고된 자료 추출;
proc sql;
create table step1_3 as
select distinct *
from step1_1
where kd_no in (select kd_no from step1_2);
quit;

* 보고자 정보 추가;
proc sql;
create table step1_4 as
select distinct a.*, b.qualy_csf, b.qualy_csf_1
from step1_3 as a left join r.reportor_adr as b
on a.kd_no=b.kd_no;
quit;

* 연령, 성별 결측인 자료 삭제;
data step1_5;
set step1_4;
```

```
if ptnt_sex="" or ptnt_occr_thtm_age=. then delete;
run;

* 의약품 정보 추가;
proc sql;
create table step1_6 as
select distinct a.*, b.drug_chem, b.who_atc_cd
from step1_5 as a left join r.drug_info_adr as b
on a.kd_no=b.kd_no;
quit;

* 의약품 정보 이상치 삭제;
data step1_7;
set step1_6;
if substr(who_atc_cd,1,1)="9" or substr(who_atc_cd,1,1)="" then delete;
run;

* 부작용 정보 추가;
proc sql;
create table step1_8 as
select distinct a.*, b.whoart_arrn, b.whoart_seq
from step1_7 as a left join r.adr_info_report as b
on a.kd_no=b.kd_no;
quit;

* 부작용 정보 이상치 삭제;
data step1_9;
set step1_8;
if substr(whoart_arrn,1,1)="9" or substr(whoart_arrn,1,1)="" then delete;
run;

* 연구약물, 비교약물 추출;
data step1_10;
set step1_9;
if who_atc_cd in ("L04AB02") then exposure=1;
else if who_atc_cd in ("L01BA01","L04AX03") then exposure=0;
else delete;
run;

proc sql;
```

```
create table step1_11 as
select distinct a.*, b.soc1 as soc
from step1_10 as a left join r.whoart_list as b
on a.whoart_arrn=b.arrn and a.whoart_seq=b.seq;
quit;

proc sql;
create table step1_12 as
select distinct a.*, b.cate as soc_cate
from step1_11 as a left join r.soc_list as b
on a.soc=b.var1;
quit;

* 최종 약물-부작용 데이터셋 구축;
data a.step1;
set step1_12;
if ptnt_sex="1" then male=1; else male=0;
if ptnt_sex="2" then female=1; else female=0;
if crtcl_case_yn="N" then severe_n=1; else severe_n=0;
if crtcl_case_yn="Y" then severe_y=1; else severe_y=0;

* 1:18세 이하, 2:45세 이하, 3:65세 이하, 4:65세 초과;
if ptnt_occr_thtm_age<=18 then agg=1;
else if ptnt_occr_thtm_age<=45 then agg=2;
else if ptnt_occr_thtm_age<=65 then agg=3;
else agg=4;

* 1:자발보고, 2:조사연구, 3:문헌, 4:기타;
if rpt_csf=1 then type_report=1;
else if rpt_csf=2 then type_report=2;
else if rpt_csf=3 then type_report=3;
else type_report=4;

* 1:의사, 2:약사, 3:간호사, 4:소비자, 5:기타의학전문가+변호사+기타, 6:결측;
if qualy_csf=1 then type_reporter=1;
else if qualy_csf=2 then type_reporter=2;
else if qualy_csf=3 then type_reporter=3;
else if qualy_csf=4 then type_reporter=4;
else if qualy_csf=5 or qualy_csf=6 or qualy_csf=7 then type_reporter=5;
else type_reporter=6;
```

```
* 1:지역의약품안전센터, 2:제약회사, 3:의료기관, 4:소비자, 5:기타;
if qualy_csf_1=1 then type_affiliation=1;
else if qualy_csf_1=2 then type_affiliation=2;
else if qualy_csf_1=3 then type_affiliation=3;
else if qualy_csf_1=6 then type_affiliation=4;
else type_affiliation=5;
run;

proc freq data=a.step1;
table soc_cate male female severe_n severe_y agg type_report type_reporter type_affilia-
tion;
quit;

/* (2) 머신러닝 알고리즘 개발을 위한 자료원 구축: 부작용 기준 특성 추출 */

* 기본 정보에 대한 특성 추출;
%macro feature1(var,group);

proc sql;
create table step2_&var.&group. as
select distinct whoart_arrn as pt_term, count(*) as &var.&group.
from a.step1
where exposure=1 and &var.=&group.
group by 1;
quit;

%mend;

%feature1(agg,1);
%feature1(agg,2);
%feature1(agg,3);
%feature1(agg,4);
%feature1(type_report,1);
%feature1(type_report,2);
%feature1(type_report,3);
%feature1(type_report,4);
%feature1(type_reporter,1);
%feature1(type_reporter,2);
%feature1(type_reporter,3);
%feature1(type_reporter,4);
```

```
%feature1(type_reporter,5);
%feature1(type_reporter,6);
%feature1(type_affiliation,1);
%feature1(type_affiliation,2);
%feature1(type_affiliation,3);
%feature1(type_affiliation,4);
%feature1(type_affiliation,5);
%feature1(male,1);
%feature1(female,1);
%feature1(severe_n,1);
%feature1(severe_y,1);

data step2_1;
set a.step1;
if exposure=1;
run;

proc sql;
create table step2_2 as
select distinct a.whoart_arrn as pt_term, a.soc_cate, b.*, c.*, d.*, e.*, f.*, g.*, h.*,
i.*, j.*, k.*, l.*, m.*, n.*, o.*, p.*, q.*, r.*, s.*, t.*, u.*, v.*, w.*, x.*
from step2_1 as a left join step2_agg1 as b on a.whoart_arrn=b.pt_term
left join step2_agg2 as c on a.whoart_arrn=c.pt_term
left join step2_agg3 as d on a.whoart_arrn=d.pt_term
left join step2_agg4 as e on a.whoart_arrn=e.pt_term
left join step2_type_report1 as f on a.whoart_arrn=f.pt_term
left join step2_type_report2 as g on a.whoart_arrn=g.pt_term
left join step2_type_report3 as h on a.whoart_arrn=h.pt_term
left join step2_type_report4 as i on a.whoart_arrn=i.pt_term
left join step2_type_reporter1 as j on a.whoart_arrn=j.pt_term
left join step2_type_reporter2 as k on a.whoart_arrn=k.pt_term
left join step2_type_reporter3 as l  on a.whoart_arrn=l.pt_term
left join step2_type_reporter4 as m on a.whoart_arrn=m.pt_term
left join step2_type_reporter5 as n on a.whoart_arrn=n.pt_term
left join step2_type_reporter5 as o on a.whoart_arrn=o.pt_term
left join step2_type_affiliation1 as p on a.whoart_arrn=p.pt_term
left join step2_type_affiliation2 as q on a.whoart_arrn=q.pt_term
left join step2_type_affiliation3 as r on a.whoart_arrn=r.pt_term
left join step2_type_affiliation4 as s on a.whoart_arrn=s.pt_term
left join step2_type_affiliation5 as t on a.whoart_arrn=t.pt_term
```

```
left join step2_male1 as u on a.whoart_arrn=u.pt_term
left join step2_female1 as v on a.whoart_arrn=v.pt_term
left join step2_severe_n1 as w on a.whoart_arrn=w.pt_term
left join step2_severe_y1 as x on a.whoart_arrn=x.pt_term;
quit;

data a.step2;
set step2_2;
if missing(agg1) then agg1=0;
if missing(agg2) then agg2=0;
if missing(agg3) then agg3=0;
if missing(agg4) then agg4=0;
if missing(type_report1) then type_report1=0;
if missing(type_report2) then type_report2=0;
if missing(type_report3) then type_report3=0;
if missing(type_report4) then type_report4=0;
if missing(type_reporter1) then type_reporter1=0;
if missing(type_reporter2) then type_reporter2=0;
if missing(type_reporter3) then type_reporter3=0;
if missing(type_reporter4) then type_reporter4=0;
if missing(type_reporter5) then type_reporter5=0;
if missing(type_reporter6) then type_reporter6=0;
if missing(type_affiliation1) then type_affiliation1=0;
if missing(type_affiliation2) then type_affiliation2=0;
if missing(type_affiliation3) then type_affiliation3=0;
if missing(type_affiliation4) then type_affiliation4=0;
if missing(type_affiliation5) then type_affiliation5=0;
if missing(male1) then male1=0;
if missing(female1) then female1=0;
if missing(severe_n1) then severe_n1=0;
if missing(severe_y1) then severe_y1=0;
rename male1=male female1=female severe_n1=severe_n severe_y1=severe_y;
label male1=male female1=female severe_n1=severe_n severe_y1=severe_y;
run;

proc freq data=a.step2;
table soc_cate--severe_y;
quit;

* 부작용별 연구약물, 비교약물에서의 보고건수 특성 추출;
proc sql;
```

```
create table step3_1 as
select distinct whoart_arrn as pt_term
from a.step1;
quit;

data step3_2;
set step3_1;
ae_type+1;
run;

proc sql;
create table step3_3 as
select a.*, b.ae_type
from a.step1 as a left join step3_2 as b
on a.whoart_arrn=b.pt_term;
quit;

%macro feature2;
%do integer=1 %to 610;
proc sql;
create table step3_ae&integer. as
select distinct exposure, &integer. as ae_type,
(select count(*) from step3_3 where exposure=1 and ae_type=&integer.) as a,
(select count(*) from step3_3 where exposure=1 and ae_type^=&integer.) as b,
(select count(*) from step3_3 where exposure=0 and ae_type=&integer.) as c,
(select count(*) from step3_3 where exposure=0 and ae_type^=&integer.) as d
from step3_3
where exposure^=0;
quit;

%end;
%mend;

%feature2;

data step3_4;
set step3_ae1-step3_ae610;
run;

proc sql;
```

```
create table a.step3 as
select a.*, b.pt_term
from step3_4 as a left join step3_2 as b
on a.ae_type=b.ae_type;
quit;

proc freq data=a.step3;
table a b c d;
quit;

* 부작용별 특성 추가 자료 구축;
proc sql;
create table a.step4 as
select a.*, b.a, b.b, b.c, b.d
from a.step2 as a left join a.step3 as b
on a.pt_term=b.pt_term;
quit;

* 사전에 만든 label 자료 추가 구축;
data analysis_data_1;
set a.step4;
pt_term1=pt_term*1;
run;

proc sql;
create table analysis_data_2 as
select a.*, b.label
from analysis_data_1 as a left join r.label_data as b
on a.pt_term1=b.arrn;
quit;

data a.analysis_data;
set analysis_data_2;
if label=. then delete;
drop pt_term1;
run;

proc freq data=a.analysis_data;
table label;
quit;
```

```
/* (3) 머신러닝 알고리즘 개발을 위한 자료원 반출 */

proc export data=a.analysis_data
outfile="C:\Users\PE\Desktop\analysis_data"
dbms=xlsx replace;
quit;
```

보건의료 빅데이터 연구방법론

국내 보건의료 빅데이터 활용 연구방법부터 머신러닝 분석까지

저 자 약학빅데이터연구회
발 행 인 김지영
발 행 처 자유아카데미
주 소 경기도 파주시 회동길 37-42 파주출판도시
전 화 031-955-1321
팩 스 031-955-1322
홈페이지 www.freeaca.com
전자우편 main@freeaca.com (대표)
editor@freeaca.com (편집)
crm@freeaca.com (영업)
등 록 제406-2003-017호, 1980. 7. 12
제1판1쇄 2023년 3월 10일 발행
제1판2쇄 2025년 1월 31일 발행

저자와의 협의하에 인지생략

ISBN 979-11-5808-425-7 93000